La protection de la partie faible dans l'arbitrage OHADA

Logiques Juridiques

Fondée par Gérard Marcou
Dirigée par Jean-Paul Céré

Le droit n'est pas seulement un savoir, il est d'abord un ensemble de rapports et pratiques que l'on rencontre dans presque toutes les formes de sociétés. C'est pourquoi il a toujours donné lieu à la fois à une littérature de juristes professionnels, produisant le savoir juridique, et à une littérature sur le droit, produite par des philosophes, des sociologues ou des économistes notamment.

Parce que le domaine du droit s'étend sans cesse et rend de plus en plus souvent nécessaire le recours au savoir juridique spécialisé, même dans des matières où il n'avait jadis qu'une importance secondaire, les ouvrages juridiques à caractère professionnel ou pédagogique dominent l'édition, et ils tendent à réduire la recherche en droit à sa seule dimension positive. À l'inverse de cette tendance, la collection « Logiques juridiques » des éditions L'Harmattan est ouverte à toutes les approches du droit. Tout en publiant aussi des ouvrages à vocation professionnelle ou pédagogique, elle se fixe avant tout pour but de contribuer à la publication et à la diffusion des recherches en droit, ainsi qu'au dialogue scientifique sur le droit. Comme son nom l'indique, elle se veut plurielle.

Dernières parutions

Eric GILARDEAU, *Cicéron, père de la codification du droit civil*, 2017.
Daphne AKOUMIANAKI, *Les rapports entre l'ordre juridique constitutionnel et les ordres juridiques européens. Analyse à partir du droit constitutionnel grec*, 2016.
Boris BARRAUD, *La Recherche juridique. Sciences et pensées du droit*, 2016.
Bolleri PYM, *Le statut juridique des établissements de microfinance (EMF) en zone CEMAC, L'encadrement de la « petite finance » du secteur informel vers le secteur formel,* 2016.
Aurore GRANERO, *Les personnes publiques spéciales,* 2016.
Khaled MEJRI, *Le droit international humanitaire dans la jurisprudence internationale*, 2016.
Tiphaine THAUVIN, *Les services sociaux dans le droit de l'Union européenne*, 2016.
Louis-Marie LE ROUZIC, *Le droit à l'instruction dans la jurisprudence de la Cour européenne des droits de l'Homme*, 2015
Delphine COUVEINHES-MATSUMOTO, *Les droits des peuples autochtones et l'exploitation des ressources naturelles en Amérique latine*, 2015
Michel LASCOMBE Gilles TOULEMONDE, *Le droit constitutionnel de la Ve République*, 2015.

Martial Akakpo

La protection de la partie faible dans l'arbitrage OHADA

Préface de Jean-Baptiste Racine

L'Harmattan

5-7, rue de l'Ecole-Polytechnique, 75005 Paris

http://www.editions-harmattan.fr

ISBN : 978-2-343-13499-4
EAN : 9782343134994

A Marie-Christiane,

avec laquelle je joue si bien à la vie.

Remerciements

Pour la direction de cette thèse et la relecture du manuscrit, je remercie de tout mon cœur le Professeur RACINE qui en dépit de ses nombreuses activités, a accepté d'accomplir cette tâche pendant des années afin d'en améliorer la qualité grâce à ses observations pertinentes.

J'exprime aussi ma profonde reconnaissance au Professeur Marie-Elodie ANCEL pour les opportunités de recherches académiques qu'elle m'a offertes.

A Monsieur André Achille NGWANZA, Docteur en Droit, pour son soutien indéfectible.

Et enfin, que soient remerciés tous les membres du jury pour leur précieux appui.

Préface

La thèse de Monsieur Martial Akakpo vient à son heure. Au moment où l'arbitrage se développe dans l'espace OHAHA, il fallait poser la question de la protection des parties faibles. L'arbitrage n'est pas exclusivement une justice rendue entre « forts ». Il existe, à mesure que cette forme de justice étend son domaine,des litiges impliquant des partiesfaibles. La thèse de MartialAkakpo se veut alors critique : selon lui, le droit OHADA de l'arbitrage est, *de lege lata*, insuffisamment protecteur des parties faibles.

L'idée du sujet est venue d'un dossier que Martial Akakpo, par ailleurs avocat à Lomé et praticien réputé de l'arbitrage, a eu à traiter. Il s'agissait d'un salarié à l'égard duquel une clause compromissoire était invoquée. Préoccupé par le sort de la partie faible dans cette hypothèse, Martial Akakpo a entrepris de porter une réflexion plus générale qui a donné lieu à une thèse soutenue à l'Université Nice Sophia Antipolis le 6 juin 2017. Ce fut un plaisir que de diriger cette thèse, entre le Togo et la France, entre Lomé et Nice. Ce fut également un plaisir de voir ce travail récompensé par le prix de l'Ecole doctorale de Nice.

On l'a dit, la thèse est critique. Le droit OHADA a été pensé pour les investisseurs étrangers. L'objectif était de créer les conditions d'une meilleure sécurité juridique en vue de favoriser l'attractivité économique des pays membres de l'OHADA. Dès lors, le droit de l'arbitrage a été voulu particulièrement libéral, selon les canons modernes. Aucune préoccupation de protection de la partie faible n'est entrée en ligne de compte. C'est précisément l'angle de réflexion choisi par Martial Akakpo. La thèse a ainsi une dimension sociologique. Le droit de l'arbitrage OHADA n'est pas analysé de manière « hors-sol », mais est replacé dans le contexte africain. Comme le pensait Gérard Farjat à propos de l'Afrique, « Il est grand temps que s'agissant de pays qui cumulent les misères du monde, les juristes abandonnent les robes et les masques du théâtre des formes »[1]. C'est ce qu'a fait l'auteur de l'ouvrage. Le contexte africain est marqué par les spécificités bien connues, au nombre desquelles, notamment, le faible taux

---

[1] « Réformes de droit économique et développement de l'Afrique. Conclusion ouverte », in E. Balate et S. Menétrey (dir.), *Questions de droit économique : les défis des Etats africains*, Larcier, 2011, p. 229.

d'alphabétisation et l'importance du secteur informel[2]. La notion de partie « faible » n'est donc pas un vain mot en Afrique !

La thèse est solide et bien menée. Certes, il est possible de ne pas adhérer à l'ensemble des analyses, propositions et critiques qui y sont contenues. Mais c'est le propre de tout travail de recherche. L'essentiel est qu'un tel travail appelle à réfléchir, bouscule les idées reçues et fasse avancer la pensée. C'est le cas du travail de l'auteur, qui méritait d'être porté à la connaissance d'un public plus vaste *via* la présente publication.

Martial Akakpo adopte au demeurant une définition large de la partie faible : « Par partie faible, il faut entendre le contractant qui se trouve en position d'infériorité intellectuelle et/ou économique, lors de la négociation et/ou de l'exécution du contrat » (n° 9). Une telle définition pousse à inclure dans la catégorie, outre les consommateurs et les salariés, également les communes rurales ou bien encore les actionnaires minoritaires. Peut-être la catégorie de partie faible est-elle alors un peu dilatée, et donc diluée. C'est cependant un choix assumé de la part de Martial Akakpo.

L'auteur a de même une vision large de la protection de la partie faible. Il ne s'agit pas uniquement de la protéger au stade de la conclusion d'une convention d'arbitrage (c'est-à-dire à travers les conditions de validité de celle-ci, notamment sur le terrain de l'arbitrabilité des litiges). C'est à toutes les étapes de l'arbitrage que la protection est envisagée, de la mise en œuvre de la convention d'arbitrage jusqu'aux modalités de contrôle de la sentence arbitrale. La thèse se propose ainsi de revisiter tout le droit de l'arbitrage OHADA à l'aune de la protection de la partie faible. La thèse, par son aspect critique, est une ode à l'égalité, non pas formelle, mais réelle. Martial Akakpo fustige les situations d'inégalité, d'asymétrie, là où la partie forte est susceptible de tirer avantage de sa position. Des propositions sont faites (par exemple l'idée, fort pertinente, de créer dans le cadre de la CCJA un fonds d'assistance pour plaideurs impécunieux). La thèse a une dimension prospective. Dans le même temps, l'on doit dire que l'arbitrage n'est pas nécessairement et systématiquement défavorable à la partie faible[3]. La question est surtout celle de l'accès à la justice du plaideur placé dans une situation de faiblesse. Il ne faut pas qu'une convention d'arbitrage empêche ou rende exagérément difficile l'accès de la partie faible à un prétoire, fût-il

---

[2] V. par exemple, S. Kwemo, *L'OHADA et le secteur informel : l'exemple du Cameroun*, Larcier, 2012.

[3]M. de Fontmichel, *Le faible et l'arbitrage*, préf. Th. Clay, Economica, 2013.

arbitral. Il est vrai cependant que cette remarque vaut essentiellement en dehors du contexte africain, car celui-ci a des spécificités marquées. Si l'on veut que l'arbitrage se développe harmonieusement dans cette zone géographique, que l'Afrique devienne une terre d'arbitrage, il est nécessaire d'intégrer sa singularité, son originalité.

Pour autant, la récente réforme de l'Acte uniforme sur l'arbitrage, le 23 novembre 2017, n'a pas pris en compte la nécessité de protéger la partie faible. C'est sûrement une occasion manquée. Le droit est au demeurant en incessante évolution : il sera toujours possible, à l'avenir, d'introduire de nouvelles dispositions, lors de prochaines réformes. Peut-être faudra-t-il attendre que l'arbitrage s'enracine dans les pratiques des pays OHADA. C'est pourquoi le libéralisme du droit de l'arbitrage OHADA est *a priori*compréhensible. Il a fallu jeter les bases d'un droit moderne et attractif de l'arbitrage pour qu'une véritable pratique de l'arbitrage s'ancre dans l'espace concerné. La protection de la partie faible est, dans cette perspective, perçue par le législateur de l'OHADA comme un objectif non prioritaire. De plus, le droit OHADA, en dehors de l'arbitrage, peine à protéger la partie faible. Comme le relève Martial Akakpo à plusieurs reprises, le projet d'Acte uniforme sur le droit de la consommation n'a pas abouti. Il est difficile dans l'espace OHADA de bâtir un droit de la protection des parties faibles. C'est l'un des défis que les Etats africains ont à relever, défis qui sollicitent de plein fouet le droit économique[4]. Protéger les parties faibles dans l'arbitrage OHADA est donc une tâche particulièrement ardue ! Il faut souligner le courage de l'auteur d'ouvrir un tel chantier.

La thèse de Martial Akakpo est aussi un travail qui dépasse le seul champ de l'arbitrage. C'est une thèse sur le droit OHADA lui-même. A travers le prisme de l'arbitrage, la question posée est d'importance : pour qui le droit OHADA est-il fait ? Pour les investisseurs étrangers, assurément. Mais quid des Africains ? Les actes uniformes ont un effet direct et se substituent aux législations internes. Le droit OHADA s'applique en conséquence aux relations purement internes, celles qui concernent la vie quotidienne des habitants et citoyens des pays membres. Cette dimension est primordiale. Précisément, le droit OHADA n'intègre assurément pas assez cette logique « interne ». En filigrane de sa thèse, Martial Akakpo rappelle cette vérité

[4] E. Balate et S. Menétrey (dir.), *Questions de droit économique : les défis des Etats africains*, *op. cit.*

d'évidence, portée au pinacle par Portalis : « les lois sont faites pour les hommes, et non les hommes pour les lois ; [...] elles doivent être adaptées au caractère, aux habitudes, à la situation du peuple pour lequel elles sont faites »[5]. Cette directive générale est assurément un guide pour tout législateur. Avec la belle thèse de Martial Akakpo, le législateur de l'OHADA a entre les mains les jalons d'une évolution du droit de l'arbitrage vers plus de justice et d'égalité.

Jean-Baptiste Racine

Professeur à l'Université Nice Sophia Antipolis

---

5 Discours préliminaire sur le projet de Code civil, in *Ecrits et discours juridiques et politiques*, PUAM, 1988, p. 23.

Liste des abréviations

AUA : Acte uniforme sur l'arbitrage
AUconso : Avant-projet d'Acte uniforme sur le droit de la consommation
AUDCG : Acte uniforme sur le droit commercial général
AUPSRVE : Acte uniforme portant organisation des procédures simplifiées de recouvrement et des voies d'exécution
AUPCAF : Acte uniforme portant organisation des procédures collectives d'apurement du passif
AUS : Acte uniforme portant organisation des sûretés
Bull. ASA : Bulletin de l'Association suisse de l'arbitrage
Bull. civ. : Bulletin des arrêts de la Cour de cassation française (chambres civiles)
Bull. CCI : Bulletin de la Cour internationale d'arbitrage de la Chambre de commerce internationale
CA : Cour d'appel
Cah. arb. : Cahiers de l'arbitrage
CADHP : Charte africaine des droits de l'homme et des peuples
Cass. ass. plen. : Assemblée plénière de la Cour de cassation française
Cass. AP : Assemblée plénière de la Cour de cassation française
Cass. ch. mixte : Chambre mixte de la Cour de cassation française
Cass. civ. : Chambre civile de la Cour de cassation française
Cass. com. : Chambre commerciale de la Cour de cassation française
Cass. soc. : Chambre sociale de la Cour de cassation française
Cass. crim. : Chambre criminelle de la Cour de cassation française
Cass. req. : Chambre des requêtes de la Cour de cassation française
CCC : Contrats Concurrence Consommation
CCJA : Cour commune de justice et d'arbitrage de l'OHADA
CEDH : Cour européenne des droits de l'homme
COCC : Code des obligations civiles et commerciales
CVIM : Convention de Vienne sur les contrats de vente internationale de marchandises
D. : Recueil Dalloz
ERSUMA : Ecole régionale supérieure de la magistrature
GAJC : Grands arrêts de la jurisprudence civile
JADA : Journal Africain du Droit des A
JCP. éd G. : La semaine juridique édition générale
JCP. éd. E. : La semaine juridique édition entreprise
JDI : Journal du droit international
LDIP : Loi suisse sur le droit international privé
OHADA : Organisation pour l'Harmonisation en Afrique du Droit des Affaires
PA : Petites affiches
Penant : Revue trimestrielle de droit africain
RDAI : Revue de droit des affaires internationales
RDC : Revue des contrats

RDIDC : Revue de droit international et de droit comparé
RDU : Revue de droit uniforme
RDUA : Revue de droit uniforme africain
Rev. arb. : Revue de l'arbitrage
Rev. crit. DIP : Revue critique de droit international privé
RIDC : Revue internationale de droit comparé
RJC : Revue de jurisprudence commerciale
RJDA : Revue de jurisprudence de droit des affaires
RJT : Revue juridique Thémis
RRJ : Revue de la recherche juridique
RTD. civ. : Revue trimestrielle de droit civil
RTD. com. : Revue trimestrielle de droit commercial
S. : Syrey
TGI : Tribunal de grande instance
TPI : Tribunal de première instance

SOMMAIRE

INTRODUCTION

1. Adoption du droit de l'arbitrage OHADA

1 L'arbitrage est un mode de règlement de litiges en vertu duquel les parties choisissent un ou plusieurs tiers, en nombre impair, indépendants et impartiaux pour trancher leur différend. On déduit de cette définition, qu'il n'y a pas d'arbitrage sans accord des justiciables et que la décision rendue par le tribunal arbitral s'impose à ces derniers. Depuis les années 1990, la justice arbitrale a gagné en notoriété ; autrefois limitée aux conflits commerciaux ou internationaux, elle concerne dorénavant la sphère non professionnelle en France, et l'ensemble des questions patrimoniales en Suisse. La ratification croissante de la Convention de New-York du 10 juin 1958 relative à l'exécution et à la reconnaissance des sentences arbitrales étrangères confirme le grand rayonnement international de l'arbitrage. Il n'est donc pas étonnant que certains pays africains, soucieux de moderniser leur droit des affaires lui aient accordé une place de choix. Tel est le contexte qui a guidé la création de l'OHADA[6], et par ricochet de l'adoption d'une législation en matière d'arbitrage. Il en découle qu'une bonne intelligence du droit de l'arbitrage OHADA postule de s'arrêter au préalable sur son architecture institutionnelle et sa politique normative.

2 L'OHADA est une organisation internationale de plein exercice, dotée d'une personnalité juridique internationale, qui poursuit une œuvre d'intégration juridique entre les pays qui en sont membres. Son objectif est de faciliter les échanges et les investissements, garantir la sécurité juridique et judiciaire des activités des entreprises. Le droit de l'OHADA est ainsi utilisé pour promouvoir le développement économique, et créer un vaste marché dans le but de contribuer à la résolution du marasme de l'Afrique.

[6] Le Traité OHADA fut signé à Port Louis (Ile Maurice) le 17 Octobre 1993 par quatorze (14) Etats africains subsahariens (Bénin, Burkina-Faso, Cameroun, Centrafrique, Comores, Congo, Côte-d'Ivoire, Gabon, Guinée Equatoriale, Mali, Niger, Sénégal, Tchad, Togo) auxquels se sont ajoutés, la Guinée Bissau (1995-1996), la Guinée Conakry (2000) et la République Démocratique du Congo (2012). Ce Traité entré en vigueur le 18 septembre 1995, a été révisé à Québec, au Canada le 17 Octobre 2008.

3 Afin de réaliser ses objectifs, l'OHADA s'est dotée de quatre institutions : la Conférence des Chefs d'Etat et de Gouvernement, le Conseil des ministres, la Cour Commune de Justice et d'arbitrage (CCJA) et le Secrétariat permanent[7]. A la différence de la Conférence des Chefs d'Etat et de Gouvernement[8] qui a un rôle davantage politique, le Conseil des ministres est l'organe législatif de l'OHADA[9]. Quant au Secrétariat Permanent, il est chargé de préparer les textes à adopter par le Conseil des ministres et veiller à la bonne marche de l'OHADA. Enfin, la CCJA cumule les fonctions de juridiction de cassation pour le contentieux du droit OHADA, ainsi que celle de centre d'arbitrage. En conséquence, la CCJA a un rôle de premier plan dans le développement de l'arbitrage dans l'espace OHADA.

4 Partant de l'article 2 du Traité OHADA qui détermine les matières harmonisables, le législateur africain a élaboré neuf textes déjà entrés en vigueur dans les Etats parties appelés « Actes uniformes » (AU). Parmi ces AU, on compte l'Acte Uniforme relatif au Droit de l'Arbitrage (AUA). Ce texte signé le 11 mars 1999 à Ouagadougou, est entré en vigueur le 11 juin 1999. Outre l'AUA, le droit l'arbitrage dans l'espace OHADA est aussi régi par le Règlement d'arbitrage (RA) de la CCJA et le Titre V du Traité OHADA intitulé l'arbitrage. Dans le cadre de l'élaboration des textes précités, le législateur OHADA était confronté au défi de la double adaptation à la mondialisation de l'économie d'une part, et de l'environnement sociologique africain d'autre part.

5 En faisant le choix de consacrer l'arbitrage comme mode de règlement des différends contractuels[10], le législateur OHADA a clairement indiqué l'esprit qui anime ses textes. En matière d'arbitrage, au-delà de la modernité relevée par une doctrine abondante[11], le droit OHADA s'illustre par son libéralisme[12]. Qu'il s'agisse de l'AUA, du Traité OHADA ou du RA de la CCJA, l'on note aisément la place prépondérante accordée à

---

[7] Depuis la révision du Traité OHADA à Québec, l'Ecole Régionale Supérieure de la Magistrature (ERSUMA) n'est plus une institution autonome mais un établissement rattaché au Secrétariat Permanent.

[8] D'après l'article 27 du Traité OHADA, la Conférence des Chefs d'Etat et de Gouvernement, « délibère sur toute question relative au Traité ».

[9] Article 6 du Traité OHADA.

[10] L'article 1 du Traité OHADA dispose : « *Le présent Traité a pour objet l'harmonisation du droit des affaires dans les Etats Parties par l'élaboration et l'adoption de règles communes simples, modernes et adaptées à la situation de leurs économies, par la mise en œuvre de procédures judiciaires appropriées, et par l'encouragement au recours à l'arbitrage pour le règlement des différends contractuels* ».

[11] Ph. Leboulanger, « L'arbitrage et l'harmonisation du droit des affaires en Afrique », *Rev. arb*. 1999-3, p. 541, sp. n° 17.

[12] M. Kamto, « La participation des personnes morales de droit public à l'arbitrage OHADA », *in* Ph. Fouchard (dir), *L'OHADA et les perspectives de l'arbitrage en Afrique*, Bruylant, 2000, p. 89.

l'autonomie de la volonté. On indiquera pour mémoire le fait que les parties ont la faculté de ne pas choisir l'AUA comme *lex arbitri*, ou encore la capacité compromissoire de toutes les personnes publiques. Plus évocateur encore, le droit OHADA ne distingue pas l'arbitrage interne de l'arbitrage international, pourtant ce dernier est généralement marqué par sa forte révérence à la liberté contractuelle.

6 Ceci étant, on ne peut pas comprendre l'inclination libérale du droit OHADA de l'arbitrage si on élude le contexte économique international dans lequel il a été adopté. Dès la chute du Mur de Berlin, les économies africaines ont dû s'engager dans des vastes réformes visant à ouvrir leurs marchés. Dans ce sens, pour attirer les investisseurs et sécuriser leurs placements, la plupart des Etats africains se sont tournés vers l'arbitrage. Ce dernier étant considéré comme le mode idoine de règlement des litiges liés aux investissements, il était inéluctable de lui accorder une place cardinale dans la politique de modernisation législative.

7 Toutefois, aussi longtemps que la nécessité d'élaborer une législation moderne relative à l'arbitrage s'imposait-elle, il convient de noter que le droit OHADA est allé plus loin que le droit français. Il importe de souligner à ce niveau que le droit français est la principale source d'inspiration du droit harmonisé des affaires africain. L'on est par exemple frappé par le fait que l'AUA rend arbitrable tout litige qu'il soit civil ou commercial. Son article 2 dispose simplement que « *toute personne physique ou morale peut recourir à l'arbitrage sur les droits dont elle a la libre disposition* ». Pour sa part, l'article 21 du Traité OHADA dispose : « *En application d'une clause compromissoire ou d'un compromis d'arbitrage, toute partie à un contrat, soit que l'une des parties ait son domicile ou sa résidence habituelle dans un des Etats Parties, soit que le contrat soit exécuté ou à exécuter en tout ou partie sur le territoire d'un ou plusieurs Etats Parties, peut soumettre un différend d'ordre contractuel à la procédure d'arbitrage prévue par le présent titre* »[13]. Comparativement, l'article 2061 du Code civil français prévoit que « *La clause compromissoire doit avoir été acceptée par la partie à laquelle on l'oppose, à moins que celle-ci n'ait succédé aux droits et obligations de la partie qui l'a initialement acceptée. Lorsque l'une des parties n'a pas contracté dans le cadre de son activité professionnelle, la clause ne peut lui être opposée* ».

8 Cette nuance entre les deux droits précités illustre parfaitement le fait que le législateur OHADA a choisi d'adopter des règles qui vont au-delà du droit français dont le libéralisme n'est plus à démontrer. Or, il se trouve que l'orientation philosophique en matière d'arbitrage est toujours guidée par un savant équilibre entre l'autonomie de la volonté et la protection de l'ordre

[13] Dans le même sens, article 2.1 du Règlement d'arbitrage de la CCJA.

public. C'est en réfléchissant à la place accordée à la liberté contractuelle dans la justice arbitrale que se pose la question de la protection de la partie faible.

2. Arbitrage et partie faible

Notion de partie faible en droit de l'arbitrage

9 Avant d'aborder les liens de l'arbitrage et de la partie faible, il convient au préalable de cerner cette dernière. Dès l'abord, il importe de souligner que malgré sa forte actualité, la notion de partie faible reste une énigme dans la mesure où elle ne fait l'objet d'aucune définition textuelle[14]. Par partie faible, il faut entendre le contractant qui se trouve en position d'infériorité intellectuelle et/ou économique, lors de la négociation et/ou de l'exécution du contrat. Cette large définition permet de ranger dans la catégorie des parties faibles toute personne ayant légitimement une minime influence pour déterminer ses obligations, ou en position précaire quant à l'exécution de celles-ci. Dans ce sens, le faible n'est pas forcément une personne civile, la doctrine[15] et la jurisprudence[16] s'accordant pour constater l'éventualité de l'abus entre professionnels. Un auteur affine le propos en précisant que « *la notion de partie faible en droit de l'arbitrage est considérée comme celle qui se trouve dans une situation inégale par rapport à son adversaire. Cette inégalité est le plus souvent associée au manque d'expérience de la partie supposée faible, soit dans la négociation d'un contrat d'affaires, au moment d'envisager des clauses relatives aux litiges éventuels, soit dans la mise en œuvre d'une procédure arbitrale une fois le litige apparu. Elle est également associée à l'hypothèse de la difficulté de financement d'un arbitrage* »[17].

10 Il s'infère de cette définition que la partie faible en arbitrage ne saurait se limiter aux contractants protégés que sont le consommateur, l'assuré ou le professionnel en situation de dépendance économique. Elle renvoie au contraire, de manière plus large, au litigant qui est, soit en position d'infériorité intellectuelle ou juridique[18] quant à la négociation et la mise en œuvre d'une convention d'arbitrage, soit en incapacité d'assumer le coût financier d'une procédure arbitrale. Il s'ensuit que la faiblesse prend un relief particulier en arbitrage en raison de son double

---

[14] O. Boskovic, « La protection de la partie faible dans le règlement Rome I », *D.* 2008, p. 2175.

[15] C. Jamin et D. Mazeaud (dir), *Les clauses abusives entre professionnels*, Economica, 1997.

[16] J. Mestre, « Le consentement du professionnel contractant dans la jurisprudence contemporaine », *in Mélanges en hommage à André Breton et Fernand Derrida*, Dalloz, 1991, p. 249.

[17] D. Mainguy, « PME et partie faible », *JDI* 2017-1, p. 9, sp. p. 11.

[18] En arbitrage d'investissement, les Etats ne disposent pas des mêmes droits que les investisseurs. Pour développements sur l'Etat partie faible dans l'arbitrage d'investissement, v. W. Ben Hamida, « L'État partie faible à l'instance arbitrale dans le contentieux de l'investissement ? » *JDI* 2017-1, p. 14 ; A. Ngwanza, « L'État partie faible quant au recours à l'arbitrage d'investissement », *JDI* 2017-1, p. 21.

caractère contractuel et processuel[19]. En, effet elle ne concerne pas que le déséquilibre quant à la négociation et la rédaction du contrat, elle vise aussi la capacité à engager une procédure arbitrale. C'est pour cette raison que le spectre des parties faibles en arbitrage est particulièrement étendu.

11 Concrètement, l'asymétrie entre les parties à l'arbitrage porte d'abord les contractants qui sont réputés faibles par essence. Il s'agit du consommateur, du salarié et de l'assuré non professionnel, chacun de ceux-ci se trouvant habituellement en situation de déséquilibre total avec leurs cocontractants. Outre le fait qu'ils ne sont pas des praticiens réguliers de l'arbitrage, il importe de souligner que l'accord arbitral est souvent non négocié et inséré dans un contrat rédigé par la partie forte. Dans la même lancée, il arrive également qu'un professionnel en position de dépendance économique conclut une convention d'arbitrage dans des conditions équivalentes à celle d'un consommateur. Dans cette situation, il n'est pas excessif de le considérer comme un litigant faible.

12 Au-delà des rapports contractuels déséquilibrés entre professionnels, ou ceux impliquant un contractant protégé, la faiblesse d'une partie peut également apparaitre dans le cadre sociétaire, notamment à l'égard de l'associé minoritaire qui se voit imposer des accords qu'il a contestés. Cette hypothèse se présente lorsqu'on oppose à un actionnaire en position de minorité une clause compromissoire conclue par modification majoritaire des statuts. Ceci étant, l'associé minoritaire ne peut être considéré comme une partie faible que lorsqu'il ne dispose pas d'une minorité de blocage et qu'il n'a pas non plus les moyens de financer une procédure d'arbitrage. Dans le cadre d'une étude centrée sur l'arbitrage en Afrique subsaharienne, l'inclusion de l'associé minoritaire, sous réserve de son impécuniosité ne manque pas d'intérêts. En effet, la pratique des affaires révèle que beaucoup de particuliers actionnaires de sociétés locales, ou quelques fois de filiales de sociétés étrangères n'ont pas les moyens de supporter le cout d'une procédure d'arbitrage international. Dans le cas des filiales, c'est généralement l'arbitrage CCI qui est choisi alors qu'il est assez élevé par rapport au niveau de vie général du citoyen en Afrique.

13 De plus, la faiblesse ne s'apprécie pas de manière statique, une personne peut se retrouver dans un rapport totalement déséquilibré en cours de réalisation du contrat. En effet, la dégradation de la situation financière d'un justiciable peut le mettre en situation d'infériorité vis à vis de son cocontractant. Cette situation va affecter la capacité à engager une procédure arbitrale. A la différence des hypothèses précédentes où la faiblesse d'une partie existe dès la conclusion du contrat, ici il s'agit du cas où c'est au démarrage ou au cours de l'instance arbitrale qu'apparait la position d'infériorité notoire d'un justiciable. Dans cette situation, la doctrine de partie faible révélée par l'arbitrage[20].

14 En faisant écho à la faiblesse révélée, la question ne se limite pas aux personnes morales de droit privé, elle peut également concerner une entité publique dès lors que celle-ci n'est pas coutumière des opérations du commerce international,

---

[19] M. Fontmichel, *Le faible et l'arbitrage*, préface Th. Clay, Economica, 2013, n° 14.

[20] Pour A. Ngwanza (« L'État partie faible quant au recours à l'arbitrage d'investissement », *op. cit.*, p. 21), « *l'idée de faiblesse révélée renvoie à la découverte d'une position d'infériorité à l'occasion de la pratique arbitrale* ».

ou si elle n'a pas de moyens financiers suffisants pour assumer le coût d'une procédure d'arbitrage. Il ne s'agit pas d'une hypothèse d''école si l'on intègre toutes les facettes de la notion de personne publique, certaines collectivités territoriales décentralisées ayant souvent des finances très modestes. Telle est exactement la situation de la majorité des mairies rurales de l'ensemble des pays d'Afrique sub-saharienne ; il s'agit en général de petites administratives avec de très faibles budgets. Il est important de relever que la décentralisation en Afrique a donné naissance à des entités peu viables car « *l'Etat ne transfère guère les ressources financières correspondant aux compétences transférées* »[21]. Il résulte de cette situation que l'analyse *in concreto* de la capacité compromissoire des personnes publiques ne peut pas être faite sans nuance, elle appelle une distinction entre d'une part les administrations, les sociétés publiques et les établissements publics à caractère industriel et commercial et, d'autre part, les personnes publiques ne disposant pas de moyens financiers et d'ingénierie juridique suffisants pour ester en arbitrage.

15 Ceci étant, même en partant du prisme de la partie faible révélée par l'arbitrage, il n'est pas juste de considérer d'emblée que la justice arbitrale est hostile aux contractants en position asymétrique. Outre le fait, que la doctrine relève avec pertinence que l'arbitrage peut venir au soutien de la partie faible[22], il n'y a pas une incompatibilité *per se* entre eux. Que les arbitres statuent en droit ou en amiable composition, ils ont toujours l'obligation de traiter les litigants sur le même pied d'égalité. Toutefois, l'on ne peut ignorer que la rencontre du faible et de l'arbitrage est conflictuelle à cause de la difficile harmonie entre « *l'équité inhérente à toute procédure juridictionnelle et l'infléchissement de la force du principe de l'autonomie de la volonté lorsque les rapports contractuels sont déséquilibrés* »[23]. Dès lors qu'on intègre la dimension contractuelle de l'arbitrage, ainsi que son caractère onéreux, le problème s'éclaire totalement. En effet, la question des liens entre la justice arbitrale et le faible se pose quant au consentement de ce dernier à y recourir et quant à sa participation au procès arbitral.

Arbitrage et consentement de la partie faible

16 L'intégrité de la volonté d'une partie à l'arbitrage s'analyse aussi bien à l'aune des matières arbitrables qu'au regard de la réalité de ladite volonté. Pour le faible, il s'agit de savoir si le droit positif le protège de telle sorte que l'accord qu'il a donné ou qu'on lui a subrepticement imposé peut-

---

[21] J. Marie et E. Idelman, « La décentralisation en Afrique de l'Ouest : une révolution dans les gouvernances locales ? », *EchoGéo* 13 2010, juin - août 2010, sp. n° 44.

[22] Ph. Chavasse, « L'arbitrage au soutien de la partie faible. Propos introductifs », *JDI* 2017-1, p. 27 ; M. Fontmichel, « Les garanties d'un accès équitable à l'instance arbitrale », *JDI* 2017-1, p. 29 ; M. Henry, « Le soutien de la partie faible lors de la procédure arbitrale », *JDI* 2017-1, p. 36.

[23] M. Fontmichel, *Le faible et l'arbitrage*, *op. cit.*, n° 19.

être invalidé en raison de l'inarbitrabilité de la matière litigieuse. S'agissant de la réalité son acceptation, le problème est celui des incidences de l'essor des conventions d'arbitrage non négociées ou non consenties.

- **Arbitrabilité**

17 Il est loin le temps du règne absolu de l'autonomie de la volonté. Dorénavant, il n'est plus admis, comme le soutenait Fouillée, que « *qui dit contractuel, dit juste* »[24]. Fort opportunément, Henri Lacordaire affirmait qu'« *entre le fort et le faible, entre le riche et le pauvre, entre le maître et le serviteur, c'est la liberté qui opprime et la loi qui affranchit* »[25]. Il s'ensuit qu'un contrat, sans être nul, peut porter le sceau de l'arbitraire subtilement imposé par le contractant le plus aguerri. En matière d'arbitrage, cela revient à dire que l'acceptation d'une clause compromissoire ou d'un compromis peut être davantage commandée par l'asymétrie existant entre les contractants. Or, le consentement à la compétence des arbitres doit être exprimé en toute liberté et en parfaite connaissance de cause. Il importe de noter que le choix de l'arbitrage n'est pas un acte banal car, « ... *aussi fondées que puissent être les raisons de recourir à l'arbitrage, celui-ci est loin d'être un moyen naturel de régler les litiges* »[26]. A ce propos, une plume experte expliquait que « *l'arbitrage suppose un équilibre des forces ; partout où cet équilibre est rompu, l'arbitrage s'asphyxie* »[27]. Malheureusement, il se trouve qu'il est de nombreux contrats où des stipulations arbitrales sont insérées alors que le rapport de forces économique et/ou intellectuel est très déséquilibré.

18 L'arbitrabilité qui s'entend comment l'ensemble des matières et des personnes sont susceptibles d'être visées par une procédure arbitrale, est donc le premier niveau de protection du faible contre des procédures arbitrales non conformes à ses intérêts processuels. Pour cela, de nombreux législateurs ont exclu la justice arbitrale des contrats relevant de l'ordre public de protection. Il s'agit des actes juridiques pour lesquels l'un des contractants subit d'une manière ou d'une autre le diktat de son interlocuteur. Les contrats de travail, d'assurance et de consommation en sont les archétypes[28].

19 Au regard de la nécessité d'éviter de transformer l'arbitrage en justice des forts au détriment des faibles, l'arbitrabilité est un concept essentiel la protection de la partie faible. En effet, le premier indice pour mesurer l'intérêt d'un législateur pour

---

[24] Auteur cité par Y. Strickler, « La protection de la partie faible en droit civil », *PA* 25 octobre 2004, n° 27, p. 6.

[25] *Conférences de Notre-Dame de Paris*, tome III, Cinquante-deuxième conférence, (*Du double travail de l'homme*, 16 avril 1848).

[26] Ph. Leboulanger, « L'arbitrage international Nord-Sud », *in Etudes Bellet*, LGDJ, 1991, p. 323, sp. p. 328.

[27] H. Motulsky, « L'arbitrage et les conflits du travail », *Rev. arb.* 1976-1, p. 78, cité par F. Valencia, « Parties faibles et accès à la justice en matière d'arbitrage », *Rev. arb.* 2007-1, p. 45, sp. no 5, p. 48.

[28] Ch. Seraglini, « Les parties faibles dans l'arbitrage international », *Gaz. Pal*, 15 décembre 2007 n° 349, p. 5.

les parties faibles en matière d'arbitrage est la nature des litiges pouvant être tranchés par un arbitre.

- **Convention d'arbitrage non négociées et non consenties**

20 Au-delà de l'arbitrabilité, la convention d'arbitrage pose un second problème lorsque l'un des litigants est en position d'infériorité. Il s'agit du consentement aux conventions d'arbitrage non négociées, notamment la stipulation arbitrale par référence. Cette dernière renvoie à la clause compromissoire qui n'est pas contenue dans le contrat principal mais dans un document auquel ledit contrat se réfère. L'insertion d'une clause compromissoire dans un contrat d'adhésion renvoyant à des conditions générales pose le problème de l'effectivité du consentement. La pratique et le contentieux contractuels montrent que plusieurs contrats sont conclus sans que l'adhérent ne reçoive les conditions générales avant d'exprimer son accord, ou alors la clause compromissoire est rédigée en termes sibyllins. Dans ce cas de figure, la partie faible peut se retrouver liée par une convention dont elle ne maitrisait pas la teneur. C'est pour éviter ce genre de situations que l'article 48 du Code de procédure civile français impose un consentement spécial pour la validité les clauses de compétence territoriale. Comme l'arbitrabilité, le régime juridique des clauses compromissoires par référence est tributaire de la place accordée à l'autonomie de la volonté. Dans les systèmes libéraux, à l'instar du droit français de l'arbitrage international, le consentement à la stipulation arbitrale par référence est souvent présumé[29], ce au grand détriment des parties faibles[30].

21 Outre les conditions de validité de la clause arbitrale par référence, le faible est également confronté au problème de l'extension et la transmission de cette dernière. En effet, en prenant d'importantes libertés avec le droit commun des contrats, le régime de la circulation de la clause compromissoire présente des dangers quand on oppose celle-ci à un faible qui ne l'a pas signé. Pour admettre qu'une convention d'arbitrage s'étend à plusieurs contrats ou à des parties non signataires, diverses théories ont été émises[31]. Sans vouloir discuter la pertinence de chacune d'entre elles, il est incontestable qu'elles constituent des tempéraments au principe de l'effet relatif des contrats. Il est assez aisé d'imaginer la confusion du faible auquel on oppose une clause compromissoire sur le seul fondement de la notion de chaine de contrats[32]. Imposer une convention d'arbitrage à une personne

---

[29] Cass. civ. 1re, *Prodexport*, 3 juin 1997, Bull. I, n° 177, p. 119, Rev. arb. 1998-3, p. 537 ; Cass. civ. 1ère, 9 novembre 1993, *Bomar Oil II*, *Rev. arb.*, 1994, p. 108, note C. Kessedjian; *JDI*, 1994, p. 690, note E. Loquin.

[30] X. Boucobza, « La clause compromissoire par référence dans l'arbitrage commercial international », *Rev. arb.* 1998-3, p. 495, sp. n° 20 et s.

[31] E. Loquin, « Divergences et convergences dans le régime de la transmission et de l'extension de la clause compromissoire devant les juridictions françaises », *Gaz.* Pal. 06 juin 2002 n° 157, p. 7.

[32] Cass. civ. 1re, 6 février 2001, Peavey, Bull. civ. I, no 22; Rev. arb. 2001, p. 765, note D. Cohen; *JCP G 2001. II, 10567*, note C. Legros ; *Gaz. Pal.* 14-15 novembre 2001, p. 6, chron. Ch. Seraglini ; *RTD com. 2001. 413*, obs. E. Loquin; *Defrénois*, 2001. 708, no 42, obs. R.

qui ne l'a pas conclu consiste à dire en quelque sorte que ceux qui l'ont formé, ont stipulé pour elle. Une telle règle oblige la partie faible à ester devant des arbitres dont les prestations ont un coût souvent élevé.

Procès arbitral et faible

22 Conformément à toute procédure juridictionnelle, l'arbitrage est soumis aux exigences de l'égalité des parties. Pour cette raison, qu'il s'agisse de la constitution du tribunal ou de tout autre droit processuel, les litigants doivent être traités de manière équitable. Dans les faits, ce n'est pas toujours le cas car certaines clauses compromissoires prévoient des modes de constitution du tribunal dissymétriques. Bien plus, l'impéuniosité d'une partie est de nature à créer un déséquilibre encore plus important entre elle et son contradicteur.

23 A la différence de l'insolvabilité qui a une résonnance juridique, l'impécuniosité est une notion économique qui traduit la difficulté à faire face à ses charges[33]. L'arbitrage étant généralement couteux, il peut arriver qu'une partie n'ait pas les moyens de financer l'action qu'elle souhaite engager. Elle se trouve ainsi dans une impasse, le principe compétence-compétence empêchant qu'une juridiction étatique puisse trancher un litige couvert par une convention d'arbitrage. Dans une telle hypothèse, le déni de justice est possible, alors que le droit à un procès fait partie des droits fondamentaux[34]. De manière marginale, il existe des pays où la convention d'arbitrage est jugée manifestement inapplicable du fait de l'impécuniosité des parties[35]. Dans la grande majorité du droit comparé, le moins nanti est livré à lui même, tout se passant comme s'il payait le prix d'avoir conclu une convention qu'il n'avait pas les moyens d'exécuter. Le problème se pose aussi pour une personne morale en indélicatesse financière engagée dans une procédure collective. De manière générale, le droit des entreprises en difficultés protège les insolvables contre les créanciers désirant les faire condamner en arbitrage, mais qu'en est-il des actions que la société en liquidation judiciaire veut engager contre son débiteur ? Comment finance-t-elle cette action ? Elle est tout aussi exposée au déni de justice bien que le recouvrement de ses créances concoure à redresser sa comptabilité.

24 Passée la phase d'introduction de la procédure, il arrive également qu'une partie ne puisse pas assumer les frais de l'instance arbitrale. Entre dans cette catégorie, le défendeur impécunieux dès le début de la procédure, ou alors n'importe lequel des justiciables dont la situation financière s'est dégradée en cours d'instance

Libchaber; *Rev. crit. DIP* 2001. 522, note F. Jault-Seseke; D. 2001, SC, 1135, obs. Ph. Delebecque.

[33] M. de Fontmichel, « Le financement de l'arbitrage pour une partie insolvable », in Th. Clay et W. Ben Hamida (dir), *L'argent dans l'arbitrage*, Lextenso éditions, 2013, p. 37, sp. p. 38.

[34] Article 7 de la Charte Africaine des Droits de l'Homme et des peuples.

[35] K. Sachs, « La protection de la partie faible en arbitrage », Gaz. Pal. no 2007/2, 17 juillet 2007, p. 22.

arbitrale. Dans les arbitrages institutionnels certains règlements d'arbitrage prévoient que les demandes de la partie financièrement défaillante ne sont pas examinées. Ainsi, le défendeur devient demandeur par le seul fait de son pouvoir financier. Malgré les correctifs esquissés par la jurisprudence[36], le droit positif est majoritairement silencieux sur la question.

25 Il résulte de ce vide législatif que des sentences arbitrales dont le dispositif ressemble, à peu de choses près, à celui des décisions rendues par défaut, ont été en fait l'aboutissement de procédures contradictoires mais avec l'examen des demandes d'une seule partie. Afin de pondérer les inconvénients de la carence de traitement des demandes du faible, la validité de la sentence ne devrait-elle pas être subordonnée à un contrôle plus intense ? La réponse à cette question reste encore incertaine. Par ailleurs, l'impécuniosité pouvant avoir un caractère temporaire, à supposer que le litigant défaillant financièrement décide d'engager un deuxième arbitrage pour le même litige, quelle pourrait être la conséquence de l'obligation de concentration des moyens sur cette action. Si cette dernière est recevable et que certains éléments du dispositif de la seconde sentence sont contraires à la première, le principe de l'autorité de la chose jugée ne doit-il pas être aménagé ? Là encore, le débat reste entier tout comme le sort de la protection de la partie faible en droit OHADA.

3. Protection de la partie faible en droit de l'arbitrage OHADA

26 En adoptant une conception moniste de l'arbitrage, le législateur OHADA a perdu de vue le fait que le contentieux international était marqué par un profond libéralisme[37]. Or, s'il est naturel pour les opérateurs du commerce international ou pour les parties à un contrat d'Etat de s'adresser aux arbitres, la réalité est toute autre pour les commerçants familiers des échanges internes. Bien que la justice arbitrale présente de nombreux avantages[38], il n'en demeure pas moins qu'elle suppose une certaine expertise et des ressources financières qui ne sont pas à la portée de tous. En dépit du fait que le débat sur la participation des parties faibles aux instances arbitrales ne soit pas nouveau, le droit OHADA est quasiment muet sur la question. Excepté l'article 9 de l'AUA[39], et l'interdiction d'actions arbitrales contre les entreprises engagées dans les procédures collectives[40], aucune disposition n'est

---

[36] CA Paris, 17 nov. 2011, *Cah. arb.* 2012, 159, note D. Cohen ; Cass. civ. 1re, 28 mars 2013, *Pirelli & C. c/ Licensing Projects, Cah. arb.* 2013, 479, note A. Pinna.

[37] P. Meyer, OHADA. Droit de l'arbitrage, Bruylant, Juriscope, 2002, p. 110.

[38] Pour N. Ndoye (*Le licenciement pour motif personnel en France et au Sénégal. Etude de droit comparé*, Thèse de doctorat, 2012, Université de Strasbourg, p. 257), *« l'arbitrage est considéré comme l'arme pouvant contrer efficacement l'insécurité judiciaire qui sévit dans la plupart des Etats-parties »* de l'OHADA.

[39] L'article 9 de l'AUA dispose : « *Les parties doivent être traitées sur un pied d'égalité et chaque partie doit avoir toute possibilité de faire valoir ses droit* ».

[40] L'article 75 alinéa 1 de l'Acte uniforme portant organisation des procédures collectives d'apurement du passif dispose : *« La décision d'ouverture suspend ou interdit toutes les poursuites individuelles tendant à faire reconnaître des droits et des créances ainsi que toutes les voies d'exécution tendant à en obtenir le paiement, exercées par les créanciers composant la masse sur les meubles et immeubles du débiteur »*.

spécifiquement consacrée aux parties faibles. Au contraire, l'AUA et le RA de la CCJA ont choisi manifestement de promouvoir l'arbitrage de manière tous azimuts. Cette situation s'explique par le fait que la *ratio legis* en droit OHADA de l'arbitrage était l'attractivité des investissements. Il s'ensuit que les critères d'arbitrabilité sont définis en des termes très généraux.

27 Qu'il s'agisse de la libre disposition pour les arbitrages régis par l'AUA[41], ou de la notion de différends contractuels pour les arbitrages CCJA[42], il n'est pas possible de déterminer avec certitude l'étendue des litiges arbitrables. De plus, le droit OHADA ne fait aucun cas de la notion d'ordre public pour indiquer les matières inarbitrables. La notion de différends contractuels englobe-t-elle les actes juridiques couverts par l'ordre public de protection ? Difficile de répondre à cette question, la jurisprudence antérieure au droit OHADA n'étant pas homogène. Le droit sénégalais par exemple rendait nulles les conventions d'arbitrage pour les conflits individuels du travail[43]. On peut donc comprendre le scepticisme d'un auteur qui relève l'imprécision de l'AUA quant à la nature des litiges arbitrables[44].

28 La solution admise pour pallier l'absence de définition de la libre disposition par le droit OHADA est le renvoi au droit national. Cette démarche s'explique par le fait que le droit OHADA étant un droit d'exception, lorsqu'il est silencieux il faut se reporter au droit commun ou à un autre droit spécial. Sur ce point, le silence du législateur OHADA est compréhensible dans la mesure où dans la plupart des pays, notamment en France, l'inarbitrabilité des différends individuels du travail ou de consommation est définie dans les textes se rapportant à ces matières[45]. Le problème qui se pose à ce niveau est celui de la qualité du droit interne des pays de l'espace OHADA. Non seulement la rédaction de nombreux codes du travail ne permet pas de trancher fermement l'interdiction de l'arbitrage en droit du travail, mais il se trouve que le droit de la consommation est encore à ses premiers balbutiements en Afrique. Au total, le droit national sensé combler le mutisme de l'AUA s'avère d'un secours limité. Les premiers arrêts rendus sur l'arbitrabilité des conflits sociaux individuels n'ont pas non plus rencontré l'enthousiasme de la doctrine[46].

29 En outre, un auteur soutient qu'en vertu de leur fonds civiliste commun, les Etats membres de l'OHADA ont, à peu de choses près, une conception identique de la libre disposition[47]. Là encore, l'affirmation est simpliste car l'étude approfondie des législations internes de l'espace OHADA montre des divergences littérales qui augurent des nuances sur le fond. La libre disposition est tantôt définie par

---

[41] Article 2 de l'AUA, op. *cit.*, supra, n° 7.

[42] Article 21 du RA de la CCJA, op. *cit.*, supra, n° 7.

[43] N. Ndoye, *Le licenciement pour motif personnel en France et au Sénégal. Etude de droit comparé, op. cit.*, p. 294.

[44] J. Issa-Sayegh, « Réflexions dubitatives sur le droit de l'arbitrage de l'OHADA », *Revue camerounaise de l'arbitrage*, numéro spécial, octobre 2001, p. 22, sp. pp. 24-25.

[45] Ch. Seraglini, « Les parties faibles dans l'arbitrage international », *op. cit.*, n° 1.

[46] CA Abidjan, ordonnance de référé n° 1435 du 2 juillet 2003, *Touré Kouakou Edmond et Amani Nzué c/ Asecna*, www.ohada.com, Ohadata J-04-177.

[47] A. Fénéon, *Droit de l'arbitrage. Commentaires de l'Acte uniforme sur l'arbitrage et du règlement de la CCJA*, Edicef, 2000, pp. 20-22.

énumération des matières, tantôt par une formule générale dont la détermination du contenu exact ressortit du droit prétorien. Il est donc pertinent d'avancer qu'il aurait été mieux de définir de manière claire les matières inarbitrables plutôt que de se limiter au recours à une notion pouvant donner lieu à interprétation diverse[48].

30 Au-delà des imperfections du droit OHADA relevées ci-dessus, il importe de souligner que le législateur africain n'a pas tenu compte de l'environnement socio-économique des Etats membres de l'OHADA en matière d'arbitrage. Dans d'autres disciplines telles que le droit des suretés, ou le droit commercial général, il a eu une autre attitude. En plus de l'exigence des témoins certificateurs pour la validité du consentement des cautions analphabètes[49], le concept d'entreprenant[50] a été consacré afin de ramener les opérateurs du secteur informel dans le giron de l'économie formelle. Au regard du faible taux d'alphabétisation, et par ricochet de culture juridique des populations de l'espace OHADA[51], l'approche aurait dû être différente. En effet, indépendamment du droit OHADA, il a déjà été démontré que les populations africaines ont du mal à s'accommoder à la justice telle qu'instaurée pendant l'ère coloniale[52]. Il en est résulté une profonde inadéquation entre le modèle précolonial, encore en vigueur en zone rurale, et le procès résultant du droit civil écrit[53]. Il est assez aisé d'imaginer que si la justice étatique peine à être assimilée après plus de cinquante ans, les barrières linguistiques et sociologiques se poseront également pour l'arbitrage. Ce n'est pas un hasard si le bilan de la pratique arbitrale dans l'espace l'OHADA, dix ans après l'adoption de l'AUA et du RA, est mitigé[54]. Il est donc clair que la justice arbitrale n'a pas encore une réelle assise sociale, sachant que même les juristes de l'espace OHADA, en majorité, sont loin d'en avoir acquis la maîtrise.

31 Il découle de ce qui précède qu'en adoptant des textes totalement centrés sur le libéralisme du commerce international, tout en les rendant applicables aux procédures dénuées d'extranéité, le législateur OHADA ne parait pas avoir été préoccupé par le sort de la partie faible. S'il est excessif de dire que le droit OHADA est manifestement favorable au fort, il n'en demeure pas moins que la connaissance de l'arbitrage, la rareté des spécialistes, sa faible légitimité auprès des opérateurs économiques locaux n'ont pas non plus été prises en compte. Il faut

---

[48] P. Meyer, OHADA. *Droit de l'arbitrage*, *op. cit.*, p. 101.

[49] Article 14 alinéa 2 de l'Acte uniforme sur les sûretés.

[50] D'après l'article 30 de l'Acte uniforme sur le droit commercial général : « *L'entreprenant est un entrepreneur individuel, personne physique qui, sur simple déclaration prévue dans le présent Acte uniforme, exerce une activité professionnelle civile, commerciale, artisanale ou agricole* ».

[51] F. Onana Etoundi, « Les Principes d'Unidroit et la sécurité juridique des transactions commerciales dans l'avant-projet d'Acte uniforme OHADA sur le droit des contrats », *RDU* 2005-4, p. 683, sp. p. 709 ; M. Fontaine, « Note explicative à l'avant-projet d'Acte uniforme OHADA sur le droit des contrats », *RDU* 2008-1/2, p. 561, sp. p. 568.

[52] J. J. Nambo, « Quelques héritages de la Justice coloniale en Afrique noire », *Droit et société* 2002-2, n° 51-52, p. 325.

[53] K. Konde, C. Kuyu Mwissa et E. Le Roy, « Demandes de justice et accès au droit », *Droit et société* 2002-2, n° 51-52, p. 383.

[54] P. Meyer, « Le droit de l'arbitrage dans l'espace OHADA dix ans après l'acte uniforme », *Rev. arb.* 2010-3, p. 467.

ajouter à ce niveau que le droit de la consommation, qui constitue une sorte de droit commun de la protection du faible, est quasi inexistant dans l'espace OHADA. Très peu d'Etats ont élaboré un texte général visant à prémunir le consommateur contre les abus des professionnels. L'OHADA elle-même n'a pas adopté une législation en droit de la consommation, le projet s'y rapportant semble mort-né[55]. Cette situation amène à s'interroger de manière critique sur le traitement que le législateur africain a réservé aux parties faibles. En ignorant le contexte socio-juridique, leur a-t-il permis de conclure des conventions d'arbitrage dans des conditions conformes à leurs intérêts ? Des mécanismes sont-ils prévus pour garantir l'égalité entre le litigant démuni et son contradicteur nanti ? Si oui lesquels ? Par-dessus tout, a-t-on intégré que le faible niveau culture juridique due à une alphabétisation insuffisante décuple la faiblesse ?

32 Les questions précédentes sont d'un grand intérêt pour le développement de l'arbitrage dans l'espace OHADA. Fort de la timide application de l'AUA et du RA de la CCJA[56], il est important de s'arrêter sur les causes de ce désenchantement sous le prisme de la participation des parties faibles aux instances arbitrales. L'analyse adéquate de cette problématique appelle une approche de droit comparé dualiste. A cet effet, il importe de comparer les droits internes de l'espace OHADA afin de déceler ceux qui sont susceptibles d'enrichir efficacement le droit uniforme, ce dans la perspective d'une implication équilibrée des faibles dans la procédure arbitrale. Il s'agit aussi de mettre le droit OHADA à l'épreuve des droits étrangers dans l'optique de lui faire porter le souffle des bonnes pratiques et règles venues d'ailleurs. Cette approche conduit à exclure la faiblesse de l'Etat dans l'arbitrage d'investissement[57], cette hypothèse ne cadrant pas avec l'application unique d'un droit national de l'arbitrage.

33 Ce travail a donc l'ambition de conduire le législateur OHADA à mettre en place des dispositions visant à assurer une protection efficace de la partie la plus faible. A cet effet, la *summadivisio* des rapports du faible et l'arbitrage sera la boussole de l'évolution du raisonnement. Il s'agit de traiter la protection des intérêts du faible en suivant la chronologie des situations face auxquelles la vulnérabilité d'un litigant doit être préservée. Cette approche a le mérite de permettre une réflexion logique de l'évolution de la protection des intérêts du faible. Autrement dit, le présent travail procède à une étude d'ensemble du droit OHADA de l'arbitrage de l'accord arbitral à la sentence, le sort du faible en étant le prisme méthodologique. Dans cette perspective, il est pertinent d'aborder successivement les relations du faible tant avec la convention d'arbitrage (première partie) que le procès arbitral (deuxième partie).

---

[55] V. supra, n° 189 et s.

56 P. Meyer, « Le droit de l'arbitrage dans l'espace OHADA dix ans après l'acte uniforme », *op. cit.*

[57] W. Ben Hamida, « L'État partie faible à l'instance arbitrale dans le contentieux de l'investissement ? », *op. cit.* p. 14 ; A. Ngwanza, « L'État partie faible quant au recours à l'arbitrage d'investissement », *op. cit.*

PREMIERE PARTIE

PARTIE FAIBLE ET CONVENTION D'ARBITRAGE

34 Contrairement aux juridictions étatiques dont la saisine repose essentiellement sur les règles légales[58], l'arbitrage postule une convention en vertu de laquelle les parties s'engagent à saisir un ou plusieurs tiers pour la résolution de leurs litiges. Comme tout contrat spécial nommé, le régime juridique de l'accord arbitral est fixé par des règles légales qui organisent ses conditions de validité et ses effets. C'est à ce niveau que se manifeste la prévenance d'un législateur à l'égard d'une partie faible. Concrètement, il s'agit des mécanismes protecteurs qu'il instaure afin qu'au regard de son coût et de ses spécificités procédurales, la justice arbitrale ne soit ouverte que dans certaines matières et à une catégorie limitée de justiciables. Il est également important de s'assurer que malgré les dérives contractuelles, l'engagement d'un faible dans une procédure arbitrale soit le produit d'un consentement éclairé et libre.

35 Pour sa part, le législateur africain a perçu l'arbitrage comme un facteur d'attractivité économique de l'espace OHADA et l'a consacré de ce fait comme « *mode par excellence de règlement des différends contractuels* ». Cette option législative parfaitement justifiée en droit des investissements et en droit des affaires, a fait l'impasse sur le fait que le contrat concerne aussi et surtout les actes de la vie quotidienne. En conséquence, en banalisant ainsi le recours aux arbitres, le curseur a été essentiellement pointé sur l'univers économique. Malheureusement, cette approche génère des interrogations sur la prise en compte de la singularité de la partie faible, sachant que l'arbitrabilité porte fondamentalement le souffle libéral (titre 1).

---

[58] Au-delà de sa compétence légale, une juridiction étatique peut être saisie en vertu d'une clause attributive de juridiction.

36 Dans le prolongement du libéralisme innervant le droit OHADA de l'arbitrage, la protection du consentement de la partie faible n'a quasiment pas été abordée. Or, les règles de droit commun tirées du droit national, lacunaire à plusieurs égards, ne sont pas toujours d'un grand secours pour neutraliser les pratiques contractuelles iniques. Il en résulte une protection erratique du faible contre les conventions d'arbitrage unilatérales ou non consenties (titre 2).

TITRE I.

LA PROTECTION DE LA PARTIE FAIBLE QUANT A L'ARBITRABILITE

37 En tant que justice privée, l'arbitrage postule la réunion de plusieurs conditions supplémentaires par rapport aux instances engagées devant les juridictions judiciaires. Outre les conditions de droit commun de l'action en justice, il faut également que les litigants aient consenti à soumettre leurs litiges à des arbitres. L'accord par lequel les parties choisissent de régler leur litige par voie arbitrale n'est valable que s'il respecte des exigences objectives et subjectives.

38 Objectivement, la convention d'arbitrage ne peut porter que sur une catégorie limitée de litiges. Subjectivement, la justice arbitrale n'est ouverte qu'à un type particulier de litigants. La réunion des conditions objectives et subjectives de validité de la convention d'arbitrage renvoie à l'arbitrabilité. Sur la base de cette dernière, une partie faible peut mesurer l'intérêt qu'un ordre juridique lui porte. En fait, il s'agit des cas où le droit positif empêche qu'on l'attraie devant un tribunal arbitral en raison de son indigence matérielle et / ou intellectuelle.

39 Particulièrement désireux de promouvoir l'arbitrage, le législateur OHADA s'est essentiellement évertué à élaborer des règles souples. Dans cette dynamique, il a perdu de vue que la justice arbitrale comporte des risques pour les personnes démunies. Ce faisant, le droit OHADA n'a qu'une faible considération pour les parties faibles. Concrètement, cela se traduit en premier lieu par une définition ambigüe de l'arbitrabilité objective, la nature des litiges échappant aux arbitres, aux fins de protection du faible, étant déterminée de manière imprécise (chapitre I). En second lieu, la généralisation de la capacité compromissoire et l'ignorance des contractants protégés sont la preuve d'une approche libérale qui accorde peu d'intérêt à la précarité des parties faibles en arbitrage (chapitre II).

CHAPITRE I. L'AMBIGUITE DE L'ARBITRABILITE OBJECTIVE

40 Définie comme étant l'ensemble des matières pouvant être portées à la connaissance des arbitres[59], l'arbitrabilité objective est l'un des critères essentiels pour apprécier la bienveillance d'un législateur envers la justice arbitrale[60]. D'origine légale et contractuelle[61], l'arbitrabilité permet de circonscrire le champ d'action des tribunaux arbitraux. Il s'ensuit que la faculté d'attraire une partie faible en arbitrage est tributaire de l'arbitrabilité objective. En fait, en fonction de l'étendue et de la nature des litiges arbitrables, il est assez aisé d'apprécier le niveau de protection qu'un ordre juridique accorde aux justiciables les moins nantis matériellement ou intellectuellement, voire les deux. Plus grand est le champ de l'arbitrabilité objective, plus restreinte est la préservation des intérêts de la partie faible. Pour cette dernière, le droit de l'arbitrage n'est équilibré que s'il intègre les difficultés qu'elle peut avoir[62], soit à consentir librement à une stipulation arbitrale, soit à participer à une procédure placée sous la houlette des arbitres.

---

[59] P. Level, « L'arbitrabilité », *Rev. arb.* 1992-2, p. 213.

[60] E. Gaillard (« Arbitrage commercial international. Convention d'arbitrage. Arbitrabilité », *JurisClasseur Droit international*, fascicule 586-3, n° 20) soutient à bon escient : *« L'étendue de la non-arbitrabilité est très dépendante de la confiance que l'on peut avoir en ce mécanisme privé des différends qu'est l'arbitrage ...* ». V. également Ph. Fouchard, E. Gaillard et B. Goldman, *Traité de l'arbitrage commercial international*, Litec 1996, n° 562 ; J. Billemont, *La liberté contractuelle à l'épreuve de l'arbitrage*, préface C. Jamin, LGDJ, 2013, n° 21.

[61] Comme le rappelle B. Hanotiau (« L'arbitrabilité », *Recueil des cours de l'Académie de la Haye*, tome 296, 2002, p. 25, sp. n° 11 et n° 245), l'arbitrabilité renvoie aussi bien aux prescriptions légales, qu'aux matières que les parties choisissent de soumettre aux arbitres. V. aussi S. Ousmanou, « *Arbitrabilité* », *in* P.-G. Pougoué (dir), *Encyclopédie du droit OHADA*, Lamy, 2011, p. 226, sp. p. 235, n° 47.

[62] H. Motulsky, « L'arbitrage et les conflits du travail », *Rev. arb.* 1956, p. 78.

41 A l'heure où la notoriété de l'arbitrage n'est plus discutable, il peut paraitre inopportun de s'arrêter sur la nature des différends susceptibles d'être tranchés par les arbitres. A priori, le questionnement devrait se porter sur la promotion de la justice arbitrale, tant les avantages de celle-ci sont nombreux[63]. Telle semble être la posture du législateur OHADA qui, soucieux d'instaurer la sécurité juridique, a cru pertinent d'accorder une place de choix à l'arbitrage[64]. Toutefois, l'actualité de la justice arbitrale révèle aussi que le revers de son succès est sa complexification sans cesse croissante : entre manœuvres déloyales[65] et onérosité des procédures, la participation des litigants démunis aux procédures arbitrales est devenue une gageure. Malheureusement, cette caractéristique contemporaine de l'arbitrage n'a pas retenu l'attention du législateur OHADA, la consécration d'un droit favorable à la compétence des arbitres ayant été son unique centre d'intérêt. En adoptant une conception moniste de l'arbitrage[66], le droit OHADA a consacré des textes imprégnés de la philosophie libérale du contentieux international[67]. Le libéralisme du droit OHADA se manifeste aisément à travers sa conception large de l'arbitrabilité objective.

42 S'agissant de la libre disponibilité des droits consacrée par l'AUA, il est frappant de constater qu'elle fait l'objet d'une consécration allusive[68]. En effet, en se bornant d'indiquer que « *toute personne physique ou morale peut recourir à l'arbitrage sur les droits dont elle a la libre disposition* », l'article 2 de l'AUA alinéa 1 manque de clarté. Il en découle une grande imprécision pour les parties faibles, nul ne pouvant dire avec exactitude les litiges échappant à la compétence des arbitres (section 1). Quant à la notion de différend contractuel retenue pour l'arbitrage CCJA[69], en la consacrant de

---

63 Pour U. Draetta (« L'arbitrage international comme fonction publique : quelques brèves considérations », *RDAI* 2012-3, p. 319), l'arbitrage international remplit dorénavant une mission de service public.

64 F.-M. Sawadogo, « Le droit OHADA de l'arbitrage », *in Mélanges en l'honneur d'Yves Guyon*, Dalloz, p. 963.

65 E. Gaillard, « Les manœuvres dilatoires des parties et des arbitres dans l'arbitrage commercial international », *Rev. arb.* 1990-4, p. 759.

66 Pour développements sur l'absence de distinction ente l'arbitrage civil et l'arbitrage commercial en droit OHADA, v. A. Fénéon, *Droit de l'arbitrage. Commentaires de l'Acte uniforme sur l'arbitrage et du Règlement de la CCJA*, Edicef, 2000, p. 20.

67 P. Meyer (*OHADA. Droit de l'arbitrage, Bruylant, Juriscope, 2002, p. 110)* affirme que *« nombre de règles de l'acte [uniforme relatif au droit de l'arbitrage] ont été rédigées en vue de l'arbitrage commercial international en omettant le fait que le champ de l'arbitrage visé par l'acte uniforme n'était pas restreint à ce type d'arbitrage ».*

68 S. Ousmanou, « Arbitrabilité », *op. cit.*, p. 234, n° 41.

69 D'après l'article 2.1 du Règlement d'arbitrage de la CCJA : *« La mission de la Cour est de procurer, conformément au présent règlement, une solution arbitrale lorsqu'un différend d'ordre contractuel, en application d'une clause compromissoire ou d'un compromis d'arbitrage, lui est soumis par toute partie à un contrat, soit que l'une des parties ait son domicile ou sa résidence habituelle dans un des Etats-parties, soit que le contrat soit exécuté*

manière générale, et par le truchement de deux dispositions rédigées quelque peu différemment, le législateur OHADA en a adoptée une conception aux limites aléatoires (section 2).

SECTION I. L'IMPRECISION DE LA LIBRE DISPONIBILITE DES DROITS

43 Le laconisme de l'article 2 alinéa 2 de l'AUA laisse entière la détermination du contenu de la libre disponibilité des droits par l'AUA. Cette démarche est révélatrice d'un libéralisme porteur de risques pour les parties faibles (§ 1). De plus, le droit national censé pallier les imperfections et silences du droit OHADA n'est pas d'un grand secours. L'instabilité des droits internes quant aux droits disponibles contribue à conforter l'incertitude du critère d'arbitrabilité objective de l'AUA, les justiciables faibles ne pouvant savoir exactement quels litiges relèvent du monopole judiciaire (§ 2).

§ 1 Un libéralisme porteur de risques pour les parties faibles

44 Pour prendre la pleine mesure de l'intérêt superficiel de l'AUA pour les justiciables démunis, il importe au préalable de s'arrêter sur l'évasif critère de libre disponibilité des droits (A), avant d'évoquer l'incertaine influence des règles impératives sur l'arbitrabilité des litiges (B).

A. L'évasif critère de la libre disponibilité dans l'AUA

45 Le débat sur la libre disponibilité ne porte pas sur la définition de cette notion, mais plutôt sur les droits qu'elle vise. Il est assez aisément admis qu'« *un droit est disponible lorsqu'il est sous la totale maîtrise de son titulaire, à telle enseigne qu'il peut tout faire à son propos et notamment l'aliéner, voire y renoncer* »[70]. Pour claire que soit cette définition, elle n'épuise point la difficulté quant à la détermination des droits qui sont sous la totale emprise de leur titulaire. Il y a loin entre définir la libre disponibilité et identifier les matières exclues de l'arbitrage. Indiquer les caractéristiques de la libre disponibilité ne permet pas de dire si un droit ou une catégorie de droits subjectifs sont arbitrables. En fait, la libre disponibilité est une notion

---

ou à exécuter, en tout ou partie sur le territoire d'un ou de plusieurs Etats-parties». Dans le même sens, article 21 du Traité OHADA.

[70] P. Level, « L'arbitrabilité », *op. cit.*, n° 7.

ontologiquement floue (1), situation qui justifiait que le législateur OHADA fournisse des précisions supplémentaires quant aux matières inarbitrables afin d'assurer la protection des parties faibles (2).

1. L'ambigüité ontologique de la libre disponibilité

46 Bien que la notion de libre disponibilité soit largement retenue par les législateurs nationaux[71], il n'en demeure pas moins qu'elle ne fait l'objet d'aucune définition légale. Cette situation s'explique par le fait que la libre disponibilité n'est pas claire *per se*, elle se pose en s'opposant. En effet, fort du constat de la quasi inexistence de droits naturellement indisponibles (a), pour cerner la libre disponibilité, « *il faut la confronter aux notions qui forment son environnement juridique* »[72]. Cet exercice ne donne pas non plus satisfaction, car la confrontation de la libre disponibilité à l'ordre public ne fait qu'épaissir la brume qui l'entoure (b).

a. La quasi inexistence de droits naturellement indisponibles

47 Le débat sur le contenu de la libre disponibilité serait vidé de tout intérêt s'il y avait universellement un socle de droits qui ne pourraient être jamais portés à la connaissance des arbitres. A priori, il est possible de soutenir qu'il est des droits par essence inarbitrables quel que soit le système juridique étudié. Or, malgré l'essor sans cesse croissant de l'arbitrage, les droits nationaux conservent leur particularisme quant à la détermination des matières disponibles. S'il est vrai que l'inarbitrabilité des infractions pénales est unanimement consacrée, les rapports entre le droit pénal et l'arbitrage varient néanmoins en fonction des Etats, et ne sont pas étanches[73]. Tout d'abord, il importe de relever que « s*i le litige qui (...) est soumis [à l'arbitre] comporte des aspects civils et pénaux, il doit se déclarer compétent pour trancher les premiers et incompétent pour statuer sur l'infraction* »[74]. C'est notamment le cas lorsqu'un contractant est victime d'inexécution et d'abus de confiance. De plus, malgré le fait que l'arbitre se soit déclaré incompétent dans la célèbre *sentence Lagergren*[75], dorénavant les différends portant sur

[71] B. Hanotiau, « L'arbitrabilité », *Recueil des cours de l'Académie de la Haye*, tome 296, p. 25, sp. n° 42.
[72] J.-M. Tchakoua, « L'arbitrabilité des différends dans l'espace OHADA », *Penant* n° 835, janvier 2001, p. 5, sp. p. 15.
[73] D. Chilstein, « Droit pénal et arbitrage », *Rev. arb*. 2009-1, p. 3, sp. n° 2.
[74] B. Hanotiau, « L'arbitrabilité », *op. cit.*, n° 382.
[75] Sentence CCI 1110/1963, *Argentine engineer v British Company, Yearbookof commercial arbitration* 1996, 47.

des faits de corruption sont jugés arbitrables[76]. Dans une telle hypothèse, le contrat est réputé nul et le tribunal arbitral doit en tirer les conséquences[77]. Ensuite, bien qu'il soit de principe que l'arbitre ne puisse pas prononcer des sanctions pénales, la règle souffre de tempéraments lorsqu'il s'agit de sanctions pécuniaires. Telle est la position retenue par la Cour suprême des Etats-Unis en matière de dommages-intérêts multiples consécutifs à la violation des règles *antitrust*. Dans l'affaire *Mitsubishi*[78], les juges américains ont considéré que la dimension indemnitaire prime sur le caractère pénal de l'infraction. Il en va de même pour les dommages et intérêts punitifs, la Cour suprême des Etats-Unis ayant admis l'arbitrabilité du différend dans l'affaire *Mastrobuono* v. *Shearson Hutton Inc. et al.*[79], motif pris de ce que telle était la volonté des parties.

48 Dans les pays de tradition juridique civiliste comme ceux de l'espace OHADA, il n'existe pas de dommages et intérêts punitifs. Il en découle que l'arbitrabilité du contentieux pénal y est plus réduite. Cet exemple confirme à souhait que même en matière répressive, il n'y a pas un consensus absolu sur la compétence des arbitres. Au total, le droit pénal qui pourrait être perçu comme la discipline par excellence rétive à l'arbitrage[80], lui laisse quelques interstices. Il est donc aisé d'imaginer que les autres disciplines juridiques ne puissent être des sanctuaires dont l'accès est proscrit aux arbitres.

49 Outre le droit pénal, parmi les matières habituellement présentées comme inarbitrables par nature, l'état des personnes, les droits extrapatrimoniaux et les causes communicables au ministère public sont citées en tête de liste. Toutefois, l'analyse comparatiste montre une fois de plus que cette assertion est peu solide, plusieurs Etats permettant l'arbitrage sur toutes les questions ayant une incidence patrimoniale. Cette option législative a aussi bien les faveurs du droit suisse[81], du droit allemand[82] que

---

[76] Sentence CCI 5622/1988, *Broker v Contractor, Yearbook of commercial arbitration* 1994, p. 105, *Rev. arb.* 1993, p. 327; sentence CCI 6248/1990, Yearbook, 1994, p. 124 ; Sentence CCI 3916/1982, *JDI* 1984-4, p. 930, obs. S. Jarvin.

[77] A. Sayed, « La question de la corruption dans l'arbitrage commercial international : Inventaire des solutions », *Bull. ASA* 2001, p. 653 ; A. S. El Kosheri et Ph. Leboulanger, « L'arbitrage face à la corruption et aux trafics d'influence », *Rev. arb.* 1984-1, p. 3, sp. n° 19.

[78] Cour suprême des Etats-Unis, 2 juillet 1985, *Mitsubishi Motors Corporation v. Soler Chrysler-Plymouth, Inc., Yearbook of commercial arbitration* 1986, p. 555

[79] Cour suprême des Etats-Unis, 6 mars 1995, *Mastrobuono v. Shearson Hutton Inc. et al, Rev. arb.* 1995-2, p. 295, note L. A. Niddam.

[80] D. Chilstein, « Droit pénal et arbitrage », *op. cit.*, n° 1.

[81] L'article 177 alinéa 1 de la loi sur le droit international privé suisse dispose que « *toute cause de nature patrimoniale peut faire l'objet d'un arbitrage* »

[82] Le paragraphe 1030 nouveau du Code de procédure civile allemand introduit par la loi du 22 décembre 1997 dispose que « *toute cause de nature patrimoniale peut faire l'objet d'une convention d'arbitrage. Une convention d'arbitrage portant sur des causes de nature non*

du droit portugais[83]. Pour la doctrine, la cause patrimoniale renvoie à « *toute prétention qui a une valeur pécuniaire pour les parties, à titre d'actif ou de passif, autrement dit qui présente pour l'une au moins des parties un intérêt pouvant être apprécié en argent* »[84]. Sur la base de cette définition, il est fondé de soutenir que le critère de patrimonialité permet d'arbitrer des différends relatifs à un contrat de mariage. De plus, la catégorie des droits réputés indisponibles, ou des choses hors de commerce, tels que le corps humain en droit français, ont essentiellement une connotation nationale. La controverse européenne sur la procréation médicalement assistée et la gestation pour autrui (GPA) révèlent à suffisance l'inexistence d'un consensus international. Si d'aventure on applique le critère de patrimonialité à une GPA, l'affaire est parfaitement arbitrable dès lors que le contrat a été conclu à titre onéreux. Un raisonnement similaire peut être fait concernant le droit à l'image dont la nature extrapatrimoniale ne fait pas l'objet de doute. Dès lors qu'un contrat porte sur l'image d'une personne, ou un litige éclate sur l'utilisation abusive de ladite image, une procédure arbitrale pourra être mise en place pour purger ce litige s'il y a des réclamations pécuniaires[85].

50 Au regard des développements qui précèdent, il est permis d'inférer que la prétendue catégorie des droits indisponibles par nature, dont feraient partie l'état des personnes par exemple, est contredite par le droit comparé[86]. Hormis les infractions pénales, et dans une certaine mesure les droits extrapatrimoniaux, il n'y a pas une catégorie unanime de droit naturellement exclus de l'arbitrage. Face à cette situation, il est tentant de considérer que l'ordre public constitue au moins un rempart efficace contre une hypertrophie

---

patrimoniale entraîne des effets juridiques lorsque les parties sont libres de transiger sur l'objet du litige ».

[83] L'article 1 de la loi n° 63/2011 du 14 décembre 2011 dispose : « *1. Dès lors qu'un litige concernant des intérêts de nature patrimoniale n'est pas, en vertu d'une loi spéciale, exclusivement subordonné aux tribunaux de l'Etat ou à l'arbitrage nécessaire, il peut être soumis par les parties, moyennant une convention d'arbitrage, à la décision d'arbitres.*
2. Est également valable une convention d'arbitrage relative à des litiges qui ne se rapportent pas à des intérêts de nature patrimoniale dès lors que les parties peuvent conclure une transaction sur le droit contesté ». Pour développement sur la nouvelle loi portugaise, v. C. Fouchard et F. Vaz, « La nouvelle loi portugaise sur l'arbitrage », *Rev. arb.* 2013-2, p. 367.

[84] A. Bucher, *Le nouvel arbitrage international en suisse*, Helbing & Lichtenhahn 1998, p. 39.

[85] L'article 1676 § 1er *in fine* nouveau du Code judiciaire belge va dans ce sens en disposant : « *Les causes de nature non-patrimoniale sur lesquelles il est permis de transiger peuvent aussi faire l'objet d'un arbitrage* » (nous soulignons). Pour développement sur la réforme du droit belge de l'arbitrage, v. O. Caprasse, « Le nouveau droit belge de l'arbitrage », *Rev. arb.* 2013-4, p. 953.

[86] B. Mallet-Bricout (« Arbitrage et droit de la famille », *Droit et patrimoine* mai 2002, n° 104, p. 59) confirme la versatilité des droits nationaux en matière d'arbitrabilité objective en constatant qu'« en droit américain (...) l'arbitrage est couramment employé pour résoudre tous types de litiges, y compris dans des domaines où il est au contraire interdit dans de nombreux pays civilistes ».

dommageable de l'arbitrabilité. Malheureusement, malgré les apparences, la confrontation de la libre disponibilité et de l'ordre public n'est pas d'un grand secours pour déterminer de manière eidétique les conflits qui, par souci de protection des parties faibles, relèvent du monopole judiciaire.

b. L'insatisfaisante confrontation de la libre disponibilité et de l'ordre public

51 Il y a une grande proximité entre la libre disponibilité et l'ordre public car chacun d'eux participent de la politique juridique. Il est d'ailleurs soutenu que les deux notions précitées ont des rapports étroits puisque le rayonnement de la première entraine l'étiolement du second[87]. Un auteur averti ajoute que « *la notion de libre disponibilité des droits n'est pas autonome, mais dépendante de celle d'ordre public* »[88]. Si cette opinion n'est pas inexacte, peut-on pour autant dire que le domaine de la libre disponibilité se définit par exclusion de l'ordre public ? En d'autres termes, les matières d'ordre public sont-elles automatiquement indisponibles ? Pour la partie faible, la réponse à la question précédente est fondamentale, elle lui permet de savoir si l'invocation de l'ordre public justifie valablement l'irrégularité de la convention d'arbitrage pourtant acceptée.

52 Dès l'abord, il importe de souligner que l'idée selon laquelle l'ordre public est le baromètre de la libre disponibilité est fortement discutable à plusieurs égards. Premièrement, l'ordre public n'est pas une donnée figée qui se laisse enfermer dans une définition statique. Aussi longtemps que le droit positif est-il par essence mouvant, la question de l'instabilité des règles prend une plus grande acuité s'agissant de l'ordre public. Le contenu concret de l'ordre public est très difficile à saisir, excepté les cas où les textes le précisent, le caractère impératif d'une règle est souvent établi par la jurisprudence. Nul ne peut donc définir avec certitude l'étendue de l'ordre public, ses frontières étant des plus poreuses[89].

53 Ensuite, il est excessif de soutenir qu'une « *disposition légale ne consacre pas une protection dont les parties ont la libre disposition lorsqu'elle protège un intérêt public qui dépasse ceux desdits intéressés* »[90]. Depuis les arrêts *Ganz*[91], *Labinal*[92] en droit français, il est admis qu'une

---

[87] J. Billemont, *La liberté contractuelle à l'épreuve de l'arbitrage*, *op. cit.*, n° 22.

[88] Ch. Jarrosson, « L'arbitrabilité : présentation méthodologique », *RJ com.* 1996, p. 1, sp. n° 11, p. 3.

[89] S. Ousmanou, « Arbitrabilité », *op. cit.*, n° 41, p. 234.

[90] B. Hanotiau, « L'arbitrabilité », *op. cit*, n° 143.

[91] CA Paris, 29 mars 1991, *Société Ganz et autres c/ Société nationale des chemins de fer tunisiens*, *Rev. arb.* 1991-3, p. 478, note L. Idot.

[92] CA Paris, 19 mai 1993, *Société Labinal c/ Sociétés Mors et Westland Aerospace*, *RTD com* 1993, p. 492, E. Loquin ; *Rev. arb.* 1993-3, p. 645, note Ch. Jarrosson.

procédure arbitrale puisse porter sur des matières relevant de l'ordre public. Emboitant le pas à leurs homologues français, les magistrats de la CCJA n'ont pas hésité à faire une stricte application du principe compétence-compétence à propos d'un litige portant sur des dispositions d'ordre public en matière sociétaire[93]. Les juridictions nationales ne sont pas en reste dans cette logique, le TPI de Douala[94] n'ayant pas hésité à accorder l'exequatur à une sentence ad hoc prononçant la dissolution d'une société commerciale[95]. De manière générale, en droit comparé la soumission des différends portant ou impliquant des dispositions impératives est largement reconnue[96]. Au regard de la *favor arbitri* chère à la jurisprudence[97], il est clair que la substance de la libre disponibilité ne saurait être recherchée par une simple opposition aux droits relevant de l'ordre public. Les arbitres étant habilités à appliquer des règles d'ordre public, il n'y a pas d'antinomie automatique entre celles-ci et les droits disponibles.

54 Finalement, la confrontation des notions de libre disponibilité et d'ordre public est circulaire, aucune d'elles ne permet de définir le domaine de l'autre de manière rigoureuse. Tout au plus, comme le relève un auteur, l'ordre public sert à définir l'arbitrabilité au moyen d'exclusions ponctuelles[98]. Au-delà de quelques interventions ciblées, l'ordre public, en raison de la croissance de l'arbitrage, ne joue plus qu'un rôle résiduel en matière d'arbitrabilité[99]. Il est davantage utilisé pour le contrôle des

[93] CCJA, 03 juin 2010, *Carlos Domingos Gomes contre B.A.O, Recueil de jurisprudence de la CCJA* n° 15, janvier-juin 2010, p. 74.

[94] TPI Douala-Ndokoti, ordonnance n° 139, 24 avril 2012, *Epoux Siani c/ Epoux Ngaliembou*, inédit.

[95] La décision rendue par les juges camerounais n'était pas évidente dans la mesure où l'arbitrabilité de la dissolution des sociétés commerciales est une question qui n'a pas a été aisément admise. V. dans ce sens, B. Hanotiau, « L'arbitrabilité des litiges en matière de droit des sociétés », *in Liber amicorum Claude Reymond. Autour de l'arbitrage*, Litec, 2004, p. 97 ; J.-B. Racine, *L'arbitrage commercial international et l'ordre public*, avant-propos, L. Boy, préface Ph. Fouchard, LGDJ, 1999, p. 88 ; M. Hwang et R. Muttah, « Arbitrage et questions relatives aux sociétés », *RDAI* 2001-5, p. 555.

[96] L. Mistelis et S. Brekoulakis (dir), *Arbitrability : International and Comparative perspective*, Kluwer Law International, 2009, p. 241.

[97] B. Hanotiau, « La favor arbitrandum et l'arbitrabilité : un réexamen », *JDI* 1994-4, p. 899 ; L. Ravillon, « Que reste-t-il du concept d'inarbitrabilité ? », *in* E Loquin et S. Manciaux (dir) *L'ordre public et l'arbitrage. Actes du colloque des 15 et 16 mars 2013*, Lexis nexis 2014, p. 57, sp. pp. 62-64.

[98] J. B. Racine, *L'arbitrage commercial international et l'ordre public*, *op. cit.*, p. 43.

[99] J.-B. Racine, « Les normes porteuses d'ordre public dans l'arbitrage commercial international », *in* E Loquin et S. Manciaux (dir) *L'ordre public et l'arbitrage. Actes du colloque des 15 et 16 mars 2013*, Lexis nexis 2014, p. 7.

sentences[100], le plus important étant dorénavant que les arbitres n'enfreignent pas une règle fondamentale de la *lex arbitri* ou de la *lex causae.*

55 Au total, il est irréfutable qu'en s'appuyant uniquement sur la libre disponibilité dans l'AUA, le législateur OHADA a fait un choix d'opportunité relative. Si à sa décharge, il est possible d'y voir une ferme volonté d'assurer la promotion de la justice arbitrale, la prévisibilité des règles commandait une autre approche. En faisant l'impasse sur l'ordre public, dont le rôle en matière d'arbitrabilité est certes réduit, l'AUA n'a point préservé les intérêts des justiciables les moins nantis. Il eut été préférable que, conformément à la pratique législative majoritaire, la libre disponibilité soit complétée par des précisions supplémentaires sur l'inarbitrabilité.

2. L'inopportunité du silence de l'AUA sur les matières inarbitrables

56 Dans la catégorie des législations consacrant la libre disponibilité, l'AUA fait partie des textes qui ne font aucune référence à l'inarbitrabilité[101]. Pour mémoire, qu'il s'agisse de la France[102], de l'Algérie[103] ou de la Mauritanie[104], plusieurs législateurs ont éprouvé le besoin de donner des éléments permettant de savoir quelles catégories de litiges sont exclues de l'arbitrage. Cette situation s'explique tant par l'imprécision ontologique de la

---

[100] I. Fadlallah, « L'ordre public dans les sentences arbitrales », *Recueil des cours de l'Académie de la Haye*, tome 249, p. 369.

[101] Dans le même sens l'article 1 *in limine* du décret 2279 du 07 octobre 1989 dispose : « Pourront être soumis à arbitrage les différends susceptibles de transaction qui surgissent entre personnes capables de transiger ». Pour détails sur le texte précité, v. F. Mantilla-Serano, « La nouvelle législation colombienne sur l'arbitrage », *Rev. arb.* 1992-2, p. 41.

[102] Article 2060 du Code civil français.

[103] D'après l'article 1 du décret n° 93-09du 25 avril 1993 modifiant et complétant l'ordonnance n° 66-154 du 8 juin 1966 portant Code de procédure civile algérien : « *Toute personne peut compromettre sur les droits dont elle a la libre disposition. On ne peut compromettre sur les obligations alimentaires, les droits successoraux, de logements et vêtements, ni sur les questions concernant l'ordre public, l'état et la capacité des personnes* ».

[104] L'article 8 de la loi n° 2000-06 portant code de l'arbitrage en Mauritanie dispose : « On ne peut compromettre :
1 *Dans les matières touchant à l'ordre public ;*
2 *Dans les contestations relatives à la nationalité ;*
3 *Dans les contestations relatives au statut personnel qui ne sont pas soumises à l'arbitrage prévu par le présent Code, à l'exception des contestations d'ordre pécuniaire en découlant ;*
4 *Dans les matières où on ne peut transiger ;*
5 *Dans les contestations concernant l'Etat, les établissements publics et les collectivités locales, à l'exception des contestations découlant de rapports internationaux d'ordre économique, commercial ou financier, régis par le chapitre III du présent Code.*
Toutefois, toutes personnes peuvent compromettre sur les droits dont elles ont la libre disposition ».

libre disponibilité, que par la nécessité de circonscrire clairement le périmètre de l'arbitrage. Bien que la référence à l'ordre public par l'article 2060 du Code civil français ait été l'objet de vives polémiques[105], il n'en demeure pas moins que cette disposition a le grand mérite d'écarter explicitement « *les questions d'état et capacité des personnes, (...) celles relatives au divorce et à la séparation de corps ou sur les contestations intéressant les collectivités publiques et les établissements publics (...)* ». Quant à l'article 1 de la loi brésilienne du 23 septembre 1996, malgré les imperfections relevées par la doctrine[106], il prend le soin d'indiquer que « *les personnes capables de contracter peuvent avoir recours à l'arbitrage pour régler des litiges relatifs à des droits patrimoniaux disponibles* » (nous soulignons). Les précisions fournies par les dispositions ci-dessus évoquées quant à l'inarbitrabilité sont loin d'être surabondantes. En dépit de leurs insuffisances, elles ont l'avantage d'éliminer certaines hésitations qui pourraient naitre quant à la possibilité de soumettre certains litiges aux arbitres. Tel est notamment le cas de l'exclusion de l'arbitrage en droit extrapatrimonial de la famille en France[107].

57 La vigilance commandait donc que le législateur OHADA suive la droite ligne tracée par ses homologues français et algérien. Au-delà de la complexité de la notion de libre disponibilité, une diversité de facteurs plaidait en faveur de cette approche. Le premier tient au faible taux d'alphabétisation des populations de l'espace OHADA, et par incidence de culture juridique[108]. Au-delà des indéniables avantages de l'arbitrage, il est incontestable qu'il s'agit d'un mode de résolution peu connu du grand public[109]. Par conséquent, la justice arbitrale appelle une expertise qui est peu à la portée du citoyen ordinaire, qui plus est, quand elle est rarement pratiquée dans son environnement. Outre le fait que le faible, a en général une connaissance limitée du droit de l'arbitrage, il y a fort à parier qu'il aura de la peine à saisir les contours de la libre disponibilité quand les textes ne sont pas précis.

58 La lettre de l'AUA ne facilite pas les choses, au contraire elle les complexifie considérablement. La partie forte est placée en position idéale pour faire accepter une clause compromissoire en laissant croire à son

---

105 J.-B. Racine, *L'arbitrage commercial international et l'ordre public*, *op. cit.*, pp. 42-43. Ch. Seraglini et J. Ortscheidt, *Droit de l'arbitrage interne et international*, Montchrestien, 2013, n° 643 et s.

106 J. Bosco Lee, « Le nouveau régime de l'arbitrage au Brésil », *Rev. arb.* 1997-2, p. 199, sp. n° 8.

107 B. Mallet-Bricout, « Arbitrage et droit de la famille », *op. cit.*

108 F. Onana Etoundi, « Les Principes d'Unidroit et la sécurité juridique des transactions commerciales dans l'avant-projet d'Acte uniforme OHADA sur le droit des contrats », *RDU* 2005-4, p. 683, sp. p. 709.

109 Ph. Leboulanger, « L'arbitrage international Nord-Sud », *op. cit.*, pp. 328-329.

interlocuteur que la compétence des arbitres est sans risques. En mentionnant explicitement les matières inarbitrables, le législateur OHADA aurait annihilé formellement l'occurrence de conventions d'arbitrage dans des matières où elles n'ont pas droit de cité. En l'état actuel du droit OHADA, il est par exemple difficile de se prononcer sur l'inarbitrabilité des litiges de propriété industrielle[110].

59 Au-delà des données sociologiques, la qualité du droit positif antérieur à l'AUA militait en faveur d'un texte plus détaillé quant à l'objet des conventions d'arbitrage. Une doctrine abondamment nourrie avait mis en exergue le caractère lacunaire du droit de l'arbitrage avant l'avènement de l'OHADA dans les pays qui en sont membres[111]. La jurisprudence n'était pas non plus très favorable à l'essor de la justice arbitrale[112], l'autonomie de la volonté qui lui est inhérente ayant été une source de méfiance[113]. A titre de rappel, il faut noter que les Etats de l'espace OHADA appliquaient, par héritage colonial[114], le droit français antérieur à la réforme de 1980. Partant de ce constat, la modernisation du droit de l'arbitrage postulait d'éviter d'élaborer des dispositions dont la lettre allait entraîner des difficultés d'interprétation. S'il est vrai que toutes les limites à l'arbitrage ne figurent pas dans un seul texte, il n'en demeure pas moins qu'il eût fallu traiter l'arbitrabilité avec parcimonie. Cette démarche aurait permis de comprendre que même les textes spéciaux nationaux devant prévoir des exclusions formelles d'arbitrabilité sont peu diserts sur le sujet[115]. La superficialité de l'arsenal normatif du droit interne relatif à l'arbitrage dans l'espace OHADA postulait que l'AUA soit plus précis, sachant que les législateurs nationaux

---

[110] V. infra, n° 68.

[111] R. Amoussou-Guénou, « L'arbitrage commercial en Afrique subsaharienne : état de la pratique et du droit », *Bull. CCI*, 1996-1, p. 60 ; R. Dossou, « La pratique de l'arbitrage en Afrique », *in* Ph. Fouchard (dir), *L'OHADA et les perspectives de l'arbitrage en Afrique*, Bruylant, 2000, p. 125 ; R. Amoussou-Guénou, « L'état du droit de l'arbitrage interne et international en Afrique avant l'adoption des instruments de l'OHADA », *in* Ph. Fouchard (dir), *L'OHADA et les perspectives de l'arbitrage en Afrique*, Bruylant, 2000, p. 17.

[112] Cour Suprême de Côte-d'Ivoire (Chambre judiciaire) 29 avril 1986 ; Cour d'appel de Bouaké, 25 novembre 1987 - *Talal Massih c/ Omais* ; Cour Suprême de Côte-d'Ivoire, chambres réunies, 4 avril 1989 - Talal Massih c/ Omais, *Rev. arb.* 1989-3, p. 530, note L. Idot.

[113] A. Fénéon, *Droit de l'arbitrage. Commentaires de l'Acte uniforme sur l'arbitrage et du règlement de la CCJA*, *op. cit.*, pp. 7-8.

[114] Excepté la Guinée Bissau, la Guinée équatoriale, et le Cameroun anglophone, respectivement placés sous influence coloniale portugaise, espagnole et anglaise, le reste des pays de l'OHADA a été sous le joug français. La RDC se singularise par le fait qu'elle a été colonisée par la Belgique.

[115] Les codes de travail de l'espace OHADA brillent par leur mutisme sur l'arbitrabilité des différends individuels du travail. Quant aux codes de la consommation, ils n'en existent pas dans tous les Etats.

ne sont prompts à adopter des textes dans cette matière[116]. En se bornant à promouvoir de manière tous azimuts l'arbitrage, le législateur a omis que ce dernier était périlleux pour les pauvres, et surtout ses destinataires dans l'espace OHADA n'en avaient qu'une intelligence approximative. Cette conjonction de facteurs négatifs à la protection des parties faibles se conjugue avec le silence de l'AUA sur les règles impératives, ce qui rend incertain l'impact de celles-ci sur l'arbitrabilité du litige.

B. L'incertaine influence des règles impératives sur l'arbitrabilité objective

60 Dès l'abord, il importe de relever que le droit OHADA ne fait aucune référence à l'ordre public quant à la validité de la convention d'arbitrage. Ce silence apprécié par la doctrine[117] permet d'évacuer la controverse française sur la question[118]. Bien qu'un auteur soutienne que « *la référence à l'ordre public tend à dire qu'on est en présence d'une matière soustraite à l'arbitrage* »[119], il n'en demeure pas moins que l'imprécision de l'ordre public justifie la réticence de la doctrine française. S'il est évident que l'accord arbitral doit être soumis à des règles, l'évocation des règles impératives en matière d'arbitrabilité sans la mention de l'ordre public est opportune[120]. Pour cette raison, il a été estimé[121], à juste titre que, les règles impératives peuvent être restreintes aux lois dites de police[122].

---

116 Plus de dix ans après l'adoption de l'AUA, il est encore de nombreux Etats où le droit interne est encore muet sur le juge d'appui ou sur la procédure relative à l'annulation et à l'exequatur des sentences. Pour détails, v. J. Belibi et G. Kenfack Douajni, « Le juge d'appui dans l'arbitrage OHADA », *Revue de l'ERSUMA*, numéro spécial, novembre décembre 2011, p. 51.

117 P. Meyer, *OHADA. Droit de l'arbitrage*, *op. cit.*, n° 169 ; J.-M. Tchakoua, « L'arbitrabilité des différends dans l'espace OHADA », *op. cit.*, pp. 18-21.

118 P. Level, (« L'arbitrabilité », *op. cit.*, p. 235 et s.) considère que la référence à l'ordre public par l'article 2060 du Code civil français « *inutile et équivoque* » pour la définition de l'arbitrabilité.

119 J.-M. Tchakoua, « L'arbitrabilité des différends dans l'espace OHADA », *op. cit.*, p. 20.

120 P. Mayer (« Note sous Cass. civ. 1re, 20 décembre 1993 », *Rev. crit. DIP* 1994-4, p. 663, sp. p. 668) relève que « *la réserve des règles impératives et de l'ordre public international est plus mystérieuse. En elle-même, celle des règles impératives paraît naturelle : en droit des contrats, le principe est la liberté des parties, sous réserve du respect des règles impératives. Mais l'adjonction de l'ordre public international, au domaine normalement plus étroit, serait alors inutile* ».

121 H. Gaudemet-Tallon, « Note sous Cass. civ. 1re, 20 décembre 1993 », *Rev. arb.*1994, p. 116, sp. p. 124.

122 D'après Ph. Francescakis (*Répertoire Dalloz international*, *V Conflit de lois*, 1re édition, n° 137), les lois de police sont « *les lois dont l'observation est nécessaire pour la sauvegarde de l'organisation politique, sociale, ou économique d'un pays* ».

61 Dans le cadre de l'arbitrage OHADA, l'article 4 alinéa 2 de l'AUA subordonne uniquement la validité objective de la convention d'arbitrage au consentement des parties[123]. Est-ce à dire que le consentement est auto suffisant au point de neutraliser toute loi de police ? Ce mutisme de l'AUA sur les règles impératives fragilise les parties faibles en aboutissant à la consécration dangereuse de la convention d'arbitrage sans loi (1). Du laconisme de l'article 4 alinéa 2 de l'AUA, il découle aussi un potentiel désordre procédural pour les différends ne pouvant intégralement être soumis aux arbitres. Ainsi en matière de propriété industrielle et de concurrence, les moins nantis peuvent être étranglés financièrement par les procédures parallèles car rien n'est dit sur l'incidence des compétences exclusives des juridictions nationales ou communautaires (2).

1. Les dangers de la consécration de la convention d'arbitrage sans loi pour la partie faible

62 Bien qu'il soit indéniable que la méthode conflictuelle fragilise l'efficacité des conventions d'arbitrage, la consécration d'une règle matérielle ne signifie pas que le consentement des parties se suffise à lui-même. Or, bien qu'inspiré par l'arrêt *Dalico*[124], l'article 4 alinéa 2 de l'AUA ne reprend pas les réserves d'ordre public international et de règles impératives pourtant formellement posées en droit français.

63 L'encadrement fixé par l'arrêt *Dalico* montre bien que le droit français, dont le libéralisme est indiscutable, refuse de consacrer le contrat sans loi, l'arbitrabilité n'étant pas détachée des lois de police du siège de la procédure ou du lieu d'exequatur de la sentence[125]. En s'abstenant de mentionner la réserve des règles impératives, le législateur OHADA a ouvert la porte à des conventions d'arbitrage peu protectrices du faible. Pourtant, la doctrine, antérieure à l'adoption de l'AUA, relative à l'arrêt *Dalico*, avait soutenu que la réserve des règles impératives était le moyen d'éviter des clauses compromissoires ne respectant pas les exigences minimales sans lesquelles les parties ont pu valablement s'engager[126].

---

[123] L'article 4 alinéa 2 de l'AUA dispose que la « *validité [de la convention d'arbitrage] n'est pas affectée par la nullité de ce contrat et elle est appréciée d'après la commune volonté des parties, sans référence nécessaire à un droit étatique* » (nous soulignons).

[124] Cass. civ. 1re, 20 décembre 1993, *Rev. arb.*1994, p. 116, note H. Gaudemet-Tallon ; *Rev. crit. DIP* 1994, p. 663, note P. Mayer ; *JDI* 1994, p. 432, note E. Gaillard ; *RTD* com. 1994, p. 254, note J.-Cl. Dubarry et E. Loquin ; *JDI* 1994-3, p. 690, note E. Loquin.

[125] Pour développement sur la place des lois de police en arbitrage international, v. C. Seraglini, *Lois de police et justice arbitrale internationale*, Dalloz, 2001.

[126] E. Gaillard, « Note sous Cass. civ. 1re, 20 décembre 1993 », *JDI* 1994, p. 432.

64 L'idée selon laquelle la convention d'arbitrage est obligatoirement soumise aux règles de droit commun, d'où l'inutilité de la réserve des règles impératives n'est pas convaincante. En effet, la *maxime specialia generalibus derogant*[127] permet d'envisager sereinement que le législateur OHADA ait voulu faire du consentement la seule condition de formation de l'accord arbitral. Pour déduire que la rédaction de l'article 4 alinéa 2 de l'AUA n'empêche pas la soumission de la convention d'arbitrage aux conditions de droit commun, il faut faire une démonstration que la doctrine n'a pas produite.

65 Convaincus que la lettre de l'article 4 alinéa 2 de l'AUA relève d'une inadvertance de la part du législateur OHADA, bon nombre d'auteurs[128] estiment que le mutisme de l'article 4 alinéa 2 de l'AUA sur l'ordre public international n'évince pas la nécessité de soumettre la validité de la convention d'arbitrage à celui-ci. La soumission de la validité de la convention d'arbitrage à l'ordre public international en droit OHADA est justifiée par le fait que l'article 26 de l'AUA[129] relatif aux causes d'annulation de la sentence le mentionne expressément. Pour compréhensible que ce soit cette position, il importe de distinguer le défaut de conformité d'une convention d'arbitrage à l'ordre public international et l'absence de respect des règles impératives par le tribunal. Il peut très bien arriver qu'une sentence soit contraire à l'ordre public international sans que l'accord arbitral dont elle est le prolongement soit lui-même nul. De plus, l'ordre public international visant la sentence n'est pas identique à celui de la convention d'arbitrage, cette dernière étant limitée aux questions substantielles à l'inverse de la première qui concerne également la procédure arbitrale.

66 Faute de pouvoir étayer indiscutablement que la lettre de l'article 4 alinéa 2 de l'AUA ne constitue pas une absence de soumission des conventions d'arbitrage aux normes impératives, rien ne garantit au faible

---

[127] Les lois spéciales dérogent aux lois générales.

[128] J.-P. Ancel, « Le contrôle de la sentence », *in Ph.* Fouchard (dir), *L'OHADA et les perspectivesde l'arbitrage en Afrique*, Bruylant, 2000, p. 189, sp. pp. 193-194 ; J.-M. Tchakoua, « Convention d'arbitrage », in P.-G. Pougoué (dir), *Encyclopédie du droit OHADA*, Lamy, 2011, p. 567, sp. p. 582, n° 53.

[129] L'article 26 de l'AUA dispose : « *Le recours en annulation n'est recevable que dans les cas suivants :*
- si le Tribunal arbitral a statué sans convention d'arbitrage ou sur une convention nulle ou expirée ;
- si le Tribunal arbitral a été irrégulièrement composé ou l'arbitre unique irrégulièrement désigné ;
- si le Tribunal arbitral a statué sans se conformer à la mission qui lui a été confiée ;
- si le principe du contradictoire n'a pas été respecté ;
- si le Tribunal arbitral a violé une règle d'ordre public international des Etats signataires du Traité ;
- si la sentence arbitrale n'est pas motivée » (nous soulignons).

qu'il pourra se prévaloir de celles-ci. Or, il est pourtant acquis que la réserve des règles impératives « *donne la possibilité aux juges de contrôler un minimum d'exigence de justice quant au libéralisme de la validité de la clause d'arbitrage* »[130].

67 En posant que le consentement est l'unique critère de validité d'une clause compromissoire ou d'un compromis, l'AUA ouvre aussi la voie aux procédures parallèles. En effet, étant donné que l'arbitre est valablement saisi dès lors que les parties ont conclu une convention d'arbitrage, l'existence d'une règle de compétence exclusive ne le lie pas[131]. Qu'en sera-t-il alors lorsque le faible saisira les juridictions judiciaires concomitamment à une instance arbitrale ? Au regard de la louable jurisprudence de la CCJA quant à la fermeté du principe compétence-compétence[132], il n'est pas excessif d'imaginer que ce n'est qu'au stade du contentieux de l'annulation de la sentence que l'arbitrabilité du différend sera examinée. Entre temps, la partie faible aura été contrainte de se défendre dans une instance arbitrale alors que la compétence des arbitres est douteuse. Pour éviter justement l'occurrence d'un tel préjudice, la Cour de cassation française interdit l'application du principe compétence-compétence en matière sociale[133]. En attendant une décision similaire de la CCJA, le scénario de procédures parallèles en cas de conflit portant sur la propriété industrielle ou sur le droit de la concurrence reste possible.

---

[130] Ph. Leboulanger, « Le principe de validité de la clause compromissoire sans référence à une loi », *in* R. Chaaban, *L'arbitrage détaché des lois étatiques. Actes du colloque du Mans, 15 décembre 2011*, Editions L'Epitoge - Lextenso, 2012, p. 21, sp. p. 26.

[131] Pour P. Mayer (« Litispendance, connexité et chose jugée dans l'arbitrage international », *in Liber amicorum Claude Reymond. Autour de l'arbitrage*, Litec, 2004, p. 185, sp. p. 189), la compétence des arbitres s'apprécie uniquement sur la base de la volonté des parties telle qu'exprimée dans la convention d'arbitrage dès lors que le différend est arbitrable.

[132] CCJA, 24 février 2005, MACACI c/ *May Jean-Pierre, Le juris Ohada* n°2/2005, p. 9 ; *Recueil de jurisprudence de la CCJA* n°5, janvier-juin 2005, volume 2, p. 27 ; CCJA, 24 avril 2008, *Sow Yérim Abib c/ 1°/ Ibrahim Souleymane Aka* 2°/ *Koffi Sahouot Cédric, Actualités juridiques* n° 63, p. 147, note F. Komoin ; F. Onana Etoundi, *Grandes tendances jurisprudentielles de la Cour Commune de Justice et d'Arbitrage*, édition spéciale, octobre 2011, p. 441 et s. ; CCJA, 17 juillet 2008, *M. Dam Sarr c/ MATCA, Le juris Ohada* n°4/2008, p. 46 ; F. Onana Etoundi, *Grandes tendances jurisprudentielles de la Cour Commune de Justice et d'Arbitrage, op. cit.*, p. 446 et s. ; *Revue camerounaise de l'arbitrage* n° 42, juillet-août-septembre 2008, p. 24, note G. Kenfack Douajni ; CCJA, 03 juin 2010, *Carlos Domingos Gomes contre B.A.O, op. cit.* Toutefois, de manière marginale, il est arrivé que la CCJA fasse une application discutable du principe compétence-compétence. V. dans ce sens, CCJA, 10 juin 2010, *Atlantique Telecom S.A. c/ Planor Afrique S.A. et Telecel Faso S.A., Le Juris Ohada* n° 4/2010 octobre-novembre-décembre, p. 35, *Rev. arb.* 2012-3, p. 618, note A. Ngwanza.

[133] Cass. soc., 30 novembre 2011, *D.* 2011, p. 3002 ; *Dr. soc.* 2012, p. 309, obs. B. Gauriau ; *RTD* com. 2012, p. 528, obs. E. Loquin ; *Dalloz actualité*, 3 janv. 2012, obs. L. Perrin ; *Rev. arb.* 2012-3, p. 333, note M. Boucaron-Nardetto ; *JCP* 2011. Act. 1417, obs. N. Dedessus-Le-Moustier.

2. *La coûteuse éventualité des procédures parallèles en propriété industrielle et en droit de la concurrence*

68 Outre les complications et désagréments générés par la concomitance des actions judiciaire et arbitrale sur le même différend, il y a un enjeu financier de plus grande acuité pour le faible. Bien que les procédures parallèles puissent intervenir dans toute matière, elles ont une connotation particulière qui tient aux spécificités de la propriété industrielle et du droit de la concurrence. Pour la première, il importe de rappeler que le brevet est délivré par une autorité publique, ce qui signifie que le contentieux né de la délivrance ou de la validité dudit brevet ne peut relever des arbitres. Il en est ainsi car la décision administrative relative à un brevet participe de l'ordre public économique dans l'intégralité des pays de l'espace OHADA. En revanche, la doctrine avance que les litiges relatifs à l'utilisation des brevets sont arbitrables[134]. Il en découle que lorsqu'un litige porte simultanément sur la validité du brevet et le contrat s'y rapportant, deux fors peuvent être saisis. La jurisprudence française[135] allant dans ce sens ne fait pas l'unanimité. Il lui est reproché, à bon droit, d'aboutir à des situations inextricables quand l'arbitre est amené à se prononcer sur la validité du brevet[136]. Une bonne administration de la justice, et incidemment une réduction du coût des procédures, élément important pour le faible, milite en faveur du monopole judiciaire. L'AUA ne s'appesantissant point sur l'ordre public, il est aisément compréhensible que les litiges de propriété industrielle, et plus largement des droits délivrés par une autorité publique n'aient pas été envisagés. Il en résulte que le professionnel en position de dépendance économique risque de se retrouver simultanément devant le juge et l'arbitre.

69 Le problème se pose dans les mêmes termes concernant le droit de la concurrence ; ce dernier fait partie de ces disciplines qui ne se laissent pas aisément pénétrer par la justice arbitrale. Le consensus autour de l'application des règles condamnant les entraves au libre jeu du commerce par les arbitres n'épuise point le débat. Qu'il s'agisse de l'Union européenne ou de l'espace OHADA, il est des questions qui sont de la compétence exclusive des autorités communautaires. Entrent dans cette catégorie les exemptions individuelles autrefois délivrées par la Commission de l'Union Européenne, aujourd'hui par les juridictions nationales. Compte tenu de la proximité entre le droit européen de la concurrence et celui de la CEMAC et

---

[134] P. Meyer, OHADA. *Droit de l'arbitrage*, *op. cit.*, n° 168.

[135] Cass. civ. 2ème, 01 février 2001, *Rev. arb.* 2001, p. 232 ; CA Paris, 03 février 1992, *RTD* com. 1993, p. 293, note E. Loquin.

[136] C. Seraglini et J. Ortscheidt, *Droit de l'arbitrage interne et international*, *op. cit.*, pp. 567-569.

de l'UEMOA[137], le raisonnement par analogie est possible dans l'espace OHADA. Les articles 88 à 90 du Traité UEMOA vont dans ce sens, le régime des exemptions étant le monopole de la Commission de l'UEMOA. Bien plus, l'article 90 du Traité UEMOA dispose : « *La Commission est chargée, sous le contrôle de la Cour de justice, de l'application des règles de concurrence prescrites par les articles 88 et 89. Dans le cadre de cette mission, elle dispose du pouvoir de prendre des décisions* ». A la suite de ce texte, un avis de la Cour de justice de l'UEMOA a explicitement affirmé que les articles 88 à 90 du Traité UEMOA relèvent de la compétence exclusive de la Communauté[138]. Il en résulte que les matières couvertes par les dispositions précitées devraient échapper aux arbitres.

70 Plutôt que de résoudre le problème, l'arbitrabilité des différends relatifs au droit de la concurrence est également porteuse du risque d'une double procédure pour le faible. L'éventualité d'une procédure arbitrale parallèle à une action étatique est parfaitement possible compte tenu de l'inexistence d'une hiérarchie entre le droit OHADA et les droits communautaires cohabitant avec lui n'est pas claire. Une abondante doctrine n'a eu cesse de s'inquiéter de l'incertaine délimitation des domaines du droit OHADA et des autres législations régionales[139]. Comment affirmer fermement l'inarbitrabilité des litiges évoqués ci-dessus alors que l'AUA ne fait aucun cas des compétences exclusives dont le fondement réside dans la défense de l'ordre public économique ? En attendant une réponse claire à cette question dans la perspective de la révision de l'AUA, le flou est total et le faible est exposé au risque de participer simultanément à deux procédures alors qu'il n'en a pas les moyens.

---

137 F. Hautenne, « Approche comparative des concepts d'entente et d'abus de position dominante dans le cadre de l'UE et l'UEMOA », *Revue burkinabé de droit* 1998, p. 173.

138 Décision citée par A. Sakho, « La législation communautaire de la concurrence et les mécanismes alternatifs de règlement des conflits commerciaux », www.ohada.com, Ohadata D-05-12, sp. p. 13.

139 D. Ba, « Le problème de la compatibilité entre l'UEMOA et l'OHADA », *in La libéralisation de l'économie et le cadre de l'intégration régionale : le cas de l'UEMOA*, Actes du colloque de Ouagadougou, 16-17 décembre *1999*, Publication CEEI, n°3, 2001 ; P. Meyer, « La sécurité juridique et judiciaire dans l'espace OHADA », Penant 855, p. 151, www.ohada.com, Ohadata D-06-50 ; P. Meyer, « Les conflits de juridictions dans les espaces OHADA, UEMOA, CEDEAO », *in La sensibilisation au droit communautaire de l'UEMOA*, Actes du colloque de Ouagadougou, 6-10 octobre 2003, éditions Giraf, 2004, p. 7 ; M. Maidagi, « La cohabitation des hautes juridictions communautaires en Afrique francophone (Cour commune de justice et d'arbitrage (CCJA) de l'OHADA, Cour de justice de la CEMAC et Cour de justice de l'UEMOA», *Revue congolaise de droit des affaires* n° 1, décembre 2009, p. 23, www.ohada.com, Ohadata D-10-11 ; A. T. Ndiaye, « Conflits de norme en droits communautaire OHADA et UEMOA. *Exemple des paiements réalisés dans les systèmes de paiement tégrés en cas de procédures collectives d'apurement du passif* », www.ohada.com, Ohadata D-08-06.

71 Quoi qu'il en soit, il est clair qu'en faisant litière de la réserve des règles impératives, le législateur OHADA n'a pas donné à l'AUA la clarté que le contexte sociologique et juridique de l'espace OHADA postulait. Il eut été judicieux que l'AUA soit rédigé avec une plus grande attention aux droits internes et communautaires auxquels il se greffe. Semblable démarche aurait permis un meilleur traitement des liens entre les normes impératives et l'arbitrabilité. Pour le faible, ces considérations sont capitales car leur prise en compte aurait empêché la consécration d'un critère d'arbitrabilité objective difficile à cerner. Ainsi, l'exégèse pointue du droit national aurait aussi évité de penser que celui-ci est un complément fiable au caractère vague de la notion de libre disponibilité. Le législateur OHADA aurait alors pris la précaution de définir lui-même les matières inarbitrables. Malheureusement, l'instabilité actuelle des législations internes sur les matières disponibles conforte l'idée selon laquelle le critère d'arbitrabilité de l'AUA n'est point favorable aux parties faibles.

§2 Un recours inadéquat aux droits nationaux pour la détermination des droits disponibles

72 D'entrée de jeu, il faut signaler que l'AUA ne renvoie pas explicitement au droit national pour suppléer ses imperfections et omissions. Pour cette raison, avant d'évoquer l'instabilité des législations internes quant à la détermination des matières disponibles (B), il importe de s'arrêter sur le fondement de la fonction supplétive des législations internes en droit OHADA (A).

A. Le fondement de la fonction supplétive des législations internes en droit OHADA

73 Loin de l'idée d'une disparition complète des normes nationales au profit du droit OHADA, ce dernier cohabite au contraire avec elles. Il ne pouvait en être autrement, car le droit OHADA est un droit d'exception (1). Dans cette optique, la complémentarité entre l'AUA et les dispositions nationales est parfaitement justifiée (2).

1. Le caractère exceptionnel du droit OHADA

74 Dans la *summa-divisio* des disciplines juridiques, le droit des affaires est classé dans la catégorie des droits spéciaux, ce par opposition au droit

civil qui constitue le droit commun[140]. Le droit OHADA se présentant lui-même comme le droit des affaires des Etats dans lesquels où il s'applique, il ne fait pas de doute qu'il est un droit d'exception. Néanmoins, il importe de préciser que le droit OHADA ne correspond pas à la définition classique du droit des affaires. Il couvre plusieurs matières qui ne sont pas dans le domaine traditionnel de cette discipline. Il en est ainsi du droit de l'arbitrage, du droit des procédures de recouvrement et des voies d'exécution. Un fort courant doctrinal critique cette propension du législateur OHADA à investir les terres d'élection du droit commun[141].

75 Bien qu'il soit indiscutable que le droit OHADA est un droit *sui generis*[142], il n'en demeure pas moins qu'il s'arrime à un droit commun, en l'occurrence celui des Etats parties au Traité qui l'institue. Dans cette veine, outre la hiérarchie prévue par l'article 10 du Traité évoqué ci-dessus, les rapports droit OHADA et droit national sont gouvernés par la maxime *specialia generalibus derogant*. Il s'ensuit que lorsque la *lex specialia*, le droit OHADA, est muette, incomplète, ou imparfaite, il faut se reporter au droit commun, le droit civil interne[143]. La principale conséquence de la dynamique des rapports droit OHADA - droit national est la complémentarité de l'AUA avec ce dernier.

2. La complémentarité de l'AUA avec le droit interne

76 La logique de cohésion entre l'AUA et les textes nationaux repose aussi bien sur la suprématie du premier sur les seconds, que le rôle supplétif de ceux-ci. Avant de se prononcer sur les contours de l'amendement partiel du droit interne par l'AUA, il convient de noter l'évidence selon laquelle celui-ci est sans effets sur les matières qu'il ne régit pas. Par conséquent, ne sont abrogées que les dispositions nationales contraires ou concurrentes à la législation uniforme. Outre son avis relatif à la portée abrogatoire générale

---

[140] D. Mainguy, *Introduction générale au droit*, Litec, 2005, n° 21.

[141] P.-G. Pougoué et Y.-R. Kalieu Elongo, *Introduction critique à l'Organisation pour l'Harmonisation en Afrique du Droit des Affaires*, Presses Universitaire d'Afrique, 2008, n° 53 et s ; J. Issa-Sayegh et P.-G. Pougoué, « L'OHADA : défis, problèmes et tentatives de solutions », *RDU* 2008-1/2, p. 455, sp. p. 468 ; J. Y. Toé, « La problématique actuelle de l'harmonisation d u droit des affaires par l'OHADA », *RDU* 2008-1/2, p. 23, sp. p. 32 ; Ph. Tiger, « Introduction générale. Colloque sur le droit de la preuve dans l'espace OHADA », *RDUA* 2010-2, dossier spécial, p. 10, sp. p. 13 ; M. Ngom, « Propos impertinents sur l'unification du droit général des contrats », http://www.acicol.com.

[142] A. Ngwanza, « La tradition juridique du droit OHADA », *JADA, février 2013, numéro spécial, L'arbitre, l'avocat et les entreprises face au droit au droit OHADA*, Actes Forum OHADA CANADA, p. 39, n° 37 et s.

[143] Il peut arriver que le droit interne appelé à la rescousse du droit OHADA ne soit pas le droit commun. Il peut s'agir par exemple du droit du travail en matière d'arbitrabilité des conflits individuels du travail.

du droit OHADA[144], la CCJA a eu à se prononcer sur l'amendement du droit national par l'AUA. Dans l'affaire époux *Delpech*[145], elle a indiqué que « *l'Acte uniforme [relatif à l'arbitrage] (...) ne précisant pas le (...) juge compétent, il y a lieu de se reporter à la loi nationale de l'Etat Partie concerné, pour déterminer le juge devant lequel le recours en annulation doit être porté* ».

77 Il découle de cet arrêt *époux Delpech* un principe général selon lequel le droit national de l'arbitrage a vocation à survivre sur tous les points non régis par l'AUA[146]. En se reportant à la loi interne, la CCJA respecte les limites du domaine matériel de la législation OHADA, l'organisation judiciaire interne ne relevant pas de son ressort. Pour saisir la position de la CCJA dans cette affaire, il faut se souvenir qu'afin de respecter les spécificités du droit judiciaire privé national, l'article 25 de l'AUA prévoit que la sentence « *faire l'objet d'un recours en annulation, qui doit être porté devant le juge compétent dans l'Etat-partie* ». Cette disposition est le parangon des textes OHADA nécessitant l'appui des normes internes pour son application. L'article 2 de l'AUA ne donnant pas une définition des droits disponibles, il est entièrement justifié de lui appliquer la logique gouvernant la mise en œuvre de l'article 25 de l'AUA.

78 Pour autant, ce recours au droit national n'a pas manqué d'inquiéter la doctrine. Une plume experte, particulièrement lucide, avait noté très tôt qu'il « *n'est pas certain que cette attitude vertueuse de renvoyer aux droits nationaux soit heureuse dans la mesure où on peut être confronté à une difficulté sérieuse : le vide juridique si le droit national ne comporte pas de disposition idoine* »[147]. Loin d'être excessive, cette pensée s'avère fondée concernant l'arbitrabilité, les législations internes étant peu claires et non identiques.

---

[144] CCJA, avis n° 001/2001/EP, 30 avril 2001, *Penant* 2002, n° 839, p. 229.

[145] CCJA, 19 juin 2003, *époux Delpech c/ SOTACI, op. cit.*

[146] Contrairement à l'arrêt *époux Delpech*, la CCJA a ultérieurement rendu un arrêt qui restreint, à tort, la place des dispositions nationales à l'arbitrage institutionnel. V. dans ce sens, CCJA, 07 juin 2012, *Société Constructions Métalliques Ivoiriennes dite CMI c/ Fraternité Saint Jean Eudes d'Abatta, OHADA. Code bleu. Textes annotés, jurisprudences résumées de la CCJA, Annotations de droit comparé, éditions Juriafrica,* 2014, p. 686. *En l'espèce, la CCJA a décidé qu'« en se substituant aux lois préexistantes organisant l'arbitrage en droit interne, l'Acte uniforme abroge toutes les lois générales relatives à l'arbitrage ne laissant subsister que les éventuelles normes d'organisation de l'arbitrage institutionnel qui ne lui sont pas contraires »* (nous soulignons).

[147] J. Issa-Sayegh, « L'ordre juridique OHADA », www.ohada.com, Ohadata D-04-02, sp. p. 4. V. également, A. Ngwanza, « OHADA entre adolescence et âge adulte : une crise existentielle ! », *Penant* 2009, n° 866, p. 3.

B. L'instabilité des droits nationaux quant à la détermination des matières disponibles

79 De prime abord, il peut paraitre surprenant de parler de disparité entre les droits nationaux de l'espace OHADA, leur appartenance majoritaire à la famille civiliste française étant fortement revendiquée[148]. Au terme d'une étude des droits camerounais[149], gabonais[150] et tchadien[151], l'auteur du projet d'acte uniforme sur l'arbitrage a conclu d'une part que la libre disponibilité avait été consacrée dans ces pays, et d'autre part que les dispositions s'y référant étaient des transpositions des articles 2059 et 2060 alinéa 1 du Code civil français[152]. La convergence des droits nationaux de l'espace OHADA s'explique par le principe de spécialité législative en vertu duquel les colonies et territoires placés sous mandat ou tutelle français recevaient le droit de la métropole. Toutefois, le principe de spécialité législative n'a pas été mis en œuvre de manière homogène[153]. De plus, l'activité législative post indépendance des anciennes colonies subsahariennes françaises n'a pas non plus été similaire dans les pays composant l'OHADA. En conséquence, le droit national de ces derniers se présente sous un jour particulièrement divergent (1), d'où le constat d'une définition plurielle de l'arbitrabilité objective défavorable à la partie faible (2).

---

[148] P.-G. Pougoué, « L'avant-projet d'Acte uniforme sur le droit des contrats : les tribulations d'un universitaire », www.ohada.com, Ohadata D-07-41 ; B. Mercadal, « Abécédaire sur les débats du Colloque de Ouagadougou sur " L'harmonisation du droit OHADA des contrats ". Communication écrite », *RDU* 2008-1/2, p. 489 ; P. Catala, « Deux regards inhabituels sur la cause dans les contrats », *Defrénois* 2008, p. 2365.

[149] L'article 577 du Code de procédure civile camerounais dispose : « *On ne peut compromettre sur les dons et legs d'aliments, logements et vêtements ; sur les séparations d'entre mari et femme, divorces, questions d'état, ni sur aucune des contestations qui seraient sujettes à communication au ministère public* ».

[150] L'article 973 du Code de procédure civile gabonais dispose : « *Toute personne peut compromettre sur les droits dont elle a la libre disposition.*
On ne peut compromettre sur les questions d'état et capacité des personnes, ni sur aucune contestation qui serait sujette à communication au ministère public ».

[151] L'article 370 du Code de procédure civile tchadien dispose : « *Sur toutes les questions qui ne concernent pas l'ordre public et ne mettant pas en cause l'Etat et la capacité des personnes, les parties peuvent convenir de d'en remettre à la décision d'un arbitre* ».

[152] A. Fénéon, *Droit de l'arbitrage. Commentaires de l'Acte uniforme sur l'arbitrage et du Règlement de la CCJA*, op. cit., pp. 22-23.

[153] R. Amoussou-Guénou, « L'état du droit de l'arbitrage interne et international en Afrique avant l'adoption des instruments de l'OHADA », *op. cit.*, p. 28.

1. *Une grande divergence des législations nationales*

80 Schématiquement, en matière de libre disponibilité, les droit internes de l'espace OHADA peuvent être classés en deux catégories : les ordres juridiques muets et ceux contenant des dispositions. Aussi surprenant que cela puisse-t-il paraitre, il est des Etats membres de l'OHADA dont les textes ne prévoient aucune règle générale relative aux litiges pouvant être soumis à l'arbitrage. Entrent dans cette catégorie : le Bénin, le Burkina, la Centrafrique, les Iles Comores, le Congo la Guinée, la Guinée équatoriale, la Guinée Bissau, le Mali et le Niger[154]. Il y a lieu de préciser ici que la situation n'est pas identique dans tous ces pays. Le Congo, par exemple, se singularise par le fait qu'il a adopté une disposition relative à l'arbitrage, mais elle ne vise pas l'arbitrabilité[155]. Quant au Bénin, sa situation est assez semblable à celle du Congo à une nuance près : l'élaboration de règles relatives à la procédure de reconnaissance et d'annulation des sentences[156] se conjugue avec l'abrogation de la loi 63-2 rendant nulles les clauses compromissoires insérées dans les contrats de vente conclus et exécutés au Bénin (anciennement appelé Dahomey)[157]. S'agissant du Mali, sa particularité se trouve dans le fait que les articles 879 à 942 de son Code de procédure civile, commerciale et administrative de 1994 relatifs à l'arbitrage ont disparu après la révision de 1999. Probablement, le législateur malien a cru, à tort, que l'AUA était auto suffisante, ce qui rendait superfétatoires les dispositions qu'il avait antérieurement adoptées.

81 Le groupe de pays ayant élaboré des règles sur les matières arbitrables est ainsi composé : le Cameroun, la Côte d'Ivoire, le Gabon, la République Démocratique du Congo (RDC), le Sénégal, le Tchad, et le Togo. Comme pour les Etats étudiés plus haut, la situation est variée et permet une classification binaire. Premièrement, il est une catégorie de pays

[154] Paradoxalement au timide engouement des législateurs nationaux envers la justice arbitrale, tous les pays dont le droit ignore la libre disponibilité ont conclu des conventions multilatérales ou bilatérales soit portant sur l'arbitrage, soit contenant des dispositions s'y rapportant.

[155] L'article 310 du Code de procédure civile, commerciale, administrative et financière institué par la loi du 21 avril 1983 dispose : « *La sentence arbitrale n'a autorité de chose jugée que si elle a été déclarée exécutoire par une ordonnance du Président du Tribunal Populaire de District ou d'Arrondissement dans le ressort duquel elle a été prononcée.*
Lorsqu'il s'agit d'une sentence arbitrale rendue à l'étranger, elle ne devient exécutoire que si elle est revêtue de l'exequatur donné par le Président du Tribunal Populaire de District ou d'Arrondissement du lieu où doit être poursuivie son exécution ».

[156] V. articles 1167 à 1170 du nouveau Code de procédure civile, commerciale, administrative, sociale et des comptes.

[157] A. Fénéon, *Droit de l'arbitrage. Commentaires de l'Acte uniforme sur l'arbitrage et du règlement de la CCJA, op. cit.*, pp. 8-9.

qui fixe les matières inarbitrables par énumération. Il s'agit du Cameroun[158], de la Côte d'ivoire[159], du Gabon[160], du Sénégal[161], et du Tchad[162]. La seconde catégorie constituée de la RDC et du Togo a opté pour une définition à partir d'un critère général. Cependant, ces deux Etats n'ont pas retenu la même méthode. Tandis que l'article 275 du Code de procédure civile togolais procède par voie directe[163], l'article 159 du Code de procédure civile de la RDC opère un renvoi vers la transaction. D'après cette dernière disposition : « *Quiconque a la capacité ou le pouvoir de transiger, peut compromettre pourvu que la contestation puisse faire l'objet d'une transaction* ». Malgré leur proximité méthodologique, les textes togolais et congolais s'illustrent par une nuance caractéristique de l'impossibilité de donner un contenu exact et uniforme des droits disponibles à partir du droit national.

2. Une définition plurielle de l'arbitrabilité défavorable à la partie faible

82 Comme vient de le démontrer l'étude panoramique du droit interne, l'arbitrabilité objective fait l'objet d'un traitement divers qui va de son ignorance pure et simple, à l'adoption d'un critère général, en passant par une approche énumérative. Comment savoir qu'un litige est arbitrable dans un Etat dont les textes sont muets ? Telle est la première question qui se pose au justiciable démuni, les difficultés d'accès à la jurisprudence nationale des Etats de l'OHADA étant particulièrement accrues[164]. Quand bien même la jurisprudence interne serait bien connue, la CCJA pourra-t-elle uniformiser la conception prétorienne de la libre disponibilité alors qu'elle se prononce sur une matière non régie par le droit OHADA ? La réponse est des plus

---

[158] Article 577 du Code procédure civile camerounais, *op. cit.*

[159] L'article 17 alinéa de la loi 93- 671 du 9 août 1993 relative a l'arbitrage dispose : « *On ne peut compromettre sur les questions d'état et de capacité des personnes, sur celles relatives au divorce et à la séparation de corps ou sur les contestations intéressant les collectivités publiques et les établissements publics et plus généralement dans toutes les matières qui intéressent l'ordre public* ».

[160] Article 973 du Code de procédure civile gabonais, *op. cit.*

[161] L'article 826-2 du COCC du Sénégal dispose : « *On ne peut compromettre sur les dons et legs d'aliments, logements et vêtements, sur les séparations d'entre mari et femme, divorces, questions d'état, et plus généralement dans toutes les matières qui intéressent l'ordre public* »

[162] Article 370 du Code de procédure civile tchadien, *op. cit.*

[163] L'article 275 du Code de procédure civil togolais dispose : « *Toutes personnes peuvent compromettre sur les droits dont elles ont la libre disposition* ».

[164] Les arrêts de la CCJA ne sont pas non plus aisément accessibles alors que cette juridiction a vocation à unifier l'interprétation et l'application du droit OHADA. V. dans ce sens, A. Ngwanza, « L'essor de l'arbitrage international en Afrique sub-saharienne : les apports de la CCJA », Revue de l'ERSUMA n°3 septembre 2013, p. 30, sp. n° 92-105.

incertaines, son rôle consistant à faire la police de l'interprétation et l'application du droit OHADA[165].

83 En conséquence, entre deux ordres juridiques silencieux sur les droits indisponibles, un justiciable peut se retrouver dans un cas attrait devant les arbitres, dans l'autre contraint d'ester devant les juridictions étatiques. Compte tenu de la libre circulation des marchandises et des personnes dans l'espace UEMOA[166] (référence), ce risque n'est pas utopique tant les petits commerçants de cette région font des opérations transfrontalières. Ce manque de prévisibilité des règles est totalement contraire à l'objectif de sécurité juridique ayant justifié la création de l'OHADA.

84 S'agissant des textes qui procèdent par énumération des différends inarbitrables, il y a lieu de souligner qu'ils ne visent pas intégralement les mêmes droits. L'article 826-2 du Code des obligations civiles et commerciales sénégalais (COCC) est le seul texte à interdire les conventions d'arbitrage pour les conflits locatifs. Parlant des litiges sur les dons et legs d'aliments, seuls l'article 826-2 précité et l'article 577 du Code de procédure civile camerounais vont dans ce sens. Quant aux matières communes à tous les textes, il est à espérer que les juges nationaux ne tombent pas dans les sinuosités du droit français. En matière de propriété intellectuelle et en droit de la concurrence, le droit français n'offre pas les meilleures solutions[167]. Or, dans le doute ou l'imprécision des textes, les juristes de l'espace OHADA ont tendance à s'inspirer du droit français[168]. Il s'ensuit que les parties faibles sont exposées au risque de participer aux procédures parallèles comme indiqué ci-dessus[169].

85 Enfin, les législations faisant appel à un critère général ne sont pas non plus convaincantes. Outre le fait que l'article 275 du Code de procédure civile togolais est empreint d'une forte imprécision sur les matières inarbitrables, l'article 159 du Code de procédure civile de la RDC est encore plus complexe. Il renvoie à la transaction alors que les matières sur

---

[165] V. dans ce sens, M. J. V. Kodo, *L'application des Actes uniformes de l'OHADA*, Academia, Bruylant, 2010 ; J. Gatsi, « La Jurisprudence, source du droit OHADA », RIDC 2012-2, p. 477.

[166] L'article 91 du Traité portant création de l'UEMOA dispose : *« Sous réserve des limitations justifiées par des motifs d'ordre public, de sécurité publique et de santé publique, les ressortissants d'un Etat membre bénéficient sur l'ensemble du territoire de l'Union la liberté de circulation et de résidence (...) »*. Pour développements sur ce texte v. H. S. Kane, « La libre circulation des personnes et des biens dans l'espace UEMOA », http://www.institut-idef.org/IMG/pdf/CommunicationLibreCirculoPers_Biens_JugeKANE_.pdf.

[167] V. supra, n° 68.

[168] J.-M. Tchakoua, Introduction générale au droit camerounais, Presses de l'Université catholique d'Afrique centrale, 2008, p. 96.

[169] V. supra, n° 68-69.

lesquelles celle-ci est possible ne font l'objet d'aucune définition textuelle[170]. Incapable de démêler l'écheveau constitué par l'article 159 précité, la doctrine congolaise se contente de mettre en relief les relations compliquées entre arbitrabilité et ordre public[171]. Quel argument peut exciper le faible pour invalider une clause compromissoire ou un compromis en droit togolais ou en droit congolais ? La question reste entière.

86 Au total, que ce soit à la lumière de l'AUA ou du droit national, l'arbitrabilité objective n'est pas encadrée de manière prévisible. Au lieu de protéger le statut précaire de la partie faible, les droits OHADA et nationaux confortent sa vulnérabilité par leurs imprécisions et divergences. Pour cette raison, il est pertinent d'avancer qu'en lieu et place de la libre disposition, « *il eut été préférable de recourir à une notion moins fuyante qui ne souffrirait pas d'interprétations différenciées selon les droits qui pourraient être utilisés pour la concrétiser* »[172]. Il était préférable d'énumérer exhaustivement les matières inarbitrables, le reste tombant sous le coup de ce qui n'est pas interdit est permis. De plus, la problématique des litiges éligibles à l'arbitrage en droit OHADA aurait été moins ardue pour la partie faible si les vices de l'AUA ne se retrouvaient pas dans l'arbitrage CCJA. A certains égards, tel est malheureusement le constat, la notion de différends contractuels étant rebelle à une définition claire des frontières des matières arbitrables sous les auspices de la CCJA.

SECTION II. LES FRONTIERES ILLIMITEES DE L'ARBITRAGE CCJA

87 Pour identifier les conflits pouvant être administrés par le centre d'arbitrage de la CCJA, il faut se référer aussi bien à l'article 21 alinéa 1 du Traité OHADA qu'à l'article 2.1 du Règlement d'arbitrage de la CCJA (RA)[173]. Pour sa part, l'article 21 du Traité OHADA dispose : « *En application d'une clause compromissoire ou d'un compromis d'arbitrage,*

---

[170] L'article 584 du Code des obligations congolais se borne à indiquer que « *pour transiger, il faut avoir la capacité de disposer des objets compris dans la transaction* ».

[171] C. Lukombe Nghenda, *Le règlement du contentieux arbitral. Tome II. L'arbitrage*, Publications des facultés de droit et des Universités du Congo, 2006, n° 287-288.

[172] P. Meyer, OHADA. *Droit de l'arbitrage*, *op. cit.*, n° 163, p. 101.

[173] Au-delà des articles 21 du Traité OHADA et 2.1 RA, la doctrine (P.-G. Pougoué, « Le système d'arbitrage de la Cour Commune de Justice et d'Arbitrage », *in* Ph. Fouchard (dir), *L'OHADA et les perspectives de l'arbitrage en Afrique*, Bruylant, 2000, p. 129, sp. p. 134 ; P.-G. Pougoué, J.-M. Tchakoua et A. Fénéon, *Droit de l'arbitrage dans l'espace OHADA*, Presses universitaires d'Afrique, 2000, n° 67-68) s'est interrogée sur le fait de savoir si le caractère contractuel du différend ne doit pas être complété par l'exigence de disponibilité du droit litigieux. Les avis divergent sur ce point, alors que J.-M. Tchakoua (« L'arbitrabilité des différends dans l'espace OHADA », *op. cit.*, pp. 13-14) y est favorable, P. Meyer (« Arbitrage CCJA», *in* P.-G. Pougoué (dir), *Encyclopédie du droit OHADA*, Lamy, 2011, p. 293, sp. n° 9) pense le contraire.

toute partie à un contrat, soit que l'une des parties ait son domicile ou sa résidence habituelle dans un des Etats Parties, soit que le contrat soit exécuté ou à exécuter en tout ou partie sur le territoire d'un ou plusieurs Etats Parties, peut soumettre un différend d'ordre contractuel à la procédure d'arbitrage prévue par le présent titre ». Quant à l'article 2.1 du RA, il énonce : « *La mission de la Cour est de procurer, conformément au présent règlement, une solution arbitrale lorsqu'un différend contractuel, en application d'une clause compromissoire ou d'un compromis d'arbitrage, lui est soumis par toute partie à un contrat, soit que l'une des parties ait son domicile ou sa résidence habituelle dans un des Etats-parties, soit que le contrat soit exécuté ou à exécuter, en tout ou partie sur le territoire d'un ou de plusieurs Etats-parties*». La lecture combinée de ces deux dispositions fait ressortir une vision commune : le litige doit présenter un lien géographique avec l'espace OHADA et porter sur un contrat.

88 Il s'infère de l'exégèse des deux dispositions citées ci-dessus que le législateur OHADA n'a pas entendu circonscrire l'arbitrage CCJA à une catégorie particulière de contrat. Or, indépendamment des vertus de l'arbitrage, nul ne peut contester qu'il soit avant tout destiné au règlement des conflits entre acteurs de la scène économique. D'ailleurs, le droit OHADA, malgré ses excursions sur les terres du droit commun reste avant tout un droit de certaines activités économiques[174]. Dans ce contexte, rien ne justifie qu'un droit de l'arbitrage instauré par un législateur investi de la mission de moderniser le droit des affaires puisse élaborer des règles concernant tous les actes de la vie civile. A cet égard, il est pertinent de considérer que le droit OHADA est habité d'une fâcheuse « *démangeaison civiliste* »[175], qui le conduit à une « *démesure matérielle* »[176]. En matière d'arbitrage CCJA, il serait bon de le circonscrire aux acteurs de la sphère commerciale, et aux opérations qui s'y déroulent[177]. Une telle perspective permet de s'arrêter sur l'arbitrabilité de certains contrats de la vie privée, notamment ceux que toute personne physique, aussi démunie soit-elle, peut conclure. Il s'agit des contrats familiaux d'une part (§ 1) et des baux d'habitation et contrats médicaux d'autre part (§ 2).

---

[174] J. Diffo Tchunkam, « Actualité et perspective du droit OHADA après la reforme de l'Acte Uniforme relatif au Droit Commercial Général du 15 décembre 2010 », JADA 2012-2, p. 54, sp. n°6 et s.

[175] Ph. Tiger, « Introduction générale. Colloque sur le droit de la preuve dans l'espace OHADA », *op. cit.*, p. 13.

176 P.-G. Pougoué et Y.-R. Kalieu Elongo, *Introduction critique à l'Organisation pour l'Harmonisation en Afrique du Droit des Affaires, op. cit., n° 53 et s.*

[177] J. Issa-Sayegh et P.-G. Pougoué, « L'OHADA : défis, problèmes et tentatives de solutions », *op. cit.,* p. 468.

§1 L'arbitrabilité des contrats familiaux

89 Dans le cadre de cette étude, par contrat familial, il faut entendre toute convention conclue entre personnes d'une même famille, ou alliés, dont l'objet concerne la vie commune de ladite famille. Sont ainsi exclues, les ventes de biens qui ne concernent pas un patrimoine commun, ou alors qui n'ont pas un effet symbolique ou structurel sur le quotidien de la famille. Il convient de rappeler ici que le droit de la famille est le domaine par excellence de la vie privée pour lequel le législateur accorde une grande vigilance. C'est ce qui explique que tous les ordres juridiques nationaux de l'espace OHADA ayant des dispositions sur l'inarbitrabilité y incluent l'état et la capacité des personnes et le divorce[178].

90 Pour autant, cette orientation législative n'a d'intérêt dans l'arbitrage CCJA que si on considère que les différends contractuels ne sont arbitrables que sur les droits pour lesquels les parties ont la libre disposition. En d'autres termes, cela revient à dire que les articles 21 du Traité OHADA et 2.1 du RA doivent se combiner avec l'article 2 de l'AUA. Malgré quelques réserves doctrinales[179], dans la perspective de la protection de la partie faible, l'idée est séduisante ce d'autant plus qu'elle est soutenue par une solide argumentation. Il est avancé à ce propos que les contrats ne pouvant pas avoir pour objet des choses hors du commerce au sens de l'article 1128 du Code civil, une convention d'arbitrage ne pourrait être conclue sur un droit indisponible[180].

91 Toutefois, il convient de relever que quand bien même on s'accorde pour juger inarbitrables les contrats sur les droits indisponibles, il n'en demeure pas moins qu'il en reste une grande partie sur lesquels l'arbitrage reste possible[181]. Entrent dans cette catégorie, la cession d'obligation alimentaire[182], le contrat de mariage[183], le litige s'y rapportant pouvant survenir en dehors de la procédure du divorce. Sans vouloir rompre l'union conjugale, le désaccord des époux peut porter uniquement sur la modification du contrat de mariage. Faute d'avoir une limitation, la CCJA pourrait être valablement saisie pour l'arbitrage d'un tel différend. Le législateur français a bien pressenti ce danger, d'où l'article 2061 du Code

---

[178] V. supra, n° 81.

[179] P. Meyer, « Arbitrage CCJA », *op. cit.*, n° 9.

[180] J.-M. Tchakoua, « L'arbitrabilité des différends dans l'espace OHADA », *op. cit.*, pp. 13-14.

[181] Ph. Leboulanger (« L'arbitrage et l'harmonisation du droit des affaires en Afrique », Rev. arb. 1999-3, p. 541, sp. p. 550) remarque l'AUA et le RA « *s'appliquent (...) à l'arbitrage civil* ».

[182] Seuls les articles 825-2 du COCC sénégalais et 577 du Code de procédure civile camerounais précisent qu'on ne peut compromettre sur les obligations alimentaires.

[183] Mallet-Bricout, « Arbitrage et droit de la famille », *op. cit.*

civil qui prévoit que « *La clause compromissoire doit avoir été acceptée par la partie à laquelle on l'oppose, à moins que celle-ci n'ait succédé aux droits et obligations de la partie qui l'a initialement acceptée. Lorsque l'une des parties n'a pas contracté dans le cadre de son activité professionnelle, la clause ne peut lui être opposée* ». En consacrant l'inopposabilité de la stipulation arbitrale au non professionnel dans les contrats mixtes, le droit français pourtant très favorable à la justice arbitrale, exprime une ferme réticence à son développement au détriment des parties faibles[184].

92 La position retenue par le législateur français est encore plus défendable dans l'espace OHADA pour des raisons sociologiques. Dans un environnement où l'arbitrage peine à décoller, il ne sert absolument à rien de lui ouvrir des champs de compétence où il serait vécu comme une justice de riches au détriment des pauvres. Dès lors que des conjoints impécunieux souhaitant poursuivre leur vie de couple, se verront opposer le principe compétence-compétence pour les contentieux relatifs à la modification du contrat de mariage, ils se sentiront frustrés. Le coût et la technicité de la procédure d'arbitrage étant des facteurs rédhibitoires à la participation à une instance arbitrale, l'époux démuni aura beau jeu de crier à l'injustice. Afin d'éviter une croissance démesurée de l'arbitrage CCJA ne devienne une source de tensions sociales, il serait de bon ton de confier la résolution des litiges découlant des contrats familiaux aux juges étatiques. Cette recommandation vaut également pour les baux d'habitation et les contrats médicaux.

§ 2 L'arbitrabilité des baux d'habitation et les contrats médicaux

93 Le droit de la consommation, et plus largement la protection de la partie faible, étant encore à ses premiers balbutiements dans l'espace OHADA, la plupart des actes juridiques marqués par un déséquilibre des parties continuent d'être traités sous le prisme de l'autonomie de la volonté. A l'exception des contrats de travail qui ont fait l'objet d'une législation détaillée, les autres domaines du droit restent caractérisés par le libéralisme des textes hérités de la colonisation. Il en découle qu'une clause compromissoire peut être insérée dans une convention où un contractant dicte sa conduite à l'autre. Ainsi, peuvent apparaitre des stipulations arbitrales CCJA dans des baux d'habitation, ou mêmes des contrats médicaux, ce sans tenir compte de la précarité de l'une des parties.

---

[184] Il importe de relever que le droit français n'interdit que les clauses compromissoires et non les compromis, la liberté contractuelle permettant à une personne de refuser de conclure une convention d'arbitrage après la naissance du compromis.

94 Compte tenu de l'exode rural galopant dans les métropoles africaines[185], l'accès au logement est devenu une véritable gageure. Parallèlement, la majorité des législateurs nationaux, contrairement à leur homologue de l'OHADA[186], n'ont pas éprouvé la nécessité de réviser le régime juridique du bail. De plus, même le Code civil guinéen dont plusieurs dispositions offrent des garanties au locataire[187], ne dit rien sur le règlement des litiges. Le Sénégal est le seul pays dont la législation interdit clairement les conventions d'arbitrage en matière de baux d'habitation. Combiné à l'article 826-2 du COCC qui classe ces derniers dans les matières inarbitrables, l'article 567 du même texte dispose : « *Toute contestation entre bailleur, locataire et sous locataire concernant les loyers est soumise au président du Tribunal de première instance ou au juge délégué par lui, à moins que les textes particuliers n'aient donné compétence au juge de paix* ».

95 Dans les autres pays de l'espace OHADA, une agence immobilière a la latitude d'insérer une clause compromissoire CCJA dans un bail d'habitation. Ainsi, elle pourra s'exonérer de remplir ses obligations, consciente du fait que le locataire n'a pas les moyens d'engager une procédure arbitrale devant la CCJA. Nul besoin d'une longue argumentation pour s'inscrire en faux contre l'arbitrabilité des baux d'habitation, le préjudice du locataire relevant de l'évidence. C'est certainement cette préoccupation qui a poussé le législateur français à travers l'article 2061 du Code civil, à rendre inopposable la clause compromissoire conclu entre un professionnel et un non professionnel. L'on doit quand même relever que le droit français a évolué car la rédaction de l'article 2061 du Code civil de 2001 excluait les rapports locatifs d'habitation du champ de l'arbitrage en disposant : « *sous réserves de dispositions législatives particulières, la clause compromissoire est valable dans tous les contrats conclus à raison d'une activité professionnelle* »[188].

96 Plus que les rapports locatifs, les contrats médicaux sont asymétriques, le patient étant en général un profane de la médecine. En raison de l'inexistence de la sécurité sociale dans la plupart des pays de la zone OHADA, excepté pour les salariés de certaines grandes entreprises, les populations ne vont à l'hôpital que quand elles sont souffrantes. Dans ces conditions, le malade n'a pas la pleine possession de ses moyens lorsqu'il

---

[185] M. P. Todaro, « L'exode rural en Afrique et ses rapports avec l'emploi et les revenus », *in L'emploi en Afrique, aspects critiques au problème*, Genève, BIT, 1973, p. 48.

[186] Titre 1 du livre 6 de l'Acte uniforme sur le droit commercial général.

[187] V. les articles 965 et suivants.

[188] Pour dévelopment sur les incidences de la réforme en matière de baux d'habition, v. N. Reboul□Maupin, « Arbitrage et bail. Bail commercial □ Bail professionnel □ Bail rural □ Bail d'habitation □ Bail de droit commun », *Droit et patrimoine* mai 2002, n° 104, p. 69 ; J. Moneger, « Conciliation, médiation, arbitrage et baux », *in La médiation en débat*, *PA* 2002 n° 170, p. 21.

signe son formulaire d'admission dans l'unité de soins. Or, ce document qui fait office de contrat médical, contient souvent à son verso des conditions générales. Comme dans de nombreux contrats, il est possible d'y inclure une clause compromissoire CCJA. Sauf à démontrer qu'il y a eu vice du consentement, la stipulation arbitrale sera valable puisque les articles 21 du Traité OHADA et 2.1 du RA parlent de différend contractuel. En dépit de l'absurdité de l'arbitrage en matière médicale, il n'existe pas pour l'instant une base juridique pour dénier à la CCJA le droit d'administrer un litige opposant un médecin ou une clinique à un malade. Bien que la probabilité de conditions générales de clinique contenant des stipulations soit rare, l'on ne peut s'empêcher de relever la difficulté à alléguer la nullité d'une telle stipulation. Même si la nouvelle rédaction de l'article 2061 du Code civil français admet simplement l'inopposabilité de la clause compromissoire au patient, il n'en demeure pas moins qu'il s'agit d'un important rempart contre l'efficacité des stipulations arbitrales conclues dans une situation de précarité pour la partie faible. La restriction de la clause compromissoire dans la sphère professionnelle en 2001 en droit français était d'ailleurs saluée par la doctrine[189].

CONCLUSION

97 La confrontation de l'arbitrabilité objective aux enjeux de protection de la partie faible laisse clairement apparaitre que cette dernière n'a pas été au centre des préoccupations du droit OHADA. L'élaboration de critères généraux que sont les notions de libre disponibilité et de différend contractuel est la preuve manifeste d'une forte inclination libérale. Pourtant, le droit français de l'arbitrage, dont la qualité n'est plus à démontrer, a su enfermer préserver les faibles dans les contrats mixtes. La lucidité commandait que le législateur OHADA fasse un choix semblable, en lui donnant évidemment une couleur locale qui en aurait fait une option normative conforme au contexte juridique et sociologique de l'espace OHADA. Ainsi, il eut fallu définir toutes les matières inarbitrables et limiter ajouter l'épithète professionnel à la notion de différend contractuel dans l'arbitrage CCJA. Semblable démarche aurait évité que l'arbitrabilité subjective porte les mêmes travers que l'arbitrabilité objective. Constant dans son libéralisme, le droit OHADA a aussi inopportunément ouvert l'arbitrage à toute catégorie de justiciables.

---

189 A. Laude, « L'arbitrage en matière médicale », *Droit et patrimoine* mai 2002, n° 104, p. 80.

CHAPITRE II. LE LIBERALISME QUANT AUX PARTIES AUX PROCEDURES ARBITRALES

98 Pour tout individu, la conduite efficace d'une procédure d'arbitrage postule la réunion d'un certain nombre de moyens intellectuels et matériels. Il s'agit en premier lieu d'avoir une parfaite intelligence des spécificités de la justice arbitrale, celle-ci se distinguant à plusieurs niveaux des instances judiciaires. Ensuite, il faut posséder les ressources nécessaires au financement d'un arbitrage, le demandeur pouvant même être contraint d'avancer les frais pesant sur son contradicteur pour assurer la poursuite de l'instance. Bien que le marché de l'arbitrage soit de plus en plus concurrentiel[190], il n'en demeure pas moins que les coûts des procédures restent assez élevés[191].

99 Au regard des impératifs intellectuels et financiers de la justice arbitrale, il est particulièrement important d'accorder un soin spécial à la détermination des justiciables pouvant être attraits devant des arbitres. Dans cette optique, l'arbitrabilité subjective n'est pas une simple énumération des

---

[190] Procédant à une analyse sociologique du marketing de l'arbitrage S. Menétrey (« *Le réseau associatif : un exemple de marketing arbitral* », *Rev. arb.* 2012-4, p. 741. sp. p. 744) remarque que « *la concurrence entre les divers centres d'arbitrage est réelle, parfois féroce et le positionnement de chacun sur ce marché est essentiel* ». V également Th. Clay, « Le marché de l'arbitrage », *in* W. Ben Hamida et Th. Clay (dir), *L'argent dans l'arbitrage*, Lextenso, 2013, p. 13 ; J.-B. Racine, « *La marchandisation du règlement des différends : le cas de l'arbitrage* », *in* E. Loquin et A. Martin (dir), *Droit et marchandisation*, Lexis-Nexis Litec, 2010, p. 321 ; Y. Dezalay, Marchands de droit. La restructuration de l'ordre juridique international par les multinationales, Fayard, 1992.

[191] La problématique économique a pris une telle importance dans l'arbitrage qu'un colloque entier lui a été consacré. V. dans ce sens W. Ben Hamida et Th. Clay (dir), *L'argent dans l'arbitrage, op. cit.*

personnes habilitées à conclure valablement une convention d'arbitrage. Plus largement, elle traduit une certaine conception de la justice par voie contractuelle[192], la philosophie juridique donnant la pleine mesure de son étendue dans cette matière[193]. Ainsi, une approche libérale ouvrira les portes de l'arbitrage à une vaste catégorie de litigants, ce sans considération de leurs capacités financières et / ou intellectuelles. A l'inverse, la vision restrictive confinera la justice arbitrale à des différends opposant une ou plusieurs catégories de justiciables bien ciblés.

100 Chacune de ces conceptions philosophiques de l'arbitrage présente des conséquences notables pour la partie faible. Autant le libéralisme fait peu cas de ses intérêts, autant la limitation des personnes pouvant participer à une procédure arbitrale emporte prise en compte de la précarité économique et / ou intellectuelle des litigants.

101 Dans le cadre de l'arbitrage OHADA, il est unanimement admis que le législateur a cédé aux sirènes du libéralisme ambiant[194]. A première vue, cette situation n'est pas surprenante tant la modernisation du droit de l'arbitrage est consubstantielle de sa libéralisation[195]. Cependant, pour contemporain que soit l'essor de l'arbitrage, il reste que le droit comparé montre d'importantes divergences en matière d'arbitrabilité subjective[196]. Ainsi, à une période où la popularité de l'arbitrage est solidement assise, plusieurs Etats continuent de ratifier la Convention de New York de 1958 sur la reconnaissance des sentences arbitrales avec une réserve de commercialité, limitant de ce fait l'arbitrage aux commerçants[197]. Cette

---

[192] Pour R. Perrot (« Introduction », Colloque des IEJ à Nantes, 2003, PA 02 octobre 2003, n° 197, p. 3), « *l'arbitrage fait le grand écart entre le contrat d'un côté, et la justice de l'autre* ». V. aussi L. Cadiet, « Une justice contractuelle, l'autre », *in Etudes offertes à Jacques Ghestin. Le contrat au début du XXIème siècle*, LGDJ, 2001, p. 177.

[193] Pour F. Terré (« L'internationalité du juge dans l'arbitrage », *in L'internationalité dans les institutions et le droit. Convergences et défis. Mélanges Alain Plantey*, Pedone, 1995, p. 219, sp. p. 220) « *le fait est qu'en matière d'arbitrage plus qu'ailleurs, l'ampleur de la réflexion philosophique est particulièrement stimulée, tout autant qu'elle peut enrichir la compréhension de l'office de l'arbitre* ». V. également E. Gaillard, « Aspects philosophiques du droit de l'arbitrage international », *Recueil des cours de l'Académie de la Haye*, tome 329, 2007, p. 49.

[194] P.-G. Pougoué, J.-M. Tchakoua et A. Fénéon, *Droit de l'arbitrage dans l'espace OHADA*, *op. cit.*, n° 29 ; P. Meyer, OHADA. *Droit de l'arbitrage, op. cit.*, n° 170.

[195] J. Billemont, *La liberté contractuelle à l'épreuve de l'arbitrage, op. cit.*, n° 4.

[196] B. Hanotiau, « L'arbitrabilité », *op. cit.*, n° 18 et s. ; J.-F. Poudret et S. Besson, *Droit comparé de l'arbitrage international, op. cit.*, n° 233 et s.

[197] Au regard de l'évolution de l'arbitrage international, le début des années 1990 marque l'ère de son éclosion confirmée par l'augmentation exponentielle des demandes soumises au CIRDI. Pour autant, cette époque à nos jours, de nombreux Etats continuent de ratifier la Convention de New York de 1958 en émettant une réserve de commercialité. D'après la liste dressée par la CNUDCI (http://www.uncitral.org), il s'agit des pays suivants : Afghanistan (2004), Arménie (1997), Barbade (1993), Bosnie-Herzégovine (1993), Burundi (2014),

situation paradoxale, eu égard à l'aversion de la doctrine[198] à l'égard de la réserve de commercialité[199], montre bien que la consécration de règles modernes n'induit pas automatiquement l'ouverture sans bornes de la justice arbitrale à toutes les personnes.

102 Or, dans le cas de l'espace OHADA, en dépit d'un contexte général de récession économique[200], de faible taux d'alphabétisation[201], d'une timide pratique arbitrale[202] et d'une pénurie du personnel de l'arbitrage[203], le législateur n'a pas jugé opportun de circonscrire la typologie des justiciables pouvant y avoir recours. Cette ignorance des données socio-économiques et culturelles a conduit à la généralisation inappropriée de la capacité compromissoire (section 1). Dans cette lancée, il n'est pas étonnant de

---

Croatie (1993), Macédoine (1994), Honduras (2000), Iran (2001), Jamaïque (2002), Mongolie (1994), Monténégro (2006), Népal (1998), Saint siège (2000), Saint Vincent-et-les Grenadines (2000), Serbie (2001), Turquie (1992), Venezuela (1995), Vietnam (1995). Dans l'espace OHADA, la République Centrafricaine, seul Etat ayant ratifié la convention précitée avec une réserve de commercialité, l'a fait en 1962.

198 Ph. Fouchard, « La levée par la France de sa réserve de commercialité pour l'application de la Convention de New York », *Rev. arb.* 1990-3, p. 571 ; A. Fénéon, *Droit de l'arbitrage. Commentaires de l'Acte uniforme sur l'arbitrage et du règlement de la CCJA, op. cit.*, pp. 20-21.

199 Le législateur OHADA a perdu de vue le fait que l'hostilité à la réserve de commercialité dans le cadre de la ratification de la Convention de New York de 1958 concernait l'arbitrage international. Or en adoptant une conception moniste del'arbitrage, la question de la commercialité de l'arbitrage ne se pose pas dans des termes identiques à ceux de la ratification de la Convention de New York de 1958.

200 La signature du Traité OHADA et la dévaluation du Franc CFA, monnaie en vigueur dans tous les pays francophones de l'OHADA (excepté, la Guinée et la RDC) et en Guinée équatoriale, sont intervenus dans un intervalle de trois mois. Cette convergence temporelle révèle que l'OHADA a été créée dans une phase de difficultés économiques pour les Etats qui la composent. En conséquence, l'on s'accorde pour soutenir que l'OHADA est née d'une politique d'attractivité des capitaux étrangers.

201 M. Fontaine, « Note explicative à l'avant-projet d'Acte uniforme OHADA sur le droit des contrats », *RDU* 2008-1/2, p. 561, sp. p. 568 ; P.-G. Pougoué, « Notion de droit OHADA », in P.-G. Pougoué (dir), *Encyclopédie du droit OHADA*, Lamy, 2011, p. 1203, sp. n° 14.

202 Dès l'élaboration de l'AUA, P. Meyer (« L'acte uniforme de l'OHADA sur l'arbitrage », *RDAI* 1999-6, p. 629, sp. p. 648, n° 4) avait opportunément souligné que « *l'adoption d'une loi fut-elle uniforme, ne porte cependant aucune assurance de son effectivité. Il restera alors aux praticiens de faire vivre ce droit [...] l'efficacité de la nouvelle législation se mesurera sur le terrain du développement de la pratique dans un continent où, malgré d'indéniables référents culturels de nature à le favoriser, l'arbitrage est assez peu utilisé* ». V. aussi, P. Meyer, « Le droit de l'arbitrage dans l'espace OHADA dix ans après l'acte uniforme », *op. cit.*

203 A. Ngwanza, « La nécessité d'une communauté arbitragiste dans l'espace OHADA », communication présentée lors du colloque des 22 et 23 mai 2013 à Kinshasa à l'occasion du vingtième anniversaire de l'OHADA sur le thème : *OHADA : nouveaux défis* ; M. I. Konaté, « Les arbitres et avocats africains face à l'arbitrage international », *JADA* supplément 2012, p. 37 ; G. B. Affaki et A. Koenig, « Nouvelles tendances de l'arbitrage international en Afrique : le cas des litiges financiers », *Rev. arb.* 2014-3, p. 545, sp. n° 27-28.

constater le défaut d'intérêts pour les contractants faibles, l'ordre public de protection n'y changeant rien (section 2).

SECTION I. LA GENERALISATION INAPPROPRIEE DE LA CAPACITE COMPROMISSOIRE

103 Contrairement à l'arbitrabilité objective pour laquelle ils renvoient à des notions distinctes, l'AUA, le Traité OHADA et le RA sont en parfaite harmonie s'agissant des personnes ayant la capacité de compromettre. En dépit d'une nuance littérale tenue, l'article 2 de l'AUA parlant de « *toute personne physique ou morale* », l'article 21 du Traité OHADA et l'article 2.1 du RA renvoyant à « *toute partie à un contrat* », il est clair que les textes précités affichent communément une entière indifférence à la qualité des justiciables. Qu'il s'agisse d'une personne de droit privé ou de celle de droit public, la convention d'arbitrage sera valable du seul fait du consentement des parties. Cette option législative a pour conséquence de drainer inopportunément tout sujet de droit privé devant les tribunaux arbitraux, sa précarité matérielle ou intellectuelle étant sans importance (§ 1). Il en va de même pour les personnes publiques, leur capacité compromissoire ayant été consacrée de manière démesurée (§ 2).

§ 1 L'arbitrabilité inopportune des différends impliquant toute personne privée

104 En accordant la capacité de compromettre aux personnes privées sans distinction, le législateur OHADA a procédé à une ouverture inadaptée de l'arbitrage aux non professionnels (A). Cette position du droit OHADA est dans la droite ligne d'une tendance législative de modernisation de l'arbitrage hostile aux intérêts des parties faibles (B).

A. Une ouverture inadaptée de l'arbitrage aux non professionnels

105 Historiquement, l'arbitrage a acquis ses lettres de noblesse pour le règlement des litiges entre commerçants, ces derniers, par méfiance envers les juridictions étatiques, souhaitaient résoudre leurs différends par une méthode appropriée à leur corporation[204]. Il s'ensuit que le droit de l'arbitrage est soumis au diktat du dogme de l'autonomie de la volonté inhérent aux

---

[204] L. Bernheim-Van de Casteele, *Les principes fondamentaux de l'arbitrage, op. cit.*, n° 1 ; C. Seraglini et J. Ortscheidt, *Droit de l'arbitrage interne et international, op. cit,* n° 39.

échanges commerciaux. Même dans les systèmes dualistes comme la France, le formalisme du droit de l'arbitrage interne s'efface progressivement au bénéfice des normes libérales des procédures arbitrales internationales[205].

106 Dans l'espace OHADA, la liberté contractuelle est encore plus accrue, l'approche moniste retenue par les textes portant considérablement le souffle libéral de l'arbitrage international[206]. Il n'est donc pas surprenant que le droit OHADA ait adopté des règles qui font la part belle à la souplesse recherchée par les milieux marchands. Cette situation n'est point favorable aux parties faibles, notamment les civils qui sont peu coutumiers des normes consensuelles. Par conséquent, au-delà des pesanteurs financières des procédures arbitrales[207], le consensualisme de la convention d'arbitrage en droit OHADA est particulièrement mal venu pour les échanges impliquant des particuliers dans leur vie privée (1). Au regard de la place prépondérante de l'autonomie de la volonté dans l'AUA, le Traité OHADA et le RA, il eut été judicieux de circonscrire la capacité compromissoire des personnes physiques aux professionnels (2).

1. L'inadéquation du consensualisme de la convention d'arbitrage dans les contrats de la vie privée

107 Pour saisir la mesure de l'inadaptation du caractère consensuel des accords arbitraux aux opérations impliquant des civils, il faut au préalable s'arrêter sur la large place accordée à la liberté contractuelle par le législateur OHADA.

108 Contrairement à de nombreux droits imposant la forme écrite pour la clause compromissoire et le compromis[208], le droit OHADA a plutôt choisi l'approche libérale. Un auteur remarque à ce propos que « *dans la logique du principe d'autonomie de la volonté qu'il magnifie, le législateur africain a préféré le consensualisme au sujet de la forme de la convention d'arbitrage* »[209]. A cet effet, l'article 3 de l'AUA dispose : « *La convention d'arbitrage doit être faite par écrit, ou par tout autre moyen permettant d'en*

---

[205] M. de Boisséson, « La nouvelle convention d'arbitrage », *in* Th. Clay (dir), *Le nouveau droit français de l'arbitrage*, Lextenso éditions, 2011, p. 81, sp. pp. 82-83 ; J. Béguin, J. Ortscheidt et Ch. Seraglini, « Un second souffle pour l'arbitrage. - Arbitrage interne - À propos du décret du 13 janvier 2011 », JCP G n° 11, 14 mars 2011, doct. 332, sp. n° 35, et 54.

[206] P. Meyer, « L'acte uniforme de l'OHADA sur l'arbitrage », *op. cit.*, p. 633, n° 8.

[207] M. Fontmichel, « Le financement de l'arbitrage par une partie insolvable », in W. Ben Hamida et Th. Clay (dir), *L'argent dans l'arbitrage*, Lextenso, 2013, p. 37 ; H. G. Gharavi, « Le financement par un tiers », *in* W. Ben Hamida et Th. Clay (dir), *L'argent dans l'arbitrage*, Lextenso, 2013, p. 33.

[208] J.-F. Poudret et S. Besson, *Droit comparé de l'arbitrage international, op. cit.*, n° 184-201.

[209] J.-M. Tchakoua, « Convention d'arbitrage », *op. cit.*, n° 24.

administrer la preuve, notamment par la référence faite à un document la stipulant ».

109 Il est unanimement admis que la disposition précitée ne prévoit l'écrit qu'*ad probationem*[210], sachant que tous les autres modes de preuves sont également acceptés. De l'aveu de l'auteur de l'avant-projet d'AUA soumis aux Etats, ce texte a une grande proximité avec l'article 7. 3 de la loi type de la CNUDCI sur l'arbitrage commercial international[211]. Outre le fait que l'article 3 de l'AUA n'accorde qu'une valeur probatoire à l'écrit, ce dernier ne jouit que d'une simple primeur pratique sur les autres moyens de preuve pour étayer l'existence d'une convention d'arbitrage[212]. Bien plus, il consacre la convention d'arbitrage par référence, en dépit de l'épineuse problématique qui en découle quant au consentement de l'adhérent[213].

110 Afin de conforter la vigueur de l'article 3 de l'AUA, la CCJA n'a pas hésité à reconnaitre l'existence d'une convention d'arbitrage en l'absence d'un accord écrit. Dans l'affaire *IAD c/ CMDT et GSCVM*[214] née d'un contrat de vente de coton, les parties n'avaient pas conclu de convention d'arbitrage entre elles. Cependant, pour faire droit au pourvoi introduit contre les décisions des juges inférieurs ayant jugé recevables les demandes du vendeur, *IAD*, la Cour suprême du Mali avait estimé que celui-ci était lié par la clause compromissoire passée entre l'acheteur et la banque finançant l'opération contractuelle principale. Sur la base de cette décision, une procédure arbitrale CCJA a vu le jour, la sentence d'incompétence en découlant a été annulée. A l'occasion du recours en contestation de validité de ladite sentence, la CCJA a expressément affirmé : « *la convention d'arbitrage n'est, en l'espèce, pas écrite* ». Cette formule dénuée d'ambigüité, corrobore, si besoin était, que le droit OHADA accepte que le compromis, comme la clause compromissoire, puissent prendre toute forme[215]. S'il est vrai que cette affaire n'impliquait pas une partie faible,

---

[210] A. Fénéon, *Droit de l'arbitrage. Commentaires de l'Acte uniforme sur l'arbitrage et du règlement de la CCJA, op. cit.*, p. 26 ; P.-G. Pougoué, J.-M. Tchakoua et A. Fénéon, *Droit de l'arbitrage dans l'espace OHADA*, *op. cit.*, n° 74.

[211] L'article 7. 3) de la loi type de la CNUDCI sur l'arbitrage commercial international dispose : « *Une convention d'arbitrage se présente sous forme écrite si son contenu est consigné sous une forme quelconque, que la convention elle-même ou le contrat aient ou non été conclus verbalement, du fait d'un comportement ou par d'autres moyens* ».

[212] P. Meyer, OHADA. *Droit de l'arbitrage, op. cit.*, n° 172.

[213] CCJA, 10 juin 2010, Atlantique Telecom c/ Planor Afrique, *op. cit.* ; B. Oppetit, « La clause arbitrale par référence », *Rev. arb.* 1990, p. 551 ; X. Boucobza, « La clause compromissoire par référence en matière d'arbitrage commercial international », *Rev. arb.* 1998-3, p. 495.

[214] CCJA, 18 avril 2013, IAD c/ CMDT et GSCVM, *op. cit.*

[215] Malgré la consécration de l'accord arbitral sans écrit, l'enjeu probatoire est tel que la carence d'un *instrumentum* est source de difficultés, voire d'annulation de la sentence. V.

rien ne permet de penser que la CCJA aurait adopté une position différente compte tenu de la clarté de la lettre de l'article 3 de l'AUA.

111 Quant au RA, bien qu'il ne comporte pas une disposition expressément consacrée à la forme de la convention d'arbitrage, son article 5 alinéa 2 incline néanmoins à pencher en faveur d'une conception consensuelle. En effet, l'article 5 alinéa 2 du RA impose au demandeur de produire la convention d'arbitrage, ce sans toute autre précision supplémentaire. Une telle approche laisse la porte ouverte à toute preuve pouvant attester la conclusion d'un accord arbitral[216].

112 Bien que la doctrine ait relativisé le consensualisme de la convention d'arbitrage en droit OHADA, motif pris de l'exigence de production de cette dernière aux fins d'exequatur[217], il n'en demeure pas moins que pour les particuliers, il s'agit d'un régime dangereux à bien d'égards. Premièrement, il importe de rappeler que l'article 1341 du Code civil de 1804[218] en vigueur dans la plupart des pays de l'espace OHADA[219] impose la preuve écrite pour les actes excédant un certain montant. Cette exigence d'un écrit préconstitué trouve sa source dans la volonté de sécuriser les contrats intervenus entre des personnes qui font les transactions économiques de manière ponctuelle. Pour cette raison, le seuil financier exigé pour l'écrit préconstitué, malgré ses fluctuations entre les Etats de l'espace OHADA, est assez bas en général[220].

113 A l'analyse, il apparait clairement que la règle posée par l'article 1341 du Code civil de 1804 introduit un formalisme absent du droit OHADA de l'arbitrage. A ce niveau, il convient de souligner que « *la preuve est l'un*

Dans ce sens, Sentence partielle, 20 octobre 2004, *Ngando Bebey c/ Société Axa Assurances*, *Revue camerounaise de l'arbitrage* n° 26, juillet-août-septembre 2004, p. 3, note R. Sockeng.

216 P. Meyer, *OHADA. Droit de l'arbitrage*, *op. cit.* n° 172.

217 P.-G. Pougoué, J.-M. Tchakoua et A. Fénéon, *Droit de l'arbitrage dans l'espace OHADA*, *op. cit.*, n° 76 ; J. E. Ahdab, « La convention d'arbitrage : négociation et rédaction. Etude comparée en droit français et en droit OHADA », *op. cit.*, n° 31.

218 D'après l'article 1341 du Code civil de 1804 : « *Il doit être passé acte devant notaires ou sous signatures privées de toutes choses excédant la somme ou la valeur de 500 francs, même pour dépôts volontaires, et il n'est reçu aucune preuve par témoins contre et outre le contenu aux actes, ni sur ce qui serait allégué avoir été dit avant, lors ou depuis les actes, encore qu'il s'agisse d'une somme ou valeur moindre de 500 francs.*
Le tout sans préjudice de ce qui est prescrit dans les lois relatives au commerce ».

219 Même dans les Etats comme le Sénégal ou la Guinée ayant légiféré sur le droit des obligations, le principe posé par l'article 1341 du Code civil de 1804 est reconnu. Ainsi, l'article 14 du COCC dispose : « *Il doit être passé acte devant notaire ou sous signatures privées de toute convention dont l'objet excède 20.000 franc s*». Dans un sens identique, l'article 804 du Code civil guinéen. Bien que la RDC ait été colonisée par la Belgique et non la France, la norme posée par l'article 1341 du Code civil de 1804 est reprise par l'article 217 du Code des obligations congolais.

220 Il est par exemple fixé à 7000 francs guinéens (article 804 du Code civil guinéen), deux milles francs congolais (article 217 du Code des obligations congolais), vingt mille francs CFA au Sénégal (article 14 du COCC).

des instruments techniques à travers lequel le législateur s'efforce d'éroder l'asymétrie économique et / ou intellectuelle entre les parties. Elle sert également à donner une tonalité éthique à l'engagement contractuel »[221]. Ainsi, en faisant le choix du consensualisme, le législateur OHADA n'a posé aucune règle de nature à préserver les parties faibles contre les éventuels abus de leurs cocontractants forts en matière de conclusion des conventions d'arbitrage. L'exigence de l'écrit aurait permis d'avoir un *instrumentum*formalisant le *negotium*. Il n'est donc pas surprenant qu'un auteur considère que « *la consécration du consensualisme ne semble pas suffisamment prendre en compte les modalités d'un formalisme de protection propre au droit traditionnel africain où le contrat est solennel en ce qu'il ne se forme pas seulement par un simple échange de consentements, sa validité étant en plus subordonnée à la présence d'un témoin lors de sa formation, lequel pourra en rapporter la preuve* »[222]. Par souci de pragmatisme, le consensualisme aurait pu être limité aux arbitrages entre professionnels, les échanges entre ces derniers appelant un fort degré de souplesse[223].

114 Sachant que le droit OHADA a une valeur supranationale[224], l'article 3 de l'AUA ne peut être battu en brèche par une disposition de droit national. Il en résulte que pour les parties faibles habituées à l'écrit, le formalisme protecteur de l'article 1341du Code civil de 1804 ne volera pas à leur secours pour avoir une parfaite intelligence de leurs engagements, notamment une convention d'arbitrage proposée de manière sibylline.

115 Deuxièmement, le consensualisme de la convention d'arbitrage est également dangereux pour la partie faible dans la mesure où, comme indiqué plus haut[225], fort de l'autonomie juridique de la convention d'arbitrage à l'égard des lois étatiques qu'il consacre[226], l'article 4 de l'AUA ne dit rien sur les normes impératives. En conséquence, il n'est pas certain que la partie faible puisse se prévaloir d'une loi de police nationale pour alléguer l'irrégularité d'une convention d'arbitrage[227]. Un auteur averti[228] s'interroge à

[221] A. Ngwanza, « La preuve à l'épreuve. Notes conclusives du colloque sur le droit de la preuve dans l'espace OHADA », *RDAI* 2011-3, p. 289, sp. p. 292.
[222] F. Onana Etoundi, « Forme et preuve des obligations contractuelles dans l'avant-projet d'Acte uniforme OHADA sur le droit des contrats », *RDU* 2008-1/2, p. 355, sp. p. 359.
[223] J. R. Gomez, « Un nouveau droit de la vente commerciale en Afrique », Penant n° 827, 1998, p. 145.
[224] V. supra, n° 76.
[225] V. supra, n° 62-67.
[226] L. Bernheim-Van de Casteele, *Les principes fondamentaux de l'arbitrage, op. cit.*, p. 112 et s.
[227] P. Meyer (« Commentaire sous l'article 4 de l'AUA », in OHADA. *Traités et actes uniformes commentés et annotés*, Juriscope, 3ème édition, 2008, p. 124) se montre réservé quant au défaut de soumission de convention d'arbitrage à l'ordre public en affirmant qu'il « *n'est pas sûr qu'une telle solution soit apte à générer la sécurité juridique dont on affirme portant qu'elle constitue un des objectifs essentiels de l'OHADA* ».

juste titre sur l'influence de l'éventuelle incapacité compromissoire de la femme mariée seule d'après un droit national[229]. Malgré le soutien doctrinal en faveur de l'application des lois de police[230], il faudra une jurisprudence de la CCJA pour clarifier la question[231]. Un premier arrêt rendu dans cette matière invite plutôt au pessimisme, la Cour d'appel d'Abidjan[232] ayant admis la capacité compromissoire des civils en prenant appui sur l'article 2 de l'AUA. En l'espèce, les juges ont considéré qu'ils ne devaient pas prendre en compte l'invalidité des clauses compromissoires conclues entre non commerçants en matière interne telle que prévue par l'article ce au mépris de la loi ivoirienne de 1993[233]. Au contraire ils ont expliqué : « *Considérant que la loi n° 93-671 du 9 août 1993 relative à l'arbitrage (...) a été abrogée par l'Acte Uniforme sur l'arbitrage de 1999 ; que cet Acte Uniforme dispose en son article 1er : " le présent Acte Uniforme a vocation à s'appliquer à tout arbitrage, lorsque le siège du Tribunal se trouve dans l'un des Etats parties " ; qu'aux termes de l'article 2, " toute personne physique ou morale peut recourir à l'arbitrage sur les droits dont elle a la libre disposition" ; que dès lors, la clause compromissoire insérée par les parties dans leur convention est valable, la notion de commerçant ayant disparu dans le nouveau texte* » (nous soulignons).

116 Par ailleurs, il importe de relever que l'intérêt mineur du droit OHADA pour la partie faible n'est pas absolu, le libéralisme tous azimuts de l'arbitrage ne se retrouve pas en matière de sûretés[234]. Inspiré[235] par l'article

---

228 J.-P. Ancel, « Le contrôle de la sentence », *op. cit.*, p. 194. Il importe de souligner que l'article 7 alinéa 2 de l'Acte uniforme sur le droit commercial général (AUDCG) reconnait la capacité commerciale à la femme mariée en disposant : « *Le conjoint du commerçant n'a la qualité de commerçant que s'il accomplit les actes visés aux articles 3 et 4 ci-dessus, à titre de profession et séparément de ceux de l'autre conjoint* ». Au regard de cette disposition, l'invocation de l'incapacité compromissoire d'une épouse sur le fondement du droit national est des plus incertaines. Au contraire, l'on devrait même plutôt considérer que la capacité commerciale emporte capacité compromissoire.

229 Pour mémoire, on citera l'article 448 du Code de la famille de la RDC qui dispose : « *La femme doit obtenir l'autorisation de son mari pour tous les actes juridiques dans lesquels elle s'oblige à une prestation qu'elle doit n'effectuer en personne* ».

230 J.-M. Tchakoua, « Convention d'arbitrage », *op. cit.*, p. 582, n° 53.

231 Bien que favorable à la soumission de la convention d'arbitrage à l'ordre public J.-P. Ancel (« Le contrôle de la sentence », *op. cit.*, p. 194) reconnait qu' « *il appartiendra, bien entendu, aux juridictions des Etats-parties, et en dernier ressort à la CCJA de se prononcer sur ce point* ».

232 CA Abidjan, 30 juillet 2002, *SCI Les Tisserins c/ Dame Coste épouse Diomandé Danielle*, www.ohada.com, Ohadata J-03-28.

233 L'article 1 alinéa 2 de la loi ivoirienne de 1993 dispose : « *La clause compromissoire ne peut être valablement stipulée en matière interne qu'entre commerçants* ».

234 Pour étude sur le formalisme en droit OHADA, v. F. Onana Etoundi, « Forme et preuve des obligations contractuelles dans l'avant-projet d'Acte uniforme OHADA sur le droit des contrats », op. cit., pp. 363-364 ; A. Ngwanza, « La preuve à l'épreuve. Notes conclusivesdu

20 du COCC[236], l'article 14 alinéa 2 de l'Acte uniforme sur les sûretés relatif aux conditions de forme du cautionnement a clairement affiché son ancrage aux composantes humaines de l'espace OHADA[237]. Ce texte dispose : « *La caution qui ne sait ou ne peut écrire doit se faire assister de deux témoins qui certifient, dans l'acte de cautionnement son identité et sa présence et attestent, en outre, que la nature et les effets de l'acte lui ont été précisés* ». Cette salutaire prise en compte des analphabètes se conjugue avec l'exigence d'une mention manuscrite, le rôle fondamental de celle-ci quant à l'intégrité du consentement de la caution étant indiscutable[238].

117 Il est tout à fait incompréhensible qu'en matière de sûretés, le législateur OHADA se soit évertué à préserver le sort des faibles, et qu'il s'en préoccupe peu s'agissant d'arbitrage. La surprise est d'autant plus grande que l'Acte uniforme sur les sûretés, comme l'AUA, s'applique à toute garantie, qu'elle soit civile ou commerciale[239]. L'argument selon lequel les sûretés font peser une grande menace sur le patrimoine de celui qui s'engage[240], d'où l'intérêt de le protéger, est également valable pour les procédures arbitrales. Dans une certaine mesure, le péril est même plus grand pour ces dernières[241], l'incertitude du poids économique d'une procédure arbitrale[242] est en contraste avec le montant fixe, en général, de la créance garantie. En effet, outre les coûts prévisibles, la difficile maîtrise des

---

colloque sur le droit de la preuve dans l'espace OHADA », *op. cit.*, p. 296 ; F. Onana Etoundi, « La preuve de la créance », RDAI 2011-3, p. 281, sp. pp. 284-285.

235 J. Issa-Sayegh, « Commentaire sous l'article 4 de l'Acte uniforme sur les sûretés », *in OHADA. Traités et actes uniformes commentés et annotés*, Juriscope, 3ème édition, 2008, p. 660.

236 L'article 20 du COCC dispose : « *La partie illettrée doit se faire assister de deux témoins lettrés qui certifient dans l'écrit son identité et sa présence : ils attestent en outre que la nature et les effets de l'acte lui ont été précisés* ».

237 P.-G. Pougoué, « Notion de droit OHADA », *op. cit.*, n° 14 ; P.-G. Pougoué et Y.- R. Kalieu Elongo, *Introduction critique à l'OHADA, op. cit.*

238 Y.- R. Kalieu Elongo, « La mention manuscrite dans le cautionnement OHADA », www.ohada.com, Ohadata D-03-02.

239 L'article 1 de l'AUS dispose : « *Une sûreté est l'affectation au bénéfice d'un créancier d'un bien, d'un ensemble de biens ou d'un patrimoine afin de garantir l'exécution d'une obligation ou d'un ensemble d'obligations, quelle que soit la nature juridique de celles-ci et notamment qu'elles soient présentes ou futures, déterminées ou déterminables, conditionnelles ou inconditionnelles, et que leur montant soit fixe ou fluctuant* » (nous soulignons).

240 L. Aynès et P. Crocq, *Les sûretés. La publicité foncière*, Defrénois, 5ème édition, 2011, n° 7.

241 J. E. Ahdab, « La gestion du risque arbitral par les parties », *Rev. gen. dr. ass* 2012-1, p. 234.

242 J. E. Ahdab (« La gestion du risque arbitral par les parties », *op. cit.*, n° 20) remarque qu' « *il n'est pas rare que le coût de la procédure puisse dépasser le montant en jeu dans le litige* ».

frais[243], et leur répartition incertaine entre litigants par les arbitres[244] sont des facteurs de risque financier majeur. L'instance arbitrale constituant donc une sérieuse menace pour le patrimoine des moins nantis, le droit OHADA aurait pu en prémunir ces derniers en limitant l'arbitrage aux professionnels.

2. La nécessaire circonscription de l'arbitrage aux professionnels

118 L'exclusion des non professionnels de l'arbitrage dans l'espace OHADA s'explique par des raisons de deux ordres distincts. La première tient au fait que les avantages imputés à la justice arbitrale sont quasiment inutiles au faible (a)[245]. Quant à la seconde, elle porte sur la nature des sujets du droit OHADA : les professionnels (b).

a. La quasi inutilité des avantages de l'arbitrage pour le faible

119 Parlant des avantages de l'arbitrage, il est abondamment fait référence à la célérité, à la confidentialité, à la spécialisation des arbitres et au désengorgement des juridictions étatiques[246]. Aussi longtemps que l'AUA[247] et le RA[248] enferment l'instance arbitrale dans des délais précis, il

---

[243] « Techniques pour maîtriser les coûts dans l'arbitrage international », *Bull. CCI* 2007, vol. 18 n°1, p. 23 ; P. Herbel, « Le financement de l'arbitrage par appel d'offre. L'exemple du choix de l'avocat. Quel avocat ? A quel prix ? », *in* W. Ben Hamida et Th. Clay (dir*), L'argent dans l'arbitrage*, Lextenso, 2013, p. 75.

[244] M. Buhler, « Awarding cost in international commercial arbitration : an overview », Bull. ASA 2004, p. 249 ; J. Rosell, « L'allocation des frais dans l'arbitrage d'investissements : tendances », *Décideurs juridiques et financiers* 2012, n° 134, p. 88 ; J. Jourdan-Marques, « La répartition des frais de l'arbitrage : une sanction contre le mauvais comportement des parties durant l'instance arbitrale », *Versailles International Arbitration and Business Law Review* 2011, n° 2, p. 117 ; P. Tercier, « La répartition des frais de l'arbitrage entre les parties », in W. Ben Hamida et Th. Clay (dir), *L'argent dans l'arbitrage*, Lextenso, 2013, p. 141.

[245] Comme le relève Ch. Seraglini (« Les parties faibles dans l'arbitrage international *», op. cit.*,n° 3), « *il ne fait pas de doute que certains litiges impliquant des parties faibles, comme les petits litiges de consommation, pourraient gagner à être réglés par le biais d'un arbitrage adapté et encadré* ». Toutefois dans le cadre de cette étude, il s'agit de l'arbitrage dans son sens classique et non de mécanismes particuliers pour la résolution des litiges en ligne par exemple.

[246] C. Seraglini et J. Ortscheidt, *Droit de l'arbitrage interne et international, op. cit*, n° 44-53.

[247] L'article 12 de l'AUA dispose : « *Si la convention d'arbitrage ne fixe pas de délai, la mission des arbitres ne peut excéder six mois à compter du jour où le dernier d'entre eux l'a acceptée.*

Le délai légal ou conventionnel peut être prorogé, soit par accord des parties, soit à la demande de l'une d'elles ou du Tribunal arbitral, par le juge compétent dans l'Etat-partie ».

[248] L'article 15. 4 du RA dispose : « *L'arbitre rédige et signe la sentence dans les 90 jours au plus qui suivent la clôture des débats. Ce délai peut être prorogé par la Cour à la demande de l'arbitre si celui-ci n'est pas en mesure de le respecter* ».

n'en demeure pas moins que l'observation de la pratique arbitrale invite à la pondération du propos. Que ce soit à cause des manœuvres déloyales des parties[249], voire des arbitres[250], ou de la complexité des litiges, une kyrielle d'éléments contribue à rallonger la durée des procédures arbitrales[251]. En conséquence, les techniques dilatoires contemporaines peuvent se dérouler aussi bien devant un arbitre[252] que devant un juge national, la différence étant que le procès est moins couteux devant ce dernier[253]. En conséquence, aller en arbitrage ne garantit pas au faible que son procès sera bref. Au contraire, la gestion du temps dans les procès arbitraux, malgré le pouvoir de direction de l'instance des arbitres, est un exercice mieux maitrisé par les forts, leur ingénierie contractuelle leur permettant d'anticiper la prolongation indéfinie du procès[254].

120 Quant à la confidentialité, aussi longtemps qu'elle est fréquente en arbitrage[255], on ne peut manquer de souligner un certain flétrissement

---

[249] Y. Derains, « Les nouveaux principes de procédure : confidentialité, loyauté et célérité », *in* Th. Clay (dir), *Le nouveau droit français de l'arbitrage*, Lextenso éditions, 2011, p. 91, sp. n° 18 ; I. Hautot, « L'investisseur étranger installé en Afrique sub-saharienne et l'arbitrage international », *JADA* supplément 2012, p. 10, sp. n° 3 ; A. de Fontmichel, « Les tentatives de paralysie de l'instance arbitrale devant le juge étatique », *Cah. arb.* 2010-2, p. 407.

[250] E. Gaillard, « Les manœuvres dilatoires des parties et des arbitres », *op. cit.*, pp. 780-796.

[251] B. Oppetit (*Théorie de l'Arbitrage*, PUF, 1998, pp. 10-11) notait que « *dans un climat général de plus en plus délétère (...), les procédures arbitrales subissent un alourdissement et un renchérissement très sensibles : les manœuvres déloyales se développent et la bureaucratisation des grandes institutions d'arbitrage s'accentue* ».

[252] Ph. Fouchard (« Rapport de synthèse » *in Euro-Arab-Arbitration Congress*, Port El Kantaoui, 24-27 septembre1985, Londres, 1987, p. 344, sp. p. 345) de manière amère, notait que « *l'arbitrage est un combat, il est victime aujourd'hui d'une certaine dégradation des mœurs ; l'abus de f ormalisme, l'esprit de procédure, les incidents, l'accroissement des coûts...* ». V. également J.-B. Racine, « Les dérives procédurales de l'arbitrage », in J. Clam et G. Martin, *Les transformations de la régulation juridique*, LGDJ, 1998, p. 229.

[253] Le dilatoire est tellement devenu important que la doctrine s'interroge sur le besoin de réduire la durée des procédures arbitrales. V. dans ce sens E. Gaillard, « Fast Tract Arbitration and Beyond: Is There Emerging A Need of Speed in International Commercial Arbitration », *in Liber amicorum Michel Gaudet*, Paris, 1998, p. 28.

[254] Afin de réduire la longueur des procédures arbitrales, certains rédacteurs avisés de contrats ont recours à l'arbitrage *fast-tract*. Il s'agit d'une procédure pour laquelle les parties accordent aux arbitres un délai considérablement réduit, ce qui oblige ces derniers à limiter les échanges et à rendre leur décision rapidement. Pour développement sur l'arbitrage *fast tract*, v. A. Carlevaris, « L'accélération des procédures arbitrales », *in L'arbitrage international et l'urgence*, Bruylant, 2014, p. 159 ; « L'arbitrage dit *fast-track* », Entretien par T. Portwood et A. Pinna, JCP éd. G, no 42, 12 octobre 2009, p. 2 ; R. Akerman, « Rules For Expedited Arbitration Procedure », *American Review of International Arbitration* 1995, p. 301 ; B. Davis, P. J. Nickles, H. Smit, et D. K. Watkins, « ICC Fast Tract Arbitration : Different perspective », Bull. CCI 1992, p. 3.

[255] Ph. Cavalieros, « La confidentialité dans l'arbitrage », *Cah. arb.*, vol. III, *Gaz. pal* 2006, p. 56 ; E. Gaillard, « Le principe de confidentialité dans l'arbitrage international », *D.* 1987, chron., p. 153 ; E. Loquin, « Les obligations de confidentialité dans l'arbitrage », *Rev. arb.*

général[256], mais plus affirmé encore dans le contentieux des investissements en particulier[257]. Un auteur en appelle carrément à la publication dessentences[258]. L'AUA[259], comme le droit français de l'arbitrage international[260], observe d'ailleurs un principe de neutralité à l'égard de la

2006-2, p. 323 ; P. Hodges, « La transparence. The perils of complete transparency in international arbitration – should parties be exposed to the glare of publicity ? », Cah. arb. 2012-3, p. 589 ; L. Bernheim-Van de Casteele, *Les principes fondamentaux de l'arbitrage*, *op. cit.*, n° 462.

[256] Y. Derains, « Preuve et arbitrage », *in La confidentialité dans l'arbitrage : commentaires sur les textes, la jurisprudence et la pratique*, Bull. CCI, supplément 2009, p. 57.

[257] S. Ménetrey, « La transparence dans l'arbitrage d'investissement », *Rev. arb.* 2012-1, p. 33.

[258] J. Fernández-Armesto, « La transparence. The time has come: A Plea for Abandoning Secrecy in Arbitration », *Cah. arb.* 2012-3, p. 583.

[259] L'AUA ne dit rien concernant la confidentialité des procédures, il ne l'évoque qu'à propos du délibéré. L'article 18 de l'AUA dispose : « *Les délibérations du Tribunal arbitral sont secrètes* ». Sur la base de ce texte, P. Meyer (« Commentaire sous l'article 18 de l'AUA », in J. Issa-Sayegh, P.-G. Pougoué et F. M. Sawadogo, *OHADA. Traités et actes uniformes commentés*, Juriscope, 2008, p. 139) conclut « *qu'au-delà du texte qui ne vise que le secret des délibérations, la confidentialité couvre tous les éléments ayant trait au litige et à la procédure arbitrale* ». Cette position mérite d'être nuancée car le secret du délibéré ne saurait être confondu avecla confidentialité de la procédure. Le caractère coutumier de la confidentialité en arbitrage est âprement discuté, à côté de la jurisprudence anglaise (*Court of Appeal, Dolling-Baker c/ Merret*, 1990 1 WLR 1205), les juges suédois (Cour suprême de Suède, 27 octobre 2000, *AI Trade Finance Inc, Stockholm Arb. Report* 2002-2, p. 144 ; Rev. arb. 2001-4, p. 821, note S. Jarvin et G. Reid) et australiens (*High Court d'Australie, 07 avril 1995, Esso c/ Plowman, Rev. arb. 1996- 3, p. 539, note D. Kapeliuk-Klinger*) pensent l'inverse. Il n'est donc pas fondé de prendre appui sur le défaut de publicité du délibéré pour inférer en faveur de la confidentialité de la procédure, ce sont deux questions connexes mais distinctes. Telle est d'ailleurs la position de l'Association du droit international dans ses *Conclusions et recommandations sur le principe de confidentialité adoptées* en août 2010 (pour détails v. G. Petrochilos, « The ILA Tackles Confidentiality. The 2010 ILA Findings and Recommendations on Confidentiality », Cah. arb. 2011-1, p. 51). Quant au RA, bien qu'il fasse de la confidentialité, le principe, il permet aux parties d'en déroger. Dans ce sens, son article 15.4 dispose : « *La procédure arbitrale est confidentielle. Les travaux de la Cour relatifs au déroulement de la procédure arbitrale sont soumis à cette confidentialité, ainsi que les réunions de la Cour pour l'administration de l'arbitrage. Elle couvre les documents soumis à la Cour ou établis par elle à l'occasion des procédures qu'elle diligente.*
Sous réserve d'un accord contraire de toutes les parties, celles-ci et leurs conseils, les arbitres, les experts, et toutes les personnes associées à la procédure d'arbitrage, sont tenus au respect de la confidentialité des informations et documents qui sont produits au cours de cette procédure. La confidentialité s'étend, dans les mêmes conditions, aux sentences arbitrales ».

[260] En matière interne, l'article 1464 al 4 du Code de procédure civile français énonce que « *sous réserve des obligations légales et à moins que les parties n'en disposent autrement, la procédure arbitrale est soumise de confidentialité* ». L'article 1503 al 3 du Code de procédure civile français ne cite pas cette disposition parmi celle qui s'applique à l'arbitrage international.

confidentialité[261]. Au-delà de ce besoin pressant de transparence, la discrétion des procédures a véritablement du sens pour les opérateurs économiques. Pour un justiciable ordinaire, cette règle n'est utile que pour des questions tenant à l'honneur, les magistrats pouvant dans ce cas organiser des audiences à huis clos[262]. A l'inverse, la protection des secrets d'affaires[263] tels que les techniques de fabrication, ou encore les guerres de positionnement de marketing justifient parfaitement le fait que les procédures arbitrales se tiennent à l'abri des médias. Au total, ce sont les opérateurs économiques qui ont davantage besoin de préserver le règlement de leurs litiges de la connaissance du public[264].

121 S'agissant de la spécialisation des arbitres, elle est autant vantée[265] que les exigences d'indépendance et d'impartialité pesant sur eux[266]. Présentant les mérites de l'arbitrage, un auteur souligne que « *les parties ont la possibilité de désigner des arbitres dont ils savent qu'ils auront à priori une connaissance et un savoir-faire appropriés* »[267]. S'il est indéniable que la faculté de choisir un arbitre est un avantage pour tout procès, pour autant cela ne garantit pas sa compétence. Par ailleurs, même si dans leur grande majorité, les arbitres font preuve d'une fine expertise, toute la question est de savoir si celle-ci est nécessaire pour le règlement des litiges entre civils. Les connaissances techniques imputées aux arbitres visent en général des matières rarement débattues entre particuliers. Pour s'en convaincre, il suffit

---

[261] E. Gaillard, « Les principes fondamentaux du nouvel arbitrage », in Th. Clay (dir), *Le nouveau droit français de l'arbitrage*, Lextenso éditions, 2011, p. 57, sp. n° 20.

[262] En sus des audiences à huis clos, il est également possible de faire publier une décision de justice étatique de manière anonyme. Cette pratique aisée à vérifier s'apparente considérablement à celle des grandes institutions d'arbitrage comme la CCI. Cette dernière permet chaque année à certaines revues de publier une chronique de quelques sentences apurées d'éléments permettant d'identifier les litigants.

[263] F. Fages, « La confidentialité de l'arbitrage à l'épreuve de la transparence financière », *Rev. arb.* 2003-1, p. 5, sp. n° 5.

[264] D. Vidal, *Droit français de l'arbitrage interne et international*, op. cit., n° 14, et n° 282.

[265] C. Seraglini et J. Ortscheidt, *Droit de l'arbitrage interne et international, op. cit*, n° 50 ; D. Hascher, *Répertoire Dalloz dr. int.* V° Arbitrage du commerce international, n° 79 et s. ; D. Vidal, « Notions de base de l'arbitrage », in Y. Strickler et J.-B. Racine (dir), *L'arbitrage. Questions contemporaines*, L'Harmattan, 2012, p. 13, sp. n° 9-10.

[266] M. Henry, « Les obligations d'indépendance et d'information de l'arbitre à la lumière de la jurisprudence récente », *Rev. arb.* 1999-2, p. 193 ; M. Henry, *L'indépendance de l'arbitre*, LGDJ, 2001 ; Th. Clay, L'arbitre, préface Ph. Fouchard, Dalloz, 2001 ; V. Veeder, « L'indépendance et l'impartialité de l'arbitre dans l'arbitrage international », *in* Th. Clay et E. Jeuland (dir), *Médiation et arbitrage, Alternative Dispute Resolution. Alternative à la justice ou justice alternative ? Perspectives comparatives*, 2005, p. 219 ; Th. Clay, « L'indépendance et l'impartialité de l'arbitre et les règles du procès équitable », *in* J. Van Campernolle et G. Tarzia, *L'impartialité du juge et de l'arbitre. Etudes de droit comparé*, Bruylant, 2006, p. 199 ; M. Henry, « L'indépendance de l'arbitre au cœur du juste et de l'utile », *Cah. arb.* 2013-4, p. 873.

[267] D. Vidal, *Droit français de l'arbitrage interne et international*, *op. cit.*, n° 15.

simplement de se reporter aux statistiques des centres d'arbitrage quant à la *res litigiosa*. Il ressort de ces dernières que c'est essentiellement le contentieux des affaires qui est à l'origine des procédures arbitrales[268].

122 Dans l'espace OHADA, la propriété foncière est la source dominante des conflits civils[269], elle devance de loin toutes les autres matières. Il en résulte que les particuliers s'opposent majoritairement sur des questions qui ne présentent qu'une faible importance pour les arbitres. Bien que la problématique des accaparements de terre dans les investissements agricoles et extractifs ait fait irruption dans l'arbitrage international, il s'agit d'une question incidente du droit des investissements[270]. Pour cette raison, il est difficile d'imaginer un arbitre spécialisé dans le contentieux foncier entre civils[271], le nombre d'affaires étant rare et pour la plupart portant sur des sommes modestes comparés aux dossiers d'arbitrage. Les arbitres exerçant en général leur activité juridictionnelle à titre lucratif, leur rémunération étant indexée sur le montant du litige, aussi juridiquement stimulants que

---

[268] En raison de la spécificité du champ matériel du CIRDI, ses statistiques sont limitées au contentieux des investissements ; néanmoins le rapport 2013-2 (https://icsid.worldbank.org) montre quels sont les secteurs clés des litiges Etat-investisseur étranger. Quant aux statistiques 2012 de la CCI (« 2012 Statistical report », Bull. CCI 2013, vol. 24-1) elles sont en revanche révélatrices de la place résiduelle du contentieux des litiges entre particuliers en arbitrage international. Il est indiqué dans ce document que « *although ICC arbitration is used to resolve disputes from all sectors of the economy, its presence in the construction and energy sectors has always been particularly strong. This was again the case in 2012 with almost a third of the cases filed during the year originating from construction/engineering, 15% energy). The next most frequent kinds of disputeswere those relating to telecommunications and information technology (8%), closely followed by those relating to finance and insurance (8%), general trade (6%) and industrial equipment (6%)* ». Au-delà du contentieux international, les statistiques du Centre d'Arbitrage, de Médiation et de Conciliation de Ouagadougou (CAMC-O), centre d'arbitrage le plus florissant de l'espace OHADA quant au nombre d'affaires traitées, sont encore plus probantes car la majorité des procédures ont un caractère interne. Le rapport statistique du CAMC-O au 31 décembre2013(http://www.camco.bf/DONNEES-STATISTIQUES-DU-1er) explique que « les secteurs qui constituent le moteur de l'économie » burkinabé sont ceux qui utilisent le plus l'arbitrage.

[269] A. Harissou, *La terre, un droit humain*, préface J. Chirac et A. Diouf, Dunod, 2011 ; D. Nourissat, « L'action du notariat en matière de titrement », *JCP N* n° 45, 12 novembre 2010, p. 25.

[270] F. Collart-Dutilleul, « Investissements internationaux et accaparement des terres : à la recherche d'un point d'équilibre », http://hal.archives-ouvertes.fr/docs/00/93/02/44/PDF/FCD_invest_PUDA_2013.pdf.

[271] Il est néanmoins possible de désigner comme arbitre un juriste spécialisé de droit foncier comme arbitre, cependant la probabilité pour que cette personne ait une connaissance superficielle de l'arbitrage est très forte.

puissent être les litiges civils, ces derniers sont d'un intérêt pécuniaire modeste[272].

123 De plus, si l'on s'en tient au fait que l'aptitude technique à juger est garantie par la connaissance pratique de la *res litigiosa*[273], alors l'arbitre n'est certainement pas le juge indiqué pour les litiges civils[274]. N'étant que des « *intermittents de la justice* »[275], les arbitres sont en général des juristes spécialisés dans le contentieux des affaires et des investissements. Il n'est donc pas utile de leur soumettre des différends loin de leurs principaux centres d'intérêt, et surtout qui ne leur apporteront pas des gains à la hauteur de leurs rémunérations habituelles. Les professionnels constituent de ce fait leurs cibles privilégiées en tout point de vue ; c'est à leur égard qu'ils constituent une alternative pertinente aux tribunaux judiciaires tant engorgés.

124 Le désengorgement des juridictions nationales, et par ricochet la sécurité judiciaire[276], est l'un des arguments régulièrement avancés pour justifier l'expansion *ratione materiae* de l'arbitrage[277]. Ce propos est fondé dès lors qu'il se limite à la justice des affaires, car pour les raisons évoquées au paragraphe précédent l'arbitrage apporte une réelle plus-value au traitement des litiges économiques. En revanche, il en va différemment des

---

[272] J.-B. Racine (« Eléments d'une sociologie de l'arbitrage : Actes de la Journée d'étude du Groupe Sociologie de l'arbitrage du Comité français de l'arbitrage », *Rev. arb.* 2012-4, p. 709, sp. p. 711) remarque que « *la marchandisation de l'arbitrage (...) est au cœur du questionnement* ». V. aussi, P. Lalive, « Sur une "commercialisation" de l'arbitrage international », *in Mélanges Cl. Reymond*, Litec, 2004, p. 167 ; Ph. Fouchard, « Où va l'arbitrage international ? *», Revue de droit de Mc Gill*, 1989, p. 435 ; P. Lalive, « Dérives arbitrales (I) », *Bull. ASA*, 2005, p. 587 ; « Dérives arbitrales (II) », *Bull. ASA*, 2006, p. 2.

[273] D. Lamèthe, « Portraits de groupe d'arbitres internationaux », in J. Rosell (coord), *Les arbitres internationaux*, Société de législation comparée, 2005, p. 35, sp. n° 91-95.

[274] Il importe néanmoins de souligner qu'il est une série de petits litiges de consommation pour lesquelles une expertise arbitrale s'est développée. V. dans ce sens M. Philippe, « Ou en est la résolution des litiges en ligne », *RDAI* 2002-2, p.167, sp. pp. 178-189. Pour autres avantages de l'arbitrage en ligne v. N. Vermeys, « La cyberjustice et L'espace OHADA : desoutils virtuels pour une avancée réelle », *JADA*, février 2013, numéro spécial, *L'arbitre, l'avocat et les entreprises face au droit au droit OHADA*, Actes Forum OHADA CANADA, p. 102, sp. n° 25-28 ; P. Diaye, *Arbitrage en ligne et les litiges du commerce électronique*, mémoire de LLM, Université de Montréal, 2006 ; E. Caprioli, « Arbitrage et médiation dans le commerce électronique, l'expérience du CyberTribunal », *Rev. arb.* 1999-2, p. 225 ; V. Gautrais, K. Benyekhlef et P. Trudel, « Les limites apprivoisées de l'arbitrage cybernétique », *Revue juridique Thémis* 1999, volume 33, p. 537.

[275] Th. Clay, « Qui sont les arbitres internationaux ? », in J. Rosell (coord), Les arbitres internationaux, Société de législation comparée, 2005, p. 13, sp. n° 40.

[276] Pour N. Ndoye (*Le licenciement pour motif personnel en France et au Sénégal. Etude de droit comparé*, Thèse de doctorat, 2012, Université de Strasbourg, p. 257), « *l'arbitrage est considéré comme l'arme pouvant contrer efficacement l'insécurité judiciaire qui sévit dans la plupart des Etats-parties* » de l'OHADA.

[277] A. Wald, « La résolution, par l'arbitrage, des conflits entre l'administration publique et les entreprises privées en droit brésilien », *Gaz. Pal.* 17 Juillet 2007, n° 198, p. 6, sp. p. 10.

conflits entre civils ou impliquant un civil, d'autres juridictions opérant sur le paradigme de la souplesse procédurale et de la gratuité paraissent plus appropriées. C'est notamment le cas des juridictions de proximité en France, qui malgré des difficultés inhérentes à la mise en route de toute nouvelle institution, ont réussi le pari de désencombrer le greffe des juridictions judiciaires. A l'issue d'un premier bilan de leur fonctionnement, il est apparu que la création des juridictions de proximité a permis « *la prise en charge de plusieurs dizaines de milliers de procédures civiles jusqu'ici traitées par les juges d'instance ainsi que du contentieux de masse des quatre premières classes de contraventions. Il en est résulté un allégement de la charge judiciaire dans un certain nombre de juridictions où des redéploiements de magistrats professionnels ont pu être envisagés* »[278]. Bien que la Loi organique n°2016-1090 du 8 août 2016 relative aux garanties statutaires, aux obligations déontologiques et au recrutement des magistrats a prévu la suppression des juridictions de proximité au 1er juillet 2017, il n'en demeure pas moins que l'idée d'un mode particulier de résolution des petits différends ne manque pas de pertinence.

125 Au-delà des juridictions de proximité, dans plusieurs pays de l'OHADA, il existe des juridictions en charge du règlement des petits litiges[279], et qui fonctionnent sur le paradigme ancestral de la justice pacifique[280]. Ces tribunaux et cours agissent davantage comme des médiateurs que comme des juridictions car elles incitent beaucoup les parties à trouver une solution amiable. Le renforcement du rôle de ces institutions plus adaptées à une grande partie des contentieux intéressant les faibles, ainsi que la perspective de l'adoption d'un acte uniforme sur la médiation en vue de la promotion de celle-ci[281] sont autant de solutions viables qui permettront à coup sûr d'alléger le volume de travail des juges en charge du contentieux civil. Les arbitres se chargeront dès lors de régler uniquement les conflits opposant les sujets du droit OHADA que sont les professionnels.

b. La restriction de l'arbitrage au sujet de prédilection du droit OHADA : le professionnel

278 D. Charvet et J.- C. Vuillemin, *Rapport du groupe de travail sur les juridictions de proximité, septembre 2003-novembre 2005. Bilan et propositions*, La documentation française, 2005, p. 84.

279 C'est notamment le cas des tribunaux d'arrondissement au Congo.

280 F. Camara et A. Cissé, « Arbitrage et médiation dans les cultures négro-africaines : entre la prédisposition à dénouer et la mission de trancher », *Rev. arb.* 2009-2, p. 285 ; A. Dieng, « Approche culturelle des MARC en OHADA », *JADA* 2011-1, p. 25.

281 G. Kenfack Douajni, « La conciliation et la médiation dans les pratiques contractuelles », *in Les pratiques contractuelles d'affaires et les processus d'harmonisation dans les espaces régionaux*, ERSUMA, juin 2012, p. 260.

126 Dès les premiers textes de droit OHADA, la doctrine s'est empressée de souligner que « *l'objet réel de l'organisation juridique réalisée par les textes OHADA, c'est telle ou telle activité économique* »[282]. L'évolution du droit OHADA n'a pas contredit cette affirmation, au contraire, la réforme de l'AUDCG en 2010 a procédé à une reconfiguration de la commercialité[283] en transformant le bail commercial en bail professionnel[284], et en introduisant un nouvel acteur économique non commerçant, l'entreprenant[285], dans la sphère du droit des affaires. Cette hypertrophie du domaine classique du droit des affaires, classiquement restreint au statut des opérateurs du commerce et aux opérations commerciales[286], a été considérée comme un décloisonnement droit civil et du droit commercial[287]. La principale conséquence de cette tendance du législateur OHADA est une certaine fusion du droit civil dans le droit commercial. Pour le faible, cela signifie soumission à la philosophie libérale des échanges marchands.

127 Pour compréhensible que ce soit la volonté de modernisation du droit OHADA, un principe de précaution méthodologique impose au législateur de tempérer ses ardeurs quant à ses fréquentes excursions dans les bastions civilistes[288]. En effet, l'on ne saurait régir les particuliers avec les mêmes règles que les marchands. Une telle entreprise n'a de sens que lorsque le formalisme est la règle de base. Telle a été la démarche adoptée pour

---

[282] J. Paillusseau, « Le droit de l'OHADA, un droit très important et original », www.ohada.com, Ohadata D-12-64. V. aussi M. Bolmin, G. Bouillet-Cordonnieret K. Medjad, « Harmonisation du droit des affaires dans la Zone Franc », JDI 1994-2, p. 375, sp. pp. 382 et s.

[283] J. Diffo Tchunkam, « Actualité et perspective du droit OHADA après la reforme de l'Acte Uniforme relatif au Droit Commercial Général du 15 décembre 2010 », *op. cit.*, p. 57.

[284] Articles 101 et s. de l'AUDCG. Pour développement sur ces textes, v. P. Akuété Santos, « Le bail à usage professionnel », *in Les pratiques contractuelles d'affaires et les processus d'harmonisation dans les espaces régionaux, Actes du colloque organisé du 26 au 28 octobre 2011 par l'ERSUMA à Libreville*, Editions ERSUMA, 2012, p. 64.

[285] Articles 30 et s. Le régime de l'entreprenant s'est largement inspiré de celui de l'auto-entrepreneur du droit français. Pour détails sur le régime de l'entreprenant, v. D. Tricot, « Statut du commerçant et de l'entreprenant », *Droit et patrimoine* mars 2011, n° 201, dossier spécial, *Un nouveau droit commercial pour la zone OHADA*, p. 67.

[286] L. Vogel, *Traité de droit commercial*, LGDJ, 2001, 18ème édition, n° 7.

[287] Parlant de la distinction droit civil / droit commercial, J. Diffo Tchunkam (« La distinction droit civil - droit commercial à l'épreuve de l'OHADA : une prospective de droit matériel uniforme », *RDU* 2009-1, p. 57, sp. p. 61) affirme que *« la constance sur laquelle théoriciens et praticiens du droit OHADA s'accordent aujourd'hui est celle de la perte de vitalité de cette distinction aussi bien dans l'élaboration que dans la mise en œuvre du droit ... »*.

[288] P.-G. Pougoué et Y.-R. Kalieu Elongo, *Introduction critique à l'Organisation pour l'Harmonisation en Afrique du Droit des Affaires, op. cit.*, n° 53 ; P.-G. Pougoué, « L'avant-projet d'acte uniforme sur le droit des contrats : les tribulations d'un universitaire *op. cit.*, pp. 4-6.

l'Acte uniforme sur les sûretés, l'écrit étant exigé pour la conclusion de chacune d'elle[289]. En droit comparé, le législateur français a adopté la même démarche pour le cautionnement souscrit par une personne physique en faveur d'un créancier professionnel[290]. Il découle de ce qui précède que le droit de l'arbitrage OHADA n'a de sens que par rapport aux acteurs du monde des affaires. Malgré le fait que même entre professionnels l'abus n'est pas exclu[291], le droit OHADA en général[292], et la justice arbitrale en particulier, devraient être circonscrits à ceux-ci.

128 Dès lors que l'on adopte des textes totalement imprégnés de libéralisme, cela signifie que l'on vise les professionnels. D'ailleurs, tous les acteurs dont le statut est régi par les actes uniformes ont cette qualité. Par conséquent, lorsque le Préambule et l'article 1 du Traité OHADA affichent sans ambages leur désir de faire de l'arbitrage le mode « *de règlement des différends contractuels* », il faudrait préciser « *différends contractuels professionnels* ». Cette approche a eu les faveurs du droit français qui, malgré sa volonté d'extension de l'arbitrabilité subjective en 2001[293] a limité la clause compromissoire aux professionnels. Malgré cela, une pertinente réflexion a été menée sur les liens entre le faible et l'arbitrage en droit français[294]. S'il est incontestable que la nouvelle rédaction de l'article 2061 du Code civil, a ouvert la porte à l'arbitrage aux contrats mixtes, il n'en

---

[289] F. Onana Etoundi, « La preuve de la créance », op. cit., pp. 284-285.

[290] D'après l'article L 341-2 du Code de la consommation: « *Toute personne physique qui s'engage par acte sous seing privé en qualité de caution envers un créancier professionnel doit, à peine de nullité de son engagement, faire précéder sa signature de la mention manuscrite suivante, et uniquement de celle-ci : "En me portant caution de X..., dans la limite de la somme de ... couvrant le paiement du principal, des intérêts et, le cas échéant, des pénalités ou intérêts de retard et pour la durée de ..., je m'engage à rembourser au prêteur les sommes dues sur mes revenus et mes biens si X... n'y satisfait pas lui-même* " ».

[291] C. Jamin et D. Mazeaud (dir), *Les clauses abusives entre professionnels*, Economica, 1998.

[292] J. Issa-Sayegh et P.-G. Pougoué, « L'OHADA : *défis, problèmes et tentatives de solutions », op. cit., p. 468 suggèrent que « la recherche systémique et systématique, par le Conseil des ministres, du droit des affaires uniformisable doit se faire autour de toutes ses composantes, à savoir : les acteurs économiques ; les actes économiques ; les biens économiques ; les procédures économiques en ayant toujours à l'esprit de respecter la spécificité du droit des affaires qui, d'une part, ne doit pas empiéter sur la théorie générale du droit ou du droit commun et, d'autre part, son utilité ou sa pertinence eu égard à l'importance de la matière à uniformiser pour faciliter les échanges* ».

[293] Pour développement sur la réforme du régime de la clause compromissoire en 2001 en France, v. B. Moreau et L. Degos, « La clause compromissoire réhabilitée : chronique d'une réforme annoncée », *Gaz. Pal.* 14 juin 2001 n° 165, p. 6 ; Ch. Jarrosson, « Le nouvel essor de la clause compromissoire après la loi du 15 mai 2001 », *JCP G* no 27, 4 juillet 2001, p. 1318 ; Ph. Marini et F. Fages, « La réforme de la clause compromissoire », D. 2001, p. 2658 ; Ph. Fouchard, « La laborieuse réforme de la clause compromissoire par la loi du 15 mai 2001 », *Rev. arb.* 2001-3, p. 397.

[294] M. Fontmichel, *Le faible et l'arbitrage*, *op. cit.*

demeure, c'est dire combien même dans les systèmes excluant les stipulations arbitrales entre civils, la participation du faible dans un arbitrage reste une question délicate. Il ne peut en être autrement car l'arbitrage est « *le mode de droit commun de résolution des litiges du commerce international* »[295] ; dans les autres domaines il doit être utilisé avec modération.

129 Pour écarter les civils de l'arbitrage OHADA, il faudrait interpréter les critères d'arbitrabilité subjective posés par l'AUA, le Traité OHADA et le RA parallèlement au Préambule du Traité précité. Ce dernier justifie la création de l'OHADA par la volonté « *de faciliter l'activité des entreprises (...) dans les conditions propres à garantir la sécurité juridique des activités économiques afin de favoriser l'essor de celles-ci et d'encourager l'investissement* » (nous soulignons). De tels objectifs appellent une faible attention aux civils, le centre de gravité étant les acteurs permanents de la sphère économiques. Par conséquent, les règles concourant à la réalisation des buts fondant la création de l'OHADA doivent s'appliquer prioritairement aux professionnels. Ceci revient à dire que la consécration d'un mode alternatif de règlement de conflit onéreux au sein de l'OHADA ne doit concerner que ceux qui animent la vie des affaires.

130 Au total, il s'infère du Préambule du Traité OHADA que ce ne sont que les opérateurs économiques qui sont dans la ligne de mire du droit des affaires harmonisés, et par incidence, de celle de la justice arbitrale. Malheureusement, cette approche n'a pas trouvé d'écho favorable en doctrine[296] ou en jurisprudence, la littérature juridique reste dans la mouvance de la modernisation législative de l'arbitrage sans prise en compte de l'intérêt du faible.

B. Une modernisation de l'arbitrage peu favorable au faible

131 Une bonne intelligence de la prépondérance de la liberté contractuelle dans le droit de l'arbitrage OHADA postule de s'arrêter sur le contexte de son adoption. Celui-ci a été élaboré à la fin des années 1990, époque marquée par une volonté généralisée des pays africains de manifester leur ouverture à l'économie de marché. De cette quête effrénée d'attractivité économique, il en est résulté une transformation de l'arbitrage en justice de

[295] J.-B. Racine, « Eléments d'une sociologie de l''arbitrage : Actes de la Journée d'étude du Groupe Sociologie de l'arbitrage du Comité français de l'arbitrage », *op. cit.*, p. 711.

[296] P. Meyer (*OHADA. Droit de l'arbitrage, op. cit.*, n° 170) et J. Issa-Sayegh (« Réflexions dubitatives sur l'arbitrage OHADA », *Revue camerounaise de l'arbitrage* numéro spécial, octobre 2001, p. 22, sp. p. 25), sont les rares auteurs à avoir exprimé des réserves quant à la capacité compromissoire des salariés.

droit commun (1). Cette mouvance libérale est majoritairement reconnue par les grandes nations arbitragistes (2).

1. La transformation de l'arbitrage en justice de droit commun

132 La fin de la guerre idéologique entre capitalistes et communistes, depuis la chute du Mur de Berlin en 1991, a eu une répercussion immédiate sur le droit de l'arbitrage. La réticence majoritairement observée par les pays africains à l'égard de la justice arbitrale[297], notamment pour le contentieux des contrats d'Etat[298], s'est mué en enthousiasme illimité[299]. A côté de la croissance du contentieux CIRDI[300] et de l'accélération de la ratification de la Convention de New York de 1958 sur la reconnaissance et l'exécution des sentences arbitrales étrangères[301], l'autre signe majeur de cette dynamique est la modernisation des lois nationales de l'arbitrage sur la base de la loi type sur l'arbitrage commercial international de la CNUDCI[302].

133 Au chapitre des tendances lourdes des lois adoptées par les pays africains, l'arbitrabilité subjective mérite d'être particulièrement relevée. Progressivement, on a vu naitre une sorte de disposition de style en matière d'arbitrabilité subjective, ladite disposition énonçant : « *toutes personnes peuvent compromettre sur les droits dont elles ont la libre disposition* ». En

[297] R. Dossou, « La pratique de l'arbitrage en Afrique », *op. cit.*, pp. 125-127 ; A. Fénéon, *Droit de l'arbitrage. Commentaires de l'Acte uniforme sur l'arbitrage et du règlement de la CCJA, op. cit.*, pp. 7-11 ; P.-G. Pougoué, J.-M. Tchakoua et A. Fénéon, *Droit de l'arbitrage dans l'espace OHADA, op. cit.*, n° 18-19 ; R. Amoussou-Guénou, « L'arbitrage commercial international en Afrique sub-saharienne : état de la pratique et du droit », *op. cit.* ; R. Amoussou-Guénou, « L'état du droit de l'arbitrage interne et international en Afrique avant l'adoption des instruments de l'OHADA », *op. cit.*

[298] J. Verhoeven, « Arbitrage entre Etats et entreprises étrangères : des règles spécifiques », *Rev. arb.* 1985-4, p. 609 ; Ph. Kahn, « Souveraineté de l'Etat et règlement du litige. Régime juridique du contrat d'Etat », *Rev. arb.* 1985-4, p. 641.

[299] A. Ngwanza, « Le Cameroun et l'arbitrage international », *in* J.-L. Atangana Amougou, *Le Cameroun et le droit international*, Pedone, 2014, p. 86, sp. pp. 86-87 ; Ph. Kahn, « *Les investissements internationaux, nouvelles donnes : un droit transnational de l'investissement* », in Ph. Kahn et Th. Walde (dir), *Les aspects nouveaux du droit des investissements internationaux*, Matinus Nijhoff, 2007, p. 3, sp. p. 7.

[300] D'après les statistiques du CIRDI, on note une forte croissance du nombre d'affaires après 1991. Sur les 473 affaires enregistrées par le secrétariat du CIRDI, seules 26 ont été introduites avant la chute du Mur de Berlin. Source : https://icsid.worldbank.org.

[301] Sur les 150 Etats ayant signé la Convention de New York, près de la moitié de ceux ci (70) l'ont fait entre 1991 et 2014. Pour détails sur l'état des ratifications à la convention précitée, suivre ce lien : http://www.uncitral.org/uncitral/fr/uncitral_texts/arbitration/NYConvention_status.html

[302] Pour étude détaillée sur l'influence de la loi type sur l'arbitrage commercial international de la CNUDCI en Afrique, v. R. Amoussou-Guénou, « L'Afrique, la mondialisation et l'arbitrage international », *PA 07* décembre 1998, n° 146, p. 8.

dépit de différences littérales, cette règle est apparue dans les quatre coins du continent africain à partir des années 1990.

134 En Afrique du Nord, l'article 1006 du Code de procédure civile et administrative algérien de 2008[303], l'article 1 de la loi égyptienne de 1994 relative à l'arbitrage en matière civile et commerciale[304] et l'article 308 de la loi marocaine de 2007 sur l'arbitrage et la médiation conventionnelle[305] vont dans le sens de la disposition citée ci-dessus. A peu de chose près, l'article 1 du projet de la loi sur l'arbitrage en Lybie est une reprise *in extenso* du texte égyptien précité[306].

135 En Afrique occidentale et orientale, la loi mauritanienne de 2000 portant code de l''arbitrage[307], tout comme l'*Arbitration act* soudanais de 2005[308] reconnaissent aussi la capacité compromissoire à toutes les personnes physiques et morales. Il en va de même avec l'article 439 du Code

---

[303] L'article 1006 alinéa du Code de procédure civile et administrative algérien dispose : « *Toute personne peut compromettre sur les droits dont elle a la libre disposition* ». ce texte est une reprise de l'ancien article 442 *in limine* du Code de procédure civile tel que modifié par le décret du 25 avril 1993.

[304] L'article 1 de la loi égyptienne de 1994 relative à l'arbitrage en matière civile et commerciale : « *Subject to the provisions of international conventions applicable in the Arab Republic of Egypt, the provisions of this Law shall apply to all arbitrations between public law or private law persons, whatever the nature of the legal relationship around which the dispute revolves, when such an arbitration is conducted in Egypt, or when an international commercial arbitration is conducted abroad and its parties agree to submit it to the provisions of this Law* » (nous soulignons).

[305] L'article 308 de la loi marocaine de 2007 sur l'arbitrage et la médiation conventionnelle dispose : « *Dans le respect des dispositions du dahir du 9 ramadan 1331 (12 août 1913) formant Code des obligations et des contrats, tel que modifié et complété, et notamment de son article 62, toutes personnes capables, physiques ou morales, peuvent souscrire une convention d'arbitrage sur les droits dont elles ontla libre disposition, dans les limites et selon les formes et procédures prévues par le présent chapitre* ».

[306] L'article 1 du projet de loi sur l'arbitrage en Lybie dispose: « *Without prejudice to the provisions of the conventions applicable in Libya, the provisions of this Law shall govern any arbitration between public or private parties, regardless of the nature of the legal relationship in dispute, if this arbitration was held in Libya or was a commercial arbitration held abroad which the parties thereto agreed to subject to the provisions of this Law* ».

[307] L'article 8 5° in fine de la loi n° 2000-06 portant code de l'arbitrage en Mauritanie dispose : « *... toutes personnes peuvent compromettre sur les droits dont elles ont la libre disposition* ».

[308] L'article 3 de l'*Arbitration act* soudanais de 2005 dispose: « *Without prejudice to the provisions of international conventions regarding arbitration to which The Sudan is party to the following*:
The provisions of this Law shall govern any arbitration taking place in Sudan or abroad, if the parties agreed in this regard and when the legal relationship has a civil nature, whether contractual or no t».

de procédure civile malgache du 11 novembre 1998[309], et de l'article 4 (1) de l'*Arbitration act* zimbabwéen[310] en Afrique australe.

136 Ce phénomène qui n'est pas singulier à l'Afrique[311], est révélateur d'une certaine vision de l'arbitrage. Ayant pris conscience du fait que les investisseurs étrangers considèrent l'arbitrage comme une protection de leurs investissements[312], les pays africains ont massivement intégré la doctrine du « *laissez faire, laisser passer* » dans leurs législations nationales. Le législateur OHADA n'a donc pas innové, il n'a fait que se fondre dans un moule taillé par d'autres avant lui. Peut-on pour autant l'exonérer de tout reproche ?

137 A l'évidence, la réponse est négative car les erreurs des uns n'excusent pas celles des autres. De plus, la crainte d'un défaut d'attractivité économique reposant sur une rigidité normative est infondée. En limitant l'arbitrage aux professionnels, le problème aurait été entièrement réglé puisque les investisseurs sont en quasi-totalité des opérateurs économiques nationaux ou étrangers. L'arbitrabilité des différends entre civils ne revêt donc aucun enjeu pour les investisseurs étrangers, dès lors que le caractère international du litige le rend arbitrable. En restant sur l'option de limiter l'arbitrage aux professionnels, sans forcément adopter une conception dualiste détaillée de l'arbitrage, il était possible d'indiquer que la convention d'arbitrage est valable dès lors que le contrat est international. Ne l'ayant pas fait, le législateur OHADA s'est rangé à cette doctrine de la banalisation de l'arbitrage par la reconnaissance de la possibilité d'attraire tout justiciable devant des arbitres. Même la doctrine considérant la justice arbitrale comme un mode de règlement des différends de droit commun, ne l'envisage ainsi que pour le droit commercial international[313]. Le constat de la place résiduelle de l'inarbitrabilité n'aboutit pas non plus à l'ouverture de l'arbitrage aux non professionnels[314].

---

[309] L'article 439 du Code de procédure malgache dispose : « *Toute personne physique ou morale peut recourir à l'arbitrage sur les droits dont elle a la libre disposition* ».

[310] L'article 4 (1) de l'Arbitration act zimbabwéen dispose: « *Subject to this section, any dispute which the parties have agreed to submit to arbitration may be determined by arbitration* ».

[311] En Amérique latine, on trouve également des législations accordant la capacité compromissoire à toutes les personnes. V. dans ce sens, article 1 de la loi brésilienne du 23 septembre 1996 ; article 1 *in limine* du décret 2279 colombien du 07 octobre 1989.

[312] A. Plantey, « L'arbitrage comme garantie des investissements », *in Relations entre économies industrialisées et économies en transition ou en développement. Aspects institutionnels et juridiques*, Actes du XVIème Congrès de l'IDEF, Bruylant, 1995, p. 398 ; A. E. Rusca, « L'arbitrage : une stimulation à l'investissement », *Revue camerounaise de l'arbitrage* n° 7, octobre-novembre-décembre 1999, p. 3.

[313] I. Beyneix, « L'arbitrage international est-il encore véritablement un mode alternatif de règlement des différends ?», *RTD com.* 2012-2, p. 225.

[314] L. Ravillon, « Que reste-t-il du concept d'inarbitrabilité ? », *op. cit.*, pp. 64-77.

138 Admettre sans réserve que toute personne peut compromettre sur les droits dont elle a la libre disposition, revient à faire de l'arbitre un juge ordinaire. Non seulement ce dernier relève d'un ordre juridique qui lui est propre, appelé ordre juridique arbitral[315], mais les règles qui régissent sa mission sont singulières et nécessitent de mobiliser des moyens matériels importants. Que faire du justiciable non professionnel éligible à l'aide juridictionnelle attrait devant un tribunal arbitral ? Malgré la perspective de création d'un fonds de promotion de l'arbitrage à la CCJA[316], à l'image de celui de la CPA[317], le coût d'une procédure arbitrale doit conduire à évincer celle-ci des litiges entre non professionnels[318]. En se voulant progressiste, le droit OHADA a suivi sans nuance la tendance majoritaire des grandes nations arbitragistes, les textes de ces dernières étant généralement imprégnés de la *doxa* libérale.

2. *Le libéralisme majoritairement reconnu par les grandes nations arbitragistes*

139 Bien que l'Angleterre, la France et la Suisse soient reconnues comme étant les pays les plus importants pour la pratique de l'arbitrage international[319], leurs législations ne sont pas identiques quant à l'arbitrabilité

[315] E. Gaillard, « Aspects philosophiques du droit de l'arbitrage international », *op. cit.*, p. 60 et s. ; E. Gaillard, « L'ordre juridique arbitral : réalité, utilité et spécificité », *Revue de droit de Mc Gill* 2010, volume 55, p. 891.

[316] C. J. Sossou Badia, *L'arbitrage OHADA à l'épreuve de l'arbitrage Etat-investisseur*, mémoire MIDS, Université de Genève, 2009, n° 22-226 ; G. Kenfack Douajni, « Les magistrats africains face à l'arbitrage international », *JADA* 2011-1, p. 43, sp. n° 40.

[317] http://www.pca-cpa.org/showpage.asp?pag_id=1198.

[318] La création d'un fonds de promotion de l'arbitrage au niveau de la CCJA ne résoudra que partiellement le problème dans la mesure où celle-ci ne concentre pas l'essentiel des procédures dans l'espace OHADA. Au contraire, cela va créer une concurrence déséquilibrée avec les autres centres privés d'arbitrage. La doctrine dénonçant les avantages concurrentiels du Centre d'arbitrage de la CCJA (N. Aka, « La pratique arbitrale et les institutions d'arbitrage en Afrique : le cas de la Côte d'Ivoire », *in* Ph. Fouchard (dir), *L'OHADA et les perspectivesde l'arbitrage en Afrique*, Bruylant, 2000, p. 155, sp. p. 161.), y trouvera du grain à moudre pour étoffer sa charge.

[319] La sélection des grandes nations arbitragistes a été faite sur la base de trois critères : le siège de la procédure, la *lex arbitri* et la nationalité des arbitres. A cet effet, les statistiques de la CCI ont servi de données exploratoires car il est unanimement admis que la Cour internationale d'arbitrage de la CCI est le centre d'arbitrage le plus important au monde, tant au niveau du nombre de dossiers, que dans la variété des matières litigieuses. Au regard des statistiques 2012 de la CCI (« 2012 Statistical report », *op. cit.*), il ressort que Paris (100), devance Londres (71), Genève (62) et Zurich (48) au classement des villes choisies pour domicilier un arbitrage. S'agissant du droit applicable, le droit anglais (16,95%) arrive en tête, suivi du droit suisse (13,43%), du droit américain (9,78%), et du droit français (7, 17 %). En ce qui concerne les arbitres, les anglais (13,76%) précèdent les suisses (12,30%), les

subjective[320]. A l'inverse de la France, les droits anglais et helvétiques partagent entièrement la conception ultra libérale de l'AUA, du Traité OHADA et du RA.

140 S'agissant de l'*Arbitration act* de 1996 en Angleterre, contrairement la loi sur le droit international privé en Suisse (LDIP) limité aux litiges internationaux[321], aucune distinction n'est opérée entre arbitrage international et arbitrage interne. La conséquence logique de cette option normative réside dans le règne sans partage de l'autonomie de la volonté. Pour la partie faible, cela se traduit par la consécration de la capacité compromissoire de manière illimitée. Certains relèvent à ce propos que « *le droit anglais n'a pas développé une théorie de l'arbitrabilité* »[322]. Cette indifférence quant aux sujets pouvant participer à une procédure arbitrale trouve son sens dans la grande place accordée à la liberté contractuelle. Dès lors que des parties ont consenti à aller en arbitrage, peu importe que le déséquilibre des forces soit flagrant au point de fausser l'équité du procès arbitral. Or, comme le relevait H. Motulsky[323], « *l'arbitrage suppose un équilibre des forces ; partout où cet équilibre est rompu, l'arbitrage s'asphyxie* ».

141 Le droit suisse est un peu différent de la législation anglaise dans la mesure où il prévoit une règle en matière d'arbitrabilité subjective. Toutefois, bien que l'article 177 alinéa 2 de la LDIP s'y consacre, il ne s'intéresse qu'au sort des personnes publiques[324]. En conséquence, le silence sur le cas des personnes privées, combiné à l'alinéa 1 de l'article 177 de la LDIP, qui dispose que « *toute cause de nature patrimoniale peut faire l'objet d'un arbitrage* », conduit exactement à la situation du droit anglais : aucune limite subjective. C'est uniquement sur le terrain objectif que le débat se déporte. Dès lors, il est aisé de comprendre qu'en droit suisse la clause compromissoire puisse être envisagée avec optimisme en matière sociale[325] ou de successions[326], ce malgré les périls liés à l'impécuniosité d'un ou plusieurs ayants droit du *de cujus*.

---

français (8,84%) et les américains (6,69 %). Au vu de ces éléments objectifs, il apparait sans doute que l'Angleterre, la France et la Suisse sont sur le podium des pays les plus importants en arbitrage.

320 Ace niveau, l'étude de l'arbitrabilité subjective en droit anglais, français et suisse sera limitée aux personnes privées, le cas des personnes publiques étant abordé plus bas. Pou développement sur ce dernier point, v. infra, n° 143 et s.

321 P. Lalive, « Un faux problème : monisme ou dualisme dans la législation arbitrale », *in Mélanges Dessemontet*, CEDIDAC, 2009, p. 265.

322 J.-F. Poudret et S. Besson, *Droit comparé de l'arbitrage international*, *op. cit.*, n° 341.

323« L'arbitrage et les conflits du travail », *op. cit.*, p. 78.

324 Cette disposition est étudiée plus bas dans le cadre l'appréciation de la capacité compromissoire des personnes publiques en droit OHADA. V. infra, n° 143-144.

325 G. Aubert, « L'arbitrage en droit du travail », *Bull. ASA* 2000, p. 2.

326 J. Perrin, « De l'arbitrabilité des litiges successoraux », *Bull. ASA* 2006-3, p. 417, sp. pp. 422-424.

142 Quant à la France, il convient de rappeler qu'elle a adopté une conception dualiste reposant sur la *summa divisio* arbitrage interne et arbitrage international. Dans cette veine, l'arbitrabilité subjective n'intéresse que les procédures arbitrales internes[327], les clauses compromissoires internationales étant considérées comme des « *actes de gestion courante* » dont la validité s'apprécie uniquement à l'aune du consentement des parties[328]. Ainsi, contrairement au droit OHADA, le droit français ne généralise la capacité compromissoire sans réserve que pour les actes juridiques mettant en jeu les intérêts du commerce extérieur, sachant que même dans ce cas, une option de juridiction est accordée aux salariés[329].

143 Ce rapide examen des droits anglais, français et suisse montre que si le libéralisme est la règle, il est possible d'avoir un droit attractif de l'arbitrage sans adopter des règles préjudiciables au faible. Le droit français, dont la proximité avec celui des pays de l'OHADA est grande, aurait dû servir de modèle à cet égard. Le choix de la conception moniste sans réserve dans un espace où l'arbitrage a encore tout à prouver n'a pas été judicieux. Le législateur OHADA a perdu de vue que la société anglaise est de culture libérale, ce qui justifie que le droit la régissant en porte le souffle. L'on peut comprendre alors qu'assumant la posture de vigie doctrinale, un auteur averti rappelle au législateur OHADA qu' « *il faut éviter une instrumentalisation excessive du droit qui, en tout état de cause, poursuit l'idéal de justice. Si l'efficacité est importante, le droit continue à être un droit humaniste, pour assurer l'existence et le développement d'une société durable* »[330]. Dans des Etats où la solidarité est la règle[331], il faut recourir aux règles libérales avec délicatesse, et surtout tenir compte de la configuration des institutions publiques. Malheureusement, telle n'a pas été l'approche ayant présidé à la consécration de la capacité compromissoire des personnes publiques, la démesure en étant la principale caractéristique.

---

327 Article 2061 du Code civil.

328 Cass. civ. 1ère, 8 juillet 2009, *Soerni*, *D.* 2009, p. 1957, obs. X. Delpech, p. 2385, obs. L. d'Avout ; *JCP éd. G.* n° 47, 16 novembre 2009, p. 36, chron. J. Ortscheidt.

329 V. infra, n° 168.

330 P.-G. Pougoué, « Doctrine OHADA et théorie juridique », *Revue de l'ERSUMA*, numéro spécial, novembre-décembre 2011, p. 9, sp. p. 19.

331 A. Ngwanza, *La favor contractus dans les Principes Unidroit et l'Avant-projet d'Acte uniforme sur le droit des contrats en OHADA*, Thèse doctorat, Université Paris Sud 11, 2011, n° 90.

§ 2 La consécration démesurée de la capacité compromissoire des personnes publiques

144 A la différence de l'arbitrabilité des litiges intéressant les personnes privées, l'AUA d'une part, et le Traité OHADA et le RA d'autre part, n'ont pas adopté la même approche concernant les personnes publiques. Alors que le premier s'intéresse spécifiquement à ces dernières, les autres n'en font pas cas. L'article 2 alinéa 2 de l'AUA dispose : « *Les Etats et les autres collectivités publiques territoriales ainsi que les Etablissements publics peuvent également être parties à un arbitrage, sans pouvoir invoquer leur propre droit pour contester l'arbitrabilité d'un litige, leur capacité à compromettre ou la validité de la convention d'arbitrage* »[332]. Dans l'arbitrage CCJA, la capacité compromissoire des personnes publiques se déduit des articles 2.1 du RA et 21 du Traité OHADA qui ouvrent l'arbitrage à « *toute partie à un contrat* »[333].

145 Quelle que soit la rédaction des textes, il est indéniable que le droit OHADA a accompli une innovation notable en consacrant explicitement la capacité compromissoire des personnes morales de droit public[334]. S'il est

---

332 Cette disposition s'inspire de l'article 177 alinéa 1 de la LDIP qui dispose : « *Si une partie à la convention d'arbitrage est un Etat, une entreprise dominée ou une organisation contrôlée par lui, cette partie ne peut invoquer son propre droit pour contester l'arbitrabilité d'un litige ou sa capacité d'être partie à un arbitrage* ».

333 Après avoir dans un premier temps indiqué que l'AUA ne s'applique pas dans les arbitrages CCJA (CCJA, 17 Juillet 2008, *Société Nationale pour la Promotion Agricole dite SONAPRA contre Société des Huileries du Bénin dite SHB*, Juris-Ohada, n° 4/2008, p. 60 ;*Revue camerounaise de l'arbitrage* n° 42, juillet-aout-septembre 2008, p. 29, note G. Kenfack Douajni), la Haute juridiction de l'OHADA a modifié tacitement sa religion en visant les articles 2 alinéa 2 et 4 de l'AUA pour fonder la capacité compromissoire de la Guinée équatoriale qui contestait la validité d'une stipulation arbitrale, motif du défaut de pouvoir de compromettre du ministre l'ayant au regard de son droit national (29 novembre 2011, *République de Guinée équatoriale et la Communauté des Etats d'Afrique centrale (CEMAC) c/ Commercial Bank of Guinea Ecuatorial (CBGE)*, *Le Juris Ohada*, n° 1, 2012, janvier-mars, p. 34 ; *Cah. arb.* 2013-4, p. 1141, note A. Ngwanza). Il découle de cette dernière décision que les règles de l'AUA en matière d'arbitrabilité subjective sont également valables dans l'arbitrage CCJA. Pour étude approfondie sur l'application de l'AUA dans l'arbitrage CCJA, v. A. Ngwanza, « L'essor de l'arbitrage international en Afrique sub-saharienne : les apports de la CCJA », *op. cit.*, n° 113 ; P. Meyer, « Arbitrage CCJA », *op. cit.*, n° 9 ; J. M'bosso, « Premier bilan de l'application des instruments OHADA relatifs à l'arbitrage : le cas de l'Arbitrage CCJA », *Revue camerounaise de l'arbitrage* numéro spécial février 2010, p. 161 ; J.-M. Tchakoua, « Le système d'arbitrage de la Cour Commune de Justice et d'arbitrage en question », *Revue camerounaise de l'arbitrage* numéro spécial, février 2010, p. 173, sp. pp. 176-178.

334 M. Kamto, « La participation des personnes morales africaines de droit public à l'arbitrage OHADA », *in* Ph. Fouchard (dir), *L'OHADA et les perspectives de l'arbitrage en Afrique*, Bruylant, 2000, p. 200.

vrai que la jurisprudence arbitrale[335] ou judiciaire[336], est peu sensible à l'invalidité des conventions d'arbitrage, motif pris de l'incapacité compromissoire des parties étatiques, il reste que l'article 2 alinéa 2 de l'AUA constitue un signal fort à l'attention des investisseurs[337]. La disposition n'a pas tardé à donner la preuve de son utilité, la République centrafricaine n'ayant pas pu faire prospérer ses demandes visant l'incompétence d'un tribunal CIRDI pour nullité de l'accord arbitral[338].

146 Ceci étant, malgré les nombreuses vertus qu'on puisse trouver à l'article 2 alinéa 2 de l'AUA, il reste qu'il « *brise la logique de séparation juridictionnelle (...) et procède à l'unification du contentieux des particuliers et des personnes morales de droit public* »[339]. Bien plus, en énonçant la capacité de compromettre des personnes publiques de manière absolue, l'article 2 alinéa 2 de l'AUA perd de vue leur nature protéiforme. A côté des Etablissements publics à caractère industriel et commercial (EPIC), des administrations centrales, l'Etat est aussi formé par une multiplicité de collectivités publiques déconcentrées d'une part, et décentralisées d'autre part. Or, il se trouve que la taille de celles-ci est extrêmement variable, au point où en zone rurale, elles présentent les caractéristiques d'une partie faible. L'ignorance de cette réalité pourtant criarde par le droit OHADA (A) appelle une restriction de l'arbitrabilité des personnes publiques sur la base d'un critère alternatif. En effet, seuls les sujets de droit public agissant *jure gestionis* ou ceux qui sont impliqués dans les opérations du commerce international devraient pouvoir ester devant des arbitres (B).

A. L'ignorance des personnes publiques faibles : les collectivités publiques rurales

147 Avant d'étayer la précarité financière des collectivités rurales décentralisées dans l'espace OHADA, il faut rappeler qu'elle constitue la majorité des communes. Au regard du niveau économique des pays concernés, à l'exception des grandes métropoles que sont les capitales

---

335 J.-M. Jacquet, « Contrat d'Etat », *JurisClasseur Droit commercial international*, fascicule 565-60, n° 99 ; Sentence CCI n° 2321, *Solel Boneh International Ltd c/ République d'Ouganda*, *JDI* 1975, p. 398, obs. Y. Derains ; CA Rouen 13 novembre 1984, *SEEE c/ République Yougoslavie*, *Rev. arb.* 1985, p. 115, note J.-L. Devolvé.

336 B. Hanotiau, « La loi applicable à l'arbitr abilité », *RDAI* 1998-7, p. 755, sp. n° 9 et s.

337 A. Ngwanza, « Le Cameroun et l'arbitrage international », *op. cit.*

338 Sentence CIRDI ARB/07/10, *M. Meerapfel Söhne AG c/ République Centrafricaine*, sp. § 144 et 145, https://icsid.worldbank.org/ICSID/FrontServlet?requestType=CasesRH&actionVal=showDoc&docId=DC2813_Fr&caseId=C102.

339 M. Kamto, « La participation des personnes morales africaines de droit public à l'arbitrage OHADA », *op. cit.*, p. 90.

politique et économique, il s'agit généralement des villes de petite taille démographique et économique (1). L'état de leurs finances les rend inapte à participer à une procédure arbitrale (2).

1. *La faiblesse démographique et économique des collectivités publiques rurales*

148 A l'exception de la RDC, dans les pays de l'espace OHADA, la plus grande ville du pays et ses banlieues absorbent au moins un quart de la population. Pour le reste, en raison de l'exode rural massif, les citoyens sont concentrés autour de la capitale politique[340]. Dans un tel schéma, la densité de la population est très faible en région rurale, la vie dans ces contrées étant organisée essentiellement autour des activités agricoles, piscicoles et d'élevage de subsistance.

149 Cette répartition déséquilibrée de la population crée une polarisation de l'activité économique autour de grandes villes, transformant ainsi les collectivités rurales en petites unités administratives dont les ressources proviennent essentiellement des subventions versées par l'Etat. Quand bien même autour des communes rurales une activité industrielle est créée, le système fiscal mis en place dans la majorité des Etats de l'espace OHADA ne leur permet pas d'en tirer réellement profit. Les grandes entreprises et usines installées en zone rurale payent souvent leurs impôts auprès des services provinciaux qui vont les engloutir dans les finances publiques nationales. En bout de chaine, les collectivités rurales ne recevront qu'une subvention par un jeu de péréquation nationale entre toutes les communes du pays.

150 La conséquence immédiate de ce phénomène est l'extrême précarité financière des communes rurales, sachant qu'elles sont les plus nombreuses. Leurs contacts avec l'international se limitent, en majorité, à des accords de coopération décentralisée avec des structures diverses[341]. Au-delà de la rareté des activités transfrontalières, les communes rurales ont très souvent un budget inférieur à des entreprises modestes à l'échelon national. Ainsi, l'insuffisance des ressources financières et la rareté des opérations internationales convergent pour éliminer les communes rurales des procédures arbitrales.

---

340 Au Togo par exemple, la ville de Lomé représente 24 % de la population nationale pour une superficie de 0,4% du territoire togolais (http://www.republicoftogo.com/Toutes-les-rubriques/Politique/Un-quart-de-la-population-togolaise-vit-dans-le-grand-Lome).La situation est quasiment identique dans les autres pays de l'espace OHADA.

341 G. Enée, « Les enjeux de la coopération décentralisée en Afrique de l'Ouest dans un contexte de décentralisation territoriale. L'exemple burkinabé », *Eso* n° 31, mai 2011, p. 89.

2. L'inaptitude des collectivités rurales à participer à un arbitrage

151 Au regard des éléments fournis au soutien de la précarité économique des communes rurales, normalement elles ne devraient jamais être concernées par l'arbitrage. Les clauses compromissoires étant habituellement proposées dans les opérations commerciales, il n'y a pas beaucoup de chances qu'une commune rurale en conclut. Si en termes de probabilité, cette assertion est vraie, il convient de la relativiser au regard de plusieurs éléments.

152 En premier lieu, il faut rappeler que comme toute administration, les mairies de province ont besoin de s'approvisionner auprès de commerçants pour acheter leurs matériels de fonctionnement. A cet effet, il leur arrive de passer des commandes à distance[342], généralement par téléphone, situation qui pose le sempiternel problème des contrats dont le seul document est une facture avec un verso renvoyant ou contenant des conditions générales[343]. Lorsque ces dernières prévoient une stipulation arbitrale, la commune rurale, plus que toute autre personne publique mieux aguerrie en termes de ressources humaines, est exactement dans la même position qu'un particulier non professionnel. En fait, contrairement aux EPIC, ou aux administrations centrales, qui ont un service juridique étoffé, la majorité des collectivités publiques des contrées rurales ont un effectif réduit à leurs tâches principales. Par conséquent, elles ne disposent pas de l'ingénierie juridique nécessaire à la négociation d'un contrat, qui plus est d'une convention d'arbitrage.

153 En second lieu, l'investissement foncier aux fins d'exploitation commerciale ou industrielle est également un facteur de conclusion de conventions d'arbitrage pour les communes rurales. Il arrive souvent à ces dernières de conclure des baux emphytéotiques avec de grandes compagnies, la convention étant habituellement préparée par celles-ci. Nul besoin d'une longue argumentation pour admettre qu'une municipalité de province avec un millier d'habitants est en position asymétrique face à une multinationale.

154 Encore une fois, il est étonnant qu'en matière d'arbitrage, le législateur OHADA n'ait pas pris en compte les réalités locales comme il l'a fait dans d'autres actes uniformes. S'agissant par exemple du bail

---

[342] Pour étude sur la complexité des contrats conclus à distance, v. G. Brunaux, *Le contrat à distance au XXIème siècle*, préface N. Sauphanor-Brouillaud, LGDJ, 2010.

[343] Une doctrine abondante a relevé les dangers du recours aux conditions générales dans la pratique contractuelle, leur connaissance et leur acceptation étant source de conflits. V. dans ce sens, F. Labarthe, *La notion de document contractuel*, préface J. Ghestin, LGDJ, 1994. ; F. Limbach, *Le consentement contractuel à l'épreuve des conditions générales. De l'utilité du concept de déclaration de volonté*, préface S. Poillot-Peruzzetto et Cl. Witz, LGDJ, 2004 ; A. Ngwanza, *La favor contractus dans les Principes Unidroit et l'Avant-projet d'Acte uniforme sur le droit des contrats en OHADA*, *op. cit.*, n° 98.

commercial, l'article 69 ancien de l'AUDCG prévoyait que les dispositions relatives à son régime « *sont applicables dans les villes de plus de cinq mille habitants* »[344]. Pour discutable qu'elle soit[345], une semblable limitation du champ d'application de l'arbitrabilité subjective aurait confirmé que le droit de l'arbitrage OHADA était une législation inspirée du contexte socio-politique et économique.

155 De plus, l'incongruité du droit de l'arbitrage OHADA tient au fait ce qu'il offre en libéralisme quant à l'arbitrabilité subjective, il le retire en matière d'exécution des décisions de justice. L'article 30 de l'Acte uniforme sur les procédures simplifiées de recouvrement et des voies d'exécution confère aux personnes publiques une immunité d'exécution dans l'espace OHADA dont le caractère absolu a été entériné par la jurisprudence[346]. S'il est certain que ce texte joue en faveur des personnes publiques, a fortiori les faibles, il n'empêche pas qu'il est empreint d'une certaine injustice[347], la personne publique pouvant « *être gagnant sans jamais être perdant* »[348].

156 Au lieu de procurer une protection moralement et économiquement discutable, le droit OHADA aurait gagné en cohérence en empêchant aux personnes publiques faibles de pouvoir être attraites devant une juridiction arbitrale. En se gardant d'adopter une approche qui prend en compte l'indigence des collectivités rurales, le législateur africain a exposé sa position à la critique. Le moyen idoine d'éroder les excès de la législation OHADA, est de restreindre la justice arbitrale aux personnes publiques agissant *jure gestionis* ou impliquées dans des opérations du commerce international.

---

[344] A l'occasion de la révision de l'AUDCG, l'article 101 nouveau a transformer le bail commercial en bail professionnel, supprimant au passage la condition relative au nombre d'habitants de la ville. Pour étude approfondie de la disposition précitée v., D. Tricot, « Bail à usage professionnel et fonds de commerce », *Droit et patrimoine* mars 2011, n° 201, dossier spécial, *Un nouveau droit commercial pour la zone OHADA*, p. 72.

[345] P. Fieny, « Droit commercial général dans l'espace OHADA : étude comparative de l'ancien et du nouvel acte uniforme », www.ohada.com, Ohadata D-13-34, sp. p. 10.

[346] CCJA, 07 juillet 2005, *Aziablévi YOVO et autres c/ Société TOGO TELECOM*, *Recueil de jurisprudence de la CCJA* n°6, juin-décembre 2005, p. 25 ; *Le JurisOhada*, 2006-1, p. 8 ; F. Onana Etoundi, *Grandes tendances jurisprudentielles de la Cour Commune de Justice et d'Arbitrage*, *op. cit.*, p. 425 et s.

[347] Pour critique de l'immunité d'exécution v. F. M. Sawadogo, « L'immunité d'exécution des personnes morales de droit public dans l'espace OHADA », *Revue camerounaise de l'arbitrage* numéro spécial, février 2010, p. 136 ; Onana Etoundi, *L'Etat, justiciable en droit OHADA*, Droit au service du développement, 2010, p. 85 et s. ; C. A. Aquerebru, « L'Etat, justiciable de droit commun dans le Traité OHADA», *Penant* n° 865, 2008, p. 503.

[348] D. Vidal, *Droit français de l'arbitrage interne et international*, *op. cit.*, n° 459.

B. *La restriction de l'arbitrabilité aux personnes publiques agissant* **jure gestionis** *ou impliquées dans des opérations internationales*

157 Compte tenu de la présence de l'Etat dans la sphère économique à travers diverses structures[349], il n'est pas possible d'envisager d'évincer complètement sa capacité compromissoire. Pour les personnes publiques intervenant de manière sporadique dans les échanges économiques internes, l'arbitrage est inopportun car seul l'Etat ou une entité étatique agissant *jure gestionis* doit être attaqué devant un tribunal arbitral (1). En revanche, dans le cadre des opérations internationales, la précarité de la personne publique faible ne doit pas conduire à annuler une convention d'arbitrage (2).

1. *La capacité compromissoire de l'Etat agissant* **jure gestionis**

158 Tout d'abord, il importe de souligner que l'Etat agissant *jure gestionis* est celui qui se comporte comme un acteur du commerce[350]. Cette situation n'est admissible que parce que la jurisprudence a reconnu qu'il est possible que l'Etat adopte une attitude qui justifie qu'il soit traité comme une personne privée[351]. Ceci dit, reconnaitre la capacité compromissoire aux personnes morales de droit public se comportant comme des opérateurs économiques[352] est un critère équilibré pour préserver les faibles. En effet, au regard de la morphologie des Etats et entités étatiques de l'espace OHADA, il est difficile d'imaginer qu'un EPIC ou une société à capitaux publics puisse être considéré comme une partie faible. Quand bien même l'asymétrie entre les organismes ci-dessus évoqués et leurs contractants reste possible, le déséquilibre n'est pas d'une nature telle qu'il soit besoin de leur accorder une protection spécifique. Il y va de la garantie des investissements car, qu'ils

---

349 M. Mbay, « Le rôle des sociétés d'Etat et des sociétés d'économie mixte dans le développement économique de l'Empire centrafricain », *in Le rôle des sociétés dans le développement*, Actes du XIème Congrès de l'IDEF, *Revue juridique et politique indépendance coopération* 1978-1, p. 57 ; A. Cartier-Bresson, *L'Etat actionnaire*, préface D. Truchet, LGDJ, 2010.

350 B. Montembault, « La stabilisation des contrats d'Etat à travers l'exemple des contrats pétroliers », *RDAI* 2006- 6, p. 593, sp. p. 601. Généralement, la notion d'Etat agissant *jure gestionis* est souvent appliqué au seul commerce international. V. dans ce sens, J.-M. Jacquet, « L'Etat, opérateur du commerce international », *JDI* 1989, p. 621 ; G. Gistac, « Le renouvellement du rôle de l'Etat contractant dans le commerce international », *DPCI* 1996, p. 167. Cependant, au regard de la place cardinale des entreprises publiques dans le tissu économique des pays de l'espace OHADA, la notion d'Etat renverra à toutes ses formes d'intervention.

351 Cass. civ., 31 mars 1932, *Carathéodory*, *DP*, 1933, 1, p. 169.

352 R. Nemeudeu, « La recherche du critère d'arbitrabilité concernant les personnes morales de droit public en droit OHADA », *Revue africaine des sciences juridiques*, volume 6, n°1, 2009, p. 45.

soient étrangers[353] ou nationaux, la possibilité de s'adresser à un juge réputé à l'abri de toute influence de sa hiérarchie est un atout considérable.

159 A partir de la définition de l'Etat opérateur du commerce, il est aisé d'éliminer les communes rurales de la catégorie des personnes publiques éligibles à la justice arbitrale. Les collectivités publiques décentralisées rurales agissent plutôt *jure imperii*, c'est à dire qu'elles se trouvent dans « *le cadre [des] prérogatives de souveraineté* »[354]. Telle est par exemple la situation lorsqu'elles passent un marché public, le contrat visant simplement à permettre à une commune ou toute autre structure étatique de réaliser ses missions régaliennes. Sur ce point, le droit français est digne d'éloges en raison de sa pertinence. L'article 2060 du Code civil français dispose : « *On ne peut compromettre sur les questions d'état et de capacité des personnes, sur celles relatives au divorce et à la séparation de corps ou sur les contestations intéressant les collectivités publiques et les établissements publics et plus généralement dans toutes les matières qui intéressent l'ordre public.*

Toutefois, des catégories d'établissements publics à caractère industriel et commercial peuvent être autorisées par décret à compromettre »[355].

160 En limitant l'arbitrage à certains EPIC en matière interne sous réserve d'autorisation décrétale, le législateur français a bien eu conscience des dangers d'une généralisation de la capacité compromissoire des personnes morales de droit public. Cette règle n'est pas inconnue en Afrique ; d'après le droit interne de plusieurs pays de l'espace OHADA, les établissements et sociétés publics doivent solliciter l'accord de leur conseil d'administration[356], généralement composé des autorités de tutelle, pour conclure toute convention, à fortiori d'arbitrage[357]. Toutefois, il y a lieu de

---

[353] Ph. Kahn, « Problèmes juridiques de l'investissement dans les pays de l'ancienne Afrique française », *JDI* 1965, p. 338, sp. p. 375.

[354] B. Montembault, « La stabilisation des contrats d'Etat à travers l'exemple des contrats pétroliers », *op. cit.*, p. 602.

[355] Dans un sens voisin, l'article 7 du Code tunisien de l'arbitrage dispose : « *on ne peut compromettre : (...) dans les contestations concernant l'Etat, les établissements publics à caractère administratif et les collectivités locales, à l'exception des contestations découlant des rapports internationaux d'ordre économique, commercial ou financier, régis par le chapitre troisième du présent code [relatif à l'arbitrage international]* ». Pour développement sur ce texte, v.

[356] Pour mémoire l'article 41(2) i) de la loi n° 99/2001 portant statut général des établissements publics et sociétés du secteur public et parapublic dispose que le Conseil d'administration a le pouvoir « *d'approuver les contrats de performance ou toutes autres conventions, y compris les emprunts, préparés par le directeur général et ayant une incidence sur le budget* ».

[357] Il importe de préciser que le régime juridique des sociétés publiques dans l'espace OHADA est complexe car bien que régies par des règles spéciales, il arrive que pour diverses raisons telles que la transparence financière, l'Etat décide de soumettre lesdites sociétés au

souligner que la règle était plus sévère avant l'avènement de l'OHADA car, l'internationalité du litige n'affectait pas la capacité compromissoire de la personne publique[358]. Or, dans un monde globalisé où les opérations transfrontalières sont légion, la souplesse est de mise pour faciliter les échanges. Dans cette optique, la faiblesse d'une partie publique ne saurait primer.

2. La capacité compromissoire de la personne publique impliquée dans des opérations internationales

161 Autant il est fondé de défendre la partie publique faible dans les contrats internes, autant il est difficile de le faire dans les contrats internationaux. Il n'est point question d'affirmer que le péril n'existe pas dans les accords comportant des éléments d'extranéité, au contraire il est même parfois exacerbé. Cependant, il ne faut pas perdre de vue la féroce concurrence économique que se livrent les pays. Pour cette raison, consacrer l'inarbitrabilité des contrats internationaux conclus par les communes rurales revient à les écarter des opportunités du commerce extérieur. Etant donné que les investisseurs étrangers ne souhaitent jamais plaider devant le for de leur cocontractant étatique[359], la protection du faible ne doit pas primer en l'espèce sur l'attractivité.

162 Pour les transactions internationales, en arbitrant entre la faiblesse d'une partie étatique et l'attractivité économique, le législateur OHADA aurait dû retenir une approche dualiste quant à la convention d'arbitrage.

---

droit privé. Dans cette perspective, l'article 121 de l'Acte uniforme sur les sociétés commerciales et du groupement d'intérêt économique prévoyant qu'à « *l'égard des tiers, les organes de gestion, de direction et d'administration ont, dans les limites fixées par le présent Acte uniforme pour chaque type de société, tout pouvoir pour engager la société, sans avoir à justifier d'un mandat spécial. Toute limitation de leurs pouvoirs légaux par les statuts est inopposable aux tiers de bonne foi* », exonère les mandataires sociaux de solliciter l'approbation du Conseil d'administration pour la validité d'une clausecompromissoire. Pour développement sur la complexité de la soumission des entreprises publiques au droit OHADA, v. P.-G. Pougoué, « Les sociétés d'Etat à l'épreuve du droit OHADA », *Juridis périodique* n° 65, janvier-février-mars 2006, p. 99 ; B. Boumakani, « Lesentreprises publiques à l'épreuve de l'OHADA », *Revue Lamy droit des affaires* n° 75, octobre 2004, p. 25.

[358] Pour invalider une transaction internationale, le TGI Yaoundé (jugement n° 332, 22 juillet 1987, *Autorité de tutelle de la SNH c/ Directeur général de la SNH*, affaire citée par F.-X. Bouyom, « Les clauses d'arbitrage international et leur validité selon le droit camerounais », *Revue juridique et politique indépendance et coopération* mars-juin 1988 n° 2 et 3, p. 365, sp. 373), avait décidé que « *la Société nationale des hydrocarbures, en tant qu'établissement public de droit camerounais, était, dès sa création, incapable de conclure un contrat qui l'oblige sans l'autorisation expresse de l'autorité de tutelle* ». *Mutatis mutandis*, ce raisonnement s'appliquait également aux clauses compromissoires.

[359] S. Lazareff, « La justice arbitrale », *JADA* 2011-1, p. 6.

Semblable démarche le prive de passer par les sinueux chemins de la jurisprudence pour harmoniser le droit interne et le droit international de l'arbitrage, comme l'a fait le droit français[360]. En effet, limiter le dualisme aux accords arbitraux aurait rendu l'exercice d'unification superfétatoire, le reste des règles gouvernant la procédure arbitrale étant identique. Ce faisant, c'est la partie publique faible qui en serait sortie gagnante, ce sous la stricte réserve qu'elle ait compris dans le commerce extérieur, elle doit faire sienne l'adage latin selon lequel *de non vigilantibus, non curat praetor*[361].

163 En fin de compte, l'on peut retenir qu'afin d'éviter une marginalisation des pays de la zone OHADA, la consécration de la capacité compromissoire des personnes publiques est bienvenue. Néanmoins, il eut fallu que le législateur OHADA bridât son inclination libérale en gardant à l'esprit le caractère pluriel des personnes publiques, notamment la particulière vulnérabilité financière des communes rurales. Cette précaution aurait empêché de l'accuser de faire preuve d'indifférence envers les contractants faibles.

SECTION II. LE DEFAUT D'INTERET POUR LES CONTRACTANTS FAIBLES

164 Contrairement à l'idée selon laquelle la justice est consubstantielle du contrat[362], il est unanimement admis aujourd'hui qu'entre les contractants, il peut exister une forte dissymétrie justifiant l'intervention du législateur afin d'équilibrer les accords[363]. C'est ainsi que se justifie l'ordre public de protection dont le droit du travail, le droit des assurances et le droit de la consommation sont de parfaits parangons[364]. Au-delà de ces matières,

---

[360] D. Vidal (*Droit français de l'arbitrage interne et international*, *op. cit.*, n° 31) note que « *l'unité conceptuelle du droit de l'arbitrage pourrait le plus souvent autoriser l'extension des solutions jurisprudentielles d'un type d'arbitrage à l'autre* ».

[361] Le droit ne protège pas les imprudents.

[362] Y. Strickler, « La protection de la partie faible en droit civil », *PA* 25 octobre 2004, n° 27, p. 6.

[363] Critiquant l'idée d'égalité parfaite entre les contractants, A. Ngwanza (« L'équilibre contractuel dans l'avant-projet d'acte uniforme sur le droit des contrats », *RDU* 2008-1/2, p. 497) souligne à juste titre qu « *une telle vision des choses tient pour réelle une égalité virtuelle car les contractants ont rarement la même imprégnation de l'objet du contrat* ».

[364] La protection de la partie faible n'est pas la chasse gardée du droit du travail, du droit des assurances et du droit de la consommation, d'autres disciplines juridiques, comme le droit de la concurrence, s'y intéressent.

doctrine[365] et jurisprudence[366] ont fini par s'accorder sur le fait que les rapports entre professionnels pouvaient aussi être empreints d'un profond déséquilibre.

165 Au regard du renforcement de la protection de la partie faible en droit international[367], comme en droit comparé[368], tout portait à croire que le législateur OHADA lui accorderait ses faveurs. Hélas, tel n'est pas le cas en matière d'arbitrage, le dogme de l'autonomie de la volonté gouvernant les règles relatives au consentement à une clause compromissoire ou à un compromis. En conséquence, le droit OHADA fait preuve d'une certaine indifférence aussi bien à l'égard des contractants protégés (§ 1), que vis à vis des professionnels faibles (§ 2).

§ 1 L'indifférence quant aux contractants protégés

166 Tout d'abord, il convient de préciser que sont réputés contractants protégés, les personnes auxquelles la loi accorde un traitement particulier pour les prémunir des éventuels abus de leur cocontractant. Entrent dans

---

[365] J. Ghestin et M. Fontaine (dir), *La protection de la partie faible dans les rapports contractuels. Comparaisons franco-belges*, LGDJ, 1996 ; C. Jamin et D. Mazeaud (dir), *Les clauses abusives entre professionnels*, *op. cit.*

[366] J. Mestre « Vingt ans de lutte contre les clauses abusives », *inL'avenir du droit. Mélanges en hommage à François Terré*, Dalloz, PUF, Juris-classeur, 1999, p. 677, sp. pp. 683-687 ; J. Mestre, « Le consentement du professionnel contractant dans la jurisprudencecontemporaine », *inMélanges en hommage à André Breton et Fernand Derrida*, Dalloz, 1991, p. 249.

[367] O. Boskovic, « La protection de la partie faible dans le Règlement Rome I », *D.* 2008, p. 2175 ; M. S. Mohamed Mahmoud, « Loi d'autonomie et méthodes de protection de la partie faible en droit international privé », *Recueil des Cours de l'Académie de droit international privé de La Haye*, 2005, p. 141 ; P. Mayer, « La protection de la partie faible en droit international privé », *in* J. Ghestin et M. Fontaine (dir), *La protection de la partie faible dans les rapports contractuels. Comparaisons franco-belges*, LGDJ, 1996, p. 513 ; D. Philippe, « La protection de la partie faible en droit international », *in* J. Ghestin et M. Fontaine (dir), *La protection de la partie faible dans les rapports contractuels. Comparaisons franco-belges*, LGDJ, 1996, p. 553.

[368] D. Porcheron, « Le nouveau droit international privé chinois des contrats. Note sous Loi chinoise du 28 octobre 2010 sur l'application des lois aux relations civiles comportant des éléments d'extranéité », *Revue Lamy Droit des affaires* février 2011, n° 57, p. 53 ; B. Dubuisson et G. Tossens, « Les relations entre professionnels en droit belge », *in* J. Ghestin et M. Fontaine (dir), *La protection de la partie faible dans les rapports contractuels. Comparaisons franco-belges*, LGDJ, 1996, p. 429 ; G. Virassamy, « Les relations entre professionnels en droit français », *in* J. Ghestin et M. Fontaine (dir), *La protection de la partie faible dans les rapports contractuels. Comparaisons franco-belges*, LGDJ, 1996, p. 479.

cette catégorie : les assurés[369], les consommateurs, et les salariés[370]. Pour tous ces contractants, l'accord prend souvent la forme d'un contrat d'adhésion, leur interlocuteur ne leur laissant qu'une infime marge de manœuvre. Sachant que le contrat d'adhésion confère une position de force au stipulant, l'enjeu de l'arbitrabilité des contrats signés par des faibles n'est pas la probité ou le professionnalisme de l'arbitre mais plutôt le poids financier d'un arbitrage subtilement imposé[371]. Il s'ensuit que « *l'une des questions les plus délicates aujourd'hui est de déterminer le sort à réserver à une convention d'arbitrage en présence d'une partie faible* »[372].

167 Qu'il s'agisse du salarié[373], de l'assuré[374], ou du consommateur[375], le droit comparé, notamment français, a adopté une attitude différente de celle de la législation OHADA. Cette dernière s'illustre par un libéralisme excessif qui se traduit par l'arbitrabilité des contrats du travail et d'assurance[376] (A). Quant aux contrats de consommation, leur inarbitrabilité est incertaine car l'application des textes la prévoyant est sujette à caution (B).

A. L'arbitrabilité des contrats du travail et d'assurance

---

369 Il s'agit de l'assuré non professionnel, c'est-à-dire celui qui conclut une police d'assurance pour les besoins de sa vie privée.

370 Ch. Seraglini, « Les parties faibles dans l'arbitrage international », *op. cit.*, n° 3 ; J.-B. Racine, « Convention d'arbitrage. Formation », *JurisClasseur Distribution*, Fascicule 191, n° 103.

371 Allant dans ce sens, E. Loquin (« Arbitrage. Conventions d'arbitrage. Conditions de fond. Litige arbitrable », *JurisClasseur Procédure civile*, fascicule 1024, n° 85) affirme que : « *la non-arbitrabilité des litiges du droit de la consommation ou du droit du travail n'est pas liée au caractère impératif des règles qu'ils mettent en cause, mais trouve son fondement dansla volonté d'un ordre juridique de soustraire la partie faible à une procédure qui n'est pas jugée apte à garantir son droit d'ester en justice. Il ne s'agit pas d'assurer la bonne application des règles substantielles régissant certaines matières. Il s'agit de protéger la partie faible en lui permettant de saisir un juge de proximité, celui de son domicile, qui soit un juge étatique qu'il n'est pas nécessaire de rémunérer. Il s'agit bien d'une inarbitrabilité fondée sur le seul constat du caractère inadéquat de l'arbitrage. Ce n'est pas l'arbitre qui est suspecté, mais l'arbitrage lui-même* ».

372 J.-B. Racine, « Convention d'arbitrage. Formation », *op. cit.*, n° 103. V. également E. Loquin, « Arbitrabilité et protection des parties faibles », *Trav. comité français DIP,* années 2004-2006, Pédone, 2008, p. 135.

373 E. Courtois-Champenois, « L'arbitrage des litiges en droit du travail : à la redécouverte d'une institution française en disgrâce », *Rev. arb.* 2003-2, p. 349.

374 F. Turgné, « L'arbitrabilité du droit des assurances », *Revue générale du droit des assurances* 2012-1, p. 177.

375 Ch. Seraglini, « Les parties faibles dans l'arbitrage international », *op. cit.*, p. 5.

376 Bien qu'en dehors de la sphère professionnelle, les contrats d'assurance soient des contrats de consommation, ils ne sont pas étudiés avec ces derniers car le droit des assurances a fait l'objet d'une législation régionale spécifique en Afrique.

168 Compte tenu du fait que les travailleurs et les assurés adhèrent généralement à un contrat préparé par leur cocontractant, par souci de protection du faible, l'acceptation d'une convention d'arbitrage doit varier en fonction de la nature de cette dernière. Telle n'est pourtant l'option retenue par le droit OHADA, la validité de la convention d'arbitrage relevant d'un régime unitaire ignorant la supériorité de l'employeur et de l'assureur (1). De plus, le droit national censé préciser la disponibilité des droits, traite le consentement des salariés et des assurés de manière précaire (2).

1. Le caractère préjudiciable du régime unitaire de la convention d'arbitrage aux travailleurs et aux assurés

169 L'un des traits marquants du droit de l'arbitrage OHADA se trouve dans le fait qu'il ne fournit aucune définition de la convention d'arbitrage, surtout il est très peu disert sur sa typologie. Même si les articles 21 du Traité OHADA et 2.1 du RA évoquent la clause compromissoire et le compromis, ils n'en tirent aucune conséquence particulière quant à leur régime juridique[377]. Cette situation est dommageable aussi bien pour le travailleur (a) que pour l'assuré (b).

a. Quant aux travailleurs

170 Pour le faible, et plus particulièrement le salarié, la distinction du compromis et de la clause compromissoire revêt un enjeu majeur. En effet, dans le premier cas, son consentement à l'arbitrage intervient dans une situation où il a la latitude de refuser la voie arbitrale sans craindre les mesures de rétorsion de son contractant. Une fois que le litige est né, bien que celui-ci ne porte pas forcément sur la rupture de la relation contractuelle, l'employeur et l'assureur ont une marge de manœuvre limitée pour imposer la justice arbitrale. C'est pour cette raison que la Cour de cassation française a considéré que « *la cour d'appel ayant relevé que le contrat de travail avait été rompu le 31 mars 1980, en a justement déduit que les parties étant devenues dès lors libres et capables de compromettre, elles pouvaient le faire de manière licite à la date du compromis* »[378]. Il découle de cette décision que « *l'indisponibilité ne tient donc pas sur la nature des droits (...) [du salarié] mais au moment où ils sont exercés* »[379]. La conclusion de la convention d'arbitrage à la naissance du litige met le salarié en position

[377] P. Meyer, *OHADA. Droit de l'arbitrage*, *op. cit.*, n° 122.
[378] Cass. soc., 5 novembre 1984, *Rev. arb.* 1986-1, p. 47, note M.-A. Moreau-Bourlès.
[379] Th. Clay, « L'arbitrage en droit du travail : quel avenir après le rapport Barthélémy-Cette ? », *Droit social* septembre octobre 2010, p. 930, sp. n° 55.

confortable pour se prononcer, raison pour laquelle il est équitable d'admettre la validité du compromis. Ainsi, « *le droit de recourir à l'arbitrage devient disponible lorsque le contrat de travail a pris fin* »[380].

171 Contrairement à certaines législations très libérales[381], le droit français brille par son équilibre dans la mesure où la clause compromissoire ne bénéficie pas du régime libéral reconnu au compromis. En dépit des interrogations soulevées par la nouvelle rédaction de l'article 2061 du Code civil français prévoyant la validité de la clause compromissoire dans les relations professionnelles[382], un auteur averti[383] a affirmé qu'« *il appartiendra (...) aux tribunaux soutenus par une doctrine unanime, de continuer à s'appuyer sur l'article L. 511-1*[384]*du Code du travail pour prohiber la clause compromissoire dans les contrats de travail (...)* ».

172 Le législateur OHADA aurait pu adopter la position du droit français afin de préserver les salariés des stipulations arbitrales iniques. Or, à rebours du droit français[385], le Projet d'Acte uniforme sur le droit du travail n'octroie pas une compétence exclusive aux juridictions sociales. L'article 229 du texte précité se contente de conférer une compétence d'attribution aux juridictions sociales[386], règle qui n'emporte point invalidité des clauses compromissoires[387]. Il s'ensuit que la doctrine majoritaire considère que les clauses compromissoires insérées dans les contrats de travail sont valables[388]. Bien qu'un auteur suggère de rédiger des clauses compromissoires prévoyant qu'elles ne sont qu'une simple faculté à laquelle

---

380 Ch. Jarrosson, « *L'arbitrabilité : présentation méthodologique* », *op. cit.*

381 Th. Clay, « L'arbitrage en droit du travail : quel avenir après le rapport Barthélémy-Cette ? », *op. cit.*, n° 10-11.

382 J.-M. Oliver, « Arbitrage et droit du travail », *Droit et patrimoine* mai 2002, n° 104, p. 52.

383 Ph. Fouchard, « La laborieuse réforme de la clause compromissoire par la loi du 15 mai 2001», *op. cit.*, n° 60, p. 416.

384 L'article L 511-1 du Code du travail français est devenu article L 1411-4.

385 L'article L 1411-4 du Code du travail français dispose : « *Le conseil de prud'hommes est seul compétent, quel que soit le montant de la demande, pour connaître des différends mentionnés au présent chapitre. Toute convention contraire est réputée non écrite* ».

386 L'article 229 du projet d'Acte uniforme sur le droit du travail dispose : « *Les juridictions du travail connaissent des différends individuels pouvant s'élever entreles travailleurs et leurs employeurs à l'occasion de tout contrat de travail et d'apprentissage soumis aux dispositions du présent Acte uniforme* ».

387 Par souci de clarté normative H. Tchantchou, (« L'arbitrage en droit africain du travail. Rétrospectives et perspectives à la veille de l'Acte uniforme OHADA sur le droit du travail », *Revue camerounaise de l'arbitrage* n° 28, janvier-février-mars 2005, p. 3, sp. p. 13) se demande « *pourquoi l'Acte uniforme attendu en droit du travail n'affirmerait-il pas clairement que sous réserve de la libre disposition des droits en cause, les litiges du droit du travail, qu'ils soient individuels ou collectifs, ne sont plus soustraits du champ de l'arbitrage* ».

388 J.-M. Tchakoua, « L'arbitrabilité des différends dans l'espace OHADA », *op. cit.*, pp 21-25 ; S. Ousmanou, « Arbitrabilité », *op. cit.*, n° 31.

le salarié peut renoncer unilatéralement par la saisine des juges étatiques[389], la situation des travailleurs reste précaire. En effet, pour que cette proposition soit pertinente, il faudrait également énoncer un tempérament au principe compétence-compétence. Ce dernier étant rédigé de manière absolue[390], ce avec la totale approbation de la CCJA[391], les juges seront obligés de se démettre en cas de déclinatoire de leur compétence fondé sur une convention d'arbitrage.

173 A défaut de suivre la jurisprudence française[392], certes vivement critiquée[393], sur l'inapplication du principe compétence-compétence en matière sociale, le législateur OHADA aurait pu maintenir la conception unitaire de la convention d'arbitrage[394] tout en lui insufflant la singularité belge. Par dérogation à l'invalidité des clauses compromissoires[395], il est prévu en Belgique que les cadres d'entreprise, ayant une rémunération confortable, puissent insérer des stipulations arbitrales dans leurs contrats de travail[396]. La démarche du législateur belge a le grand mérite de l'équilibre dans la mesure où, la compatibilité de l'arbitrage aux conflits individuels si

---

389 S. Ousmanou, « Arbitrabilité », *op. cit.*, n° 31.

390 Article 13 de l'AUA, *op. cit.*

391 CCJA, 24 février 2005, *MACACI c/ May Jean-Pierre*, *op. cit.* ; CCJA, 24 avril 2008, *Sow Yérim Abib c/ 1°/ Ibrahim Souleymane Aka 2°/ Koffi Sahouot Cédric*, *op. cit.* ; CCJA, 17 juillet 2008, *M. Dam Sarrc/MATCA*, *op. cit.* ; CCJA, 03 juin 2010, *Carlos Domingos Gomes contre B.A.O*, *op. cit.*

392 Dans l'affaire *Deloitte* (Cass. soc., 30 novembre 2011, *op. cit.*), elle a décidé qu' «*il résulte de l'article L. 1411-4 du code du travail que le principe compétence-compétence selon lequel il appartient à l'arbitre de statuer par priorité sur sa propre compétence n'est pas applicable en matière prud'homale* ».

393 V. les nombreuses références bibliographiques citées par Th. Clay, « Panorama des modes alternatifs de règlement des conflits », *D.* 2012, p. 2991, sp. p. 2997.

394 H. Tchantchou (« L'arbitrage en droit africain du travail. Rétrospectives et perspectives à la veille de l'Acteuniforme OHADA sur ledroit dutravail », *op. cit.*,p. 13) trouve « *encombrante [la distinction] entre la clause compromissoire et le compromis* ».

395 L'article 13 de la loi belge 03 juillet 1978 relative aux contrats de travail dispose : « *Les travailleurs et leurs employeurs ne peuvent s'engager d'avance à soumettre à des arbitres les contestations à naître du contrat* ».

396 L'article 69 de la loi belge 03 juillet 1978 relative aux contrats de travail dispose : « *Par dérogation à l'article 13, la clause d'arbitrage est valable à l'égard de l'employé dont la rémunération annuelle dépasse ((32 200) EUR) et qui est charge de la gestion journalière de l'entreprise ou assume dans une division de l'entreprise ou dans une unité d'exploitation, des responsabilités de gestion comparables à celles exercées au niveau de l'ensemble de l'entreprise* ». Il importe de préciser que par le jeu de l'indexation du montant précité au coût de la vie et à l'inflation, ce dernier s'élevait à 62 934 € au 01 janvier 2012. Pour analyse détaillée de cet article v. B. Hanotiau, « L'arbitrabilité des litiges en droit belge au regard de la pratique internationale », *in Mélanges Roger O. Dalcq, Responsabilité et assurances*, Larcier, 1994, p.296, sp. n° 20.

chèrement défendue[397], est subordonnée à la possession de moyens financiers et intellectuels[398] par le salarié.

b. Quant à l'assuré

174 En matière d'assurance, la situation est quelque peu différente car le Code CIMA[399], applicable dans tous les Etats membres de l'OHADA, excepté le Congo, la Guinée Bissau et la RDC, prévoit une disposition qui semble limiter le recours à l'arbitrage. En effet, l'article 30 du Code CIMA prévoit la compétence exclusive des juridictions étatiques pour les litiges découlant de la fixation et du règlement des indemnités[400].

175 Pour protectrice que soit cette disposition, il n'en demeure pas moins qu'elle est d'une portée très limitée, l'abondant contentieux relatif à la résiliation[401] ou au renouvellement automatique[402] du contrat d'assurance est laissé à la merci de l'autonomie de la volonté. En conséquence, *mutatis mutandis*, tous les développements précédents relatifs au hiatus entre la clause compromissoire et le compromis valent en matière sociale également dans les conventions mixtes d'assurance.

176 Néanmoins, malgré la conception unitaire de la convention d'arbitrage en droit OHADA, la validité de la clause compromissoire est incertaine en droit des assurances. En effet, ayant hérité la jurisprudence française antérieure à leurs indépendances, excepté la Guinée Bissau, la Guinée équatoriale et la RDC, les pays de l'espace OHADA ont intégré dans

---

[397] Th. Clay, « L'arbitrage en droit du travail : quel avenir après le rapport Barthélémy-Cette ? », *op. cit.*, n° 4-11 ; E. Courtois-Champenois, « L'arbitrage des litiges en droit du travail : à la redécouverte d'une institution française en disgrâce », *op. cit.*, n° 33-51.

[398] Les fortes rémunérations étant habituellement versées à des cadres supérieurs, ceux-ci sont réputés avoir une bonne connaissance de leurs droits, ou alors ils peuvent être assistés par des avocats lors de la négociation de leur contrat de travail.

[399] La CIMA est la Conférence Interafricaine des Marchés de l'Assurance créée par le Traité instituant une organisation intégrée de l'industrie des assurances dans les Etats africains. En annexe dudit traité, un code des assurances commun à tous les pays signataires a été adopté. C'est ce code qui est dit Code CIMA.

[400] L'article 30 du Code CIMA dispose : « *Dans toutes les instances relatives à la fixation et au règlement des indemnités dues, le défendeur (assureur ou assuré) est assigné devant le tribunal du domicile de l'assuré, de quelque espèce d'assurancequ'il s'agisse, sauf enmatière d'immeubles ou de meubles par nature, auquel cas le défendeur est assigné devant le tribunal de la situation des objets assurés.*
Toutefois, s'il s'agit d'assurances contre les accidents de toute nature, l'assuré peut assigner l'assureur devant le tribunal du lieu où s'est produit le fait dommageable ».

[401] L. Leveneur, « La résiliation " infra-annuelle " des contrats d'assurance », *CCC* mai 2014, p. 38 ; M. Touillier, « La faculté de résiliation infra-annuelle des contrats d'assurance : une nouvelle arme à double tranchant ? », *D.* 2014, p. 98.

[402] Cass. civ. 1re, 18 juillet 2000, *Revue générale du droit des assurances* 2000-3, p. 803, note M.-H. Maleville.

leur ordre juridique, par héritage colonial, le célèbre arrêt *Compagnie L'alliance c/ Prunier*[403].En l'espèce, la Cour de cassation française a posé le principe de l'interdiction des stipulations arbitrales dans les relations assureurs assurés. Cette décision, considérée comme étant « *la première pièce de l'édifice de ce qui deviendra le droit français de la consommation* »[404], peut être valablement invoquée devant une juridiction interne de la zone OHADA ou la CCJA. Pour autant, peut-on garantir l'accueil qui lui sera réservé ? Seule la jurisprudence pourra apporter une réponse ferme à cette question, les juges ayant le pouvoir de renverser une règle prétorienne ancienne.

177 Au-delà, la confusion du régime du compromis et de la clause compromissoire, la conception moniste de l'arbitrage contribue aussi à fragiliser les travailleurs et les assurés. Afin de préserver le libéralisme inhérent à l'ordre public international, de nombreux droits, à l'instar de celui de la France admettent la validité des clauses compromissoires dans les contrats de travail[405] et les contrats d'assurance[406]. Toutefois, même dans ce cas, le salarié jouit d'une option de compétence au nom de laquelle la saisine d'une juridiction étatique, malgré la clause compromissoire, est valable[407]. Le régime français de la stipulation arbitrale dans le contrat de travail international a l'avantage de respecter la souplesse des contrats internationaux, tout en préservant le salarié de la participation forcée à une instance arbitrale subrepticement imposée par son employeur.

178 En ignorant la dichotomie arbitrage interne / arbitrage international, le législateur OHADA s'est privé du pouvoir de prévoir un régime variable de la clause compromissoire dans le sens des intérêts du faible[408]. Il serait bienvenu que l'option de compétence offerte au salarié par le droit français soit reprise par le droit OHADA, elle devrait d'ailleurs être étendue à l'assuré. A ce prix, le traitement précaire de l'inarbitrabilité des contrats de travail et d'assurance par le droit national aurait été anecdotique.

---

[403] Cass., 10 juillet 1843, *D.* 1843 I, p. 313 ; v. aussi Ch. Jarrosson, « La clause compromissoire », *Rev. arb.* 1992-2, p. 259, sp. n° 8-13.

[404] Ch. Jarrosson, « Le nouvel essor de la clause compromissoire après la loi du 15 mai 2001 », *op. cit.*, n° 4.

[405] Cass. soc., 28 juin 2005, *D.* 2005,IR p. 2035.

[406]CA Paris, 19 juin 1970, *Rev. arb.* 1972-1, p. 62, note Fouchard ; Cass. civ. 2ème, 16 juin 2011, n° 10-22.780.

[407] Cass. soc., 9 octobre 2001, *Droit social* 2002, p. 122, Obs. M. A. Moreau ; *Rev. arb.* 2002-2, p. 347, note Th. Clay.

[408] Telle a pourtant été la démarche du législateur ivoirien à l'occasion de la loi 93-671 du 9 août 1993 relative à l'arbitrage, l'article 1 alinéa 2 ce texte disposant : « *La clause compromissoire ne peut être valablement stipulée en matière interne qu'entre commerçants* » (nous soulignons).

2. *Le traitement lacunaire de l'inarbitrabilité des contrats de travail et d'assurance par le droit national*

179 Dès l'abord, il importe de noter que la question de l'arbitrabilité des contrats de travail et d'assurance concerne essentiellement la légalité des stipulations compromissoires. L'acceptation d'un compromis ne soulève aucune difficulté particulière dès lors qu'on considère les conflits individuels sociaux et le contentieux assureur assuré portent sur des droits disponibles[409].

180 Ensuite, conformément à ce qui a été dit plus haut[410], le droit interne des Etats-membres de l'OHADA a vocation à compléter les normes dégagées par cette dernière. Etant donné que les critères d'arbitrabilité du droit OHADA sont muets sur la validité des conventions d'arbitrage dans les contrats de travail et d'assurance, il faut se tourner vers les législations nationales[411]. A l'examen du droit national, il apparait que la situation est variable, le traitement des contrats d'assurance relevant d'une législation régionale à la différence de ceux du travail. En effet, l'unification du droit interne des assurances par la CIMA, et l'inexistence d'une législation commune en matière sociale, postulent à aborder séparément la participation des salariés et des assurés dans les instances arbitrales.

181 S'agissant des accords assureurs assurés, il n'y a pas lieu de faire quelque développement sur leur arbitrabilité d'après le droit interne, le Code CIMA concentrant l'intégralité des règles de droit interne relatives à la question. Pour cette raison, les analyses précédemment élaborées quant à l'arbitrabilité des différends liés aux contrats d'assurance s'appliquent également dans l'étude du droit national des pays de l'espace OHADA.

182 En revanche, il en va différemment des contrats de travail car chaque Etat-membre de l'OHADA possède sa législation sociale et détermine individuellement la compétence *ratione materiae* des juridictions sociales. Dans le cadre de l'évaluation de la protection du travailleur, il s'agit d'examiner d'une part, si le droit national pose une règle permettant d'invalider les clauses compromissoires, et d'autre part de vérifier si ladite invalidité est efficace.

183 A l'examen des différents Codes du travail de l'espace OHADA, une tendance lourde se dégage : le mutisme sur le caractère exclusif de la compétence matérielle des juridictions prud'homales. De manière générale, les tribunaux en charge des questions des conflits individuels sociaux reçoivent une compétence d'attribution qui n'emporte aucunement

---

409 J.-M. Tchakoua, « L'arbitrabilité des différends dans l'espace OHADA », *op. cit.*, pp. 21-25 ; S. Ousmanou, « Arbitrabilité », *op. cit.*, n° 31.

410 V. supra, n° 73 et s.

411 P. Meyer, *OHADA. Droit de l'arbitrage*, *op. cit.*, n° 163.

impossibilité de recourir aux arbitres. A titre d'illustration, l'article 230 du Code du travail togolais dispose : « *Les tribunaux du travail connaissent des litiges individuels pouvant s'élever à l'occasion de l'exécution du contrat de travail entre les travailleurs et leurs employeurs* ». Cette disposition est une reprise à peu de choses près de l'ancien article 183 du Code du travail togolais de 1974[412]. Or, malgré ce dernier texte, l'article 2 de la loi n° 89-31 du 28 novembre 1989 portant création de la Cour d'arbitrage du Togo dispose : « *La Cour d'Arbitrage a pour attribution de régler par voie de conciliation ou d'Arbitrage conformément aux dispositions de la présente loi, les différends à caractère interne ou international, en matière commerciale, civile et sociale* »[413] (nous soulignons). Il appert de cette disposition que l'affirmation explicite de l'arbitrabilité des litiges sociaux n'est pas antinomique à la compétence d'attribution des juridictions prud'homales.

184 Ainsi, dans les pays où les attributions des tribunaux en charge des questions sociales sont énoncées en des termes dénués de toute exclusivité[414], les stipulations arbitrales insérées dans les contrats de travail sont valables[415]. Bien que ce premier groupe de pays soit majoritaire, il y a des Etats qui confèrent une compétence exclusive aux juridictions sociales pour le règlement des litiges individuels du travail. Le Code du travail gabonais va partiellement dans cette direction ; son article 317 alinéa 2 énonce que les tribunaux du travail « *sont seuls compétents pour tous les différends relatifs aux conventions collectives et aux arrêts en tenant lieu* ». Contrairement au texte gabonais précité dont la portée est limitée, l'article

---

[412] L'article 183 du Code du travail togolais de 1974 disposait : « *Il est institué des tribunaux du travail qui connaissent des différends individuels pouvant s'élever à l'occasion de l'exécution du contrat de travail entre travailleur et employeur* ».

[413] En guise de confirmation de la validité des clauses compromissoires figurant dans les contrats de travail, la Cour d'appel de Lomé (02 décembre 2004, *CICARE c/ Adela Kwami Sénamé*, inédit) a avancé que « *la législation togolaise, même si elle protège le travailleur, n'interdit pas le recours à l'arbitrage, arbitrage qui ne signifie pas mépris des droits du travailleur, (...) qu'il résulte de ce qui précède que la clause compromissoire et l'arbitrage de façon générale ne sont pas interdits par la législation togolaise (...)* ».

[414] V. dans ce sens article art 241 du Code du travail béninois, article 338 Code du travail burkinabé, art 131 Code du travail camerounais, article 192 Code du travail comorien, article 211 Code du travail congolais, article 192 Code du travail malien, article 278 Code du travail nigérien, Article 15 loi n° 016/2002 du 16 octobre 2002 portant création, organisation et fonctionnement des tribunaux du travail en RDC, article 229 Code du travail sénégalais, article 41 Code du travail tchadien.

[415] Cette affirmation est valable pour les pays où la loi française de 1925 restreignant l'arbitrage aux matières commerciales n'était plus en vigueur après les indépendances en raison d'un texte postérieur. Dans les pays ayant adopté une législation relative à l'arbitrage, en général la capacité compromissoire est reconnue à toute personne sur les droits dont elle a la libre disposition. Il s'agit des pays suivants : le Cameroun, la Côte d'ivoire, le Gabon, la RDC, le Sénégal, le Tchad, et le Togo. Pour détails, v. supra, n° 80 et s.

377 du Code du travail guinéen dispose : « *Les Tribunaux du Travail sont seuls compétents, quel que soit le montant des demandes, pour connaître des différends visés à l'article précédent. Toute convention qui y déroge est nulle et de nul effet* ».

185 Au-delà des dispositions accordant uniquement la compétence de trancher les conflits individuels du travail aux juridictions étatiques, il est également des textes de portée générale qui aboutissent à l'invalidation des clauses compromissoires dans les contrats de travail. Dans cette veine, l'article 1 alinéa 2 de la loi ivoirienne n° 93-671 du 9 août 1993 relative à l'arbitrage qui dispose : « *La clause compromissoire ne peut être valablement stipulée en matière interne qu'entre commerçants* ». Outre des textes[416], la jurisprudence sénégalaise antérieure au droit OHADA invalidait également les stipulations arbitrales des contrats de travail[417].

186 Indépendamment du fait que le droit national ainsi présenté montre majoritairement un tableau peu protecteur des intérêts du salarié, il est encore plus déplorable de constater que même les dispositions nationales favorables à ce dernier, sont sans effet à cause du droit OHADA. Considérant que l'article 2 de l'AUA a abrogé la restriction des clauses compromissoires dans les contrats commerciaux internes évoquée ci-dessus, la Cour d'appel d'Abidjan[418] n'a pas hésité à assurer l'efficacité d'une stipulation arbitrale dans un litige opposant l'ASECNA[419] et deux de ses anciens employés partis à la retraite. En l'espèce, la Cour d'appel d'Abidjan a procédé à la désignation de l'arbitre unique afin de permettre le déroulement de la procédure arbitrale. Partant de cette décision, il ne serait pas étonnant que les tribunaux du travail guinéens renoncent à leur exclusivité de compétence au bénéfice des juridictions arbitrales. Quand bien même, les juges guinéens invoqueraient l'article 377 de leur Code du travail, le principe compétence-compétence les empêchera de purger le litige avant la décision des arbitres. Surtout, il est difficile d'imaginer que des juges nationaux aient la hardiesse de consacrer l'inapplication du principe compétence-compétence

---

416 S'inspirant l'article 2061 du Code civil français dans sa rédaction antérieure à la réforme de 2001, l'article 826-1 alinéa 3 du COCC sénégalais dispose : « *La clause compromissoire est nulle et s'il n'est disposé autrement par la loi* ».

417 N. Ndoye, *Le licenciement pour motif personnel en France et au Sénégal. Etude de droit comparé*, *op. cit.*, p. 294 ; J. Issa-Sayegh, « Réflexions dubitatives sur l'arbitrage OHADA », *op. cit.*, p. 25.

418 CA Abidjan, ordonnance, 02 juin 2003, *Touré Kouakou Edmond et Amani N'zué contre ASECNA*, www.ohada.com, Ohadata J-04-177.

419 L'ASECNA est l'Agence pour la Sécurité de la Navigation Aérienne en Afrique et à Madagascar.

en matière sociale. La position de la CCJA en l'espèce est suffisamment dissuasive[420].

187 Afin de conforter la disparité du droit interne des pays de l'OHADA quant à l'arbitrabilité des litiges sociaux, la Cour d'appel de Douala, dans le droit fil d'un certain courant doctrinal[421], a affirmé qu'« *il est de jurisprudence constante (...) que les relations individuelles de travail n'entrent pas dans le domaine de l'arbitrabilité* »[422]. Bien que cet arrêt soit favorable à la partie faible, en l'occurrence le salarié, l'on ne saurait lui accorder une importance décisive puisqu'il n'a qu'une valeur interne. De plus, même en droit camerounais, les autres juridictions ont le loisir de se prononcer en sens contraire car seuls les arrêts de la Cour suprême s'imposent.

188 Au total, même les législations nationales préservant les intérêts du salarié sont d'efficacité contingente. Le seul moyen de démêler cet écheveau constitué de textes à portée diverse est une législation uniforme, ou une jurisprudence de la CCJA. En l'absence de celles-ci, travailleurs et consommateurs sont sensiblement dans une situation identique, l'inarbitrabilité des contrats de consommation étant incertaine.

B. L'incertaine inarbitrabilité des contrats de consommation

189 A l'image du droit du travail, le droit de la consommation a fait l'objet d'un projet d'acte uniforme qui n'est toujours pas adopté[423]. Par conséquent, la nullité des clauses compromissoires prévue par le projet d'Acte uniforme sur le contrat de consommation (AUconso) reste éventuelle (1). Malheureusement, dans l'attente de l'entrée en vigueur de ce dernier texte, en raison de sa quasi inexistence, le droit national de la consommation

---

420 CCJA, 24 février 2005, *MACACI c/ May Jean-Pierre*, *op. cit.* ; CCJA, 24 avril 2008, *Sow Yérim Abib c/ 1°/ Ibrahim Souleymane Aka 2°/ Koffi Sahouot Cédric*, *op. cit.* ; CCJA, 17 juillet 2008, *M. Dam Sarrc/MATCA*, *op. cit.* ; CCJA, 03 juin 2010, *Carlos Domingos Gomes contre B.A.O*, *op. cit.*

421 J. Issa-Sayegh, « Observations sous CA Abidjan, Ordonnance, 2 juill. 2003, *Touré Kouakou Edmond et Amani N'zué c/ ASECNA* », www.ohada.com, Ohadata J-04-177.

422 CA Douala, 21 décembre 2012, *Bopda Fouduop Emmanuel et autres c/ Kamga Nenkam Jean Paul*, *op. cit.*

423 Pour ample présentation de l'AUconso, v. H. Temple, « Quel droit de la consommation pour l'Afrique ? Une analyse critique du projet d'Acte uniforme sur le droit de la consommation (juin 2003) », *Revue de droit burkinabé* n° 43-44, 1er et 2ème semestre 2003, www.ohada.com, Ohadata D-05-26 ; Th. Bourgoignie, « Avant-projet d'Acte uniforme sur le contrat de consommation : note explicative sur le textede l'Avant-projet dans sa version 2005 », *JADA*, février 2013, numéro spécial, *L'arbitre, l'avocat et les entreprises face au droit au droit OHADA*, Actes Forum OHADA CANADA, p. 43.

est d'une utilité relative pour l'invalidité des stipulations arbitrales figurant dans les contrats de consommation (2).

1. L'éventuelle nullité des clauses compromissoires prévue par l'AUconso

190 D'après l'article 51 § 1 bb de l'AUconso, sont déclarées abusives les clauses des contrats de consommation qui ont pour objet ou effet : « *d'imposer une tentative de règlement à l'amiable ou d'obliger le consommateur à soumettre le différend à un ou des arbitres* ». Partant du postulant qu'une clause compromissoire contenue dans un contrat d'adhésion est une manière de forcer l'adhérent à accepter la justice arbitrale, il est assez aisé d'inférer l'invalidité de ladite clause. Cette claire prohibition de la stipulation arbitrale dans les contrats de consommation peine à cacher sa proximité avec une Recommandation de la Commission française des clauses abusives[424].

191 Ceci étant, le texte précité offre une meilleure protection que le droit français car, depuis les arrêts *Jaguar*[425] et *Rado*[426], les stipulations arbitrales internationales sont considérées valides dans le domaine consumériste[427]. A l'inverse de ce qui a été soutenu plus haut concernant les contrats de travail et d'assurance[428], ici la conception moniste de l'arbitrage en droit OHADA joue en faveur du consommateur. En effet, l'article 51 § 1 bb de l'AUconso rend nulle toute stipulation arbitrale, peu importe que le contrat soit international. Cette règle tient bonne main à la sauvegarde des intérêts du consommateur, tandis qu'avec la jurisprudence française, ce dernier est « *mis sur un pied d'égalité avec le professionnel, ici, du commerce*

---

[424] V. recommandation n° 79-02 du 30 janvier 1979. V. également article 3149 du Code civil de Québec.

[425] Cass. civ. 1ère, 21 mai 1997, *Jaguar*, *Rev. arb.* 1997-4, p. 537, note E. Gaillard ; *Rev. crit. DIP* 1998, p. 87, note V. Heuzé ; *JDI* 1998, p. 969, 1ère esp., note S. Poillot-Peruzzetto ; *RTD com.* 1998, p. 330, obs. E. Loquin.

[426] Cass. civ. 1ère, 30 mars 2004, *Rado*, *Rev. arb.* 2005-1, p. 115, 1re esp., note X. Boucobza ; *D.* 2004, p. 2458, note I. Najjar ; *RTD com.* 2004, p. 447, obs. E. Loquin ; Th. Clay, « Arbitrage et modes alternatifs de règlement des litiges : Clause compromissoire dans le contrat de consommation », *D.* 2005 panorama p. 305.

[427] En droit comparé, la validité des clauses compromissoires dans les contrats de consommation internationaux n'est pas propre à la France. L'artcile 3149 du Code civil québécois le prévoit expressément en disposant : « *Les autorités québécoises sont, en outre, compétentes pour connaître d'une action fondée sur un contrat de consommation ou sur un contrat de travail si le consommateur ou le travailleur a son domicile ou sa résidence au Québec ; la renonciation du consommateur ou du travailleur à cette compétence ne peut lui être opposée* » A bien lire ce texte,excepté un consentement forcé, le travailleur ou le consommateur sont en droit de compromettre.

[428] V. supra, n° 168 et s.

international »[429]. Conscients des inconvénients du droit prétorien français, certains auteurs affirment qu'« *il est (...) raisonnable de soutenir que le consommateur, partie à un contrat, même mettant en jeu les intérêts du commerce international, au sens du droit de l'arbitrage international, ne peut se voir opposer les règles matérielles créées pour les professionnels du commerce international* »[430].

192 Pour protecteur que soit l'article 51 § 1 bb de l'AUconso, cette disposition ne met pas le consommateur complètement à l'abri des dangers d'une procédure arbitrale. En raison des difficultés financières pouvant grever l'accès à la juridiction arbitrale des consommateurs[431], il aurait été judicieux que l'illégalité des stipulations arbitrales des contrats de consommation soit considérée comme un cas de nullité manifeste. Partageant cette position, une plume experte pense qu'en matière internationale, « *il serait souhaitable d'admettre sa nullité, au prix d'une démarche au cas par cas, toutes les fois où la convention rend soit impossible soit excessivement difficile pour le consommateur la réalisation contentieuse de ses droits (exemple arbitrage à l'étranger en application d'un droit étranger), la nature du contrat conclu ainsi que les montants en jeu devant logiquement entrer en ligne de compte dans cette appréciation* »[432].

193 Aussi longtemps que cette proposition est-elle fondée en droit français, la casuistique qui l'innerve n'est pas appropriée en droit OHADA. L'absence de distinction entre arbitrage interne et arbitrage international rend superfétatoire toute recherche relative à la complexité de la participation du consommateur à l'instance arbitrale. Le plus important est de poser une règle qui déroge au principe compétence-compétence de manière absolue[433]. A défaut de texte allant dans ce sens[434], les juges de la CCJA pourraient faire

[429] Ch. Abid, *L'arbitrage international et la protection des consommateurs. Le point sur l'état du droit*, mémoire de master 2 Droit européen et international des contrats, Université de Limoges, 2012, p. 49.

[430] J.-C. Dubarry et E. Loquin, « Observations sous CA Paris, 7 décembre 1994 », *RTD com*, 1995-2, p. 401.

[431] K. Sachs, « La protection de la partie faible en arbitrage », *Gaz. Pal.* 17 juillet 2007, n° 198, p. 22 ; F. Valencia, « Parties faibles et accès à la justice en matière d'arbitrage », *Rev. arb.*, 2007-1, p. 45 ; German Institution of Arbitration (ed), *Financial capacity of the parties. A condition for the Validity of Arbitration Agreements*?, Peter Lang, 2004.

[432] J.-B. Racine, « Convention d'arbitrage. Formation », *op. cit.*, n° 103.

[433] Pour développement sur les effets pervers du principe compétence-compétence en cas de faible économique d'une patir, v. J. Clavel, *Le déni de justice dans l'arbitrage international : l'effet négatif du principe compétence-compétence*, thèse doctorat 2011, Université Paris II, Assas.

[434] Afin de mettre en échec une *lex contractus* amenuisant la sanction des clauses abusives, notamment les clauses compromissoires, l'article L 135-1 du Code de la consommation français dispose : « *Nonobstant toute stipulation contraire, le consommateur ne peut être*

de preuve hardiesse à l'image de leurs homologues français en matière sociale[435].

194 En sus des insuffisances techniques précédentes de l'AUconso, le problème le plus urgent pour le consommateur de l'OHADA est l'entrée en vigueur du texte précité. Depuis la rédaction de la dernière version de l'AUconso en 2005, aucune information précise n'est donnée sur son adoption par le Conseil des Ministres de l'OHADA. Cette situation s'explique sans doute par la vive controverse soulevée par l'AUconso, un auteur ne manquant pas d'indiquer que le droit de la consommation ne fait pas partie des matières harmonisables par l'OHADA[436]. Vu l'enlisement du processus d'adoption de l'AUconso, il est évident que le caractère abusif de la stipulation arbitrale dans les accords consuméristes reste une virtualité. Ne pouvant donner aucune indication sur les chances d'aboutissement de l'AUconso[437], tout se passe comme si ce dernier n'existe pas. Le droit national réputé pallier aux imperfections et silences au droit OHADA n'est pas non plus d'un grand apport. Son caractère embryonnaire en matière consumériste constitue un frein à l'invalidité des stipulations arbitrales.

2. *La quasi inutilité du droit interne de la consommation tirée de son caractère embryonnaire*

195 En dépit de la controverse[438] soulevée par le fait que la clause compromissoire pourrait être licite si elle ne cause pas un déséquilibre en défaveur du consommateur[439], il est fondé de soutenir que c'est par le biais

---

privé de la protection que lui assurent les dispositions prises par un Etat membre de l'Union européenne en application de la directive 93/13/CEE du Conseil, du 5 avril 1993, concernant les clauses abusives dans les contrats conclus avec les consommateurs lorsque le contrat présente un lien étroit avec le territoire d'un Etat membre».

[435] Cass. soc., 30 novembre 2011, *Deloitte*, *op. cit.*

[436] H. Temple, « Quel droit de la consommation pour l'Afrique ? Une analyse critique du projet d'Acte uniforme sur le droit de la consommation (juin 2003) », *op. cit.*, pp. 2-3.

[437] Lors du Conseil des ministres de Juin 2011, il a été demandé au Secrétaire permanent de s'enquérir la position des Etats sur les projets d'Actes uniformesportant respectivement sur le droit du travail et sur le droit de la consommation. Pour détails, v. le compte rendu dudit Conseil des ministres, http://www.ohada.org/actualite-cm/fr/cmfj/actualite/3574,compte-rendu-de-la-reunion-du-conseil-des-ministres-de-lohada-juin-2011.html. Depuis lors, aucune information n'a été rendue publique sur l'adoption de l'AUconso.

[438] Ph. Delebecque, « Arbitrage et droit de la consommation », *Droit et patrimoine* mai 2002, n° 104, p. 46.

[439] Ph. Fouchard (« Clauses abusives en matière d'arbitrage », *Rev. arb.* 1995-1, p. 147, sp. p. 148) défendait l'idée selon laquelle, « la clause qui permettrait au consommateur, le litige né, de choisir soit la voie arbitrale soit la voie judiciaire ne devrait pas être présumée abusive ». Dans le même sens, O. Cachard, *La régulation internationale du marché électronique*, Paris, LGDJ, 2002, note 28, p. 357.

de la croisade contre les clauses abusives que les stipulations arbitrales sont évincées des contrats de consommation[440]. Il s'induit de cette assertion que pour étayer la nullité des clauses compromissoires en droit interne, il faut s'intéresser au régime des clauses abusives.

196 Au regard des évolutions législatives des Etats membres de l'espace OHADA, il est désolant de constater que les droits des consommateurs n'ont pas fait partie des priorités des législateurs nationaux. Outre les textes à caractère politique, ce sont d'abord les questions foncières[441], ensuite familiales[442] qui ont pris le pas au lendemain des indépendances, ce en raison de leur impact immédiat sur le quotidien des populations. Plus tard, après la chute du Mur de Berlin, aux fins d'attractivité des capitaux, c'est la réforme du droit des affaires et du droit des investissements qui a retenu l'attention des législateurs. Dans ce contexte, la défense des intérêts des consommateurs a fait l'objet d'un traitement épars entre plusieurs textes[443]. Bien plus, le droit prétorien national dans l'espace OHADA est resté très attaché à la force obligatoire des contrats, quand bien même ces derniers seraient entachés d'abus grossiers[444].

197 Néanmoins, avec la montée en puissance du commerce électronique en Afrique[445], les droits nationaux de l'espace OHADA ont commencé à montrer un certain intérêt pour la sauvegarde du consommateur. Dans cette optique, l'article 55 alinéa 2 *in fine* de la loi n° 045-2009/AN du 10 novembre 2009 portant réglementation des services et des transactions électroniques au Burkina Faso dispose : « *Toute clause par laquelle le consommateur renonce au bénéfice des droits qui lui sont conférés par la présente section est réputée non écrite* ». Bien que ce texte constitue sans aucun doute un rempart contre la roublardise des professionnels, il n'en demeure pas moins qu'il est d'une portée restreinte. En effet, comme la

---

440 P. Diaye, *Arbitrage en ligne et les litiges du commerce électronique*, *op. cit.*, p. 142.

441 J.-M. Nyama, *Régime foncier et domanialité publique au Cameroun*, préface D. Maugenest, Presses de l'Université Catholique du Cameroun, 2012.

442 K. Mbaye (dir), *Le droit de la famille en Afrique et à Madagascar*, préface M. Ancel, Editions G.-P. Maisonneuve et Larose, 1968 ; N.-C. Ndoko, « Les manquements au droit de la famille », *RIDC* 1991-1, p. 87.

443 Parlant du droit congolais, R. Massamba Makela (*Droit commercial*, Syllabus, Faculté de Droit, Université de Kinshasa, 1988, p. 40), remarquait à juste titre que : « *en son état actuel, le droit positif zaïrois paraît peu protecteur à l'égard des consommateurs. Ces derniers sont pratiquement abandonnés à leur triste sort, même s'il reste vrai que plusieurs textes éparpillés dans nos codes pourraient être utilisés à leur profit* ». L'observation est valable pour les autres Etats-membres de l'OHADA.

444 R. Massamba Makela, « Techniques juridiques de protection des consommateurs au Congo », http://www.congolegal.cd/spip.php?article31.

445 A. Ndiaye, I. N. E. Diagne, J. Rostenne et J. Fine, *Le commerce électronique en Afrique*, Forum sur le développement africain, Adis Abeba, 04-07 septembre 2011, http://repository.uneca.org/bitstream/handle/10855/1558/Bib-13245.pdf?sequence=1.

plupart des textes nationaux relatifs au commerce électronique[446], la loi ci-dessus évoquée est muette sur les stipulations arbitrales des contrats électroniques.

198 Malgré les avancées du droit de la consommation en matière électronique, il est dommage de constater l'inexistence majoritaire de règles générales visant la protection des consommateurs contre les clauses abusives[447]. Dans ce sombre paysage normatif, la loi-cadre n° 2011/012 du 6 mai 2011 portant protection du consommateur au Cameroun fait figure d'exception. L'article 5 (1) de cette loi dispose : « *sont nulles les clauses contractuelles qui (...) imposent une clause d'arbitrage unilatéral* »[448]. Ainsi, il est clair que le législateur camerounais a entendu prémunir les consommateurs contre les clauses compromissoires.

199 Pour autant, il serait hâtif de conclure à l'invalidité de ces dernières sur la base de l'article 5 (1) de la loi-cadre n° 2011/012 du 6 mai 2011 portant protection du consommateur au Cameroun. Si l'on s'en tient à la jurisprudence antérieure, le doute est permis, les juridictions nationales n'hésitant pas à passer outre une disposition interne au nom du respect du libéralisme de l'article 2 de l'AUA. Ainsi, en dépit de la limitation des stipulations arbitrales internes aux accords entre commerçants[449], la Cour d'appel d'Abidjan a admis la légalité de clauses compromissoires contenues dans un contrat entre civils non professionnels[450], et dans un contrat de travail[451]. Dans chacune de ces affaires, les juges ivoiriens ont considéré que l'AUA avait abrogé la disposition ivoirienne limitant la légalité des clauses compromissoires internes aux litiges entre commerçants. En l'absence d'une

[446] Abondant dans la voie tracée par la loi burkinabé sur le commerce électronique, l'article 12 alinéa 2 de la loi sénégalaise n° 2008-08 sur les transactions électroniques rend nulle toute clause ayant pour effet de *« priver un consommateur ayant sa résidence habituelle sur le territoire national de la protection que lui assurent les dispositions impératives de la loi sénégalaise relative aux obligations contractuelles, conformément aux engagements internationaux souscrits par le Sénégal. Au sens du présent article, les dispositions relatives aux obligations contractuelles comprennent les dispositions applicables aux éléments du contrat, y compris celles qui définissent les droits du consommateur, qui ont une influence déterminante sur la décision de contracter* » (nous soulignons).

[447] S. Diouf, *L'intégration juridique en Afrique : l'exemple de l'UEMOA et de l'OHADA*, mémoire DEA en droit de l'intégration et de l'OMC et du système de l'OMC, Université Cheikh Anta Diop de Dakar, 2005, http://www.memoireonline.com/05/07/466/m_integration-juridique-afrique-uemoa-ohada8.html.

[448] Pour développement sur l'arbitrage unilatéral, v. infra, n° 219 et s.

[449] Article 1 alinéa 2 de la loi ivoirienne de 1993, *op. cit.*

[450] CA Abidjan, 30 juillet 2002, *SCI Les Tisserins c/ Dame Coste épouse Diomandé Danielle*, *op. cit.*

[451] CA Abidjan, ordonnance, 02/07/2003, *Touré Kouakou Edmond et Amani N'zué contre ASECNA*, *op. cit.*

décision de la CCJA affirmant l'efficacité des dispositions nationales en matière d'arbitrabilité, le sort du consommateur reste précaire.

200 En fin de compte, les lacunes du droit interne en matière consumériste convergent avec l'incertaine entrée en vigueur de l'AUconso. Dans de telles conditions, il est difficile d'imaginer que le professionnel, réputé plus aguerri que le consommateur, puisse bénéficier de quelque protection permettant de le soustraire de la compétence des arbitres.

§ 2 L'indifférence quant aux professionnels faibles

201 De prime abord, parler de partie faible dans les relations professionnelles semble injustifié, la loi ne devant « *protéger les parties que dans la mesure où elles n'ont pas le devoir de se protéger elles-mêmes* »[452]. Or, il est indiscutable qu'aussi bien la règle *caveat emptor*[453], que la présomption de compétence des professionnels[454], militent en faveur de l'approche individualiste en vertu de laquelle chaque contractant veille sur ses intérêts. Pour autant, sans forcément céder aux sirènes du solidarisme contractuel[455], il est impossible de nier la montée en puissance du devoir de loyauté dans le droit des affaires en général[456], et des contrats en particulier[457]. Cette tendance contemporaine n'a pourtant pas été une préoccupation majeure pour le législateur OHADA en matière arbitrale.

202 Compte tenu de la possibilité d'une forte asymétrie entre professionnels dans les échanges internes[458] et internationaux[459], et la quête

---

[452] G. Ripert, *La règle morale dans les obligations civiles*, Paris, LGDJ, 1949, n° 43, p. 80.

[453] L'acheteur doit être vigilant.

[454] E. Silva-Romero (« Chronique des sentences arbitrales de la CCI », *JDI* 2010-4, p. 1042) note que « *les marchands (...) sont présumés être des professionnels compétents* ».

[455] C. Jamin, « Plaidoyer pour le solidarisme contractuel », *inEtudes offertes à Jacques Ghestin : Le contrat au début du XXIème siècle,* LGDJ, 2001, p. 441 ; J.-L. Baudouin, « Justice et équilibre : la nouvelle moralité contractuelle du droit civil québécois », *inLe contrat au début du XXIème siècle, Mélanges Jacques Ghestin.*, LGDJ, 2001, p. 29 ; D. Mazeaud, « Loyauté, solidarité, fraternité : la nouvelle devise contractuelle ? », *inL'avenir du droit. Mélanges Terré*, Dalloz, PUF, Juris-Classeur, 1999, p. 603.

[456] H. Le Nabasque, « Le développement du devoir de loyauté en droit des sociétés », *RTD. com.* 1999, p. 273.

[457] Y. Picod, *Le devoir de loyauté dans l'exécution du contrat*, préface G. Couturier, LGDJ, 1989 ; Y. Picod, (« L'obligation de coopération dans l'exécution du contrat », *JCP G.* I 1988, p. 3318.

[458] J. Mestre (« Le consentement du professionnel contractant dans la jurisprudence contemporaine », *op. cit.*, p. 252) relève à bon escient que dans la diversité des professionnels, il y a « *des puissants et des humbles, des sachants et des ignorants, des indépendants et des dépendants* ».

[459] J.-B. Racine, « La protection du professionnel contractant en matière internationale », *in Mélanges en l'honneur de Jean-Michel Jacquet*, LexisNexis, 2013, p. 255.

grandissante d'une justice contractuelle[460], la conclusion d'une convention d'arbitrage prend un relief particulier. Ceci étant, la singularité du professionnel impose de ne pas lui accorder un régime protecteur identique à celui des contractants protégés évoqués ci-dessus. Afin de préserver la vigilance requise des opérateurs économiques[461], il est important que la recherche de justice ne conduise pas à une déresponsabilisation des professionnels[462]. Pour ce faire, la détermination du professionnel faible signataire d'une clause compromissoire (A) s'impose avant d'esquisser un régime palliant son ignorance par le droit OHADA (B).

A. Le professionnel faible signataire d'une clause compromissoire

203 La faiblesse d'un professionnel n'est pas univoque, dans le domaine industriel elle peut par exemple concerner son indigence technique par rapport à son cocontractant. Afin de circonscrire l'infériorité du professionnel en matière d'arbitrage, il importe de s'arrêter sur les circonstances d'élaboration du contrat. A cet effet, la dépendance économique (1) et la simple adhésion à un contrat préparé par son partenaire (2) sont deux conditions cumulatives pour douter de l'intégrité du consentement émis par un professionnel.

1. La dépendance économique

204 En dépit de la polysémie de la dépendance économique[463], tout comme celle d'abus[464], la Cour de cassation française a donné une définition digne d'intérêt. Dans un arrêt du 12 février 2013, elle a affirmé que « *l'état*

---

460 Parlant du Code civil québécois, P.-G. Jobin (« La modernité du droit commun des contrats dans le Code civil du Québec : quelle modernité ? », *RIDC* 2000-1, p.49) notequ' « *en matière d'exécution du contrat, deux politiques peuvent être identifiées : on relève tantôt des mesures manifestant plus de sévérité et d'efficacité dans l'exercice des sanctions (telle la responsabilité du fabricant), tantôt des mesures de bonne foi et d'équité (comme le droit du débiteur de remédier à son défaut)* » (nous soulignons). V. aussi A. Ngwanza, *La favor contractus dans les Principes Unidroit et l'Avant-projet d'Acte uniforme sur le droit des contrats en OHADA*, *op. cit.*, n° 359 et s.

461 G. Virassamy, « Les relations entre professionnels en droit français », *op. cit.*, n° 21.

462 Ph. Malaurie, L. Aynès et P.-Y. Gautier, *Les contrats spéciaux*, Defrénois, 5ème édition, 2011, n° 29, p. 21.

463 La dépendance économique est une notion utilisée dans plusieurs disciplines juridiques, notamment le droit du travail, le droit commercial, et le droit de la concurrence.

464 S. Moracchini-Zeidenberg, *L'abus dans les relations de droit privé*, préface A. Bernard, PUAM, 2004.

de dépendance économique se définit comme l'impossibilité, pour une entreprise, de disposer d'une solution techniquement et économiquement équivalente aux relations contractuelles qu'elle a nouées avec une autre entreprise »[465]. Au-delà des précisions fournies par l'Autorité française de la concurrence en matière de distribution[466], la principale remarque qui s'impose à ce niveau est que la subordination contractuelle ne suffit pas, encore faudrait-il qu'elle soit doublée d'une incapacité à trouver une offre équivalente ou meilleure.

205 Partant de la définition qui précède, il est aisé de « *limiter [la] protection [des professionnels] à des cas (...) de particulière faiblesse ou de déséquilibre contractuel franchissant un certain seuil de gravité* »[467]. Entrent justement dans la catégorie des contrats empreints de forte dépendance économique les contrats de distribution. Dans l'espace OHADA spécifiquement, les ventes de produits agricoles entre les coopératives villageoises et les multinationales s'inscrivent également dans le schéma des accords profondément déséquilibrés.

206 Au total, quelle que soit la convention envisagée, le plus important est que la partie en position inférieure se trouve dans une situation où l'avenir de son activité est tributaire de la volonté discrétionnaire de son partenaire. Ayant pris bonne note de cette circonstance, l'article L 442-6 I 2° du Code de commerce français engage la responsabilité du professionnel qui a réussi à « *soumettre ou de tenter de soumettre un partenaire commercial à des obligations créant un déséquilibre significatif dans les droits et obligations des parties* ». Bien que la jurisprudence ait refusé d'admettre l'inefficacité d'une clause d'élection de for sur le fondement

---

[465] Cass. com., 12 février 2011, *CCC* mai 2013, p. 37, note M. Malaurie-Vignal.

[466] L'Autorité de la concurrence, (décision n° 11-D-04, 23 février 2011, *Revue Lamy de la concurrence* avril 2011, n° 27, p. 37, note V. Sélinsky) a indiqué que pour caractériser la dépendance économique – d'un distributeur à l'égard d'un fournisseur – il faut prendre en considération : « *la notoriété de la marque du fournisseur, de l'importance de la part de marché du fournisseur, de l'importance de la part du fournisseur dans le chiffre d'affaires du revendeur et, enfin, de la difficulté pour le distributeur d'obtenir d'autres fournisseurs des produits équivalents* ».

[467] J.-B. Racine, « La protection du professionnel contractant en matière internationale », *op. cit.*, p. 264.

l'article L 442-6 du Code de commerce français[468], il n'en demeure pas moins que ce dernier s'attaque frontalement au déséquilibre significatif[469].

207 Compte tenu du potentiel effet dévastateur d'une procédure arbitrale pour la trésorerie de toute partie faible, professionnelle ou non, il n'est pas excessif de considérer que le fait d'imposer une stipulation compromissoire déséquilibre abusivement les rapports contractuels professionnels caractérisés par une dépendance économique. Pour cette raison, la conclusion d'une convention d'arbitrage dans une relation de forte asymétrie par le biais d'un contrat d'adhésion est la preuve suffisante d'un abus grave.

2. L'insertion de la stipulation arbitrale dans un contrat d'adhésion

208 Malgré le silence des textes sur le contrat d'adhésion récemment corrigé[470], la doctrine n'hésite pas à exprimer sa méfiance à son égard. Des plumes expertes déclarent sans ambages que : « *c'est presque exclusivement dans ces contrats que se trouvent les clauses abusives, maintenant déclarées non écrites par la loi (...) et par le juge, même si la loi ne le prévoit pas expressément (...)* »[471]. Cette assertion, pleine de bon sens, confirme le fait que pour un contractant faible, adhérer à un acte préparé par son interlocuteur est risqué. Quant à cet aléa ontologique du contrat d'adhésion s'ajoute la dépendance économique, alors il est fondé de penser que l'adhérent subit le diktat du stipulant.

209 L'intégrité de la volonté de l'adhérent professionnel économiquement dépendant étant douteuse de manière générale dans le contrat d'adhésion, elle

---

[468] Cass. civ. 1re, 22 octobre 2008, *Monster Cable*, *JCP* G 2008, II, 10187, note L. D'avout ; *D.* 2009, p. 200, note F. Jault-Seseke ; *RDC* 2009, p. 691, note E. Treppoz ; *JDI* 2009, p. 599, note M.- N. Jobard-Bachellier et F.-X. Train. V. également, A. Huet, « Clause attributive de juridiction à un tribunal étranger et loi française de police et de sûreté (étude du droitcommun) », *D.* 2009, p. 684 ; D. Bureau et H. Muir-Watt, « L'impérativité désactivée ? (À propos de Cass. civ. 1re, 22 octobre 2008) », *Rev. crit. DIP* 2009, p. 1.

[469] Il importe de souligner qu'à la suite de la doctrine (L. Fin-Langer, *L'équilibre contractuel*, préface C. Thibierge, LGDJ, 2002, p. 141), *de lege ferenda*, l'article 3/10 de l'Avant-projet d'Acte uniforme sur le droit des contrats, tout comme l'article 3.2.7 des Principes Unidroit, dispose : *« La nullité du contrat ou de l'une de ses clauses pour cause de lésion peut être invoquée par une partie lorsqu'au moment de sa conclusion, le contrat ou la clause accorde injustement un avantage excessif à l'autre partie. On doit, notamment, prendre en considération :*
a) le fait que l'autre partie a profité d'une manière déloyale de l'état de dépendance, de la détresse économique, de l'urgence des besoins, de l'imprévoyance, de l'ignorance, de l'inexpérience ou de l'inaptitude à la négociation de la première (...)».

[470] Le nouvel article 1110 du Code civil français consacre le contrat d'adhésion endisposant qu'il : « *est celui dont les conditions générales, soustraites à la négociation, sont déterminées à l'avance par l'une des parties* ».

[471] Ph. Malaurie, L. Aynès et Ph. Stoffel-Munck, *Les obligations*, *op. cit.*, n° 426.

prend une tonalité plus accrue quant aux clauses compromissoires[472]. Aussi longtemps que le financement des procédures arbitrales des justiciables impécunieux par des tiers est-il en pleine croissance[473], l'on ne saurait éluder le fait que le consentement compromissoire du professionnel faible est problématique. Cela n'a pas empêché qu'une auteur se montre réservée sur l'appréciation individuelle de l'injustice des stipulations arbitrales[474]. Cette critique repose sur l'argument selon lequel le caractère inique de la stipulation arbitrale ne devrait pas être apprécié isolément, motif pris de ce que le contrat est la somme des concessions réciproques. Cette position est discutable car, comme le soutient un auteur[475], les clauses processuelles ne relèvent pas du même régime que les clauses substantielles. Il s'ensuit que la licéité de la stipulation arbitrale ne doit s'apprécier qu'au regard de l'influence du rapport de forces entre les parties sur son acceptation avant la naissance du conflit.

B. Les aménagements à l'ignorance du professionnel faible en matière d'arbitrage dans l'espace OHADA

210 Afin d'éviter l'occurrence de stipulations arbitrales défavorables au professionnel faible, il serait opportun d'introduire une disposition protégeant ce dernier. A cet effet, trois pistes se présentent : le droit national, le droit OHADA des contrats et le droit OHADA de l'arbitrage.

211 A première vue, il serait tentant de suggérer que les législateurs nationaux adoptent des textes sur l'abus de faiblesse dans les échanges professionnels. Outre les matières visées par l'article L 442-6 I 2° du Code de commerce français, l'on devrait inclure explicitement l'illicéité des clauses de règlement de différends conclues dans les contrats d'adhésion acceptés par des professionnels en dépendance économique. Toutefois, pour intéressante que soit cette proposition, elle se heurte à une difficulté majeure : son efficacité par rapport aux dispositions libérales du droit OHADA. Comme indiqué plus haut, les normes nationales, fussent-elles des lois de police, peuvent être écartées au bénéfice des règles du droit OHADA portant le souffle de la *favor arbitrandum*[476].

---

472 J.-B. Racine, « La protection du professionnel contractant en matière internationale », *op. cit.*, p. 269.

473 Ph. Pinsolle, « Le financement de l'arbitrage par les tiers », *Rev. arb.* 2011-2, p. 385 ; C. Kessedjian (dir.), *Le financement de contentieux par un tiers*, éd. Panthéon-Assas, 2012.

474 J. Mestre, « Rapport de synthèse », *in* C. Jamin et D. Mazeaud (dir), *Les clauses abusives entre professionnels*, Economica, 1997, p. 162.

475 M. Fontmichel, *Le faible et l'arbitrage*, *op. cit.*, n° 398.

476 V. supra, n°62 et s.

212 Quant à l'introduction d'une règle sur les clauses arbitrales abusives dans un texte portant sur le droit des contrats, encore une fois la solution n'est pas fiable. Les chances d'adoption d'un acte uniforme sur le droit des contrats sont très lointaines ; au contraire le Conseil des ministres de l'OHADA a demandé au Secrétaire permanent d'entamer des études en vue de l'élaboration de nouveaux actes uniformes sur des contrats spéciaux[477]. Il serait donc vain d'envisager une disposition sur les clauses abusives dans un texte dont l'élaboration est reléguée aux calendes grecques.

213 En revanche, la révision de l'AUA peut être sereinement entrevue eu égard au mouvement actuel de révision des actes uniformes. Les travaux d'évaluation de l'AUA et du RA ayant été lancés, l'occasion sera belle pour parfaire le corpus normatif de l'OHADA en matière arbitrale. Ce faisant, il appartiendra au législateur de prendre la mesure de l'asymétrie entre professionnels en adoptant une règle qui limite l'efficacité des clauses d'arbitrage nuisibles au professionnel faible.

[477] F. Onana Etoundi, « Allocution inaugurale », *in Les pratiques contractuelles d'affaires et les processus d'harmonisation dans les espaces régionaux*, ERSUMA, juin 2012, p.5, sp. p. 6.

CONCLUSION

214 Alors que l'arbitrage est unanimement reconnu comme le mode approprié de résolution des différends du commerce international, le législateur OHADA semble y voir tout simplement une justice de droit commun. Cette conclusion se déduit aisément du libéralisme effréné qui caractérise l'AUA et le RA, l'un comme l'autre ouvrant l'arbitrage à toute sorte de personne. Quels que soient les mérites imputés à l'arbitrage, l'on ne peut se passer de relever que l'outrance est toujours mauvaise conseillère. A ce propos, il a été a relevé à bon escient que l'arbitrage « *est une forme de justice libertaire* »[478]. Ainsi, la généralisation tous azimuts de la capacité compromissoire, et l'indifférence à l'égard des contractants faibles sont des excès qui appellent, à défaut d'une révision textuelle, au moins un peu de pondération jurisprudentielle.

[478] J.-B. Racine, « Propos liminaires sur un droit pragmatique », *in* Y. Strickler et J.-B. Racine (dir), *L'arbitrage. Questions contemporaines*, L'Harmattan, 2012, p. 11, sp. p. 12.

CONCLUSION DU TITRE I

215 L'étude de la protection de la partie faible en droit de l'arbitrage OHADA sous le prisme de l'arbitrabilité aboutit à une conclusion simple : l'imperfection de celui-ci. En faisant de la modernité et de la souplesse le fil d'Ariane de l'AUA, du RA et du Traité OHADA, le législateur africain a perdu de vue deux données essentielles. La première tient au fait qu'il a omis que malgré ses nombreuses vertus, l'arbitrage suppose la réunion de moyens matériels et intellectuels peu partagés par le commun des mortels. La seconde est relative à la faible imprégnation du droit OHADA avec le contexte socio-juridique : la connaissance approximative de la justice arbitrale et l'état lacunaire des législations nationales appelaient une plus grande précision des textes.

216 En gardant « *sa main tremblante* », conformément à la célèbre et pertinente consigne légistique[479], le législateur OHADA aurait fait preuve d'une vigilance suffisante pour refréner les excès de son penchant libéral. Ce faisant, en fait de porosité de l'arbitrabilité objective, il aurait été question d'une détermination claire des matières échappant aux arbitres, ce afin de protéger les parties faibles. Il se serait aussi agi de limiter l'accès de ces dernières aux prétoires arbitraux aux situations où leur consentement à l'arbitrage est certain.

---

[479] J. Carbonnier, « Scolie sur le non-droit », *in Flexible droit*, LGDJ, 2001, p. 50.

TITRE II. LA PROTECTION DE LA PARTIE FAIBLE QUANT AUX CONVENTIONS D'ARBITRAGE NON NEGOCIEES OU NON CONSENTIES

217 Grâce à l'imagination sans cesse prolifique des praticiens, la rédaction des contrats et plus particulièrement des conventions d'arbitrage, a considérablement modifié le paradigme classique de la rencontre des volontés. Dorénavant, l'accord arbitral n'est plus le seul fait d'une entente entre deux parties qui conviennent qu'en cas de litiges chacune d'elles pourra saisir des arbitres.

218 La pratique contractuelle a introduit de nouvelles formes de convention d'arbitrage dont la spécificité tient au fait que celle-ci n'est pas le produit d'une négociation symétrique. Qu'il s'agisse des contrats d'adhésion contenant une clause compromissoire ou des situations ou celle – ci ne peut être mise en œuvre par une seule partie, on est en présence d'un certain unilatéralisme. Or, ce dernier accroit considérablement la précarité de la partie faible, ce d'autant plus que son consentement est souvent sujet à caution. Sur ce point, bien que le développement des clauses compromissoires non négociées ne soit pas un phénomène récent, le législateur OHADA ne s'en est pas préoccupé frontalement. Il en résulte un encadrement imparfait desdites clauses (chapitre 1).

219 Par ailleurs, au-delà de l'unilatéralisme, la convention d'arbitrage a connu un essor basé sur des raisonnements dérogeant aux principes cardinaux du droit commun des contrats. Il en est ainsi de la *res inter alios acta*, les tiers étant de plus en plus liés par des clauses arbitrales dont ils ne sont pas signataires. Bien plus, en matière sociétaire, en raison de l'adoption des décisions sociales à la majorité, les actionnaires minoritaires peuvent également se voir opposés des stipulations arbitrales qu'ils n'ont pas approuvées. Dans chacune des hypothèses précédentes, les faibles se trouvent en position inconfortable, soit parce qu'on présume exagérément

leur consentement, soit parce que les actionnaires majoritaires peuvent anéantir leur droit d'accès à la justice par des clauses compromissoires dont la mise en œuvre est excessivement onéreuse. Malgré ces périls, le droit OHADA n'offre pas de garantie certaine à la partie faible (chapitre 2).

CHAPITRE I. LA PROTECTION DE LA PARTIE FAIBLE CONTRE LES CLAUSES COMPROMISSOIRES NON NEGOCIEES

220 En dépit du fait que de l'accord de volonté est inhérent au contrat, la pratique démontre que ce dernier n'est pas toujours l'expression d'un certain bilatéralisme. Outre sa rédaction, l'acte juridique contient parfois des droits ou des obligations à la charge d'une seule partie, ce sans réciprocité. La clause compromissoire n'échappe pas à ce phénomène, au contraire, à bien d'égards, elle en est devenue l'archétype[480].

221 Concrètement une stipulation arbitrale est non négociée, ou encore unilatérale, lorsqu'elle n'a pas fait l'objet d'une rédaction concertée, ou si sa mise en œuvre est tributaire de la volonté d'un seul contractant. Dans les deux hypothèses, il est évident que le faible est en position précaire dans la mesure où il subit la position de son interlocuteur. En conséquence, au cœur des clauses compromissoires unilatérales se pose le problème de l'usage insidieux du rapport de forces entre les parties. Il ne s'agit pas de dire que le contrat unilatéral pose en soi un problème à la partie démunie, celle-ci pouvant d'ailleurs en être le bénéficiaire. Tel est notamment le cas avec le don.

222 En matière de clauses compromissoires, il est important de garder à l'esprit que le déséquilibre entre les parties peut se traduire par une entorse au procès équitable, ou plus exactement par une incapacité à exercer le droit d'accès à la justice. Ce n'est pas donc « *de l'arbitrage qu'il faut protéger les parties faibles mais de l'utilisation détournée et abusive que peut en faire la partie forte* »[481]. Il s'ensuit qu'il faut éviter que le recours à l'unilatéralisme

---

480 O. Diallo, *Le consentement des parties à l'arbitrage international*, préface J.-M. Jacquet, PUF, 2010, p. 100.

481 C. Abid, *L'arbitrage international et la protection du consommateur*, *op. cit.*, n° 190.

ne soit pas un moyen déguisé de contraindre la partie faible à ester devant des arbitres dans des conditions iniques[482].

223 En fait, la stipulation arbitrale peut être le reflet d'un unilatéralisme abusif entre contractants aussi bien quant à sa mise en œuvre que quant à son élaboration. Dans le premier cas, les parties ne jouissent pas de prérogatives symétriques pour le déclenchement d'une procédure arbitrale. Cette situation peut se manifester soit dans le cadre d'un arbitrage sur le fondement d'un traité bilatéral ou multilatéral de protection des investissements ou d'une loi nationale[483], soit en présence d'une clause compromissoire optionnelle unilatérale hybride. Cette dernière est la stipulation arbitrale qui offre à une seule partie la faculté de choisir le juge étatique ou l'arbitre pour le règlement des litiges[484]. Bien que l'arbitrage transnational unilatéral et la clause compromissoire optionnelle unilatérale se ressemblent quant au démarrage de la procédure arbitrale, il n'en demeure pas moins que seule la seconde traduit une asymétrie des forces critiquable[485]. De plus, même si la faculté de choix entre plusieurs fors n'est pas l'apanage des conventions d'arbitrage[486], elle présente des complications plus accrues quand elle émane celles-ci.

224 S'agissant de la rédaction unilatérale de la clause compromissoire engageant une partie faible, elle est sujette à caution *per se*, qui plus est, lorsqu'elle ne figure pas dans le document principal. En présence d'une

---

482 M. Fontmichel, *Le faible et l'arbitrage*, *op. cit.*, n° 211.

483 J. Paulsson, « Arbitration Without Privity », *ICSID Review* 10 Issue 2 1995, p. 232 ; E. Gaillard, « L'arbitrage sur le fondement des traités de protection des investissements », *Rev. arb.* 2003-3, p. 853 ; W. Ben Hamida, *L'arbitrage transnational unilatéral. Réflexions sur une procédure réservée à l'initiative d'une personne privée contre une personne publique*, Thèse de doctorat, Université Paris II, 2003 ; A. Prujiner, « L'arbitrage unilatéral : un coucou dans le nid de l'arbitrage conventionnel », *Rev. arb.* 2005-1, p. 63.

484 L. Niddam, « Unilateral Arbitration Clauses in Commercial arbitration », *Arbitration and Dispute Resolution Law Journal* 1996, p. 147, sp. p. 233.

485 Bien que Ch. Leben (« La responsabilité internationale de l'Etat sur le fondement des traités de promotion et de protection des investissements », *AFDI* 2004, numéro 50, p. 683, sp. p. 700) constate que « *dans l'arbitrage transnational unilatéral il existe un déséquilibre entre les possibilités d'action de l'État et celui de la partie privée* », il n'en demeure pas moins que la règle favorisant l'investisseur n'est pas unilatérale dans le cas d'un TBI, chacun des Etats signataires dudit TBI étant placédans la même situation. Lorsque l'offre d'arbitrage découle d'une disposition nationale, l'Etat prend souverainement un engagement à caractère général qui n'est aucunement lié à une négociation contractuelle.

486 Cette situation se rencontre aussi à propos des clauses d'élection de for. V. dans ce sens, Cass. civ. 1re, 26 septembre 2012, *D.* 2012, p. 2876, note D. Martel ; *ibid.* 2013, p. 1503, obs. F. Jault-Seseke ; *Rev. crit. DIP* 2013, p. 256, note *D.* Bureau ; *RTD eur.* 2013. 292-24, obs. C. Lonchamp et Colin Reydellet ; *JDI* 2013, p. 175, note C. Brière ; *Cah. arb.* 2013-2, p. 443, chron. J. Barbet.

stipulation arbitrale par référence aux conditions générales du stipulant[487], le consentement de l'adhérent, très souvent la partie faible, n'est pas garanti. Il peut en être ainsi pour une variété de causes telles que la typographie et / ou la lettre sibylline de la clause litigieuse, la transmission post contractuelle des conditions générales ou plus complexe encore, le conflit de conditions générales. Dans chacune de ces hypothèses, il est possible que le stipulant utilise sa supériorité économique pour insérer une clause dont l'acceptation par l'adhérent moins nanti est des plus douteuses.

225 Bien que la clause compromissoire optionnelle unilatérale et la stipulation arbitrale par référence insérée dans des conditions générales constituent chacune une préoccupation pour le contractant démuni, le droit OHADA ne les traite pas de manière identique. Autant, il laisse planer le doute sur l'invalidité des clauses optionnelles unilatérales (section 1), autant il fait preuve d'une rigueur perfectible pour l'efficacité des stipulations arbitrales par référence insérées dans les contrats d'adhésion (section 2).

SECTION I. L'INCERTAINE INVALIDITE DES CLAUSES OPTIONNELLES UNILATERALES HYBRIDES

226 Une bonne intelligence des enjeux des clauses optionnelles unilatérales hybrides pour la partie faible postule de rappeler leur contexte économique. Elles sont généralement insérées dans les contrats financiers[488], ce au bénéfice de l'établissement de crédit bailleur des fonds[489]. Au-delà de la sphère financière, il est également possible qu'une clause compromissoire unilatérale insérée dans un contrat consumériste soit conclue en faveur du professionnel[490]. Dans les hypothèses ci-dessus évoquées, il est assez aisé d'imaginer que toute réticence envers la stipulation optionnelle unilatérale

---

[487] Le problème se pose moins pour lorsque la référence vise un contrat type largement reconnu dans un secteur d'activités, et que les deux parties opèrent dans ledit secteur.

[488] J. Barbet et P. Rosher, « Les clauses de résolution de litiges optionnelles », *Rev. arb.* 2010-1, p. 45.

[489] W. Park (« Comprendre les enjeux de l'arbitrage financier », *Bull. CCI* supplément 2000, p. 7, sp. p. 12) souligne que « *pour le prêteur, la stratégie idéale en cas de litige consisterait normalement à se réserver le droit de choisir entre l'arbitrage et la justice, conservant ainsi toute la souplesse nécessaire face à des éléments difficilement prévisibles à la signature du prêt* ».

[490] Lorsque la stipulation arbitrale offre une option juridictionnelle au consommateur, elle n'appelle pas de commentaire particulier car elle s'inscrit dans la droite ligne de la protection de ce dernier. Telle est d'ailleurs le principe posé en matière sociale en France, la jurisprudence (Cass. soc., 9 octobre 2001, *op. cit.*) permettant au travailleur de choisir entre les juridictions prud'homales et les arbitres.

hybride va empêcher la formation du contrat. Or, l'avantage ainsi octroyé à la partie forte n'a point retenu l'attention du droit OHADA, son silence étant lourd de dangers (§ 1). Ceci étant, diverses règles de droit peuvent néanmoins fonder l'illégalité de la stipulation optionnelle unilatérale défavorable à la partie faible (§ 2).

§ 1 Le dangereux mutisme du droit OHADA

227 En dépit de l'utilité que certains auteurs trouvent à la clause compromissoire optionnelle unilatérale quant à la stipulation pour autrui[491], ou quant à l'essor de l'arbitrage à l'initiative des parties faibles[492], il n'en demeure pas moins que lorsqu'elle n'est pas conclue en faveur de ces dernières, elle est particulièrement périlleuse. En fait, la stipulation arbitrale optionnelle favorable au contractant fort constitue une contestable rupture d'égalité ignorée par le droit OHADA (A). Malheureusement, pour pallier cette difficulté, le droit comparé ne saurait être appelé à la rescousse tant il brille par son imprécision (B).

A. Une contestable rupture d'égalité

228 Contrairement aux clauses d'arbitrage optionnelles bilatérales qui placent les parties sur un même pied d'égalité[493], les stipulations compromissoires optionnelles unilatérales en faveur de la partie forte sont discutables. En effet, tout en étant une dérogation abusive au principe de la réciprocité des recours (1), elles ouvrent à la voie à une invocation attentiste de la compétence des arbitres (2).

1. Une dérogation abusive au principe de la réciprocité des recours

229 Dès l'abord, il importe de souligner que la validité d'un contrat n'est pas subordonnée à l'équivalence des obligations qui en découlent, l'acte juridique pouvant même avoir pour objet l'aliénation, sans contrepartie, du patrimoine d'un contractant au bénéfice de l'autre. Pour autant, il y a loin entre admettre la différence de valeurs entre les devoirs des parties au contrat et reconnaitre une asymétrie flagrante quant à la résolution des litiges.

230 En effet, le règlement des différends se distingue du contenu de l'acte auquel ils sont liés ; pour cette raison, les clauses contractuelles

---

[491] J.-L. Goutal, « L'arbitrage et les tiers : - I – Le droit des contrats », *op. cit.*, p. 448.
[492] O. Diallo, *Le consentement des parties à l'arbitrage international*, *op. cit.*, p. 111.
[493] Th. Clay, « Arbitrage et modes alternatifs de litiges », *D.* 2013, p. 2936.

relatives à la résolution des conflits, notamment la clause compromissoire, ont un régime distinct. Or, il se trouve que pour cette dernière, le déséquilibre ne saurait être admis[494], qui plus est dans un contrat asymétrique, car il emporterait violation de l'égalité des armes en matière processuelle. Il convient de souligner que le principe d'égalité est considéré comme « *le principe le plus fécond parmi les droits naturels de procédure* »[495].

231 Concrètement, la clause arbitrale optionnelle unilatérale en faveur du fort consolide démesurément sa position privilégiée. Bien qu'il faille noter que ces clauses ne sont pas les plus régulières, il n'en demeure pas moins qu'outre l'incertitude quant à l'intégrité du consentement de la partie faible[496], le fait que celle-ci soit également en position désavantagée pour engager un recours est choquant. Lorsque l'option de compétence est bilatérale, elle ne pose pas de problème, du moins quant au rapport de forces[497], car les parties disposent de la même faculté[498].

---

[494] E. Loquin (« La confirmation de la validité des clauses d'arbitrage optionnelles bilatérales », RTD com. 2013-3, p. 478) souligne à juste titre que « *les clauses optionnelles unilatérales, qui ne donnent qu'à l'une des parties le pouvoir de choisir la juridiction compétente, sont susceptibles d'heurter le principe d'égalité entre les parties* ».

[495] D. Hascher, *Principes et pratiques de procédure dans l'arbitrage commercial international, Recueil des cours de l'Académie de la Haye*, tome 279, 1999, p. 126.

[496] O. Diallo, *Le consentement des parties à l'arbitrage international*, *op. cit.*, p. 112.

[497] Néanmoins, la stipulation arbitrale optionnelle bilatérale peut soulever des difficultés quant à sa mise en œuvre, notamment au regard du principe compétence-compétence. En effet, il n'est pas certain que l'action introduite devant les juridictions étatiques puisse prospérer. En cas de contestation de la compétence du juge étatique, ce dernier peut se démettre au bénéfice du tribunal arbitral. Une telle situation est déjà arrivée dans l'affaire 008/13/CATO. En l'espèce, la clause compromissoire stipulait que « *tous différends découlant de ce contrat ou en relation avec celui-ci, pourront être éventuellement soumis à l'arbitrage de la Cour d'Arbitrage de la Chambre de Commerce et d'Industrie du Togo (CCIT)* ». Bien que la lettre de cette stipulation ouvrait la voie à la justice publique, la demanderesse a dû retirer son action car son contradicteur avait annoncé qu'il déclinerait la compétence du TPI de Lomé. Cette attitude du défendeur, conjugué à l'effet dilatoire qui pouvait en découler, a convaincu la demanderesse d'engager une action arbitrale. Une semblable controverse a été soulevée devant les juges français dans l'affaire *Société Thermodyn c/ Société M-Real Alizay et autre* (Cass. civ 1ère, 12 juin 2013, *Rev. arb.*2013-4, p. 1013, note J. Barbet).En l'espèce, la Cour d'appel de Paris a infirmé le Tribunal de commerce de Paris qui avait fait droit au déclinatoire de compétence en s'appuyant sur une clause compromissoire optionnelle bilatérale. En cassation, le pourvoi a été rejeté, les hauts magistrats ayant considéré que la conjugaison descaractères optionnel et bilatéralconstitue un tempérament au principe compétence-compétence. La seconde difficulté qui peut naitre d'une clause optionnelle bilatérale concerne la litispendance, chacune des parties pouvant choisir une juridiction différente. Tel a été le cas dans l'affaire *Canada Packers c/ Fujian Shippingco, Yearbook of commercial arbitration* 1992, p. 750. Pour développements sur la complexité de la mise en œuvre des clauses optionnelles bilatérales, v. M. Rubino Sammartano, *International Arbitration Law and Practice* 2nd editionKluwer international, 2001, p. 25 ; J. Klein, « Observation sous Cass. civ.

232 Ceci dit, il faut relever que l'option de juridiction n'est pas en soi choquante en matière contractuelle, le droit positif reconnaissant la faculté de choisir parmi plusieurs fors[499]. Le problème avec les clauses compromissoires unilatérales réside dans l'impossibilité de choisir la juridiction conforme aux intérêts de la partie faible. De plus, malgré la validité des clauses attributives de juridiction, la jurisprudence française les annule dès lors qu'elles confèrent un avantage excessif à un litigant. Dans l'affaire *Rothschild*[500], la Cour de cassation française a invalidé une stipulation d'*electio fori* optionnelle qui donnait compétence exclusive aux tribunaux luxembourgeois, tout en octroyant à l'une des parties au contrat (la banque) la possibilité d'agir devant les juridictions du domicile de l'autre partie, ainsi que devant tout autre tribunal compétent. En dépit des réserves

1ère, 26 septembre 2012 », *RDC* 2013, p. 565 ; R. Libchaber, « Retour sur les clauses alternatives, attributives de juridiction », *RDC* 2013-4, p. 1376.

[498] Cass. civ. 1ère, 12 juin 2013, *Société Thermodyn c/ Société M-Real Alizay et autre*, *RTD com.* 2013-3, p. 478, note E. Loquin. Ceci dit, toute stipulation optionnelle n'est pas illicite, elle respecte le principe d'égalité des parties dès lors qu'elle laisse le choix de l'arbitre « à la partie demanderesse, laquelle peut être l'une ou l'autre d'entre elles » (Cour d'appel de Lyon *Ouzille c/ Bouygue*, 13 février 2003, affaire citée par J. Barbet et P. Rosher, « Les clauses de résolution de litiges optionnelles », *op. cit.*, p. 68). En l'espèce, la clause n'offrait pas une option entre le tribunal arbitral et le juge étatique, mais une alternative entre trois arbitres convenus d'un commun accord par les parties. Il en va de même de la clause compromissoire prévoyant d'offrir à la partie la plus diligente le choix de saisir une des deux institutions d'arbitrage désignées dans le contrat, ce sans solliciter l'accord de l'autre partie (Cass. civ. 2ème, 30 juin 1993, *Rev. arb.* 1994-1, p. 95, note Y. Paclot).

[499] V. article 17 § 5 du Règlement Bruxelles I.

[500] Cass. civ. 1ère, 26 septembre 2012, *op. cit.* Il importe de noter que la jurisprudence française (Cass. civ. 1ère, 7 octobre 2015, *JCP E* 2016, n° 6, 1087, note M.-E. Ancel et L. Marion ; G. Decocq, « Les conditions d'efficacité des clauses attributives de juridiction », CCC 2015, comm. 287 ; C. Dupoirier et V. Bouvard, « Clauses attributives de juridiction, asymétrie et droit de la concurrence », Gaz. Pal. 14 nov. 2015, n° 318, p. 19 ; L. Idot, « L'efficacité d'une clause attributive de juridiction remise en cause par la simple invocation du droit de la concurrence », *JCP G* 2015, n° 49, p. 2221 ; *D.* 2015, p. 2620, note F. Jault-Seseke ; V. Legrand, « Affinage du régime juridique de la clause attributive de juridiction internationale », *PA* 24 nov. 2015, n° 234, p. 8 ; C. Nourissat, Clauses attributives de juridictions : quand la Cour de cassation souffle le chaud et le froid », *Procédures* 2015, comm. 80 ; C. Nourissat, « Du déséquilibre des clauses attributives de juridiction : suite et fin ? », *JCP E* 2016, n° 11, p. 36) a assoupli sa position ultérieurement en indiquant que « *La clause d'élection de for imposant à une partie d'agir devant une juridiction d'un État membre, tandis qu'est réservée à son cocontractant, de manière optionnelle, la faculté de saisir une autre juridiction, est valable et répond à l'impératif de prévisibilité auquel doivent satisfaire les clauses d'élection de for, dès lors que celle-ci permet d'identifier les juridictions éventuellement amenées à se saisir d'un litige opposant les parties à l'occasion de l'exécution ou de l'interprétation du contrat* ». V. également Cass. civ., 1ère, 25 mars 2015, *JCP G* 2015, p._995, note . L. d'Avout.

doctrinales relatives au caractère potestatif de cette clause[501], cette décision mérite d'être approuvée. Elle démontre à l'envi que dès lors qu'il est établi que l'option de compétence crée une disproportion déraisonnable[502], la stipulation encourt la nullité. *Mutatis mutandis*, un raisonnement analogue aboutit à critiquer les stipulations arbitrales optionnelles unilatérales[503].

233 Par ailleurs, de longue date[504], le droit prétorien anglais rendait nulles les conventions d'arbitrage optionnelles asymétriques sur le fondement de la violation du principe de réciprocité des recours[505]. En dépit de l'instabilité de la jurisprudence aux Etats-Unis[506], l'on peut également évoquer plusieurs décisions allant dans un sens identique[507]. En outre, même la doctrine la plus nuancée sur l'invalidité des stipulations précitées, ne manque pas de relever qu'il « *peut y avoir des situations dans lesquelles les clauses de règlement de litiges déséquilibrées sont à l'évidence contraires aux principes fondamentaux d'équité* »[508]. Tel est justement le cas lorsque « *la clause compromissoire dissimule un arbitrage forcé* »[509] pour un seul litigant.

234 Conscient du fait que la clause compromissoire unilatérale porte en elle les germes du déni de justice pour la partie faible[510], le législateur OHADA aurait dû y prêter attention. Son silence est d'autant plus surprenant que peu de temps avant la signature du Traité OHADA en octobre 1993, et quelques années avant l'adoption de l'AUA et du RA en 1999, son homologue européen avait énoncé l'illégalité de toute stipulation ayant pour

---

[501] J. Barbet, « Invalidité en droit européen d'une clause optionnelle unilatérale offrant la faculté à une seule partie d'agir devant les juridictions de deux États différents, ainsi que devant " *tout autre tribunal compétent* " »,*Cah. arb.* 2013-2, p. 443.

[502] Cass. com., 24 avril 1990, n° 88-19. 877, inédit. En l'espèce, la clause du connaissement stipulant que les différends seront soumis au tribunal compétent de Rio de Janeiro, à moins que le transporteur ait recours à une autre juridiction, a été jugée non écrite. La haute juridiction française a estimé que la clause litigieuse ne conférait pas une compétence exclusive à la juridiction désignée et laissait à l'une des parties le choix de n'importe quel autre tribunal.

[503] V. Heuzé, « Faut-il confondre les clauses d'élection de for avec les conventions d'arbitrage dans les rapports internationaux ? », *in Mélanges en l'honneur du Professeur Pierre Mayer*, LGDJ, 2015, p. 295, sp.. p. 302, note 12.

[504] *Baron v. Sutherland Corp* (1966) 4 All ER 349, affaire citée par J. Barbet et P. Rosher, « Les clauses de résolution de litiges optionnelles », *op. cit.*, note 88.

[505] Il importe de préciser que la jurisprudence anglaise a évolué, elle admet dorénavant la validité des clauses optionnelles unilatérales. Pour développement sur ce point, v. infra, n° 242.

[506] V. infra, n° 243.

[507] V. l'abondante jurisprudence citée par W. Park, « Comprendre les enjeux de l'arbitrage financier », *op. cit.*, pp. 12-13.

[508] W. Park, « Comprendre les enjeux de l'arbitrage financier », *op. cit.*, pp. 12-13.

[509] O. Diallo, *Le consentement des parties à l'arbitrage international*, *op. cit.*, p. 111.

[510] M. Fontmichel, *Le faible et l'arbitrage*, *op. cit.*, n° 211.

effet de contraindre le consommateur à saisir des arbitres[511]. Il n'est donc pas possible de soutenir que le sujet n'était pas d'actualité lors de l'élaboration du droit OHADA de l'arbitrage. Ce mutisme s'explique certainement par le fait que libéralisation de l'arbitrage était la préoccupation majeure du législateur africain[512].

235 Or, comme indiqué précédemment[513], l'AUconso sensé pallier les lacunes de l'AUA et du RA quant à la protection du consommateur, n'est jamais entré en vigueur. Il s'ensuit que son article 51 § 1 bb faisant échec à la mise en œuvre des clauses compromissoires contraignantes pour le consommateur est dénué d'intérêt. L'article 5 (1) de la loi-cadre n° 2011/012 du 6 mai 2011 portant protection du consommateur au Cameroun allant dans le même sens, a aussi de grandes chances de rester d'utilité théorique. En effet, face au laconisme du droit OHADA, les juges seront tentés de privilégier les dispositions de ce dernier favorable à la justice arbitrale par rapport aux textes de droit interne qui restreignent son domaine. En fin de compte, la partie faible est laissée à la merci de l'invocation attentiste de la compétence des arbitres par son contradicteur.

2. *Une faculté d'invocation attentiste de la compétence des arbitres par la partie forte*

236 Au-delà d'offrir la faculté de choisir la juridiction compétente à un seul litigant, la clause compromissoire optionnelle unilatérale permet aussi à son bénéficiaire de s'opposer au choix de son contradicteur. Concrètement, cela veut dire que le titulaire de l'option de compétence dicte la conduite dans tous les cas de figure. Il ne dispose pas simplement d'une palette de fors à saisir, il a également le pouvoir d'empêcher que la juridiction choisie par l'autre partie tranche le différend.

---

511 L'article 6 alinéa 1 de la directive européenne du 5 avril 1991 libère le consommateur de toute clause abusive, celle-ci étant définie comme celle qui a pour objet ou effet « *de supprimer ou d'entraver l'exercice d'actions en justice ou des voies de recours par le consommateur, notamment en obligeant le consommateur à saisir exclusivement une juridiction d'arbitrage non couverte par des dispositions légales* ».

512 A la décharge du législateur OHADA, il convient de relever que malgré l'interdiction posée par l'article 6 alinéa 1 de la directive européenne du 5 avril 1991, l'arrêt *Jaguar* (Cass. civ. 1ère, 21 mai 1997, *op. cit*) a consacré la validité des clauses arbitrales dans les contrats internationaux de consommation. Le droit OHADA ayant opté pour une conception moniste de l'arbitrage, il n'est pas étonnant qu'il porte le souffle libéral du contentieux international. En conséquence, à supposer que la problématique des stipulations arbitrales optionnelles unilatérales défavorables au faible ait été envisagée, il est fort à parier que la solution de l'arrêt *Jaguar* aurait retenu l'attention du législateur OHADA.

513 V. supra, n° 188.

237 En raison de l'onérosité de l'arbitrage par rapport à la justice étatique, en règle générale, la partie faible préfère s'adresser aux juridictions étatiques. En présence d'une clause arbitrale optionnelle asymétrique, l'adversaire de la partie faible dispose d'une arme fatale : l'exception d'incompétence. Ladite exception repose d'une part sur l'option de compétence, et d'autre part sur le principe compétence-compétence. L'option de compétence accorde une primauté au choix juridictionnel opéré par son titulaire, ce quand bien même il serait défendeur[514]. Ainsi, peu importe le caractère approprié ou non du for ayant la préférence du bénéficiaire de l'option de compétence, ce sera *dura contractus, sed contractus* ! Le contrat lui permet d'imposer sa préférence et son contradicteur doit s'y soumettre. L'effet négatif du principe compétence-compétence renforce la vigueur de l'option de juridiction en obligeant tout tribunal national saisi par le faible de se démettre en cas de déclinatoire de compétence[515]. En outre, même dans les Etats tels que la Grande Bretagne qui ne reconnaissent pas l'effet négatif du principe compétence-compétence[516], la clause optionnelle unilatérale hybride peut entrainer l'éviction des juridictions étatiques[517].

238 En accordant un pouvoir discrétionnaire d'appréciation à la partie forte, la stipulation arbitrale optionnelle asymétrique ouvre naturellement la porte à l'opportunisme de mauvais aloi. Une plume experte avoue que pour la partie forte, « *la stratégie idéale en cas de litige consisterait normalement à se réserver le droit de choisir entre l'arbitrage et la justice* »[518]. Ainsi, il est aisé d'entrevoir que l'acceptation de la compétence de la juridiction saisie par la partie faible tient peu à une bonne administration de la justice. Elle relève davantage de la volonté assumée de tirer le meilleur parti d'un rapport de forces défavorable au faible. En conséquence, lorsque les éléments du différend inclinent à penser que les prétentions du litigant démuni peuvent prospérer dans une procédure judiciaire, la voie arbitrale sera préférée. Ce choix ne signifie pas que les arbitres inverseront forcément la solution envisageable devant les juges nationaux, mais en revanche il aura pour effet d'obliger le moins nanti des justiciables à participer à une

---

514 J. Barbet et P. Rosher, « Les clauses de résolution de litiges optionnelles », *op. cit.*, p. 75.

515 Parallèlement au fait que le principe compétence-compétence consolide l'option de juridiction, celle-ci permet de déroger audit principe dès lors le titulaire du privilège de juridiction choisit les tribunaux étatiques.

516 Malgré le défaut de consécration de l'effet négatif du principe compétence-compétence, J.-F. Poudret et S. Besson (*Droit comparé de l'arbitrage international*, *op. cit.*, n° 464) notent que *l'Arbitration act* de 1996, excepté quelques dérogations aux sections 32 ou 72, impose dorénavant que les parties ne contestent judiciairement la compétence du tribunal après que ce dernier se soit prononcé sur ce point.

517 *NB Three Shipping Ltd. v. Harebell Shipping Ltd.* (2004) All ER (D) 152.

518 W. Park, « Comprendre les enjeux de l'arbitrage financier », *op. cit.*, p. 12.

procédure couteuse. Que se passera-t-il alors si ce dernier n'a pas les moyens financiers nécessaires à l'arbitrage ? Le déni de justice sera garanti pour le contractant en situation d'infériorité économique[519]. Une telle conséquence est totalement inadmissible[520], ce d'autant plus qu'elle entre en contradiction frontale avec le droit à un procès équitable tel que prévu par la Charte africaine des droits de l'homme[521].

239 En dépit des inconvénients qui précèdent, les partisans de la liberté contractuelle objecteront que la mise en œuvre d'une clause compromissoire optionnelle unilatérale est encadrée. Premièrement, comme toute exception en défense[522], l'option de compétence doit être exprimée *in limine litis*. Deuxièmement, il est soutenu que le choix d'une juridiction est irrévocable[523], le changement d'avis étant constitutif d'*estoppel*[524]. Bien que le respect de ces deux conditions limite la marge de manœuvre du titulaire de l'option, il reste que la rédaction maladroite du contrat peut contribuer à affermir davantage la précarité du contractant démuni. Il s'agit principalement de la situation où les parties ont procédé à un morcèlement juridictionnel du contrat. Dans ce cas de figure, la partie forte peut très bien organiser de manière inavouée une forme de *forum shopping*. La résolution des litiges par les juridictions étatiques pourra varier en fonction de leur opinion sur la *res litigiosa*, ce pour un seul et même contrat.

240 Par ailleurs, aussi surprenant que cela puisse paraitre, la partie forte peut également refuser l'arbitrage lorsque l'institution choisie a des coûts moins élevés qu'une procédure judiciaire hors du domicile de la partie faible. Cette hypothèse n'est pas d'école quand on compare les frais de procédure des centres d'arbitrage de l'espace OHADA et le coût d'une

---

[519] Pour développement sur la notion de déni de justice économique en arbitrage international, v. J. Clavel, *Le déni de justice dans l'arbitrage international : l'effet négatif du principe compétence-compétence*, *op. cit.*, n° 125 et s.

[520] F. Valencia, « Parties faibles et accès à la justice en matière d'arbitrage », *op. cit.*, n° 20.

[521] V. infra, n° 588-592.

[522] Lorsque le bénéficiaire de la faculté de choisir la juridiction compétente est demandeur, le défendeur est lié par son choix, rendant ainsi vain tout débat sur la juridiction ayant la préférence de ce dernier.

[523] J. Barbet et P. Rosher, « Les clauses de résolution de litiges optionnelles », *op. cit.*, p. 56. Toutefois, partant de l'expérience des traités de protection des investissements, il importe de souligner avec M. Audit (*Jurisclasseur. Droit international, v° " Droit des investissements internationaux, Contentieux arbitral international, Droit commun "*, Fascicule 572-65, n° 37) que l'irrévocabilité n'a pas un caractère coutumier.

[524] Cass. civ. 1ère, 6 juillet 2005, *Golshani*, Bull. *civ.*, I, n° 302, *Rev. arb.* 2005-4, p. 993, note Ph. Pinsolle; *D.* 2005, p. 2570, note M. A. Boursier; *D.* 2005, p. 3059, obs. Th. Clay ; *JCP*, 2006 I 179, obs. J. Ortscheidt. V. aussi Cass. Ass. Plén., 27 février 2009, *Bull. Ass. Plén.*, n° 1 ; Cass. civ. 1ère, 6 mai 2009, *Bull. civ.* I, n° 86.

action internationale[525] pour un consommateur local, ou pour un petit commerçant[526].

241 Quoiqu'il en soit, la clause compromissoire optionnelle précarise considérablement le droit d'accès à la justice de la partie faible. Face au mutisme du droit OHADA, il est pertinent d'envisager une excursion sur les terres comparatistes afin d'examiner si le faible est mieux protégé contre les clauses compromissoires optionnelles favorables à son contradicteur. A l'analyse, il ressort malheureusement que le droit comparé n'offre pas non plus de garanties claires, en l'espèce, il se caractérise par son imprécision.

B. L'imprécision du droit comparé

242 D'entrée de jeu, il y a lieu de souligner la rareté des législations traitant la question de la validité des stipulations compromissoires optionnelles asymétriques. Il en résulte que leur forte consécration jurisprudentielle en matière commerciale (1) contraste avec le silence généralisé sur leur sort dans les rapports contractuels déséquilibrés (2).

1. La forte consécration jurisprudentielle des stipulations compromissoires optionnelles asymétriques entre commerçants

243 Qu'il s'agisse des pays de *Common Law* ou de ceux de droit continental, il est frappant de constater la bienveillance judiciaire à l'endroit des clauses arbitrales optionnelles unilatérales. Après avoir invoqué le principe de mutualité des recours pour les écarter, la jurisprudence anglaise a complètement modifié sa religion dans l'affaire *Pittalis*[527]. En l'espèce, la Cour d'appel d'Angleterre et du Pays de Galles a considéré que bien que l'option de juridiction fût offerte à une seule partie, la clause de règlement de litiges était valable parce qu'elle était le produit d'un accord « bilatéral ». En

[525] Dans l'arrêt *Pordéa* (Cass. civ. 1ère, 16 mars 1999, *Rev. crit. DIP* 2000-2, p. 181, note G. A. L. Droz), la Cour de cassation française a considéré que le cout élevé des frais de justice en Angleterre était constitutif d'un déni de justice. En effet, l'onérosité des actions judiciaires outre-manche prive le justiciable impécunieux de son droit fondamental d'exercer un recours en justice.

[526] A rebours de l'opportunisme imputé aux banquiers bénéficiaires de l'option de juridiction, J. Lew, L. Mistelis, S. Kroll (*Comparative International Commercial Arbitration*, Kluwer international, 2003, n° 8-11) expliquent que « *The lack of summary procedures in arbitration have raised the fear in banks and financial institutions that without an option to apply for summary judgment in court recalcitrant debtors may abuse arbitration to resist clearly justified demands for payment*».

[527] *Pittalis v. Sherefettin* (1986) 2 All ER, 227, p. 231, affaire citée par J. Barbet et P. Rosher, « Les clauses de résolution de litiges optionnelles », *op. cit.*, p. 56, note 23.

d'autres termes, les juges ne pointent plus le curseur sur la réciprocité des recours mais sur l'existence d'un accord permettant à un seul contractant d'avoir la latitude de choisir le for compétent. Cette position fortement inspirée par la révérence au principe de la liberté contractuelle[528] a été réitérée aussi bien pour les clauses optionnelles de résolution de litige hybrides[529] que pour les stipulations attributives de juridiction[530].

244 Bien que le droit prétorien américain soit divisé, on trouve de nombreuses décisions qui ont également reconnu la validité des clauses d'arbitrage optionnelles unilatérales[531]. L'absence d'harmonie dans la jurisprudence américaine ne retire rien au fait qu'entre commerçants, la liberté est la règle[532]. Tel était d'ailleurs la matrice du raisonnement adopté par les juges anglais, ces derniers estimant que la volonté des professionnels est souveraine[533].

245 La jurisprudence continentale n'a pas été en reste dans cette allégeance à la volonté des parties, les juges de la Cour d'appel d'Angers ayant emboité le pas à leurs homologues anglais[534]. Pour rejeter le pourvoi intenté contre cet arrêt, la Cour de cassation française[535] a retenu que « *la cour d'appel, par une appréciation souveraine de la volonté des parties, a estimé qu'en vertu des clauses 15 et 16 des conditions générales, les parties avaient entendu donner compétence soit à la juridiction étatique néerlandaise, soit à un tribunal arbitral néerlandais* »[536]. Il est important de relever que dans cette affaire, la haute juridiction française a permis l'efficacité d'une clause optionnelle unilatérale ne figurant pas dans le document contractuel principal. Partageant cette approche, la Cour suprême

---

528 Le respect de la liberté contractuelle en *common law* est assuré par une interprétation littérale des contrats que D. Brian King (« No money, No Arbitration ? The United States Perspective on Impecuniousness and Arbitration Agreements », *in* German Institution of Arbitration, *Financial Capacity of The parties. A Condition of Arbitration Agreements*, Peter Lang, 2004, p. 129, sp.p. 131) résume par la formule suivante: « *what you write is what you get* ».

529 *NB Three Shipping Ltd. v. Harebell Shipping Ltd., op. cit.*

530 *Law Debenture Trust Corp plc v. Elektrim Finance BV and others* (2005) EWHC 1412 (Ch).

531 V. la riche jurisprudence citée par W. Park, « Comprendre les enjeux de l'arbitrage financier », *op. cit.*, p. 12.

532 J. Lew, L. Mistelis, S. Kroll, *Comparative International Commercial Arbitration*, *op. cit.*, n° 8-12.

533 J. Barbet et P. Rosher, « Les clauses de résolution de litiges optionnelles », *op. cit.*, p. 75.

534 CA Angers, 25 septembre 1972, *Rev. arb.* 1973-1, p.164, note J. Rubellin Devichi ; *Gaz. Pal.* 1973, p. 210.

535 Cass. civ. 1ère, 15 mai 1974, Bull. civ. I, n° 143.

536 Nous soulignons.

fédérale allemande a également reconnu la validité de l'option unilatérale de juridiction inscrite dans les conditions générales[537].

246 Aussi longtemps qu'il est admis qu'entre professionnels la liberté est de rigueur[538], il y a tout de même matière à s'interroger sur cette indulgence judiciaire quant à l'insertion des clauses optionnelles de compétence dans les conditions générales. Au regard du volumineux contentieux relatif à l'acceptation ces dernières[539], il est étonnant que le droit continental, pourtant réputée moins libéral[540], fasse autant de place au consensualisme.

247 Pour le droit OHADA qui a une conception élargie du commerçant[541], d'ailleurs remplacée par le professionnel[542], cette tendance jurisprudentielle est inquiétante. Au-delà du fait que la faiblesse du professionnel en arbitrage est dorénavant admise, tout au moins en doctrine[543], le sort des entreprenants est particulièrement préoccupant. Est-il réaliste de demander à ces « *petits entrepreneurs* »[544], débarqués du maquis du secteur informel pour exercer leurs activités en toute légalité, d'avoir une expertise à la hauteur des autres professionnels ? Une clause compromissoire optionnelle unilatérale favorable à leurs cocontractants leur est-elle opposable du seul fait de l'acceptation d'un contrat renvoyant à des conditions générales ? Difficile de répondre à cette question sur la base du

[537] *Bundesgerichtshof*, 24 September 1998, *ZIP* 1998, p. 2065 note Kröll, *WuB* VII A § 1025 1-99, affaire citée par J. Lew, L. Mistelis, S. Kroll, *Comparative International Commercial Arbitration*, *op. cit.*, n° 8-12.

[538] Sentence CCI n° 11426, *JDI* 2006, p. 1443, obs. E. Silva-Romero ; J.-B. Racine, « La protection du professionnel contractant en matière internationale », *op. cit.*, pp. 257-261.

[539] F. Limbach, *Le consentement contractuel à l'épreuve des conditions générales. De l'utilité du concept de déclaration de volonté*, préface S. Poillot-Peruzzetto et Cl. Witz, LGDJ, 2004 ; C. Delforge, « Le conflit né de la confrontation des conditions générales contradictoires et son incidence sur la formation des contrats », *in* M. Fontaine (dir), *Le processus de formation du contrat. Contributions comparatives et interdisciplinaires à l'harmonisation du droit européen*, Bruylant, LGDJ, 2002, p. 525.

[540] D. Mazeaud (« Le droit des obligations et l'efficacité économique », *in* S. Bollée, Y.-M. Laithier et C. Pérès (dir), *L'efficacité économique en droit*, Economica, 2010, p. 67, sp. p. 70) affirme que « ... *la résistance du droit français des obligations [à l'impérialisme de l'efficacité économique] s'explique par sa dimension morale et sociale* ».

[541] J. Diffo Tchunkam, « La distinction droit civil - droit commercial à l'épreuve de l'OHADA : une prospective de droit matériel uniforme », *RDU* 2009-1, p. 57.

[542] J. Diffo Tchunkam, « Actualité et perspective du droit OHADA après la réforme de l'Acte uniforme relatif au droit commercial général du 15 décembre 2010 », *JADA* n°2 2012, p. 54, sp. p. 57 et s.

[543] J.-B. Racine, « La protection du professionnel contractant en matière internationale », *op. cit.*, p. 264 et s.

[544] L. Yondo Black, « Les enjeux de la réforme : une volonté de favoriser la création d'entreprises, les échanges commerciaux et la confiance dans la zone OHADA », *Droit et patrimoine* mars 2011, n° 201, dossier spécial, *Un nouveau droit commercial pour la zone OHADA*, p. 42, sp. p. 45.

droit comparé, la quasi inexistence de règles claires empêchant de prendre une position ferme.

2. *Le silence généralisé sur la validité des clauses optionnelles unilatérales dans les contrats asymétriques*

248 Tout d'abord, il convient de relever qu'au nom de la *favor arbitrandum*, malgré la directive européenne portant interdiction des clauses qui contraignent le consommateur à aller en arbitrage, la jurisprudence a admis la validité des stipulations arbitrales dans les contrats internationaux de consommation[545]. Au nom de la souplesse de l'ordre public international, il est permis de prendre des libertés avec les restrictions de droit interne. Pourtant, « *les raisons qui justifient la protection du consommateur dans l'ordre interne se retrouvent dans l'ordre international* »[546]. Etant donné que « *la clause compromissoire bénéficie (...) d'une validité quasi systématique en matière internationale* »[547], il est difficile d'avancer sa nullité simplement parce qu'elle prévoit une option défavorable à la partie faible.

249 Malgré le courroux d'un courant doctrinal bien nourri quant à l'insuffisance de la protection des parties faibles en arbitrage[548], les auteurs étudiant les clauses compromissoires optionnelles unilatérales ne prennent pas de position claire sur leur nullité par confrontation au principe d'égalité[549]. De plus, lorsque l'étude porte sur le principe d'égalité, la validité des stipulations arbitrales asymétriques n'est pas abordée[550]. Elle est entièrement focalisée sur l'égalité dans l'instance arbitrale, c'est-à-dire sur l'existence de droits réciproques accordés aux litigants lors du déroulement du procès[551].

250 En marge de l'indifférence majoritaire du droit positif, le droit mexicain se singularise par les termes de l'article 567 de son Code fédéral de procédures civiles. Ce texte dispose : « *Ne doivent pas être considérés comme valides, une clause ou une convention d'élection de for, lorsque la faculté de choisir est au bénéfice exclusif d'une seule partie, et non de*

---

545 Cass. civ. 1ère, 21 mai 1997, *op. cit. ;* Cass. civ. 1ère, 30 mars 2004, *op.cit.*
546 Ph. Delebecque, « Arbitrage et droit de la consommation », *op. cit.*
547 F. Valencia, « Parties faibles et accès à la justice en matière d'arbitrage », *op. cit.*, n° 14.
548 Ch. Seraglini « Les parties faibles dans l'arbitrage international », *op. cit.* ; F. Valencia, « Parties faibles et accès à la justice en matière d'arbitrage » ; J. Clavel, *Le déni de justice dans l'arbitrage international : l'effet négatif du principe compétence-compétence*, *op. cit.*, n° 136.
549 J. Barbet et P. Rosher, « Les clauses de résolution de litiges optionnelles », *op. cit.*, p. 73
550 E. Loquin, « À la recherche du principe d'égalité dans l'arbitrage commercial international », *Gaz. pal.* 02 juillet 2008, n° 184, p. 5.
551 D. Hascher, *Principes et pratiques de procédure dans l'arbitrage commercial international*, *op. cit.*, pp. 126 et s.

toutes »[552]. Sauf à retenir une définition restrictive de la notion de for qui renverrait uniquement aux juridictions étatiques, ce texte rend nulles les stipulations arbitrales unilatérales[553]. Le contraire pourrait difficilement être soutenu car, la validité des clauses optionnelles attributives de juridiction étant moins discutée, dès lors qu'elles sont interdites[554], rien ne justifie que l'option unilatérale de compétence soit admise en matière arbitrale.

251 Ceci étant, il convient de relever que le texte mexicain précité ne concerne pas spécifiquement la partie faible, mais l'option de juridiction unilatérale établie par voie contractuelle en général. La rigueur de cette disposition rend son importation difficile dans un ordre juridique, comme l'OHADA, largement inspiré par le libéralisme du commerce international. Par contre, la jurisprudence américaine apporte une règle réaliste totalement centrée sur la partie faible, notamment le travailleur. Dans l'affaire *Cole c/ Burn Intern. Sec. Serv.*[555], il a été décidé que la stipulation optionnelle hybride asymétrique était valable parce qu'elle prévoyait que l'employeur devait assumer intégralement le coût de la procédure. Dans un élan de protection des consommateurs en arbitrage, un auteur abonde dans le sens de l'arrêt ci-dessus évoqué en affirmant que « *la clause compromissoire peut imposer que l'arbitrage ait lieu à proximité du domicile de la partie faible, que les frais de la procédure d'arbitrage seront à la charge du professionnel* »[556].

252 La perspective d'élaboration d'un texte OHADA en matière consumériste étant lointaine, pour intéressante que soit la proposition précédente, elle n'a d'intérêt que si l'on s'intéresse aux règles positives pouvant être mobilisées pour la lutte contre les clauses compromissoires dont la mise en œuvre accroit la précarité du faible.

§ 2 Les possibles fondements de l'invalidité des stipulations arbitrales optionnelles unilatérales

253 Instinctivement, compte tenu de son importance en droit positif, il est tentant d'invoquer le principe de l'égalité des parties quant au procès pour annihiler les effets des clauses arbitrales unilatérales. Pourtant, les choses ne sont pas aussi simples qu'elles paraissent. Le caractère

---

552 Traduction libre de l'article 567 du Codigo federal de procidimentos civiles qui énonce en espagnol : « *No se considerará válida la cláusula o convenio de elección de foro, cuando la facultad de elegirlo opere en beneficio exclusivo de alguna parte pero no de todas* ».

553 O. Diallo, *Le consentement des parties à l'arbitrage international*, *op. cit.*, p. 112.

554 Cass. civ. 1ère, 26 septembre 2012, *op. cit.*

555 Affaire citée par W. Park, « Comprendre les enjeux de l'arbitrage financier », *op. cit.*, p. 12.

556 C. Abid, *L'arbitrage international et la protection du consommateur*, *op. cit.*, n° 189.

polysémique de l'égalité processuelle, couplée au renouveau de la liberté contractuelle à travers la poussée de la *favor arbitrandum*[557], postule un examen en profondeur de la contrariété des clauses compromissoires asymétriques au principe d'égalité processuelle (A). L'option de juridiction relevant du pouvoir discrétionnaire de son titulaire, il y a lieu également d'en évaluer la légalité au-delà des règles processuelles. Dans ce sens, il convient de confronter la validité des clauses compromissoires optionnelles à l'interdiction des obligations potestatives (B).

A. De la contrariété des clauses arbitrales unilatérales au principe de l'égalité processuelle

254 Bien qu'une plume experte ait brillamment expliqué l'inapplicabilité de la CEDH dans l'arbitrage[558], la doctrine[559] et la jurisprudence[560] ont clairement admis que la justice arbitrale doit se soumettre aux garanties du procès équitable. Ainsi, en dépit des nuances avec la justice publique, l'existence de « *principes directeurs du procès arbitral* »[561] ne souffre d'aucune discussion. Or, l'égalité des armes faisant partie des principes cardinaux du procès, toute la question est de savoir si elle constitue un facteur rédhibitoire à la validité des stipulations optionnelles unilatérales de résolution de conflits favorables à la partie forte.

255 Avant de répondre à l'interrogation précédente, il importe de cerner clairement la notion d'égalité des armes. D'après la CEDH[562], cette dernière vise à offrir « à *chaque partie une possibilité raisonnable de présenter sa cause dans des conditions qui ne la placent pas dans une situation de net désavantage par rapport à son adversaire* »[563]. Il s'infère de cette décision un droit au juge[564] qui entre en contradiction frontale avec le caractère unilatéral de l'option de compétence offerte au fort. En effet, comme il a été

---

[557] J. Billemont, *La liberté contractuelle à l'épreuve de l'arbitrage*, *op. cit.*, n° 22 et s.

[558] Ch. Jarrosson, « L'arbitrage et la Convention européenne des droits de l'homme », *Rev. arb.* 1989-4, p. 573.

[559] S. Hotte, « Droit au juge et arbitrage international », *D.* 2005 p. 2727 ; Y. Banifatemi, « Le « droit au juge » et l'arbitrage commercial international », *in Libertés, justice, tolérance. Mélanges en l'honneur du doyen G. Cohen-Jonathan,* vol. 1 : Bruylant, 2004, p. 167. Th. Clay, *L'arbitre*, préface Ph. Fouchard: Dalloz, 2001, n° 255.

[560] Cass. civ. 1ère, 20 février 2001, *Cubic*, *D.* 2001, IR p. 903 ; *Rev. arb.* 2001-3, p. 511, note T. Clay ; *Rev. crit. DIP* 2001-1, p. 126, note C. Seraglini.

[561] G. Bolard, « Les principes directeurs du procès arbitral », *Rev. arb.* 2004-3, p. 511.

[562] CEDH, 27 octobre 1993, *Dombo Veer BV c/ Pays-Bas*, série A n° 274.

[563] Nous soulignons.

[564] V. l'abondante jurisprudence de la CEDH sur le droit à un tribunal citée par V. Berger, *Jurisprudence de la Cour Européenne des Droits de l'Homme*, Sirey, 10ème édition, pp. 191-219.

indiqué plus haut[565], les clauses optionnelles hybrides unilatérales sont un avantage exorbitant octroyé au contradicteur de la partie faible. Il n'est donc point excessif de soutenir que la dérogation au principe de la réciprocité des recours et le risque d'invocation opportuniste de la convention d'arbitrage constituent « *le net désavantage* » évoqué par la CEDH.

256 Pour autant, il y a loin entre admettre le principe d'une conception européenne élargie de l'égalité des armes faisant obstacle aux clauses optionnelles asymétriques et la consécration d'une telle conception dans l'espace OHADA. Le législateur OHADA ayant accordé ses faveurs à l'égalité de traitement des parties, il est intéressant de vérifier si dans son entendement elle invalide les stipulations optionnelles de résolution de litiges déséquilibrées (1). Au-delà du droit OHADA, à l'instar de la CEDH, la Charte africaine des droits de l'homme et des peuples (CADHP)[566] accorde également une place de choix au procès équitable. En conséquence, sous réserve des subtilités relatives à son application en arbitrage[567], il est également pertinent d'envisager la CADHP comme bouclier à la légalité des clauses optionnelles unilatérales en défaveur du faible (2).

1. Principe de l'égalité processuelle en droit OHADA et clauses compromissoires unilatérales

257 En droit OHADA, le principe de l'égalité des armes trouve son siège dans l'article 9 de l'AUA. Ce texte dispose : « *Les parties doivent être traitées sur un pied d'égalité et chaque partie doit avoir toute possibilité de faire valoir ses droits* ». De doctrine unanime, cette disposition est interprétée uniquement sous l'angle des garanties procédurales inhérentes à l'instance arbitrale[568]. Dans cette optique, l'article 9 de l'AUA s'inscrit dans la droite ligne de l'arrêt *Dutco*[569]qui a posé le principe selon lequel chacun

---

[565] V. supra, n° 227 et s.

[566] Tous les Etats-membres de l'OHADA sont signataires de la CADHP.

[567] La problématique de l'application de la CADHP en arbitrage se pose dans les mêmes termes que la CEDH, bien que les tribunaux arbitraux ne fassent pas partie des juridictions visées par la CADHP, ils sont néanmoins obligés de respecter les garanties procédurales édictées par celle-ci.

[568] P. Meyer, « L'acte uniforme de l'OHADA sur l'arbitrage », *op. cit.*, pp. 640-641 ; G. Kenfack Douajni et C. Imhoos, « L'Acte uniforme relatif au droit de l'arbitrage dans le cadre du Traité OHADA », *Revue camerounaise de l'arbitrage* n° 5, 1999, p. 3 ; A. Fénéon, *Droit de l'arbitrage. Commentaires de l'Acte uniforme sur l'arbitrage et du règlement de la CCJA*, *op. cit.*, p. 47 ; P. Meyer, *OHADA. Droit de l'arbitrage*, *op. cit.*, n° 277 ; J.-M. Tchakoua, « Arbitrage selon l'Acte uniforme relatif au droit de l'arbitrage », *in* P.-G. Pougoué (dir), *Encyclopédie du droit OHADA*, Lamy, 2011, p. 258, n° 91.

[569] Cass. civ. 1ère, 7 janvier 1992, *Rev. arb.* 1992, p. 470, note P. Bellet ; *JDI* 1992, p. 707, note Ch. Jarosson.

des litigants a le droit de participer à la composition du tribunal arbitral[570]. L'article 9 est également interprété comme le fondement du principe du contradictoire, un auteur y voyant l'affirmation de « *l'ordre public procédural* »[571].

258 Au-delà des positions doctrinales, la jurisprudence a également visé l'article 9 pour annuler une sentence réputée rendue par un tribunal irrégulièrement composé[572]. En l'espèce, face à l'inertie du défendeur au bout de quinze (15) jours, délai qui lui avait été assigné par le demandeur, celui-ci avait fait désigner le deuxième co-arbitre par le juge d'appui, ce au mépris du délai de trente (30) jours prévus par l'article 5 de l'AUA[573].

259 Outre l'herméneutique doctrinale et jurisprudentielle, l'analyse légistique converge aussi dans le sens de la circonscription de l'article 9 de l'AUA à l'instance arbitrale. En effet, le texte précité est la première disposition du chapitre 3 de l'AUA consacré à l'instance arbitrale. En conséquence, le législateur ayant choisi d'insérer l'égalité des parties dans les garanties procédurales de l'instance, rien ne semble justifier d'aller plus loin.

260 Toutefois, les choses ne sont pas aussi simples qu'elles paraissent car la lettre de l'article 9 de l'AUA ouvre une brèche en indiquant, *in fine*, que « *chaque partie doit avoir toute possibilité de faire valoir ses droits* ». L'interprétation extensive de cette disposition aboutit logiquement à y voir plus qu'une simple énonciation de l'ordre public dans le procès, mais une règle relative à l'ordre public procédural dans son intégralité. Ainsi, la faculté de se défendre dans des conditions équitables devrait emporter le droit de saisir la justice dans des conditions qui ne procurent pas un net

---

[570] A. Delabrière et A. Fénéon, « La constitution du tribunal arbitral et le statut de l'arbitre en droit OHADA », Penant n° 833, p. 155.

[571] P. Meyer, « L'acte uniforme de l'OHADA sur l'arbitrage », *op. cit.*, p. 641.

[572] CCJA, 17 juillet 2008, *Société Nationale pour la Promotion Agricole dite SONAPRA c/ Société des Huileries du Bénin dite SHB*, *op. cit.* ; A. Ngwanza, « L'essor de l'arbitrage international en Afrique sub-saharienne : les apports de la CCJA », *op. cit.*, n° 89 ; F. Onana Etoundi, *Grandes tendances jurisprudentielles de la Cour Commune de Justice et d'Arbitrage*, *op. cit.*, p. 466 et s.

[573] L'article 5 de l'AUA dispose : « *Les arbitres sont nommés, révoqués ou remplacés conformément à la convention des parties.*
A défaut d'une telle convention d'arbitrage ou si la convention est insuffisante :
en cas d'arbitrage par trois arbitres, chaque partie nomme un arbitre et les deux arbitres ainsi nommés choisissent le troisième arbitre ; si une partie ne nomme pas un arbitre dans un délai de trente jours à compter de la réception d'une demande à cette fin émanant de l'autre partie, ou si les deux arbitres ne s'accordent pas sur le choix du troisième arbitre dans un délai de trente jours à compter de leur désignation, la nomination est effectuée, sur la demande d'une partie, par le juge compétent dans l'Etat-partie ;
en cas d'arbitrage par un arbitre unique, si les parties ne peuvent s'accorder sur le choix de l'arbitre, celui-ci est nommé, sur la demande d'une partie, par le juge compétent dans l'Etat-partie ».

avantage à un justiciable. Ce faisant, n'est-on pas en droit d'y voir un droit à l'arbitre qui serait mis en échec par le jeu opportuniste d'une clause optionnelle asymétrique ? En d'autres termes, le principe d'égalité secrété par l'article 9 a-t-il une vocation figée à régir uniquement la désignation des arbitres et l'instance arbitrale ?[574]

261 L'interrogation n'est pas nouvelle et dépasse le cadre l'OHADA, un auteur averti suggérant que le principe d'égalité « *puisse être étendu au choix par les parties de la juridiction, et qu'il puisse être soutenu que toute clause ayant pour objet le choix d'une juridiction doit pouvoir être mise en œuvre de manière égale par chacune des parties* »[575]. Le problème ne réside donc pas simplement pas dans la technique juridique, et par ricochet dans la lettre de l'article 9 de l'AUA. Il concerne tout autant la politique juridique car aux Etats – Unis, comme dans l'espace OHADA, la politisation de l'arbitrage s'explique par « *l'absence d'une loi (...) protégeant les consommateurs et les employés contre les clauses d'arbitrage abusives* »[576]. Or, s'il est acquis que « *l'exigence pour le patient d'avoir droit à un médecin est exactement la même pour le justiciable potentiel d'avoir le droit à un juge* »[577], alors il est aisé de militer en faveur d'une conception élargie de l'article 9 de l'AUA.

262 Au total, le recours au principe de l'égalité, tel que prévu par le droit OHADA, peut parfaitement être invoqué pour annuler les stipulations réservant l'option de juridiction seulement au contractant fort. Les données socio-économiques de l'espace OHADA – faible taux d'alphabétisation, importance accrue du secteur informel – plaident en faveur du rejet de toute clause arbitrale qui contribuerait à créer un désavantage clair au détriment des parties faibles. Cela s'entend aisément à l'aune de la CADHP qui énonce que les hommes sont égaux en droit. Pour cette raison, il n'est pas superflu d'y voir un second moyen de combattre les clauses optionnelles hybrides de juridiction unilatérales.

---

574 R. Libchaber (« Retour sur les clauses alternatives, attributives de juridiction », *op. cit.*, p. 1376) partage l'interrogation en ses termes : « *l'égalité des armes ne doit pas seulement exister dans l'enceinte judiciaire : pourquoi ne pas l'imposer d'abord dans le chemin qui y mène ?* ».

575 E. Loquin, « La confirmation de la validité des clauses d'arbitrage optionnelles bilatérales », *op. cit.*

576 W. Park, « La jurisprudence américaine en matière de " *class arbitration* " : entre débat politique et technique juridique », *Rev. arb.* 2012-2, p. 507, sp. p. 519.

577 R.-G. Nlep, « Rapport introductif. Le droit au juge », *in* E. Decaux (dir), *Justice et droits de l'homme*, XXVIIIe Congrès de l'Institut International de Droit d'Expression et d'Inspiration Françaises, IDEF 2003, p. 207.

2. *Principe de l'égalité processuelle dans la CADHP et clauses compromissoires unilatérales*

263 A l'image du célèbre article 6 de la CEDH[578], l'article 7.1 de la CADHP prévoit *in limine* : « *Toute personne a droit à ce que sa cause soit entendue* ». Afin de préciser la portée de la CADHP, la Commission africaine des droits de l'homme[579] a indiqué que le droit à un procès équitable, tel qu'énoncé par l'article 7.1 précité, contenait entre autres, « *l'égalité d'accès, pour les hommes et les femmes, aux instances juridictionnelles et l'égalité devant la loi dans toutes les procédures judiciaires* »[580].

264 Dans sa pratique contentieuse, la Commission africaine des droits de l'homme a réitéré sa position en des termes dénués d'ambiguïté. Ainsi, elle a censuré l'attitude du Zimbabwe en affirmant que « *lorsque les autorités compétentes ont mis des obstacles sur le chemin qui empêchent les victimes d'avoir accès aux tribunaux compétents, elles seraient tenues responsables* »[581]. Il s'infère de cette décision que l'accès à un prétoire est un droit fondamental consacré par la CADHP.

265 Au regard de la lecture de l'article 7.1 de la CADH par la Commission africaine des droits de l'homme, il est clair que la violation du droit à un tribunal appelle sanction. De plus, compte tenu de l'intertextualité existant entre les textes relatifs à la protection des droits de l'homme[582], il est difficile d'imaginer que la CADHP contienne une version plus restrictive du procès équitable que la CEDH. Un auteur averti souligne à ce propos les

---

[578] L'article 6 de la CEDH dispose : « *Toute personne a droit à ce que sa cause soit entendue équitablement, publiquement et dans un délai raisonnable, par un tribunal indépendant et impartial, (...)* ».

[579] Pour développement sur les prérogatives de la Commission africaine des droits de l'homme, v. F. Ouguergouz, « La Commission africaine des droits de l'homme et des peuples : Présentation et bilan d'activités (1988-1989) », *AFDI* 1989, volume 35, p. 555.

[580] *Directives et principes sur le droit à un procès équitable et à l'assistance judiciaire en Afrique*, 2003, http://www.achpr.org/files/instruments/principles-guidelines-right-fair-trial/achpr33_guide_fair_trial_legal_assistance_2003_fra.pdf

[581] Commission africaine, *Zimbabwe Human Rights NGO Forum c/ Zimbabwe*, Communication 245/02, para. 213. V. également Commission africaine, *Sudan human rights organisation & Centre on Housing Rights and Evictions (COHRE) c/ Soudan*, Communications 279/03 et 296/05, para. 181.

[582] Pour P. Wachsmann (« Les méthodes d'interprétation des conventions internationales relatives à la protection des droits de l'homme », *in* SFDI, *La protection des droits de l'homme et l'évolution du droit international*, Colloque deStrasbourg, 1998, p. 158), « *il y a, àl'évidence, une intertextualité des droits de l'homme, qui concerne les instruments internationaux de protection et les jurisprudences* ». V. également A.-D. Olinga, « L'Afrique face à la "globalisation" des techniques de protection des droits fondamentaux », *Présence africaine*, n° 159, 1er semestre 1999, p. 27.

nombreux emprunts de la Commission africaine des droits de l'homme à la jurisprudence de la CEDH pour l'application de la CADHP[583].

266 La reconnaissance du droit à un tribunal dans la CADHP s'inscrivant dans la droite ligne de la CEDH, rien ne justifie que les clauses alternatives unilatérales de résolution des litiges puissent prospérer dans l'espace OHADA. Quand bien même, l'effet négatif du principe compétence-compétence conduira à déférer l'examen de la validité de la stipulation litigieuse *prima facie* aux arbitres, il appartiendra aux juridictions étatiques de se prononcer en dernier ressort lors du contrôle de la sentence. Ces dernières ne pouvant faire l'économie de la CADHP, elles devront naturellement tirer la conséquence logique découlant du choix de l'arbitrage par la partie forte : l'inefficacité de la clause. Toute autre position conduirait à laisser penser que la sacralité du droit au juge n'est établie qu'à l'égard des tribunaux nationaux. L'incongruité d'une telle proposition aurait pour principal effet de décrédibiliser l'arbitrage, il deviendrait alors une justice inéquitable. Or, l'essor contemporain de l'arbitrage, tout au moins en matière internationale, se justifiant pour partie par son caractère équitable[584], il en perdrait son intérêt s'il devait être perçu sous le jour du déséquilibre entre les parties. Ceci étant, le caractère unilatéral d'une prérogative contractuelle n'étant pas illicite en *per se*[585], il est également intéressant de vérifier la conformité des clauses compromissoires unilatérales défavorables au faible à l'interdiction des conditions potestatives.

B. De la potestativité des clauses arbitrales unilatérales

267 L'examen du caractère potestatif des stipulations compromissoires unilatérales postule de s'arrêter *prima facie* sur la potestativité. D'après l'article 1170 du Code civil : « *La condition potestative est celle qui fait dépendre l'exécution de la convention d'un événement qu'il est au pouvoir de l'une ou de l'autre des parties contractantes de faire arriver ou d'empêcher* ». A la suite de cette disposition, l'article 1174 du Code civil ajoute : « *Toute obligation est nulle lorsqu'elle a été contractée sous une condition potestative de la part de celui qui s'oblige* ». Il s'infère de ces

583 A.-D. Olinga, « Les emprunts normatifs de la commission africaine des droits de l'homme et des peuples aux systèmes européen et interaméricain de garantie des droits de l'homme », *Revue trimestrielle des droits de l'homme* 2005, n°62, p. 499.

584 H. Motulsky, « L'arbitrage et les conflits du travail », *op. cit.*

585 Th. Revet (« L'obligation de motiver une décision contractuelle unilatérale, instrument de vérification de l'intérêt de l'autre partie », *RDC* 2004-2, p. 579) estime que l'exigence de motivation « ... *ne saurait être imposée dans les situations contractuelles où la faculté de l'un ou de l'autre de pratiquer l'unilatéralisme ne s'inscrit pas dans un schéma de relation inégalitaire* ».

textes que toute obligation conditionnelle dont l'exécution est sous l'entier contrôle du débiteur, est nulle. La jurisprudence a pondéré la fermeté de la règle en décidant que si l'opportunité de la décision du débiteur peut faire l'objet d'un contrôle judiciaire, à partir de données objectives, alors la condition n'est potestative[586].

268 Au regard des caractéristiques de la condition potestative, il est fondé de ranger les clauses arbitrales unilatérales favorables au fort dans la catégorie des obligations nulles. En effet, il est évident qu'elles confèrent un pouvoir discrétionnaire de recours à l'arbitrage rebelle à tout contrôle objectif (1). De plus, dans son mécanisme, la clause compromissoire optionnelle unilatérale ne lie pas véritablement le fort qui en est bénéficiaire, il peut s'en défaire en optant pour un for inaccessible à son cocontractant faible (2).

1. L'imprévisibilité de la décision de recourir à l'arbitrage

269 Dans le sens de l'exigence d'un contrôle objectif de la décision de recourir à l'arbitrage, la rédaction de la clause de résolution des litiges est un enjeu fondamental. En effet, dès lors que l'option de juridiction est ouverte sans condition, il n'existe aucun moyen de contrôler les motifs du choix d'un for plutôt qu'un autre. En fait, il ne s'agit pas d'exiger que la lettre de la stipulation litigieuse soit libellée en des termes qui enferment la décision dans des conditions précises. Néanmoins, un minimum de prévisibilité s'impose afin d'éviter une utilisation attentiste du privilège de juridiction.

270 L'exigence de prévisibilité développée ci-dessus a été reconnue par la Cour de cassation française en matière de clauses attributives de for[587]. En l'espèce, les hauts magistrats ont conclu à la nullité à la stipulation d'*electio fori* parce qu'elle ne permettait pas d'identifier « *les juridictions au profit desquelles la clause avait été stipulée* »[588]. Bien avant cette affaire *Rothschild*, la Cour d'appel de Paris, adoptant un raisonnement similaire, avait décidé que, la clause prévoyant qu'une seule partie pouvait choisir une juridiction anglaise ou une juridiction de n'importe quel autre pays, constituait une fraude « *destinée à faire obstacle ou à entraver la mise en œuvre d'une bonne administration de la justice* »[589]. Ces décisions trouvent leur fondement dans le fait que « *la clause convenue dans l'intérêt d'une seule partie ne peut (...) permettre à celle-ci d'agir où elle le souhaite* »[590].

---

[586] Cass. civ. 1ère, 22 novembre 1989, *Gaz. Pal.* 1990, 1, pan. jurispr. p. 11.
[587] Cass. civ. 1re, 26 septembre 2012, *op. cit.*
[588] J.-G. Mahinga, « Une mise en œuvre cohérente du règlement Bruxelles I du 12 décembre 2000 », *PA* 14 novembre 2012 n° 228, p. 7.
[589] CA Paris, 5 juillet 1989, *JDI* 1990, p. 152, obs. A. Huet.
[590] C. Brière, « Note sous Cass. civ. 1re, 26 septembre 2012 », *JDI* 2013, p. 175.

271 S'il est important de rappeler le règne du libéralisme en matière de clauses attributives de juridiction unilatérales[591], certains auteurs relèvent que « *c'est la subjectivité inhérente à [ces] clause qui (...) conduit à (...) [leur] disqualification* »[592]. En gardant à l'esprit le coût d'une procédure d'arbitrage, et par ricochet les inconvénients qui en découlent pour la partie faible, la subjectivité est encore plus contestable pour les clauses compromissoires unilatérales. Il n'est donc pas excessif de retenir le caractère potestatif de la stipulation optionnelle hybride, le risque de *forum shopping* inhérent aux stipulations *d'electio fori*[593], existant dans des termes identiques.

2. Le caractère facultatif de l'arbitrage pour la partie forte

272 L'obligation se définissant comme le fait de s'engager à donner, à faire, ou à ne pas faire une chose, il en découle que tout engagement contractuel doit lier le débiteur, peu importe que sa réalisation dépende de la volonté de ce dernier. Partant de cette définition, il convient de retenir que la stipulation qui ne répond pas à ces caractéristiques n'a pas la nature obligationnelle. S'il est permis qu'une clause contractuelle prévoit un avantage qui ne soit pas de nature contraignante pour celui qui s'engage ou alors qu'il soit subordonné à l'occurrence d'une condition, il n'en demeure pas moins que le débiteur ne doit pas pouvoir s'en défaire discrétionnairement.

273 Au regard de leur objet, les clauses de règlement des litiges ne font pas partie de celles qui peuvent prévoir des obligations dénuées de tout caractère obligatoire. En dépit du fait que les stipulations de règlement de litiges peuvent être optionnelles, il n'en demeure pas moins qu'elles lient les parties. Or, en matière de clauses optionnelles hybrides unilatérales, l'une des parties peut en pratique se délier de la convention d'arbitrage en opposant la compétence d'un for. Si tel n'est pas le but de l'option unilatérale de juridiction, son mécanisme aboutit à ce résultat. Il n'existe aucun moyen de contraindre le bénéficiaire du privilège de compétence

---

591 Dans l'affaire *Coreck Maritime* (CJCE, 9 nov. 2000, Rec. *CJCE* 2000, I, p. 5337 ; *JDI* 2001, p. 701, note J.-M. Bischoff), il a été indiqué qu'il n'est pas nécessaire « *qu'une clause attributive de juridiction soit formulée de telle façon qu'il soit possible d'identifier la juridiction compétente par son seul libellé. Il suffit que la clause identifie les éléments objectifs sur lesquels les parties se sont mises d'accord pour choisir le tribunal ou les tribunaux auxquels elles entendent soumettre leurs différends nés ou à naître* ».

592 L. Degos et D. Akchoti, « L'art délicat de la clause attributive de juridiction », *JCP* G 2013, n° 5, p. 183.

593 E. Cornut, « *Forum shopping* et abus du choix de for en droit international privé », *JDI* 2007, p. 27, sp. n° 22 et s.

juridictionnelle d'ester devant un tribunal arbitral, il ne le fera que lorsqu'il y verra son intérêt.

274 En fait, le fondement de l'interdiction de la condition potestative - la croisade contre les obligations contractuelles autorisant une partie à déterminer de manière aléatoire la réalisation de la condition – entre en contradiction frontale avec l'exception d'incompétence offerte à la partie forte. Cette dernière a le loisir de repousser l'arbitrage quand son cocontractant est tenu de déférer à une action devant des arbitres, qu'il soit demandeur ou défendeur[594]. Dès lors qu'il est admis que la potestativité s'entend de la faculté offerte à une partie de pouvoir influencer unilatéralement et abusivement la réalisation de la condition, il est difficile de ne pas considérer nulle la clause optionnelle hybride en faveur du contractant nanti.

275 Pour marquer son attachement à l'importance d'un certain équilibre entre les contractants, la jurisprudence française[595]a pris le soin de préciser qu' « *une clause de résolution des différends stipulant que chaque partie pourrait choisir de recourir à l'arbitrage ou à une action devant la Cour du siège du lieu de l'acheteur, en retenant que deux voies alternatives s'offraient aux parties et que la faculté de ce choix était ouverte à chacune d'elles, les références à un centre d'arbitrage n'étant pas de nature à remettre en cause le caractère purement optionnel du recours à l'arbitrage* »[596] est valable. Commentant cet arrêt, un auteur souligne que « *si l'on s'appuie sur cette formule il apparaît que la potestativité de la clause (...) [réside] dans le déséquilibre flagrant des pouvoirs* »[597]. Ledit déséquilibre ne concerne pas seulement la mise en œuvre de la stipulation optionnelle, mais aussi et surtout l'impossibilité de l'opposer réellement à la partie forte. Plus grave, la clause optionnelle unilatérale est souvent insérée dans des conditions générales. Fort heureusement, le droit OHADA source point brille par une rigueur qui peut être affermie.

---

[594] J. Barbet et P. Rosher, « Les clauses de résolution de litiges optionnelles », *op. cit.*, p. 52.

[595] Cass. civ. 1ère, 12 juin 2013, *Société Thermodyn c/ Société M-Real Alizay et autre*, *op. cit.* ; Cass. com., 12 juin 2013, *RDC* 2013-4, p. 1376, note.

[596] Nous soulignons.

[597] R. Libchaber, « Retour sur les clauses alternatives, attributives de juridiction », *op. cit.*, p. 1376.

SECTION II. LES CONDITIONS D'EFFICACITE DES CLAUSES COMPROMISSOIRES PAR REFERENCE UNILATERALES

276 Tout d'abord, il importe de retenir que par clause compromissoire par référence, il faut entendre la « *clause contenue dans un document distinct et préexistant (conditions générales, contrat-type, règlement, conditions de vente d'un fournisseur, etc.) auquel renvoie le contrat passé par les parties* »[598]. Au regard de cette définition, il est évident que les contrats d'adhésion constituent l'archétype des actes contenant des conventions d'arbitrage par référence[599]. L'insertion d'une stipulation arbitrale dans un contrat non négocié posant déjà problème, il est assez facile d'imaginer que le recours à la technique du renvoi à un document autre que le contrat principal soulève de nombreuses difficultés. La situation est encore plus complexe quand il existe une asymétrie entre le stipulant et l'adhérent[600].

277 Pour éviter toute controverse relative à la validité de la stipulation arbitrale par référence[601], le législateur OHADA a pris une position dénuée de toute ambigüité. Dans ce sens, l'article 3 de l'AUA dispose : « *La convention d'arbitrage doit être faite par écrit, ou par tout autre moyen permettant d'en administrer la preuve, notamment par la référence faite à un document la stipulant* »[602]. Toutefois, en dépit de la clarté de cette disposition, il n'en demeure pas moins qu'elle est laconique quant au régime juridique de la convention d'arbitrage par référence. En effet, en abordant la clause compromissoire par référence sur le terrain de la forme, ce contrairement à la doctrine majoritaire[603], la lettre de l'article 3 de l'AUA laisse entière la problématique du consentement. Pourtant, l'acceptation des

---

598 J.-F. Poudret et S. Besson, *Droit comparé de l'arbitrage international*, *op. cit.*, n° 213.

599 Cl. Remond (« La clause arbitrale par référence », *in* Cl. Remond et E. Bucher, *Recueil de travaux sur l'arbitrage international*, Congrès intérimaire de l'ICCA, Schultess, 1984, p. 85, sp. 86) constate que la stipulation compromissoire par référence apparait aussi dans les « *contrats individuellement négociés et non répétitifs* ».

600 Comme le remarquait Ph. Fouchard (« La levée par la France de sa réserve de commercialité pour l'application de la Convention de New York », *op. cit.*, p. 582) « *ce qui est à craindre, c'est la clause compromissoire insérée à l'avance dans desconditions générales d'un contrat d'adhésion qu'un professionnel impose en fait à un client inexpérimenté* ».

601 B. Oppetit, « La clause arbitrale par référence », *op. cit.*, pp. 551-559 ; E. Loquin, « Arbitrage. Compromis et clauses compromissoire », *JurisClasseur Procédure civile*, fascicule 1020, n° 22.

602 Nous soulignons.

603 Ph. Fouchard, E. Gaillard et B. Goldman, *Traité de l'arbitrage commercial international*, *op. cit.*, p. 290 et s. ; G. Kaufman-Kohler, « Arbitration Agreements in Online Business to Business Transactions », *in* R. Briner, L. Y. Fortier, K. P. Berger and J. Bredow (eds), *Law of International Business and Dispute settlement in 21st century. Liber Amicorum Karl-Heinz Böckstiegel*, Carl Heymanns, 2001, p. 355, sp. p. 364.

conditions générales, à fortiori celle de la clause d'arbitrage y incluse, continue d'être âprement discutée[604]. Le débat prend une acuité particulière quand une telle clause compromissoire est opposée à un faible, le défaut de négociation dans les contrats asymétriques faisant peser un doute sur l'intégrité et l'effectivité du consentement de l'adhérent.

278 Pour pallier les imperfections de l'article 3 de l'AUA, la CCJA s'est attelée à affiner le régime juridique de la stipulation compromissoire par référence[605]. Dans cette optique, à rebours du libéralisme majoritaire en droit comparé[606], les hauts juges de l'OHADA ont fixé des conditions strictes d'efficacité de la convention d'arbitrage. Ce faisant, la CCJA exige la preuve du consentement à la stipulation arbitrale par référence, règle particulièrement conforme aux intérêts des faibles (§ 1). Ceci étant, bien que des plumes expertes banalisent le débat sur la forme des conventions d'arbitrage par renvoi[607], il reste qu'il constitue un enjeu majeur pour le contractant démuni. Etant donné que les règles probatoires contribuent à équilibrer les rapports contractuels asymétriques[608], la consécration d'un formalisme protecteur de la partie faible contribuerait à améliorer les conditions d'opposabilité des stipulations arbitrales par référence aux parties faibles (§ 2).

§ 1 La protection du faible par l'exigence de la preuve de l'acceptation de la stipulation arbitrale par référence

279 Avant de s'arrêter sur la conception prétorienne de l'efficacité de la clause compromissoire par référence dans l'espace OHADA, il importe au préalable d'en présenter le mécanisme. La conclusion d'une convention d'arbitrage par référence peut se faire soit par un renvoi particulier à ladite convention ou par un simple renvoi au document la contenant. La réalité du consentement de l'adhérent ne se pose pas dans les mêmes termes dans ces deux cas de figure. La première hypothèse établit formellement la

---

[604] O. Diallo, *Le consentement des parties à l'arbitrage international*, *op. cit.*, pp. 101-108.

[605] CCJA, 10 juin 2010, *Atlantique Telecom c/ Planor Afrique*, *op. cit.*

[606] X. Boucobza, « La clause compromissoire par référence en matière d'arbitrage commercial international », *op. cit.*, n° 27.

[607] J.-F. Poudret et S. Besson (*Droit comparé de l'arbitrage international*, *op. cit.*, n° 216) soutiennent que s'agissant des clauses compromissoires par référence, « *du plan de la forme, on passe désormais à celui du consentement, qui importe seul désormais* ».

[608] A. Ngwanza (« La preuve à l'épreuve. Notes conclusives du colloque sur le droit de la preuve dans l'espace OHADA », *RDAI* 2011-3, p. 289, sp. p. 292) remarque que « *la preuve est l'un des instruments techniques à travers lequel le législateur s'efforce d'éroder l'asymétrie économique et / ou intellectuelle entre les parties. Elle sert également à donner une tonalité éthique à l'engagement contractuel* ».

connaissance de la clause litigieuse[609], là où la seconde laisse planer le doute. Bien que les jurisprudences française[610] et suisse[611] refusent de considérer que la simple référence à un document soit rédhibitoire à l'efficacité d'une clause arbitrale, il reste que le consentement de l'adhérent est incertain. Afin de clarifier sa position, le juge français a indiqué qu'en « *matière d'arbitrage international, la clause compromissoire par référence écrite à un document qui la contient, par exemple des conditions générales ou un contrat type, est valable, à défaut de mention dans la convention principale, lorsque la partie à laquelle la clause est opposée, a eu connaissance de la teneur de ce document et qu'elle a, fut-ce par son silence, accepté l'incorporation du document au contrat* »[612].

280 S'il est dorénavant acquis qu'en France la connaissance précontractuelle[613] de la clause compromissoire par référence emporte présomption de consentement[614], il en va différemment dans l'espace OHADA. Contrairement au libéralisme général des textes, la jurisprudence africaine rejette la présomption de consentement du seul fait de la

---

[609] O. Diallo, *Le consentement des parties à l'arbitrage international*, *op. cit.*, pp. 103-104 ; J.-F. Poudret et S. Besson, *Droit comparé de l'arbitrage international*, *op. cit.*, n° 214.

[610] Cass. civ. 1ère, 26 juin 1990, *Sté Dreistern Werk c/ Sté Crouzier*, *Rev. arb.* 1991-2, p. 292, note C. Kessedjian.

[611] Tribunal fédéral, 22 novembre 1950, *Spüler AG c/ The East Asiatic Company Ltd*, ATF 76, (1950) I 338 ; Tribunal fédéral, 1ère Cour de droit civil, 20 janvier 2010, *Bull. ASA* 2010-3, volume 28,_p. 644.

[612] Cass. civ. 1ère, 09 novembre 1993, *Société Bomar Oil NV c/ ETAP*, *Rev. arb.* 1994-1, p. 108, note C. Kessedjian ; *JDI* 1994, p. 690, note E. Loquin.

[613] Dans certains cas, la jurisprudence (CA Paris, 23 mai 2002, *Rev. arb.* 2003-4, p. 1341 ; Cass. civ. 1ère, 22 nov. 2005, *Rev. arb.* 2006, p. 437, O. Cachard) prévoit une présomption de connaissance de la convention d'arbitrage par référence. Pour E. Loquin (« Arbitrage. Compromis et clauses compromissoire », n° 25), cette solution se justifie par le fait qu' « *il est indifférent que le document visé par le contrat ne soit pas matériellement transmis à l'autre partie lorsque celle-ci devait connaître son contenu en raison de sa nature d'usage* ».

[614] La jurisprudence française n'a pas toujours été stable quant à la consécration d'une présomption de consentement en cas de connaissance précontractuelle de la convention d'arbitrage par renvoi. Alors que la première chambre civile (Cass. civ. 1ère, 09 novembre 1993, *Société Bomar Oil NV c/ ETAP*, *op. cit.*) s'y déclarait favorable, la chambre commerciale (Cass. com., 29 novembre 1994, *CDF Chimie North America et a. c/ Tolt Nielsen et a.*, *Droit maritime français* 1995, p. 218, obs. Y. Tassel) se prononçait en sens inverse. Finalement, la Chambre commerciale (Cass.com., 21 février 2006, *Navire Pella, Sté Belmaire et a.c / Sté Trident Marine Agency Inc. Et a.*, *Droit maritime français* 2006, p. 379, rapp. A. Potocki, note Ph. Delebecque) s'est ralliée à la thèse de la présomption du consentement. Pour autant, la querelle doctrinale n'est pas achevée, v. dans ce sens les positions antagonistes de Ph. Delebecque (« Note sous Cass. civ. 1ère 21 novembre 2006 », *Droit maritime français* 2007, p. 404) et de O. Cachard (« La force obligatoire vis à vis des clauses relatives à la compétence internationale stipulées dans les connaissements. Plaidoyer pour un renouveau des considérations maritimistes », *in Mélanges en l'honneur du Professeur Hélène Gaudemet-Tallon*, Dalloz, 2008, p. 189).

connaissance de la stipulation litigieuse (A). Ce faisant, elle fait peser la charge de la preuve sur le stipulant, en l'occurrence le fort (B).

A. Le rejet de la présomption de consentement fondée sur la connaissance de la stipulation litigieuse

281 Une bonne intelligence de la position de la CCJA postule un rappel des faits de l'espèce à l'occasion de laquelle elle a rejeté la présomption de consentement à une convention d'arbitrage par référence, motif pris de la connaissance précontractuelle de celle-ci. Dans l'affaire *Atlantique Télécom c/ PlanorAfrique*[615], les parties avaient conclu deux conventions sociétaires, dont l'une portant cession d'une partie des actions de la demanderesse à la défenderesse dans le capital de Telecel Faso, l'autre conférant à la défenderesse des missions de contrôle de Telecel Faso. Cette seconde convention prévoyait qu'elle s'intègre au pacte d'actionnaires conclu entre *Atlantique Telecom* et d'autres partenaires, lequel pacte contenait une clause compromissoire. Lorsque survint un litige entre les parties, le défendeur a saisi avec succès les juridictions burkinabés pour rentrer dans ses droits. Déboutée en première instance et en appel, *Atlantique Télécom* s'est pourvue en cassation en alléguant l'incompétence des juridictions étatiques motif pris de la clause compromissoire contenue dans le pacte d'actionnaires précité. Non convaincue par le pourvoi, la CCJA a avancé que « *la clause d'arbitrage contenue dans le pacte d'actionnaires du 10 février 2004 n'est pas opposable à PLANOR AFRIQUE parce qu'il ne ressort nulle part du dossier qu'elle ait eu connaissance de ladite clause et qu'elle ait manifesté la volonté d'être liée par la convention d'arbitrage* ». Sous toutes les réserves suscitées par cette décision[616], il n'en demeure pas moins qu'en évinçant la présomption d'acceptation de la clause arbitrale par référence du seul fait de sa connaissance (1), la CCJA a élaboré une règle utile à la protection du faible (2).

---

[615] CCJA, 10 juin 2010, *Atlantique Telecom S.A. c/ Planor Afrique S.A. et Telecel Faso S.A.*, *op. cit.*

[616] L'arrêt *Atlantique Telecom c/ Planor Afrique* a été vivement critiqué pour plusieurs raisons. Tout d'abord, un auteur (B. Diallo, « Le principe compétence-compétence en matière d'arbitrage OHADA. Note sous Arrêt Ass. Plénière de la CCJA du 31 janvier 2011, *Planor Afrique c/ Atlantique Telecom* », *Revue Jurifis* septembre-décembre 2011, p. 18) souligne à bon escient que la CCJA a violé le principe compétence-compétence en se prononçant sur l'efficacité d'une convention d'arbitrage en dehors du contentieux de la sentence. De plus, A. Ngwanza (« Conditions d'efficacité des conventions d'arbitrage non signées et violation du principe compétence-compétence », *Rev. arb.* 2012-3, p. 618, sp. n° 2-5) considère que la CCJA n'a pas traité le vrai problème soulevé par l'affaire *Planor Afrique c/ Atlantique Telecom*, l'enjeu juridique étant plutôt celui de la circulation d'une stipulation arbitrale à l'occasion d'une cession d'actions.

1. *L'insuffisance de la connaissance de la clause arbitrale par référence*

282 Bien qu'il soit classiquement admis en droit commun des contrats que « *qui ne dit mot ne consent pas* », la jurisprudence en droit comparé n'hésite pas à conclure l'inverse s'agissant des conventions d'arbitrage[617]. Si le phénomène a pris son essor en matière internationale[618], il trouve dorénavant un écho favorable dans le contentieux interne[619]. A priori, le libéralisme fondant la présomption de consentement en cas de connaissance précontractuelle de la clause arbitrale par référence n'est pas choquant si l'arbitrage a un domaine *ratione materiae* et *ratione personae* limité. Entre opérateurs du commerce international ou entre commerçants internes, il est compréhensible que la souplesse des règles soit de rigueur. Dans ce contexte, la *favor arbitri* n'est pas démesurée, elle est conforme à ce qui tend à « *s'affirmer comme une véritable règle coutumière (...) [la] présomption de compétence des opérateurs du commerce international* »[620]. Ainsi, il a été jugé qu'une convention d'arbitrage résultant d'une stipulation contractuelle renvoyant à une clause compromissoire d'un autre contrat non signé par l'un des litigants était valable[621].

283 Le libéralisme innervant la jurisprudence majoritaire en droit comparé procède à un basculement méthodologique que la CCJA refuse d'admettre. En effet, en énonçant la suffisance de la connaissance de la

---

617 X. Boucobza (« La clause compromissoire par référence en matière d'arbitrage commercial international », *op. cit.*, n° 23) considère que malgré les apparences, leproblème del'efficacité du silence en droit des obligations se pose en des termes différents s'agissant des conventions d'arbitrage par référence. D'après cet auteur, « *il s'agit uniquement de savoir si la référence dans le contrat à un document contenant une clause arbitrale doit être considérée comme valable* » car le contrat principal a été conclu. Quels que soient les mérites qu'on puisse reconnaitre à cette analyse, il n'en demeure pas moins qu'elle aboutit à dissoudre l'indépendance de la clause compromissoire en faisant dépendre le consentement à cette dernière du sort du contrat principal. A supposer que le contrat principal soit nul, alors la clause arbitrale par référence devrait disparaitre automatiquement car elle n'a pas été acceptée. Sachant qu'une telle conclusion est contraire au principe de l'indépendance de la convention d'arbitrage, il est permis de soutenir que le consentement à la convention d'arbitrage s'apprécie distinctement de celui du contrat principal.

618 E. Loquin, « La réalité des usages du commerce international », *Rev. int. dr. éco.* 1989-2, p. 163.

619 Cass. com., 17 juin 1997, p. 539, *Rev. arb.*1998-3, p. 539 ; Cass. civ. 2ème, 30 juin 1993, *Ferruzzi, Rev. arb.* 1994-1, p. 96, note Y. Paclot. V. aussi X. Boucobza, « La clause compromissoire par référence en matière d'arbitrage commercial international », *op. cit.*, n° 27.

620 B. Oppetit, « La clause arbitrale par référence », *op. cit.*, p. 557.

621 CA Paris, 20 janvier 1988, *Rev. arb.* 1990-3, p. 651 ; *JDI,* 1989-4, p. 1032, note E. Loquin.

clause arbitrale par référence[622], l'on induit que celle-ci ne sera dépourvue d'effets que s'il est établi qu'elle a été contestée lors de la conclusion du contrat[623]. Cette approche, en raison des conséquences qui en découlent, appelle plusieurs observations.

284 Premièrement, le bien-fondé d'une telle règle n'est vérifié que s'il est certain que les parties disposent d'une réelle capacité d'information, et non d'une simple présomption de compétence. Or, dans les rapports déséquilibrés, le moins qu'on puisse dire est que cette proposition est très discutable. Deuxièmement, en gardant à l'esprit qu'en dépit des multiples qualités de l'arbitrage, il n'en constitue pas un mode singulier de résolution des litiges[624], il est dangereux d'admettre la validité des clauses arbitrales en prenant des libertés avec l'exigence primordiale de manifestation claire de volonté.

285 Consciente ou non des observations précédentes, pour sa part, la CCJA a adopté une position conforme aux règles orthodoxes du droit des contrats. En effet, loin de s'embourber dans un libéralisme jurisprudentiel juridiquement discutable[625], elle procède plutôt à « *la réconciliation de la clause compromissoire et du droit commun des conventions* »[626].

286 Par ailleurs, compte tenu de la timide pratique de l'arbitrage avant la création de l'OHADA, il importe de relever que la CCJA n'a fait qu'emboiter le pas aux juges nationaux. Dans la première affaire relative à l'application de la Convention de New York de 1958, la Cour suprême sénégalaise[627] avait cassé le jugement par lequel les juges inférieurs avaient soutenu « *qu'il appartenait au défendeur qui a soutenu qu'il n'y a pas eu de convention écrite, de fournir la preuve qu'en l'absence de tel document, la constitution du tribunal arbitral n'a pas été conforme à la loi de la Grande*

---

[622] Il importe de signaler que la référence à la stipulation arbitrale par référence n'est suffisante que si l'existence de la clause dans le document de renvoi est établie. Dans le cas contraire, la clause est réputée manifestement inapplicable. V. dans ce sens, Cass. civ. 1ère, 06 novembre 2013, *PA*, 20 février 2014, n° 37, p. 8, note A.-S. Courdinier.

[623] Cass. civ. 1ère, 11 mai 2012, *Rev. arb.* 2012-3, p. 561, L. Bernheim.

[624] Ph. Leboulanger, « L'arbitrage international Nord-Sud », *op. cit.*, p. 328.

[625] S'agissant de la circulation de la clause compromissoire, J.-B. Racine (« Réflexions sur l'autonomie de l'arbitrage commercial international », *Rev. arb.* 2005-2, p. 305, sp. n° 15) constate que « *selon l'orientation suivie depuis l'arrêt Dalico l'autonomie de la clause d'arbitrage a pris une telle ampleur que la jurisprudence admettant la transmission automatique de la clause d'arbitrage est très difficile à justifier juridiquement, à moins de se livrer à certaines contorsions théoriques* ».

[626] S. Bollée, « La clause compromissoire et le droit commun des conventions », *op. cit.*, n° 19, p. 929.

[627] Cour suprême du Sénégal, chambre civile et commerciale, 20 février 2002, arrêt n° 42/ 2002,
http://www.juricaf.org/arret/SENEGAL-COURDECASSATION-20020220-422002.

Bretagne où l'arbitrage a eu lieu... »[628]. Pour les hauts magistrats sénégalais, « *en se déterminant ainsi, sans rechercher si les parties étaient effectivement liées par une convention [d'arbitrage] (...), le premier juge n'a pas donné de base légale à sa décision* ». Autrement dit, « *il fallait procéder à la recherche de la réalité du consentement et non se satisfaire d'une présomption d'acceptation de la clause compromissoire qui, dans cette espèce, ne figurait pas dans le contrat principal* »[629], mais plutôt dans le contrat type auquel il était renvoyé. Il était donc nécessaire de s'assurer que le stipulant avait accepté la compétence des arbitres grâce à des éléments étayant une telle volonté.

287 En fin de compte, malgré la souplesse tant appréciée du droit OHADA, la position de la CCJA est conforme à une conception de l'arbitrage qui se veut respectueuse du droit commun des contrats. A travers, la double exigence de la connaissance et du consentement, la CCJA affirme son attachement à la cohérence des concepts contractuels, c'est-à-dire que la singularité de la convention d'arbitrage ne justifie pas une entorse à la recherche de l'effectivité du consentement. Ce faisant, les juges supérieurs de l'OHADA ont dégagé une règle opportune pour les parties faibles.

2. *L'opportunité de l'exigence de la preuve du consentement pour la protection du faible*

288 Il est classiquement admis que le droit ne protège pas les imprudents[630], chaque contractant ayant le devoir de veiller à la défense de ses intérêts. En matière de clause compromissoire par référence, cette maxime latine postule qu'aucune partie ne puisse se prévaloir de son ignorance pour décliner la compétence du tribunal arbitral. Lorsque s'ajoute une présomption de consentement à la stipulation arbitrale, cela signifie que tout litigant doit s'assurer qu'il a bien compris la teneur de son engagement. Si cette règle brille par sa pertinence, est-il possible d'en faire une application sans nuance ?

289 En rejetant la présomption de consentement à la clause arbitrale par référence, la CCJA répond par la négative. Aussi longtemps qu'il soit contestable de soumettre l'efficacité de toute convention d'arbitrage à des conditions strictes[631], il n'en demeure pas moins qu'à l'égard des parties

---

[628] Tribunal régional hors classe Dakar, 09 juin 1997, *Droit maritime français* 2004, p. 641, note A. Fall.

[629] A. Ngwanza, « Conditions d'efficacité des conventions d'arbitrage non signées et violation du principe compétence-compétence », *op. cit.*, n° 7.

[630] Le droit ne protège pas les imprudents.

[631] Pour A. Ngwanza (« Conditions d'efficacité des conventions d'arbitrage non signées et violation du principe compétence-compétence », *op. cit.*, n° 9), « *le droit OHADA ayant*

faibles l'arrêt *Atlantique Télécom c/ Planor Afrique* est entièrement justifié. Pour s'en convaincre, il convient de rappeler que la partie faible est en général l'adhérent, soit celle qui connait le moins les conditions générales puisque rédigées ou choisies par son cocontractant. En conséquence, lui demander d'exprimer sa réticence à la stipulation arbitrale par référence, que le renvoi soit général ou spécifique à ladite stipulation contribue à l'affaiblir davantage. De plus, il est important de souligner que « *la présomption tirée du silence est singulière, car celui-ci peut tout aussi bien s'expliquer par l'absence de connaissance de la clause* »[632].

290 Au-delà de la protection de la partie faible, il y a lieu de noter que la présomption de consentement a été la pomme de discorde entre les chambres civile et commerciale de la Cour de cassation française concernant les professionnels. La chambre commerciale est restée longtemps opposée au fait que dans le contentieux maritime, le destinataire des marchandises soit lié par des clauses compromissoires ne figurant que dans la charte-partie à laquelle renvoie le connaissement[633]. Malgré le revirement de la chambre commerciale, la doctrine n'est pas convaincue alors qu'il s'agit uniquement de contrats commerciaux[634]. C'est dire combien le consentement aux clauses compromissoires par référence est un sujet controversé.

291 En fait, la consécration ou le rejet de la présomption de consentement est une question de politique juridique, les juges prenant leur position en fonction de considérations tantôt liées à la promotion de l'arbitrage, tantôt tenant de la sécurité juridique. Ainsi, les solutions dégagées relèvent parfois davantage du pragmatisme que la cohérence juridique[635]. En ramenant l'arrêt *Atlantique Télécom c/ Planor Afrique* dans

---

adopté une conception moniste de l'arbitrage, il est utile de dégager un critère en vertu duquel les conventions d'arbitrage sont admises tantôt avec souplesse tantôt avec rigueur. Dans ce sens, la CCJA aurait dû retenir le critère de la partie faible pour imposer la preuve du consentement à une clause compromissoire par référence. Pour les contrats conclus entre parties d'un niveau économique et/ou intellectuel équivalent, la présomption de consentement devrait être admise ».

632 E. Loquin, « Arbitrage. Compromis et clauses compromissoire », *op. cit.*, n° 25.

633 Cass. com., 29 novembre 1994, *CDF Chimie North America et a. c/ Tolt Nielsen et a.*, *op. cit.* ; Cass. com., 4 juin 1985, *Bull. civ.* IV, n° 180.

634 Ph. Delebecque, « Note sous Cass.com., 21 février 2006, *Navire Pella, Sté Belmaire et a.c / Sté Trident Marine Agency Inc. Et a.* », *Droit maritime français* 2006, p. 383.

635 J.-B. Racine (« Réflexions sur l'autonomie de l'arbitrage commercial international », *op. cit.*, n° 15) fait une bonne analyse de la jurisprudence en ces termes : « *Ne faudrait-il pas plutôt expliquer la jurisprudence par les finalités poursuivies ? On invoquerait ainsi l'autonomie de la clause d'arbitrage lorsque l'efficacité de cette clause le réclamerait et on restaurerait le caractère accessoire de la clause lorsque, là encore, l'efficacité de la clause l'exigerait. Peut-être, dans ces conditions, l'autonomie ne serait-elle qu'une notion instrumentalisée au gré des politiques poursuivies ? C'est très certainement le choix effectué par la jurisprudence au détriment de la cohérence des instruments juridiques. Ce qui compte*

le contexte des contrats asymétriques, la position de la CCJA emporte approbation. Dans un environnement, comme l'espace OHADA, avec des populations en majorité peu alphabétisées, à faible culture juridique par incidence[636], le recours à l'arbitrage ne doit être admis que si la volonté des litigants est certaine. Dans cette optique, il est opportun de faire preuve d'une grande vigilance afin que l'arbitrage ne soit perçu sous le prisme d'une embuscade contractuelle tendue par le stipulant fort pour annihiler les actions du faible impécunieux. Il ne s'agit aucunement de faire l'apologie d'une jurisprudence hostile aux procédures arbitrales, mais de veiller à que ces dernières soient engagées dans des conditions équilibrées. En un mot, il ne faut pas que « *le rayonnement de l'arbitrage (...) se [fasse] au détriment du (...) principe de l'intégrité du consentement. (...), une admission excessive des conventions d'arbitrage serait contre-productive* »[637].

292 De plus, au regard de la conception moniste de l'arbitrage en droit OHADA et de l'inexistence d'une législation spécifiquement consacrée à la défense des intérêts des démunis, il est nécessaire que le droit prétorien tempère les ardeurs libérales des textes. Partant de cette situation, il est pertinent d'envisager que la charge de la preuve du consentement du faible pèse sur le fort.

B. La charge de la preuve du consentement du faible sur les épaules du fort

293 Le principal effet de la présomption de consentement à la clause arbitrale par référence précontractuellement connue réside dans l'inversion de la charge de la preuve. Il s'infère de ce qui précède que le débiteur probatoire est celui qui conteste l'existence de l'accord arbitral. De manière éclatante, la Cour d'appel de Paris a affirmé que « *dès lors qu'une société avait connaissance des règles envisagées et qu'à aucun moment elle n'a protesté pour exprimer son désaccord, il importe peu qu'un écrit n'ait pas été établi, celui-ci n'étant pas nécessaire (...)* »[638]. En dépit du souffle libéral qui fonde cette décision, la jurisprudence française a su rester équilibrée en exigeant que la clause compromissoire entre des non commerçants soit régie par les règles de droit civil[639]. Bien que cette jurisprudence ait été

---

c'est donner à la clause d'arbitrage sa plus grande utilité, autrement dit une efficacité maximale » (nous soulignons).

636 M. Fontaine, « Note explicative à l'avant-projet d'Acte uniforme OHADA sur le droit des contrats », *op. cit.*, p. 568.

637 A. Ngwanza, « Conditions d'efficacité des conventions d'arbitrage non signées et violation du principe compétence-compétence », *op. cit.*, n° 8.

638 CA Paris, 11 septembre 1997, *Rev. arb.* 1998-3, p. 564 et 495, X. Boucobza.

639 Par deux arrêts rendus dans des affaires opposant négociant et agriculteurs, la Cour d'appel de Paris (CA Paris, 4 décembre 2012 - CA Paris, 19 mars 2013, *Rev. arb.* 2013, p. 449, D.

ultérieurement abandonnée[640], elle démontre que l'attachement à la *favor arbitrandum*, les juges prennent en compte le contexte de la conclusion de la convention d'arbitrage. Telle est exactement la perspective du rejet la présomption de consentement par la CCJA quant à la protection du faible. Elle postule aussi bien l'application de la règle *actori incumbit probatio* au détriment du fort (1), que l'interprétation *contra proferentem* des conditions générales contenant la stipulation arbitrale litigieuse (2).

1. L'application de la règle **actori incumbit probatio** *au détriment du fort*

294 Conçue pour répartir les rôles entre les litigants, la règle *actori incumbit probatio* se traduit par la formule selon laquelle « *la preuve incombe au demandeur* »[641]. D'après cette règle, il appartient à celui qui invoque un fait ou un droit d'en étayer l'existence car, *idem est non esse aut non probari*[642]. Reconnu par l'article 1315 alinéa 1 du Code civil de 1804[643], ainsi que par les arbitres[644], la doctrine[645] et le droit comparé[646], la règle *actori incumbit probatio* postule que l'existence d'une convention d'arbitrage soit corroborée par celui qui l'invoque.

295 Toutefois, l'exception confirmant la règle, l'existence d'une présomption, fût-elle simple, permet d'inverser l'ordre des choses en matière probatoire. Elle entraine « *un renversement de la charge de la preuve* »[647] dont l'effet est notable s'agissant des clauses compromissoires par référence.

Vidal) a décidé que par respect de l'article 1341 du Code civil, « *qu'il ne peut être suppléé à la carence d'écrit par l'allégation des usages de la profession ou l'existence d'un flux d'affaires entre les parties non plus que par l'invocation des conditions générales du contrat, soumis aux règles RUFRA qui, faute pour la convention de s'être légalement formée, ne sont pas opposables à l'agriculteur les stipulations arbitrales* ».

640 Cass. civ. 1ère, 14 mai 2014, *Rev. arb.* 2014-4, p. 938, note D. Bureau.

641 H. Roland, *Lexique juridique. Expressions latines*, Litec, 4ème édition, 2006, p. 9.

642 Il revient au même qu'une chose n'existe pas ou qu'elle ne soit pas prouvée.

643 La règle *actori incumbit probatio* est également consacrée par de nombreux textes en matière de procédure civile. L'article 43 du Code de procédure civile togolais dispose dans ce sens : « *Il incombe à chaque partie de prouver conformément à la loi les faits nécessaires au soutien de sa prétention* ». Pour mémoire, v. aussi l'article 25 du Code de procédure civile burkinabé, l'article 16. Code de procédure civile gabonais.

644 Sentence CCI 3344/1981, *JDI* 1982-4, p. 978 obs. Y. Derains ; Sentence C.C.I. 1434/1975, *JDI* 1976-4, p. 978, obs. Y. Derains.

645 J. Paulson (« La *lex mercatoria* dans l'arbitrage CCI », *Rev. arb.* 1990-1, p. 55, sp. p. 91) soutient que dans l'arbitrage CCI la règle *actori incumbit probatio* fait partie des normes de la *lex mercatoria*. Pour position nuancée, v. P. Lalive, « Ordre public transnational (ou réellement international) et arbitrage international, *Rev. arb.*1986-3, p. 329, sp. n° 50-51.

646 Y. Derains, « La pratique de l'administration de la preuve dans la pratique de l'arbitrage commercial international », *Rev. arb.* 2004-4, p. 781, sp. n° 17 ; C. Dieryck, « Procédure et moyens de preuve dans l'arbitrage international », *Rev. arb.* 1988-2, p. 267, sp. p. 275.

647 D. Mainguy, *Introduction au droit*, Litec, 4ème édition, 2005, n° 268.

En considérant que cette dernière est présumée acceptée du seul fait de sa connaissance, la jurisprudence française fait peser sur celui qui la conteste l'obligation de prouver le vice qui l'entache. Dans ce sens, les juridictions françaises ne se placent pas sur le terrain de la protection des intérêts de la partie faible[648], mais sur celui d'« *une jurisprudence aveuglément favorable à la convention d'arbitrage* »[649]. Or, l'arbitrage n'éprouve pas sa nécessité en lui-même, il répond à un besoin et doit être mis en adéquation avec tous les enjeux que son développement soulève.

296 En évinçant la présomption de consentement à la clause compromissoire par référence, à l'égard des faibles, la religion de la CCJA brille par un certain équilibre. La convention d'arbitrage n'étant source d'abus pour le faible que si elle est invoquée insidieusement par le fort, il est normal que ce dernier ait le devoir de corroborer son existence. Le poids de toutes les difficultés pratiques liées à la démonstration du consentement pèse sur les épaules de celui qui se prévaut de la stipulation arbitrale[650]. Au regard de la pratique des clauses compromissoires par référence, la question n'est pas simple car il existe rarement un *instrumentum* constatant un accord spécial des parties. Si en présence d'un renvoi spécial à la stipulation litigieuse, il est moins compliqué d'établir l'intention compromissoire[651], il en va autrement en cas de renvoi général aux conditions générales[652].

297 A partir du moment où l'inefficacité du silence est la règle[653], alors le fort, dont l'ingénierie contractuelle est souvent avérée, prendra un maximum de précautions pour s'assurer que son cocontractant faible a bien

---

648 C. Seraglini, « Les parties faibles dans l'arbitrage international », *op. cit.*,n° 11.

649 Th. Clay, « L'efficacité de l'arbitrage », *PA* 2003, n° 197, p. 4, sp. n° 22.

650 E. Loquin, « Arbitrage. Compromis et clauses compromissoire », *op. cit.*, n° 33.

651 J.-F. Poudret et S. Besson (*Droit comparé de l'arbitrage international, op .cit.*, n° 375) soutiennent qu'« *en pareil cas, le contrat manifeste explicitement la volonté de se soumettre à l'arbitrage et le fait que les modalités de celui-ci figurent dans un document séparé importe peu* ».

652 O. Diallo (*Le consentement des parties à l'arbitrage international, op. cit.*, p. 104) note à bon escient que « *lorsque l'existence de la clause compromissoire est passée sous silence dans le contrat, (...) d'épineux problèmes risquent alors de se poser quant à l'incorporation de la clause par des parties qui peuvent ignorer son existence* ».

653 En droit français, par dérogation à l'inefficacité du silence, les juges supérieurs (Cass. civ. 1ère, 3 juin 1997, *Prodexport*, *Rev. arb.* 1998-3, p. 537) a décidé qu' « *en matière d'arbitrage international, la clause compromissoire par référence écrite à un document qui la contient, par exemple des conditions générales ou un contrat-type, est valable, à défaut de mention dans la convention principale, lorsque la partie à laquelle la clause est opposée a eu connaissance de la teneur de ce document au moment de la conclusion du contrat, et qu'elle a, fût-ce par son silence, accepté l'incorporation du document au contrat* ». Cette position divise la doctrine, à l'opposé de Monsieur E. Loquin (*L'arbitrage du commerce international*, Joly, 2015, n° 143, p. 146) qui la partage, Monsieur X. Boucobza (« La clause compromissoire par référence en matière d'arbitrage commercial international », *op. cit.*, n° 23-24) exprime quelues réserves.

accepté la compétence des arbitres. Faute de l'avoir fait, il assumera le contrecoup de son manque de prévenance. Bien que des plumes expertes considèrent que le formalisme est souvent source de contentieux[654], il présente néanmoins des avantages dans le contentieux impliquant les parties faibles. Pour ces dernières, les exigences formalistes permettent de mieux encadrer leur consentement, tandis que pour le fort c'est la garantie de conserver une trace de l'accord arbitral. Quoi qu'il en soit, sauf à retenir une conception de l'arbitrage reposant sur sa promotion sans limite, il est évident que la preuve de la compétence des arbitres à l'endroit des démunis doit être envisagée de manière équilibrée. A ce propos, le droit commun des contrats offre des pistes intéressantes à l'instar de l'interprétation *contra proferentem*.

2. *L'interprétation* contra proferentem *des clauses compromissoires insérées dans les contrats d'adhésion*

298 Encore énoncée par la maxime *in dubio contra stipulatorem*, l'interprétation *contra proferentem* postule que dans l'imprécision, le contrat s'interprète contre celui qui l'a rédigé. Cette règle abondamment usitée en arbitrage sportif[655], est également consacrée par l'article 1162 du Code civil de 1804[656] qui dispose : « *Dans le doute, la convention s'interprète contre celui qui a stipulé, et en faveur de celui qui a contracté l'obligation* ». Il ressort de cette disposition que dans les contrats rédigés par une seule partie, qui plus est en position de force, la ou les clauses équivoques sont réputées allées dans le sens de la partie faible. Dans cette lancée, il a été décidé que « *les clauses des contrats [d'assurance] (...) proposés par les professionnels aux consommateurs ou aux non-professionnels s'interprètent, en cas de doute, dans le sens le plus favorable au consommateur ou au non-professionnel* »[657].

299 En matière d'accord arbitral, l'interprétation *contra proferentem* est d'une grande utilité pour l'analyse des clauses pathologiques. Elle permet

---

[654] J. Lew, L. Mistelis, S. Kroll (*Comparative International Commercial Arbitration, op. cit.*, n° 7-9, p. 132) pensent que « *form requirements do not necessarily promote legal certainty ; they are often the source of additional disputes* ».

[655] L. Levy et F.-R. Tissot, « L'interprétation arbitrale », *Rev. arb.* 2013-4, p. 861, sp. n° 173 ; TAS, 2013/A/3274, 31 January 2014, *Mads Glaesner v. Fédération internationale de natation amateur (FINA)*, *Rev. arb.* 2014-3, p. 688, note F. Latty ; TAS, 02 octobre 2008, *Rev. arb.* 2009-3, p. 632, note M. Peltier.

[656] Depuis la réforme du droit des contrats français par l'Ordonnance du 10 février 2016, l'article 1162 a changé de numérotation et de redaction. Il est devenu l'article 1190 du Code civil français qui dispose : « *Dans le doute, le contrat de gré à gré s'interprète contre le créancier et en faveur du débiteur, et le contrat d'adhésion contre celui qui l'a proposé* ».

[657] Cass. civ. 2ème, 1er juin 2011, *Revue Lamy droit civil* septembre 2011, n° 85, p. 14, note A. Paulin.

d'indiquer comment la stipulation d'arbitrage devrait être comprise. Ainsi, pour établir la compétence de la CCI au détriment du CMAP, un arbitre unique a opposé à la défenderesse la validité du choix de son contradicteur parce qu'elle était le rédacteur de la clause compromissoire prévoyant que les litiges devaient être portés devant la « *Chambre de commerce de Paris* »[658]. En appliquant ce raisonnement dans un arbitrage entre un professionnel et un consommateur, c'est le choix de ce dernier qui devrait l'emporter. Dans l'espace OHADA, comme le redoute un auteur[659], un problème similaire peut se poser avec une clause compromissoire renvoyant à la « *Cour d'arbitrage d'Abidjan* », la Cour d'arbitrage de Côte d'Ivoire (CACI) et la CCJA étant domiciliées dans la capitale ivoirienne[660]. Dans un tel cas, l'arbitre devrait considérer que c'est l'institution choisie par le faible qui est compétente, dès lors qu'il s'agit d'un contrat d'adhésion. Cette question n'est pas dénuée d'intérêt, les frais d'arbitrage de la CACI étant substantiellement inférieurs à ceux de la CCJA.

300 Au-delà de l'hypothèse d'incertitude sur l'institution habilitée à administrer le différend, l'interprétation *contra proferentem* joue un rôle majeur quand la pathologie de la clause litigieuse porte sur la volonté de compromettre. Le problème se pose notamment lorsque la lettre de la stipulation querellée n'est pas ferme et utilise des formules qui donnent l'impression que le recours aux arbitres est optionnel. Tel était le problème posé dans la sentence CCI 2006/13921[661], les arbitres ayant conclu à leur incompétence au terme d'une herméneutique pointue de la clause querellée. Au surplus, ils ont pris le soin d'indiquer que si « *le doute subsistait, la clause devrait être interprétée contre la partie stipulante, à savoir la demanderesse* ». Cette décision rendue entre des commerçants devrait pouvoir être étendue sans difficulté aux conflits nés des contrats mixtes asymétriques. En arbitrage sportif par exemple, la règle *contra proferentem* aboutit à une « interprétation *en défaveur de la partie qui a proposé ou rédigé la clause litigieuse, ce qui est le plus souvent le cas pour les clauses*

---

[658] Sentence partielle CCI 2000/10709, *Cah. arb.* 2010-1, p. 81, note E. Jolivet et L. Marquis.
[659] N. Aka, « La pratique arbitrale et les institutions d'"arbitrage en Afrique : le cas de la Côte d'"Ivoire », *in* Ph. Fouchard (dir), *L'OHADA et les perspectives de l'"arbitrage en Afrique*, Bruylant, 2000, p. 155, sp. p. 161.
[660] Un problème similaire peut se poser en RDC si la stipulation arbitrale parle simplement du « *Centre d'arbitrage de Kinshasa* », le Centre d'arbitrage du Congo et le Centre National d'Arbitrage, de Conciliation et de Médiation étant tous les deux domiciliés dans la capitale congolaise.
[661] *Cah. arb.* 2010-1, p. 81, note E. Jolivet et L. Marquis.

types, est particulièrement adaptée à la [protection de] (...) l'athlète [qui] n'a d'autre choix que d'accepter s'il veut participer à la compétition »[662].

301 Dans le souci de préserver le justiciable impécunieux, l'on devrait renoncer à la *favor arbitri* si l'intention compromissoire est difficile à établir. Telle est la situation lorsque la convention d'arbitrage stipule qu'« *en cas de litige, les parties se rencontreront afin d'aboutir à une solution amiable. Dans le cas contraire, elles soumettront leur différend aux tribunaux nationaux ou, en dernière instance, la question sera résolue conformément à la procédure d'arbitrage de la Chambre de commerce international* ». Si l'on peut comprendre que dans un litige lié à un contrat d'Etat cette clause ait fondé la compétence des arbitres[663], c'est tout le contraire dans un contrat mixte de droit privé. Il en est ainsi parce que la singularité de la partie faible postule d'intégrer que le fait que le rapport de forces amoindrit son influence sur la rédaction du contrat. Pour cette raison, la consécration de règles formalistes contribuera sans doute à améliorer la protection du justiciable en position d'infériorité.

§ 2 L'utilité d'un certain formalisme protecteur de la partie faible

302 Afin de s'assurer qu'il y a eu une acceptation réelle de la stipulation arbitrale par référence, il ne suffit pas de traiter le problème en aval en rejetant la présomption de consentement du faible informé et en imposant la charge de la preuve au fort. Il est plus efficace de prévoir en amont des règles formalistes[664] quant à l'expression d'un consentement spécial (A), ainsi qu'à la typographie des conditions générales contenant la clause (B).

A. Quant à l'expression d'un consentement spécial

303 En dépit du silence majoritaire du droit positif sur les conditions d'efficacité des clauses compromissoires insérées dans les contrats

---

[662] D. Hascher et E. Loquin, « Note sous TAS, 6 juillet 2004, affaire n° 2002/A/593, *Football Association of Wales (FAW) c/ Union des Associations Européennes de Football (UEFA)* », *JDI* 2005-4, p. 1301.

[663] CA Paris, 07 avril 2011, *Rev. arb.* 2011-3, p. 752, note S. Bollée et B. Haftel.

[664] Au-delà de la justice arbitrale, le formalisme est reconnu comme un moyen efficace pour préserver les faibles des abus des forts. V. dans ce sens, J. Ghestin et M. Fontaine (sous la dir. de), *La protection de la partie faible dans les rapports contractuels.* Comparaisons franco-belges, Paris, L.G.D.J., 1996 ; *La protection des consommateurs (Journées canadiennes)*, Travaux de l'Association Henri Capitant, t. XXIV (1973), Paris, Dalloz, 1975 ; J.-L. Aubert, « Le formalisme (rapport de synthèse) », *Defrénois*, 2000, p. 934.

d'adhésion[665], la loi brésilienne du 23 septembre 1996, pourtant réputée favorable à l'arbitrage[666], s'y attèle expressément. L'article 4 § 2 de ce texte dispose : « *Dans les contrats d'adhésion, la clause compromissoire n'est efficace que si l'adhérent prend l'initiative d'instaurer l'arbitrage ou qu'il donne expressément son accord pour sa constitution, à condition que son consentement soit inscrit dans un document en annexe, ou présenté en gras, signé ou qu'une autorisation spéciale pour cette clause y soit donnée* ». Au regard de la quasi inexistence du droit de la consommation dans l'espace OHADA, le droit africain uniforme pourrait s'inspirer fort utilement de cette disposition[667]. A cet effet, l'exégèse de l'article 4 § 2 précité révèle une règle qui brille par son équilibre, le consentement du faible étant au cœur de l'exercice d'une action arbitrale. Il en résulte que l'efficacité d'une stipulation d'arbitrage figurant dans un contrat d'adhésion est subordonnée soit au déclenchement de la procédure par l'adhérent (1), soit à un consentement spécial de ce dernier (2).

1. L'initiative de la procédure arbitrale par l'adhérent

304 Contrairement au principe cardinal de la force obligatoire des contrats, la législation brésilienne subordonne la mise en œuvre d'une procédure d'arbitrage découlant d'une clause d'un contrat d'adhésion à l'initiative discrétionnaire de l'adhérent ou son accord explicite. La clause compromissoire n'est donc plus sous la seule emprise du stipulant, il rédige et son cocontractant entame la procédure ou donne son accord pour le lancement de celle-ci. Cette règle n'est pas sans rappeler ces législations qui, bien que reconnaissant la clause compromissoire, prévoyaient la nullité de la sentence si elle était rendue sans compromis[668]. Elle s'en différencie

---

665 Ph. Fouchard (« La levée par la France de sa réserve de commercialité pour l'application de la Convention de New York », *op. cit.*, p. 582) justifie le mutismedu législateur sur laprotection de la partie faible en arbitrage par le fait que cette mission est confiée au droit de la consommation.

666 Cl. Debourg, J. B. Lee et G. Scheffer Sa Silveira, « Chronique de jurisprudence étrangère – Brésil », *Rev. arb.* 2014-3, p. 723 ; H. M. Huck, « La nouvelle loi de l'arbitrage au Brésil », *Bull. ASA*. 1997-4, p. 570.

667 Bien qu'une clause arbitrale puisse apparaitre dans un contrat d'adhésion sans renvoi à un autre document, la loi brésilienne sera abordée ici comme centrée sur les stipulations compromissoires par référence.

668 Avant l'adhésion de la RDC à l'OHADA, en dépit de la consécration de la clause compromissoire par les 161 à 163 du Code de procédure civil congolais, l'article 190 4° disposait que la sentence était frappée de nullité « si elle est rendue sans compromis ou hors du compromis ». La Cour d'appel de Kinshasa (13 août 2010, *Société Global Outdoor System RDC c/ Sieur Emile Kabaya Tshintu*, inédit) en a déduit que les parties devraient réitérer leur accord arbitral par compromis à la naissance du litige.

néanmoins par le fait que la mise en œuvre de l'accord arbitral est subordonnée à la volonté d'une seule partie. Ainsi, l'éventuelle instrumentalisation du rapport de forces lors de la rédaction du contrat, est corrigée par la faculté unilatérale du contractant en position de faiblesse de mettre en échec la convention d'arbitrage. Le faible n'a donc pas à craindre l'insertion d'une clause compromissoire dans des conditions générales, dans tous les cas de figure, c'est lui qui a le dernier mot quant à son exécution.

305 Par ailleurs, le législateur brésilien fait preuve d'une grande hostilité envers les stipulations arbitrales figurant dans les contrats d'adhésion puisque la nature des contractants est sans effets sur le champ d'application de l'article 4 § 2 de la loi brésilienne citée ci-dessus. La jurisprudence a abondé dans ce sens en invalidant une clause compromissoire insérée dans un contrat d'assurance lié à des travaux de construction entre professionnels[669]. Cette décision démontre à suffisance qu'au-delà de la protection du faible, c'est purement et simplement le contrat d'adhésion qui n'a pas bonne presse en matière arbitrale au Brésil.

306 A bien analyser le texte brésilien, il offre tacitement à l'adhérent une faculté de choix de for semblable à celui accordé au travailleur par la jurisprudence française[670] et le Code du travail togolais[671]. Si l'adhérent ne donne pas son accord ou ne saisit pas les arbitres, il a la latitude d'engager une action judiciaire. En conséquence, le faible ne peut se voir imposer un arbitrage qu'il ne souhaitait pas. Dans la perspective de parfaire la participation du consommateur à l'arbitrage en droit français, un mécanisme semblable est envisageable. Suite aux controverses soulevées par les arrêts *Rado*[672]et *Jaguar*[673] ayant admis la validité des stipulations arbitrales figurant dans des conditions générales de contrats internationaux de consommation, il n'est pas inopportun de subordonner l'ouverture de la procédure arbitrale au consentement du consommateur.

---

669 Tribunal de Justiça de São Paulo, 19 avril 2012, Agravo de Instrumento n° 0304979-49.2011.8.26.0000.2012, *Enesa Engenharia e outra v. Sulamérica Cia Nacional de Seguros e outra* ; Superieur Tribunal de Justiça, Agravo Regimental na Reclamação n° 9/030 — SP (2012/0116373-4), 20 March 2013, *Sul América Companhia Nacional de Seguros e outra v. Energia Sustentável do Brésil S/A e outra*, *Rev. arb.* 2014-3, p. 759.

670 Cass. soc., 9 octobre 2001, *op. cit.*

671 L'article 5 du Code du travail togolais n'offre pas seulement un privilège de juridiction au salarié, mais un privilège général énoncé comme suit : « *Les dispositions du présent Code priment sur les clauses des contrats et conventions, sauf si celles-ci sont plus favorables au travailleur* ». Sur la base de ce texte, les magistrats togolais (Tribunal de première instance de Lomé, 03 février 2015, *Sieur Thierry Tanoh c/ Ecobank Transnational Incorporation (ETI)*, *Cah. arb.* 2015-3, p. 1139, note A. Ngwanza) ont jugé recevable la demande d'un salarié auquel une clause compromissoire était opposée.

672 Cass. civ. 1ère, 30 mars 2004, *op. cit.*

673 Cass. civ. 1ère, 21 mai 1997, *Jaguar*, *op. cit.*

307 A n'en point en douter, la loi brésilienne ouvre d'intéressantes perspectives pour le droit OHADA dans la mesure où elle permet de combler les lacunes causées par l'inexistence d'une législation consumériste uniforme. De plus, l'article 4 § 2 précité brille par son pragmatisme dans la mesure où il offre au stipulant la possibilité de solliciter l'accord spécial de son contradicteur quand il veut engager un arbitrage.

2. Le consentement spécial du faible pour les actions engagées par le fort

308 La loi brésilienne fait preuve d'un grand réalisme en prévoyant l'hypothèse d'un arbitrage initié par le stipulant, l'adhérent étant rarement porté à saisir des arbitres. Fort de son souci constant de protéger l'adhérent, l'article 4 § 2 précité exige qu'il donne expressément son accord pour la procédure arbitrale, « *à condition que son consentement soit inscrit dans un document en annexe, ou présenté en gras, signé ou qu'une autorisation spéciale pour cette clause y soit donnée* ». De manière claire, cette disposition prend le parti du formalisme en indiquant les modalités précises de l'approbation du cocontractant du stipulant. Les formules employées à cet effet ne laissent pas le moindre doute sur le caractère impératif des formes de l'acceptation de l'adhérent.

309 Chacun des mécanismes instaurés pour le consentement du cocontractant du stipulant traduit une volonté de s'assurer que le faible a été en mesure de cerner la portée de son engagement. A priori, l'on pourrait trouver excessif d'exiger que l'accord de l'adhérent figure dans un document annexe. En pratique, il n'en est rien car la signature dudit document peut se faire au même moment que celle du contrat principal renvoyant aux conditions générales. Etant donné qu'il s'agit simplement de consentir à l'efficacité de la stipulation arbitrale, la lecture du document annexe ne devrait pas être longue. Il en va de même pour l'accord à la clause présenté en gras et signé ou l'autorisation spéciale. Le problème vient plutôt du fait qu'habituellement, malgré l'autonomie de la convention d'arbitrage, il est admis que le consentement donné pour le contrat principal vaut pour l'ensemble de ses clauses[674].

310 Au-delà du fait que les formes requises en droit brésilien quant à l'approbation de la partie faible ne présentent aucune difficulté pratique majeure, il y a lieu de souligner leur cohérence avec l'indépendance de la clause compromissoire. En effet, le sort de la convention d'arbitrage n'étant pas lié à celui du contrat principal, rien ne justifie de fondre le consentement du second avec celui de la première, tout au moins, à l'égard d'un

[674] Ph. Fouchard, E. Gaillard et B. Goldman, *Traité de l'arbitrage commercial international*, *op. cit.*, n° 712.

contractant en position d'infériorité. Toutefois, les tenants de la *favor arbitri* voient les choses autrement, il est même soutenu que « *l'autonomie de la clause compromissoire qui jusqu'à présent servait le recours à l'arbitrage en étant une garantie de sa validité, serait ici poussée à l'extrême et irait jusqu'à desservir la clause d'arbitrage. Le consentement au contrat vaut en effet normalement pour tout le contrat, sans exception* »[675]. A suivre la citation qui précède, l'article 4 § 2 de Loi brésilienne est dénué de tout intérêt car il vient introduire une exigence surabondante de consentement.

311 Pour compréhensible que soit la position contestant l'utilité d'un consentement spécial exprimé par le faible, dans l'espace OHADA, plusieurs arguments justifient d'abonder en sens contraire. Le monisme de l'arbitrage en droit OHADA et la généralisation de la capacité compromissoire postulent que l'efficacité de la convention d'arbitrage soit abordée avec une particulière vigilance quant aux faibles. En effet, le droit uniforme africain étant fortement imprégné de libéralisme, en présence d'un démuni, l'on ne saurait admettre l'intention compromissoire sans avoir posé des règles protectrices. Il ne s'agit nullement de vouloir pondérer de manière systématique l'inclination libérale du droit OHADA, l'objectif est simplement de trouver un point d'équilibre qui concilie la promotion de l'arbitrage et la vulnérabilité du faible. A cet effet, la consécration d'exigences particulières relatives à la typographie des clauses compromissoires figurant dans les conditions générales s'avère opportune.

B. Quant à la typographie

312 D'entrée de jeu, il importe de relever que l'une des difficultés majeures des clauses figurant dans les conditions générales concerne leur présentation physique[676]. En effet, la morphologie typographique d'une clause compromissoire peut la rendre illisible. Pour cette raison, la jurisprudence sanctionne de nullité les stipulations noyées dans une fourmilière de mentions difficiles à comprendre[677]. Afin de prémunir le faible contre l'acceptation d'une clause dont la présentation la rend peu lisible, il apparait nécessaire d'imposer au stipulant de faire une claire indication de la convention d'arbitrage (1). Alternativement, l'on devrait

---

[675] X. Boucobza, « La clause compromissoire par référence en matière d'arbitrage commercial international », n° 23.

[676] En droit français, l'article 48 du Code de procédure civile subordonne la validité d'une clause attributive de compétence territoriale au fait qu'elle soit indiquée de manière très apparente. Dans le même sens, v. article L 112-4 du Code des assurances.

[677] Cass. civ. 2ème, 20 février 1980, *Bull. civ.* II, n° 27 ; Cass. com., 29 mars 1989, *Revue des huissiers* 1989, p. 1220, note J.-J. Daigre.

admettre que l'auteur du contrat s'est acquitté de son obligation d'information lorsqu'il est prouvé qu'il a explicitement mentionné la présence d'un accord arbitral dans les conditions générales par un quelconque moyen (2).

1. Une présentation claire de la stipulation arbitrale

313 Il n'existe pas une forme unique permettant de rédiger avec clarté une clause compromissoire figurant dans les formulaires commerciaux. Le plus important est que la typographie des conditions générales ne rende pas opaque l'identification de la convention d'arbitrage. Au regard de l'enjeu de celle-ci, il est primordial qu'une forme typographique particulière lui soit consacrée afin d'attirer l'attention de l'adhérent. Pour une partie faible, c'est le meilleur moyen de prendre la mesure des obligations souscrites pour le règlement des différends avec son cocontractant.

314 Ce raisonnement d'apparence consumériste a été partagé par la jurisprudence américaine dans une affaire récente[678]. En l'espèce, le litige est né entre la société *UBER* et deux de ses chauffeurs, ces derniers souhaitant que les frais d'essence et d'entretien des véhicules leur soient remboursés. Se prévalant de la clause compromissoire inscrite dans son contrat avec ses chauffeurs, la société *UBER* a contesté la compétence de la *District court* de Californie. Pour rejeter l'argumentation de la défenderesse, les juges américains ont commencé par souligner que la convention litigieuse était un contrat d'adhésion. Puis, ils ont relevé que la clause permettant aux chauffeurs de renoncer à la stipulation arbitrale imposait aux chauffeurs de se rendre au siège *d'UBER* ou de recourir à un service de livraison rapide pour déposer leurs formulaires de renonciation. Puis, la *District court* de Californie a ajouté que la clause de renonciation à l'arbitrage était noyée dans le contrat car elle n'était mentionnée qu'à la page 11 de cet acte. En conséquence, elle en a conclu que « *la clause d'opt-out contenue dans la version 2013 du Contrat était illusoire car elle était peu visible et excessivement onéreuse à appliquer* ». La clause d'arbitrage a donc été jugée inapplicable et déraisonnable parce qu'elle était déséquilibrée en faveur de la partie forte.

315 En s'appuyant simultanément sur l'onérosité de la mise en œuvre de la clause de renonciation et le manque de visibilité de la clause compromissoire dans la décision citée ci-dessus, les juges américains

---

[678] District court de Californie, 09 juin 2015, HTTPS://ACTUARBITRAGEALTANA.WORDPRESS.COM/2015/09/11/USA-LES-CLAUSES-DARBITRAGE-CONTENUES-DANS-LES-CONTRATS-CONCLUS-ENTRE-UBER-ET-SES-CHAUFFEURS-JUGEES-DERAISONNABLES-ET-INAPPLICABLES/

confirment que la protection de la partie faible est le pivot du raisonnement. Il convient de rappeler que précédemment, la *District court* de Californie avait considéré que la clause de renonciation à l'arbitrage de la version 2014 du Contrat proposé par *UBER* était « *hautement visible et non illusoire permettant aux chauffeurs d'éviter l'arbitrage* »[679]. Il est donc établi que les juges n'adoptent pas une approche dogmatique, ils procèdent à un examen casuistique de la présentation physique de la clause compromissoire.

316 Le droit américain étant de forte essence libérale, il sera aisé au législateur OHADA d'importer la démarche adoptée par la *District court* de Californie sans craindre un procès en hostilité à l'arbitrage. La règle pourrait être doublée d'une couche supplémentaire de rigueur à l'égard des analphabètes : l'absence de témoins certificateurs, exigés en matière de cautionnement[680], rendant nulle la convention d'arbitrage, voire l'intégralité du contrat. Il n'y a rien d'excessif à considérer que celui qui rédige un contrat d'adhésion ait l'obligation de faire apparaitre de manière visible la stipulation arbitrale. Toutefois, par souci d'équilibre, l'on devrait permettre au stipulant d'invoquer la clause compromissoire s'il est établi qu'il a pris le soin d'informer son cocontractant par un autre moyen.

2. Une alternative : l'information explicite par le stipulant

317 La protection du faible n'étant pas une prime à la mauvaise foi, il est primordial que le raisonnement soit équilibré de sorte que les efforts du vain soient appréciés à leur juste mesure. Ainsi, lorsqu'une partie forte prend la peine de préciser à son cocontractant faible qu'une clause compromissoire se trouve dans les conditions générales, cette démarche devrait empêcher de lui opposer l'opacité de celles-ci. Il peut par exemple dans une stipulation du contrat principal indiquer que les différends seront d'après la clause arbitrale figurant dans le contrat. Dans ce cas de figure, dès lors qu'il est établi que les conditions générales ont été transmises précontractuellement, il y a lieu de considérer que le fort a accompli son devoir d'information vis-à-vis du faible.

---

679 *O'Connor v. Uber Techs., Inc*, 2013 WL 6407583, cité par HTTPS://ACTUARBITRAGEALTANA.WORDPRESS.COM/2015/09/11/USA-LES-CLAUSES-DARBITRAGE-CONTENUES-DANS-LES-CONTRATS-CONCLUS-ENTRE-UBER-ET-SES-CHAUFFEURS-JUGEES-DERAISONNABLES-ET-INAPPLICABLES/

680 L'article 14 alinéa 2 de l'Acte uniforme sur les sûretés dispose : « *La caution qui ne sait ou ne peut écrire doit se faire assister de deux témoins qui certifient, dans l'acte de cautionnement son identité et sa présence et attestent, en outre, que la nature et les effets de l'acte lui ont été précisés. La présence des témoins certificateurs dispense la caution de l'accomplissement des formalités prévues par l'alinéa précédent* ».

318 Dès lors qu'un contractant en position d'infériorité a été informé clairement qu'une clause compromissoire figure dans les conditions générales, il lui appartient d'interroger son cocontractant sur la portée de ladite clause. Son silence devrait valoir acceptation car dans de telles circonstances il lui appartient de manifester son désaccord. A partir du moment où le contrat principal renvoie à la stipulation arbitrale, qui plus est en donnant notamment sa référence dans les conditions générales transmises avant la conclusion de l'accord, le faible devrait prendre la peine de lire et le cas échéant de s'opposer au recours à l'arbitrage.

319 Au-delà de l'existence de la clause compromissoire des conditions générales, s'il apparait que le stipulant a lors des échanges précontractuels indiqué à l'adhérent que les litiges seront réglés par voie d'arbitrage, le silence de la partie faible doit la lier. Pour autant, il n'est pas question d'admettre qu'une indication sibylline de la présence d'une convention d'arbitrage engage l'adhérent.

320 Au contraire, outre la clarté de l'information, la charge de la preuve de celle-ci doit peser sur le stipulant. Il lui appartient de prouver que son cocontractant a été mis en mesure de s'opposer à la convention d'arbitrage mais il s'est abstenu de le faire. Toutefois, la règle ne devrait pas jouer lorsque le stipulant opère en position de monopole, l'adhérent dans ce cas n'ayant pas d'autre choix que de conclure le contrat proposé.

CONCLUSION

321 La forte poussée de l'unilatéralisme dans l'univers contractuel constitue un enjeu particulier pour le développement de l'arbitrage, notamment pour l'équilibre des rapports entre les litigants. En sus de l'insertion des clauses compromissoires dans les contrats d'adhésion, la pratique des clauses optionnelles hybrides de règlement des litiges constitue une sérieuse préoccupation pour la partie faible. Outre le fait qu'elle a peu d'influence sur la rédaction de l'arbitral, elle se retrouve dans une position asymétrique quant au déclenchement de la procédure arbitrale. Malheureusement, comme la majorité de ses homologues, le législateur OHADA est resté silencieux sur ces épineuses questions. Bien que l'on puisse louer la rigueur prétorienne de la CCJA en matière d'efficacité de clauses compromissoires par référence, il y a lieu de déplorer l'inexistence d'un régime global de protection du faible contre les clauses compromissoires unilatérales. Afin de s'assurer que l'essor de l'arbitrage dans l'espace OHADA est conforme à une conception pragmatique des rapports de force entre contractant, la révision de l'AUA et du RA devrait encadrer clairement l'efficacité des conventions d'arbitrage unilatérales.

CHAPITRE II. LA PROTECTION DE LA PARTIE FAIBLE CONTRE LES CONVENTIONS D'ARBITRAGE NON CONSENTIES

322 A priori, il peut paraitre insensé de parler de conventions d'arbitrage non consenties, la notion de convention étant consubstantielle à celle d'accord de volontés[681]. Toutefois, l'essor contemporain de l'arbitrage a abouti à une singularisation de l'accord arbitral. Dorénavant, le principe de l'effet relatif des contrats est considérablement atténué[682], ce au prix de nombreuses acrobaties intellectuelles dont la cohérence est fortement discutée[683]. Pour toutes ces situations où des parties non contractantes doivent ester devant des arbitres, on parle de circulation de la convention d'arbitrage. Concrètement, le phénomène vise aussi bien la transmission de cette dernière à des non signataires, que son extension à des contrats qui ne la contiennent pas. Ainsi, qu'il s'agisse de cession de contrat[684] ou de créance[685], d'une chaine de contrats[686], de connexité entre les actes juridiques

[681] Pour la Cour d'appel de Paris (1[er]juin 1999, *JDI* 2000-2, p. 370, note E. Loquin), « *l'arbitrage international, (...) a un fondement conventionnel et relève à ce titre exclusivement de la volonté commune des parties laquelle est seule à pouvoir habiliter l'arbitre en lui conférant son pouvoir juridictionnel* ».

[682] J.-L. Goutal, « L'arbitrage et les tiers : le droit des contrats », *op. cit.* p. 449 et s. ; C. Seraglini et J. Ortscheidt, *Droit de l'arbitrage interne et international, op. cit*, n° 711, p. 637.

[683] P. Mayer, « La circulation de la convention d'arbitrage », *JDI* 2005-2, p. 251, sp. n° 17 ; J.-B. Racine, « Réflexions sur l'autonomie de l'arbitrage commercial international », *op. cit.*, n° 15 ; S. Bollée, « La clause compromissoire et le droit commun des conventions », *op. cit.*, n° 19, p. 929.

[684] TGI Ouagadougou, 13 juin 2001, *Sociétés des Ciments d'Abidjan (SCA) c/ Burkinabé des Ciments et Matériaux*, *Revue burkinabé de droit* n° 41, note P. Meyer, www.ohada.com, Ohadata J-03-83.

[685] Cass. civ. 2ème, 20 décembre 2001, *Bull. civ.* II, n° 198 ; *D.* 2002, IR p. 251 ; *RTD com.* 2002, p. 279, obs. E. Loquin ; *Rev. arb.* 2002, p. 379, note C. Legros ; X. Pradel, « Cession de créance et transfert de la clause compromissoire ». *D.* 2002, Chron. p. 569.

d'un groupe de contrats[687], la circulation de la clause compromissoire[688] est majoritairement consacrée en droit comparé[689]. Il n'est donc pas excessif de parler d'un développement de l'arbitrage en l'absence de l'acceptation de toutes les parties[690].

323 En pratique, un ou plusieurs litigants liés par l'accord arbitral n'ont pas exprimé leur consentement à celui-ci, faute d'avoir participé à sa formation. Généralement, le tiers auquel la clause compromissoire est opposée en a pris connaissance après la conclusion de celle-ci[691]. Pour autant, il ne s'agit pas de situation homogène car il faut distinguer le cas où le tiers prend connaissance de la convention d'arbitrage, tout au moins du contrat la contenant, sans avoir la possibilité de la contester, de celui où il peut le faire. En matière de cession de contrat ou de créance, le cessionnaire a souvent la possibilité de se renseigner sur toutes les caractéristiques de l'objet de la cession. Sa diligence pourrait lui permettre de savoir que le contrat, la créance ou le droit à acquérir sont couverts par une convention d'arbitrage. Dans ce cas, le cessionnaire a la faculté de ne pas conclure d'accord avec le cédant ou prévoir un mécanisme particulier pour le règlement des litiges nés de la cession[692]. En revanche, il en va autrement des tiers qui se voient opposés les conventions d'arbitrage dans les chaines de

---

686 Cass. civ. 1ère, 06 février 2001, *Peavey Company*, *Rev. arb.* 2001-4, p. 765, note D. Cohen ; C. Seraglini, « Le transfert de la clause compromissoire dans les chaînesde contrats après l'arrêt *Peavey* », *Gaz. pal.* 15 novembre 2001 n° 319, p. 6 ; Cass. civ. 1ère, 27 mars 2007, *Alcatel Business Systems (ABS) v. société Amkor Technology et autres*, *Rev. arb.* 2001-4 p. 785, note J. El Ahdab ; F.-X. Train, « Arbitrage et action directe : à propos de l'arrêt du 27 mars 2007 », *Gaz. pal.* 2 novembre 2007, n° 326, p. 6.

687 CCJA, 08 avril 2010, *Joseph Roger c/ Fofana Patrice*, www.ohada.com Ohadata J-13-194.

688 Comme l'observe, J.-L. Goutal (« L'arbitrage et les tiers : le droit des contrats », *op. cit.* p. 442), la circulation de la convention d'arbitrage concerne essentiellement la clause compromissoire. Ce problème se pose moins avec le compromis car il est conclu à la naissance du litige et délimite souvent son champ d'action *ratione personae*.

689 A. Dimolitsa, « L'extension de la clause compromissoire à des non signataires : rien de neuf », *Bull. ASA* 2012-3, p. 516 ; P. Mayer, « La circulation de la convention d'arbitrage », *op. cit.*, n° 7 et s.

690 O. Diallo, *Le consentement des parties à l'arbitrage international*, *op. cit.*, p. 100 et s.

691 Lorsque l'extension de la stipulation arbitrale repose sur le fait que le tiers a participé à l'exécution du contrat, la jurisprudence considère qu'il est réputé la connaitre. V. dans ce sens CA Paris, 8 octobre 1997, *RDAI* 1998, p. 544, obs. Ch. Imhoos, *D.* 1997, inf. rap. p. 233 ; CA Paris, 17 décembre 1997, *R.JDA* 1998, p. 539, *RTD. com.* 1998, p. 580, obs. J.-Cl. Dubarry et É. Loquin ; CA Paris, 23 novembre 1999, *Rev. arb.* 2000-3, p. 501, note X.-Y. Li-Kotovtchikhine, *RTD. com.* 2001, p. 59, obs. É. Loquin, *Gaz. Pal.* 29 avril-3 mai 2001, p. 46 ; CA Paris, 21 février 2002, *Rev. arb.* 2002-4, p. 955, note F.-X. Train, *RTD. com.* 2002. 277, obs. É. Loquin.

692 Le fait que le tiers ait la possibilité de solliciter des informations sur le contrat contenant la clause n'épuise pas le problème car, si l'on s'en tient au droit commun, le silence ne vaut pasacceptation. En conséquence, il faudrait établir que le mutisme sur une convention d'arbitrage connue emporte présomption de consentement.

contrats[693], dans un groupe de contrats[694] ou en matière de transport maritime[695]. Pour ces derniers cas, l'interrogation sur le consentement est encore plus accrue et la Cour suprême italienne l'a bien compris en imposant la recherche de celui-ci[696].

324 La conjonction des diatribes doctrinales[697] et de la jurisprudence transalpine permet de douter de la pertinence des fondements de la circulation de la clause compromissoire. C'est à ce niveau que se pose le problème du faible parce que le consentement de ce dernier ne doit être valable que s'il est effectif. Est-il pertinent de laisser une partie faible, notamment le consommateur ou l'entreprenant[698], être liée par une convention d'arbitrage sur un fondement discutable ? Partant du caractère libéral du droit positif en matière de transmission et d'extension de clause compromissoire, ne doit-on pas protéger les litigants en position d'infériorité ?

325 A travers ces interrogations, ce n'est pas seulement le consentement du justiciable démuni qui est en jeu, c'est également sa capacité à anticiper les coûts d'une procédure arbitrale qu'il découvre parfois à la naissance du litige[699]. Il s'ensuit que la problématique de l'opposabilité de la convention

---

693 Cass. civ. 1ère, 6 février 2001, *Peavey Company*, *op. cit.*; Cass. civ. 1ère, 27 mars 2007, *Alcatel Business Systems (ABS) v. société Amkor Technology et autres*, *op. cit.*

694 CA Paris, 7 décembre 1994, *Jaguar*, *Rev. arb.* 1996-2, p. 245, note C. Jarosson ; *RTD. com.* 1995, p. 401, note J.-C. Dubarry et E. Loquin ; Cass. civ. 1ère, 26 octobre 2011, *JCP* G 2011, 1432, n° 3, obs. C. Seraglini, *Rev. arb.* 2011-4, p. 1098.

695 Cass. civ. 1ère, 22 novembre 2005, *Rev. arb.* 2006-2, p. 437 note O. Cachard ; C. Kaplan, « Les clauses d'arbitrage en transport maritime : d'un rapprochement ; réflexions sur l'arrêt *Lindos* (Cass. civ. 1ère, 22 novembre 2005) », *Gaz. pal.* 22 avril 2006 n° 112, p. 6.

696 Cour de cassation italienne, 19 septembre 2003, décision citée par P. Mayer, « La circulation de la convention d'arbitrage », *op. cit.* n° 5.

697 Th. Clay, « L'efficacité de l'arbitrage », *op. cit.*, sp. n° 22 ; J. Moury, « Réflexions sur la transmission des clauses de compétence dans les chaînes de contrats translatifs », *D.* 2002, Chron. p. 2744.

698 Bien que toutes les parties faibles puissent être concernées par le problème de la circulation de la clause compromissoire, la situation du consommateur est assez singulière dans la mesure où le professionnel, autre que l'entreprenant, même en situation de dépendance est réputé connaitre les usages de son secteur d'activités. Quant à l'assuré, soit il est consommateur et il est couvert par les développements relatifs à celui-ci, soit il est professionnel et il ne doit pas être spécialement protégé. Enfin, en raison de leur régime particulier et des opérations contractuelles auxquelles elles participent, les personnes publiques ne sont que très rarement concernées par la circulation de la clause compromissoire unilatérale.

699 En matière maritime par exemple, c'est lorsque le destinataire des marchandises veut engager une action qu'on lui oppose souvent la convention d'arbitrage insérée dans la charte partie conclue entre le fréteur et l'affréteur.

d'arbitrage sur d'autres fondements que l'acceptation[700] s'éclaire d'un jour nouveau dès lors que le curseur est pointé sur le faible.

326 Au-delà de la préoccupante question de sa circulation, le défaut de consentement à la stipulation arbitrale prend une acuité particulière en matière sociétaire. Etant donné que le droit des sociétés OHADA a retenu, comme la plupart des législations modernes[701], le principe de l'adoption des décisions à une majorité statutaire ou légale qualifiée[702], de nombreuses clauses compromissoires sont adoptées par une partie seulement des associés. Pour certains auteurs, le problème ne se pose pas lorsqu'il s'agit d'une banale prise de décision majoritaire entrainant le recours aux arbitres en cas de litige[703]. Il apparait lorsque la décision sociale renvoyant à l'arbitrage intervient dans des circonstances où l'actionnaire minoritaire, donc le faible[704], subit la loi du ou des actionnaires majoritaires, les forts, abusivement. Concrètement, cette hypothèse peut se présenter lorsque la clause compromissoire a été adoptée malgré la ferme opposition des associés minoritaires. Dans cette situation, ces derniers méritent protection, comme toute personne en position de faiblesse, si la décision d'aller en arbitrage s'avère ruineuse pour lui. D'ailleurs, la CEDH a bien perçu le danger en considérant qu'il y a atteinte au procès équitable lorsqu'un associé minoritaire est obligé de respecter une stipulation arbitrale insérée dans un contrat conclu par la société — lors d'une assemblée générale au cours de laquelle cet actionnaire minoritaire a voté contre le contrat contenant la convention d'arbitrage — et un actionnaire majoritaire, si cette procédure arbitrale n'est pas conforme aux garanties de l'article 6 de la CEDH[705].

---

[700] E. Loquin (« Différences et convergences dans le régime de la transmission et de l'extension de la clause compromissoire devant les juridictions françaises », *op. cit.*, n° 15-24 et 42-45) constate que dans plusieurs hypothèses, la clause compromissoire est transmise de manière automatique ou est étendue en raison de l'indivisibilité des contrats.

[701] O. Caprasse, « Les décisions sociales », *Rev. arb.* 2013-3, p. 673, sp. n° 71.

[702] Pour étude d'ensemble sur la prise de décisions dans les sociétés commerciales en droit OHADA, v. R. Njeufack Temgwa, « Assemblées de sociétés et décisions collectives », *in* P.-G. Pougoué (dir), *Encyclopédie du droit OHADA*, Lamy, 2011, p. 321.

[703] D. Cohen, *Arbitrage et société*, préface B. Oppetit, LGDJ, 1993, n° 384 ; O. Caprasse, *Les sociétés et l'arbitrage*, préface G. Keutgen, Bruylant, 2002, p. 374 et s. ; O. Caprasse, « Les décisions sociales », *op. cit.*, n° 71-72. S'agissant des clauses d'*electio fori* statutaires adoptées à la majorité des actionnaires, v. CJCE, 10 mars 1992, *Powell Duffryn plc c/ Wolfgang Petereit*, *Rec.*, 1992, p. 1745 ; *Rev. crit. DIP* 1992, p. 528, note critique H. Gaudemet-Tallon.

[704] L'actionnaire minoritaire considéré comme le faible dans le cadre de la présente étude ne vise pas tout actionnaire ou associé ayant une partie infime du capital, mais uniquement celui qui placé dans cette situation ne dispose pas non plus de moyens conséquents pour assumer les frais d'une procédure onéreuse d'arbitrage.

[705] CEDH, 28 octobre 2010, *Suda c/ République Tchèque*, *J.L.M.B.*, 2011, p. 1080 et note L. Misson et L. Ka.

327 En droit OHADA, les problèmes évoqués ci-dessus n'ont pas encore atteint la complexité qui transparait du droit comparé en raison de la faible quantité de décisions s'y référant. Pour autant, la rareté de la jurisprudence ne vide pas l'analyse de tout intérêt[706], au contraire elle en constitue le principal motif afin que la doctrine joue son rôle crucial de sentinelle de la cohérence des décisions de justice. La réalité sociale, des actionnaires minoritaires ayant une prospérité à l'échelle locale détenteurs d'actions dans des filiales de sociétés étrangères, impose d'examiner la question. Au-delà des considérations juridiques, il faut intégrer le fait que le processus décisionnel dans les grandes entreprises échappe tellement aux minoritaires, leur demander d'engager une procédure arbitrale hors de leurs moyens risque d'être vécue comme une manœuvre des investisseurs étrangers. Dans cette optique, s'arrêter sur l'efficacité des conventions d'arbitrage non consenties par le minoritaire est parfaitement justifié. En effet, compte tenu de la relative nouveauté de l'arbitrage dans l'espace OHADA, les concepts qui permettent de faire circuler la stipulation arbitrale seront difficilement compris. Le libéralisme du législateur africain conjugué à la bienveillance judiciaire[707] tend à confirmer que le risque est réel. Bien plus, l'autonomie de l'accord arbitral n'étant pas toujours bien comprise[708], il y a lieu de craindre un imbroglio jurisprudentiel. Il faut ajouter à ceci que le droit OHADA a reconnu la capacité compromissoire à toute personne physique ou morale sur les droits dont elle a la libre disposition. Il s'ensuit que de nombreux particuliers, pour les actes de leur vie privée, peuvent se retrouver pris au piège d'un arbitrage hors de leurs moyens financiers.

328 Par ailleurs, bien que la problématique de la transmission et de l'extension de la clause compromissoire ne soit pas singulière aux parties démunies, en la plaçant dans le contexte d'un univers à faible culture juridique et dont la majorité des opérateurs économiques relèvent du secteur informel[709], la réflexion prend un tout autre relief. En effet, le libéralisme du droit prétorien français tire son essence du contentieux international[710],

---

[706] La question n'est pas nouvelle en droit OHADA, dès l'adoption du Règlement d'arbitrage de la CCJA, Th. Lauriol (« Le Centre d'arbitrage OHADA. Formation et convention d'arbitrage », *RDAI* 2000-8, p. 999, sp. p. 1001) se demandait déjà si on « *doit (...) restreindre l'arbitrage aux parties initiales à une convention d'arbitrage en excluant celles qui pourraient s'en prévaloir à la suite d'une transmission de celle-ci ?* ».

[707] CCJA, 08 avril 2010, *Joseph Roger* contre *Fofana Patrice*, *op. cit.*

[708] TPI Lomé, 03 octobre 2014, *Dame Bako Mariama c/ Ecobank Transnational Incorporated, Cah. arb.* 2015-3, p. 568.

[709] S. Kwemo, *L'OHADA et le secteur informel. L'exemple du Cameroun*, préface Ph. Delebecque, postface M.-Th. Mengue, Larcier, 2012, n° 26 et s. ; M. Bolmin, G. Bouillet-Cordonnier et K. Medjad, « Harmonisation du droit des affaires dans la Zone Franc », *JDI* 1994-2, p. 375, sp. pp. 384-385.

[710] D. Vidal, *Droit français de l'arbitrage interne et international*, *op. cit.*, n° 505 ; C. Seraglini et J. Ortscheidt, *Droit de l'arbitrage interne et international*, *op. cit*, n° 711, p. 637.

matière largement dominée par les litiges entre professionnels. Or, dans l'espace OHADA, les non professionnels sont susceptibles d'être attraits devant des arbitres au même titre que les professionnels. En conséquence, il est utile d'aborder la circulation de la convention d'arbitrage sous le prisme de la protection des consommateurs. Dans cette optique, la circulation de la convention d'arbitrage sera étudiée sous le prisme de la réalité de l'examen du consentement du faible (section 1).

329 Quant aux clauses compromissoires contestées en matière sociétaire, il convient de rappeler que le droit OHADA est particulièrement favorable à leur développement[711]. Or, ce libéralisme n'a de sens que s'il prend en compte les rapports de force entre actionnaires, notamment les abus pouvant en découler. Dans cette veine, il y a lieu de s'interroger sur l'opposabilité aux actionnaires minoritaires des stipulations arbitrales sociétaires non approuvées (section 2).

SECTION I. LE CONSENTEMENT DU FAIBLE QUANT A LA CIRCULATION DE LA CLAUSE COMPROMISSOIRE

330 D'entrée de jeu, il importe de souligner que l'examen de l'opposabilité d'une clause compromissoire non consentie à un consommateur est davantage une question de politique juridique que de technique juridique. En effet, quelle que soit la personne concernée par la transmission ou l'extension d'une stipulation arbitrale, la question de son consentement se pose toujours. Pour autant, à l'égard d'un consommateur ou d'un entreprenant, le problème prend une envergure particulière car le coût d'un arbitrage constitue une pesanteur supplémentaire pour lui. En conséquence, un accord arbitral ne doit lui être opposable que si l'intégrité et l'effectivité de son consentement sont établies. Dans cette perspective, la circulation de la clause compromissoire, en l'absence de consentement du consommateur ou de l'entreprenant, est une règle contestable (§ 1). Partant de ce constat, la transmission ou l'extension de la clause compromissoire postule la prise en compte du statut particulier du non professionnel et de l'entreprenant (§

[711] Contrairement à de nombreuses législations qui laissent planer le doute sur le champ de l'arbitrabilité des litiges sociétaires, l'article 148 de l'Acte uniforme sur le droit des sociétés commerciales et du groupement d'intérêt économique (AUSCGIE) prévoit que tout litige entre associés ou entre un ou plusieurs associés et la société « *peut (...) être soumis à l'arbitrage, soit par une clause compromissoire, statutaire ou non, soit par compromis ou à d'autres modes alternatifs de règlement des différends* ».

§ 1 La mise à l'écart du consentement

331 Le phénomène de la circulation de la convention d'arbitrage couvre une variété de situations dont l'exégèse ne saurait être faite de manière unitaire. En effet, les fondements de la transmission automatique de la stipulation arbitrale sont distincts de ceux de son extension. Il s'ensuit que le problème de l'opposabilité de l'accord arbitral non consenti au consommateur et à l'entreprenant se pose dans des termes différents. Aussi, une bonne intelligence du défaut de protection du consommateur et de l'entreprenant en matière de circulation automatique de la clause compromissoire postule-t-elle de noter, d'une part, que sa transmission automatique est injustifiée (A), d'autre part, que son rayonnement dans les groupes de contrat est contraire à la protection des intérêts du faible (B).

A. Une transmission automatique de la clause compromissoire injustifiée

332 Le transfert d'une stipulation arbitrale à un tiers pouvant intervenir dans des circonstances extrêmement diverses, il importe d'esquisser un inventaire pour en avoir une bonne vue. En effet, la transmission d'une convention d'arbitrage peut se faire par le jeu de la substitution de parties ou par la circulation des droits contractuels. Ce dernier cas renvoie aux hypothèses où un tiers acquiert les droits d'un des contractants de l'acte contenant une clause compromissoire. Entrent dans cette catégorie, la cession de créance ou de contrat, le sous contrat, les chaines de contrats, le transport maritime. Quelle que soit la nature de l'acte juridique concerné, pour faire circuler une clause d'arbitrage, la jurisprudence a posé un curieux principe de transmission automatique[712]. Cette approche fait litière de la recherche de l'acceptation qui, s'agissant du consommateur et de l'entreprenant, doit pourtant constituer l'épine dorsale du raisonnement (1). Bien plus, les arguments développés par la doctrine et le droit prétorien ne brillent pas par leur clarté, ils démontrent au contraire l'incohérence de la transmission automatique (2).

---

[712] La jurisprudence française a tellement systématisé la circulation de la convention d'arbitrage que D. Cohen (« Note sous Cass. civ. 1ère, 28 mai 2002, *Cimat c/ SCA* », *Rev. arb.* 2003-2, p. 398) n'hésite pas à dire : « *En avant toute... tel paraît désormais le message délivré en épisodes successifs et rapprochés, mais sans plus guère de suspens, par la jurisprudence française et spécialement la Cour de cassation sur la question de la transmission de la clause d'arbitrage* ».

1. L'abandon de la recherche de l'acceptation

333 Tout d'abord, il importe de relever que la circulation ultra libérale de la convention d'arbitrage n'est pas un mouvement linéaire de la jurisprudence française. Elle participe d'une rupture avec l'idée d'un contrat isolé quant au mode de règlement des différends. En d'autres temps, il était admis que le client final d'une chaîne de contrats était fondé à engager une action judiciaire, bien qu'entre son vendeur et le fabricant une clause d'arbitrage ait été conclue[713]. Cette approche était conforme à l'idée selon laquelle la logique de la chaîne de contrats devrait être écartée pour assurer la protection de certains contractants en position de faiblesse[714]. En fait, cette analyse a été esquissée pour empêcher qu'un consommateur soit lié par des clauses d'exonération conclues entre son vendeur et un autre contractant. Un auteur a soutenu, à juste titre, que ce raisonnement « *est transposable dans le domaine des clauses compromissoires, du moins lorsqu'une telle clause est opposée, dans une opération interne, à une personne qui n'a pas la qualité de commerçant* »[715]. Si le droit prétorien était resté sur cette ligne vertueuse, il aurait été vain de s'arrêter sur l'opposabilité d'une convention d'arbitrage non consentie. Or, à l'examen de la jurisprudence française contemporaine, l'on n'est bien obligé de prendre acte d'un changement radical de position, ce en opposition avec la thèse pourtant défendue par certaines voix autorisées[716].

334 Dorénavant, les juges considèrent que « *dans une chaine de contrats translatifs de propriété, la clause compromissoire est transmise de manière automatique en tant qu'accessoire du droit d'action, lui-même accessoire du droit substantiel transmis, sans incidence du caractère homogène ou hétérogène de cette chaine* »[717]. Cet arrêt n'a fait que généraliser la solution précédemment retenue en matière de chaine de contrats homogène, la seule possibilité d'empêcher la circulation de la clause étant, à l'époque, la « *preuve de l'ignorance excusable* »[718]. A l'analyse, un auteur remarque que cette approche constitue « *un remarquable revirement de jurisprudence dès*

[713] Cass. civ. 1ère, 6 novembre 1990, *Rev. arb.* 1991-1, p. 19, note Ph. Delebecque.

[714] G. Viney, « L'action en responsabilité entre participants à une chaîne de contrats », *Mélanges Holleaux*, 1990, p. 399, sp. 423.

[715] Ph. Delebecque, « La transmission de la clause compromissoire (à propos de l'arrêt Cass. civ. 1ère, 6 novembre 1990) », *Rev. arb.* 1991-1, p. 19, sp. p. 30.

[716] Ph. Fouchard, E. Gaillard et B. Goldman (*Traité de l'arbitrage commercial international, op. cit.*, n° 709, p. 441) soutiennent que la transmission de la stipulation arbitrale ne doit être admise que « *s'il résulte des circonstances que le cessionnaire a accepté au moins implicitement d'être lié par la clause* ».

[717] Cass. civ. 1ère, 27 mars 2007, *Alcatel Business Systems (ABS) v. société Amkor Technology et autres, op. cit.*

[718] Cass. civ. 1ère, 6 février 2001, *Peavey Company, op. cit.*

lors qu'auparavant la Cour de cassation [française], dans une situation semblable de ventes successives, elle écartait la clause [d'arbitrage] " faute de transmission contractuelle " »[719]. Au-delà de la modification de la position des magistrats, il convient de s'arrêter sur la fâcheuse conséquence pratique qui en découle : l'inversion de la charge de la preuve. En exigeant de démontrer l'ignorance, les juges font peser le fardeau de la preuve sur celui qui conteste l'existence de la convention d'arbitrage, alors que par principe c'est celui qui l'invoque qui doit en étayer l'existence[720]. De ce qui précède, il s'infère la consécration d'une double présomption : d'une part la connaissance de la clause compromissoire, d'autre part celle de son acceptation qui découle de la première. Plus grave, la Cour de cassation française se « *soucie essentiellement de la prévision contractuelle du vendeur originaire, mais fait fi de celles des autres parties à la chaîne, de même qu'elle se désintéresse du statut de ces parties, par exemple le fait que le sous-acquéreur soit un consommateur* »[721]. Il convient également de relever que même cette controversée réserve de « *preuve de l'ignorance excusable* » a disparu avec l'arrêt *Alcatel Business Systems (ABS) v. société Amkor Technology et autres*[722], le curseur étant placé uniquement sur le caractère accessoire de la convention d'arbitrage. Vu l'automaticité de la règle ainsi posée, il n'est pas surprenant que des auteurs se demandent s'il « *est judicieux d'imposer une clause d'arbitrage internationale à l'acquéreur final lorsque celui-ci est consommateur ...* »[723].

335 Cette interrogation est pertinente dans la mesure où le consumérisme postule de considérer que l'ignorance du consommateur, tout comme celle de l'entreprenant, est par principe raisonnable. En matière de transport maritime, il est soutenu que si les marchandises appartiennent à un consommateur, « *ce type de destinataires mérite sans doute une protection*

---

[719] D. Vidal, *Droit français de l'arbitrage interne et international*, *op. cit.*, n° 512.

[720] D. Mainguy et J.-B. Seube, « La transmission de la clause compromissoire dans les chaînes de contrat », *JCPE* n° 29, 19 juillet 2001, p. 1238.

[721] C. Legros, « Note sous Cass. com., 21 février 2006 et Cass. civ. 1ère, 22 novembre 2005 », *JDI* 2006-2, p. 622 ; V. aussi, D. Mainguy et J.-B. Seube, « La transmission de la clause compromissoire dans les chaînes de contrat », *op. cit.*

[722] La disparition de la réserve de « *la preuve de l'ignorance excusable* » n'a pas été une surprise, C. Legros (« La transmission d'une clause compromissoire dans une chaîne de contrats », *JCP* G n° 28, 11 juillet 2008, II 10567) l'avait prédit dès la reddition de l'arrêt *Peavey* dans les termes suivants : « *Gageons que cette réserve ne soit qu'une étape vers l'admission inconditionnelle de la transmission de la clause compromissoire dans une chaîne de contrats* ».

[723] C. Seraglini et J. Ortscheidt, *Droit de l'arbitrage interne et international*, *op. cit*, n° 718, p. 647. V. également C. Legros, « La transmission d'une clause compromissoire dans une chaîne de contrats », *op. cit.*

quant aux clauses de compétence dérogatoires »[724]. Pour préserver les intérêts du faible, la transmission automatique de la clause compromissoire appelle un retour à la logique consumériste qui prône le défaut de connaissance de celle-ci. Ainsi, « *par la réserve de l'ignorance raisonnable, qui s'écarte de la logique propre aux chaînes contractuelles, le juge se munirait (...) d'un instrument de protection du consommateur [et de l'entreprenant] contre les clauses d'arbitrage* »[725]. Pour fondée que soit cette remarque, le pessimisme s'impose car au regard de l'arbitrabilité des litiges internationaux de consommation en France[726], tout comme en droit OHADA[727], l'action directe du consommateur devrait être malheureusement couverte par la convention d'arbitrage[728].

336 En fait, le problème de la transmission automatique de l'accord arbitral est global et va largement au-delà de la chaîne des contrats. La systématisation de la circulation de la clause compromissoire a également investi les suites de contrats[729]. Bien plus, en matière de sous contrat, elle a été formulée dans un style qui n'est pas sans rappeler l'arrêt *Peavey*. Dans l'affaire *Société Taurus Films et autres sociétés c/ Société Les films du jeudi*, il a été décidé que « *la clause d'arbitrage international s'impose à toute partie venant aux droits de l'un des contractants et que (...) la convention stipulée dans le mandat (...) devait recevoir application à l'égard des mandataires substitués* »[730].

337 Une semblable fermeté quant à l'inutilité de vérifier le consentement du tiers non signataire a été donnée dans l'affaire *Cimat c/ SCA*[731] relative à une cession de créance. En l'espèce, une société tchèque avait cédé à la *Cimat* le contrat qu'elle avait conclu avec la *SCA*, ledit contrat contenant une stipulation arbitrale. Lorsque survint un litige entre la *SCA* et la *Cimat*, la

---

[724] C. Legros, « Note sous Cass. com., 21 février 2006 et Cass. civ. 1ère, 22 novembre 2005 », *op. cit.*

[725] C. Seraglini, « Le transfert de la clause compromissoire dans les chaînes de contrats après l'arrêt *Peavey* », *op. cit.*, n° 27.

[726] Cass. civ. 1ère, 30 mars 2004, *Rado*, *op. cit.* ; Cass. civ. 1ère, 21 mai 1997, *Jaguar*, *op. cit.*

[727] Aucune disposition de droit OHADA ne s'oppose à l'arbitrabilité des litiges de consommation. Pour détails, v. supra, n° 188.

[728] F.-X. Train, « Arbitrage et action directe : à propos de l'arrêt du 27 mars 2007 », *op. cit.*, n° 13 ; C. Seraglini, « Le transfert de la clause compromissoire dans les chaînes de contrats après l'arrêt *Peavey* », *op. cit.*, n° 27.

[729] CA Paris, 18 mars 1983, *Rev. arb.* 1983, p. 491, note J. Robert ; CA Paris, 25 mars 1983, *Rev. arb.* 1983, p. 463, note J. Robert ; Sentence CCI 1986-5117, *JDI* 1986-4, p. 1186, note Y. Derains.

[730] Cass. civ. 1ère, 8 février 2000, *Rev. crit. DIP* 2000-4, p. 763, note N. Coipel-Cordonnier ; *Rev. arb.* 2000-2, p. 280, P.-Y. Gauthier ; *Defrénois* 2000-4, p. 721, note Ph. Delebecque.

[731] Cass. civ. 1ère, 28 mai 2002, *Cimat c/ SCA*, *Rev. arb.* 2003-2, p. 397, note D. Cohen ; *Rev. crit. DIP* 2002-4, p. 758, note Coipel-Cordonnier ; *RTD. com.* 2002, p. 667, obs. E. Loquin, *D.* 2003, som., p. 2471, obs. Th. Clay ; *JCP* G 2003, I 105, n° 10, obs. Ch. Seraglini.

première a saisi un tribunal arbitral CCI qui a jugé ses demandes recevables. Contestant cette décision, la *Cimat* a allégué la nullité de la sentence parce qu'elle n'était pas partie à la clause compromissoire ayant fondé la compétence des arbitres. Pour rejeter le pourvoi, les hauts juges français ont soutenu qu'« *en matière internationale, la clause d'arbitrage juridiquement indépendante du contrat principal, est transmise avec lui, quelle que soit la validité de la transmission des droits substantiels* »[732]. Cet attendu de toute clarté est révélateur de la disparition du consentement dans l'appréciation judiciaire. Etendue au consommateur et à l'entreprenant, cette approche évince toute possibilité de leur reconnaitre un statut particulier. Etant donné que le pivot du raisonnement se trouve dans la circulation de la clause compromissoire en tant qu'accessoire du droit d'action, l'important n'est pas de savoir si elle a été acceptée ou pas[733]. La nouvelle rédaction de l'article 2061 du Code civil français ne devrait pas apporter une protection au tiers non signataire de la clause compromissoire, puisque dans l'hypothèse d'une chaine de contrats, il sera lié dès lors qu'il succède « *aux droits et obligations de la partie qui l'a initialement acceptée* ». La doctrine affirme au contraire que la lettre de l'article 2061 nouveau du Code civil français vise à « *ne pas exclure l'hypothèse d'une acceptation tacite d'une clause compromissoire* »[734].

338 De manière préoccupante pour le consommateur de l'espace OHADA et l'entreprenant, les juges burkinabés ont emboité le pas à leurs homologues français à l'occasion de la reconnaissance de la sentence rendue dans l'affaire *Cimat c/ SCA*[735]. Pour ordonner l'exequatur et rejeter les arguments de *Cimat* relatifs à la violation de l'ordre public international, le Tribunal de première instance de Ouagadougou a affirmé « *qu'une sentence arbitrale ayant reconnu l'existence d'une clause compromissoire sur la base d'une cession de créance ne porte pas atteinte à un principe général ou à une règle de droit fondamentale pour la société burkinabé* ». Bien que le débat n'ait pas principalement porté sur l'opposabilité de la convention d'arbitrage, la lettre générale de cet attendu ne prête pas de flanc au doute. S'il est vrai que les faits de l'espèce ne concernaient aucunement un

---

732 La jurisprudence suisse (Tribunal fédéral, 16 octobre 2001, *Rev. arb.* 2002-3, p. 753, *Automobiles Peugeot c/ Omega Plus,* note P.-Y. Tschanz ; *Bull. ASA*, 2002-1, p. 109, note M. Scherer) va en sens contraire en déduisant l'impossibilité de la transmission de la clause compromissoire du fait de l'incessibilité de la créance à l'origine du litige.

733 L. Bernheim-Van de Casteele (*Les principes fondamentaux de l'arbitrage*, *op. cit.*, n° 296-299) parle d'une « *éviction des obstacles à la transmission de la clause d'arbitrage* ».

734 Th. Clay, « L'arbitrage, les modes alternatifs de règlement des différends et la transaction dans la loi Justice du XXIème siècle »,

735 TGI Ouagadougou 13 juin 2001, *Sociétés des Ciments d'Abidjan (SCA) c/ Burkinabé des Ciments et Matériaux*, *op. cit.*

consommateur, il y a matière à s'inquiéter si une semblable décision devait être rendue dans un litige impliquant un contractant protégé.

339 A rebours de leurs homologues burkinabés, les juges de la Cour d'appel de Port Gentil ont refusé d'admettre l'opposabilité à un salarié d'une clause compromissoire contenue dans une convention de cession d'actif de la société qui l'employait[736]. En l'espèce, la Cour d'appel de Port Gentil a indiqué que « *la clause compromissoire (...) insérée dans le protocole de cession, ne vaut qu'à l'égard des parties contractantes, en l'occurrence les parties cédantes, notamment l'Etat gabonais et la CFG, et la partie cessionnaire, en l'occurrence CORA WOOD, pour les litiges susceptibles de s'élever entre elles* ». A priori, l'on devrait se réjouir de cette décision qui fait la part belle à l'exigence de consentement, qui plus est d'une partie faible, le travailleur. Toutefois, elle est dénuée d'autorité sur les juridictions des autres Etats membres de l'OHADA car seuls les arrêts de la CCJA s'imposent à toutes les juridictions nationales[737].

340 Cette controverse entre magistrats gabonais et burkinabés montre que certaines juridictions internes de l'espace OHADA sont disposées à reprendre le credo prétorien français. C'est le lieu de regretter avec certains auteurs[738] que la CCJA n'ait pas profité de l'affaire *Atlantique Télécom c/ Planor Afrique*[739] pour fixer sa religion en matière transmission de la clause compromissoire. Si la CCJA venait à consacrer la position française, elle apporterait une couche supplémentaire à la précarité du consommateur et de l'entreprenant en droit OHADA de l'arbitrage. Pourtant, le fondement de la transmission automatique de la convention d'arbitrage est loin de briller par sa cohérence.

---

[736] Cour d'appel de Port Gentil, 22 juillet 2008, *Koumba Kondjo c/ La Confédération Syndicale Gabonaise et la Société CORA WOOD Gabon*, www.ohada.com, Ohadata J-08-174.

[737] L'article 20 du Traité OHADA dispose : « *Les arrêts de la Cour Commune de Justice et d'Arbitrage ont l'autorité de la chose jugée et la force exécutoire. Ils reçoivent sur le territoire de chacun des Etats Parties une exécution forcée dans les mêmes conditions que les décisions des juridictions nationales. Dans une même affaire aucune décision contraire à un arrêt de la Cour Commune de Justice et d'Arbitrage ne peut faire l'objet d'une exécution forcée sur le territoire d'un Etat Partie* ».

[738] A. Ngwanza, « Conditions d'efficacité des conventions d'arbitrage non signées et violation du principe compétence-compétence », *op. cit.*, n° 2-5 ; J.-M. Tchakoua, « Convention d'arbitrage », *op. cit.*, n° 39.

[739] CCJA, 10 juin 2010, *Atlantique Telecom c/ Planor Afrique*, *op. cit.*

2. L'incohérence de la transmission automatique

341 En dépit de sa notoriété jurisprudentielle, la transmission automatique de la clause compromissoire porte en elle les germes de sa contestation. Quel que soit l'argument avancé pour soutenir son essor, l'on peine à réconcilier le credo prétorien et doctrinal avec la pureté conceptuelle.

342 Conscients du caractère primordial du consentement, des plumes expertes ont d'abord expliqué la circulation de la stipulation arbitrale par la volonté des parties en arguant que « *l'autonomie de la convention d'arbitrage ne suppose pas, lors de la conclusion du contrat principal, que la clause compromissoire fasse l'objet d'une acceptation distincte : la signature d'un contrat contenant une clause compromissoire vaut à la fois acceptation du contrat de fond et de la convention d'arbitrage. De la même manière, l'acceptation de la cession du contrat qui contient une clause compromissoire laisse à penser, à défaut d'indication précise en sens contraire, que le cessionnaire a accepté la convention sous toutes ses modalités, dont celles qui concernent le règlement d'éventuels litiges* »[740].Outre le fait qu'il est reproché à ce raisonnement de ne pas être transposable à toutes les formes de transmission[741], il faut ajouter qu'il tient pour acquis ce qui n'est que virtuellement réel. La connaissance de l'existence de la clause compromissoire n'étant pas toujours vérifiée[742], il est inexact de soutenir qu'on y a forcément consenti en concluant une cession de contrat.

343 S'appuyant sur le défaut d'autonomie de la clause compromissoire, un autre auteur averti, pour sa part, a justifié la circulation automatique de celle-ci en soutenant qu'elle n'est qu'une clause « *figurant dans une série de clauses dont l'ensemble constitue ce que les parties ont appelé un contrat (de vente, d'entreprise, de mandat...). Formellement, elle appartient au contrat dit principal, qui, dès lors, pourrait bien n'être pas « principal » mais unique* »[743]. En fait d'indépendance de la clause arbitrale, il faudrait plutôt parler de « *séparabilité* », c'est à dire qu'elle a une singularité limitée à certains égards et doit de ce fait suivre les mutations affectant le contrat qui la contient. Sans surprise, cette thèse a été critiquée[744] car, la supposée

[740] Ph. Fouchard, E. Gaillard et B. Goldman, *Traité de l'arbitrage commercial international*, *op. cit.*, n° 712.

[741] L. Bernheim-Van de Casteele, *Les principes fondamentaux de l'arbitrage*, *op. cit.*, n° 300.

[742] V. nos développements précédents sur la clause compromissoire par référence, supra n° 275 et s.

[743] P. Mayer, « Les Limites de la séparabilité de la clause compromissoire », *Rev. arb.* 1998-2, p. 359, sp. n° 2.

[744] Pour critique de la transmission de la clause compromissoire fondée sur sa séparabilité, v. E. Loquin, « Différences et convergences dans le régime de la transmission et de l'extension

« *séparabilité* » de l'accord arbitral est contraire à son indépendance matérielle et juridique à l'égard du contrat principal[745]. Pour mémoire, l'article 4 alinéa 1 de l'AUA dispose : « *La convention d'arbitrage est indépendante du contrat principal.*

Sa validité n'est pas affectée par la nullité de ce contrat et elle est appréciée d'après la commune volonté des parties, sans référence nécessaire à un droit étatique ».

344 Sauf à vouloir vider cette disposition de sa substance, la clause compromissoire demeure distincte du contrat qui la contient malgré l'existence d'un seul *instrumentum*[746]. La CCJA a d'ailleurs rappelé à l'ordre une juridiction nationale qui avait fait l'impasse sur la distinction entre la validité de la clause compromissoire et le contrat qui la contenait[747]. A cet argument, la jurisprudence française répond que « *sa dimension juridictionnelle explique la séparabilité de la clause compromissoire du contrat qui la contient pour tout ce qui concerne son existence, sa validité et sa force obligatoire, c'est-à-dire son efficacité* ». Loin de convaincre, cette position vise à établir un double régime pour la convention arbitrage, distincte quand il faut la préserver des vicissitudes du contrat et indissociable pour assurer son opposabilité à des tiers. Dès lors qu'on admet « *que les règles régissant la convention d'arbitrage puissent être distinctes de celles régissant le contrat principal* »[748], il est difficile de nier que la théorie de la « *séparabilité* » ne trouve son fondement que dans des considérations pragmatiques[749]. Or, en se plaçant sur le terrain de la pureté des concepts, il y a matière à contester la consécration de cette théorie de la « *séparabilité* » dont le résultat est d'obliger injustement le consommateur ou l'entreprenant à soumettre ses réclamations à un tribunal arbitral.

---

de la clause compromissoire devant les juridictions françaises », *op. cit.*, n° 19 ; C. Seraglini et J. Ortscheidt, *Droit de l'arbitrage interne et international, op. cit.*, n° 719, p. 649.

745 Malgré la consécration de l'autonomie matérielle de la convention d'arbitrage en droit français, pour la Cour d'appel de Paris (10 septembre 2003, *Rev. arb.* 2004, p. 623, note. L. Aynès) : « *Son caractère indissociable sa qualité de clause contractuelle explique que la clause compromissoire ait la même faculté de circulation que les autres stipulations du contrat et qu'elle ne puisse être séparée des autres stipulations du contrat et qu'elle ne puisse être qui régissent la créance litigieuse en cas de cession de celle-ci* ».

746 L. Bernheim-Van de Casteele, *Les principes fondamentaux de l'arbitrage, op. cit.*, n° 42.

747 *Sow Yérim Abib c/ 1°/ Ibrahim Souleymane Aka 2°/ Koffi Sahouot Cédric, op. cit.*

748 J.-M. Tchakoua, « Convention d'arbitrage », *op. cit.*, p. 583, n° 56.

749 J.-B. Racine (« Réflexions sur l'autonomie de l'arbitrage commercial international », *op. cit.*, n° 15) souligne que « *la clause d'arbitrage a pris une telle ampleur que la jurisprudence admettant la transmission automatique de la clause d'arbitrage est très difficile à justifier juridiquement, à moins de se livrer à certaines contorsions théoriques. L'explication est pragmatique, exclusivement pragmatique. Seule la finalité poursuivie de l'efficacité de la clause permet d'expliquer réellement la jurisprudence et ce sans évacuer les incohérences de celle-ci* ».

345 L'indépendance de la stipulation arbitrale est également au cœur de la critique relative à sa transmission en tant qu'accessoire du droit d'action. Synthétiquement, cette idée est résumée ainsi : « *La Convention d'arbitrage est transmise en tant qu'accessoire du droit d'action, car le droit d'action lui-même est dans un rapport d'accessoire et de principal avec le droit substantiel qu'il sert. (...). La transmission de la clause compromissoire est la conséquence d'un double rapport d'accessoire à principal. La clause compromissoire suit le droit d'action qui lui-même suit le droit substantiel. Dès lors peu importe le mécanisme de transmission du droit* »[750]. Dans les suites de cette réflexion, il faudrait admettre que dans le cadre d'une chaine contractuelle translative, il y a transmission d'un droit d'action façonné par la convention d'arbitrage[751].

346 Au-delà des nombreuses réserves que cette thèse a suscitées[752], en cas de nullité des droits cédés constatée par les arbitres, elle aboutit à une grave incongruité. On aura obligé inutilement le cessionnaire à saisir des arbitres au motif que la cession a entrainé la circulation de la clause compromissoire. Comment une cession nulle peut entrainer la transmission d'un de ses accessoires ? En pareil cas, l'indépendance de la stipulation arbitrale est la seule justification pertinente de la compétence des arbitres. Au final, c'est la « *bien embarrassante* »[753] autonomie de la clause compromissoire qui vient expliquer ce que la théorie de l'accessoire n'arrive pas à faire alors que cette dernière est une mise entre parenthèses de la première.

347 En fin de compte, la friabilité des bases théoriques de la transmission automatique amène à souscrire au propos selon lequel, « *un chemin pavé de bonnes intentions peut conduire à une solution peu satisfaisante* »[754]. Au-delà de l'incohérence de la transmission automatique de la clause compromissoire, sa réception dans l'espace OHADA est soumise à un autre écueil : la relative nouveauté de l'arbitrage. Le droit français de l'arbitrage ayant mis près d'un demi-siècle pour parvenir à son degré actuel de maturité judiciaire[755], il y a fort à parier que le maniement des concepts fondant la

---

[750] E. Loquin, « Différences et convergences dans le régime de la transmission et de l'extension de la clause compromissoire devant les juridictions françaises », *op. cit.*, n° 20.

[751] P. Mayer, « La circulation de la convention d'arbitrage », *op. cit.*, n° 8.

[752] S. Bollée, « La clause compromissoire et le droit commun des conventions », *op. cit.*, n° 9-10 ; D. Cohen « Note sous Cass. civ. 1ère, 28 mai 2002, *Cimat c/ SCA* », op. cit., p. 402 ; J.-B. Racine, « Réflexions sur l'autonomie de l'arbitrage commercial international », *op. cit.*, n° 12 et s.

[753] Ph. Fouchard, « « L'arbitrage et les tiers », *Rev. arb.* 1988, p. 469.

[754] C. Seraglini et J. Ortscheidt, *Droit de l'arbitrage interne et international*, *op. cit.*, n° 720.

[755] Th. Clay et Ph. Pinsolle, « De l'autonomie de la convention d'arbitrage à l'autonomie de la sentence arbitrale. - Les grands arrêts de la jurisprudence française en matière d'arbitrage international de 1963 à 2007 », *JDI* 2015-1, doctrine 2.

circulation de la convention arbitrale génèrera une cacophonie jurisprudentielle. Si plus de quinze après l'adoption de l'AUA et du RA, certains juges peinent encore à saisir l'indépendance de l'accord arbitral, il est évident que la consécration de la transmission automatique de celui-ci ouvrira la voie à des décisions peu lisibles. Pour s'en convaincre, il suffit de se référer à l'affaire *Dame Bako Mariama c/ Ecobank Transnational Incorporated*[756], les magistrats ayant retenu en l'espèce l'inopposabilité de la clause compromissoire statutaire à un actionnaire, motif pris de l'irrégularité des statuts. Pour défendre cette catégorie de jugement contestable, il sera probablement invoqué la théorie de la « *séparabilité* » alors que celle-ci vise justement à assurer l'efficacité de la clause compromissoire.

348 Par ailleurs, étant donné qu'il est unanimement admis que la transmission de la stipulation arbitrale relève de la *favor arbitrandum*, il n'est pas superflu de se demander si cette dernière est sans limite. La protection des contractants peu familiers à la justice privée, consommateurs et entreprenants, ne doit-elle pas constituer une ligne Maginot à cet expansionnisme de l'arbitrage ? N'est-il pas opportun de refuser de faire la promotion de l'arbitrage sur la base d'incohérences théoriques au détriment de la sauvegarde des intérêts des faibles ? Bien que la réponse à ces questions soit positive, on est obligé de noter que l'indivisibilité du contentieux des groupes de contrats ne joue pas non plus à l'égard du consommateur et de l'entreprenant.

---

[756] TPI Lomé, 03 octobre 2014, *op. cit.* V. aussi, CA Kinshasa-Gombe, 02 juillet 2009, *Vodacom Congo c/ ECO-MAX*, inédit., cité par P. Kayemba, « L'investisseur africain et l'arbitrage international », *JADA*, supplément 2012, p. 6, sp. 7, note 2.

B. Une indivisibilité contentieuse dans les groupes de contrats défavorable au consommateur et à l'entreprenant

349 Compte tenu de leur essor concomitant, la rencontre de la stipulation arbitrale et du groupe des contrats était inéluctable[757]. Toute la question était de savoir si ces deux notions allaient entretenir des rapports tumultueux ou affinitaires, sachant que le groupe de contrats est d'essence doctrinale[758].

350 A l'image de sa transmission automatique, une clause compromissoire insérée dans une ou plusieurs conventions d'un groupe de contrats peut rayonner sur les autres conventions dudit groupe. Le problème qui se pose ici est celui de la détermination des conditions d'extension d'une stipulation arbitrale figurant dans un accord aux autres contrats qui lui sont connexes.

351 D'entrée de jeu, il convient d'indiquer que l'extension d'une convention d'arbitrage à d'autres contrats qui ne la contiennent pas est une transposition jurisprudentielle[759] de l'approche retenue en matière de groupe des sociétés[760]. Sur une base semblable, une clause compromissoire peut

---

[757] D. Cohen, « Arbitrage et groupe de contrats », *op. cit.*, p. 471.

[758] A. Ngwanza, (*La favor contractus dans les Principes Unidroit et l'Avant-projet d'Acte uniforme sur le droit des contrats en OHADA*, *op. cit.*, note 901) affirme que « *le concept de groupe de contrats renvoie à une réalité ambivalente qui discrimine les chaînes de contrats des ensembles contractuels, la première étant une succession de contrats homogènes ou hétérogènes tandis que le second concerne une pluralité d'actes concourant à la réalisation d'un seul objectif* ». Dans le cadre de ce travail, le groupe de contrats sera limité au schéma d'interdépendance contractuelle, la chaîne de contrats étant exclue car traitée dans la partie relative à la transmission automatique de la clause compromissoire (supra, n° 331et s.). Pour développement sur le groupe de contrats, v. B. Teyssié, *Les groupes de contrats*, préface J.-M. Mousseron, LGDJ, 1975 ; J. Néret, *Le sous-contrat*, préface P. Catala, LGDJ, 1979 ; I. Najjar, « La notion d'"ensemble contractuel" », *inUne certaine idée du droit. Mélanges offerts à André Decocq*, Litec, 2004, p. 509 ; D. Mazeaud, « Les groupes de contrats », *inLe contrat, questions d'actualité, PA*, 5 mai 2000, p. 64.

[759] C. Seraglini et J. Ortscheidt, *Droit de l'arbitrage interne et international*, *op. cit.*, n° 713, p. 639.

[760] Dans l'affaire *Dow chemical* (Sentence CCI 4131/1982, *Rev. arb.* 1984-1, p. 137, *JDI* 1983, p. 899, obs. Y. Derains), le tribunal arbitral avait considéré que « *la clause compromissoire expressément acceptée par certaines sociétés du groupe, doit lier les autres sociétés qui, par le rôle qu'elles ont joué lors de la conclusion, l'exécution ou la résiliation des contrats contenant la clause, apparaissent selon la commune volonté de toutes les parties à la procédure, comme ayant été de véritables parties à ces contrats ou comme en étant en premier chef concernées par ceux-ci et par les litiges qui peuvent en découler* ». V. aussi, Sentence CCI 7604/1995 et Sentence CCI 7610/1996, *JDI* 1998-4, p. 1027, obs. D. Hascher et p. 1053 J.-J. Arnaldez ; Y. Derains, « L'extension de la clause d'arbitrage aux non-signataires – la doctrine des groupes de sociétés », *ASA* special series n° 8, 1994, p. 241 ; Y. Derains et S. Schaf, « Clause d'arbitrage et sociétés », *RDAI* 1985, p. 231 ; I. Fadlallah, « Clauses d'arbitrage et groupes de sociétés », *TCFDIP* 1984-1985, p. 105.

également circuler entre un Etat et ses démembrements[761]. Dans chacune de ces hypothèses, l'idée maitresse est de concentrer la résolution des litiges en arbitrage au nom de l'indivisibilité des actes juridiques formant l'ensemble contractuel et de l'implication de chaque acteur dans la réalisation de l'opération économique envisagée. Il s'ensuit qu'un contractant d'une convention faisant partie d'un groupe de contrats, se verra lié par un accord arbitral qu'il n'a pas conclu, du seul fait de l'interdépendance entre les différents actes juridiques concourant à la réalisation d'un projet[762].

352 Dans le cadre d'une étude centrée sur la protection du faible, notamment le consommateur et l'entreprenant, seule l'hypothèse des groupes de contrats est intéressante puisque ce n'est que dans ce schéma qu'un non professionnel ou un entreprenant peut intervenir. A ce niveau, il importe de souligner qu'une fois de plus, le droit positif n'accorde aucune attention particulière à ces catégories de contractants, l'extension de la convention d'arbitrage se justifiant uniquement par l'interdépendance entre les conventions d'un ensemble contractuel. Bien que la jurisprudence paraisse exiger la connaissance de la clause compromissoire avant de l'étendre aux tiers directement impliqués dans l'exécution de la convention la contenant[763], il n'en demeure pas moins que le consentement requis relève de l'artifice (1). Il en découle un défaut d'intérêt pour l'ignorance raisonnable du tiers non signataire (2).

1. Le caractère artificiel du consentement

353 Afin d'étayer la virtualité du consentement à la clause compromissoire par des tiers impliqués dans l'exécution du contrat dans lequel elle est insérée, il importe de s'arrêter sur les critères retenus par la jurisprudence. En France, le droit prétorien a fait de l'implication d'un tiers dans l'exécution d'une convention contenant une stipulation arbitrale la matrice de l'analyse. Dans ce sens, il a été décidé que « *dans le droit de*

---

761 Sentence CCI 3493/1983, *Rev. arb.* 1986, p. 105. V. aussi, CA Paris, 12 juillet 1984, *JDI* 1985, p. 130, note B. Goldman ; Cass. civ. 1ère, 06 janvier 1987, *JDI* 1987, p. 638, note B. Goldman, *Rev. arb.* 1987, p. 469, note Ph. Leboulanger ; Ph. Leboulanger, « Etat, politique et arbitrage. L'affaire du plateau des pyramides », *Rev. arb.* 1986, p. 3 ; B. Oppetit, « Les Etats et l'arbitrage international : esquisse d'une systématisation ? », *Rev. arb.* 1985, p. 493 ; CA Paris, 16 juin 1988, *Swiss oil*, *Rev. arb.* 1988, p. 309, note C. Jarosson ; CA. Paris, 17 février 2011, *Dallah*, *JDI* 2011. 395, note I. Michou ; *Cah. arb.* 2011, p. 433, note G. Cuniberti ; *PA* 14 novembre 2011, n° 226, p. 5, note L.-C. Delanoy ; *Gaz. Pal.* 15-17 mai 2011, p. 16, obs. D. Bensaude

762 D. Vidal, *Droit français de l'arbitrage interne et international*, *op. cit.*, n° 519.

763 CA Paris, 30 novembre 1988 et 14 février 1989, *Rev. arb.* 1989-4, p. 691, note P.-Y. Tschanz ; CA Paris, 30 novembre 1989, *Cotunav*, *Rev.* arb. 1990-3, p. 675 (1ère espèce), note P. Mayer.

l'arbitrage international, les effets de la clause compromissoire s'étendent aux parties directement impliquées dans l'exécution du contrat dès lors que leurs situations font présumer qu'elles avaient connaissance de l'existence et de la portée de la convention d'arbitrage »[764]. A première vue, la lettre de cette décision semble la mettre à l'abri de toute critique, la présomption de connaissance étant la condition *sine qua non* de l'extension de la stipulation arbitrale. Toutefois, un examen approfondi de la jurisprudence française invite à la réserve, tant la connaissance de la clause compromissoire est systématiquement présumée[765]. En guise de confirmation, il suffit de rappeler qu'il a été décidé que « *les assureurs subrogés ne peuvent se prévaloir de l'inopposabilité de la clause à leur égard en l'absence de consentement exprès dès lors qu'il est habituel qu'une clause d'arbitrage international soit insérée dans un contrat de transport maritime international* »[766]. Cet arrêt rend clairement inutile la prétendue « *présomption de connaissance de l'existence et de la portée de la convention d'arbitrage* ». Autrement dit, le fait d'être impliqué dans un contrat de transport maritime international induit automatiquement la connaissance de la clause compromissoire et par ricochet son acceptation. Qu'en est-il du destinataire des marchandises non professionnel ou de l'entreprenant qui passe une première commande de marchandises ? Est-il réaliste de leur opposer une stipulation arbitrale sur la base du critère objectif de la récurrence de celle-ci ?

354 De plus, il y a loin entre être informé de l'existence d'une clause et en accepter l'application. Or, le droit prétorien français tire de la connaissance d'un accord arbitral, une présomption de consentement dont la pertinence est assez contestable. Comment peut-on accepter ce qu'on ne connaît pas ?

355 Volant au secours des contorsions conceptuelles de la jurisprudence, M. Loquin soutient que « *l'extension de la clause compromissoire est (...) fondée sur un mécanisme de ratification. En exécutant la Convention à laquelle elles ne sont pas parties, les contractants des contrats d'application ratifient, c'est-à-dire adhèrent aux obligations nées du contrat cadre* »[767]. Pour méritoire que soit cet argument, il est aisé de lui opposer, comme M. Loquin l'exige lui-même, qu' « *encore faut-il [que les tiers non signataires]*

---

764 CA Paris, 7 décembre 1994, *Jaguar*, *op. cit.*

765 J.-B. Racine, « Réflexions sur l'autonomie de l'arbitrage commercial international », *op. cit.*, n° 61.

766 Cass. civ. 1ère, 22 novembre 2005, *op. cit.*; C. Kaplan, « Les clauses d'arbitrage en transport maritime : chronique d'un rapprochement. Réflexions sur l'arrêt *Lindos* (Cass. civ. 1ère, 22 novembre 2005) », *op. cit.*

767 « Différences et convergences dans le régime de la transmission et de l'extension de la clause compromissoire devant les juridictions françaises », *op. cit.*, n° 32.

connaissent l'existence et le contenu de la clause compromissoire contenue dans le contrat cadre ». Or, les juges paraissent peu préoccupés par la recherche de la connaissance de la convention d'arbitrage, ils la présument et en déduisent le consentement. Nul besoin d'une longue argumentation pour comprendre qu'en fait de ratification, on « *est (...) plutôt en présence d'une règle matérielle selon laquelle la clause d'arbitrage internationale prévue dans un contrat s'étend à toute personne autre que celle qui l'a conclue, dès lors que cette personne est "impliquée » »*[768]. Ceci étant, la nouvelle rédaction de l'article 2061 semble présager un avenir plus radieux pour le non professionnel puisque la clause compromissoire n'est opposable au tiers non signataire que s'il succède aux droits et obligations d'un signataire de ladite clause. Or, tel n'est pas l'hypothèse de la circulation de la stipulation arbitrale dans les groupes de contrats, le lien entre les différents contrats tenant à leur indivisibilité et non à la substitution de contractants.

356 Fidèle au libéralisme du droit OHADA, la jurisprudence CCJA n'offre pas non plus de réponse satisfaisante à l'extension des clauses compromissoires. Au contraire, dans les suites de leurs homologues français, les juges supérieurs de l'OHADA ont également admis une circulation objective de la stipulation arbitrale dans l'affaire *Joseph Roger contre Fofana Patrice*[769]. En l'espèce, le défendeur avait conclu un accord avec le demandeur en vertu duquel si son intervention permettait à son contradicteur d'obtenir un contrat de construction, celui-ci lui verserait la somme de treize millions de Franc CFA. Le contrat de construction ayant été octroyé au demandeur, le défendeur a obtenu de la Cour d'appel d'Abidjan une ordonnance d'injonction de payer de la somme indiquée ci-dessus. Pour annuler ladite ordonnance, la CCJA a déclaré la Cour d'appel d'Abidjan incompétente, motif pris de la convention d'arbitrage insérée dans le contrat de construction. A cet effet, elle a soutenu que le sieur *Fofana Patrice* était lié par la clause compromissoire car « *bien que n'étant pas signataire du contrat [de construction], [il] trouve nécessairement dans l'objet et dans l'exécution de celui-ci le fondement même de sa qualité réelle ou prétendue de créancier poursuivant ou, à tout le moins, de mandataire censé être commis par de tiers architectes, (...) pour quérir une commission sur le marché défini par le contrat susdit* ». Comme il a été relevé[770], la proximité

---

[768] C. Seraglini et J. Ortscheidt, *Droit de l'arbitrage interne et international*, *op. cit.*, n° 713, p. 640.

[769] CCJA, 08 avril 2010, *Joseph Roger c/ Fofana Patrice*, *op. cit.*

[770] A. Ngwanza, « L'essor de l'arbitrage international en Afrique sub-saharienne : les apports de la CCJA », *op. cit.*, n° 64.

de cette décision avec la jurisprudence française[771], allemande[772] et suisse[773] est très forte. Bien que la CCJA n'évoque pas la controversée notion d'« *implication* »[774] comme les magistrats hexagonaux, elle se réfère à l'exécution du contrat comprenant la stipulation d'arbitrage. En disant que le sieur *Fofana Patrice* est lié par l'accord arbitral parce qu'il « *trouve nécessairement dans l'objet et dans l'exécution du [contrat de construction] le fondement même de sa qualité réelle ou prétendue de créancier poursuivant* », elle ne s'est aucunement préoccupée de son consentement à la compétence des arbitres.

357 Plus grave dans cette affaire, il n'est pas précisé que le défendeur était un professionnel, ses bons offices pour l'obtention du contrat par le demandeur étant uniquement justifiés par les relations qu'il avait avec le maitre d'ouvrage. La CCJA a donc rendu un arrêt de principe de portée générale, le statut particulier de consommateur ou d'entreprenant étant sans incidence sur le rayonnement de la clause compromissoire. Elle ne s'est pas non plus préoccupée du fait que le défendeur ignorait la conclusion du contrat de construction ; il ne l'a appris qu'en constatant fortuitement que l'entreprise du demandeur effectuait des travaux sur le site à rénover. Ce n'est donc pas l'implication dans l'exécution que la CCJA a retenue, tout au plus elle a suivi la position des arbitres qui, dans l'affaire *Dow Chemical*[775], se sont référés au « *rôle (...) joué lors de la conclusion* ». Pour autant, la position de la CCJA reste discutable car le contrat ayant été conclu à l'insu du sieur *Fofana Patrice*, peu importe l'incidence de son action d'entremetteur, rien ne lui permettait d'en connaitre la substance, notamment la stipulation arbitrale y figurant. Au total, le consentement étant indiscutablement inexistant, il a suffi aux juges de constater une interdépendance entre les différents actes juridiques de cette affaire pour que la clause compromissoire soit étendue. Tout au plus, à la décharge des juges supérieurs de l'OHADA, l'on indiquera que le débat n'a pas porté sur le fait que le sieur *Fofana Patrice* n'était pas un professionnel.

358 Néanmoins, il n'est pas excessif de considérer qu'en posant une règle d'application automatique, la CCJA a adopté le libéralisme du droit prétorien français. Cette option n'est pas louable car elle perd de vue que la circulation d'une convention d'arbitrage est un « *problème délicat* »[776] et de

---

[771] Cass. com., 05 mars 1991, *Peptax c/ Fichou*, *Rev. arb.* 1992-1, p. 66, note L. Aynès ; Cass. civ. 1ère, 21 mai 1997, *Rev. arb.* 1997-4, p. 537, note E. Gaillard ; CA Paris, 18 janvier 2012, *Gaz. pal.* 08 mai 2012, n° 129, p. 129.

[772] OLG Dresde, 05 décembre 1994, *Bull. ASA* 1995-2, p. 247.

[773] J.-F. Poudret et S. Besson, *Droit comparé de l''arbitrage international*, *op. cit.*, n° 368 et s.

[774] C. Seraglini et J. Ortscheidt, *Droit de l'arbitrage interne et international*, *op. cit.*, n° 713, p. 640.

[775] Sentence CCI 4131/1982, *op. cit.*

[776] D. Cohen, « Arbitrage et groupe de contrats », *op. cit.*, p. 471.

« *grande acuité* »[777]. Elle est en total décalage avec l'environnement socio-juridique de l'espace OHADA dans la mesure où l'arbitrage n'est pas encore suffisamment entré dans les mœurs[778]. Avant de consacrer une règle aussi novatrice, il faut s'assurer qu'elle ne va pas créer plus de problèmes qu'elle n'en résout. Or, en s'exonérant de toute recherche du consentement, la CCJA, à l'instar des juridictions françaises, récusent la réserve d'ignorance excusable pourtant fondamentale pour le faible.

2. Le défaut d'intérêt pour l'ignorance raisonnable du faible

359 L'extension de la convention d'arbitrage dans les groupes de contrats aurait été moins problématique si elle s'était accompagnée d'une réserve d'ignorance raisonnable. Malheureusement, à l'heure actuelle, la jurisprudence a renoncé à empêcher la circulation d'une clause quand il est établi que le tiers non signataire ignorait son existence. Pourtant dans l'affaire *Stés SMABTP et autres*[779],la Cour d'appel de Paris a, à bon droit, refusé d'étendre une clause compromissoire à une « société *qui s'est bornée à acquérir par l'intermédiaire de sous-traitants, les produits fabriqués par une société tierce et dont il n'est ni allégué ni démontré qu'elle ait eu connaissance des obligations que comportait la convention passée entre la société tierce et lesdits sous-traitant* ». Ce lumineux attendu est conforme à l'exercice auquel la jurisprudence devrait se livrer afin de vider d'intérêt toute réflexion sur le consentement du consommateur ou de l'entreprenant. En effet, qui peut le plus, pouvant le moins, en protégeant la volonté du fort, le professionnel, on préserve naturellement celle du faible. Ainsi, l'ignorance de la clause compromissoire évince toute possible d'extension, ce au grand bénéfice du faible.

360 Cet arrêt vertueux ne reflète malheureusement pas la jurisprudence actuelle, il est bien loin le temps où M. Cohen écrivait que « *les juges étatiques se montrent assez réservés dans l'ensemble quant à faire produire des effets à la clause d'arbitrage au-delà du cercle de ses signataires* »[780]. Il est vrai qu'en écho discordant à la tendance majoritaire, la jurisprudence relative au transport maritime a constamment déclaré inopposables aux tiers les stipulations arbitrales en l'absence de preuves de la connaissance et de

---

[777] B. Oppetit, « L'arbitrage et les tiers : présentation générale », *op. cit.*, p. 435.

[778] P. Meyer, « L'acte uniforme de l'OHADA sur l'arbitrage », *op. cit.*, p. 648, n° 4 ; P. Meyer « Le droit de l'arbitrage dans l'espace OHADA dix ans après l'acte uniforme», *op. cit.*, n° 2-10 ; J. M'bosso, « Premier bilan de l''application des instruments OHADA relatifs à l''arbitrage : le cas de l''Arbitrage CCJA », *Revue camerounaise de l'arbitrage*, numéro spécial février 2010, p. 161, sp. p. 170.

[779] CA Paris, 22 mars 1995, *Rev. arb.* 1988-3, p. 550.

[780] D. Cohen, « Arbitrage et groupe de contrats », *op. cit.*, p. 502.

l'approbation de l'accord arbitral[781]. Dans cette optique, il a été décidé que « *pour être opposable au destinataire, une clause compromissoire insérée dans un connaissement doit avoir été portée à sa connaissance et avoir été acceptée par lui, au plus tard au moment où, recevant livraison de la marchandise, il avait adhéré au contrat de transport* »[782]. En insistant sur l'information du destinataire des marchandises, la chambre commerciale de la Cour de cassation française indique tacitement, mais fermement, que l'ignorance rend la clause inopposable. Même la doctrine la moins favorable à cette approche, reconnait qu'il existe des destinataires modestes qui méritent protection[783]. A cet égard, il est fait cas des utilisateurs occasionnels du transport maritime, le consommateur et l'entreprenant entrant aisément dans cette catégorie.

361 Ceci étant, bien que la jurisprudence relative au transport maritime soit conforme à la protection des faibles, il n'en demeure pas moins qu'elle reste isolée en droit français. De plus, au vu d'un arrêt qui fait la part belle au principe compétence-compétence au détriment du consentement du destinataire[784], des interrogations commencent à poindre sur le flétrissement de sa position[785].

362 Quoi qu'il en soit, le caractère marginal de la jurisprudence maritimiste semble s'expliquer par les fondements réels qui l'animent. A ce propos, un auteur remarque que pour légitime que soit la préservation des tiers non signataires, « *la protection du for français [est] une justification inavouable* »[786]. Ce propos s'appuie certainement sur le fait qu'en arbitrage maritime, les clauses compromissoires visent rarement les institutions arbitrales installées en France, le siège de la procédure étant souvent fixé à Londres. Etant donné que la logique consumériste ne parait pas constituer la toile de fond du droit prétorien maritime, alors, il n'y a pas lieu d'en faire un modèle de défense du faible.

363 En fait, il faut se souvenir qu'une « *"Sainte Alliance" de plusieurs solutions développées par la jurisprudence française en vue de favoriser l'arbitrage commercial international joue, à l'heure actuelle, au détriment de*

---

781 Cass. com., 8 octobre 2003, *Rev. arb.* 2004-1, p. 77, note O. Cachard ; *JDI* 2004-4, p. 1187 (1ère espèce), note S. Sana-Chaillé ; *Rev. crit. DIP* 2005-4, p. 763, note F. Jault-Sesseke.

782 Cass. com., 19 novembre 1994, *DMF* 1994, p. 218, obs. Y. Tassel.

783 C. Legros, « Note sous Cass. com., 21 février 2006 et Cass. civ. 1ère, 22 novembre 2005 », *op. cit.*

784 Cass. com., 21 février 2006, *Navire Pella, Sté Belmaire et a.c / Sté Trident Marine Agency Inc. Et a., Rev. arb.* 2006, p. 963. Pour commentaire de cette décision, v. O. Cachard, « Le contrôle de la nullité ou de l'inapplicabilité manifeste de la convention d'arbitrage », *Rev. arb.* 2006-4, p. 893.

785 C. Seraglini et J. Ortscheidt, *Droit de l'arbitrage interne et international, op. cit.*, n° 714.

786 C. Legros, « Note sous Cass. com., 21 février 2006 et Cass. civ. 1ère, 22 novembre 2005 », *op. cit.*

la protection de la partie faible »[787]. Il n'est donc guère surprenant que les juges ne soient pas spécialement attachés à faire de l'ignorance raisonnable un rempart contre l'extension de la clause compromissoire[788]. Quand bien même, la jurisprudence maritimiste n'adopterait pas la position libérale pour des considérations distinctes de celles tenant à la compétence des juridictions françaises, le problème resterait entier. Dans les autres matières, qui sont les plus nombreuses, les tiers faibles continueront à être liés par des clauses dont ils n'ont jamais entendu parler. Or, le nœud gordien du consumérisme se trouve dans l'asymétrie entre professionnel et consommateur et l'intégrité du consentement de ce dernier. A dire vrai, le seul moyen véritable de protéger les consommateurs et les entreprenants de la circulation automatique des clauses compromissoires est de leur reconnaitre un statut particulier.

§ 2 La prise en compte du statut particulier du faible

364 S'il est indéniable que l'arbitrage n'est pas *per se* une justice à l'avantage des forts, il n'en demeure pas moins qu'il se présente sous un jour particulier à l'égard du faible. Pour cette raison, les consommateurs, les travailleurs et les entreprenants ne sauraient être contraints d'ester devant des arbitres sur la base d'une politique juridique contraire à leurs intérêts. Il en découle que la transmission ou l'extension d'une convention d'arbitrage ne sont bienvenues que si elles procèdent d'une adaptation philosophique à la précarité du faible (A). Ce faisant, le principe compétence-compétence ne devrait pas être appliqué dès lors que le contractant en position d'infériorité s'oppose à la circulation d'une clause compromissoire (B).

A. L'adaptation de la circulation de la convention d'arbitrage au faible

365 Afin que la circulation de la convention d'arbitrage ne soit pas préjudiciable aux consommateurs et aux entreprenants, elle doit être conforme à leurs lacunes. Pour ce faire, il est important que les règles gouvernant la transmission ou l'extension d'une clause compromissoire ne soient pas inspirées par un libéralisme centré sur le commerce international (1). Cette dynamique ne sera complète que si le libéralisme du droit OHADA est aménagé à certains égards (2).

---

[787] C. Seraglini, « Les parties faibles dans l'arbitrage international », *op. cit.*,n° 11.

[788] Pour D. Cohen (« L'arbitrage et la cession des droits sociaux », *Gaz. pal.* 20 mai 2010, n° 140, p. 87), c'est le « *principe de transmissibilité de la clause d'arbitrage en toutes circonstances qui pose problème* ».

1. L'exclusion du libéralisme centré sur le commerce international

366 Quel que soit le secteur d'activités, la circulation de la clause compromissoire repose sur les « *besoins du commerce international* »[789]. C'est en raison de la volonté d'assouplir les échanges transfrontaliers et par incidence, le mode de résolution des différends en découlant, que la jurisprudence n'a eu de cesse d'assurer l'efficacité des conventions d'arbitrage[790]. Il s'en est suivi un principe de validité de la clause compromissoire en matière internationale[791]. Or, il se trouve que la participation d'un consommateur ou d'un entreprenant à une opération contractuelle en modifie considérablement le contexte. La doctrine du « *laissez passer, laissez faire* » ne leur sied pas car ils ne sont pas des contractants ordinaires.

367 De plus, quand bien même, un consommateur ou un entreprenant se trouverait impliqué dans un contrat international, cela ne suffit pas à lever les règles protectrices en son avantage. Au contraire, les données factuelles (éloignement géographique) et juridiques (conflit de lois et de juridictions) du commerce extérieur amplifient la vulnérabilité des contractants protégés[792]. En conséquence, les normes adoptées pour faciliter les échanges internationaux ne peuvent être pertinentes que si elles subissent des aménagements correspondant aux consommateurs et entreprenants.

368 Le problème de la circulation de la clause compromissoire repose justement sur le fait que les décisions ayant contribué à son développement renvoient systématiquement au commerce international. Ainsi, la philosophie innervant la transmission ou l'extension de la stipulation arbitrale porte un souffle libéral dont l'outrance est dénoncée par la doctrine pourtant favorable à l'arbitrage[793]. Il est important de souligner que le droit

---

789 J.-L. Goutal, « La clause compromissoire dans les connaissements : la Cour de cassation française et la Cour suprême des Etats-Unis adoptent des solutions opposées », *Rev. arb.* 1996-4, p. 605.

790 Th. Clay, « L'efficacité de l'arbitrage », *op. cit.*

791 F. Valencia (« Parties faibles et accès à la justice en matière d'arbitrage », *op. cit.*, n° 14) affirme que « *la clause compromissoire bénéficie (...) d'une validité quasi systématique en matière internationale* ». V. aussi Th. Clay et Ph. Pinsolle, « De l'autonomie de la convention d'arbitrage à l'autonomie de la sentence arbitrale. - Les grands arrêts de la jurisprudence française en matière d'arbitrage international de 1963 à 2007 », *op. cit.* ; Cass. civ. 1ère, 5 janvier 1999, *Bull. civ.* I, n° 2 ; *Rev. arb.* 1999, p. 260, note Ph. Fouchard ; *Rev. crit. DIP* 1999, p. 546, note D. Bureau ; *JDI* 1999, p. 784, note S. Poillot-Peruzzetto ; *RTD. com.* 1999, p. 380, obs. É. Loquin ; *Droit et Patrimoine* 2000, p. 2514, obs. P. Mousseron ; *RDAI* 1999, p. 823, obs. Ch. Imhoos ; *RJDA* 1999, p. 360 ; *Gaz. pal.* des 9-11 janvier 2000, p. 64 ; *Gaz. pal.* des 13-14 octobre 2000, p. 10, obs. E. du Rusquec.

792 Ph. Delebecque, « Arbitrage et droit de la consommation », *op. cit.*

793 Th. Clay (« Qui arrêtera la circulation de la convention d'arbitrage ? », *D.* 2003, p. 2471 *cit.*) note qu' « *à toujours considérer les tiers comme liés par la clause compromissoire*

français de l'arbitrage international, dont s'inspire majoritairement le droit OHADA, est « *exceptionnel (...) parce qu'il obéit à des logiques et à une philosophie atypiques* »[794] peu attentives à la protection de la partie faible[795]. Il s'agit donc d'un « *droit pragmatique qui déroute* »[796] celui qui souhaite y voir un penchant consumériste.

369 Afin que la transmission ou l'extension de la convention d'arbitrage soit équilibrée, il faudrait qu'elle soit mue par la dialectique de la protection du faible et la souplesse du commerce international. Avec l'avènement de la mondialisation et le développement des échanges électroniques, il est évident que nombreux particuliers et entreprenants sont susceptibles de commander des biens et services en ligne. Au regard de la croissance exponentielle du commerce électronique en Afrique[797], l'on doit s'attendre à voir des consommateurs de l'espace OHADA conclure des contrats internationaux. Peut-on pour autant croire qu'ils ne méritent aucune protection ? Indiscutablement, la réponse est négative ce d'autant plus que le libéralisme français en matière internationale ne se retrouve pas en droit comparé[798].

370 Ceci étant, aussi acerbe que puisse être la critique du droit français, il convient de rappeler qu'en adoptant une conception dualiste de l'arbitrage le législateur français accorde néanmoins un certain intérêt aux parties faibles. Dans l'ordre interne, le consommateur, tout comme le travailleur peut rendre inefficace une clause compromissoire[799]. Cette dichotomie philosophique, certes, de plus en plus atténuée[800], entre l'arbitrage interne et

---

litigieuse, la jurisprudence finira par égarer même la doctrine la plus favorable à l'arbitrage ». Pour sa part, I. Fadlallah (« Clauses d'arbitrage et groupes de sociétés », *op. cit.*, p. 120) affirme qu'« *il faut éviter de créer une présomption d'extension de l'arbitrage au groupe, à peine de provoquer un réflexe de défense qui pourrait aller jusqu'au refus de tout arbitrage* ».

794 Th. Clay et Ph. Pinsolle, « De l'autonomie de la convention d'arbitrage à l'autonomie de la sentence arbitrale. - Les grands arrêts de la jurisprudence française en matière d'arbitrage international de 1963 à 2007 », *op. cit.*

795 F. Valencia, « Parties faibles et accès à la justice en matière d'arbitrage », *op. cit.*, n° 14 et s.

796 J.-B. Racine, « Propos liminaire sur un droit pragmatique », *in Y. Strickler et J.-B. Racine (ss dir.), L'arbitrage. Questions contemporaines*, L'Harmattan, 2012, p. 11.

797 M. Sanni Yaya, *Le droit de l'OHADA face au commerce électronique*, Thèse de doctorat, Université de Montréal, 2011.

798 J.-F. Poudret, « L'extension de la clause d'arbitrage : approches française et suisse », *JDI* 1995-4, p. 815 ; J.-F. Poudret et S. Besson, *Droit comparé de l'arbitrage international*, *op. cit.*, n° 250-258.

799 V. supra, n° 168 et s.

800 H. Lecuyer et D. Poracchia, « La circulation de la garantie de passif et de la clause compromissoire », *Droit et patrimoine* 2008, dossier *Arbitrage et garantie de passif*, p. 67, sp. pp. 71-73.

l'arbitrage international montre que le libéralisme du droit OHADA doit être aménagé envers les faibles.

2. La pondération du libéralisme du droit OHADA

371 En adoptant une conception moniste de l'arbitrage, le législateur OHADA a clairement exprimé son inclination libérale. Il s'en infère que le droit de l'arbitrage est essentiellement tourné vers l'efficacité des conventions d'arbitrage et des sentences[801]. En effet, la plupart des législations qui ne consacrent pas la distinction entre les procédures arbitrales internes et internationales sont marquées par un grand libéralisme. Tel est notamment le cas de la Suisse et l'Angleterre. Sauf que ces pays, malgré leur système moniste, n'affichent pas une bienveillance judiciaire en matière de circulation de la convention d'arbitrage[802].

372 Or, le monisme du droit OHADA ne contient pas les règles suisses ou anglaises qui concourent à limiter la transmission ou l'extension d'une clause compromissoire. Vu que les obstacles à la circulation de la convention dans ces Etats tiennent à des singularités qui ne sont pas exportables dans l'espace OHADA, il importe d'esquisser les normes qui permettront d'éviter de tomber dans les excès de la jurisprudence française. Il s'agit donc de maintenir l'option moniste actuelle tout l'assortissant de tempéraments qui permettent de prévoir un régime particulier pour les entreprenants et les consommateurs.

373 Sans consacrer le dualisme, le législateur OHADA pourrait très bien affiner le régime de la clause compromissoire en précisant que chaque fois qu'une convention d'arbitrage non signée doit être étendue à un tiers non professionnel, son consentement ne saurait être présumé. Cette règle serait une utile boussole pour la jurisprudence, qui quand bien même, elle serait tentée de succomber aux sirènes de la présomption de connaissance, serait obligée de prouver le consentement. Pour compléter le dispositif, il faudrait également que l'ignorance du consommateur et de l'entreprenant soit la règle, sachant qu'il s'agira d'une présomption simple qu'un examen des faits permettra de renverser. Ainsi, la charge de la preuve pèsera sur celui qui invoquera la stipulation arbitrale.

374 Cette proposition qui ne semble pas aller dans le sens de la promotion de l'arbitrage, repose sur un regard pragmatique de l'environnement des affaires de l'espace OHADA et de la pratique de l'arbitrage. A l'exception de la CCJA où les procédures arbitrales relèvent

---

[801] B. Bayo Bibi, « L'efficacité de la convention d'arbitrage », Penant n° 876, p. 361.

[802] J.-F. Poudret et S. Besson, *Droit comparé de l'arbitrage international*, *op .cit.*, n° 258-262.

prioritairement du contentieux international[803], la majorité des affaires portées devant les centres d'arbitrages nationaux portent sur des litiges locaux[804]. Dans un tel contexte, les règles de droit doivent correspondre à la nature des différends à trancher et non être calquées sur un modèle destiné aux litiges internationaux. En affirmant sa volonté d'encourager le « *recours à l'arbitrage pour le règlement des différends contractuels* »[805], le législateur OHADA a voulu en faire la justice de droit commun des contrats. Dans cette optique, il a généralisé la capacité compromissoire, tout en oubliant malheureusement que l'égalité des hommes en droit n'est pas l'égalité économique, encore moins l'égalité de la mise en œuvre des droits.

375 Partant de la participation potentielle des consommateurs et des entreprenants au même titre que les commerçants aux arbitrages, il faut éviter que la circulation de la clause arbitrale se fasse sous le jour d'un libéralisme oppressant pour les faibles. A ce titre, on ne répètera jamais assez que la liberté contractuelle absolue dans les rapports asymétriques peut être un instrument d'oppression du faible par le fort[806]. Il est donc nécessaire que la règle de droit, notamment le droit OHADA, soit un subtil compromis entre les impératifs de promotion de l'arbitrage et le respect des exigences de l'intégrité du consentement des faibles. Il est particulièrement important de prendre en compte cette réalité dans l'espace OHADA en raison de la structure économique des Etats de cette sous-région. Ces derniers étant majoritairement importateurs de produits manufacturés, il est facile d'imaginer le désastre socio-économique qui pourrait découler de la circulation systématique des clauses compromissoires conclus entre fabricants occidentaux ou venant des pays émergents et leurs distributeurs locaux. Comment expliquer à un particulier que ses contestations relatives à la défectuosité d'un appareil acheté auprès d'un commerçant local doivent être portées devant des arbitres dont il n'a jamais entendu parle lors de son achat ? Et si d'aventure il s'avère que ce n'est pas un seul appareil qui présente des dysfonctionnements, est-il normal de contraindre une foule de consommateurs déçus de saisir la CCI par exemple ? L'hypothèse n'est pas

---

803 A. Ngwanza, « L'essor de l'arbitrage international en Afrique sub-saharienne : les apports de la CCJA », *op. cit.*, n° 29 et s.

804 En guise d'illustration, il ressort des statistiques du Centre d'Arbitrage de Médiation et de Conciliation de Ouagadougou (http://www.camco.bf/DONNEES-STATISTIQUES-DU-1er,172), seuls 4 % des affaires ont un caractère international.

805 Article 1 *infine* du Traité OHADA

806 H.-D. Lacordaire, 1848, « Du double travail de l'homme », 52ème conférence de Notre-Dame du 16 avril 1848, in *Œuvres du R.P. Henri-Dominique Lacordaire de l'ordre des Frères prêcheurs*, Paris, Poussielgue frères, 1872, 9 vol., vol. IV, *Conférences de Notre-Dame de Paris*, t. III, Années 1846-1848, p. 471.

d'école au regard de l'utilisation sans cesse croissante des *smart phones* en Afrique et de la montée en puissance du contentieux africain à la CCI[807].

376 Ceci étant, à supposer que le législateur OHADA ou la CCJA conclut à l'inopposabilité de la clause compromissoire non consentie par le consommateur ou l'entreprenant, le problème ne sera pas totalement réglé, l'effet négatif du principe compétence-compétence obligera quand même le passage par une instance arbitrale. Il s'ensuit que l'inapplication dudit principe s'impose également pour protéger complètement le consommateur et l'entreprenant.

B. L'inapplication de l'effet négatif du principe compétence-compétence

377 Tout d'abord, il importe d'indiquer que l'article 13 de l'AUA consacre l'effet négatif du principe compétence-compétence en disposant : « *Lorsqu'un litige, dont un Tribunal arbitral est saisi en vertu d'une convention arbitrale, est porté devant une juridiction étatique, celle-ci doit, si l'une des parties en fait la demande, se déclarer incompétente.*

Si le tribunal arbitral n'est pas encore saisi, la juridiction étatique doit également se déclarer incompétente à moins que la convention d'arbitrage ne soit manifestement nulle ».

Au regard de l'importance de l'effet négatif du principe compétence-compétence[808], il peut paraitre surprenant d'en revendiquer l'inapplication. Toutefois, même en droit français où il a reçu ses premières lettres de noblesse[809], ce principe connait des tempéraments tenant soit à la protection du salarié[810], soit aux singularités de la matière maritime[811]. Dans l'espace OHADA, la jurisprudence n'est pas en reste dans la dynamique de

---

807 Il ressort des statistiques annuelles de la CCI publiées au Bulletin de la Cour internationale de la CCI que la participation de justiciables africains est en hausse constante sur cinq dernières années.

808 Pour E. Gaillard (« La jurisprudence de la Cour de cassation en matière d'arbitrage international », *Rev. arb.* 2007, p. 697, sp. n° 15), « *le véritable signe de la maturité d'un droit par rapport à l'arbitrage réside aujourd'hui, (...) dans la reconnaissance du principe de compétence-compétence et spécialement de son effet négatif* ».

809 L'effet négatif du principe compétence-compétence a été théorisé à l'occasion d'un arrêt de la Cour de cassation française (Cass. civ. 2ème, 10 mai 1995, *Société Coprodag et autre c/ Dame Bohin* », *Rev. arb.* 1995-4, p. 618, note E. Gaillard). V. aussi E. Gaillard, « L'effet négatif de la compétence-compétence », *in Etudes de procédure et d'arbitrage. Mélanges Jean François Poudret*, Lausanne, Faculté de droit de Lausanne, 1999, p. 387 ; E. Gaillard, « La reconnaissance en droit suisse de la seconde moitié du principe d'effet négatif de la compétence-compétence », *in Global Reflections on International Law, Commerce and Dispute Resolution : Liber Amicorum in Honour of Robert Briner*, ICC Publishing, 2005, p. 311.

810 Cass. soc., 30 novembre 2011, *Deloitte, op. cit.*

811 C. Seraglini et J. Ortscheidt, *Droit de l'arbitrage interne et international, op. cit.*, n° 714.

neutralisation de l'efficacité des clauses compromissoires pour les conflits sociaux individuels, une option de juridiction texte accordée au salarié ayant été réitérée par les juges[812]. Il n'est donc pas hérétique d'envisager le défaut d'application directe de l'effet négatif du principe compétence-compétence, tant il présente de nombreux inconvénients s'agissant de l'opposabilité des stipulations arbitrales non approuvées par les consommateurs, les travailleurs et les entreprenants (1). A défaut d'adopter une règle aussi drastique, il est possible alternativement de pondérer ledit principe de manière indirecte en offrant à la partie faible une option de juridiction qui rendrait inutile le débat sur la compétence prioritaire des arbitres quant à l'efficacité de la stipulation arbitrale (2).

1. Le défaut d'application directe de l'effet négatif du principe compétence-compétence

378 Conçu pour endiguer les contestations dilatoires de la convention d'arbitrage[813], l'effet négatif du principe compétence-compétence s'avère contreproductif quand il doit être appliqué contre les parties faibles. En effet, s'il est parfaitement justifié d'imposer aux juridictions étatiques de faire droit à tout déclinatoire de compétence fondé sur l'existence d'un accord arbitral, il en va différemment de la situation d'un consommateur ou d'un entreprenant qui refuse l'application d'une convention d'arbitrage qu'il n'a pas conclue. Dans ce cas, l'objection à la compétence des arbitres ne saurait être perçue sous le prisme de la mauvaise foi. Dès lors qu'un non professionnel sous acquéreur, par exemple, conteste l'application d'une clause compromissoire insérée dans le contrat entre le premier acquéreur et le vendeur, le déclinatoire de compétence des arbitres ne relève point d'une insidieuse tactique procédurale.

379 La consécration du principe compétence-compétence relevant d'une « *difficult balance to be struck between the need to provide for court intervention to support the arbitral process and the need to remove opportunities to a recalcitrant party to delay or disrupt (...) [an] arbitration by abusing court procedures* »[814], il y a lieu d'évaluer *in concreto* les conséquences dudit principe avant d'en admettre la mise à l'écart. A ce

---

812 Tribunal de première instance de Lomé, 03 février 2015, *Sieur Thierry Tanoh c/ Ecobank Transnational Incorporation (ETI)*, *op. cit.*

813 E. Gaillard, « Les manœuvres dilatoires des parties et des arbitres », *op. cit.*, p. 769 et s. ; A. de Fontmichel, « Les tentatives de paralysie de l'instance arbitrale devant le juge étatique », *op. cit.*, n° 14.

814 V. V. Veeder, « *Laws and Court Decisions in Common Law Countries and the UNCITRAL Model Law* », *in* Van Den Berg (ed), *ICCA Congress serie n° 5*, Kluwer 1991, p. 169.

propos, il est important de remarquer que même la doctrine la plus favorable au principe compétence-compétence reconnait qu'il a un inconvénient majeur qui *« tient aux économies de temps et de moyens que le recours immédiat au juge étatique est susceptible de faire réaliser aux deux parties et spécialement à la partie qui estime ne pas être valablement liée par une convention d'arbitrage »*[815]. Or, le consommateur et l'entreprenant sont par principe des personnes peu nanties et qui ne peuvent pas se permettre le luxe d'engager une procédure de manière fantaisiste si elle est onéreuse. De longue date, la Cour suprême autrichienne a pris acte de cette réalité en décidant qu'*« il serait contraire au principe d'économie de moyens d'imposer à une partie contestant la compétence du tribunal arbitral de conduire à son terme la procédure arbitrale et de ne lui permettre de n'intenter à l'encontre de la sentence qu'une action en annulation »*[816].

380 En outre, contrairement à la jurisprudence qui prescrit au juge étatique un examen sommaire de la convention d'arbitrage[817], de nombreuses législations, à l'instar de la LDIP[818], du Code judiciaire belge[819] et du Code de procédure civile néerlandais[820], lui laissent une plus grande marge de manœuvre. Il s'en infère la possibilité d'examiner l'opposabilité d'une stipulation arbitrale avant ou pendant une procédure arbitrale[821].

381 Au regard des divisions du droit comparé[822], il n'est pas aberrant de soutenir que le législateur OHADA pourrait tempérer la rigueur de l'effet négatif du principe compétence-compétence. S'il est prouvé que la clause compromissoire litigieuse n'a pas été conclue par un consommateur ou un entreprenant, son opposabilité à ces derniers devrait pouvoir être examinée par le juge étatique. A supposer qu'il soit imposé au faible de participer à un

---

[815] E. Gaillard, « Les manœuvres dilatoires des parties et des arbitres », *op. cit.*, p. 774.

[816] O.G.H. S.Z. 17/131, 2 octobre 1935, cité par E. Gaillard, « Les manœuvres dilatoires des parties et des arbitres », *op. cit.*, p. 776.

[817] CCJA, 17 juillet 2008, *M. Dam Sarr c/ MATCA, op. cit.*

[818] L'article 7 de la LDIP dispose : « *le tribunal suisse saisi déclinera sa compétence à moins que (...) le tribunal ne constate que la convention d'arbitrage est caduque, inopérante ou non susceptible d'être appliquée* » (nous soulignons).

[819] L'article 1682 1. du Code judiciaire belge dispose : « *Le juge saisi d'un différend faisant l'objet d'une convention d'arbitrage se déclare sans juridiction à la demande d'une partie, à moins qu'en ce qui concerne ce différend la convention ne soit pas valable ou n'ait pris fin* » (nous soulignons).

[820] L'article 1022 1. du Code de procédure civile néerlandais dispose : « *Le tribunal, saisi d'un différend pour lequel une convention d'arbitrage a été conclue, se déclare incompétent si une partie invoque l'existence de cette convention avant toute défense, à moins que la convention ne soit pas valable* » (nous soulignons).

[821] O. Caprasse (« Le nouveau droit belge de l'arbitrage », *op. cit.*, n° 35) souligne que malgré la réforme de 2013, « *le droit belge continue de rejeter (...) l'effet négatif de la compétence de la compétence* », car « *l'article 1682, § 1er du Code judiciaire belge reprend mot pour mot ce que précisait l'article 1679 du Code judiciaire ancien* ».

[822] J.-F. Poudret et S. Besson, *Droit comparé de l'arbitrage international*, *op .cit.*, n° 483 et s.

arbitrage dont la sentence est annulée pour inexistence de la stipulation arbitrale, il sera parfaitement en droit de se sentir lésé. Comme le soutiennent certains auteurs, il s'agira alors « *d'un chemin pavé de bonnes intentions [conduisant] à une solution peu satisfaisante* »[823]. Il serait plus simple de laisser au juge le « *premier et unique mot* », plutôt que de lui demander un onéreux « *dernier mot* » sur l'opposabilité de la convention d'arbitrage au faible non signataire.

382 Par ailleurs, la jurisprudence française, pourtant viscéralement attachée à l'effet négatif du principe compétence-compétence[824], considère que « *le juge est fondé à écarter le principe compétence – compétence, dès lors qu'il constate, sans avoir eu à procéder à une quelconque interprétation, que la clause compromissoire insérée dans les réservations de fret a été remplacée par une clause de juridiction figurant dans les stipulations des connaissements* »[825]. Une semblable analyse peut être faite en cas de circulation d'une clause compromissoire opposée à un consommateur ou un entreprenant non signataire.

383 Dès lors qu'on garde à l'esprit que la zone OHADA est « *un espace géographique où vivent des femmes et des hommes qui ne sont pas coutumiers, dans leur grande majorité, du recours à l'arbitrage pour le règlement de leurs litiges* »[826], il est fondé de soutenir que les démunis méritent un régime dérogatoire. Dans cette veine, à défaut de souscrire à l'inapplication du principe compétence-compétence, octroyer un privilège de juridiction au consommateur et à l'entreprenant est une solution adéquate.

2. *Le défaut d'application indirecte de l'effet négatif du principe compétence-compétence*

384 Afin d'éviter d'énoncer une règle qui pourrait conduire à des dérives judiciaires quant à l'efficacité des conventions d'arbitrage, le législateur OHADA pourrait reconnaitre un au consommateur ou à l'entreprenant la faculté de choisir le for en matière de transmission ou d'extension de la clause compromissoire. En effet, pour intéressante que soit l'idée d'inapplication du principe compétence-compétence, il faudrait éviter de la

---

[823] C. Seraglini et J. Ortscheidt, *Droit de l'arbitrage interne et international*, *op. cit.*, n° 720.

[824] M. Boucaron-Nardetto, *Le principe compétence-compétence en droit de l'arbitrage*, préface, J.-B. Racine, PUAM, 2012, n° 32 et s.

[825] Cass. civ. 1ère, 11 juillet 2006, *Société PT ANDHIKA LINES c/ Société AXA COPRORATE et a.*, *DMF* 2007, p. 398, obs. P. Bonassies.

[826] J. M'bosso, « Premier bilan de l'application des instruments OHADA relatifs à l'arbitrage : le cas de l'Arbitrage CCJA », *op. cit.*, p. 170.

généraliser ou de l'énoncer dans un style imprécis susceptible d'entrainer des errements jurisprudentiels. Dans cette optique, le privilège de juridiction a l'avantage d'être limité à une catégorie précise de justiciables.

385 Une telle approche aura le mérite de donner une couleur sociologique au droit OHADA de l'arbitrage, levant ainsi le grief relatif à son ancrage aux seules attentes des investisseurs étrangers. En effet, en fixant une règle qui concerne uniquement les consommateurs et les entreprenants, le législateur OHADA permettra que la circulation de la convention d'arbitrage soit conforme au contexte africain. Concrètement, il s'agira d'indiquer que chaque fois qu'une clause compromissoire peut faire l'objet de transmission ou d'extension, le consommateur et l'entreprenant non signataires ont la latitude de saisir le juge étatique. Toutefois, afin que la règle ne soit pas détournée de son objectif par ces contractants, lorsqu'ils ont clairement donné leur consentement à la stipulation arbitrale non signée par eux, notamment par une référence expresse à celle-ci, elle leur est opposable. Ainsi, le privilège de juridiction n'existera que dans l'hypothèse du silence, ce qui permettra de neutraliser la mauvaise foi d'un consommateur ou d'un entreprenant.

386 Au-delà de la protection de la partie faible, la consécration d'un privilège de juridiction a aussi le bénéfice de la prévisibilité pour tous les acteurs de la sphère contractuelle. Elle permet au fabricant d'un bien, par exemple, de savoir que l'arbitrage ne joue de manière automatique que dans des relations avec son distributeur, le consommateur en bout de chaine ayant la latitude de saisir le for de sa convenance. Une telle règle n'est en rien arbitraire, au contraire, elle participe de l'esprit sous-jacent à la responsabilité du fait du risque-profit[827]. Dès lors qu'on tire un revenu d'une activité, on doit en assumer un certain nombre d'aléas[828] qui sont d'ailleurs intégrés dans le coût du bien ou de la prestation fournie. Par analogie, le fabricant d'un bien doit se préparer au fait que la stipulation arbitrale insérée dans son contrat avec un distributeur ne rayonne pas automatiquement sur le contrat de consommation. Ce faisant, le régime de la circulation de la convention d'arbitrage sera parfaitement équilibré, l'interrogation sur l'opposabilité de ladite convention à un faible ne subsistera que dans l'univers sociétaire.

---

[827] La responsabilité fondée sur le risque se justifie par l'adage *ubi emolumentum ibi onus*, là il où il y a émolument, il y a charge.

[828] Ph. Malaurie, L. Aynès et Ph. Stoffel-Munck, *Droit civil. Les obligations*, 3ème édition, 2007, n° 68.

SECTION II. L'OPPOSABILITE DES CLAUSES ARBITRALES SOCIETAIRES ADOPTEES PAR VOTE MAJORITAIRE

387 En droit OHADA, les décisions sociales sont valables pour peu qu'elles respectent, d'une part, les conditions de forme tenant à la convocation des associés et d'autre part, les exigences de quorum et de majorité[829]. Pour pertinente que soit cette règle, elle peut conduire à des difficultés dès lors qu'il s'agit d'introduire une clause arbitrale sans le consentement de tous les associés. En effet, la conclusion d'une convention d'arbitrage par une modification statutaire adoptée à la majorité heurte de plein fouet la nature consensuelle de la compétence des arbitres[830]. Le problème se pose d'autant plus que l'AUSCGIE[831], comme les droits français et belges[832], prévoit que l'on ne saurait augmenter les obligations d'un associé sans son consentement. Parallèlement à cette préoccupation, il est aisément objecté qu'en matière sociétaire, les associés sont liés par les décisions majoritaires quelle que soit leur opinion sur ladite décision.

388 Pour bien résumer la situation, il convient de retenir qu'« *en réalité, deux principes s'affrontent. D'un côté, le caractère volontaire de l'arbitrage, qui veut que doivent seuls "aller en arbitrage" ceux qui ont exprimé leur volonté en ce sens. De l'autre, le principe majoritaire au sein des sociétés commerciales : en l'absence d'abus de majorité, les minoritaires sont tenus par les décisions qui ont recueilli la majorité des suffrages (majorité qualifiée ou non suivant le régime applicable)* »[833]. En fait, au cœur de cet antagonisme, se trouve le problème de l'instrumentalisation du vote majoritaire au détriment des minoritaires opposés au recours à la justice arbitrale.

389 En dépit de la convergence de nombreuses législations en faveur du principe majoritaire pour la gestion des affaires sociales, il est des Etats, comme l'Italie, qui prévoient des mécanismes protecteurs pour les associés minoritaires quant à l'introduction d'une clause compromissoire par

---

829 Pour étude d'ensemble sur les décisions sociales en droit OHADA, v. R. Njeufack Temgwa, « Assemblées de sociétés et décisions collectives », *op. cit.*

830 La problématique des minoritaires à une clause compromissoire statutaire ne se pose réellement que pour les amendements des statuts car, à la création de l'entreprise, les associés sont sensés avoir défini d'un commun accord les règles régissant la société. Quant à l'associé qui acquiert des parts en cours de vie de la personne morale, les statuts constituent une forme de contrat d'adhésion tel qu'il ne peut se prévaloir de quelque réserve quant à la stipulation arbitrale.

831 V. infra, n° 326.

832 D. Cohen, *Arbitrage et société*, *op. cit.*, n° 384.

833 O. Caprasse, « Les décisions sociales », *op. cit.*, n° 71.

modification des statuts[834]. Pour sa part, le législateur OHADA semble avoir pris le parti de l'opposabilité des clauses compromissoires statutaires en s'abstenant de prévoir quelques règles pouvant prémunir les associés faibles s'y étant opposé (§ 1). Sans vouloir limiter l'efficacité des clauses compromissoires sociétaires en droit OHADA, il ne serait pas superflu de s'inspirer du droit comparé pour trouver un point d'équilibre entre le principe majoritaire de la vie sociétaire et le consentement des associés en position d'infériorité (§ 2).

§ 1 L'inexistence d'un régime protecteur des minoritaires contre les clauses compromissoires adoptées par modification statutaire

390 Bien que dans l'espace OHADA l'arbitrage en matière sociétaire ne soit plus une procédure imposée par la loi[835], il n'en demeure pas moins qu'un associé minoritaire peut valablement être attrait devant une juridiction arbitrale sans son consentement. Ceci est possible car l'AUSCGIE n'a pas prévu une règle particulière pour l'efficacité des clauses compromissoires adoptées par vote majoritaire des amendements des statuts. Il en découle que les stipulations arbitrales résultant de modifications statutaires tombent sous le régime des décisions majoritaires (A). De plus, la notion d'abus de majorité consacrée pour neutraliser l'instrumentalisation du pouvoir majoritaire s'avère peu efficace pour protéger les associés minoritaires contre les conventions d'arbitrage acceptées uniquement par la majorité des associés (B).

A. La suffisance du vote majoritaire pour l'insertion des stipulations arbitrales par modification statutaire

391 En droit OHADA, la classification des décisions sociales varie en fonction de leur importance, le législateur distinguant celles qui doivent prises en assemblée générale ordinaire des associés de celles qui doivent émaner des assemblées extraordinaires. S'agissant de l'amendement des

---

[834] A.-M. Gaillet, « L'arbitrage du nouveau droit des sociétés italiens », *RDAI* 2005-6, p. 743, sp. p. 746.

[835] Avant l'avènement du droit OHADA, sur le fondement de l'article 51 du Code de commerce hérité de la colonisation française, il était prévu que les litiges entre associés ne pouvait être réglé par voie arbitrale. Pour développement sur l'arbitrage forcé, v. O. Diallo, *Le consentement des parties à l'arbitrage international*, *op. cit.*, pp. 55-81 ; A. Ngwanza, « Le Cameroun et l'arbitrage international », *op. cit.*, p. 89 ; G. Kenfack, « Arbitrage forcé et règlement en droit camerounais des litiges entre associés », Penant, n° 825, p. 335.

statuts, notamment l'insertion d'une clause compromissoire, il doit intervenir lors d'une assemblée générale extraordinaire, ce quelle que soit la forme de la société. Pour autant, l'on ne saurait soutenir que le régime de l'insertion d'une convention d'arbitrage dans les statuts soit spécialement tourné vers les intérêts des minoritaires. En se contentant d'exiger une majorité variable selon les sociétés, l'AUSCGIE conforte la prépondérance des associés majoritaires (1). Par ailleurs, le silence gardé sur les clauses compromissoires non votées à l'unanimité incline à penser que le législateur n'y voit pas des décisions sociales augmentant les engagements des associés (2).

1. La prévalence de la volonté majoritaire sur le consentement des minoritaires

392 Pour justifier la primauté du vote dans les rapports entre associés, il est indiqué que la société fonctionne sur le modèle démocratique[836], *vox populi, vox dei*[837], disaient les latins. Il en résulte que lorsqu'une décision sociale a été prise sur la base d'une convocation et d'une consultation régulières des associés, aucun de ces derniers ne peut la remettre en question. S'agissant de la stipulation arbitrale adoptée uniquement par vote majoritaire, le problème ne se pose donc pas car, « *pour l'associé qui vote contre l'insertion d'une clause compromissoire dans les statuts, l'accord requis pour la clause compromissoire résulte en fin de compte de l'accord antérieur de participer à une société dont il sait que les décisions majoritaires s'imposent* »[838]. Le droit OHADA va dans ce sens puisqu'aucune disposition de l'AUSCGIE ne pose une exigence spécifique relative aux conventions d'arbitrage. L'article 148 de l'AUSCGIE se borne à indiquer l'arbitrabilité des litiges sociétaires[839], ce d'une manière particulière large qui ne laisse point subsister les doutes soulevés par le droit français[840].

---

[836] M. Germain (*Traité de droit commercial. Les sociétés commerciales*, LGDJ, 19ème édition, 2009, n° 1555) parle de « *la loi de la majorité* ».

[837] Cet adage latin qui se traduit ainsi « la voix du peuple est la voix de Dieu », affirme la prééminence de l'opinion la majorité des populations.

[838] O. Caprasse, « Les décisions sociales », *op. cit.*, n° 72.

[839] La conception large de l'arbitrabilité en matière sociétaire en droit OHADA a été confirmée par la CCJA (CCJA, 03 juin 2010, *Carlos Domingos Gomes contre B.A.O, op. cit.*) s'agissant d'un litige portant sur des règles d'ordre public. Pour sa part, le juge camerounais (TPI Douala-Ndokoti, ordonnance n° 139, 24 avril 2012, *Epoux Siani c/ Ngaliembou Alphonse et autres*, inédit) a accordé l'exequatur à une sentence ad hoc prononçant la dissolution d'une société.

[840] F. Fages et L. Jaeger, « Les nouveaux domaines de la clause compromissoire en droit des sociétés », *Bull. Joly* 2001, p. 772 ; J.-B. Racine, *L'arbitrage commercial international et l'ordre public*, *op. cit.*, 1999, pp. 88-89.

393 L'une des plus belles explications de la suprématie du principe majoritaire sur le consentement des minoritaires a été donnée par la CJUE. Dans un litige relatif à l'efficacité d'une clause d'élection de for, elle a affirmé qu' « il *importe peu que l'actionnaire, à l'encontre duquel la clause attributive de juridiction est invoquée, se soit opposé à l'adoption de cette clause ou qu'il soit devenu actionnaire après l'adoption de cette clause. En effet, en devenant et en demeurant actionnaire d'une société, l'actionnaire donne son consentement pour se soumettre à l'ensemble des dispositions figurant dans les statuts de la société, et aux décisions adoptées par les organes de la société conformément aux dispositions du droit national applicable et des statuts, même si certaines de ces dispositions ou décisions ne rencontrent pas son accord* »[841].

394 Toutefois, pour fondée que soit la primeur de la volonté majoritaire, peut-on s'en satisfaire sans nuance ? N'existe-il pas des matières pour lesquelles, en raison de leur importance, la majorité ne suffit pas pour prendre une décision collective ? A l'examen du droit OHADA, il apparait clairement que dans certaines situations, le législateur exige le consentement unanime des associés pour l'adoption d'une décision. C'est notamment le cas pour la nomination d'un liquidateur dans les sociétés en nom collectif et dans les sociétés en commandite simple[842], la transformation d'une SARL en société à responsabilité illimitée[843]. Il en va de même « *du transfert du siège social dans un État autre qu'un État partie* »[844] d'une SARL.

395 Les dérogations au principe de la décision majoritaire sont tellement nombreuses qu'il serait vain d'essayer d'envisager une énumération exhaustive sans risquer des omissions notables. La chose la plus importante à retenir est que le législateur OHADA n'a pas une vision absolue de la primauté du vote majoritaire, il l'écarte chaque fois que l'enjeu de la décision lui parait l'exiger[845]. En conséquence s'il a choisi délibérément d'être muet sur la clause compromissoire, tout porte à soutenir qu'il n'y voit pas une question décisive pour la vie sociétaire. Cette position conduit à conclure que l'introduction d'une clause compromissoire par modification

---

[841] CJCE, aff. C-214/89, 10 mars 1992, *op. cit.*

[842] L'article 206 alinéa 1 et 2 de l'AUSCGIE.

[843] L'article 181 alinéa de l'AUSCGIE dispose : « *Toutefois, la transformation d'une société dans laquelle la responsabilité des associés est limitée à leurs apports en une société dans laquelle la responsabilité des associés est illimitée est décidée à l'unanimité des associés. Les délibérations prises en violation des dispositions du présent alinéa sont nulles* » (nous soulignons). V. dans le même sens article 692 de l'AUSCGIE pour la trasformation d'une société anonyme en société en nom collectif.

[844] Article 359 alinéa 3 AUSCGIE.

[845] S'agissant du GIE, l'unanimité est érigée en principe par l'article 877 alinéa 2 de l'AUSCGIE qui dispose *in fine* que « *dans le silence du contrat, les décisions sont prises à l'unanimité* ».

statutaire n'est pas considérée comme une augmentation des engagements des associés.

2. *Le défaut d'effets d'une clause compromissoire statutaire sur les engagements des associés*

396 D'entrée de jeu, il importe de rappeler qu'à de nombreuses reprises[846], l'AUSCGIE s'évertue de rappeler le principe selon lequel les engagements des associés ne peuvent être augmentés sans leur consentement. Il s'en infère que chaque fois qu'un associé voit ses obligations croitre sans son accord, il a la possibilité de solliciter l'annulation de la décision le prévoyant. En se plaçant sur le terrain des clauses compromissoires adoptées malgré la désapprobation des minoritaires, il y a lieu de se demander si lesdites clauses peuvent constituer des augmentations des devoirs des associés. Poser cette question revient *in fine* à vérifier si le consentement des minoritaires n'est pas une condition *sine qua non* de l'insertion d'une stipulation arbitrale par amendement des statuts.

397 Pour mémoire, il importe rappeler que l'article 72 alinéa 2 de l'AUSCGIE dispose que « *les statuts peuvent être modifiés, dans les conditions prévues par le présent Acte uniforme, pour chaque forme de société.*

En aucun cas, les engagements d'un associé ne peuvent être augmentés sans le consentement de celui-ci ». Dans la suite de cette disposition, il convient de se demander s'il est avéré que le fait d'imposer aux minoritaires de saisir les arbitres constitue une augmentation de leurs obligations. La question mérite d'être posée d'autant plus que la conclusion d'une convention d'arbitrage par vote majoritaire, ou non, est un acte normal de gestion.

398 La doctrine considère que les engagements d'un associé sont augmentés lorsque la décision sociale entraine une aggravation de sa dette envers la société ou un tiers[847], ce à la différence d'une simple diminution de ses droits. Partant de ce point de vue, la convention d'arbitrage n'entraine pas une hausse de la contribution des associés aux finances de la société. Même dans les sociétés de personnes, la participation à une procédure arbitrale n'entraine pas l'obligation de verser des sommes en vue de soutenir la société. Ce n'est que dans l'hypothèse d'une condamnation de la personne

---

[846] Articles 72 alinéa 2 (modification des statuts), 359 (SARL), 551 (société anonyme) de l'AUSCGIE.

[847] Y. Guyon, *Droit des affaires. Tome 1. Droit commercial général*, Economica, 1996, n° 312.

morale que le patrimoine de ses propriétaires peut être attaqué en raison de leur responsabilité illimitée.

399 En revanche, la diminution des droits des associés démunis peut être alléguée quand leurs demandes sont rejetées du fait de leur incapacité à payer les frais d'arbitrage afférent à celles-ci[848]. Les atteintes à l'égalité des parties du fait du déséquilibre financier étant dorénavant établies[849], il serait excessif de soutenir qu'une clause compromissoire ne peut pas diminuer les droits des minoritaires. L'incapacité à exercer une action en justice rend le droit violé illusoire, l'associé victime se trouvant dans la même situation que celui qui n'a pas subi d'atteinte dans ses droits. Pour autant, l'on peut comprendre qu'il soit soutenu qu'« *à supposer même que la clause compromissoire diminue les droits des associés, (...) son insertion par voie de modification statutaire ne doit (...) pas exiger l'unanimité des associés* »[850]. Face à l'impossibilité d'invoquer le défaut de consentement des minoritaires, il est tentant de se tourner vers l'abus de majorité pour obtenir l'annulation de la clause compromissoire. Toutefois, pour intéressante que soit cette piste, il y a lieu de noter que l'abus de majorité est difficile à étayer en matière de convention arbitrale conclue par amendement majoritaire des statuts.

---

848 A l'image de l'image de l'article 36.6 du Règlement d'arbitrage 2012 de la CCI, l'article 11.3 du Règlement d'arbitrage de la CCJA dispose que l'arbitre n'est saisi que pour les demandes dont la provision pour frais d'arbitrage a été payée. Pour application de l'article 36. 6 du Règlement d'arbitrage CCI, v. Cass. civ. 1ère, 28 mars 2013, *Pirelli & C. c/ Licensing Projects, Rev. arb.* 2013-3, p. 746 (1ère esp.), note F.-X. Train ; C. Dupeyron et F. Poloni, « Procédure de liquidation d'une partie, arbitrage et droit d'accès à la justice : vers une réconciliation ? », *Bull. ASA*, 2013, Vol. 31, n° 4, p. 904 et s. ; *D.*, 2013, p. 929 ; *JCP*, 2013. act. 408, obs. J. Béguin et 559, note J. Béguin et H. Wang ; *Cah. arb.* 2013-2, p. 479 note A. Pinna ; *JCP* 2013. doctr. 784, obs. Ch. Seraglini ; *Gaz. Pal.*, 30 juin 2013, p. 16, note D. Bensaude. V. également sur la décision d'appel : CA Paris, 17 novembre 2011, *Rev. arb.* 2012-2, p. 387 ; *D.* 2011, p. 3031, obs. Th. Clay ; *Cah. arb.*2012, p.159, note D. Cohen ; *JCP*, 2012.1407, obs. Ch. Seraglini ; *RTD com.*, 2012, p. 530, obs. E. Loquin ; *Gaz. pal.*, 22-24 janvier 2012, p. 17, obs. D. Bensaude. V. ausssi Cass. civ. 1ère, 28 mars 2013, *Pirelli c/ LP, Rev. arb.*, 2013-3, p. 751, note F.-X. Train ; *Cah. arb.* 2013-3, p.749, note A. Pinna et p. 585, notes d'audience av. gén. P. Chevalier ; *JCP* 2013, Act., p. 408, obs. J. Béguin et p. 559, note J. Béguin et H. Wang ; *Ibid.* n° 29, doctr. 784, n° 4, obs. Ch. Seraglini ; *Gaz. Pal.*, 30 juin-2 juillet 2013, p. 16, obs. D. Bensaude ; *Procédures*, 2013, comm. n° 89, obs. L. Weiller.

849 X. Boucobza et Y.-M. Serinet, « Les principes du procès équitable dans l'arbitrage international », *JDI* 2012-1, p. 41, sp. n° 12 et s.

850 D. Cohen, *Arbitrage et société*, *op. cit.*, n° 384.

B. *La quasi inefficacité de l'abus de majorité contre les stipulations arbitrales désapprouvées par les minoritaires*

400 D'après l'article 130 alinéa 2 de l'AUSCGIE : « *Il y a abus de majorité lorsque les associés majoritaires ont voté une décision dans leur seul intérêt, contrairement aux intérêts des associés minoritaires, sans que cette décision ne puisse être justifiée par l'intérêt de la société* ». Il ressort de ce texte que la clause compromissoire adoptée à la majorité des associés n'est constitutive d'abus de majorité que si elle porte atteinte aussi bien aux intérêts des minoritaires qu'à celui de la société (1). Cette hypothèse est très rare en pratique dans la mesure où les clauses compromissoires statutaires sont davantage critiquées sur le terrain du principe de l'égalité des parties (2).

1. *La double exigence de l'abus de majorité quant aux intérêts des minoritaires et de la société*

401 Consacré pour sanctionner l'utilisation irrégulière du droit de vote[851], l'abus de majorité vise tant à protéger les associés minoritaires que la société[852]. Dans cette optique, il faut que le vice qui entache une décision ne préjudicie pas seulement aux associés minoritaires, il doit également aller à l'encontre de la bonne marche de la société. En pratique, les associés en position d'infériorité ont souvent tendance à exciper l'abus de majorité chaque fois qu'une décision leur parait critiquable. Tel est notamment le cas lorsque la majorité refuse le versement de dividendes au bénéfice de la constitution de réserve, sans que cela soit absolument nécessaire. Dans cette matière, la jurisprudence est assez rigoureuse puisqu'elle exige que pour être nulle une telle décision ne doit pas être le fait d'un seul exercice[853].

402 Au regard de l'objet de la convention d'arbitrage, il est difficile d'imaginer qu'elle puisse porter atteinte à l'intérêt d'une société. En effet, le

---

[851] F. Anoukaha et al, *OHADA. Sociétés commerciales et GIE*, Bruylant, 2002, n° 122 ; A. Courret, « Le Harcèlement des majoritaires », *Bull. Jolysociétés* 1996, p. 112 ; D. Tricot, « Abus de droit dans les sociétés : abus de majorité et de minorité », *RTD. com.* 1994, p. 617.

[852] Parrallèlement, l'abus de minorité, consacré par l'article 131 de l'AUSCGIE, vise à éviter que les associés minoritaires paralysent la vie de l'entreprise en bloquant l'adoption des decisions nécessitant leur consentement.

[853] Tribunal Régional de Niamey, Jugement du 26/03/2003, *Abass Hammoud c/ Jacques Claude Lacour*, www.ohada.com, Ohadata J-04-78. V. dans le même sens, Cass. com., 26 juin 1987, *Bull. civ.*, IV, n° 160 ; Cass. com., 3 juin 2003, *RJDA*, 2003/11, n° 1074, 2e esp. Pour décision relative à l'abus de majorité du fait de la non distribution de dividendes pour cause de constitution de réserve, v. Cass. civ. 3ème, 7 février 2012, *Sté de Brienne c/ Jouart*, Revue des sociétés 2012, p. 622, note A.-L. Champetier de Ribes-Justeau.

règlement des litiges par voie arbitrale ne constitue pas *per se* un enjeu majeur pour la vie d'une société. S'il est plus simple de démontrer qu'une clause compromissoire peut compliquer, voire annihiler l'exercice d'une action en justice par un associé minoritaire impécunieux, il en va différemment de l'intérêt social. Il peut également arriver qu'un accord arbitral confère un avantage particulier aux associés majoritaires, doit-on y voir automatiquement une menace à la vie de la société ? A l'évidence, la réponse est négative car « *le critère de l'abus de majorité est double et doit ici comme ailleurs, être respecté, et s'il est possible que l'adoption de la clause compromissoire soit contraire à l'intérêt social, il est nécessaire de le caractériser* »[854].

403 Sauf à souscrire à l'opinion qui revendique que l'intérêt social ne soit pas exigé pour caractériser un abus de majorité[855], position rejetée par le législateur OHADA, il est difficile d'envisager une clause compromissoire qui entre en conflit avec les enjeux sociétaires. Le choix de la justice arbitrale pourrait éventuellement être dangereux pour une société lorsque les associés majoritaires optent pour une institution dont les frais sont très onéreux. Dans une telle hypothèse, il faudrait prouver que la majorité s'est prononcée en ayant conscience qu'une action arbitrale serait hors de prix pour la société. Cette démonstration est loin d'être évidente parce que la situation patrimoniale d'une entreprise peut évoluer dans un sens positif, vidant ainsi de pertinence l'accusation d'intention hostile à l'encontre des associés majoritaires. En fait, cette difficulté à prouver la violation de l'intérêt social par une clause compromissoire s'explique par le fait que l'illicéité de celle-ci, en matière sociétaire, concerne généralement l'égalité entre associés.

---

[854] D. Cohen, *Arbitrage et société*, *op. cit.*, n° 384.

[855] Pour D. Schmidt (*Les conflits d'intérêts dans la société anonyme*, Edition Joly, 2005, § 325), « *il suffirait, pour caractériser l'abus, de retenir que la majorité a décidé dans l'unique dessein de favoriser ses membres au détriment de la minorité. Ajouter l'atteinte à l'intérêt social apparaît inopportun, inutile et parfois impraticable. Inopportun car cela laisse croire aux plaideurs qu'ils sont en droit de déférer la politique sociale au contrôle des tribunaux qui deviendraient en quelque sorte les arbitres entre majoritaires et minoritaires, voire les juges en appel des décisions collectives ; voilà qui affaiblirait sensiblement le pouvoir majoritaire. L'adjonction est aussi inutile puisque, en droit, cette atteinte à l'intérêt social est déjà caractérisée par l'usage du pouvoir majoritaire à des fins partisanes, et qu'en fait, la jurisprudence publiée n'offre aucune illustration positive d'une situation dans laquelle l'intérêt social serait satisfait par une décision prise dans l'unique dessein de favoriser les membres de la majorité* ».

2. *L'inadéquation de l'abus de majorité aux clauses compromissoires statutaires inégalitaires*

404 En pratique, le vice entachant les stipulations arbitrales insérées dans les statuts initiaux ou modifiés portent généralement sur l'égalité entre les associés quant à la procédure arbitrale. Il s'agit souvent des modalités de désignation des arbitres, les majoritaires s'octroyant des pouvoirs exorbitants. Le problème s'est posé plusieurs fois en jurisprudence, les juges nationaux[856], comme la CEDH[857] ayant décidé d'annuler les conventions d'arbitrage qui créaient une asymétrie entre les associés quant au pouvoir de désigner l'arbitre.

405 Le problème soulevé par ces affaires est celui de la valeur de la décision instaurant un déséquilibre entre les associés. Concrètement, la question à résoudre est celle de la force obligatoire des décisions offrant un pouvoir indu aux majoritaires. L'enjeu n'est pas celui de savoir si la société peut subir un préjudice en raison du déséquilibre en défaveur des minoritaires. Il s'ensuit que l'abus de majorité qui n'a pas été conçu pour régler les conflits d'intérêts uniquement entre associés[858], n'est pas approprié. La pomme de discorde en matière de clause compromissoire inégalitaire ne réside pas dans la menace de l'intérêt social mais dans l'abus de droit au détriment des faibles.

406 Au-delà de l'inexistence d'atteinte aux intérêts de la société, l'abus de majorité est également le mauvais fondement pour attaquer une clause compromissoire inégalitaire à cause de la nature des décisions sociales. Elles ont valeur contractuelle et chacun des associés, fût-il contre leur adoption, doit les respecter. Toutefois, comme le relève un éminent auteur, aussi longtemps qu'en arbitrage la liberté contractuelle est souveraine, *« le respect du principe de l'égalité des parties peut entrer en conflit avec celui du respect de la volonté des parties dès lors qu'il conduit à reconsidérer la volonté des parties lorsque celle-ci prévoit une modalité inégalitaire de constitution du tribunal arbitral »*[859]. Partageant cette position, la jurisprudence subordonne la validité d'une stipulation arbitrale déséquilibrée à la ratification du vice l'entachant par l'autre partie. Allant dans ce sens, la Cour d'appel de Paris a considéré qu'*« en ratifiant sans réserve aucune*

---

[856] Cour de cassation italienne Sez I, 7 juin 1985, Rassegna dell' arbitrato, 1985, p. 377, décision citée par D. Cohen, *Arbitrage et société*, *op. cit.*, n° 404, p. 204.

[857] CEDH, Requêtes no 8588/79 et 8589/79. Rapport de la Commission du 12 décembre 1983, *Bramelid et Malmstrôm contre Suède*, *AFDI* 1985, vol. 31, p. 427, obs. G. Cohen-Jonathan et J.-P. Jacqué.

[858] A. Courret, « L'abus de majorité dans ses divers états », *Bull.Jolysociétés* 2009, n° 9, p. 741.

[859] E. Loquin, « À la recherche du principe d'égalité dans l'arbitrage commercial international », *op. cit.*

l'acte de mission établi par un arbitre, désigné conformément à l'accord des parties, par la demanderesse à l'arbitrage, la défenderesse a, en tout état de cause, renoncé à l'inégalité alléguée »[860].

407 En dépit de la vigueur du principe d'égalité[861], il est dommage que le législateur OHADA n'ait pas songé à lui accorder une attention particulière, sachant que l'abus de majorité ne vole pas en l'espèce au secours des minoritaires. A sa décharge, il y a lieu de souligner que le principe d'égalité est formellement consacré par l'AUA[862]. Quoi qu'il en soit, il reste que le silence de l'AUSCGIE sur le régime des stipulations arbitrales conclues par modification statutaire votée à la majorité est préjudiciable aux associés minoritaires. Afin de respecter la sacralité du consentement et « *le principe fondamental de l'égalité en droit de l'arbitrage* »[863], il serait utile que le droit OHADA intègre quelques enseignements du droit comparé.

§ 2 Les apports du droit comparé à la protection des minoritaires en droit OHADA

408 Avec un sens aigu du pragmatisme, certains législateurs ont compris que l'opposabilité d'une clause compromissoire conclue par modification des statuts ne saurait être soumise à la seule volonté de la majorité. Ainsi, à l'instar du droit italien, il ne serait pas superflu d'envisager un mécanisme de protection du consentement des associés en position d'infériorité en droit OHADA (A). A défaut de suivre la législation transalpine, la protection des minoritaires peut être envisagée sur le fondement de l'atteinte au droit à un tribunal (B).

A. La protection du consentement des minoritaires

409 En marge de l'abondant courant législatif prévoyant que le vote majoritaire d'une stipulation arbitrale engage automatiquement tous les associés[864], l'article 34 alinéa 6 du décret n° 6 du 17 janvier 2003 dispose que pour les sociétés ne faisant pas appel public à l'épargne en Italie, « *les modifications apportées aux statuts de la société, emportant introduction ou suppression des clauses compromissoires, doivent être*

---

[860] CA Paris, 16 novembre 1999, *Société Electricité Nord-Ouest v. société Olin Lanctuit*, *Rev. arb.* 2000-1, p. 313.

[861] Cass. civ. 1ère, 8 juin 1999, *Rev. arb.* 2000-1, p. 116, note E. Loquin.

[862] L'Article 9 de l'AUA dispose : « *Les parties doivent être traitées sur un pied d'égalité et chaque partie doit avoir toute possibilité de faire valoir ses droits* ».

[863] E. Loquin, « La confirmation de la validité des clauses d'arbitrage optionnelles bilatérales », *op. cit.*

[864] O. Caprasse, « Les décisions sociales », *op. cit.*, n° 70-74.

approuvées par les actionnaires représentant au moins les deux-tiers du capital social. Les associés absents ou opposés à cette décision, peuvent exercer dans les quatre-vingt-dix prochains jours suivant cette décision, un droit de retrait de la société »[865]. En choisissant d'offrir une prérogative aussi importante que le droit de retrait aux associés absents ou opposés à la convention d'arbitrage, le législateur italien a élaboré une règle conforme au « *fondement consensuel et volontaire* »[866] de l'arbitrage (1). Le droit de retrait étant dorénavant reconnu en droit OHADA, l'article 34 alinéa 6 parait être une innovation mineure (2).

1. Un droit de retrait en faveur du consentement du minoritaire

410 La norme secrétée par l'article 34 alinéa 6 susvisé brille par son équilibre dans la mesure où elle n'offre pas une protection absolue. Tout d'abord, le décalage entre elle et le principe majoritaire est flagrant, la stipulation arbitrale n'ayant d'effet que si elle a été ultérieurement ratifiée. La lettre impérative de cet article 34 alinéa 6 ne laisse pas la porte ouverte à la possibilité d'écarter le droit de retrait des associés minoritaires par des conventions contraires. Seul l'écoulement du temps peut produire un tel effet. Passés quatre-vingt-dix jours, l'associé minoritaire ou non est réputé avoir accepté la convention d'arbitrage s'il choisit de rester dans la société. Le délai ainsi fixé, est suffisamment raisonnable pour un associé diligent, son maintien dans le capital de la société étant considéré comme une approbation de la clause compromissoire après mûre réflexion. Excepté le cas de litiges nés dans l'intervalle du délai d'acceptation, le droit italien garantit l'efficacité de la stipulation arbitrale de manière appropriée[867].

411 Il convient aussi de relever que le législateur italien a fait preuve de lucidité en réservant le droit de retrait aux associés absents lors des délibérations et à ceux qui se sont formellement opposés à la clause compromissoire litigieuse. En introduisant cette limite, il évite des comportements de mauvaise foi lors d'un vote. Ainsi, un associé ne pourra pas faire une utilisation attentiste du droit de retrait, la contestation de la stipulation arbitrale devant être constante. Une saine application du décret du 17 janvier 2003 devrait conduire à refuser le droit de retrait à l'associé ayant émis un vote blanc. Bien que la neutralité ne soit pas assimilable à une désapprobation, une difficulté pourrait survenir tout de même lorsque les suffrages ont été secrets. Dans ce cas, il serait plus simple d'ouvrir le droit de retrait à l'associé souhaitant s'en prévaloir.

---

[865] Traduction faite par nos soins.
[866] A.-M. Gaillet, « L'arbitrage du nouveau droit des sociétés italiens », *op. cit.*, p. 748.
[867] O. Caprasse, « Les décisions sociales », *op. cit.*, n° 74.

412 Ceci étant, quels que soient les mérites de la protection du consentement des associés en position de faiblesse instauré par le droit transalpin, il n'en demeure pas moins que le droit de retrait n'est pas inconnu en Afrique. En conséquence, l'article 34 alinéa 6 parait constituer une innovation mineure en droit OHADA.

2. Une innovation d'apparence mineure en droit OHADA

413 Avant la réforme de 2014, excepté le cas des sociétés coopératives[868], en droit OHADA la faculté directe de retrait d'un associé était discutée, la doctrine ne l'admettant que par une voie indirecte telle que la demande de dissolution anticipée[869]. L'intangibilité du capital social étant érigé en principe fondamental du droit des sociétés, il a fallu attendre la consécration de la société à capital variable[870] pour voir l'avènement du droit de retrait en faveur des associés. Dorénavant, l'article 269-6 de l'AUSCGIE dispose : « *A moins de conventions contraires et sauf application du premier alinéa de l'article 269-5 ci-dessus, chaque associé peut se retirer de la société à tout moment* ».

414 A première vue, il y a une forte similitude entre le droit italien et l'AUSCGIE, la faculté de retrait n'étant reconnue qu'aux associés des sociétés commerciales à capital variable. Le droit OHADA semble même aller plus loin que la règlementation transalpine. Qu'il s'agisse de clause compromissoire conclue par amendement des statuts voté à la majorité ou non, un associé en droit OHADA peut quitter une société. Ceci étant, le régime prévu par l'AUSCGIE est moins favorable à l'associé minoritaire en droit OHADA.

415 En effet, contrairement au droit italien qui prévoit un droit de retrait hors de portée de la volonté des associés majoritaires, l'article 29-6 AUSCGIE consacre le droit de retrait sous réserve de « *conventions contraires* ». Il en découle que le péril contre lequel le droit italien préserve

---

868 L'article 11 de l'Acte uniforme sur le droit des societies cooperatives dispose : « *Le coopérateur ne peut se retirer de la société coopérative qu'après avoir avisé par écrit cette dernière. Le retrait prend effet à la date indiquée dans l'avis ou à la date de sa réception, si celle-ci est postérieure* ».

869 E. M. Kamta Fendop, « Associés », *in* P.-G. Pougoué (dir), *Encyclopédie du droit OHADA*, Lamy, 2011, p. 353, sp. n° 30-31.

870 L'article 269-1 alinéa 1 de l'AUSCGIE dispose : « Il peut être stipulé dans les statuts des sociétés anonymes ne faisant pas appel public à l'épargne et sociétés par actions simplifiées que le capital social est susceptible soit d'augmentation par des versements successifs des associés ou l'admission d'associés nouveaux, soit de diminution par la reprise totale ou partielle des apports effectués ». Pour développement sur la société à capital variable en droit OHADA, v. B. Faye et J. Nyemb, « Laconsécration de nouveaux outils d'ingénierie juridique », *Droit et patrimoine* septembre 2014, n° 239, p. 68, sp. pp. 69-70.

les associés minoritaires en matière de stipulation arbitrale statutaire n'a point disparu avec la réforme de 2014. A supposer que la modification des statuts contienne une interdiction du droit de retrait, l'associé minoritaire se trouvera exactement dans la même situation antérieure à la consécration de la société à capital variable. Ainsi, pour lui imposer une convention d'arbitrage, il suffira à la majorité de voter simultanément l'interdiction de se retirer unilatéralement de la société.

416 La société à capital variable ayant été créée uniquement pour faciliter l'actionnariat salarié et le développement de sociétés à capital risque[871], il n'est pas surprenant que le législateur OHADA n'ait pas élaboré des règles spécifiquement portées sur l'arbitrage. Il serait donc excessif de soutenir que la réforme du droit des sociétés en 2014 a permis à l'associé minoritaire d'être préservé des inconvénients d'une convention d'arbitrage votée uniquement par les majoritaires. Aussi longtemps que le droit de retrait constitue-t-il une protection, son caractère supplétif fragilise considérablement les avantages que le minoritaire peut en tirer quant à l'opposabilité d'une convention d'arbitrage dont il a contesté la conclusion.

417 Par ailleurs, qu'il s'agisse du droit OHADA comme de la réglementation italienne[872], la protection offerte aux associés en position de faiblesse reste circonscrite à une catégorie particulière de sociétés. Pourtant, le problème se pose dans les mêmes termes pour tout type de sociétés. En fait, la difficulté vient du fait que le mécanisme envisagé au secours des minoritaires ne peut être étendu à toute forme de personne morale. Le meilleur moyen de limiter la nuisance du pouvoir majoritaire est d'envisager une règle générale dont le fondement se trouve dans le droit de l'arbitrage. A cet effet, le droit à un tribunal peut être d'une efficacité certaine.

B. La protection du droit à un tribunal

418 A l'image des difficultés soulevées par les clauses optionnelles de résolution des litiges unilatérales[873], les stipulations arbitrales sociétaires votées à la majorité peuvent empêcher un associé minoritaire impécunieux d'engager une action juridictionnelle. Le problème dépasse le cadre des conventions d'arbitrage statutaires puisqu'il est possible d'opposer une stipulation arbitrale insérée dans un contrat entre un tiers et la société à un actionnaire minoritaire. Il s'agit de la circulation de la clause

---

[871] B. Faye et J. Nyemb, « Laconsécration de nouveaux outils d'ingénierie juridique », *op. cit.*, p. 69.
[872] Pour analyse approfondie du champ d'application du décret italien du 17 janvier 2003, v. A.-M. Gaillet, « L'arbitrage du nouveau droit des sociétés italiens », *op. cit.*, pp. 744-747.
[873] V. supra, n° 228 et s.

compromissoire appliquée à la matière sociétaire[874]. En droit OHADA, ce cas de figure est possible en matière de rachat forcé d'actions[875]. Dans les conventions de rachat forcé d'action votées à la majorité, il peut arriver que l'associé minoritaire évincé de la société veuille saisir le juge étatique pour contester l'évaluation de ses parts. Il sera parfaitement possible de lui opposer la stipulation arbitrale insérée dans la convention de vente de ses parts par la société à un tiers.

419 Afin de prévenir cette situation, la CEDH a posé le principe selon lequel le droit à un procès équitable est contraire à l'opposabilité d'une clause compromissoire à un minoritaire qui l'a contesté[876] (1). La règle posée par la CEDH brille par sa pertinence car elle permet de corriger en aval les dérives du pouvoir majoritaire en amont (2).

1. L'inefficacité des conventions arbitrales sociétaires majoritaires antinomiques au procès équitable

420 Afin de bien cerner la règle posée par la CEDH dans l'affaire *Suda*, il importe d'en rappeler brièvement les faits. En l'espèce, l'assemblée générale de la société C avait adopté à la majorité la dissolution sans liquidation de ladite société et la conclusion d'un contrat prévoyant la reprise de ses biens par son principal actionnaire, E. Sur la base d'un rapport d'expertise, la convention entre C et E déterminait la valeur de rachat des actions détenues par les actionnaires minoritaires et contenait une clause d'arbitrage. Conformément à une disposition du Code de commerce tchèque, cette convention donnait aux actionnaires minoritaires le droit de faire réexaminer le montant dudit règlement dans un délai de deux mois. En vertu de la clause d'arbitrage évoquée ci-dessus, le contrat stipulait que ce réexamen devait être effectué par des arbitres inscrits sur la liste d'une société à responsabilité limitée. Lorsque le sieur *Suda* sollicita les

---

874 A. Asokov, « Chapter 3 : Unilateral Dispute Resolution Clauses – From Russia with Prejudice », in H. A. Grigera Naón and B. G. Affaki, *Jurisdictional Choices in Times of Trouble*, Dossiers of the ICC Institute of World Business Law, vol. 12, Kluwer 2015, p. 55, sp. p. 58.

875 Avant la révision de l'AUSCGIE en 2014, son article 2 prévoyait qu'en raison du caractère d'ordre public de ses dispositions, les associés ou l'associé unique d'une société ne pouvait y déroger que lorsque cela était expressément prévu. La doctrine (R. Njeufack Temgwa, « Assemblées de sociétés et décisions collectives », *op. cit.*, p. 361) en déduisait la nullité des clauses statutaires de rachat forcé d'actions. Or, depuis 2014, outre la consécration formelle de la faculté de rachat forcé d'action dans le cadre de la SAS (article 853-AUSCGIE), la disparition de la référence à l'ordre public pour caractériser les dispositions de l'article 2 de l'AUSCGIE permet d'envisager la validité des clauses statutaires de rachat forcé d'actions.

876 CEDH, 28 octobre 2010, *Suda c/ République Tchèque*, *op. cit.*

juridictions tchèques aux fins de nouvelle évaluation de ses actions, il fut invité à saisir les arbitres. Non satisfait par cette position, il intenta une action devant la CEDH en se prévalant du fait que la position des juridictions tchèques supposait que « *son droit de saisir les tribunaux ordinaires dépendrait soit du choix de la société [C] et de son actionnaire principal de contracter ou non une clause d'arbitrage, soit de la décision imprévisible des arbitres quant à leur propre compétence* ».

421 Pour juger recevable ce moyen, la CEDH a commencé par rappeler sa jurisprudence selon laquelle le droit à un tribunal n'est pas incompatible avec l'arbitrage[877], pour peu qu'il s'agisse d'une renonciation libre, licite et sans équivoque[878]. Autrement dit, la CEDH n'a pas considéré que l'arbitrage *per se* est une atteinte au droit à une juridiction. Toutefois, elle a estimé fondée l'argumentation du demandeur au motif que n'ayant pas personnellement consenti à la clause compromissoire, celle-ci emportait renonciation à deux garanties fondamentales que sont la saisine de la juridiction légale et la publicité des débats. En conséquence, pour que la clause compromissoire ait été opposable au demandeur, il eut fallu qu'il y ait consenti car elle entraine des conséquences pour lui.

422 Au regard de la motivation de la CEDH, il y a lieu de penser qu'il s'agit d'un arrêt de principe car le défaut de consentement auquel il est fait référence n'est pas spécialement caractérisé. Il en résulte que la CEDH a visé toute convention d'arbitrage et non spécifiquement l'hypothèse de circulation d'une clause compromissoire. En dépit de réserves sur la portée générale de cette décision, un auteur s'accorde à reconnaitre qu'on ne peut « *nier qu'une part d'incertitude existe à présent* »[879] sur l'opposabilité des clauses compromissoires adoptées par la majorité en droits français et belge.

423 Quoi qu'il en soit, le principal enseignement que le législateur OHADA peut tirer de cette affaire *Suda* est que le droit au procès équitable peut fonder l'inefficacité d'une clause compromissoire dès lors qu'elle enfreint des garanties fondamentales. L'article 7 1 de la CADHP étant le pendant africain de l'article 6 de la CEDH, conformément au principe l'intertextualité quant à la protection des droits de l'homme[880], il parfaitement possible d'importer le raisonnement développé par la CEDH dans l'espace OHADA. A cet effet, l'argumentation pourrait ne pas se concentrer sur les garanties évoquées par la CEDH mais sur le principe d'égalité et l'impécuniosité du débiteur. Ainsi, chaque fois qu'une clause

---

877 *Lithgow et autres c. Royaume-Uni*, 8 juillet 1986, § 201, série A n° 102.

878 *Osmo Suovaniemi et autres c. Finlande* (déc.), no 31737/96, 23 février 1999 ; *Transado – Transportes Fluviais do Sado, S.A. c. Portugal* (déc.), no 35943/02, 16 décembre 2003.

879 O. Caprasse, « Les décisions sociales », *op. cit.*, n° 80.

880 P. Wachsmann, « Les méthodes d'interprétation des conventions internationales relatives à la protection des droits de l'homme », *op. cit.*

compromissoire contestée par un associé minoritaire lors du vote en assemblée restreint d'une manière ou d'une autre son droit d'action en justice, il devrait pouvoir s'en exonérer. Tel est le cas si à la naissance du litige, il ne dispose pas des moyens pour financer la procédure arbitrale prévue par la stipulation arbitrale sociétaire, cette piste étant ouverte à tout justiciable impécunieux en droit allemand[881]. Une telle règle aurait l'avantage de fixer efficacement les limites du pouvoir majoritaire quant à la conclusion des conventions d'arbitrage.

2. La restriction efficace de la prépondérance du pouvoir majoritaire

424 Comme indiqué plus haut[882], en raison de sa limitation à certaines sociétés, le droit de retrait est une solution partiellement satisfaisante pour prémunir les associés minoritaires contre l'efficacité des clauses compromissoires. En revanche, la notion de droit à un tribunal est plus appropriée car elle s'applique à toute forme de société. Qu'il s'agisse d'une société de personnes ou d'une société de capitaux, il peut être aisément allégué contre une stipulation arbitrale lorsqu'elle n'est pas respectueuse du principe de l'égalité ou ne tient pas compte de l'impécuniosité d'un minoritaire qui s'y est opposé. L'important n'est pas la typologie sociétaire, mais le mécanisme de conclusion de la convention d'arbitrage. Une telle règle évitera par exemple que la majorité désigne des arbitres sur une liste prédéterminée car « *l'arbitre est le juge choisi par les parties* »[883]. Pour cette raison, l'on ne saurait figer le choix d'un associé minoritaire à des arbitres préalablement répertoriés alors qu'il avait précisément rejeté la stipulation arbitrale imposant cette méthode de formation du tribunal arbitral.

425 De plus, l'inefficacité de la convention d'arbitrage votée uniquement par la majorité s'accorde aussi avec les exigences démocratiques du fonctionnement des sociétés commerciales. La prééminence de la volonté majoritaire empêchant la paralysie de l'adoption des décisions sociales, il est évident que la protection du consentement des minoritaires ne doit pas être un moyen détourné de fragiliser le vote lors des assemblées. Dans ce sens, les défenseurs de la prépondérance du principe majoritaire[884] ne pourront pas

---

[881] K. Sachs, « La protection de la partie faible en arbitrage », *op. cit.*, p. 24 ; G. Wagner, « Poor Parties and German Forum : Placing Arbitration under the Sword of Damoclès », *in* German Institution of Arbitration (ed), *Financial capacity of the parties. A condition for the Validity of Arbitration Agreements*?, Peter Lang, 2004, p. 9.

[882] V. supra, n° 416.

[883] E. Loquin, « À la recherche du principe d'égalité dans l'arbitrage commercial international », *op. cit.*

[884] D. Cohen, *Arbitrage et société*, *op. cit*, n° 384 ; O. Caprasse, *Les sociétés et l'arbitrage*, *op. cit.*, p. 374 et s. ; O. Caprasse, « Les décisions sociales », *op. cit.*, n° 71-72.

arguer que la protection de la position des minoritaires fragilise la vie de l'entreprise. La convention d'arbitrage n'est pas réputée nulle, elle est simplement inopposable au minoritaire impécunieux l'ayant contesté.

426 Le droit au tribunal est sans effet sur les règles d'élaboration des décisions collectives, il n'intervient qu'en aval de celles-ci si et seulement si elles ne sont pas conformes au procès équitable. Il est par exemple indiqué dans l'affaire *Suda* que l'« *Obligation to submit to arbitration as a result of clause agreed by third partie* » est une violation du procès équitable[885]. Ce n'est donc pas la clause compromissoire qui est nulle, encore moins la délibération ayant abouti à sa conclusion, mais le fait de vouloir l'opposer à un tiers impécunieux qui l'a précisément refusé. A bien lire, l'arrêt *Suda*, on pourrait y voir la consécration du principe de l'inopposabilité des conventions d'arbitrage à des associés qui ont contesté son adoption. Est-ce à dire que la CEDH a entamé sa bataille contre la circulation de la stipulation arbitrale lorsqu'elle peut aboutir à un déni de justice ? Il serait hâtif de répondre manière ferme à cette question en l'état actuel des choses, seule l'histoire permettra de donner une réponse péremptoire, sachant qu'en drainant le débat sur le terrain du procès équitable, les juges européens ont ouvert une brèche dans laquelle de nombreux justiciables n'hésiteront pas à s'engouffrer.

[885] CEDH, *Information Note on the Court's case-law*, n° 134, October 2010, p. 9.

CONCLUSION

427 Bien que l'arbitrage postule une rencontre concordante de volontés, la jurisprudence française, dont s'inspire grandement le législateur africain, a développé un ensemble de mécanismes qui y dérogent. Dorénavant, les non signataires d'une clause compromissoire peuvent être liés par elle, ce sous divers fondements dont la cohérence est assez discutable et discutée. Au-delà la sphère contractuelle, le phénomène a gagné le droit des sociétés au point où il est fondé de parler d'une émergence de conventions d'arbitrage non approuvées. Or, le faible subissant la position de son cocontractant, il en découle qu'il se trouve considérablement fragilisé. Pour cette raison, il aurait été opportun que le droit OHADA prévoit des mécanismes spéciaux pour préserver le consentement des faibles. Malheureusement, telle n'a pas été sa préoccupation majeure, son attention ayant été focalisée sur la consécration d'un droit de l'arbitrage libéral. La jurisprudence n'est pas non plus en reste dans cette dynamique, les premières décisions relatives à l'opposabilité de conventions d'arbitrage à des non signataires n'augurent rien de bon pour le consommateur ou l'entreprenant dans l'espace OHADA.

CONCLUSION DU TITRE II

428 En axant le régime juridique de la convention d'arbitrage sur son efficacité, le législateur OHADA a fait preuve d'un grand libéralisme. Compte tenu de la situation prévalant avant l'AUA et le RA dans les pays de l'espace OHADA, il s'agit certainement d'une notable évolution. Pour autant, il convient de relever le revers de la médaille de cette approche : la prise en compte insuffisante des dérives contemporaines quant à la clause compromissoire. En effet, le silence gardé sur les clauses optionnelles unilatérales de litiges pose de sérieuses questions sur l'égalité des parties. De plus, la rigueur quant à l'efficacité des stipulations arbitrales insérées dans les contrats d'adhésion, quoique louable, est perfectible. Au total, le faible est quelque peu livré à l'ingéniosité de son cocontractant.

429 Au-delà des pratiques contractuelles, le mutisme du droit OHADA sur l'opposabilité des conventions arbitrales à des non signataires est encore plus inquiétant pour les parties faibles. Dans une région où l'arbitrage fait encore ses classes, il est périlleux de reconnaitre des règles qui vont dérouter aussi bien les justiciables impécunieux que les juges étatiques. A ce titre, les controverses relatives à la transmission ou l'extension d'une clause compromissoire postulent que le législateur OHADA y jette un œil attentif. Une semblable vigilance est requise pour l'efficacité des accords arbitraux votés uniquement par les associés en position de force, la place cardinale du consentement en arbitrage appelant une pondération de la loi de la majorité au bénéfice du consentement des minoritaires.

CONCLUSION DE LA PREMIERE PARTIE

430 L'analyse de la protection de la partie faible à travers le régime de la convention d'arbitrage ne permet pas de créditer le droit OHADA du label de l'excellence. Bien au contraire, à plusieurs égards, il est frappant de constater que le législateur a été peu préoccupé par l'asymétrie des parties.

431 Dans cette perspective, l'arbitrabilité révèle une œuvre législative essentiellement tournée vers le développement de l'arbitrage, ce sans intégrer les singularités de celui-ci qui postulent une sélection claire des matières et des personnes pouvant y être soumis. Quand on prend en compte le leitmotiv de l'OHADA, l'attractivité des pays qui en sont membres, il est aisément compréhensible que le faible n'ait pas été la priorité. Fort de cette situation, il y a lieu d'envisager la révision de l'AUA et du RA avec le souci des réalités locales et des évolutions contemporaines des conventions d'arbitrage.

432 S'agissant de l'actualité des clauses compromissoires, elle est marquée par deux tendances qui s'éloignent du schéma classique de l'accord arbitral. D'une part, l'essor de stipulations arbitrales unilatérales est une menace pour le contractant démuni incapable de résister au diktat de son interlocuteur. D'autre part, l'apparition de conventions d'arbitrages non consenties à travers la circulation des stipulations arbitrales, tout comme la conclusion de celles-ci par le vote majoritaire de certains associés, montre que le faible peut se retrouver lié par un contrat qu'il n'a jamais accepté, voire totalement ignoré. Les balbutiements de la jurisprudence OHADA n'étant pas rassurants, l'intervention de la CCJA et la révision des textes sont plus que jamais souhaitées pour l'élaboration d'une règle équilibrée. Ce faisant, le libéralisme, de principe, devrait céder le pas à la protection du faible quand il est exposé à l'abus du fort.

DEUXIEME PARTIE

LA PARTIE FAIBLE DANS LE PROCES ARBITRAL

433 En dépit des nombreuses spécificités de l'arbitrage, il est néanmoins soumis aux principes directeurs du procès qui constituent les gages de la régularité de la procédure arbitrale. Pour autant, ces principes ne s'appliquent pas de manière identique que dans le cadre d'une procédure judiciaire. En effet, en raison de l'autonomie de la volonté, les parties peuvent aménager, voire écarter certaines règles qui leur paraissent inappropriées pour le règlement de leur litige.

434 Malgré l'importance de la liberté contractuelle en arbitrage, il est tout aussi fondamental de ne pas perdre de vue que l'asymétrie entre les litigants peut aboutir à des arrangements procéduraux subis par la partie faible. De plus, le caractère onéreux de la justice arbitrale constitue un facteur qui peut obérer la participation d'un justiciable dans un procès arbitral. Faute de pouvoir assumer les frais inhérents à sa demande, un litigant peut se retrouver dans une position uniquement défensive alors qu'il dispose d'atouts juridiques à faire valoir dans le litige. Il est donc clair qu'au regard la soumission de l'arbitrage aux règles du procès équitable, l'égalité des parties dans l'instance arbitrale est un sujet qui appelle réflexion en droit OHADA (titre I).

435 Etant donné que la sentence arbitrale est une œuvre humaine, elle peut être entachée d'imperfections qui incitent une partie à solliciter son annulation ou à s'opposer à son exécution. Toutefois, l'interdiction de la révision au fond des décisions arbitrales, l'architecture des voies de recours et les accords procéduraux peuvent obérer aussi le droit au recours contre une décision de justice. Ainsi, la renonciation au recours en annulation, l'existence effective de voies de recours, l'étendue du contrôle de la sentence et la possibilité d'engager une nouvelle instance sur le même différend sont

autant de questions qui permettent de réfléchir sur le faible et la sentence (titre II)

TITRE I. LA PARTIE FAIBLE ET L'EGALITE DES LITIGANTS DANSL'INSTANCE ARBITRALE

436 Bien que la problématique de l'égalité des justiciables soit commune à toute justice, elle s'éclaire d'un jour nouveau en arbitrage. En effet, deux facteurs majeurs contribuent à singulariser le débat sur le caractère équitable du procès arbitral. Il s'agit du rôle cardinal du consensualisme et du caractère onéreux de l'arbitrage. Chacun de ces éléments portent en lui les germes d'un déséquilibre entre les justiciables.

437 S'agissant du consensualisme, il constitue une menace à la symétrie des droits des parties à un arbitrage parce qu'il ouvre la voie à la conclusion d'accords procéduraux déséquilibrés. Concrètement, il peut arriver qu'une partie en position de force impose un déséquilibre quant à la mise en œuvre de la procédure arbitrale. C'est notamment le cas en matière de composition du tribunal arbitral, la clause compromissoire pouvant prévoir que les litigants auront des prérogatives asymétriques. Par exemple, les arbitres ne seront choisis que sur une liste dressée par un seul des contractants. Bien que le droit de choisir un arbitre soit l'une des principales causes de recours à l'arbitrage, la place prépondérante de l'autonomie de la volonté en arbitrage permet d'envisager la validité des conventions d'arbitrage asymétriques.

438 Quant au caractère onéreux des procédures arbitrales, il infléchit aussi l'égalité entre les parties dans la mesure où, les difficultés économiques peuvent avoir des conséquences fatales. En effet, l'incapacité d'un litigant à payer les frais d'arbitrage peut aboutir à un déni de justice qui réside dans l'impossibilité de déclencher la procédure arbitrale et l'incompétence des juridictions étatiques. Au-delà de cette situation, il peut arriver que la partie faible en position de défenderesse voie ses demandes reconventionnelles non examinées, motif pris du défaut de paiement des provisions sur frais d'arbitrage. En somme, l'absence de moyens financiers se traduit par un déséquilibre de droits dans le procès.

439 Au regard de la gravité des menaces que le consensualisme et le coût des procédures arbitrales font peser sur l'égalité entre les litigants, la protection du faible postule de s'arrêter sur la manière dont le droit OHADA aborde ces questions. A cet effet, l'exigence de formation égalitaire du tribunal (chapitre I) et le traitement de l'impécuniosité (chapitre II) sont des critères pertinents pour guider l'analyse.

CHAPITRE I. LA FORMATION EGALITAIRE DU TRIBUNAL ARBITRAL

440 L'égalité des justiciables postule qu'ils jouissent de droits identiques avant et pendant le déroulement du procès. S'agissant du déclenchement d'une procédure arbitrale, la question concerne d'abord la formation de la juridiction arbitrale. En effet, contrairement à l'assignation ou tout autre acte initiateur de procédure contentieuse étatique, une procédure arbitrale ne démarre pas avec l'introduction de la demande d'arbitrage. A l'inverse, conformément à l'article 10 alinéa 2 de l'AUA : « *L'instance arbitrale est liée dès le moment où l'une des parties saisit le ou les arbitres conformément à la convention d'arbitrage, ou, à défaut d'une telle désignation, dès que l'une des parties engage la procédure de constitution du Tribunal arbitral* »[886]. Il résulte de cette disposition que l'égalité des parties, principe fondamental de l'arbitrage[887], doit trouver sa première expression dès la composition du tribunal arbitral. En d'autres termes, la faiblesse d'une partie doit être préservée dès le choix des arbitres. Il faut s'assurer que le caractère contractuel de l'arbitrage n'aboutisse pas à une iniquité, le litigant démuni ne doit pas être illicitement privé de son droit à l'arbitre[888].

---

886 En dépit du fait que la demande d'arbitrage et la désignation d'un arbitre sont deux étapes différentes d'une procédure arbitrale, il n'en demeure pas moins qu'elles peuvent être concomitantes. C'est le cas lorsque le demandeur indique l'arbitre qu'il a choisi dans sa demande d'arbitrage. Dans ce cas, l'instance arbitrale est liée dès l'acte introductif d'action du demandeur.

887 CA Paris, 16 novembre 1999, *Rev. arb.* 2000-, p. 313 ; F. Niggemann et F. Jonglez de Ligne, « La liberté contractuelle et l'égalité des parties : une relation difficile », *Gaz. Pal.* 27 octobre 2009, n° 300, p. 21 ; M. de Boisséson, « Laconstitution du tribunal arbitral dans l'arbitrage institutionnel », *Rev. arb.* 1990-2, p. 337, sp. pp. 345-246.

888 La jurisprudence (CA Paris, JDI 1992, p. 721, note Ch. Jarrosson) note à ce sujet que « *la présence des arbitres désignés par les parties au sein du tribunal arbitral constitue pour celles-ci une garantie morale ou psychologique que leur point de vue sera entendu, même s'il n'est pas adopté* ».

441 En fait, au cœur de la nature consensuelle de l'arbitrage, se trouve la faculté de nommer un arbitre. Ce point majeur de distinction de l'arbitrage avec la justice publique, constitue l'une des manifestations les plus achevées de l'autonomie de la volonté. En tant que telle, la désignation des membres du tribunal arbitral est un élément fondamental du bon fonctionnement de toute procédure d'arbitrage. C'est précisément pour cette raison que l'irrégularité de la composition du tribunal est une cause d'annulation des sentences[889].

442 Etant donné que la nomination des arbitres est soumise à la liberté contractuelle[890], elle est également exposée à toutes les dérives permettant de vicier le consentement d'une partie. Elle peut donc faire l'objet d'un accord défavorable au faible ; étant donné que l'asymétrie entre les contractants se ressent souvent dès la rédaction de leur accord, il arrive parfois que la partie forte insère une clause lui octroyant des prérogatives exorbitantes quant à la désignation des arbitres[891]. Au-delà d'une dissymétrie des pouvoirs entre parties sur la formation de la juridiction arbitrale, il peut aussi arriver que l'autorité de choix des arbitres n'agisse pas en conformité avec les intérêts de la partie faible[892]. Pour mémoire, il faut également souligner l'hypothèse, certes rarissime, de la partie qui, de manière purement factuelle, s'arroge unilatéralement le droit de choisir l'arbitre unique[893].

443 De prime abord, l'on pourrait assimiler la question de l'égalité des parties pour la nomination des arbitres à celle de l'égalité quant à la saisine du tribunal arbitral. Toutefois, aussi longtemps que les clauses optionnelles hybrides de résolution des litiges permettent-elles au titulaire de l'option de choisir ou rejeter unilatéralement l'arbitrage[894], il y a lieu de faire le départ avec la problématique de la nomination des arbitres. Cette dernière se pose en premier lieu, non pas pour l'exercice d'une action, mais pour contrecarrer les conventions d'arbitrage qui offrent des droits léonins à l'un des litigants

---

889 D. Hascher, *Principes et pratiques de procédure dans l'arbitrage commercial international*, *op. cit.*, p. 126.

890 J. Billemont, *La liberté contractuelle à l'épreuve de l'arbitrage*, *op. cit.*, n° 560.

891 E. Loquin, « À la recherche du principe d'égalité dans l'arbitrage commercial international », *op. cit.*

892 CCJA, 17 juillet 2008, *Société Africaine de Relations Commerciales et Industrielles dite SARCI Sarl C/ 1°/ Atlantique Telecom SA 2°/ Telecel Bénin S.A.*, *Le Juris Ohada*, n° 4/2008, p. 52 ; *Revue camerounaise de l'arbitrage* n° 42, juillet-août-septembre 2008, p. 24, note G. Kenfack Douajni ; *Actualités juridiques* n° 64-65 / 2009, p. 243, note F. Komoin ; F. Onana Etoundi, *Grandes tendances jurisprudentielles de la Cour Commune de Justice et d'Arbitrage*, *op. cit.*, p. 466 et s. ; CA Douala, 25 mars 2013, *Société Africa Company and Trading SARL c/ Société World Shipping Trans and Business Sarl*, inédit.

893 CA Bafoussam, 13 juillet 2011, *Zebazé Ferdinand, Goufack Paul c/ Société ACEP-Cameroun, Me Tagundoui Jean*, www.ohada.com, Ohadata J-12-64.

894 Pour développements sur les clauses optionnelles hybrides de résolution de litige, v. supra. n° 225 et s.

pour la constitution du tribunal arbitral. En second lieu, il convient d'ajouter que si le titulaire de l'option choisit l'arbitrage, cela ne lui donne point un pouvoir particulier pour la formation de la juridiction arbitrale. Sauf stipulation contraire, une fois l'arbitrage démarré, les parties se trouvent dans la même situation que celles d'une procédure engagée sur la base d'une clause dénuée de prérogatives spéciales pour la désignation des membres du tribunal arbitral[895].

444 Par ailleurs, l'égalité des litigants en matière de choix des arbitres ne se pose pas uniquement dans les rapports contractuels asymétriques, elle intervient également lorsqu'il existe plus de deux parties, chacune de ces dernières souhaitant nommer un arbitre séparément[896]. Bien que cette hypothèse, bien connue en jurisprudence[897], appelle également des observations, elle ne vise pas la faiblesse d'une partie[898]. Elle ne sera donc pas abordée dans le cadre de la présente étude.

445 En vérité, la confrontation de la protection du faible et du principe de l'égalité des parties quant à la désignation des arbitres se pose de manière binaire. Il s'agit en premier lieu d'endiguer l'autonomie de la volonté afin qu'elle ne porte pas atteinte à la composition égalitaire du tribunal arbitral[899]. En second lieu, ledit principe doit être passé au crible de l'intervention d'un tiers pour la nomination des arbitres. Sur ces deux points, en dépit de la consécration explicite du principe de l'égalité des parties[900], le droit OHADA

---

[895] En guise de confirmation de la distinction entre la clause optionnelle de règlement de litige et celle de désignation inégalitaire de l'arbitre, il arrive quelque fois que les deux clauses soient insérées dans un même contrat. V. dans ce sens, Cour suprême allemande (*Bundesgerichtshof*), X Zr 23/87, 26 janvier 1989, *JurionRS* 1989, 13668, décision citée par P. M. Patocchi, « Chapter 8: L'arbitre peut-il être nommé selon une modalité non-paritaire ? »,*in* H. A. Grigera Naón and B. G. Affaki (eds), *Jurisdictional Choices in Times of Trouble, Dossiers of the ICC Institute of World Business Law*, Volume 12, Kluwer Law International; International Chamber of Commerce (ICC), 2015, p. 118, sp. n ° 10.

[896] TPI Douala Bonanjo, ordonnance n° 605, 17 juilet 2013, *Sieur Wanmo et autres c/ Sieur Nguessi Jean Pierre et Consorts*, inédit ; Cass. civ. 1ère, 7 janvier 1992, *op. cit.* ; *RTD com.* 1992, p. 796, obs. E. Loquin; *JDI* 1992, p. 712, note Ch. Jarrosson.

[897] Ph. Fouchard, E. Gaillard et B. Goldman, *Traité de l'arbitrage commercial international*, *op. cit.*, n° 792, p. 485. La jurisprudence française (Cass. civ. 1re, 8 juin 1999, *Société Sonapra v. Société Adeossi*, *Rev. arb.* 2000-1, p. 116, note E. Loquin) considère qu'il y a aussi atteinte à l'égalité des parties lorsque le juge d'appui désigne comme arbitre une autre personne que celle choisie par la partie défaillante.

[898] E. Loquin (« La désignation dissymétrique des arbitres », *in*H. A. Grigera Naón et B. G. Affaki (ed), *Jurisdictional Choices in Times of Trouble. Dossiers of the ICC Institute of World Business Law*, Volume 12, Kluwer Law International, 2015, p. 101 et s., sp. 112) soutient : « *Dans l'arbitrage, la désignation dissymétrique des arbitres apparaît lorsque les parties à l'arbitrage sont placées dans une situation différente pour désigner les arbitres* ».

[899] F. Niggemann et F. Jonglez de Ligne, « La liberté contractuelle et l'égalité des parties : une relation difficile », *op. cit.*

[900] L'article 9 de l'AUA dispose : « *Les parties doivent être traitées sur un pied d'égalité et chaque partie doit avoir toute possibilité de faire valoir ses droits* ».

ne peut être couvert de louanges. Autant il est silencieux quant à la validité des stipulations contractuelles prévoyant une formation déséquilibrée de la juridiction arbitrale (section 1), autant l'interdiction faite à l'autorité de nomination des arbitres d'agir de manière inégalitaire est imparfaite (section 2).

SECTION I. LE SILENCE QUANT A LA VALIDITE DES STIPULATIONS CONTRACTUELLES PREVOYANT LA FORMATION INEGALITAIRE DU TRIBUNAL ARBITRAL

446 Comme dans tout accord, il peut arriver que les contractants prennent des libertés avec les règles régissant l'acte qui les lie. S'agissant de la convention d'arbitrage, le problème revêt une acuité particulière lorsque les litigants prévoient un mécanisme de désignation des arbitres contraire au principe d'égalité entre eux. Le problème qui se pose à ce niveau est celui du sort des sentences rendues sur la base de clauses octroyant un avantage particulier à une partie pour le choix des arbitres. La liberté contractuelle l'emporte-t- elle sur la loi ? La liberté contractuelle ne doit – elle pas être encadrée pour éviter qu'un mode inégalitaire de désignation des arbitres ne soit imposé au faible ? Si les clauses dissymétriques de composition du tribunal arbitral sont réputées nulles, doivent-elles être à l'abri de l'effet négatif du principe compétence-compétence ?

447 Malgré l'importance cruciale des questions précédentes, le droit OHADA est silencieux sur celles-ci. A priori, ce mutisme ne devrait pas être catastrophique dès lors que la jurisprudence peut y pallier. Pourtant, le recours au droit prétorien n'a rien de rassurant car nul ne peut garantir avec certitude la position que retiendront les juges. La crainte d'une jurisprudence peu protectrice du contractant le moins fort est accrue par la divergence du droit comparé (§1). Faute de décisions permettant de déceler la position de la jurisprudence OHADA, la sauvegarde des intérêts du faible postule de militer en faveur de la prise en compte de l'asymétrie des parties dans l'exégèse des stipulations prévoyant un mécanisme inégalitaire de composition du tribunal arbitral (§2).

§ 1 La divergence du droit comparé

448 En dépit de leur commune *favor arbitri*, il est frappant de noter que les droits de certains pays européens ont des vues différentes sur l'égalité des parties. En fait, n'ayant pas un regard identique au droit français sur les pratiques contractuelles[901], les droits allemand, néerlandais et suisse adoptent une approche pragmatique sur les rapports de forces entre les contractants[902]. En matière arbitrale, cette nuance se traduit par une conception variée du droit à l'arbitre ; là où le droit français fait preuve d'une grande révérence à la liberté contractuelle, les autres se montrent réservés. Ainsi, les magistrats hexagonaux ont majoritairement consacré la validité des clauses contractuelles déséquilibrées pour la formation du tribunal arbitral (A). A l'inverse, les droits suisses, néerlandais et allemands permettent de rendre inefficaces de telles stipulations (B).

A. La validité des clauses porteuses de déséquilibre quant au choix des arbitres

449 De manière constante, le droit prétorien français fait preuve d'un grand libéralisme à l'égard des stipulations entachées de dissymétrie pour la formation des tribunaux arbitraux. Ainsi, la consécration des listes d'arbitres dressées par une partie (1)[903] se dédouble avec celle des clauses offrant un avantage particulier à l'un des litigants (2).

---

[901] Il importe de préciser que la récente réforme du droit français des contrats a donné un nouveau visage au droit français des contrats. L'ordonnance n° 2016-131 du 10 février 2016 portant réforme du droit des contrats, du régime général et de la preuve des obligations a introduit de nombreuses règles qui permettent d'avoir une plus réaliste des rapports de force entre les contractants. Dorénavant, le nouvel article 1110 du Code civil français consacrant le contrat d'adhésion est complété par l'article 1171 du Code civil français dispose : « *Dans un contrat d'adhésion, toute clause qui crée un déséquilibre significatif entre les droits et obligations des parties au contrat est réputée non écrite.*
L'appréciation du déséquilibre significatif ne porte ni sur l'objet principal du contrat ni sur l'adéquation du prix à la prestation ». Pour étude du régime du contrat d'adhésion dans la réforme du droit français, v. R. Boffa, « Article 1108 : le contrat d'adhésion », *RDC* 2015-3, p. 736.A titre de précision, il importe de souligner que le texte commenté par l'auteur précédent utilisait les termes « *stipulations essentielles* », là ou l'article 1110 du Code civil parle des « *conditions générales* ». Cette mutation terminologique montre bien que le droit français, tout en consacrant, le contrat d'adhésion, en adopte une conception limitée.

[902] E. Loquin, « À la recherche du principe d'égalité dans l'arbitrage commercial international », *op. cit.*

[903] Il importe de souligner que le contentieux des listes d'arbitres annexées à des clauses compromissoires est essentiellement né en France dans les contrats internes en matière de construction. G. Born, (*International Commercial Arbitration*, Second Edition, Kluwer Law International 2014, p. 1636-1961, sp. p. 1694) remarque que l'indication du nom de l'arbitre dans la clause d'arbitrage, sans être proscrite, n'est pas une pratique courante. Malgré la rareté

1. La consécration des listes d'arbitres dressées par un contractant

450 Etudiant la position des juges français, une plume[904] souligne que « *l'analyse de la jurisprudence donne le sentiment que le principe du respect de la volonté des parties, lorsqu'elle organise la constitution du tribunal arbitral, fait échec au respect du principe de l'égalité des parties dans la constitution du tribunal arbitral* ». A l'examen des différentes décisions, ce propos brille par sa pertinence, tant les magistrats hexagonaux montrent peu d'enthousiasme à vérifier le consentement de la partie à laquelle la clause compromissoire contenant une liste d'arbitres est opposée.

451 S'il est aisément compréhensible que la Cour d'appel de Paris ait refusé d'annuler la clause stipulant que « *le demandeur désignera seul l'arbitre unique choisi sur une liste de noms convenue par les parties et annexée au contrat* »[905], il en va différemment dans beaucoup de cas. Dans une affaire, datant de 1994, entre une entreprise de construction et un de ses sous-traitants[906], il a été décidé qu' « *en signant le contrat et la clause d'arbitrage, la société défenderesse a nécessairement admis que les trois arbitres proposés présentaient, indifféremment, les qualités d'indépendance, d'impartialité et de compétence requises pour statuer sur des litiges susceptibles de naître lors de l'exécution de la Convention* ». Or, comme l'indiquent certains auteurs, « *il ne résulte pas des motifs de l'ordonnance que les parties aient discuté et examiné, avant la conclusion du contrat, l'indépendance, l'impartialité et la compétence de chacun des trois candidats arbitres* »[907]. Dans ce litige, la liste des arbitres avait été préparée par l'entreprise de construction.

---

des clauses contenant le nom des arbitres, leur étude est d'un grand intérêt pour l'espace OHADA car le secteur des infrastructures et l'exode rural massif en Afrique augurent la multiplication exponentielle des grands contrats de construction. Or, le Groupe Bouygues qui est au cœur de la majorité des litiges relatifs aux clauses inégalitaires pour le choix des arbitres (v dans ce M. Danis, « Les listes d'arbitres en question », *Cah. arb.* 2014-3, p. 465, sp. note 14), est également présent dans plusieurs Etats membres de l'OHADA. En conséquence la problématique des listes d'arbitres annexées à des conventions d'arbitrage peut très bien naître entre une entité du Groupe Bouygues et ses sous-traitants africains. L'occurrence de cette catégorie de litiges est d'autant plus forte que les *DisputesBoard*, habituellement utilisés dans les pays de *commonlaw* pour régler les difficultés inhérentes aux contrats de construction, ne sont point répandus dans l'espace OHADA.

[904] E. Loquin, « À la recherche du principe d'égalité dans l'arbitrage commercial international », *op. cit.*

[905] CA Paris (ord. réf.), 7 décembre 1994, *Rev. arb.* 2000-1, p. 120, note E. Loquin.

[906] TGI Paris, 7 décembre 1994, *Société Démolition Delair c/ Société Bouygues*, *Rev. arb.* 2000-1, p. 116 (3ème espèce), note E. Loquin.

[907] F. Niggemann et F. Jonglez de Ligne, « La liberté contractuelle et l'égalité des parties : une relation difficile », *op. cit.*

452 En dépit d'une grande similitude avec les faits de l'affaire précédente, la Cour d'appel de Paris[908] a admis la validité de la stipulation litigieuse avec un peu de circonspection. A cet effet, elle a relevé que la clause arbitrale aurait été empreinte de dissymétrie « *en raison d'un lien de dépendance entre la société L. [l'entreprise générale] et les trois arbitres pressentis ou parce que la société L. assumerait nécessairement la position de demanderesse à l'arbitrage* ». Au soutien de sa position, la juridiction parisienne a relevé le fait que la société sous-traitante avait signé l'acte de mission sans réserve, la doctrine considérant que dans le cas contraire l'irrégularité de la composition du tribunal aurait été admise[909].

453 Même lorsque la convention d'arbitrage était contenue dans un contrat-type, l'argument tiré du défaut de consentement n'a pas trouvé grâce auprès des magistrats[910]. Ces derniers ont estimé que compte tenu du caractère synallagmatique du contrat et de l'existence de négociations précontractuelles, le sous-traitant connaissait automatiquement l'existence de la clause compromissoire. Il importe de préciser quatre désignations antérieures de l'arbitre choisi par le cocontractant du sous-traitant n'ont pas suffi à convaincre le juge, celui-ci, avec l'approbation de la doctrine[911], avait plutôt relevé que dans le même temps ledit arbitre avait été aussi nommé par quatre sous-traitants pour des litiges identiques contre le même groupe de construction. En conséquence, la neutralité de l'arbitre était établie, oubliant ainsi qu'il y a loin entre le consentement réel à une modalité de formation du tribunal arbitral et l'indépendance de ses membres.

454 Dans des circonstances voisines, la sentence arbitrale a été annulée au motif que l'arbitre unique nommé par la société rédactrice du contrat, en l'occurrence le Groupe Bouygues, n'avait pas révélé à l'entreprise sous-traitante lors de sa désignation que, depuis 1994, il était intervenu cinquante et une fois dans des litiges impliquant le Groupe ci-dessus évoqué[912]. Malgré l'annulation de la sentence, il est frappant de constater que les magistrats se placent sur le terrain de l'indépendance et l'impartialité de l'arbitre. Pourtant, un doute sérieux existe sur la liberté du consentement dès lors qu'il s'agit d'une stipulation arbitrale insérée dans un contrat d'adhésion[913]. De

---

908 CA Paris, 16 novembre 1999, *Société Électricité Nord-Ouest c/ Société Olin Lanctuit*, *op. cit.*

909 E. Loquin, « La désignation dissymétrique des arbitres », *op. cit.*, p. 107.

910 TGI Dijon (Ord. Réf.), 19 mars 2013, *Etanchisol c/ P. Construction*, *D.* 2013, p. 2936, note Th. Clay.

911 Th. Clay, « Panorama Arbitrage et modes alternatifs de règlement des litiges », *D.* 2013, p. 2936.

912 CA Paris, 29 janvier 2004, *Rev. arb.* 2005-3, p. 709, note M. Henry.

913 C. Seraglini, « Note sous Cass. civ. 2ème, 31 janvier 2002 sous *Société Porée c/ Quille* », *JCP éd. G*, 22 janvier 2003, I, 105.

plus, il convient de relever que la Cour d'appel de Paris[914] a refusé d'admettre la dépendance d'un arbitre même lorsqu'il y avait des circonstances pouvant fonder une suspicion légitime. La Cour d'appel de Dijon[915] n'a pas non plus été sensible au fait que l'entreprise sous-traitante soutenait l'existence d'un courant d'affaires entre l'arbitre et le Groupe Bouygues, motif pris de ce que la même liste d'arbitres figurait dans tous les contrats signés par les filiales dudit Groupe.

455 En dépit de quelques décisions discordantes reposant tantôt la récurrence de la désignation d'un arbitre[916], ou sur le défaut de révélation de précédentes nominations[917], la jurisprudence française reste largement dominée par la reconnaissance des clauses compromissoires auxquelles sont annexées des listes d'arbitres. Ceci s'explique par le fait que « *le droit français ne contient pas de règles (...) permettant (...) de saisir le juge lorsque la convention d'arbitrage donne à l'autre partie une importance prépondérante dans la constitution du Tribunal arbitral* »[918]. Il est alors parfaitement compréhensible que la jurisprudence française n'accorde pas de crédit aux arguments alléguant la nullité de la convention d'arbitrage, et partant de la sentence, à cause de son caractère léonin.

2. La reconnaissance des stipulations offrant un avantage particulier à l'un des litigants

456 Au-delà de la problématique des listes d'arbitres prédéterminées par une seule partie, le déséquilibre en matière de formation du tribunal arbitral peut prendre plusieurs formes. Dans l'affaire *Jacksor*[919], le sous-traitant invoquait la nullité manifeste de la stipulation arbitrale au motif qu'elle prévoyait que l'arbitre sera choisi par l'entrepreneur principal. Ce moyen n'a pas prospéré devant le Président du TGI de Paris, le juge ayant choisi de dissocier la nullité manifeste de la clause compromissoire de l'irrégularité du mode de désignation des arbitres. Cette solution est acceptable[920] tout

---

914 CA Paris, 25 novembre 2010, *Société MIC c/ Bouygues Bâtiments Ile-de-France*, *Gaz. pal.*, 8 février 2011, n° 39, p. 11, note D. Bensaude.

915 CA Dijon, 18 juin 2011, *Cloisons Doublages c/ Quille*, RG n° 10/02376, inédit.

916 CA Reims, 31 janvier 2012, *Somoclest Bâtiments c/ DV Construction et autres*, *Rev. arb.* 2012, p. 209-210 ; *Cah. arb.* 2012-2, p. 413, note A. Mourre et P. Pedone.

917 CA Versailles, 28 mars 2013, *Johnson Controls France c/ Bouygues Bâtiment Ile-de-France*, *D.* 2013, p. 2936, obs. Th. Clay.

918 M. Danis, « Les listes d'arbitres en question », *op. cit.*

919 *Société Jacksor Entreprise et Quizille, ès qualités c/ société Fillold SA*, *Rev. arb.* 1987-1, p. 179 (3ème espèce), note Ph. Fouchard.

920 La jurisprudence allemande (OLG Frankfurt am Main, 11 juillet 2013, http://www.dis-arb.de/de/47/datenbanken/rspr/olg-frankfurt-am-main-az-schh-8-12-datum-2013-07-11-id1548) prévoit aussi que l'arbitre unique désigné par une seule partie doit être récusé. En

comme le refus d'annuler la convention d'arbitrage reprenant l'article 17 de l'*Arbitration Act*[921], la Cour d'appel de Paris[922] ayant considéré que n'est pas contraire à l'ordre public international français, la clause compromissoire indiquant que l'arbitre désigné par un litigant ne peut agir comme arbitre unique qu'en cas de défaillance de son contradicteur[923]. Il en va de même des juges camerounais qui ont accordé à l'exequatur à une sentence rendue à Londres par un arbitre unique au lieu des trois arbitres prévus au contrat[924]. En l'espèce, le mécanisme de l'article 17 de *l'Arbitration Act* a été appliqué conformément à la clause de droit applicable renvoyant au droit anglais.

457 Hormis les deux cas précédents où la position des juges ne manquait pas de pertinence, les autres décisions sont critiquables à plusieurs égards. Dans ce sens, l'affaire *Banque des Règlements Internationaux* (*BRI*)[925]est révélatrice d'un libéralisme contestable. En l'espèce, le litige était né de la décision de l'Assemblée générale de la *BRI* de racheter les actions de ses actionnaires privés, sachant que les actions de cette société anonyme sont majoritairement détenues par les banques centrales des Etats signataires de deux Traités de 1930. Contestant le prix de rachat de leurs actions, certains actionnaires privés avaient saisi le Tribunal de commerce de Paris aux fins de réévaluation du prix par un expert indépendant. Se prévalant de ses statuts et de l'un des Traités de 1930 renvoyant à un tribunal arbitral pour les litiges sociétaires, la *BRI* a décliné la compétence de la juridiction parisienne précitée. Ce moyen ayant été rejeté, la *BRI* et la *Banque de France* ont formé un contredit devant la Cour d'appel de Paris. Cette dernière a annulé la

---

revanche, lorsque la clause compromissoire accorde simultanément une option d'arbitrage et la nomination de l'arbitre à un seul litigant, alors elle est nulle. V. dans ce sens, Cour suprême allemande (*Bundesgerichtshof*), X Zr 23/87, 26 janvier 1989, *op. cit.*

[921] L'article 17 de *l'Arbitrationact* dispose: « *Unless the parties otherwise agree, where each of two parties to an arbitration agreement is to appoint an arbitrator and one party (the party in default) refuses to do so, or fails to do so within the time specified, the other party, having duly appointed his arbitrator, may give notice in writing to the party in default that he proposes to appoint his arbitrator to act assole arbitrator. If the party in default does not within 7 clear days of that notice being given make the required appointmentand notify theother party that he has done so, the other party may appoint his arbitrator as sole arbitrator whose award shall be binding on both parties as if he had been so appointed by agreement* ».

[922] CA Paris, 8 septembre 2005, *Rev. arb.* 2005-4, p. 1032, note Franc-Menget.

[923] Contrairement à leurs homologues français qui admettent l'incorporation de la règle prévue par l'article 17 de l'*Arbitration act* cité ci-dessus dans une stipulation arbitrale, les juges allemands (*Bundesgerichtshof*, VII Zr 31/69, 5 novembre 1970, *JurionRS* 1970, 10987, décision citée par P. M. Patocchi, « Chapter 8 : L'arbitre peut-il être nommé selon une modalité non-paritaire ? », *op. cit*, n° 11) s'opposent à la validité de celle-ci.

[924] CA Buea 15 mai 2002, *African Petroleum Consultants c/ Société Nationale de Raffinage* (2ème espèce), *Revue Camerounaise de l'arbitrage*, n° 18, juillet-août-septembre, p. 15.

[925] Cass. civ. 1ère, 23 mai 2006, *Mme Claudine Alhinc et autres v. Banque de France et Banque des règlements internationaux*, *Rev. arb.* 2008-1, p. 71, note E. Loquin.

décision de première instance tout en écartant les arguments des actionnaires privés qui alléguaient la nullité et l'inapplicabilité manifeste de la clause compromissoire litigieuse. Pour mémoire, ladite clause stipulait que « *tous différends, soit entre les gouvernements signataires ... soit entre un ou plusieurs d'entre eux et la BRI au sujet de l'interprétation et de l'application du nouveau plan sera soumis à un tribunal arbitral de cinq membres nommés pour cinq ans dont un, qui remplira les fonctions de Président, devra être élu citoyen des Etats□Unis d'Amérique, dont deux devront être ressortissants d'Etats ayant été neutres pendant la dernière guerre mondiale et dont les deux derniers seront respectivement ressortissants de l'Allemagne et de l'une ou l'autre des Puissances créancières de l'Allemagne* ».

458 Devant la Cour de cassation, le pourvoi soutenait que, bien que les arbitres aient été désignés par des tiers, il y avait rupture d'égalité entre les parties. Ce moyen digne d'intérêt ne rencontrera pas l'écho favorable des hauts juges français, pourtant le tribunal arbitral avait été formé par les gouvernements français, belge, allemand et italien. Le caractère public de la *Banque de France* n'a pas suffi à convaincre les hauts magistrats sur le fait qu'une seule des parties avait pu d'une certaine manière participer à la nomination des arbitres. La communauté d'intérêts entre la Banque de France et le Gouvernement français justifiait une analyse différente[926]. La Cour de cassation a plutôt, à l'image de la Cour d'appel de Paris, considéré « *qu'il n'était pas évident, les arbitres étant désignés par des gouvernements européens, que les parties n'aient pas été mises sur un plan d'égalité dans la constitution du tribunal arbitral ni que les relations entre les gouvernements et les banques centrales excluaient un procès équitable* ». Cette position peine à convaincre dans la mesure où la Banque de France est une institution au service de la politique économique de l'Etat Français. Nul besoin de rechercher une inégalité formelle pour étayer la dissymétrie entre les litigants dans cette affaire. De plus, drainer le débat sur le terrain de l'indépendance des arbitres, comme le fait un auteur[927], ne protège certainement pas les intérêts de la partie faible. Le droit à l'arbitre n'a été reconnu, certes de manière indirecte, qu'à une seule partie. Eluder ce fait conduit à faire admettre qu'il puisse y avoir une divergence d'intérêts entre la Banque de France et l'Etat dont elle est une émanation.

---

[926] E. Loquin (« La désignation dissymétrique des arbitres », *op. cit.*, p. 101), souligne qu'il y a déséquilibre dans la constitution du tribunal arbitral « *lorsqu'une seule partie peut constituer le tribunal arbitral ou participer à sa désignation* » (nous soulignons).

[927] E. Loquin « Note sous Cass. civ. 1ère, 23 mai 2006, *Mme Claudine Alhinc et autres v. Banque de France et Banque des règlements internationaux* », *Rev. arb.* 2008-1, p. 71, sp. p. 77.

459 Dans l'affaire *Alicantes*[928], le contentieux sociétaire a encore été l'occasion de vérifier l'asymétrie des pouvoirs entre une société et ses actionnaires dans les procédures arbitrales. En l'espèce, la stipulation compromissoire énonçait que tous les différends relatifs aux affaires sociales seraient tranchés par le « *Conseil des Censeurs* », celui-ci étant simultanément un organe de la société *Alicantes*. Suite à un litige relatif à la vente d'un vignoble appartenant à la société *Alicantes*, le « *Conseil des Censeurs* » a rendu une sentence à la demande d'un actionnaire et une décision jugeant irrecevable la demande de nomination d'un mandataire portée devant le Tribunal de commerce de Paris par la même personne. Attaquant ces deux décisions, l'actionnaire en question a demandé l'annulation de la sentence en raison de l'invalidité de la convention d'arbitrage. A cet effet, il soutenait que le « *Conseil des censeurs* » avait la double casquette de tribunal arbitral et d'organe dirigeant de la société *Alicantes*. Or, un auteur[929] soutient à bon droit que le cumul de ces fonctions caractérise un défaut d'indépendance[930].

460 L'argumentation développée par la jurisprudence en matière d'arbitrage professionnel a aussi généré un débat sur le déséquilibre des parties quant à la composition du tribunal arbitral. Habituellement, les centres d'arbitrage créés par des professions ou des fédérations d'entreprises comportent des listes d'arbitres fermées. Or, il arrive quelques fois que des conventions d'arbitrage visant ces centres soient signées entre des parties membres des fédérations concernées et des tiers. Tel est le scénario de la société *Philipp Brothers*[931], qui spécialisée dans le négoce international, avait conclu des clauses compromissoires renvoyant au règlement de l'Organisation internationale de cacao dans un cas, et devant celui de l'Association française du commerce du cacao dans un autre. Afin de rejeter le moyen tiré de la nullité de la clause compromissoire litigieuse, les juges parisiens ont relevé que le Règlement d'arbitrage avait été librement choisi par les litigants. Or comme l'a relevé un commentateur, « *cette analyse, strictement juridique, correspond-elle à la réalité des faits ? On est tenté d'en douter. (...) on peut imaginer que la société Philipp Brothers, grande société à vocation internationale, dont le siège est à Londres, n'avait pas pris garde aux stipulations précises du règlement de l'Association française*

---

[928] CA Paris, 2 juillet 2013, *SARL Alicantes c/ SAS Gerpro et autres*, *Rev. arb.* 2014-1, p.130, note E. Loquin ; *D.* 2013, p. 2946, obs. Th. Clay ; *Rev. arb.* 2013, p. 817 ; *Cah. arb.* 2013-3, p. 665, note P. Pedone.

[929] D. Cohen, *Arbitrage et société*, *op. cit.*, n° 402.

[930] Dans cette affaire, les magistrats n'ont pas retenu la nullité de la clause compromissoire uniquement parce que le recourant n'avait pas soulevé le vice qui l'entachait devant les arbitres.

[931] TGI Paris, 28 octobre 1988, 14 juin 1989 et CA Paris, 6 avril 1990, *Rev. arb.* 1990, p. 497 et s. et note M. de Boisséson, *Rev. arb.* 1990-4, p. 880.

du Commerce du Cacao, et qu'elle a été surprise par les conséquences juridiques d'un choix qu'elle avait fait librement, mais non peut-être sans une certaine négligence »[932]. A supposer que la société *Philipp Brothers* ait été une coopérative d'agriculteurs d'un pays de l'espace OHADA, ce raisonnement coupé de toute lecture sociologique du droit aurait-il été opportun ? Une multinationale achetant du cacao, du café ou du coton à des paysans, fussent-ils regroupés en une personne morale peut-elle valablement contester qu'elle impose certaines clauses, notamment la clause compromissoire ?

461 Derrière cette question, se cache une remise en cause de l'autonomie de la volonté, ce d'autant plus que l'intégrité du consentement n'est pas toujours garantie même entre professionnels. Il est d'ailleurs arrivé qu'une société allègue la nullité d'une sentence en raison de son ignorance des usages de sa branche commerciale et du dol de son cocontractant[933]. Bien que ces arguments n'aient pas été jugés recevables, la pratique des listes restreintes a néanmoins retenu l'attention critique de la doctrine[934]. En fait, « *l'existence d'une liste fermée d'arbitres, composée le plus souvent d'un nombre réduit de professionnels spécialisés, est en effet de nature à créer chez le litigant la crainte de partialité, ainsi que celle de ne pas être traité sur un pied d'égalité suivant le poids économique de la partie en cause dans le milieu professionnel considéré* »[935]. Il s'ensuit que l'arbitrage corporatif porte intrinsèquement, tout au moins dans la perception du tiers à la profession, les germes de la partialité fondée sur le rapport de forces. Tel est justement le problème majeur de la participation du faible à une procédure arbitrale, les règles de droit devant permettre que l'asymétrie des parties ne pèse pas d'un poids de nature à influencer l'issue du procès. Conscient de cet impératif, le droit comparé démontre que sans renoncer à la *favor arbitri*, il est possible de neutraliser les clauses dissymétriques de constitution du tribunal arbitral.

---

932 M. de Boisséson, « Note sous CA Paris du 6 avril 1990 », *Rev. arb.* 1990-4, p. 880, sp. p. 889.

933 CA Paris, 27 juin 2002, *Rev. arb.* 2003-2, p. 427, note C. Legros.

934 F. Niggemann et F. Jonglez de Ligne, « La liberté contractuelle et l'égalité des parties : une relation difficile », *op. cit.*

935 C. Legros, « Note sous CA Paris, 27 juin 2002 », *Rev. arb.* 2003-2, p. 427, sp. n° 16.

B. La neutralisation des clauses dissymétriques de constitution du tribunal arbitral

462 A la différence du droit français, les droits suisses, néerlandais et allemands ne se limitent pas à une conception formelle de la liberté contractuelle conduisant à la validité des stipulations générant une inégalité entre les litigants quant au choix des arbitres. Partant d'une approche pragmatique du contrat, ils permettent la récusation du tribunal arbitral composé sous l'influence prépondérante d'une partie (1). Cette solution brille par sa pertinence dans la mesure où elle concilie l'égalité des parties et la loyauté procédurale (2).

1. La récusation du tribunal composé sous l'influence prépondérante d'une partie

463 Afin d'assurer qu'un litigant n'instrumentalise pas de manière abusive la faiblesse de son adversaire, l'article 368 du Code de procédure civile suisse (CPCS) dispose : « *Le tribunal arbitral peut être récusé comme tel si l'une des parties a exercé une influence prépondérante sur la désignation de ses membres* »[936]. Commentant cet article, un auteur souligne qu'il « *vise les modalités de la constitution du tribunal arbitral en tant que tel, présumée viciée par un déséquilibre excessif des forces en présence, même si les membres du tribunal arbitral n'ont rien à se reprocher à titre individuel. Pour que le principe d'égalité soit réputé respecté, il ne faut pas qu'une des parties ait en main des atouts dont l'autre serait privée* »[937]. En expliquant que la mise en œuvre de l'article 368 ne nécessite pas la mise en cause de la neutralité des arbitres, le droit suisse prend ses distances avec le droit prétorien français consistant à s'exonérer de vérifier le consentement aux clauses déséquilibrées de constitution du tribunal arbitral. Ceci est d'autant plus vrai que l'alinéa 3 de l'article 368 du CPCS énonce : « *Les parties conservent la faculté de désigner pour arbitre tout membre du tribunal arbitral récusé* ». Cette disposition trouve son bien-fondé dans le fait que la protection de l'égalité des litigants constitue sa substance, l'indépendance et l'impartialité de l'arbitre ne font pas partie de son centre

---

[936] L'article 368 du Code de procédure civile suisse est une reprise intégrale de l'article 19 du Concordat sur l'arbitrage du 27 mars 1969. La LDIP n'abordant pas la question traitée par le texte précité, il est fondé de soutenir avec J.-F. Poudret et S. Besson (*Droit comparé de l'arbitrage international*, *op. cit.*, n° 402), l'influence prépondérante d'une partie est sans enjeu pour la constitution des tribunaux arbitraux internationaux.

[937] Ph. Schweitzer, « Commentaire sous l'article 368 », *in*F. Bohnet, J. Haldy, N. Jeandin, Ph. Schweizer, D. Tappy, *Code de procédure civile commenté*, Helbing Lichtenhahn, 2011, p. 1413.

de gravité. Dans cette optique, la protection du consentement de la partie faible contre un mode inique de composition tribunal arbitral est assurée.

464 Pour intéressant que soit le droit suisse, la règle repose sur une notion aux contours imprécis : l'influence prépondérante. Celle-ci est définie comme « *un déséquilibre dont on peut raisonnablement déduire qu'il a eu effectivement une incidence sur le choix des arbitres. Il n'est pas exigé que l'influence prépondérante provoque la désignation de la totalité ou même de la majorité des membres du tribunal ou du surarbitre. Il suffit qu'une telle influence se soit concrètement manifestée et ait eu un effet sur la constitution du tribunal arbitral [...]. L'influence est prépondérante notamment [...] si l'une des parties n'a pas été mise comme l'autre en mesure de désigner son arbitre [...] ou si elle désigne davantage d'arbitres que la partie adverse* »[938].

465 Faisant une application raisonnable de la notion d'influence prépondérante, le Tribunal fédéral suisse a refusé d'accueillir l'action arguant que le tribunal arbitral était déséquilibré parce qu'aucun de ses membres ne provenait du Tiers monde[939]. En revanche, « *la doctrine et la jurisprudence [suisses] admettent qu'une institution créée ou agréée par les organes d'une fédération sportive ne présente pas les garanties d'impartialité (...) si elle se trouve dans une relation plus étroite avec la fédération qu'avec la partie opposée (...), ce qu'il y a lieu d'admettre par exemple lorsque pareille institution est prévue pour trancher les litiges entre un club affilié à la fédération et un joueur lié à ce club par un contrat d'engagement* »[940].

466 La seule faiblesse de l'article 368 du CPCS réside dans le défaut d'indication d'un délai pour la demande de récusation du tribunal arbitral. Or, une bonne administration de la justice postule que la faculté de récuser les arbitres soit limitée dans le temps. Au-delà de nuances terminologiques, les articles 1028 du Code de procédure civile néerlandais[941] et 1034 alinéa 2

---

[938] P. Jolidon cité par Ph. Schweitzer, « Commentaire sous l'article 368 », *op. cit.*, p. 1414.

[939] Tribunal fédéral, Ière Cour civile, 16 May 1983, *République arabe d'Egypte c/ Westland helicopters Ltd. Et autres*, *Bull. ASA* 1984-4, p. 203.

[940] J. Bondallaz, « Note sous Tribunal cantonal vaudois, Chambre des recours, 18.1.1995, et Tribunal fédéral, Ière Cour civile, 8.2.1996 (L.-S. ET J. C/ S.) », *Revue valaisanne de jurisprudence* 2000, p. 363, sp. pp. 364-365.

[941] L'article 1028 du Code de procédure civil néerlandais dispose : « *Si la convention d'arbitrage accorde à une des parties une position privilégiée quant à la désignation de l'arbitre ou des arbitres, l'autre partie peut, par dérogation à la modalité de désignation prévue par ladite convention, et dans le délai d'un mois à partir du commencement de l'arbitrage, demander au président du tribunal de première instance de désigner l'arbitre ou les arbitres. L'occasion d'être entendue est donnée à la partie adverse. (...)* ». Traduction en français tirée de « *Loi néerlandaise sur l'arbitrage - Articles 1020 à 1076 du Code de procédure civile* », *Rev. arb.* 1988-2, pp. 349 – 373.

du Code de procédure civile allemand[942] qui posent une règle identique à celle du droit helvétique[943] pallient cette lacune en fixant des délais précis. Qu'il s'agisse des deux semaines de la législation germanique ou du mois du texte batave, dès la constitution du tribunal arbitral, le litigant en position d'infériorité doit former sa demande de récusation.

467 Avant la réforme de 2013, le droit belge posait une solution plus rigoureuse en frappant de nullité toute convention d'arbitrage conférant un privilège à un des litigants pour la nomination des arbitres[944]. La radicalité de cette solution contraste avec l'équilibre des droits suisses, néerlandais et allemands, ceux-ci parviennent à une savante conciliation de l'égalité des parties et de la loyauté procédurale.

2. La conciliation de l'égalité des parties et de la loyauté procédurale

468 La dialectique de l'arbitrage constituée par le libéralisme et la protection de la partie faible n'est possible que lorsqu'on parvient à veiller aux intérêts de cette dernière tout en assurant la police de la procédure. Tel est le pari réussi par la récusation du tribunal désigné avec l'influence prépondérante d'un justiciable. Au lieu de dénoncer la validité de la convention d'arbitrage, les droits allemand, néerlandais et suisse préservent l'intention compromissoire. Ce n'est pas l'accord arbitral qui est contesté, mais l'une de ses conséquences : la modalité de constitution du tribunal arbitral[945]. Telle est d'ailleurs la solution qui a été admise dans l'affaire

---

942 L'article 1034 (2) du Code de procédure civile allemand dispose : « *Au cas où la convention d'arbitrage prévoit lors de la constitution du tribunal arbitral uneprépondérance d'une partie, au désavantage de l'autre partie, cette dernière peut demander au tribunal de nommer le oules arbitres par dérogation à la nomination effectuée ou la procédure prévue de nomination. La demande doit être formée dans un délai de deux semaines à compter de la date à laquelle la partie a eu connaissance de la composition du tribunal arbitral. (...)* ». Traduction en français tirée de « *Loi pour le nouveau règlement du droit de l'arbitrage du 22 décembre 1997* », *Rev. arb.* 1998-2, pp. 441 – 458. En application de ce texte, les juges (OLG Hamboug, 27 mars 2006, http://www.dis-arb.de/en/47/datenbanken/rspr/hanseat-olg-hamburg-case-no-6-schh-02-06-date-2006-03-27-id623) ont décidé que le fait de prévoir que les arbitres doivent obligatoirement domiciliés en Allemagne ne constitue pas une influence prépondérante en faveur de la partie allemande, dès lors que la clause litigieuse, prévue par les Usages locaux d'Hambourg en matière de vente de matières premières, s'applique de la même manière entre des parties non allemandes.

943 E. Loquin, « La désignation dissymétrique des arbitres », *op. cit.*, p. 108.

944 L'ancien article 1678 alinéa 1 du Code judiciaire belge disposait : « *La convention d'arbitrage n'est pas valable si elle confère à une partie une situation privilégiée en ce qui concerne la désignation de l'arbitre ou des arbitres* ».

945 La Cour suprême allemande (BGH, 1 mars 2007, *NJW spezial* 2007, p. 262) a considéré à juste titre que l'insertion dans un contrat préétabli d'une clausecompromissoire

Jacksor[946], le juge français ayant considéré que la nullité ne concernait pas la stipulation arbitrale mais uniquement le droit réservé à une seule partie de nommer l'arbitre unique. De ce fait, l'arbitre unique fut désigné par voie judiciaire.

469 Paradoxalement, l'arrêt *Jacksor* est moins respectueux de la volonté des parties que le droit suisse. En effet, la législation helvète ne donne pas au juge la possibilité de choisir les arbitres, elle se limite à l'autoriser à récuser ceux qui ont été précédemment désignés de manière égalitaire. C'est ce qui explique qu'en Suisse il est admis que « *dès l'instant où c'est le mode de désignation du tribunal in globo qui peut fonder le motif de récusation envisagé (...), certains arbitres pourraient être désignés à nouveau - et être récusables le cas échéant* »[947] d'après les conditions de droit commun. En fait, ce n'est donc plus à proprement parler de récusation qu'il s'agit, mais de remplacement de la méthode de nomination des arbitres.

470 Parallèlement, le droit français est moins protecteur que les droits batave, germanique et helvétique parce que l'accent est mis sur l'indépendance et l'impartialité de l'arbitre[948]. Or, le principal enjeu n'est pas celui-là mais le consentement à un mode dissymétrique de constitution du tribunal arbitral. En conséquence, comme l'examen de la jurisprudence française l'a démontré[949], il peut très bien arriver que la neutralité des arbitres ne soit pas discutable, mais la modalité ayant conduit à leur nomination n'ait pas été réellement acceptée. La différence entre la consécration de la validité des stipulations inégalitaires et leur neutralisation tient davantage de la politique juridique. Dans le premier cas, la liberté contractuelle est le but à défendre, tandis que dans le second, c'est la croisade contre l'instrumentalisation du rapport de forces contractuel qui est en jeu. Pour comprendre la position française, il faut s'en remettre à cet auteur qui affirme que « *l'égalité dans la constitution du tribunal n'est pas un principe fondamental de la procédure arbitrale, le caractère juridictionnel étant assuré par l'indépendance et l'impartialité des arbitres. Le principe d'égalité n'est que supplétif et peut être écarté par la volonté des parties* »[950]. Il découle de cette lumineuse présentation du droit français que l'égalité des parties quant au choix des arbitres n'est pas une préoccupation frontale, le plus important est de s'assurer que les personnes investies diront

---

désignantl'arbitre unique n'emporte pas invalidité de ladite clause. Cette situation ouvre simplement un droit de récusation de l'arbitre ainsi désigné.

[946] *Société Jacksor Entreprise et Quizille, ès qualités c/ société Fillold SA, op. cit.*

[947] Ph. Schweitzer, « Commentaire sous l'article 368 », *op. cit.*, p. 1414.

[948] F. Niggemann et F. Jonglez de Ligne, « La liberté contractuelle et l'égalité des parties : une relation difficile », *op. cit.*

[949] V. supra, n° 456-457.

[950] E. Loquin, « À la recherche du principe d'égalité dans l'arbitrage commercial international », *op. cit.*.

le droit en parfaite indépendance. Or, pour le faible, l'enjeu n'est pas l'indépendance de l'arbitre mais le respect de son droit à choisir celui-ci.

471 Par ailleurs, la règle de la récusation du tribunal trouve également son intérêt dans la mesure où elle est temporellement encadrée. Le titulaire du droit de récuser, le faible, ne peut donc pas en faire une utilisation opportuniste. Sa léthargie entraine une double sanction : la déchéance du droit de récusation et l'irrecevabilité de l'annulation de la sentence pour irrégularité de la composition du tribunal arbitral. Ainsi, la règle est conforme à la loyauté procédurale qui postule qu'une partie ne puisse pas se prévaloir d'un fait qu'elle a tu durant la procédure arbitrale. Au moment « *où le principe de la loyauté procédurale occupe une place de plus en plus importante dans le droit de l'arbitrage international* »[951], la consécration de l'interdiction de se contredire est un moyen efficace de lutter contre les pratiques déloyales[952]. Fort de cet encadrement, il n'est donc pas dangereux d'offrir à la partie faible la faculté de récuser les arbitres nommés de manière inégalitaire. Au contraire, il s'agit d'une opportune prise en compte du rapport de forces lors de l'élaboration de la convention d'arbitrage. Telle est l'approche que le droit OHADA gagnerait à adopter.

§ 2 La prise en compte de l'asymétrie des parties dans l'élaboration des stipulations prévoyant un tribunal inégalitaire

472 Dès lors qu'il est admis que la rédaction d'un contrat est tributaire de la nature de la relation entre les parties, il est nécessaire d'analyser l'accord de volontés, non pas sous l'unique prisme de la liberté contractuelle, mais aussi sous celui du rapport de forces. A ce propos, il est soutenu que « *l'articulation de la force obligatoire et de la bonne foi, le rôle du juge, la place du consentement, ne peuvent en effet être envisagés de la même manière selon que le contrat est le fruit d'une discussion entre les parties, ou qu'il résulte de l'adhésion plus ou moins consciente à un moule préétabli par autrui* »[953]. En d'autres termes, l'examen de l'effectivité du consentement d'une partie faible à une clause inégalitaire de formation du

---

[951] O. Caprasse et R. Ziadé, « La confidentialité dans la procédure arbitrale », *Rev. arb.* 2014-3, p. 593, sp. n° 50.

[952] L'article 14 alinéa 8 de l'AUA reconnait l'interdiction de se contredire en ses termes : « La partie qui, en connaissance de cause, s'abstient d'invoquer sans délai une irrégularité et poursuit l'arbitrage est réputée avoir renoncé à s'en prévaloir ». Pour application de l'article alinéa 8 de l'AUA, v. CCJA, 29 avril 2010, *Société Connexion Marketing & Baboulene Laurentc/ Société Synergie Gabon et Dame Osmont Brigitte*, *Recueil de jurisprudence de la CCJA* n° 15, Janvier - Juin 2010, p 146.

[953] R. Boffa, « Article 1108 : le contrat d'adhésion », *op. cit.*, n° 2. V. également, F. Zenati et T. Revet, *Cours de droit civil. Contrats*, PUF, 2014, n° 4.

tribunal doit reposer sur l'appréciation concrète de l'asymétrie économique et / ou intellectuelle existant entre elle et son cocontractant (A). Pour autant, il ne faudrait pas que cette approche conduise automatiquement à la nullité de la convention d'arbitrage, la mise à l'écart de la modalité inégalitaire de formation du tribunal arbitral étant satisfaisante (B).

A. L'examen de l'effectivité du consentement de la partie faible

473 Partant du constat selon lequel « *la jurisprudence fait preuve (...) de laxisme dans la mise en œuvre du principe lorsque la rupture d'égalité est le fait de la volonté commune des parties* »[954], il est pertinent de revendiquer une vérification réelle de l'acceptation de la prérogative inégalitaire de formation du tribunal arbitral (1). Ce faisant, il convient d'évincer le critère de l'indépendance des arbitres dans l'appréciation du consentement du litigant en position d'infériorité (2).

1. La vérification concrète de l'acceptation du faible

474 D'entrée de jeu, il importe de souligner que le besoin de protection du contractant démuni ne se présente pas de manière uniforme. En raison de son libre arbitre, ce dernier doit être tenu par les engagements qu'il consent en parfaite connaissance de cause. En revanche, c'est tout le contraire lorsqu'il contracte une convention d'adhésion. Ainsi, « *quand l'acte de volonté est faible, il est légitime que le pouvoir du juge soit fort, et réciproquement* »[955]. Appliquant cette assertion à la stipulation arbitrale prévoyant un mécanisme déséquilibré de désignation des arbitres, le législateur et la jurisprudence OHADA gagneraient à distinguer les clauses compromissoires librement négociées de celles rédigées par une seule partie.

475 Cette démarche est d'autant plus appropriée qu'à la lumière de l'expérience française, il apparait que « *la clause d'arbitrage [dissymétrique] est pré-formulée et comprend toujours un panel d'arbitres préétabli. Il y a donc des indices qu'une partie économiquement puissante impose son contrat et sa liste d'arbitres à une partie plus faible et moins avertie* »[956]. La marge de manœuvre du litigant en position d'infériorité tient à une peau de chagrin lorsque la convention d'arbitrage renvoie à un arbitre unique. Malgré cette réalité, les juges français emploient des formules

---

954 E. Loquin, « Note Cass. civ. 1ère, 23 mai 2006, *Mme Claudine Alhinc et autres v. Banque de France et Banque des règlements internationaux* », *Rev. arb.* 2008-1, p. 71, sp. p. 75.

955 R. Boffa, « Article 1108 : le contrat d'adhésion », *op. cit.*, n° 3.

956 F. Niggemann et F. Jonglez de Ligne, « La liberté contractuelle et l'égalité des parties : une relation difficile », *op. cit.*

démontrant à suffisance qu'ils tiennent souvent pour acquise l'acceptation du faible. Outre la Cour de cassation qui, sans fournir de preuves, affirme que la stipulation litigieuse a été « *soumise à la libre discussion* »[957], il a également été décidé « *qu'ayant concouru en toute connaissance de cause à la désignation aujourd'hui contestée, la société doit être déboutée de sa demande* »[958]. Dans ces deux affaires, les listes d'arbitres avaient été préétablies par une seule des parties car il s'agissait de contrats d'adhésion. C'est donc bon à droit qu'une plume se montre réservée sur la validité des clauses querellées[959].

476 Par ailleurs, l'argument reposant sur le fait que le contrat de sous-traitance de construction a été négocié mérite également d'être relativisé à l'aune de la pratique. Quiconque a une bonne intelligence des contrats de construction, sait que généralement les discussions portent sur des considérations techniques. Si l'on admet que la clause arbitrale est la « *Midnight Clause* »[960], il est aisé d'imaginer qu'elle occupe la portion congrue des négociations. Par conséquent, il ne saurait être soutenu sur la seule base de l'existence de discussions entre les parties que la convention d'arbitrage a été réellement négociée. De plus, le sous-traitant étant souvent en position d'infériorité face à son cocontractant, sa capacité à influencer le contrat est tenue, qui plus est pour un acte préétabli[961].

477 En fait, la démarche adoptée par la jurisprudence française s'explique par la consécration tacite d'une présomption de validité de la convention d'arbitrage dès lors qu'un vice de consentement n'est pas étayé. Il s'ensuit que les juges partagent l'opinion de Fouillée[962] qui avançait que « *qui dit contractuel, dit juste* ». Pourtant, il a été expliqué avec intérêt qu'« *il y a plus souvent adhésion de l'une des parties au choix de l'autre que véritable possibilité de discussion sur le nom des arbitres* »[963]. Compte du caractère embryonnaire de l'arbitrage en Afrique, le législateur OHADA gagnerait à ne pas reprendre le droit français, tout au moins en l'état actuel des choses, sans une connaissance et une pratique arbitrales solides, la

---

957 Cass. civ. 2ème, 31 janvier 2002, *Société Porée c/ Quille*, *JCP éd. G*, 22 janvier 2003, I, 105, note C. Seraglini.

958 TGI Paris, 7 décembre 1994, *Société Démolition Delair c/ Société Bouygues*, *op. cit.*

959 E. Loquin, « *Note - Cour d'appel de Rouen (2e Ch. civile) 3 octobre 1996 ; Cour de cassation (1ère Ch. civile) 8 juin 1999 ; Tribunal de Grande Instance Paris (Ord. réf.) 7 décembre 1994* », *Rev. arb.* 2000- 1, p. 116, sp. n° 2.

960 P. G. Jones, « *The Midnight Clause: From Darkness to Daylight* », http://www.henningmediation.com/Neutralspage/PDFMidnightClause.pdf.

961 F. Niggemann et F. Jonglez de Ligne, « La liberté contractuelle et l'égalité des parties : une relation difficile », *op. cit.*

962 Auteur cité par Y. Strickler, « La protection de la partie faible en droit civil », *PA* 25 octobre 2004, n° 27, p. 6.

963 C. Seraglini, « « Note Cass. civ. 2ème, 31 janvier 2002 sous *Société Porée c/ Quille* », *op. cit.*

démarche française n'est pas appropriée. Il faut procéder à un examen *in concreto* du contenu des négociations contractuelles. Cette approche a le mérite d'aboutir à une décision conforme à la réalité des faits ayant permis la conclusion de la convention d'arbitrage dissymétrique. Ainsi, les juges traiteront le véritable posé par les stipulations inégalitaires de désignation des arbitres plutôt que de se préoccuper inopportunément de l'indépendance de ceux-ci. Ils veilleront à s'assurer que « *la convention des parties [octroie] des droits identiques à chaque partie pour la désignation, et encore la récusation des arbitres* »[964].

2. L'éviction du contrôle de l'indépendance des arbitres

478 Dans plusieurs litiges, doctrine[965] et jurisprudence ont préféré s'appesantir sur l'indépendance des arbitres pour apprécier le bien-fondé des moyens alléguant l'invalidité des clauses compromissoires dissymétriques. L'affaire *BRI*[966]est particulièrement topique sur ce point, M. Loquin affirmant que « *l'appréciation de la validité de la constitution du tribunal arbitral suppose une analyse de l'indépendance des banques centrales à l'égard de leurs gouvernements et de la nature et de l'importance des liens qui les unissent. C'est dire que la rupture d'égalité n'était pas manifeste. Il est d'ailleurs permis de se demander si le terrain choisi était le bon. Le débat concernait en réalité la question de l'indépendance des_arbitres ainsi désignés et relevait plus de la matière de la récusation que de celle du principe de l'égalité des parties dans la constitution du tribunal arbitral* »[967] (nous soulignons).

479 Est-il nécessaire d'une longue démonstration pour comprendre que la *Banque de France* est au service la politique économique de la France ? En reprenant le raisonnement adopté pour la saisie des avoirs des entités publiques en raison de la responsabilité des Etats dont elles émanent[968], la

---

964 A. Delabrière et A. Fénéon, « La constitution du tribunal et le statut de l'arbitre dans l'Acte uniforme OHADA », www.ohada.com, Ohadata D-12-70.

965 M. de Boisséson, « Note sous CA Paris du 6 avril 1990 », *op. cit.* ; M. Henry, « Note sous CA Paris, 9 janvier 2004, *Rev. arb.* 2005-3, p. 711.

966 Cass. civ. 1ère, 23 mai 2006, *Mme Claudine Alhinc et autres v. Banque de France et Banque des règlements internationaux, op. cit.*

967 E. Loquin, « Note Cass. civ. 1ère, 23 mai 2006, *Mme Claudine Alhinc et autres v. Banque de France et Banque des règlements internationaux* », *op. cit.*, p. 77.

968 A. Ngwanza, « L'arbitrage en matière extractive », *in* A. Ngwanza et G. Lhuilier (ed), *Le contentieux extractif*, ICC Publishing 2015, p. 227, sp. p. 229-230 ; T. Tyler, L. Kovarsky et R. Stewart, « Beyond Consent : Appying Alter Ego and Arbitration Doctrines to Bind Sovereign Parents », *in* Permanent Court of Arbitration (ed), *Multiple Party Actions in International Arbitration*, Oxford University Press, 2009 ; T. G. Nelson, « Bridas *v.* *Turkmenistan* », *Bull. ASA* 2006-3, p. 584.

confusion d'intérêts entre la France et sa banque centrale est évidente. Il n'y a donc pas lieu d'ergoter sur la neutralité des arbitres, une seule des parties n'a pas pu nommer d'arbitres, le tribunal arbitral ayant été formé en l'espèce uniquement de personnes choisies par des Etats, l'un d'entre eux étant propriétaire de l'une des parties. Il est donc clair que l'indépendance des arbitres n'est pas le nœud gordien de la question, « *le véritable débat est celui du consentement* »[969]. En fait, « *l'indépendance de l'arbitre choisi est étrangère au débat, qui ne concerne que le respect du principe d'égalité entre les parties. Il ne s'agit pas de vérifier si le tribunal arbitral est constitué par un arbitre indépendant, mais d'apprécier si les parties ont été placées dans la même situation pour le désigner* »[970].

480 Le basculement de la problématique de la rupture d'égalité à celle de l'indépendance des arbitres tient probablement de la *favor arbitri*, les juges voulant éviter de prononcer facilement la nullité de la clause compromissoire. Etant donné que le droit français ne comporte aucun texte relatif à l'influence prépondérante d'une partie pour la formation de la juridiction arbitrale, la sanction envisageable, de prime abord, est l'invalidité de la convention d'arbitrage. Or, il n'en est rien puisque l'affaire *Jacksor*[971] a montré qu'une stipulation dissymétrique peut être régularisée en expurgeant le vice qui l'entache, le juge ayant choisi de désigner lui-même l'arbitre unique en remplacement de celui qui avait été précédemment choisi.

481 De plus, l'herméneutique précédente de l'alinéa 3 de l'article 368 du CPCS a permis de constater le hiatus existant entre l'inégalité des parties quant à la composition du tribunal arbitral et la neutralité des membres de celui-ci. Pour mémoire, ce texte prévoit que l'arbitre unique ou les arbitres nommés par voie inégalitaire puissent être reconduits, leur récusation relevant du droit commun. Si l'indépendance de l'arbitre était au cœur de la question, la législation helvète n'ouvrirait pas la possibilité de nommer une personne qui avait été précédemment récusée.

482 Dans la perspective de révision du droit OHADA, il est donc parfaitement possible de dissocier le consentement aux clauses porteuses de déséquilibre pour la désignation des arbitres de l'indépendance de ces derniers. Le plus important sera de consacrer une sanction aux dérives de l'asymétrie entre contractants avec mesure. Dans ce sens, la mise à l'écart du mode de formation dissymétrique du tribunal arbitral est une solution appropriée.

---

[969] F. Niggemann et F. Jonglez de Ligne, « La liberté contractuelle et l'égalité des parties : une relation difficile », *op. cit.*

[970] E. Loquin, « *Note - Cour d'appel de Rouen (2e Ch. civile) 3 octobre 1996 ; Cour de cassation (1re Ch. civile) 8 juin 1999 ; Tribunal de Grande Instance Paris (Ord. réf.) 7 décembre 1994* », *op. cit.*, n° 2.

[971] *Société Jacksor Entreprise et Quizille, ès qualités c/ société Fillold SA, op. cit.*

B. La mise à l'écart du mécanisme inégalitaire de nomination des arbitres

483 Le choix de la sanction à retenir contre la clause compromissoire visant une modalité déséquilibrée de formation du tribunal arbitral n'est pas une question anodine. En effet, la promotion de l'arbitrage, objectif affiché de législateur OHADA[972], s'accommode mal avec l'annulation aisée des conventions arbitrales. Ceci étant, la protection du faible ne peut pas être bradée sur l'autel de la *favor arbitri*. Pour cette raison, lorsque le vice entachant la clause compromissoire est régularisable, comme c'est le cas des modalités inégalitaires de formation du tribunal arbitral, il parait plus approprié d'opter pour une solution qui préserve l'arbitrage. Toutefois, cette solution ne pourrait être systématiquement retenue car le consentement d'un professionnel, fût-il en position d'infériorité, ne saurait être assimilé *mutadis mutandis* à celui d'un contractant protégé. Il en résulte que la récusation judiciaire du tribunal composé de manière inégalitaire est appropriée entre professionnels (1), tandis que la nullité de la clause compromissoire s'avère adéquate dans les contrats impliquant un contractant protégé (2).

1. La récusation judiciaire du tribunal composé par voie inégalitaire entre professionnels

484 Aussi longtemps que la justice arbitrale est-elle rétive à l'intervention du juge étatique, il n'en demeure pas moins que dans plusieurs hypothèses l'action de ce dernier concourt à son fonctionnement harmonieux[973]. Tel est justement le cas s'agissant des clauses déséquilibrées de désignation du tribunal arbitral. Dans les rapports entre professionnels, la mission du juge consistera à vérifier que les arbitres ont été désignés avec l'influence prépondérante de l'autre. Cette détermination claire des prérogatives judiciaires empêche que les juridictions étatiques empiètent sur les compétences du tribunal arbitral. Au regard des recommandations évoquées ci-dessus, l'examen du consentement de la partie alléguant l'inégalité dans la désignation des arbitres devra reposer sur une analyse concrète de l'acceptation de la clause litigieuse[974].

485 Sachant que l'arbitrage est dorénavant considéré comme une justice ordinaire entre professionnels, l'intention compromissoire sera un enjeu

---

[972] F.-M. Sawadogo, « Le droit OHADA de l'arbitrage », *op. cit.*
[973] A. Bencheneb, « L'arbitrage et le rôle du juge d'appui en droits algérien et français », *RDAI* 2012-1, p. 19 ; P. Chevalier, « Le nouveau juge d'appui », *in* Th. Clay (dir), *Le nouveau droit français de l'arbitrage*, Lextenso, 2011, p. 143.
[974] V. supra, n° 472-480.

mineur, le problème central se trouvant dans la rupture d'égalité pour la formation de la juridiction arbitrale. A cet égard l'interprétation *contra proferentem* vole au secours de l'adhérent. Si la stipulation querellée n'est pas libellée en termes sibyllins, le juge devra se prononcer en examinant l'existence ou non d'un rapport asymétrique, la dépendance économique constituant un indice majeur. La question qui restera à trancher à ce niveau est celle de savoir si les magistrats saisis pour la récusation du tribunal auront le pouvoir de nommer eux-mêmes, le ou les arbitres chargés de purger le conflit.

486 Pour donner une réponse éclairée à cette interrogation, il faut au préalable en cerner les enjeux. Dans cette matière, la liberté contractuelle et la célérité habituellement brandies comme des impératifs concordants de l'arbitrage[975], sont opposées. En optant en faveur de la première, on laisse subsister le risque de lenteur dans la mesure où il s'agira d'inviter les parties à choisir les arbitres en lieu et place du tribunal collégial ou de l'arbitre unique irrégulièrement nommés. En cas de désaccord entre les litigants, ils seront obligés de s'en remettre aux bons soins de la juridiction étatique ayant précédemment statué[976]. Le choix de la célérité consistera à laisser la juridiction étatique désigner directement la formation arbitrale ou l'arbitre unique, démarche retenue par le juge français dans l'affaire *Jacksor*[977].

487 Une troisième voie conciliant autonomie de la volonté et rapidité de la procédure peut être trouvée en obligeant le demandeur en récusation à proposer un arbitre unique ou son co-arbitre dans sa demande. Ainsi, si son action est jugée recevable, l'autre partie n'aura plus qu'à se prononcer dans un délai fixé par le juge à compter de sa décision portant récusation du précédent tribunal. Passé ce délai, l'intervention judiciaire supplétive permettra de nommer le ou les arbitres. Cette règle chère à la jurisprudence française[978], est conforme au respect de la volonté des parties et oblige les juges à solliciter l'avis de la partie récalcitrante, ou même de lui enjoindre de désigner son coarbitre ou l'arbitre unique proposé, sous peine de paiement d'astreinte[979]. De plus, elle est pertinente car « *peu importe que la volonté de*

---

975 E. Loquin, *L'arbitrage du commerce international*, Editions Joly, 2015, n° 28-32.

976 En raison de la souveraineté des Etats quant à leur organisation judiciaire, rien ne les oblige à prévoir que le juge ayant statué sur la demande en récusation du tribunal formé sous l'influence prépondérante d'une partie soit également compétent pour la récusation des arbitres nommés ultérieurement par les parties. Néanmoins, une bonne administration de la justice postule que le contentieux de la nomination des arbitres soit confié à une seule juridiction.

977 *Société Jacksor Entreprise et Quizille, ès qualités c/ société Fillold SA*, *op. cit.*

978 Cass. civ. 1re, 8 juin 1999, *Société Sonapra c/ Société Adeossi, op. cit.*

979 TPI Douala, 4 décembre 2000, Ordonnance n° 140, S*ociété Etudes – Réalisations – Contrôles SA c/ VIMAT SARL*, *Revue camerounaise de l'arbitrage* n° 25 avril-mai-juin 2004, p. 3 note G. Kenfack Doujani. En l'espèce, le juge des référés a fait droit à une demande

l'une des parties ne se soit exprimée que pendant l'instance ouverte devant le juge »[980].

488 Par ailleurs, la récusation du tribunal arbitral a l'avantage d'évincer la controverse sur l'application de l'effet négatif du principe compétence-compétence. En effet, en s'abstenant de débattre la nullité de la clause compromissoire, l'on rend inutile toute analyse sur la compétence du juge étatique. Pour mémoire, il convient de rappeler que le droit prétorien français n'a jamais prêté attention au moyen arguant l'incompétence des arbitres au motif de l'invalidité d'une clause inégalitaire de constitution du tribunal arbitral[981]. Il n'est donc pas utile de revendiquer la consécration d'une règle qui contient une difficulté intrinsèque. En revanche, l'invalidité de la clause de choix déséquilibrée de nomination des arbitres est justifiée quand elle est opposée à un contractant protégé.

2. La nullité de la stipulation de désignation inégalitaire des arbitres opposée à un contractant protégé

489 Le contrat d'adhésion étant l'une des manifestations les plus achevées de la prépondérance économique et / ou intellectuelle d'une partie, il est important de maitriser les abus pouvant en découler. Il est parfaitement logique d'afficher une grande méfiance à l'égard de toute clause non négociée mettant la partie faible en position inconfortable[982]. C'est donc sans surprise que la doctrine a exprimé ses réserves contre des clauses compromissoires prévoyant un arbitrage aux USA devant des arbitres américains insérées dans des contrats de gestion de portefeuilles de titres entre des investisseurs français non professionnels et des sociétés financières[983]. Prenant le contrepied des juges n'ayant pas considéré les stipulations précitées abusives, une plume s'en est émue en déclarant que « *force était de constater qu'elles éloignaient le lieu de l'arbitrage et que l'obligation faite aux investisseurs consommateurs français de se soumettre à une procédure arbitrale organisée par une institution d'arbitrage américaine et régie par le droit américain pouvait être le signe d'une rupture d'égalité entre les parties, en tout cas la marque de l'influence*

---

d'injonction à désignation d'arbitre sous astreinte, pourtant rien de tel n'était prévu par la clause compromissoire.

980 E. Loquin, « La désignation dissymétrique des arbitres », *op. cit.*, p. 103.

981 Cass. civ. 1ère, 23 mai 2006, *Mme Claudine Alhinc et autres v. Banque de France et Banque des règlements internationaux*, *op. cit.*

982 D. Mazeaud, « Présentation de la réforme du droit des contrats », *Gaz. pal.* 23 février 2006, p. 15, sp. n° 28.

983 CA Paris, 30 mars 2004, *Rev. arb.* 2005-1, p. 115, note X. Boucobza.

prépondérante de l'une des parties dans le choix du mécanisme de désignation des arbitres »[984].

490 Dans la droite ligne de cette analyse, il est fondé d'admettre que l'existence d'une rupture d'égalité dans un contrat d'adhésion avec un adhérent protégé constitue *per se* une cause de nullité. L'association de l'absence de négociation du contrat et d'une stipulation arbitrale entachée d'une dissymétrie liée au choix des arbitres constitue une entrave grave aux droits du faible[985]. Il n'y a donc pas matière à régulariser ce vice qui précarise considérablement la position du faible.

491 En effet, la récusation du tribunal ne saurait être une bonne sanction pour préserver le consommateur, le salarié ou l'entreprenant pour plusieurs raisons. Premièrement cette solution ne fait pas échec au principe compétence-compétence, le moins nanti devant donc attendre le contentieux de la sentence pour faire constater la nullité de la clause compromissoire si les arbitres se déclarent compétents[986]. Une telle situation entraine un coût financier élevé dont on peut faire l'économie en permettant au contractant protégé de saisir directement le juge étatique.

492 A défaut d'écarter totalement le principe compétence-compétence, il peut paraitre utile d'en consacrer une version atténuée à l'image de l'article 32 de *l'Arbitration Act*[987]. S'il est vrai qu'en droit anglais la saisine de la juridiction étatique pour l'examen de la validité de la convention d'arbitrage est subordonnée à l'accord des parties ou à la décision du tribunal arbitral, la doctrine s'accorde à relever le bien-fondé de la règle car elle est « *de nature*

---

[984] E. Loquin, « La désignation dissymétrique des arbitres », *op. cit.*, p. 107.

[985] Critiquant l'application du dogme de l'autonomie de la volonté dans les contrats d'adhésion D. Mazeaud (« Présentation de la réforme du droit des contrats », *op. cit.*, n° 28) affirme qu' « *il (...) n'est plus possible d'affirmer sous forme de principe que les contractants doivent assumer, comme dans un contrat de gré à gré, assumer la responsabilité de leurs engagements contractuels et notamment les déséquilibres contractuels* ».

[986] Dans l'espace OHADA, il est déjà arrivé qu'une sentence soit rendue en l'absence de toute convention d'arbitrage, les juges (CA Douala, 17 février 2012, *Complexe polytechnique privé laïc Bilingue c/ Sociétés Générales de Dommages et Créances*, inédit) ayant fort heureusement annulé cette décision. Il n'est donc pas illusoire d'imaginer des arbitres retenir leur compétence dans des circonstances où il existe une clause compromissoire abusive.

[987] L'article 32 de l'*Arbitration act* dispose: « *(1) The court may, on the application of a party to arbitral proceedings (upon notice to the other parties), determine any question as to the substantive jurisdiction of the tribunal.*
A party may lose the right to object (see section 73).
(2) An application under this section shall not be considered unless
(a)it is made with the agreement in writing of all the other parties to the proceedings, or
(b)it is made with the permission of the tribunal and the court is satisfied
(i)that the determination of the question is likely to produce substantial savings in costs,
(ii)that the application was made without delay, and
(iii) that there is good reason why the matter should be decided by the court. (...) ».

à faire réaliser aux parties des économies substantielles »[988]. Afin d'éviter que la possibilité de contester l'accord arbitral puisse être paralysé par le désaccord des litigants ou du tribunal arbitral, il serait opportun de prévoir que la demande du contractant protégée est suffisante. Pour autant, les arbitres ne devraient pas pouvoir saisir *ex officio* le juge étatique parce que la rupture d'égalité relève de l'ordre public de protection. Le faible aura donc une obligation de diligence aussi bien pour l'exercice de l'action que le délai pour agir.

493 La seconde raison de l'invalidité de la stipulation déséquilibrée de désignation des arbitres insérée dans un contrat d'adhésion réside dans la police des pratiques contractuelles. Présumée nulle cette catégorie de clauses permet d'envoyer un message clair aux rédacteurs des contrats d'adhésion. Dès lors que la stipulation sera réputée abusive, il appartient au stipulant de prendre des mesures nécessaires pour s'assurer que l'adhérent a exprimé son acceptation en parfaite connaissance de cause. En d'autres termes, la présomption est simple et peut être renversée par la production d'un document corroborant un consentement spécial. La protection offerte à la partie en position d'infériorité n'est donc pas absolue et trouve sa limite quand celle-ci y a renoncé.

494 En tout état de cause, lorsque la prise en compte du rapport de forces entre les contractants est la jauge de l'examen de la validité de la stipulation porteuse d'inégalité pour la constitution du tribunal, la solution est acceptable. L'autonomie de la volonté ne doit pas occulter les dérives de la liberté contractuelle, surtout si la nomination des arbitres appelle l'intervention d'un tiers. Quelle que soit l'origine de la compétence de celui-ci, il lui est formellement interdit de mettre une partie en meilleure posture par rapport à l'autre. Malheureusement, dans cette matière le droit OHADA laisse des brèches défavorables au faible.

---

[988] E. Gaillard, « L'effet négatif de la compétence compétence », *in Etudes de procédure et d'arbitrage en l'honneur de Jean-François Poudret*, Faculté de droit de l'Université de Lausanne, 1999, p. 387, sp. p. 395.

SECTION II. L'ENCADREMENT IMPARFAIT DE L'INTERDICTION DE FORMATION INEGALITAIRE DU TRIBUNAL ARBITRAL PAR UN TIERS

495 L'intervention d'un tiers pour le choix des arbitres peut être aussi bien le fait des parties que celui de la loi[989]. Par voie conventionnelle, les litigants peuvent confier la charge de la composition totale ou partielle de la juridiction arbitrale à une autorité de nomination[990] ; ils peuvent également solliciter son concours indirectement par l'entremise d'une disposition d'un règlement d'arbitrage auquel ils se sont référés. Quel que soit le procédé par lequel un tiers agit pour la désignation des arbitres, quel qu'il soit, il ne saurait de se défaire du principe de l'égalité des parties. Pour autant, le régime de l'interdiction de nomination dissymétrique est tantôt incomplet s'agissant du juge d'appui (§ 1), tantôt perfectible s'agissant des centres d'arbitrage (§ 2).

§ 1 Une interdiction incomplète de nomination dissymétrique des arbitres par le juge d'appui

496 Afin d'imposer aux magistrats l'obligation de respecter l'égalité des parties, le droit OHADA a consacré, de manière partiellement précise, la nullité d'une nomination judiciaire inégalitaire de l'arbitre (A). Bien plus, en raison de la diversité des règles internes de procédure des Etats-membres et du silence du droit OHADA, le recours contre une décision portant atteinte à l'égalité des parties en matière de choix des arbitres est hypothétique (B).

---

989 En droit OHADA, l'article 5 de l'AUA permet de résoudre les difficultés liées à la constitution du tribunal arbitral en ces termes : « *Les arbitres sont nommés, révoqués ou remplacés conformément à la convention des parties.*
A défaut d'une telle convention d'arbitrage ou si la convention est insuffisante :
a) en cas d'arbitrage par trois arbitres, chaque partie nomme un arbitre et les deux arbitres ainsi nommés choisissent le troisième arbitre ; si une partie ne nomme pas un arbitre dans un délai de trente jours à compter de la réception d'une demande à cette fin émanant de l'autre partie, ou si les deux arbitres ne s'accordent pas sur le choix du troisième arbitre dans un délai de trente jours à compter de leur désignation, la nomination est effectuée, sur la demande d'une partie, par le juge compétent dans l'Etat-partie ;
b) en cas d'arbitrage par un arbitre unique, si les parties ne peuvent s'accorder sur le choix de l'arbitre, celui-ci est nommé, sur la demande d'une partie, par le juge compétent dans l'Etat-partie ».

990 Il n'existe pas une liste limitative d'autorités de nomination des arbitres, la liberté contractuelle offrant la possibilité aux parties de désigner la personne de leur choix. Ceci étant, en raison de leur intervention permanente basée soit sur la loi, soit sur les règlements d'arbitrage, l'étude sera uniquement consacrée au juge d'appui et aux institutions arbitrales.

A. *La clarté partielle de la nullité de la nomination judiciaire inégalitaire de l'arbitre*

497 Le juge d'appui ne pouvant pas se saisir d'office pour le contentieux relatif à la désignation des membres du tribunal arbitral, son intervention est toujours tributaire de l'action par laquelle il est saisi[991]. En effet, il faut distinguer l'hypothèse selon laquelle la partie défaillante s'abstient de se manifester pendant toute la procédure judiciaire de choix d'arbitre, de celle où après avoir ignoré les invitations à se prononcer de son contradicteur, elle décide de désigner une personne.

498 Bien que ces deux cas concernent l'intervention du juge d'appui, le second ne vise pas spécifiquement la faiblesse d'une partie. En effet, lorsqu'un justiciable décide de proposer un coarbitre devant le juge d'appui, l'enjeu n'est pas celui de l'asymétrie des forces mais celui du droit à l'arbitre, problématique plus large. Ceci étant, compte tenu du contexte sociologique de l'espace OHADA, connaissance insuffisante de l'arbitrage, il est fréquent qu'un justiciable impécunieux, comprenne la nécessiter de choisir un arbitre quand une juridiction étatique est saisie. Par conséquent aborder la question dans le cadre de l'étude de la protection de la partie faible est entièrement justifié. Toute la question est de savoir si le magistrat a l'obligation de prendre acte de l'arbitre désigné par une partie, faible de surcroit, en cours d'instance.

499 Le droit OHADA ne traite pas la rupture d'égalité portant sur le choix des arbitres de manière semblable, autant la nullité des désignations faites sur la base de clauses compromissoires défavorables à une partie est claire (1), autant la protection du choix d'arbitre opérée par une partie en cours de saisine du juge d'appui est instance est incertaine (2).

1. *L'invalidité de la désignation judiciaire d'arbitre opérée sur la base d'une clause contractuelle inégalitaire*

500 Indépendamment de la variété des clauses contractuelles pouvant inviter le juge à une nomination d'arbitre en fraude aux droits d'une partie, pour l'instant la jurisprudence OHADA a été confrontée uniquement aux stipulations permettant de saisir le juge pour pallier la défaillance d'un litigant dans un délai plus court que celui prévu par l'AUA. Théoriquement, tout justiciable peut introduire une demande d'arbitrage et octroyer un bref

---

[991] Aussi longtemps que la volonté des parties est-elle souveraine, il est difficile de suivre la Cour suprême du Congo (Chambre commerciale, 17 mai 2002, *SociétéLINDACOMMUNICATIONS* c/ *EtablissementsMIC-VIDEO*, inédit) qui a décidé que la recevabilité d'une demande de nomination judiciaire d'arbitre était subordonnée à la soumission d'une requête conjointe des parties.

délai à son contradicteur pour nommer son coarbitre[992]. Néanmoins, il est difficile d'imaginer une partie faible procéder ainsi, le recours à l'arbitrage, même en présence d'une clause compromissoire incontestable, n'étant pas son premier réflexe. Bien que cette situation puisse se présenter dans les rapports contractuels horizontaux, l'asymétrie des forces est un facteur aggravant qui justifie d'envisager l'analyse sous le prisme. Etant donné que lors de la rédaction d'un contrat, le contractant économiquement et / ou intellectuellement puissant peut imposer ses opinions, il y a lieu d'aborder avec méfiance les clauses permettant à une partie de solliciter rapidement le juge d'appui pour nommer un arbitre. Bien que la règle ne soit pas inégalitaire dans son principe, elle le devient facilement en pratique car, le faible a habituellement une culture arbitrale lacunaire. En conséquence, c'est souvent à lui que la clause litigieuse est opposée.

501 Dans l'affaire *SARCI*[993], suite à la survenance d'un litige sociétaire avec d'autres actionnaires de la société TELECEL Bénin, la *SARCI* avait notifié à ses contradicteurs une demande d'arbitrage ad hoc, ainsi que la désignation d'un coarbitre. Face à la léthargie des défendeurs quinze jours après la transmission de ladite demande, par application de la clause compromissoire[994], la *SARCI* a saisi le juge d'appui aux fins de désignation d'un co-arbitre. Cette demande a été jugée recevable et le TPI de Cotonou a nommé un arbitre qui, de concert avec celui choisi par le demandeur ont désigné un président du tribunal. Le TPI de Cotonou ayant annulé la sentence rendue par cette juridiction arbitrale au motif de la parité du

---

992 Les tentatives de passage en force en matière arbitrale ne se limitent pas à l'octroi d'un délai plus bref pour la désignation du co-arbitre. Dans l'affaire *BAT c/ Ritz Palace Club* (CA Bafoussam, 12 mars 2008, *Revue camerounaise de l'arbitrage* n° 51 octobre novembre décembre 2010, p. 22 note G. Kenfack Douajni), le demandeur avait fait une offre de compromis qui lierait automatiquement son contradicteur en cas de silence dans les huit jours suivant la transmission de l'offre précitée. L'arbitre unique s'étant reconnu compétent, la sentence a été annulée pour absence de convention d'arbitrage. Pour autre annulation de sentence arbitrale pour inefficacité du silence pour l'acceptation tacite d'un compromis, v. CCJA, 17 avril 2014, *État du Mali c/ CFAO*, *op. cit.*

993 CCJA, 17 juillet 2008, *Société Africaine de Relations Commerciales et Industrielles dite SARCI Sarl C/ 1°/ Atlantique Telecom SA 2°/ Telecel Bénin S.A.*, *op. cit.*

994 L'article 43 des statuts de *TELECEL Bénin* stipulait : « *Tous litiges sur l'application des présentes, soit entre les associés, soit entre l'un d'eux et la société seront réglés par voie d'arbitrage. A cet effet, chaque partie en litige désignera un arbitre. Si l'une des parties négligeait de faire cette désignation quinze jours après mise en demeure, il y sera procédé sur requête présentée par l'une des autres parties à Monsieur le Président de la juridiction compétente du lieu du siège social. Les arbitres ainsi désignés en éliront un autre pour le cas où ils ne parviendraient pas à se mettre d'accord sur une sentence commune. Au cas où les premiers arbitres ne s'entendraient pas sur cette désignation, ils devront présenter une requête à cette fin à Monsieur le Président de la juridiction compétente du siège social. Tous les arbitres ainsi désignés formeront un tribunal arbitral délibérant en commun et à la majorité* ». Nous soulignons.

nombre d'arbitre, tel que prévu par la stipulation arbitrale querellée[995], la *SARCI* a saisi la CCJA aux fins d'annulation de cette décision. Bien qu'ayant cassé la décision des juges béninois, la CCJA annule la sentence sur le fondement de l'irrégularité de la composition du tribunal arbitral et la violation de l'égalité des parties. A cet effet, elle a indiqué que « *la procédure de désignation du deuxième arbitre et partant de la constitution du tribunal arbitral ad hoc dans la présente cause opposant la SARCI Sarl à ATLANTIQUE TELECOM SA n'a pas obéi aux prescriptions de l'article 5, alinéa 2, a) sus énoncées quant au délai de désignation du deuxième arbitre et de l'article 9 précité quant au traitement égalitaire dont doit bénéficier toute partie à un procès, ATLANTIQUE TELECOM n'ayant pu exercer son droit de désignation de l'un des membres du Tribunal arbitral ad hoc constitué ; qu'il s'ensuit que ledit Tribunal arbitral ad hoc a été irrégulièrement constitué ; qu'il échet de dire et juger que la sentence rendue par ledit Tribunal irrégulièrement constitué encourt l'annulation de ce chef* ».

502 Cet attendu de toute clarté, brille par le double visa des articles 5 alinéa 2 et 9 de l'AUA, le premier de ces textes visant les conditions de saisine du juge d'appui et le second consacrant l'égalité des parties. Dans un élan libéral inopportun, la haute juridiction de l'OHADA aurait pu estimer qu'il lui appartenait de respecter la volonté contractuelle, qui plus est pour un acte conclu entre professionnels. En faisant le choix de passer outre les prévisions de la convention d'arbitrage, elle a conféré un caractère d'ordre public au délai de trente jours prévu par l'article 5 alinéa 2 de l'AUA pour solliciter la coopération de la juridiction étatique aux fins de nomination d'arbitre[996]. Elle aurait pu se contenter de viser cette disposition, la mention supplémentaire de l'article 9 de l'AUA traduit indiscutablement son désir de combattre tout contrat susceptible de rompre l'égalité du droit à l'arbitre. En prenant une position si forte dans un contrat entre professionnels, il est certain que la CCJA s'érigera en gardienne des intérêts de la partie faible. Ainsi, il sera périlleux pour un professionnel ou un employeur d'insérer une clause contractuelle prévoyant qu'en cas de défaillance de l'autre partie, un arbitre pourra être choisi par une juridiction étatique avant le délai d'ordre public. Le consommateur, tout comme le salarié, pourra sans difficulté en alléguer l'invalidité.

503 Il y a lieu de se réjouir que les juridictions inférieures de l'OHADA s'inscrivent dans la droite ligne de la CCJA, la Cour d'appel de Douala ayant

[995] Il importe de souligner qu'en dépit des stipulations de la clause compromissoire prévoyant deux arbitres, le tribunal ayant tranché le litige a finalement été formé de trois arbitres.

[996] Pour sa part, J.-M. Tchakoua (« Arbitrage selon l'Acte uniforme relatif au droit de l'arbitrage », *op. cit.*, p. 242, n° 11) considère que le délai fixé par l'article 5 ne devrait pas être d'ordre public, la volonté des parties étant souveraine.

infirmé le jugement portant nomination d'un arbitre dix jours après la notification de la nomination d'un coarbitre par le demandeur[997]. Dans le prolongement de ce courant jurisprudentiel vertueux, il eut été judicieux que le droit OHADA impose au juge d'appui le respect du choix d'arbitre opéré devant lui. Dans cette matière, le doute persiste malheureusement.

2. *L'incertaine protection du choix d'arbitre opéré par une partie en cours de saisine du juge d'appui*

504 Bien que la partie réticente à nommer un arbitre ou se prononcer sur la proposition d'arbitre unique puisse faire complètement défaut, il arrive aussi qu'après avoir été réticente à participer à la constitution du tribunal[998], elle change d'avis. Ce faisant, après la soumission d'une demande de désignation supplétive à une juridiction étatique, elle peut choisir un arbitre. Le défaut de participation à la constitution du tribunal reflète en général la contestation de la convention d'arbitrage, posture régulière du faible. Toute la question est de savoir si le juge légalement saisi est obligé d'entériner le choix ainsi fait. Le problème se pose en droit OHADA car l'article 5 alinéa 2 a) de l'AUA dispose que « *si une partie ne nomme pas un arbitre dans un délai de trente jours à compter de la réception d'une demande à cette fin émanant de l'autre partie, ou si les deux arbitres ne s'accordent pas sur le choix du troisième arbitre dans un délai de trente jours à compter de leur désignation, la nomination est effectuée, sur la demande d'une partie, par le juge compétent dans l'Etat-partie* ». La lettre de cette disposition ne semble pas imposer aux magistrats de confirmer l'arbitre proposé par la partie défaillante après à leur saisine, ils ont au contraire la charge de procéder eux-mêmes à une nomination.

505 En dépit de cette prérogative, la Cour d'appel de Douala a fait preuve d'une grande bienveillance en accueillant favorablement la demande d'injonction à un défendeur de désigner un coarbitre sous peine

---

[997] CA Douala, 25 mars 2013, *Société AfricaCompany and Trading SARL c/ Société World Shipping Trans and Business Sarl*, inédit. A la différence de l'affaire *SARCI*, la contestation de l'arbitre a été faite avant la reddition de la sentence car le tribunal arbitral n'avait pas encore entamé l'examen du dossier.

[998] La réticence à participer à la constitution du tribunal se déduit aussi BIEN d'un acte positif que du mutisme. Dans ce senS, il a été décidé (TC Pointe Noire, *Ord. réf. n° 007, 08 janv. 2002, Société SONY SERVICES C/ Société UNIVERSAL SODEXHO*, Cdrom Code Bleu OHADA, *4ème édition, 2016*) que « *le silence gardé par la société UNIVERSAL SODEXHO fait non seulement présumer son refus mais caractérise le désaccord des parties sur le choix de l'arbitre rendant ainsi nécessaire le recours au juge conformément aux dispositions de l'article 5 de l'acte uniforme sur le droit d'arbitrage* ».

d'astreinte[999]. Est-il possible d'en déduire que le juge d'appui n'a pas le droit d'ignorer la désignation de l'arbitre qu'un litigant précédemment réticent lui propose d'entériner ?

506 La réponse à cette question appelle nuance car, outre les réserve doctrinales[1000], dans cette affaire dite *Société Etudes – Réalisations – Contrôles SA c/ VIMAT SARL*, rien de tel n'est dit. Tout au plus, le juge camerounais s'est borné à reprendre une pratique ancienne de son homologue français[1001]. Ceci étant, il convient de préciser qu'en France, la faculté de ne pas confirmer l'arbitre choisi par une partie n'a pas survécu à la consécration du principe d'égalité des parties quant à la formation de la juridiction arbitrale[1002]. Depuis lors, la jurisprudence française prescrit au juge d'appui[1003], à peine de nullité de sa décision, de solliciter l'avis de la partie défaillante avant de procéder à la nomination lui-même. Partant de la consécration du principe d'égalité des parties et du fait que l'article 5 alinéa 2 de l'AUA s'est inspiré de l'ancien article 1444 du Nouveau Code de procédure civile français[1004], il est pertinent de soutenir que le droit OHADA partage la vision actuelle de la législation française. La rédaction des textes étant très voisine, il n'existe pas un indice majeur qui permette de réfuter la thèse revendiquant que le juge d'appui soit obligé de retenir l'arbitre désigné par une partie après sa saisine. En revanche, il serait présomptueux d'affirmer avec fermeté la possibilité de contester la décision qui procède à une nomination inégalitaire d'un arbitre.

---

999 TPI Douala, 4 décembre 2000, Ordonnance n° 140, *Société Etudes – Réalisations – Contrôles SA c/ VIMAT SARL*, *op. cit.*

1000 Pour G. Kenfack Doujani (« Note sous TPI Douala, 4 décembre 2000, Ordonnance n° 140, *Société Etudes – Réalisations – Contrôles SA c/ VIMAT SARL* », *Revue camerounaise de l'arbitrage* n° 25 avril-mai-juin 2004, p. 3), le juge n'aurait pas dû faire droit à la demande d'injonction de désigner un co-arbitre assortie d'astreinte car celle-ci n'était pas prévue par la clause compromissoire.

1001 Ph. Fouchard, « *La coopération du président du tribunal de grande instance à l'arbitrage* », *Rev. arb.* 1985-1, p. 5.

1002 E. Loquin, « La désignation dissymétrique des arbitres », *op. cit.*, p. 103.

1003 Cass. civ. 1re, 8 juin 1999, *Société Sonapra c/ Société Adeossi, op. cit.* ; CA Paris, 1er mars 2007, *Rev. arb.* 2007-3, sommaire, p. 643.

1004 L'ancien article 1444 du NCPC disposait : « *Si, le litige né, la constitution du tribunal arbitral se heurte à une difficulté du fait de l'une des parties ou dans la mise en œuvre des modalités de désignation, le président du tribunal de grande instance désigne le ou les arbitres.*
Toutefois, cette désignation est faite par le président du tribunal de commerce si la convention l'a expressément prévu.
Si la clause compromissoire est soit manifestement nulle, soit insuffisante pour permettre de constituer le tribunal arbitral, le président le constate et déclare n'y avoir lieu à désignation ».

B. L'hypothétique recours contre la décision judiciaire de désignation inégalitaire de l'arbitre

507 S'il est indéniable que l'article 26 de l'AUA considère l'irrégularité de la composition du tribunal arbitral comme une cause de nullité de la sentence, il n'en demeure pas moins que c'est une sanction différée. Or, le fait d'attendre l'annulation de la décision arbitrale, avec comme corollaire la reprise d'un nouveau procès, constitue une pesanteur financière lourde pour un justiciable peu nanti. Pour cette raison, il est plus opportun d'offrir à tout litigant, a fortiori au faible, la faculté de solliciter immédiatement la sanction de l'acte juridictionnel entaché d'une rupture d'égalité relatif au choix des arbitres.

508 Bien que le droit de contester une décision du juge d'appui soit un enjeu majeur pour le faible, le droit uniforme africain ne traite pas le problème avec clarté. La difficulté à se prononcer sur l'existence d'une voie de recours permettant d'attaquer une décision du juge d'appui relative à la nomination dissymétrique d'un arbitre vient tant du laconisme du droit OHADA (1), que l'hétérogénéité des règles de procédure civile nationales (2).

1. Le laconisme du droit OHADA

509 Tout au long de son Chapitre II relatif à la composition du tribunal, l'AUA se contente de parler du juge d'appui par la simple mention « *du juge compétent de l'Etat-partie* ». Outre les difficultés abondamment relevées sur l'identification de ce juge dans les pays composant l'OHADA[1005], la démarche adoptée par le droit uniforme africain est inadéquate à deux niveaux.

510 Tout d'abord, le renvoi au juge national n'indique pas si la décision rendue par celui-ci est susceptible de recours. Le régime juridique des décisions rendues par le juge d'appui est imprécis, aucune précision n'existe à cet effet. Au-delà des actes judiciaires, c'est tout simplement la coopération des juridictions étatiques qui est traitée de manière parcellaire par le législateur OHADA[1006]. Il en résulte une grave insécurité juridique pour le faible qui souhaite contester une ordonnance de nomination

---

[1005] A. Ngwanza, « *Les juridictions interne de l'OHADA* », communication présentée lors du colloque organisé le26 novembre 2009, à la Maison du Barreau à Parispar l'Association Barreau pluriel sur le Thème : " *Panorama pratique du droit OHADA : quels enjeux pour les avocats ?*" ; J. Belibi et G. Kenfack, « Le juge d'appui dans l'arbitrage OHADA », www.ohada.com, Ohadata D-12-37.

[1006] A. Fénéon, *Droit de l'arbitrage. Commentaires de l'Acte uniforme sur l'arbitrage et du règlement de la CCJA*, *op. cit.*, pp. 35-36.

déséquilibrée d'arbitre. Bien que l'identification du juge national compétent sur certaines matières du droit OHADA, dont l'arbitrage, soit épineuse[1007], le législateur OHADA, soucieux respecter son champ matériel[1008], s'est gardé de se prononcer sur cette question cruciale[1009]. C'est dire combien l'incertitude planant sur les contours de l'intervention du juge d'appui est grande.

511 Or, consacrer une disposition sur la possibilité d'attaquer ou non la décision de nomination ou de refus de nomination d'un arbitre par une juridiction nationale, ne constitue point une immixtion inappropriée dans le domaine du droit interne. Pour preuve en matière de récusation, l'article 7 de l'AUA dispose : « *En cas de litige, et si les parties n'ont pas réglé la procédure de récusation, le juge compétent dans l'Etat partie statue. Sa décision est insusceptible de recours* »[1010]. Cette disposition démontre à suffisance qu'il était parfaitement possible d'indiquer le caractère inattaquable ou non de la décision judiciaire de nomination inégalitaire d'un ou plusieurs arbitres. Faute de l'avoir fait, le législateur OHADA a affaibli la vigueur du principe de l'égalité des parties qu'il a pourtant si bien reconnu. Ayant été muet sur la faculté d'exercer une voie de recours contre les désignations judiciaires dissymétriques d'arbitre, comment interpréter une disposition nationale indiquant que lesdites nominations sont insusceptibles de recours ? Est-ce à dire qu'un appel nullité est impossible pour censurer une décision de premier ressort entachée d'un excès de pouvoir ?

512 Tel est le second problème posé par l'AUA, nul ne pouvant affirmer avec certitude que la jurisprudence française va inspirer le droit prétorien

---

1007 CCJA, 26 février 2004, *Rafiu Oyewemi c/ Tony Anthony Joseph*, F. Onana Etoundi, *Grandes tendances jurisprudentielles de la Cour Commune de Justice etd'Arbitrage*, *op. cit.*, p. 190 et s. ; CCJA, 04 juin 2003, Avis n°1/2003/EP, inédit ; CCJA, 17 juillet2008,*SARCI c/ 1° Atlantique Telecom 2° Telecel Bénin*, *op. cit.* ; CCJA, 19 juin 2003, *Société Sotaci c/ Epoux Delpech*, *Recueil de jurisprudence de la Cour Commune de Justice et d'Arbitrage* n° 1, janvier-juin 2003, p. 49 ; *Revue camerounaise de l'arbitrage* n°28, janvier-février-mars 2005, p. 17, note A. Fénéon.

1008 La procédure civile ne fait pas partie des matières visées par le Traité OHADA, son article 2 dispose : « *Pour l'application du présent traité,entrent dans le domaine du droit des affaires, l'ensemble des règles relatives au droit des sociétés et au statut juridique des commerçants, au recouvrement des créances, aux sûretés et aux voies d'exécution, au régime du redressement des entreprises et de la liquidation judiciaire, au droit de l'arbitrage, au droit du travail, au droit comptable, au droit de la vente et des transports et toute autre matière que le Conseil des Ministres déciderait, à l'unanimité, d'y inclure, conformément à l'objet du présent traité et aux dispositions de l'article 8* ».

1009 P. Meyer, *OHADA. Droit de l'arbitrage*, *op. cit.*, n° 232.

1010 En matière d'annulation des sentences, l'article 25 de l'AUA alinéa 2 s'arrête également sur la faculté d'attaquer une décision d'une juridiction nationale en disposant : « *La décision du juge compétent dans l'Etat-partie n'est susceptible que de pourvoi en cassation devant la Cour Commune de Justice et d'Arbitrage* ».

dans l'espace OHADA. En dépit de l'article 1460 alinéa 3 du CPC qui ne prévoit l'appel que contre la décision rejetant une demande de désignation d'arbitre, la Cour de cassation française a admis le droit d'appel en vue d'annuler des ordonnances du juge d'appui[1011]. Ainsi, cet appel-nullité, qualifié de recours pour excès de pouvoir par la doctrine[1012], est ouvert quand un juge désigne un arbitre en violation d'une décision ayant l'autorité de la chose jugée a été rendue[1013]. Il en va de même si la désignation judiciaire de l'arbitre heurte un principe fondamental tel que l'égalité des justiciables[1014], viole les prévisions de la convention d'arbitrage[1015] ou si une formation collégiale a siégé en lieu et place de la juridiction présidentielle[1016].

513 Au regard des indiscutables avantages du recours pour excès de pouvoir, il est souhaitable que cette voie de recours soit reconnue dans l'espace OHADA. Au vu du silence de l'AUA, rien n'empêche les juges africains d'emboiter le pas à leurs homologues français. S'il est vrai que le problème se pose avec une acuité particulière pour le litigant en position de faiblesse, il y va de manière globale du fonctionnement harmonieux de l'arbitrage. Ainsi, des arbitres irrégulièrement désignés pourront être rapidement écartés, ce qui évince par anticipation un motif d'annulation de la sentence. Le faible en tirera un grand bénéfice, le temps, comme le coût du règlement du différend, étant diminué.

514 Bien que le débat sur la reconnaissance du recours pour excès de pouvoir ne soit pas une grande première en OHADA[1017], il revêt une connotation singulière en arbitrage. Il ne suffit pas de le consacrer, encore faut-il en organiser le régime en tenant compte de la procédure civile régie par les droits nationaux des Etats membres de l'OHADA. Malheureusement, les législations nationales se caractérisent par une hétérogénéité qui rend

---

[1011] Cass. civ. 2ème, 18 décembre 1997-3, *Société Spedidam v. société Adami*, *Rev. arb.* 1996-2, p. 361, note A. Hory ; Cass. civ. 2ème, 21 janvier 1998, *Consorts Bailly v. société Etablissements H. Binetruy*, *Rev. arb.* 1998-1, p. 114, note A. Hory.

[1012] D. Foussard, « Le recours pour excès de pouvoir dans le domaine l'arbitrage », *Rev. arb.* 2002- 3, p. 578 ; D. Foussard, « Retour sur l'excès de pouvoir en matière d'arbitrage : vers une consolidation des règles ? », *Rev. arb.* 2004- 4, p. 803 ; E. Loquin, *L'arbitrage du commerce international*, *op. cit.*, n° 173.

[1013] Cass. civ. 2ème, 30 April 2002, *SA Gitral et a.c/ Pigeon*, *Rev. arb.* 2002-3, p. 719.

[1014] CA Paris, 18 octobre 2003, *Rev. arb.* 2003-4, p. 1277, note P. Lacabarats.

[1015] Cass. civ. 2ème, 29 mars 1995, *Boussou c/Gaillard*, *Rev. arb.* 1995-4, p. 604, note A. Hory.

[1016] Cass. civ. 1ère, 10 mai1995, *Laigguède v. société Ahsen Inox*, *Rev. arb.* 1995-4, p. 604, note A. Hory.

[1017] La consécration de l'appel-nullité en droit OHADA a été évoquée en matière de suspension des poursuites individuelles dans la procédure de règlement préventif. V. dans ce sens, Tribunal de Commerce de Bamako,06 mars 2008, Ordonnance n° 135/08, note B. Meuke, http://meuke.blogspot.fr/2008/11/de-la-suspension-des-poursuites.html.

incertaine l'élaboration d'un encadrement précis du recours pour excès de pouvoir en matière arbitrale.

2. L'hétérogénéité des règles de procédure civile nationale

515 La disparité législative de la procédure civile dans l'espace OHADA s'explique aussi bien par des causes politiques que par l'organisation judiciaire de chaque Etat[1018]. Il en résulte que dans l'espace OHADA, il y a trois catégories de pays : ceux qui ne comportent aucune disposition interne sur l'arbitrage[1019], ceux qui y consacrent quelques dispositions[1020] et enfin ceux dont la législation réglemente de manière détaillée l'intervention du juge d'appui[1021]. Pour les premiers, la consécration du recours pour excès de pouvoir sera une grande inconnue car, non seulement le juge d'appui n'y est pas déterminé[1022], à plus forte raison la procédure pour le saisir. En conséquence, la prescription du délai d'action contre la décision du juge d'appui reste un grand mystère. Le problème est identique pour les Etats qui bien qu'ayant légiféré sur l'arbitrage, ne se sont pas appesantis que partiellement, voire pas du tout, sur la juridiction étatique en charge de coopérer avec les arbitres.

516 En revanche, la situation parait différente pour les Etats qui se sont expressément prononcés sur la faculté de contester un acte juridictionnel

---

[1018] V. C. Ngono, « Réflexions sur l'espace judiciaire OHADA », *Revue de l'ERSUMA*, n° 6, janvier 2016,p. 197, sp. pp. 213 et s.

[1019] Entrent dans cette catégorie, les Comores, le Gabon, la Guinée, la Guinée Bissau, la Guinée équatoriale, le Niger, la République centrafricaine.

[1020] Le Bénin, le Congo, le Togo ont la particularité d'avoir des dispositions sur l'exequatur et / ou l'annulation des sentences. Quant au Tchad, son Code de procédure civile comporte des dispositions sur le juge d'appui sans toutefois se prononcer sur les recours. Il en va de même pour le Burkina Faso, l'article 2 de la loi du 9 février 2012 se bornant indiquer le juge d'appui sans faire des recours contre ses déisions. Pour sa part, le Code de procédure civil gabonais consacre ses articles 972 à 993 à l'arbitrage, sans toutefois faire la moindre allusion au juge d'appui.

[1021] Tel est le cas du Cameroun, de la Côte d'ivoire, du Mali et du Sénégal. S'agissant du Mali, il y a lieu de souligner qu'il y a une controverse sur l'abrogation des dispositions relatives à l'arbitrage contenues dans le Code de procédure civile de 1994 par le Code de procédure civile de 1999. V. dans ce sens, la Cour d'appel de Bamako, 12 mai 2010, *Fousseiny Niare c/ Société Total du Mali*, inédit. V. aussi M. Konaté, « Le recours en annulation d'une sentence arbitrale. Un contrôle a posteriori de la sentence. Les motifs de recours », www.uianet.org.

[1022] Afin de pallier le silence des législations nationales sur le juge compétent en matière d'annulation des sentences, la CCJA (CCJA, 17 juillet 2008, *Société Africaine de Relations Commerciales et Industrielles dite SARCI Sarl C/ 1°/ Atlantique Telecom SA 2°/ Telecel Bénin S.A.*, *op. cit.*) a indiqué qu' « *en droit processuel, toutes les fois qu'un texte particulier n'attribue pas à une juridiction déterminée la connaissance exclusive de certaines matières, ladite connaissance de celles-ci échoit aux juridictions de droit commun* ».

portant nomination d'arbitre. Entrent dans cette catégorie, le Sénégal[1023], la Côte d'ivoire[1024], le Mali[1025] et le Cameroun[1026], le texte camerounais sonnant en note discordante par rapport aux autres législations précitées. En effet, le droit camerounais ne prévoit aucune exception justifiant la recevabilité d'un appel contre une ordonnance de désignation d'arbitre. Pour autant, malgré le caractère inattaquable de l'ordonnance portant désignation d'un arbitre[1027], la jurisprudence camerounaise[1028]a jugé recevable une action alléguant l'illégalité d'une ordonnance de nomination. Il importe de préciser qu'en l'espèce, l'appel reposait aussi bien sur la violation du délai de trente jours prévu pour pallier la défaillance d'un litigant que sur l'incompétence du juge des requêtes[1029]. En visant simultanément la rupture d'égalité et le non-respect de la compétence du Président du TPI, la Cour d'appel de Douala semble faire une ouverture qui nécessite confirmation avant quelque affirmation péremptoire. Elle aurait visé uniquement l'incompétence du juge des requêtes.

[1023] L'article 809 du Code de procédure civile sénégalais prévoit que les décisions du juge d'appui sont insusceptibles de recours en matière de difficulté de formation du tribunal arbitral.

[1024] D'après l'article 15 de la loi ivoirienne 93- 671 du 9 août 1993 relative a l'arbitrage, le juge d'appui « *saisi comme en matière de référé par une partie ou par le Tribunal arbitral, statue par ordonnance non susceptible de recours.*
Toutefois, cette ordonnance peut être frappée d'appel lorsque le Président déclare n'y avoir lieu à désignation pour une des causes prévues à l'article 3, alinéa 2. L'appel est formé, instruit et jugé comme en matière de référé ».

[1025] L'article 894 du Code de procédure civile du Mali est une reprise *in extenso* de l'article 15 de la loi ivoirienne cité ci-dessus.

[1026] L'article 3 de la loi n° 2003/009 du 10 juillet 2003 désignant les juridictions compétentes visées à l'acte uniforme relatif au droit de l'arbitrage et fixant leur mode de saisine au Cameroun prévoit qu'en cas de difficulté de composition du tribunal arbitral, le juge d'appui statue : « *est saisi comme en matière de référé ou par " motion on notice ".*
Toutefois, sa décision n'est susceptible d'aucun recours ».

[1027] Bien que l'impossibilité d'attaquer les ordonnances portant désignation des arbitres repose sur la *favor arbitri*, en droit français un auteur estime s'interroge sur la pertinence de la différence de régime avec les décisions judiciaires de refus de nomination d'arbitres qui, pour leur part, sont attaquables. V. Dans ce sens M. Boucaron Nardetto, « Nouvel éclairage sur l'article 1457 ancien du Code de procédure civile au regard du principe d'égalité des armes et du principe compétence-compétence, note sous Cass. civ. 1ère, 19 décembre 2012 », *Rev. arb.* 2012-3, p. 723, sp. 728.

[1028] CA Douala, 25 mars 2013, *Société Africa Company and Trading SARL c/ Société World Shipping Trans and Business Sarl, op. cit.*

[1029] D'après l'article 2 de la loi n° 2003/009 du 10 juillet 2003 désignant les juridictions compétentes visées à l'acte uniforme relatif au droit de l'arbitrage et fixant leur mode de saisine au Cameroun, le juge d'appui c'est « *le Président du Tribunal de Première Instance du lieu de l'arbitrage ou le Magistrat qu'il délègue à cet effet* ».

517 Ceci étant, le TPI de Yaoundé[1030] a fait un pas en avant dans la perspective de la consécration du recours pour excès de pouvoir. En l'espèce, les juges ont considéré que « la *clause du contrat attribuant compétence au juge étatique induit la renonciation des parties de recourir à l'arbitrage. Dans ces conditions, l'ordonnance du juge des requêtes portant désignation d'un arbitre contredit la volonté des parties et doit être rétractée à l'initiative de la partie la plus diligente* ». En d'autres termes, le juge avait commis un excès de pouvoir en désignant un arbitre sur le fondement d'une clause d'arbitrage inexistante. Bien que cette décision n'ait pas été ultérieurement confirmée et qu'elle n'a aucune autorité sur les autres juridictions nationales, elle illustre une volonté louable de faire cesser rapidement une illégalité. Pour le faible c'est une approche importante, la participation forcée à une procédure d'arbitrage invalide pouvant être ruineuse.

518 Au-delà de la jurisprudence camerounaise et dans les suites du droit français[1031], les articles 15 alinéa 2 de la loi ivoirienne de 1993, 894 du Code de procédure civile du Mali et 809 du Code de procédure civile sénégalais[1032] ouvrent la possibilité de contester le refus judiciaire de participer à la constitution du tribunal arbitral, motif pris de la nullité de la convention d'arbitrage. Ces dispositions ont pris le soin d'indiquer la procédure à suivre dans ce cas. Sans pouvoir tirer de conclusions fermes sur la recevabilité de l'appel nullité en droits ivoirien, malien et sénégalais, il y a lieu de se réjouir que les dispositions précitées fournissent une règle susceptible d'inspirer les autres pays de l'OHADA. Ainsi, en cas de reconnaissance du recours pour excès de pouvoir, la procédure à suivre pourrait être celle du référé.

519 Quels que soient les mérites des législations ivoirienne, malienne et sénégalaise, l'inertie majoritaire des législateurs nationaux de l'espace OHADA en matière incline à pencher pour une autre option. Il serait plus judicieux que la consécration du recours pour excès de pouvoir en arbitrage émane d'une disposition de droit OHADA. Afin de respecter la ligne de démarcation entre le droit uniforme de l'arbitrage et la procédure civile interne, il suffira de prévoir l'appel nullité aux fins de contestation d'une nomination d'arbitre inégalitaire, ou de tout autre excès de pouvoir, ainsi que

---

[1030] TPI Yaoundé Ekounou, 06 mai 2013, Ordonnance n° 185, *SOCAEPE SA c/ BUCAVOYAGES SARL et M. ANABA MBO Alexandre*, www.oahada.com, J-14-125.

[1031] L'article 1460 du CPC dispose *in fine* : « *Le juge d'appui statue par ordonnance non susceptible de recours. Toutefois, cette ordonnance peut être frappée d'appel lorsque le juge déclare n'y avoir lieu à désignation pour une des causes prévues à l'article 1455* ».

[1032] A. Dieng (« Les difficultés de constitution du tribunal arbitral dans le cadre de l'arbitrage ad hoc », www.ohada.com, Ohadata D-11-55) souligne que l'article 809 du Code de procédure civile sénégalais n'est pas applicable dans l'arbitrage international.

le délai de recours. Telle est la démarche qui a été suivie en matière de recours en annulation, l'article 27 de l'AUA disposant qu'il « *est recevable dès le prononcé de la sentence ; il cesse de l'être s'il n'a pas été exercé dans le mois de la signification de la sentence munie de l'exequatur* ». La révision de l'AUA étant imminente, l'occasion est bonne pour corriger ses lacunes procédurales, le faible en tirera un grand bénéfice pour la sauvegarde de ses droits. Tout comme, il serait opportun de parfaire le régime de l'interdiction de nomination dissymétrique par les centres d'arbitrage.

§ 2 L'interdiction incomplète de nomination dissymétrique d'arbitre par le centre d'arbitrage

520 A l'image du juge d'appui, une institution arbitrale peut intervenir dans le choix des membres du tribunal soit par la volonté directe des justiciables, soit à titre supplétif. Bien que le contentieux relatif aux abus commis par un centre d'arbitrage ne soit pas le plus abondant dans l'espace OHADA, à plusieurs occasions la jurisprudence a fait des rappels à l'ordre de grande utilité. Au-delà de l'affirmation du caractère supplétif du pouvoir de désignation du président d'une juridiction collégiale[1033] par une institution arbitrale[1034], les juges ont pris le soin de sanctionner celle-ci, quand en violation de la convention d'arbitrage, elle a nommé un arbitre unique et administré une procédure confiée à une de ses homologues[1035]. Dans cette optique, il n'est pas surprenant que la jurisprudence ait proscrit aux centres d'arbitrage de confirmer un arbitre nommé de manière dissymétrique (A). Ceci étant, la protection de la désignation égalitaire des membres des tribunaux arbitraux, avec l'intervention d'un centre d'arbitrage, ne sera parfaite que si la pratique des listes fermées d'arbitres est encadrée (B).

A. La proscription de la confirmation d'arbitres nommés de manière inégalitaire

521 Contrairement aux hypothèses où la composition déséquilibrée du corps arbitral est la conséquence d'une stipulation contractuelle ou d'une disposition du règlement d'arbitrage, dans l'espace OHADA les

---

1033 Pour développements sur la singularité du président du tribunal arbitral, v. H. Barbier, « Faut-il un statut spécial pour le président du tribunal arbitral », *Cah. arb.* 2015-3, p. 459 ; Cl. Reymond, « Le président du tribunal arbitral », *in Etudes Bellet*, LGDJ, 1991, p. 467 ; Ch. Gavalda, « Le président du tribunal arbitral international », *PA*, 31 mai 1990, p. 13.

1034 CA Douala, 18 juillet 2014, *Archidiocèse de Yaoundé c/ CBC*, *Cah. arb.* 2015-3, p. 565, note A. Ngwanza.

1035 CCJA, ass. plén., 04 février 2014, *Société ARNO c/ Société LIBYA OIL CAMEROUN*, *Cdrom Code Bleu OHADA*, 4ème édition, 2016.

interventions contestables des centres d'arbitrage ont été opérées dans un autre schéma. De manière surprenante, certaines institutions arbitrales ont confirmé des désignations dissymétriques d'arbitre, tantôt en violation de la clause compromissoire (1), tantôt à l'insu d'une partie (2).

1. L'irrégularité de la confirmation de l'arbitre choisi en violation de la clause compromissoire

522 Aussi étonnant que cela puisse paraitre, il est arrivé qu'une sentence soit rendue sous les auspices d'un centre d'arbitrage par un arbitre désigné en contravention de la convention d'arbitrage[1036]. En l'espèce, suite à un différend relatif au remboursement d'un crédit, les débiteurs et l'établissement de micro finance ont conclu d'une part, un accord sur le solde à payer et d'autre part, un accord arbitral pour régler tout litige qui pourrait naitre dans le cadre de l'apurement du crédit concerné. Ledit accord prévoyait que le règlement des différends sera soumis à la Chambre nationale des arbitrages-Cameroun (CNA), cette dernière ayant également la charge de nommer l'arbitre unique.

523 Lorsque survint le conflit, l'un des avocats de la demanderesse, la *Société ACEP-Cameroun*, s'est auto proclamé arbitre et a rendu une sentence sous l'égide de la CNA. Outre l'irrégularité entachant gravement la nomination de cet arbitre, les débiteurs n'ont jamais été informés de la tenue de cette procédure. Pour obtenir l'annulation de la sentence, les débiteurs de la *Société ACEP-Cameroun* ont invoqué avec succès la violation de la clause compromissoire pour la nomination de l'arbitre[1037] et le défaut de respect du principe du contradictoire.

524 Au-delà de l'irrégularité grossière qui grève cette procédure arbitrale, la collusion de l'arbitre et la CNA étant indiscutable[1038], les parties

[1036] CA Bafoussam, 13 juillet 2011, *Zebazé Ferdinand, Goufack Paul c/ Société ACEP-Cameroun, Me Tagundoui Jean, op. cit.*

[1037] L'indépendance de l'arbitre pouvait également être allégué puisque ce dernier était le conseil de la *Société ACEP-Cameroun* lors des négociations ayant abouti à la conclusion de la convention d'arbitrage. Pour autre cas où les avocats des parties ont été choisis comme arbitres, v. CCJA, 10 janvier 2002, *Compagnie des Transports de Man c/ Colina SA, Recueil de jurisprudence CCJA*, n° spécial, janvier 2003, p. 16 ; *Le Juris Ohada*, n° 2/2002, avril-mai 2002, p. 14 ; *Rev. arb.* 2002-2, p. 484, note Ph. Leboulanger.

[1038] De plus en plus, la fraude dans l'arbitrage est liée à la problématique de l'indépendance de l'arbitre. La très médiatique affaire *Tapie* (CA Paris, 17 janvier 2015, *Cah. arb.* 2015-2, p. 281) en est un parfait parangon. En l'espèce, les juges parisiens ont considéré que M. Estoup, l'un des coarbitres, « *au mépris de l'exigence d'impartialité qui est de l'essence même de la fonction arbitrale, a, en assurant une mainmise sans partage sur la procédure arbitrale, en présentant le litige de manière univoque puis en orientant délibérément et systématiquement la réflexion du Tribunal en faveur des intérêts de la partie qu'il entendait favoriser par* faibles ont été lésées par la CNA qui n'a pas joué son rôle de gendarme de la procédure tant pour la désignation de l'arbitre que pour faire respecter les exigences du procès équitable[1039]. En effet, en apposant son sceau sur la sentence prononcée par un arbitre unique non désigné par elle, comme prévu par la convention d'arbitrage, la CNA a entériné une attitude illégale préjudiciant aux intérêts des justiciables les moins nantis de cette affaire. Ce comportement constitutif d'une « *fraude dans l'arbitrage* »[1040], prête le flanc à l'idée selon laquelle la justice arbitrale est un mode de résolution des différends où les forts peuvent abuser les faibles. En l'espèce, le fort, la *Société ACEP-Cameroun*, a bénéficié, au moins de la complicité passive de la CNA, au détriment des faibles, ses débiteurs les sieurs *Zebazé Ferdinand* et *Goufack Paul.*

525 Outre l'annulation de la sentence dans cette affaire, l'autre question majeure qui se pose est celle de savoir si une partie faible dispose d'un recours pour faire cesser les agissements illégaux d'un centre d'arbitrage en cours d'instance. En d'autres termes, les sieurs *Zebazé Ferdinand* et *Goufack*

---

connivence avec celle-ci et son conseil, exercé une influence déterminante et a surpris par fraude la décision du tribunal arbitral ». Pour analyse approfondie de cette affaire, v. S. Bollée : « L'accueil du recours en révision formé contre la sentence Tapie », *JCP G* 2015, n° 10-11, 289 ; X. Delpech : « Admission du recours en révision de la sentence *Tapie c. Crédit Lyonnais* », *D. Actualité*, 20 février 2015 ; D. Thompson : « Tapie award overturned in France », *Global Arbitration Review*, 18 février 2015 ; Y. Dehault-Delville et E. Kleiman : « Dilatory challenges of awards and fraudulent arbitration proceedings in crosshairs », *International Law Office* 30 avril 2015 ; A. de Fontmichel, « Rétractation d'une sentence arbitrale surprise par la fraude », *Cah. arb.* 2015-2, p. 281.

1039 Il ne s'agit pas de substituer le centre d'arbitrage aux arbitres pour faire respecter le traitement égalitaire des parties, mais d'indiquer que l'institution en charge d'administrer la procédure a également l'obligation de s'acquitter de ses missions en restant équidistante desparties. Pour Ch. Jarrosson (« Le rôle respectif de l'institution, de l'arbitre et desparties », *Rev. arb.* 1990-2, p. 381, sp. n° 36) l'action du centre d'arbitrage consiste en « *l'exercice d'un droit de regard sur les échanges de mémoires ou de pièces. Le centre est ici régisseur, il vérifie le bon agencement des décors* ». V. aussi, Ph. Fouchard, « Les institutions permanentes d'arbitrage devant le juge étatique (A propos d'une jurisprudence récente) », *Rev. arb.* 1987-3, p. 225, sp. n° 42 ; I. Michou, « Le financement des activités illicites », *in* W. Ben Hamida et Th. Clay (dir), *L'argent dans l'arbitrage*, Lextenso, 2013, p. 63, sp. p. 71.

1040 Pour M. de Boisséson (« L'arbitrage et la fraude. À propos de l'arrêt Fougerolle, rendu par la Cour de cassation le 25 mai 1992 », *Rev. arb.* 1993-1, p. 3, sp. p. 6 et s), il y a fraude dans l'arbitrage quand on est « *en présence d'une série de manœuvres qui pervertit le sens et les conditions de déroulement de l'instance arbitrale* ». Pour étude d'ensemble sur les liens entre la fraude et l'arbitrage, v. A. de Fontmichel, *L'arbitre, le juge et les pratiques illicites du commerce international*, édition Panthéon Assas – LGDJ, Paris 2004 ; D. Chilstein, « Droit pénal et arbitrage », *Rev. arb.* 2009-1, p. 3 ; A. de Fontmichel, « Procédure pénale et arbitrage commercial international : quelques points d'impact », *Cah. arb.* 2012-2, p. 309. Pour sanction jurisprudentielle de la fraude dans l'arbitrage, v. Cass. civ. 1ère, 19 décembre 1995, *Westman*, *Rev. arb.*, 1996-1, p. 49, note D. Bureau ; CA Paris, 1er juillet 2010, *Rev. arb.*, 2010-4, p. 856, note B. Audit ; CA Paris, 25 juin 2013, *Rev. arb.* 2014-1, p. 124, note A. de Fontmichel.

Paul pouvaient – ils attaquer la CNA dont la partialité quant au choix de l'arbitre était établie ?

526 Dans une situation similaire, les juges français avaient fait droit aux demandes de la *République de Guinée* qui les avait sollicités tant en urgence pour la suspension du contrat d'organisation d'arbitrage existant entre elle et ses contradicteurs d'une part et la *Chambre arbitrale de Paris*[1041] d'autre part, qu'au fond pour la résiliation dudit contrat[1042]. La *République de Guinée* contestait le fait que deux des arbitres choisis par la *Chambre arbitrale de Paris* avaient été désignés en cours d'arbitrage, Président et vice-Président de celle-ci alors qu'un litige, encore pendant devant la Cour de cassation, opposait la *République de Guinée* à la *Chambre arbitrale de Paris*.

527 Il serait souhaitable que les magistrats de l'OHADA suivent cette ligne jurisprudentielle, un justiciable, en position de faiblesse ou non, ne saurait être obligé de continuer une procédure sous la supervision d'une institution partiale. La jurisprudence suisse est allée dans ce sens en considérant la décision d'une institution arbitrale peut être annulée en cours d'instance, si elle peut causer un dommage difficilement réparable[1043]. A ce niveau se pose encore la lancinante interrogation de l'identification du juge d'appui dans l'espace OHADA[1044]. A supposer que ce juge soit déterminé en droit interne, le problème restera entier dans le cadre de l'arbitrage CCJA. Bien que l'on puisse « *se réjouir du fait que la CCJA ait donné la preuve de sa parfaite maîtrise du hiatus existant entre l'administration des procédures et le contrôle juridictionnel des sentences* »[1045], peut-elle être saisie, en tant que juridiction, comme juge des actions dirigées contre elle, en tant que centre d'arbitrage ?

528 Difficile de répondre à la question précédente, ce d'autant plus qu'il sera quasiment impossible que la CCJA rende une décision satisfaisante : soit elle va censurer son centre d'arbitrage et entamer par ricochet sa crédibilité, soit elle va rejeter l'action et générer un doute, pas forcément fondé, sur son impartialité[1046]. Quoi qu'il en soit, le traitement équitable

---

1041 TGI Paris (Réf.) (2ème jugement), 30 Octobre 1986, *République de Guinée c/ Chambre arbitrale de Paris et autres,Rev. arb.* 1987-3, p. 371.

1042 TGI Paris, 28 janvier 1987, *République de Guinée c/ Chambre arbitrale de Paris et autres*, *Rev. arb.* 1987-3, p. 371.

1043 *Obergericht* Zurich, 26 janvier 1987, cité par Ph. Fouchard, « Les institutions permanentes d'arbitrage devant le juge étatique (A propos d'une jurisprudence récente) », *op. cit.*, p. 262.

1044 J. Belibi et G. Kenfack, « Le juge d'appui dans l'arbitrage OHADA », *op. cit.*

1045 A. Ngwanza, « Note sous CCJA, 17 avril 2014, *État du Mali c/ CFAO* », *Cah. arb.* 2015-3, p. 561.

1046 La question mérite d'être posée parce que dans le contentieux des sentences rendues sous son égide, la CCJA n'intervient pas pour contrôler une décision qu'elle a rendue. Elle se étant une obligation essentielle des institutions arbitrales[1047], dont la violation engage leur responsabilité[1048], il est normal de considérer illégale la confirmation d'un arbitre unique nommé à l'insu d'une partie.

2. *L'irrégularité de la confirmation d'un arbitre unique choisi à l'insu d'un litigant*

529 Au nom du principe du contradictoire, une procédure arbitrale ne peut se dérouler normalement sans qu'un litigant n'y ait été associé. Pourtant, au mépris de ce principe majeur de droit processuel, solidement reconnu en droit OHADA de l'arbitrage[1049], il est arrivé qu'une sentence arbitrale soit rendue sans que la partie succombante n'ait reçu la moindre information sur l'arbitre désigné. L'arrêt *Ouahouo Tama Joseph* et *COBIT c/ SGDC Afrique*[1050]illustre à merveille ce dysfonctionnement de l'arbitrage institutionnel, l'intégralité de la procédure ayant été cachée aux défendeurs.

530 En l'espèce, sur la base d'un document intitulé « *offre de compromis amiable* » signé par une autre société que les demandeurs en annulation, une sentence fut rendue par un arbitre unique officiant sous l'égide de la CNA. En l'espèce, le sieur *Ouahouo Tama Joseph* et le *COBIT* n'ont été aucunement associés à la procédure[1051], ils n'ont découvert la sentence qu'à l'occasion de son exécution puisque des condamnations furent prononcées contre eux. Aux fins d'annulation de cette décision « *rendue en violation de nombreuses dispositions légales* », d'après les termes de la Cour d'appel de Douala, les requérants ont argué à bon droit qu' « *ils ignoraient tout de l'identité de l'arbitre qui a statué (...), de sa qualification et de la procédure qui a conduit à sa désignation en cette qualité* ». Dans des circonstances quasi similaires, une sentence CNA a également été annulée au motif que

---

prononce sur des actes juridictionnels émanant de tiers, situation totalement différente de celle où elle devrait apprécier l'impartialité de son centre d'arbitrage.

[1047] M. de Boisséson, « La constitution du tribunal arbitral dans l'arbitrage institutionnel », *op. cit.*, pp. 346-349 ; Ph. Fouchard, « Les institutions permanentes d'arbitrage devant le juge étatique (A propos d'une jurisprudence récente) », *op. cit.*, n° 42.

[1048] TGI Nanterre, 01 juillet 2010, *Cah. arb.* 2011-2, p. 401, note Ph. Stoffel-Munck ; *PA* 2011, n° 226, p. 9, note C. Catino ; Ch. Price, « Liability of Arbitral Institutions in International Arbitration. A comment on *Société Filature de Mohair*», *in* P. Watrelet, T. Kruger, G. Coppens (dir.), *The practice of arbitration, Hart Publishing*, sept. 2012, p. 187.

[1049] Articles 9, 14 alinéas 3 et 4 et 26 alinéa de l'AUA, articles 19.1. 6 et 19. 4 du RA.

[1050] CA Douala, 17 février 2012, *Ouahouo Tama Joseph* et *COBIT c/ SGDC Afrique*, inédit.

[1051] Le défaut d'implication du sieur *Ouahouo Tama Joseph* et *COBIT* dans la procédure est une responsabilité conjointe de l'arbitre unique et de la CNA, cette dernière ayant comme toute institution arbitrale l'obligation de citer le défendeur afin qu'il puisse organiser sa défense. Pour développement sur ce point v. J. Pellerin, « Les droits des parties dans l'instance arbitrale », *Rev. arb.* 1990-2, p. 395, sp. n° 36.

« dès lors qu'une partie n'a pas manifesté sa volonté de conclure la convention et pour cela n'a participé ni à la désignation de l'arbitre, ni au déroulement de la procédure, il y a lieu de prononcer la nullité de la sentence arbitrale intervenue »[1052].

531 A défaut de précision sur le processus de nomination de l'arbitre dans ce litige, il n'est pas possible de définir le rôle exact de la CNA. Néanmoins, il est certain qu'elle a au moins confirmé l'arbitre unique, à défaut de l'avoir choisi. Comme dans l'affaire *Zebazé Ferdinand, Goufack Paul c/ Société ACEP- Cameroun, Me Tagundoui Jean*[1053], il est étonnant que la CNA ait sombré dans un tel travers. Elle ne pouvait nommer un arbitre unique ou confirmer celui que le demandeur a choisi seul, sachant que même en présence d'une stipulation contractuelle allant dans cette direction, ce procédé est *per se* de légalité discutable[1054]. En acceptant d'administrer une procédure dont l'une des parties n'en avait eu aucune connaissance, la CNA a manifestement porté atteinte à l'égalité des parties d'une manière permettant d'engager sa responsabilité[1055]. Il n'est pas excessif de soutenir que son attitude participe d'une inquiétante fraude dans l'arbitrage, surtout que la CNA n'en était pas à sa première indélicatesse[1056]. Nul doute que le sieur *Ouahouo Tama Joseph*, personne physique, opposé à un établissement financier, la *SGDC*, lui réclamant des sommes dont il contestait le bien fondé, s'est trouvé pris au piège d'un arbitrage avec un fort parfum d'arbitraire. Le principe d'égalité est justement consacré pour éviter l'occurrence de telles situations.

1052 CA Yaoundé, 30 septembre 2009, *Société PAMOL Plantation LTD c/ Noubissi Francis*, www.ohada.com, Ohadata J-10-133.

1053 CA Bafoussam, 13 juillet 2011, *Zebazé Ferdinand, Goufack Paul c/ Société ACEP-Cameroun, Me Tagundoui Jean, op. cit.*

1054 V. supra, n° 455 et s.

1055 En dépit de la difficulté à établir la responsabilité d'une institution arbitrale, la jurisprudence française (TGI Nanterre, 01 juillet 2010, *op. cit.*) en a condamné une pour violation du principe du contradictoire. En l'espèce, il a été décidé que' « *engage sa responsabilité contractuelle envers les parties litigantes le centre d'arbitrage qui, après avoir obtenu d'un tiers une pièce qu'il avait pris l'initiative de lui réclamer, la communique au Tribunal arbitral sans s'assurer que les parties aient pu la discuter. Cette violation du principe du contradictoire ayant entraîné la nullité de la sentence, un préjudice en est résulté* ». Pour étude approfondie sur la responsabilité des centres d'arbitrage, v. R. Dupeyré, « Les arbitres et centres d'arbitrage face à leurs responsabilités : le droit français à son point d'équilibre », *Bull. ASA*. 2014-2, p. 265, sp. pp. 278-283 ; Ph. Fouchard, « Les institutions permanentes d'arbitrage devant le juge étatique (A propos d'une jurisprudence récente) », *op. cit.*

1056 Pour autres sentences CNA annulées en raison du défaut évident de convention d'arbitrage, v. CA Bafoussam, 08 avril 2009, *SociétéAES-SONEL C/ EtablissementsYAKUNO*, Cdrom Code Bleu OHADA, *4ème édition, 2016 ;* CA Bafoussam, 12 mars 2008, *BAT c/ Ritz Palace Club, op. cit.*

532 Bien que l'arrêt d'annulation ne se soit appesanti que sur le défaut de convention d'arbitrage, ce qui était suffisant, il n'y a pas de doute que la jurisprudence se montre vigilante quant à la régularité de la nomination des arbitres dans les procédures institutionnelles. Puisse cette police de la composition du tribunal arbitral aboutir à l'encadrement de la pratique des listes fermées d'arbitres.

B. Le nécessaire encadrement de la pratique des listes d'arbitres fermées

533 A première vue, il est superflu de s'interroger sur la pratique des listes d'arbitres fermées, la saisine d'un centre d'arbitrage relevant de la volonté des justiciables. Toutefois, il faut ne pas perdre de vue que la conclusion d'une convention d'arbitrage peut se faire entre personnes ayant une connaissance asymétrique de l'arbitrage en général, voire de l'institution choisie en particulier[1057]. Bien que nul ne puisse faire l'apologie de l'irresponsabilité contractuelle, il convient néanmoins de relever que le problème des listes fermées des arbitres se pose souvent à la survenance du litige. Concrètement, c'est au moment de composer le tribunal arbitral que l'une des parties découvre que sa liberté de choix d'arbitre est limitée. Etant donné que l'on ne saurait délivrer une prime à la négligence, quelles que soient les réserves sur les centres d'arbitrages imposant de nommer un arbitre sur une liste préétablie, il n'y a pas matière à réputer cette pratique illégale[1058]. Néanmoins pour le litigant en position de faiblesse, la liste d'arbitres fermée préétablie est une source d'inquiétude compréhensible au

---

[1057] A propos de l'affaire *Philipp Brothers*, M. de Boisséson (« Note sous CA Paris du 6 avril 1990 », *op. cit.*, p. 889) doutait que la société *Philipp Brothers* ait eu une bonne intelligence du Règlement d'arbitrage de l'Association française du Commerce du Cacao lors de la conclusion de l'accord arbitral.

[1058] Analysant un arrêt suisse (Tribunal fédéral suisse, 12 février 1958, *Ligna Außenhandelsunternehmen c. Baumgartner & Co AG,BGE/ATF* 84 I 39 ; *Rev. arb.*, 1958-1, p. 59 et 1959-1, p. 25; *Rev. crit. DIP* 1959.324, note Mezger) P. M. Patocchi (« Chapter 8: L'arbitre peut-il être nommé selon une modalité non-paritaire ? »,*op. cit.*, n° 16. 2) constate que le Tribunal fédéral suisse « *observe d'une part que les listes fermées d'arbitres correspondent à une pratique répandue, non seulement en Europe continentale, mais aussi dans le monde anglo-américain, et que cela ne comporte en soi aucune violation de l'ordre public* ». Dans le même sens, *CA Paris, 31 janvier 2008, Société Thimonnier c/ société Inner Mongolia Yili Industrial Group Co. Ltd*, *Rev. arb.* 2008-3, p. 487, note L.-M. Pillebout; Tribunal fédéral suisse, 27 mai 2003, *Lazutina et Danilova c. Comité Olympique International (CIO), Fédération Internationale de Ski et TAS,BGE /ATF* 129 III 445 ; *Revue de la Société des juristes bernois* 2005, p. 70, note Jametti Greiner ; *Revue suisse de droit international et européen* 2005, 589, note Knoepfler ; *Rev. arb.* 2005-1, p. 181, note Tschanz/ Fellrath Gazzini ; A. Plantey, « Quelques observations sur l'arbitrage sportif international. A propos d'un récent arrêt du tribunal fédéral suisse », *JDI* 2003-4, p. 1085.

regard de la crainte d'un arrangement entre personnes issues d'un milieu clos.

534 Bien que la doctrine ait davantage étudié les problèmes soulevés par les listes fermées d'arbitres sous l'angle de la neutralité de ceux-ci[1059], il n'en demeure pas moins que lesdites listes constituent portent atteinte à l'égalité des parties dans certains arbitrages spécialisés (1). Il en découle une altération de la confiance, pourtant cruciale, en l'impartialité de la justice arbitrale (2).

1. *Le caractère inégalitaire des listes d'arbitres fermées dans certains arbitrages spécialisés*

535 Si le fait de limiter le choix des arbitres à un répertoire figé de noms ne constitue pas en soi une entrave au droit à l'arbitre, il en va différemment lorsque les parties ne se trouvent pas dans une relation similaire avec le centre d'arbitrage. Lorsque ce dernier est une émanation d'une fédération d'entreprises, si un de ses membres est en litige avec un tiers, « *on peut craindre (...) que le principe d'égalité ne soit pas respecté* »[1060]. Bien que dans l'affaire *Philipp Brothers*, les juges parisiens aient estimé normal que dans l'arbitrage corporatif, en raison du nombre limité de spécialistes, il est normal que les arbitres soient en relation d'affaires avec les parties[1061], ils ont quand même autorisé la récusation de deux arbitres[1062]. Cette position démontre à suffisance que même si le droit prétorien français se place sur le terrain de l'indépendance et de l'impartialité de l'arbitre, il reconnait néanmoins qu'imposer aux justiciables de choisir des arbitres sur une liste fermée, qui plus est pour une partie faible, n'est pas une situation orthodoxe.

536 Ce scénario est d'autant plus déséquilibré[1063] lorsque la partie faible est un justiciable peu familier à l'arbitrage et qui conteste la validité de la clause compromissoire[1064]. Outre les sociétés d'Etat africaines appelées à

1059 Ph. Fouchard, E. Gaillard et B. Goldman, *Traité de l'arbitrage commercial international*, *op. cit.*, n° 876 et s.

1060 E. Loquin, *L'arbitrage du commerce international*, *op. cit.*, n° 180.

1061 Pour Th. Clay (*L'arbitre*, Dalloz, 2001, sp. n° 337 et s. et n° 359 et s) cette appréciation plus souple de l'indépendance est fondée car « *l'arbitre qui tranche un litige corporatif ne doit donc pas être tenu à la même exigence d'indépendance que l'arbitre qui agit en milieu ouvert* ».

1062 TGI Paris, 28 octobre 1988, 14 juin 1989 et CA Paris, 6 avril 1990, *op. cit.*

1063 Pour mémoire, comme le soutient E. Loquin (« *Note - Cour d'appel de Rouen (2e Ch. civile) 3 octobre 1996 ; Cour de cassation (1re Ch. civile) 8 juin 1999 ; Tribunal de Grande Instance Paris (Ord. réf.) 7 décembre 1994* », *op. cit.*, n° 2), l'atteinte à l'égalité ne s'entend pas strictement de l'absence de droit de désigner un arbitre, elle se décline plus largement du fait que « *les parties ont été placées dans la même situation pour le désigner* ».

1064 Cass. civ. 1re, 8 juin 1999, *Société Sonapra v. Société Adeossi*, *op. cit.* Il importe de souligner qu'en l'espèce, aucune des parties n'était membre de l'Association propriétaire de participer dans ces contentieux spécialisés, notamment dans le domaine agricole[1065], rien n'exclut qu'une coopérative regroupant quelques agriculteurs artisanaux se trouve en conflit avec une entreprise membre d'une fédération propriétaire de l'institution arbitrale visée par la stipulation compromissoire. Dans l'industrie du Café et du cacao, cette situation est parfaitement possible, sachant que les vendeurs africains concluent souvent des contrats d'adhésion avec leurs acheteurs, des multinationales.

537 Par ailleurs, cette pratique de listes fermées, quoique disparue, a été utilisée dans l'espace OHADA[1066]. Pour autant, il est nécessaire de préciser que le système de liste fermée pratiquée par le CAG n'était pas celui qui porte atteinte au droit d'une partie. En effet, un auteur averti a procédé à une *summa divisio, ratione materiae*, des centres d'arbitrage qui distingue les institutions à vocation générale et celles qui sont professionnalisées[1067]. Il appert de cette classification que seuls devant les centres professionnalisés que la préconstitution d'une liste liant les parties se pose. Pour les autres institutions, forme majoritaire des centres d'arbitrage de l'OHADA[1068], il s'agit de structures privées – excepté la CCJA – créées au sein de chambre de commerce, de fédération d'entreprises, de groupement inter-patronal. Pour ces organismes, le choix d'un arbitre, fut-il sur une liste fermée, ne se pose pas sous le jour de l'inégalité car ils regroupent l'ensemble des secteurs de l'activité économique. L'atteinte à l'égalité des parties n'étant réelle que dans l'arbitrage spécialisé, le législateur OHADA, si d'aventure il décide d'encadrer l'usage des listes fermées, ne devra pas perdre de vue que seules celles qui provoquent une altération légitime de la confiance en la neutralité des arbitres méritent d'être interdites.

2. L'altération légitime de la confiance en la neutralité des arbitres

538 Il ne suffit pas de dire qu'il faut proscrire le recours aux listes d'arbitres fermées, encore faut-il étayer de manière claire le fondement de cette assertion. Tout d'abord, il convient de rappeler que la contestation de

---

la chambre arbitrale du Havre. Toutefois le problème de la liste fermée fut posé, les deux litigants étant de nationalité béninoise.

[1065] CA Paris, 18 Octobre 2011, *SAS Mambo Commodities c/ Société Compagnie malienne pour le développement des textiles*, *Rev. arb.* 2012-2, pp. 393 – 399.

[1066] Autrefois, le Règlement d'arbitrage du Centre d'arbitrage du Groupement inter-patronal du Cameroun (CAG) limitait le choix des arbitres aux personnes figurant sur sa liste. Depuis lors, l'article 9 du règlement du CAG ne pose plus une telle exigence.

[1067] Ph. Fouchard, « Synthèse - Typologie des institutions d'arbitrage », *Rev. arb.* 1990-2, p. 281, sp. n° 31-35.

[1068] Pour étude fouillée sur les centres d'arbitrage de l'espace OHADA, v. H. D. Amboulou, *Le droit de l'arbitrage et des institutions de médiation dans l'espace OHADA*, L'harmattan, 2015.

l'indépendance et l'impartialité d'un arbitre ne doit être admise de manière raisonnable. Ceci étant, dans le cadre des arbitrales spécialisés, il est normal de penser que « *l'existence d'une liste fermée d'arbitres, composée le plus souvent d'un nombre réduit de professionnels spécialisés, est en effet de nature à créer chez le litigant la crainte de partialité, ainsi que celle de ne pas être traité sur un pied d'égalité suivant le poids économique de la partie en cause dans le milieu professionnel considéré* »[1069]. A plus forte raison, lorsqu'un des litigants, non seulement n'est pas membre de la structure ayant créé le centre d'arbitrage et est également en position d'infériorité, toutes les conditions sont réunies pour conforter la conviction de l'arbitraire. Bien que la partialité de l'arbitre ne soit pas étayée, c'est le fait de ne pas appartenir à l'univers des personnes pouvant trancher le litige qui est gênant. Ce n'est donc pas la neutralité de l'arbitre qui est en jeu au premier abord, elle est plutôt la conséquence d'un sentiment de marginalisation de la partie tierce vis-à-vis de la corporation ou l'association propriétaire du centre d'arbitrage.

539 Bien plus, en s'arrêtant sur les motifs de création des institutions spécialisées d'arbitrage, le sentiment de malaise gagne en intensité. Il est soutenu à ce propos que « *l'arbitrage institué par une association ne saurait être utilisé pour la réglementation des différends entre un membre et l'institution ou entre un membre et un non-membre ; ce principe ne peut toutefois être directement appliqué à l'arbitrage institué par les chambres de commerce. Alors que les associations professionnelles ont pour mission d'appliquer leurs règles internes à leurs membres, qui n'ont souvent pas la liberté de ne pas adhérer à l'association, l'arbitrage des chambres de commerce est en effet librement choisi par les parties* »[1070].

540 La conjugaison de la sensation d'exclusion et du mode de fonctionnement des centres d'arbitrages spécialisés constituent de solides arguments pour revendiquer le droit de désigner un arbitre choisi en dehors de la liste de l'institution arbitrale. Cette sanction est plus judicieuse que l'interdiction pure et simple, chaque justiciable pouvant trouver son compte dans le catalogue d'arbitres proposés. Le législateur OHADA ne devrait pas non plus en faire une cause de nullité de la convention d'arbitrage. Pour autant, le problème ne sera pas résolu si une institution fait de la résistance et refuse de confirmer les arbitres désignés en dehors sa liste.

541 Dans une telle hypothèse, le juge d'appui devrait soit obliger le centre à entériner la nomination litigieuse, sauf motif valable tenant aux

[1069] C. Legros, « Note sous CA Paris, 27 juin 2002 », *op. cit.*, n° 16.

[1070] P. M. Patocchi, « Chapter 8: L'arbitre peut-il être nommé selon une modalité non-paritaire ? », *op. cit.*, n° 16.

qualités de l'arbitre[1071], soit prononcer la résiliation du contrat d'organisation d'arbitrage et renvoyer les parties vers une autre institution de leur choix ou à un arbitrage ad hoc. Par souci de célérité, la décision du juge devra comporter le mode d'arbitrage retenu, l'incapacité des litigants à trouver un accord par devant le juge devant être considérée comme le choix de l'arbitrage ad hoc.

[1071] Lorsque le défaut de confirmation de l'arbitre ne figurant pas sur la liste repose sur un motif légitime, le Centre devrait autoriser une autre nomination et non en tirer profit pour imposer un de ses arbitres.

CONCLUSION

542 S'il est indéniable que le législateur OHADA a fait de l'égalité des parties, notamment pour la composition du tribunal arbitral, une règle d'or de l'arbitrage, il reste qu'il s'agit d'une œuvre inachevée. Cet état de choses s'explique par plusieurs considérations tenant tantôt à la source d'inspiration majoritaire du droit uniforme africain, tantôt à ses caractéristiques intrinsèques. En prenant le droit français comme repère, le législateur OHADA a importé un libéralisme qu'il aurait pu pondérer en lui greffant le pragmatisme contractuel allemand, néerlandais et suisse. Pareille approche aurait évité le mutisme quant aux clauses de nomination dissymétrique des arbitres. Il eut été aussi plus intéressant que le droit OHADA organise en profondeur la coopération du juge d'appui, cela aurait eu l'avantage de préciser la possibilité d'attaquer les désignations judiciaires d'arbitre violant le principe d'égalité des parties. La révision de l'AUA et du RA étant imminente, il appartient au législateur OHADA de parfaire les textes avec comme boussole légistique le rapport de forces entre les contractants. Ainsi, il lui sera aisé d'éroder les lacunes ci-dessus évoquées, tout en accordant une attention vigilante à la pratique des listes fermées dans certains arbitrages spécialisés. A ce prix, la composition égalitaire du tribunal ne sera plus une préoccupation pour le faible, seule son impécuniosité agitera ses pensées arbitrales.

CHAPITRE II. LA PRISE EN COMPTE DE L'IMPECUNIOSITE

543 En dépit du caractère onéreux de l'arbitrage, historiquement le droit positif ne s'est pas préoccupé du financement des procédures arbitrales. A de rares exceptions près, il en va de même de la littérature juridique[1072], la problématique de l'égalité des parties dans un procès arbitral sous le prisme des enjeux financiers a été peu abordée. Toutefois, depuis le début du troisième millénaire, la situation a évolué aussi bien en doctrine[1073] qu'en jurisprudence[1074]. Depuis lors, de nombreuses voix se sont élevées pour tirer la sonnette d'alarme sur les conséquences fâcheuses de la précarité économique d'une partie sur la conduite équitable d'un procès arbitral[1075]. Pour autant, l'impécuniosité n'est pas une notion qui est définie par les textes, situation qui rend difficile son appréciation judiciaire. Il n'est donc pas surprenant qu'en dépit de son attachement au droit à l'arbitre, un auteur

---

[1072] H. Motulsky, « L'arbitrage et les conflits du travail », *op. cit.*

[1073] K. Sachs, « La protection de la partie faible en arbitrage », *op. cit.* ; Ch. Seraglini, « Les parties faibles dans l'arbitrage international », *op. cit.* ; F. Valencia, « Parties faibles et accès à la justice en matière d'arbitrage », *op. cit.* ; J. Clavel, *Le déni de justice dans l'arbitrage international : l'effet négatif du principe compétence-compétence, op. cit.* ; M. Fontmichel, *Le faible et l'arbitrage, op. cit.*

[1074] CA Paris, 17 novembre 2011, *L.P. c/ Pirelli, Rev. arb.* 2012-2, p. 387 ; *D.* 2011, p. 3031, obs. Th. Clay ; *Cah. arb.*2012, p.159, note D. Cohen ; *JCP*, 2012.1407, obs. Ch. Seraglini ; *RTD com.*, 2012, p. 530, obs. E. Loquin ; *Gaz. pal.*, 22-24 janvier 2012, p. 17, obs. D. Bensaude. V. ausssi Cass. civ. 1ère, 28 mars 2013, *Pirelli c/ LP, Rev. arb.*, 2013-3, p. 751, note F.-X. Train ; *Cah. arb.* 2013-3, p.749, note A. Pinna et p. 585, notes d'audience av. gén. P. Chevalier ; *JCP* 2013, Act., p. 408, obs. J. Béguin et p. 559, note J. Béguin et H. Wang ; *Ibid.* n° 29, doctr. 784, n° 4, obs. Ch. Seraglini ; *Gaz. Pal.*, 30 juin-2 juillet 2013, p. 16, obs. D. Bensaude ; *Procédures*, 2013, comm. n° 89, obs. L. Weiller.

[1075] X. Boucobza et Y.-M. Serinet, « Les principes du procès équitable dans l'arbitrage international », *JDI*, 2012-1, p. 41.

soutienne que « *la facilité avec laquelle le juge d'appui établit l'impécuniosité peut prêter le flanc à la critique* »[1076].

544 Quoi qu'il en soit, il est certain que l'insolvabilité et l'impécuniosité ne sont pas des synonymes[1077]. Afin d'avoir une définition pragmatique de l'impécuniosité, l'on doit admettre qu'elle « *se réfère à la situation d'une partie qui ne peut pas supporter les frais de l'arbitrage* »[1078]. Ainsi, l'entreprise insolvable fait partie des impécunieux dès lors qu'elle peine à payer les frais d'arbitrage qui sont à sa charge. Symétriquement, « *une partie peut manquer des fonds nécessaires au paiement des coûts d'une procédure arbitrale sans pour autant être insolvable* »[1079].

545 En droit comparé, la jurisprudence, quoiqu'en rangs dispersés et parfois divergents, a apporté sa touche pour juguler l'impact négatif de la précarité matérielle d'une partie sur les procédures arbitrales. Contrairement à leurs homologues allemands[1080] et américains[1081] qui, en cas d'impécuniosité d'une partie, admettent l'inefficacité de la convention d'arbitrage, les juges français ont considéré que l'impossibilité de payer les frais de la procédure est sans conséquence sur l'efficacité de la convention d'arbitrage[1082]. Ceci dit, le droit prétorien français n'est pas en reste dans la croisade contre l'inégalité des armes en raison de l'indigence d'une partie. Dans ce sens, il est particulièrement sensible au fait que les prétentions d'une partie étroitement liées à celles de son contradicteur ne soient pas écartées des débats, à cause du défaut de paiement des frais d'arbitrage[1083].

[1076] M. Fontmichel, « La nouvelle mission du juge », *Cah. arb.*2015-4, p. 807.

[1077] M. Fontmichel, « Le financement de l'arbitrage par une partie insolvable », *op. cit.* p. 38.

[1078] F.-X. Train « Impécuniosité et accès à la justice dans l'arbitrage international (à propos de l'arrêt de la Cour d'appel de Paris du 17 novembre 2011, *L.P. c/ Pirelli* », *Rev. arb.* 2012-2, p. 267, n° 1.

[1079] K. Sachs, « La protection de la partie faible en arbitrage », *op. cit.*, p. 22.

[1080] Cour fédérale de justice d'Allemagne, 14 septembre 2000, BGH III ZR 33/00 ; G. Wagner, « Poor Parties and German Forum : Placing Arbitration under the Sword of Damoclès ? », *op. cit.*

[1081] Cour suprême des Etats unis, 11 décembre 2000, *Green Tree Fin. Corp.-Ala c/ Randolph*, 531 US 79 (2000).

[1082] CA Paris, 26 février 2013, *SARL Lola Fleurs c/ Société Monceau Fleurs et autres, Rev. arb.* 2014, p. 746 (2ème esp.), note F.-X. Train ; *Cah. arb.* 2013-2, p. 479 note A. Pinna. En sens contraire et de manière marginale, le Tribunal de commercede Paris (17 mai 2011, RG 2011003447, inédit, décision citée par M. Fontmichel, « Le financement del'arbitrage parune partie insolvable », *op. cit.* p. 40, note 7) a admis que l'impécuniosité d'une partie permet d'écarter la convention d'arbitrage à condition que le demandeur prouve sa précarité financière.

[1083] Cass. civ. 1ère, 1er février 2005, *NIOC c/ Etat d'Israël, Rev. arb.* 2005-3, p. 693, note H. Muir Watt ; *JCP*, 2005 I n° 134, n° 4, obs. J. Béguin ; *RTD com.* 2005-2, p. 266, obs. E. Loquin ; *D.* 2005, p. 3054, obs. Th. Clay ; *Gaz. pal.* 27-28 mai 2005, p. 37, obs. F-X. Train ; TGI Paris (ord.), 20 oct. 1997, *Boulois c. UNESCO, Rev. arb.* 1997-4, p. 575, note Ch.

546 Quelle que soit la manière dont le droit comparé traite l'indigence matérielle d'un justiciable, il est constant que deux menaces pèsent sur le caractère équitable du procès arbitral. La première concerne le droit d'accès à la justice, c'est-à-dire le sort de l'action qui ne peut être soumise à aucun for en raison de difficultés économiques et de l'effet négatif du principe compétence-compétence. La seconde vise l'inégalité des armes entre litigants lorsqu'en raison du non-paiement des frais d'arbitrage par l'un d'entre eux, le procès se limite aux demandes soulevées par l'autre.

547 Les préoccupations précédentes revêtent une acuité particulière pour le développement de l'arbitrage dans l'espace OHADA. En effet, la pratique arbitrale n'y ayant pas encore atteint sa vitesse de croisière, la multiplication de justiciables impécunieux privés de tout droit d'action pourrait être un argument en défaveur de l'insertion de stipulations arbitrales dans les contrats. Le risque est d'autant plus élevé qu'avec la généralisation de la capacité compromissoire[1084], de nombreux justiciables non professionnels peuvent conclure, imprudemment ou sous l'influence de leur cocontractant, des conventions d'arbitrage. Malgré ces périls, le législateur OHADA n'a quasiment pas envisagé de solutions pour pallier l'incapacité d'une partie à s'acquitter des frais de procédure arbitrale. Compte tenu du traitement résiduel de l'impécuniosité en droit OHADA (section 1), il est nécessaire d'envisager des correctifs permettant de préserver l'équilibre entre le faible et son contradicteur (section 2).

Jarrosson confirmé CA Paris, 19 juin 1998, *UNESCO c. Boulois, Rev. arb.* 1999-2, p. 343, note Ch. Jarrosson.

[1084] V. supra, n° 103 et s.

SECTION I. LE TRAITEMENT RESIDUEL DE L'IMPECUNIOSITE

548 Bien que le caractère plus ou moins récent du débat sur l'impécuniosité puisse expliquer le mutisme du législateur OHADA, cela ne justifie pas de faire l'impasse sur les conséquences fâcheuses de cette carence normative[1085]. Au contraire, l'actualité du débat et l'imminence de la révision du droit OHADA sont des circonstances qui invitent à envisager avec attention les incidences de l'indigence financière d'un litigant. A ce propos, il est frappant de constater que le droit africain uniforme des affaires ne montre pas une grande bienveillance quant à la protection du faible. Cette situation est parfaitement illustrée par l'insuffisante protection du droit à une juridiction (§1) et les limites du principe de l'égalité des parties en droit OHADA (§2).

§ 1 L'insuffisante protection du droit à une juridiction

549 En dépit de sa consécration constitutionnelle[1086] et internationale[1087], le droit à une juridiction connait un flétrissement particulier dès lors qu'il est confronté à l'arbitrage. En effet, la possibilité de saisir un tribunal arbitral est subordonnée à la capacité de payer les frais qui en découlent. Or, par nature, la faculté de saisir un juge ne saurait dépendre de considérations financières, le contraire conduisant à restreindre l'exercice d'une action en justice à un nombre limité de justiciables. Pourtant, bien que les arbitres soient considérés comme des juges à part entière[1088], leur saisine échappe à la gratuité de la justice qui est de rigueur dans les pays de l'espace OHADA. La question qui se pose à ce niveau est celle de savoir si le coût élevé d'une procédure arbitrale constitue un motif valable pour écarter la convention d'arbitrage. Il convient aussi de se demander, si à défaut de

---

1085 Comme le constate M. Fontmichel (« Le financement de l'arbitrage par une partie insolvable », *op. cit.*, p. 38), « *le droit de l'arbitrage a une fâcheuse tendance à occulter le problème du manque d'argent pour financer l'arbitrage. (...) Toutefois, au regard de la multiplication des cas de défaillance financière, il est impératif aujourd'hui que les acteurs de l'arbitrage s'emparent de cette question* ».

1086 L'article 19 de la Constitution du Togo dispose : « *Toute personne a droit en toute matière à ce que sa cause soit entendue et tranchée équitablement dans un délai raisonnable par une juridiction indépendante et impartiale* ».

1087 Article 7.1 CADHP.

1088 S. Manciaux, « L'arbitre est un juge », *in* S. Bostanji, F. Horcani et S. Manciaux, *Le juge et l'arbitrage*, Pedone, 2014, p. 31 ; J.-P. Ancel, « L'arbitre juge », *Rev. arb.* 2012-4, p. 717 ; J.-B. Racine, « Le nouvel arbitre », *in* Th. Clay (dir), *Le nouveau droit français de l'arbitrage*, Lextenso, 2011, p. 117, sp. n° 6-29.

neutralisation complète de l'accord arbitral, l'impécuniosité permet de déroger au principe compétence-compétence.

550 Malheureusement, le droit OHADA ne répond pas à ces interrogations cruciales, il expose le faible au déni de justice en « *sacralisant la convention d'arbitrage* » (A). La timide protection offerte aux entreprises en cessation de paiement confirme le défaut de prise en compte des effets négatifs de l'impécuniosité sur une procédure arbitrale (B).

A. *Le risque de déni de justice causé par la «* **sacralisation** *» de la convention d'arbitrage*

551 Au terme d'un panorama comparatiste, il apparait que dans plusieurs pays, lorsque l'accord arbitral devient « *prohibitively expensive* », « *la partie impécunieuse peut y échapper et porter le différend devant les juridictions de droit commun* »[1089]. En d'autres termes, la stipulation compromissoire ou le compromis, devient inapplicable du fait de l'incapacité pour une partie d'assumer le poids financier de la procédure arbitrale. Bien qu'un jugement rendu par le Tribunal de commerce de Paris[1090] dans ce sens reste isolé[1091], la problématique est également d'actualité en France, l'annulation de cette décision ayant reposé sur des considérations étrangères au droit de l'arbitrage[1092]. Quant à la jurisprudence OHADA, sauf erreur de notre part, elle n'a pas encore abordé l'impécuniosité en arbitrage. Néanmoins, la proximité de la position des juges africains avec celle de leurs homologues français ne présage pas la prise en compte de la précarité matérielle d'un litigant. En effet, la CCJA et les juridictions internes ont adopté une conception stricte de la nullité manifeste de la convention d'arbitrage (1). De plus, le silence de l'AUA sur l'inapplicabilité de l'accord arbitral rend incertaine la consécration de cette notion aux fins de protéger le litigant moins nanti (2).

[1089] E. Gaillard, « Rapport de synthèse : l'argent dans l'arbitrage », *in* W. Ben Hamida et Th. Clay (dir), *L'argent dans l'arbitrage*, Lextenso, 2013, p. 191, sp. p. 194.

[1090] Trib. com. Paris, 17 juillet 2011, *op. cit.*

[1091] M. Fontmichel, « Le financement de l'arbitrage par une partie insolvable », *op. cit.* p. 41.

[1092] E. Gaillard, « Rapport de synthèse : l'argent dans l'arbitrage », *op. cit.* p. 195.

1. La conception stricte de la nullité manifeste de l'accord arbitral en droit OHADA

552 D'après l'article 13 alinéa 2 de l'AUA : « *Si le tribunal arbitral n'est pas encore saisi, la juridiction étatique doit également se déclarer incompétente à moins que la convention d'arbitrage ne soit manifestement nulle* ». L'adverbe « *manifestement* » utilisé par cette disposition démontre clairement que le législateur OHADA a entendu fermement protéger l'effet négatif du principe compétence-compétence. Globalement, l'approche est louable, le développement de l'arbitrage postulant que les juges étatiques puissent le moins possible se prononcer en premier lieu sur la nullité de la convention d'arbitrage. La CCJA a suivi admirablement le mouvement en décidant que « *le juge étatique ne peut procéder à un examen substantiel et approfondi d'une convention d'arbitrage pour se prononcer sur la nullité de celle-ci ; (...) la nullité manifeste d'une convention d'arbitrage ne doit découler que de l'apparence de celle-ci* »[1093]. Il découle de cet arrêt que la nullité manifeste de la convention d'arbitrage ne doit être admise que si « *elle crève les yeux* »[1094].

553 Pour fondée que soit la protection des accords arbitraux, il y a lieu de souligner que cette approche ne joue pas en faveur de la partie faible en matière d'impécuniosité pour plusieurs raisons. En effet, la précarité matérielle d'un justiciable ne constitue point une cause de nullité d'une convention d'arbitrage, sachant que même si une disposition interne de l'OHADA le prévoyait, cela serait dénué de conséquence au regard de la primauté de l'AUA. L'article 4 alinéas 2 de l'AUA prévoit à ce sujet que la « *validité [de la convention d'arbitrage] (...) est appréciée d'après la commune volonté des parties, sans référence nécessaire à un droit étatique* »[1095]. Il s'infère de la disposition précédente que l'acceptation d'une clause compromissoire ou d'un compromis suffit pour garantir l'efficacité de celle-ci.

554 Bien plus, il importe de souligner que la réserve d'ordre public prévue par le droit français pour la validité des conventions d'arbitrage[1096],

---

[1093] CCJA, 17 juillet 2008, *M. Dam Sarrc/Mutuelle d'Assurances des Taxis Compteurs d'Abidjandite MATCA, Le juris Ohada* n°4/2008, p. 46 ; F. Onana Etoundi, *Grandes tendances jurisprudentielles de la Cour Commune de Justice et d'Arbitrage*, édition spéciale, octobre 2011, p. 446 et s.

[1094] M. Vasseur « Note sous CA Paris, 14 décembre 1987, *Cie de signaux et d'entreprises électriques c/ B.N.P. et Crédit populaire d'Algérie* », *Rev. arb.* 1989-2, p. 240, sp. p. 250.

[1095] Pour saine application de l'article 4 alinéa 2 de l'AUA, v. CCJA, 29 novembre 2011, *République de Guinée équatoriale et la Communauté des Etats d'Afrique centrale (CEMAC) c/ Commercial Bank of Guinea Ecuatorial (CBGE), op. cit.*

[1096] Cass. civ. 1re, 20 décembre 1993, *Rev. arb.*1994, p. 116, note H. Gaudemet-Tallon ; *Rev. crit. DIP* 1994, p. 663, note P. Mayer ; *JDI* 1994, p. 432, note E. Gaillard ; *RTD* com. 1994-2, n'est point retenue par l'article 4 alinéa 2 de l'AUA précité. Le droit OHADA ne parait pas fixer de limite à l'efficacité du consentement, la rencontre des volontés étant auto suffisante pour établir la compétence des arbitres[1097]. Ainsi, même si l'on considère que l'impécuniosité rentre dans le domaine de l'ordre public, cette position ne devrait pas permettre d'annuler un accord arbitral car, il ne s'agit pas d'un vice de consentement. L'offre et l'acceptation ayant été librement émises de manière éclairée, les contractants sont contraints de saisir les arbitres pour trancher le différend qui les oppose ou pourrait les opposer.

555 A supposer qu'il soit admis que l'impécuniosité constitue une cause de nullité de la convention d'arbitrage, il n'en demeure moins qu'elle ne « *crève pas les yeux* ». Pour apprécier la réalité des difficultés financières d'une partie, le juge national doit automatiquement procéder à une analyse plus ou moins pointue de sa situation. Or, un tel exercice lui est précisément interdit, la CCJA lui ayant intimé de se borner à une analyse sommaire[1098]. En conséquence, le litigant démuni devra d'abord saisir des arbitres et ce n'est qu'en cas d'incompétence constatée par ces derniers ou dans le cadre du contentieux de la sentence, qu'il pourra établir la nullité de la convention d'arbitrage. Cette hypothèse aboutit à une impasse pour le justiciable démuni, son objectif étant d'éviter la procédure arbitrale en raison de sa précarité financière. L'effet négatif du principe compétence-compétence lui imposant ce détour avant toute action judiciaire[1099], faute de moyens, il sera obligé de renoncer à l'exercice de toute action. Concrètement, il s'agit d'un déni de justice au sens de la jurisprudence, la Cour de cassation française a décidé que « *l'impossibilité pour une partie d'accéder au juge, fût-il arbitral, chargé de statuer sur sa prétention, à l'exclusion de toute juridiction étatique, et d'exercer ainsi un droit qui relève de l'ordre public international (...) constitue un déni de justice* »[1100]. La CCJA a d'ailleurs précisé que la sentence arbitrale dont l'effet est le risque de déni de justice est contraire à l'ordre public international[1101].

---

p. 254, note J.-Cl. Dubarry et E. Loquin ; *JDI* 1994, p. 690, note E. Loquin ; C. Seraglini et J. Ortscheidt, *Droit de l'arbitrage interne et international*, *op. cit.*, n° 646 et s.

[1097] P. Meyer, *OHADA. Droit de l'arbitrage*, *op. cit.*, n° 143.

[1098] CCJA, 17 juillet 2008, *M. Dam Sarrc/Mutuelle d'Assurances des Taxis Compteurs d'Abidjandite MATCA, op. cit.*

[1099] E. Gaillard, « Impecuniosity of Parties and its Effects on Arbitration: A French View, in Financial Capacity of the Parties », *in* German Institution of Arbitration (ed), *Financial capacity of the parties. A condition for the Validity of Arbitration Agreements*?, Peter Lang, 2004, p. 65, sp. pp.73-75.

[1100] Cass. civ. 1ère, 1er février 2005, *Etat d'Israël c/ sté National Iranian Oil Company, op. cit.*

[1101] La haute Cour de l'OHADA (CCJA, 18 avril 2013, *IAD c/ CMDT et GSCVM, op. cit.*) s'est insurgée contre le déni de justice en annulant la sentence d'incompétence rendue par les arbitres alors que les décisions des juridictions étatiques renvoyant à l'arbitrage avait acquis autorité de la chose jugée.

556 Par ailleurs, bien que certains auteurs tirent de la nullité de la sentence pour violation de l'ordre public international en droit OHADA[1102] le fondement de la soumission de la convention d'arbitrage aux règles impératives[1103], il n'en demeure pas moins que l'incapacité à financer la procédure arbitrale ne relève pas de la formation de la convention d'arbitrage, mais plutôt de son exécution. Il faudrait donc se placer sur le terrain de l'exécution de la stipulation arbitrale, plus exactement sur celui de l'inapplicabilité. Toute la question est de savoir si dans le silence de l'AUA, il est possible d'envisager l'inapplicabilité comme facteur d'inefficacité d'une clause compromissoire ou d'un compromis.

2. L'inapplicabilité de la convention d'arbitrage en cas d'impécuniosité

557 A la différence de l'article 1448 du CPC qui parle aussi bien de la nullité que de l'inapplicabilité manifeste[1104], l'AUA est muet sur cette dernière. A première vue, grande est la tentation de penser que le législateur africain a entendu retenir la nullité manifeste comme l'unique exception à l'effet négatif du principe compétence-compétence. Il en découlerait donc que l'hypothèse d'inapplicabilité de la convention d'arbitrage, a fortiori pour impécuniosité, n'emporte pas compétence du juge étatique. Ainsi, le faible ne pourra ni saisir valablement le juge étatique, ni invoquer la nullité de la convention d'arbitrage.

558 En procédant à une analyse téléologique de l'article 13 alinéa 2 de l'AUA, il peut être soutenu inversément que rien n'interdit à la jurisprudence de consacrer l'inapplicabilité manifeste. Cette position est confortée par le fait que le droit français se trouvait exactement dans la même situation que le droit OHADA avant la réforme de 2011. Pourtant, la notion d'inapplicabilité a reçu l'onction jurisprudentielle alors que l'article 1458 alinéa 2 du NCPC allait dans le même sens que l'article 13 alinéa 2 de l'AUA[1105]. En tenant

---

1102 L'article 26 de l'AUA dispose : « *Le recours en annulation n'est recevable que dans les cas suivants (...) si le Tribunal arbitral a violé une règle d'ordre public international des Etats signataires du Traité* ». L'article 30.6. 4 du Règlement d'arbitrage de la CCJA prévoit une règle similaire.

1103 J.-P. Ancel, « Le contrôle de la sentence », *in* Ph. Fouchard (dir), *L'OHADA et les perspectivesde l'arbitrage en Afrique*, *op. cit.*, pp. 193-194; J.-M. Tchakoua, « Convention d'arbitrage », *op. cit.*, p. 582, n° 53.

1104 L'article 1448 du CPC dispose : « *Lorsqu'un litige relevant d'une convention d'arbitrage est porté devant une juridiction de l'Etat, celle-ci se déclare incompétente sauf si le tribunal arbitral n'est pas encore saisi et si la convention d'arbitrage est manifestement nulle ou manifestement inapplicable* ».

1105 L'article 1458 al. 2 NCPC disposait : « *Si le tribunal arbitral n'est pas encore saisi, la juridiction doit également se déclarer incompétente à moins que la convention d'arbitrage ne soit manifestement nulle* ».

compte du fait que l'effet négatif du principe compétence-compétence est d'essence prétorienne française[1106] et de la forte influence de cette dernière sur le droit OHADA, il est parfaitement envisageable que les juges africains consacrent la notion d'inapplicabilité.

559 Pour autant, il y a loin entre reconnaitre l'inapplicabilité de la convention d'arbitrage et y inclure la précarité matérielle d'un litigant. Premièrement, il importe de souligner que le contrôle superficiel de la convention d'arbitrage requis en matière de nullité est également de rigueur quant à l'inapplicabilité[1107]. Il en découle que le juge national se verra obligé de s'incliner devant la compétence prioritaire de l'arbitre.

560 Deuxièmement, en calquant le droit OHADA sur le droit français en matière d'inapplicabilité de la stipulation arbitrale pour cause d'impécuniosité, au regard de l'affaire *Lola Fleurs*[1108],le pronostic est pessimiste. En l'espèce, le demandeur, placé en situation de liquidation judiciaire, ne disposait pas des moyens de payer les frais d'arbitrage. Les juridictions françaises ont rejeté l'argumentation de la *Société Lola Fleurs* qui alléguait que le droit à un procès équitable, prévu par l'article 6-1 de la CEDH, militait en faveur de la compétence du juge national. Pour justifier sa décision, la Cour d'appel de Paris a souligné que « *le caractère manifestement inapplicable de la clause compromissoire ne saurait [...] se déduire de l'incapacité alléguée de Lola Fleurs à faire face au coût d'une telle procédure en raison de sa situation financière et au déni de justice qui en résulterait alors qu'il appartient en tout état de cause au tribunal arbitral de permettre l'accès au juge* ».

561 Il s'infère de cette décision que l'incapacité à financer une procédure d'arbitrage ne fonde pas la compétence du juge étatique motif pris de l'inapplicabilité de la convention d'arbitrage[1109]. Partant de ce raisonnement, le débat sur la consécration de l'inapplicabilité en droit OHADA devient vain pour le faible, il ne pourra pas dans tous les cas de figure se fonder sur

---

[1106] E. Gaillard, « L'effet négatif de la compétence compétence », *op. cit.*, pp. 391-393.

[1107] Pour similitude du contrôle de la nullité et celui de l'inapplicabilité de l'accord arbitral, v. O. Cachard, « Le contrôle de la nullité ou de l'inapplicabilité manifeste de la clause compromissoire », *Rev. arb.* 2006-4, p. 893.

[1108] CA Paris, 26 février 2013, *SARL Lola fleurs c/ société Monceau fleurs et autres*, *op. cit.*

[1109] Bien qu'approuvant l'arrêt *Lola Fleurs*, F.-X. Train (« Le contrôle a posteriori et *inconcreto* des conséquences de l'impécuniosité d'une partie à l'arbitrage, note sous Cass. civ. 1ère, 28 mars 2013 et Paris, Pôle 1 – Ch. 1, 26 février 2013 », *Rev. arb.* 2013-3, p. 751, sp. n° 7) soutient opportunément que « *si l'impécuniosité ne doit pas être considérée comme une cause d'inapplicabilité manifeste de la clause d'arbitrage, entre professionnels au moins, on ne peut pas totalement exclure qu'elle puisse justifier la mise en sommeil de la convention d'arbitrage dans des circonstances exceptionnelles, circonstances exceptionnelles qu'auront constatéesles arbitres, au terme d'un examen de la situation patrimoniale de l'intéressé et de ses conséquences sur son aptitude à faire face à l'arbitrage — le tout bien entendu sous le contrôle ultérieur du juge* ».

son indigence financière pour saisir le juge étatique. Ceci étant, il est possible de relativiser le droit prétorien français en invoquant l'arrêt *Randolph* de la Cour suprême américaine[1110], celle-ci considérant que l'accord arbitral est inefficace lorsque sa mise en œuvre est extrêmement onéreuse au point de devenir prohibitive pour une partie. La jurisprudence allemande[1111] va dans le même sens en déniant tout à effet à la convention d'arbitrage dès lors que l'impécuniosité d'une partie est avérée. Malgré ces tempéraments américains et germaniques au libéralisme du droit français, il reste que les juges de l'espace OHADA s'inspirent davantage de leurs homologues hexagonaux. En conséquence, il n'est pas excessif de penser, que faute de texte protecteur, les magistrats africains seront portés à écarter l'impécuniosité comme cause d'inapplicabilité de l'accord arbitral. Cette hypothèse est assez crédible dans la mesure où le législateur OHADA préserve faiblement les entreprises en cessation de paiements contre le coût élevé de l'arbitrage.

B. La timide protection des entreprises en cessation de paiements

562 L'abondante relative aux liens entre l'arbitrage et les procédures collectives[1112] révèle que si le premier conserve son efficacité dans quelques matières, les secondes lui sont prépondérantes[1113]. Pour autant, il ne faut pas y voir une réelle volonté de protéger le faible contre des procédures hors de ses capacités financières. En effet, s'il est indéniable que toute entreprise en difficulté n'est pas impécunieuse, il en va tout autrement de celle qui est en

---

[1110] Cour suprême des Etats unis, 11 décembre 2000, *Green Tree Fin. Corp.-Ala c/ Randolph*, *op. cit.*

[1111] Cour fédérale de justice d'Allemagne, 14 septembre 2000, *op. cit.*

[1112] P. Ancel, « Arbitrage et procédures collectives », *Rev. arb.* 1983-2, p. 255 ; P. Ancel, « Arbitrage et procédures collectives après la loi du 25 janvier 1985 », *Rev. arb.* 1987-2, p. 127 ; C. Jarosson, « Le règlement extra-judiciaire des litiges des entreprises en difficulté en France », *in* E. Schaeffer, (dir), *Droit des entreprises en difficultés. Actes du congrès de l'Institut international des droits d'expression et d'inspiration françaises*, Bruylant, 1991, p. 227 ; Ph. Fouchard, « Arbitrage et faillite », *Rev. arb.* 1998-3, p. 471 ; J. Rosell, H. Prager, « International Arbitration and Bankruptcy : United States, France and the ICC », *J. of Int'l Arb.* 2001-4, p. 417 ; Th. Clay, « L'articulation harmonieuse de l'arbitrage et des procédures collectives », *D.* 2004, p. 3184 ; G. Kenfack Douajni, « Procédures collectives et arbitrage dans l'espace OHADA », *Revue camerounaise de l'arbitrage* juillet-août-septembre 2008, p. 3 ; D. Mouralis, *L'arbitrage face aux procédures conduites en parallèle*, thèse dact. Aix, décembre 2008, dir. J. Mestre, n°s 471 à 521, pp. 389-421 ; D. Vidal, « Arbitrage et procédure d'insolvabilité : observations à propos de quelques sentences de la CCI et autres décisions récentes », *Bull. CCI* 2009, n° 20-1, p. 55.

[1113] D. Vidal, « Procédure collective et procédure d'arbitrage : quelle rencontre ? », *Gaz. Pal.*, 31 octobre 2009, n° 304, p. 3, sp. n° 3-4.

cessation de paiements[1114]. Dès lors qu'il est acquis que « *le débiteur est dans l'impossibilité, dans un avenir immédiat ou très proche, de retrouver un équilibre [économique] durable* »[1115], sa participation à un arbitrage est inéluctablement compromise. Malheureusement, le droit OHADA ne traite pas véritablement la question, l'interdiction ou l'interruption, d'ordre public, de poursuites individuelles contre des sociétés en cessation de paiement, ne leur offre qu'une protection incidente (1) et limitée (2) contre le poids financier de l'arbitrage.

1. Une protection incidente

563 L'article 75 de l'AUPCAP dispose : « *La décision d'ouverture du redressement judiciaire ou de la liquidation des biens interrompt ou interdit toute action en justice de la part de tous les créanciers composant la masse, qui tend :*
1. à la condamnation du débiteur au paiement d'une somme d'argent ;
2. à la résolution d'un contrat pour défaut de paiement d'une somme d'argent ».

564 De prime abord, cette disposition est favorable à l'entreprise en redressement judiciaire ou en liquidation de biens dans la mesure où elle fait obstacles aux actions arbitrales contre le débiteur. Toutefois, l'herméneutique approfondie de l'article 75 précité conduit à pondérer le propos car, la philosophie sous-jacente à ce texte tout comme sa portée, ne sont pas frontalement hostiles à l'arbitrage.

565 Quelle que soit la prépondérance reconnue au principe de l'arrêt des poursuites individuelles en cas de cessation de paiements sur l'arbitrage[1116], il n'a point été consacré spécifiquement contre ce dernier. Ledit principe vise uniquement à concentrer toutes les réclamations en une seule procédure, afin de procéder à un règlement global de la situation patrimoniale du débiteur. Qu'il s'agisse de procédures judiciaires ou d'arbitrage, peu importe, l'essentiel est de regrouper toutes les réclamations dirigées contre

---

[1114] Pour mémoire d'après l'article1-3 de l'Acte uniforme portant organisation des procédures collectives (AUPCAP), la cessation des paiements renvoie à « *l'état où le débiteur se trouve dans l'impossibilité de faire face à son passif exigible avec son actif disponible, à l'exclusion des situations où les réserves de crédit ou les délais de paiement dont le débiteur bénéficie de la part de ses créanciers lui permettent de faire face à son passif exigible* ».

[1115] M. I. Konaté, « Le redressement et la liquidation mieux encadrés et plus rapides », *Dr. pat.* décembre 2015, *dossierModernisation de l'Acte uniforme sur les procédures collectives*, p. 39, sp. p. 40.

[1116] La jurisprudence française (CA Paris, 7 avril 2011, *op. cit.*) a décidé que « *les principes de l'arrêt des poursuites individuelles des créanciers, de dessaisissement du débiteur et d'interruption de l'instance en cas de faillite sont d'ordre public international et s'imposent même au cas où l'arbitrage se déroulant en France n'est pas soumis à la loi française* ».

l'entreprise en redressement ou liquidation judiciaire. Le coût de la saisine des arbitres ne participe pas des fondements du traitement en masse des dettes de la société en cessation de paiements ; l'efficacité recherchée est celle du traitement exhaustif des difficultés patrimoniales du débiteur.

566 Pour autant, il est indéniable que l'arrêt des poursuites individuelles produit un effet immédiat favorable à la société en redressement ou liquidation judiciaire. Dès lors qu'il est interdit ou interrompu[1117] toute action devant les arbitres, le faible est mécaniquement exonéré du paiement des sommes qui lui auraient été réclamées au titre des frais d'arbitrage. Concrètement, la juridiction arbitrale doit se déclarer incompétente si elle est saisie postérieurement à l'ouverture de la procédure collective. En revanche, si la saisine des arbitres est antérieure, ces derniers doivent purement et simplement mettre fin à l'instance[1118].

567 Ceci étant, le domaine de l'article 75 de l'AUPCAP n'est pas absolu, il est restreint aux actions visant les sommes d'argent, qu'il s'agisse d'une condamnation du débiteur ou de la résolution d'un contrat pour défaut de paiement. Au regard du large spectre des matières arbitrables en droit OHADA et de la variété des différends dans lesquels peuvent être un commerçant, *lato sensu*, il y a de lieu de relever que le texte évoqué ci-dessus laisse une large place pour des procédures d'arbitrage. En réalité, il constitue davantage un facteur de perturbation des instances arbitrales[1119] que de neutralisation de procédures arbitrales, le créancier ayant la possibilité de modifier sa demande[1120]. Au total, la mise à l'écart de l'arbitrage est assez limitée.

2. Une protection limitée

568 En interprétant l'article 75 de l'AUPCAP de façon négative, il est assez aisé de se rendre compte qu'il n'interdit point les actions arbitrales visant à faire reconnaître une créance contre le débiteur. Une telle décision ne constitue point une condamnation, encore moins une résolution du contrat aux torts de l'entreprise en procédure collective pour défaut de paiement

---

[1117] L'ancienne rédaction de l'article 75 parlait uniquement de « *suspension* », l'interruption a été introduite en remplacement de celle-ci lors de la réforme de l'AUPCAP le 10 septembre 2015.

[1118] G. Kenfack Douajni, « Procédures collectives et arbitrage dans l'espace OHADA », *op. cit.*, p. 7.

[1119] P. Ancel, « Arbitrage et procédures collectives après la loi du 25janvier 1985 », *op. cit.*, p. 131.

[1120]D. Vidal, « Procédure collective et procédure d'arbitrage : quelle rencontre ? », *op. cit.*, n° 18 ; G. Kenfack Douajni, « Procédures collectives et arbitrage dans l'espace OHADA », *op. cit.*, p. 7.

d'une dette contractuelle. Il en découle que les créanciers dont les créances ont été contestées ou non reconnues pourront toujours saisir des arbitres pour établir leurs droits[1121]. Les craintes du faible, en l'occurrence le commerçant en cessation de paiements, ne sont donc point dissipées, son problème n'étant pas la nature de la décision à rendre mais la charge financière inhérente à un arbitrage.

569 De plus, l'exclusion de l'arbitrage telle que fixée par l'article 75 de l'AUPCAP n'envisage le débiteur qu'en position de défendeur. Or, même engagé dans une procédure collective, le débiteur peut intenter une action afin de recouvrer un actif. Sur ce point, le droit OHADA est totalement muet, laissant ainsi la porte ouverte à la compétence des arbitres. Il serait difficile de soutenir le contraire puisque le législateur OHADA, de manière incidente, a exclu certes clairement l'arbitrage de certaines matières. Son mutisme doit être interprété comme une faculté d'arbitrage soumise à l'autonomie de la volonté.

570 En droit français, un auteur averti soutient d'ailleurs que la « *convention d'arbitrage continue de lier le débiteur, et reste opposable à ses créanciers, aux organes de la faillite et même à l'éventuel repreneur lorsqu'il poursuit l'exécution du contrat qui la comportait. La jurisprudence arbitrale et judiciaire est fermement établie en ce sens...* »[1122]. C'est dans le sillage de ce propos que s'inscrit l'arrêt *Lola Fleurs*[1123] qui a refusé de considérer que le demandeur engagé dans une procédure collective est en droit d'invoquer son impécuniosité pour saisir le juge étatique. Ce raisonnement peut être parfaitement repris en droit OHADA, aucun texte n'y faisant obstacle.

571 Au contraire, l'effet négatif du principe compétence-compétence reconnu par l'article 13 de l'AUA assure l'efficacité des conventions d'arbitrage. Il y a donc fort à parier qu'à la suite de leurs homologues français, les juges de l'espace OHADA décident que « *lorsque l'instance arbitrale n'est pas déjà en cours au jour du jugement d'ouverture, le juge commissaire saisi d'une contestation et devant lequel est invoquée une clause compromissoire, doit, après avoir le cas échéant vérifié la régularité de la déclaration de créance, se déclarer incompétent, à moins que la convention d'arbitrage ne soit manifestement nulle ou inapplicable* »[1124].

[1121] L'article 75 alinéa 4 de l'AUPCAP dispose : « *Les instances en cours sont interrompues jusqu'à ce que le créancier poursuivant ait produit sa créance. Elles sont alors reprises de plein droit, le syndic dûment appelé, mais tendent uniquement à la constatation des créances et à la fixation de leur montant* ».

[1122] Ph. Fouchard, « Arbitrage et faillite », *op. cit.*, n° 35.

[1123]CA Paris, 26 février 2013, *SARL Lola fleurs c/ société Monceau fleurs et autres*, *op. cit.*

[1124] Cass. com., 2 juin 2004, *D.* 2004, p. 3184, obs. Th. Clay ; *Rev. arb.* 2004-1, p. 59, note P. Ancel ; *RTD com.* 2004-2, p. 439, obs. E. Loquin ; *JDI* 2005, comm. 1. 101, note A. Mourre.

572 Confirmant cette protection de la convention d'arbitrage, la Cour de cassation française a jugé que « *sont irrecevables les demandes formées par le liquidateur d'une société en liquidation agissant ès-qualités en représentation des créanciers et dirigées contre l'un des débiteurs de cette dernière sans respecter la procédure d'arbitrage contractuellement convenue, le liquidateur ayant usé de la faculté de poursuivre l'exécution des contrats avec tous les droits et obligations qui s'y rattachaient, ce qui impliquait l'observation de la clause compromissoire qui y était stipulée, et la discussion au cours de la procédure de déclaration de créance n'ayant porté que sur la régularité de la déclaration et la forclusion encourue par le débiteur* »[1125]. Il apparait clairement de cet arrêt que la situation de grande précarité économique que constitue la liquidation judiciaire est dénuée d'effets sur la clause compromissoire. Cela va sans dire puisque, « *l'inapplicabilité manifeste de la clause d'arbitrage ne [peut] être déduite de l'impossibilité alléguée par le liquidateur judiciaire de la société (...) de faire face au coût de la procédure d'arbitrage* »[1126]. S'il est parfaitement compréhensible d'opposer à une personne physique ou morale les conventions d'arbitrage conclues après le jugement d'ouverture de la procédure collective[1127], il n'en demeure pas moins que le champ de la justice arbitrale doit être respectueux de la situation patrimoniale du débiteur[1128]. Dans cette veine, il n'est pas excessif de dire que la mise entre parenthèse de la force obligatoire de la convention d'arbitrage n'est pas une position infondée[1129], quand celui à qui elle est opposée est indiscutablement

---

[1125] Cass. civ. 1ère, *M. F. Torelli, liquidateur de la SER Ducros v. Société GCF Construction*, *Rev. arb.* 2015-4, p. 1171, note L. Weiller.

[1126] Cass. civ. 1ère, 13 juillet 2016, *Société MJA, liquidateur de la Société ATE c/ Airbus Helicopter et autre*, pourvoi n° K 15-19.389, inédit.

[1127] Pour développement sur les conditions d'efficacité des conventions d'arbitrage conclues après le jugement d'ouverture de redressement ou de liquidation, v. G. B. Affaki et A. Koenig, « Nouvelles tendances de l'arbitrage international en Afrique: le cas des litiges financiers », *op. cit.*, n° 35.

[1128] Partisan d'un équilibre entre les avantages de l'arbitrage et les singularités des procédures collectives, D. Vidal (« Procédure collective et procédure d'arbitrage : quelle rencontre ? », *op. cit.*, n° 19) soutient que « *le fondement et les critères d'ouverture des procédures collectives sont des éléments structurants du droit des affaires. N'hésitons pas à dire qu'ils participent de la nature des choses de la problématique des relations d'affaires, peu importe que ces dernières soient nationales ou internationales. L'arbitrage commercial international, qui doit son développement et un surcroît de sa légitimité à ses règles matérielles et à leur adéquation à la nature des choses du commerce international, ne peut pas se renier lui-même en portant atteinte sans juste motif à l'essence des procédures collectives* ».

[1129] La jurisprudence française (Cass. com. 17 novembre 2015, *JCP E* 10 mars 2016, n°3, p. 22, note C. Lebel ; *Cah. arb.* 2016-1, p. 49, H. Barbier ; *Bull. Joly E* 01/03/2106, n° 2, p. 121 ; *Gaz. pal.* 12/04/2016, n° 14, p. 68, note Ph. Roussel Galle) admet l'inapplicabilité de la clause compromissoire, non pas en raison des difficultés du débiteur, mais uniquement parce que l'objet du litige touche à une matière relevant de la procédure collective.

impécunieux. Faute de l'admettre, les exigences du procès équitable risquent d'être bafouées en raison de l'examen des demandes du seul litigant ayant réglé les frais de procédure. En l'espèce, le législateur OHADA ne montre pas un grand attachement aux intérêts du faible. Au contraire, il admet des tempéraments au principe cardinal de l'égalité des parties.

§ 2 Les limites de l'égalité des parties en droit OHADA

573 Tout d'abord, il convient de rappeler que le principe d'égalité a été formellement reconnu en droit OHADA par l'article 9 de l'AUA. En vertu de ce texte : « *Les parties doivent être traitées sur un pied d'égalité et chaque partie doit avoir toute possibilité de faire valoir ses droits* ». Il ne devrait donc pas y avoir une asymétrie de droit entre les litigants d'une instance arbitrale en droit OHADA. Le rédacteur de l'avant-projet d'AUA considère à juste titre que l'article 9 de l'AUA assure « *le respect des droits de la défense et le caractère contradictoire des débats* »[1130].

574 Bien que l'AUA ne comporte aucune dérogation au principe de l'égalité des parties, il est erroné d'affirmer son caractère absolu en droit OHADA. En effet, dans l'arbitrage CCJA, le législateur OHADA admet une rupture d'égalité entre les justiciables. En autorisant la CCJA à demander aux arbitres de retirer les demandes de la partie qui ne s'acquitte des provisions sur frais d'arbitrage, il consacre le déséquilibre procédural (A). Au regard de la sérieuse entorse au procès équitable sécrétée par cette règle, il importe d'examiner si sa mise à l'écart est possible sur la base des normes internationales et constitutionnelles en vigueur dans l'espace OHADA (B).

A. La consécration du déséquilibre procédural en défaveur de l'impécunieux

575 Comme en matière de renonciation aux recours contre la sentence[1131], le législateur OHADA instaure un dualisme s'agissant du retrait des demandes de la partie financièrement défaillante. Là où l'AUA est muet, l'article 11.3 du RA dispose : « *L'arbitre n'est saisi que des demandes pour lesquelles il a été satisfait entièrement ...* » au paiement des provisions. Bien

[1130] A. Fénéon, *Droit de l'arbitrage. Commentaires de l'Acte uniforme sur l'arbitrage et du règlement de la CCJA*, *op. cit.*, p. 47.

[1131] En contraste avec le mutisme de l'AUA sur la possibilité de renoncer à attaquer la sentence, l'article 29.2 du RA dispose que la « *contestation de la validité de la sentence n'est recevable que si, dans la convention d'arbitrage, les parties n'y ont pas renoncé* ».

que cette règle soit également prévue par des règlements d'arbitrage de grandes institutions internationales[1132], il n'en demeure pas moins qu'elle porte les germes d'un procès asymétrique (1). Le silence de l'AUA ne constituant pas en soi un rejet de la règle, il convient de s'arrêter sur la validité du retrait des demandes non provisionnées lorsque les parties ont choisi un autre centre d'arbitrage de l'espace OHADA que la CCJA (2).

1. L'asymétrie processuelle en cas de retrait des demandes non provisionnées dans l'arbitrage CCJA

576 Symbolisée par la balance, la justice suppose que les droits et obligations des litigants soient symétriques. Cette idée est aisée à mettre en œuvre lorsque le procès n'implique pas une contribution financière de la part des justiciables. Or, c'est justement le cas en arbitrage, les exigences du procès équitable devant être contrebalancées avec les obligations financières de chaque partie. La rémunération des arbitres postulant que chaque litigant assume ses charges financières, il est parfaitement compréhensible que les institutions arbitrales veuillent sanctionner les indélicats.

577 Ceci étant, en dépit du silence de la doctrine[1133] et du fait qu'aucune contestation de sentence CCJA n'ait, pour l'instant, été fondée sur l'application 11.3 du RA, il est difficile de faire l'impasse sur les inconvénients de cette disposition. Dans l'hypothèse d'un retrait des demandes de la partie défaillante économiquement, diverses conséquences dommageables peuvent se produire. La première est celle de l'interversion du rôle des justiciables, le défendeur reconventionnel devenant demandeur car le procès ne portera que sur ses demandes[1134]. Tout au plus, le demandeur initial sera réduit à produire des conclusions en défense[1135], s'il ne fait pas

---

[1132] G. B. Affaki et A. Koenig, « Nouvelles tendances de l'arbitrage international en Afrique : le cas des litiges financiers », *op. cit.*, n° 36. L'article 11 du RA s'inspire de l'article 30 du Règlement d'arbitrage 1998 de la CCI, légèrement modifié et devenu l'article 36 dans le Règlement d'arbitrage 2012 de la CCI.

[1133] La majorité des études consacrées à l'arbitrage CCJA ne disent rien sur les incidences de l'article 11. 3 de son règlement. V. dans ce sens, P. Meyer, « Arbitrage CCJA », *op. cit.*

[1134] Sentence CCI n° 14422/2010, *UDECTO c/ République du Cameroun*, affaire citée par J. J. Andela, *La défense des intérêts de l'Etat devant le prétoire international. Recherches sur la politique juridique extérieure du Cameroun*, mémoire de master en relations internationales, Institut des Relations Internationales du Cameroun 2009-2010, p. 57. Dans cette affaire, la République du Cameroun, initialement défenderesse est devenue demanderesse en raison du retrait des demandes de la société *UDECTO*.

[1135] La situation du justiciable réduit à produire des conclusions en défense s'apparente à celle de l'Etat dans l'arbitrage unilatéral d'investissement. Sur ce point, Ch. Leben (« La responsabilité internationale de l'"Etat sur le fondement des traités de promotion et de protection des investissements », *AFDI* 2004, p. 683, sp. p. 700) constate que « *dans l'arbitrage transnational unilatéral il existe un déséquilibre entre les possibilités d'action de* purement et simplement défaut. En présence d'un tel scénario, les chances de succès de la demande reconventionnelle deviennent grandes alors que les circonstances factuelles et juridiques du litige penchaient pour une autre solution.

578 Le second cas de figure, tout aussi grave, est celui de la demande principale examinée sans tenir compte de la demande reconventionnelle, quand bien même celles-ci seraient étroitement liées. Telle est la situation qui s'est présentée dans l'affaire *Pirelli*[1136], la demande reconventionnelle ayant été retirée à cause du défaut de règlement des provisions afférentes à celle-ci. La Cour d'appel de Paris[1137] a fait droit au recours en annulation, motif pris de la violation du droit à un procès équitable. En cassation, les hauts magistrats ont maintenu la décision tout en l'assortissant d'une réserve : l'interdiction de retirer la demande reconventionnelle suppose qu'elle soit indissociable de la demande principale.

579 En dépit du libéralisme du droit français de l'arbitrage international, il ressort avec clarté de cette affaire *Pirelli* que le retrait des demandes d'un litigant sur l'unique base du défaut de paiement n'est pas compatible avec l'égalité des parties. Les difficultés inhérentes à l'organisation d'une procédure arbitrale ne sauraient conférer à un règlement d'arbitrage un *« caractère contraignant [supérieur aux] principes fondamentaux de la procédure »*[1138].

580 Pourtant, le problème de la force juridique d'un règlement d'arbitrage se pose avec une acuité singulière dans l'arbitrage CCJA. En effet, s'il est établi que la CCJA n'a aucune peine à annuler une sentence, même lorsqu'il s'agit de prendre une position contradictoire à celle qu'elle a adoptée en phase d'instance arbitrale[1139], il en va autrement lorsque la contestation de la sentence porte sur une disposition de son règlement. La CCJA agissant comme juridiction peut-elle être juge de la légalité de son règlement d'arbitrage ?

---

l'État et celui de la partie privée ». V. également H. E. Veenstra-Kjos, « Counter-claims by Host States in Investment Dispute Arbitration without privity », *in* Ph. Kahn et Th. Walde (dir), *Les aspects nouveaux du droit des investissements internationaux*, Martinus Nijoff Publishers, 2007, p. 597 ; W. Ben Hamida, « L'arbitrage Etat-investisseur cherche son équilibreperdu : dans quelle mesure l'Etat peut introduire des demandes reconventionnelles contre l'investisseur privé ? », *Revue international Law FORUM du Droit International* 2005, n° 4, p. 261.

[1136]Cass. civ. 1ère, 28 mars 2013, *Pirelli & C. c/ Licensing Projects, op. cit.*

[1137] CA Paris, 17 novembre 2011, *Sté Licensing Projects SL et a., op. cit.*

[1138] X. Boucobza et Y.-M. Serinet, « Les principes du procès équitable dans l'arbitrage international », *op. cit.*, n° 37-43.

[1139] CCJA, 17 avril 2014, *Etat du Mali c/ CFAO, op. cit.* En l'espèce, après avoir décidé *prima facie* qu'un arbitrage pouvait se dérouler, la CCJA a annulé la sentence pour défaut de convention d'arbitrage.

581 A priori, une réponse positive parait évidente puisque la CCJA a la charge du contentieux des sentences rendues sous son égide. Toutefois, à pousser plus loin la réflexion, les certitudes s'effritent, car autoriser la CCJA à apprécier la validité d'une stipulation de son règlement à la lumière des principes directeurs du procès est une manière d'instaurer un contrôle de légalité des actes adoptés par le législateur OHADA. Or, un tel contrôle n'est prévu par aucune disposition, le Traité OHADA limitant l'intervention de la CCJA à l'émission d'avis avant l'adoption des actes uniformes[1140], à l'uniformisation de l'interprétation et l'application des actes uniformes[1141]. Comment procèdera la CCJA pour accueillir le moyen tiré de la violation du procès équitable en raison du retrait de demandes non provisionnées[1142], étant entendu que son centre d'arbitrage aura agi *praeter legem* ?

582 Difficile de répondre à cette question, le sort du justiciable impécunieux étant de ce fait très précaire. A défaut de trancher le débat sur la conformité du droit OHADA au procès équitable[1143], il est compliqué d'envisager un mécanisme protecteur de la partie démunie contre le retrait de ses demandes dans l'arbitrage CCJA. De plus, dans les arbitrages institutionnels de droit commun, ceux relevant de l'AUA, certes pour d'autres raisons, le problème reste épineux.

2. *La validité du retrait des demandes non provisionnées dans les arbitrages de droit commun*

583 Il est vain de parcourir l'AUA à la recherche d'une disposition relative à la sanction du non-paiement des provisions des frais d'arbitrage. Cette situation n'est pas surprenante dans la mesure où cette question est généralement traitée par les règlements d'arbitrage. Le problème se pose en droit OHADA parce que tout en élaborant un texte à caractère général, l'AUA, le législateur OHADA a également adopté un règlement d'arbitrage sans préciser la nature des liens entre ces deux corpus de règles[1144]. Il en

1140 Article 6 du Traité OHADA.

1141 Article 14 du Traité OHADA.

1142 C'est le lieu de relever avec J. B. Essoh (« L'OHADA et les droits de l'homme : état des lieux et perspectives d'une cohabitation », communication présentée lors de la formation des formateurs de l'ÉSUMA tenue du 3 au 7 séptembre 2012 à Porto-Novo, sp. p. 9, http://biblio.ohada.org/pmb/opac_css/doc_num.php?explnum_id=332), que c'est « *en vain que l'on rechercherait dans la jurisprudence de la CCJA une référence aux droitsfondamentaux* ».

1143 V. infra, n° 588-592.

1144 A. Ngwanza, « L'essor de l'arbitrage international en Afrique sub-saharienne : les apports de la CCJA », *op. cit.*, n° 113 ; J.-M. Tchakoua, « Le système d'arbitrage de la Cour Commune de Justice et d'arbitrage en questions », *Revue camerounaise de l'arbitrage*, numéro spécial février 2010, p. 173, sp. pp. 175-17.

découle un important voile d'incertitude quant à la validité des questions, qui à l'instar du retrait des demandes non provisionnées, sont régies par des règlements d'arbitrage d'institutions privées[1145] malgré le mutisme de l'AUA.

584 En partant du postulat que le législateur OHADA n'a pas souhaité mettre en place des garanties procédurales à deux vitesses, malgré le dualisme instauré entre l'AUA et le RA, il serait fondé de soutenir, qu'excepté les attributions dérogatoires de droit commun de la CCJA relatives au contentieux des sentences, ainsi que le champ matériel de l'arbitrage CCJA, toute norme reconnue par le RA mais non prévue ou interdite par l'AUA, peut s'appliquer si un règlement d'arbitrage la prévoit. Cette approche pourtant pertinente n'a pas eu les faveurs de la CCJA.

585 Dans l'affaire *Delpech*[1146], sous le visa de l'article 42 de la loi ivoirienne de 1993 sur l'arbitrage[1147], la CCJA a réputé non écrit l'article 30 du Règlement d'arbitrage de la Cour d'arbitrage de Côte d'ivoire prévoyant la renonciation au recours en annulation. La reconnaissance d'une règle identique par l'article 29.2 du RA a été sans effets sur le raisonnement des juges supérieurs de l'OHADA. Ne pouvant s'appuyer sur une disposition de l'AUA, ils ont jugé utile d'appliquer le droit ivoirien. Outre les réserves que cette décision suscite quant au recours à un droit étatique pour déterminer les effets d'une clause compromissoire[1148], il y a lieu de s'étonner que la CCJA n'ait en aucun moment fait le parallèle avec son règlement d'arbitrage.

586 Il résulte de l'arrêt *Delpech* que la validité du retrait des demandes non provisionnées est tributaire, non pas de l'existence d'une règle similaire dans l'arbitrage CCJA, mais des dispositions du droit national. Si ce dernier consacre des textes protecteurs pour le faible, celui-ci pourrait les invoquer. Or, tel n'est pas le cas, le droit interne des Etats membres de l'OHADA ne

---

1145 Pour mémoire l'article 16.3 du Règlement d'arbitrage du Centre d'arbitrage du Groupement interpatronal du Cameroun (CAG) dispose : « *Le tribunal arbitral n'est saisi que des demandes pour lesquelles il a été satisfait entièrement au paragraphe 16.2 ci-dessus* ». Dans le même sens, v. article 10.3. 2 d Règlement de la Cour d'arbitrage des Comores, article 35.5 du Règlement d'arbitrage du Centre d'arbitrage, de médiation et de conciliation de Ouagadougou (CAMC-O), article 12.6 du Règlement d'arbitrage du Centre d'arbitrage, de médiation et de conciliation de Cotonou (CaMec), Article 31. 4 *in fine* du Règlement d'arbitrage du Centre national d'arbitrage de conciliation et de médiation (CENACOM) de Kinshasa.

1146 CCJA, 19 juin 2003, *époux Delpech c/ SOTACI, op. cit.*

1147 L'article 42 de la loi ivoirienne de 1993 sur l'arbitrage dispose : « *Lorsque, suivant les distinctions faites à l'article 40, les parties ont renoncé à l'appel, ou qu'elles ne se sont pas expressément réservé cette faculté dans la convention d'arbitrage, un recours en annulation de l'acte qualifié sentence peut, néanmoins, être formé malgré toute stipulation contraire* ».

1148 A. Fénéon, « Note sous CCJA, arrêt n° 010/2003, *M. Delpech Gérard et Mme Delpech Joëlle c/ Sté SOTACI* », *Revue camerounaise de l'"arbitrage* n° 28, janvier-février-mars 2005, p. 17, sp. p. 23.

comportant pas de règles spécifiques le paiement des provisions des frais d'arbitrage. Bien qu'elle se singularise par ses articles 25 et 26 qui se consacrent au déroulement de l'instance, la loi togolaise de 1989 portant création de la Cour d'arbitrage du Togo n'évoque pas non plus le problème des provisions. Au total, les seules dispositions permettant d'alléguer une violation du droit à un procès équitable relèvent des droits international et constitutionnel. Toute la question est de savoir si l'invocation du *jus gentium* ou d'une constitution peut s'avérer efficace pour préserver un impécunieux contre le déséquilibre procédural justifié par sa défaillance financière.

B. La neutralisation hypothétique du déséquilibre procédural par les droits international et constitutionnel

587 Bien que le droit OHADA ne traite pas de manière exhaustive le procès équitable, il n'est pas indifférent à ce dernier[1149]. En effet, dans tous les pays composant l'OHADA, l'égalité des parties est reconnue par divers textes internationaux et constitutionnels car il s'agit d'un des principes cardinaux de tout procès[1150]. Le véritable problème qui se pose est celui de l'articulation entre les textes consacrant l'égalité des parties et le droit OHADA. En fait, la difficulté réside dans l'incertaine hiérarchie entre le RA[1151] et la CADHP[1152] (1). De plus, il importe de relever que malgré l'incontestable suprématie des normes constitutionnelles, le contrôle de conformité du droit OHADA à celles-ci dans le cadre de la contestation d'une sentence n'est pas garantie (2).

[1149] A. Ngwanza, « OHADA et bonne gouvernance : le défi du concret ! », *Revue de droit international et de droit comparé* 2011-2, p. 313, sp. p. 319. V. également, CCJA, 20 novembre 2008, *Boti Bi Zoua c/ Djosso Djoman*, www.ohada.com, Ohadata J-10-31, irrecevabilité d'un pourvoi pour non respect du principe du contradictoire – CCJA, 17 juillet 2008, *Société Nationale pour la Promotion Agricole dite SONAPRA c/ Sociétés des Huileries du Bénin dite SHB*, *op. cit.*, nullité de l'expertise non contradictoire – CCJA, 12 novembre 2006, *Agence d'Exécution de Travaux d'Intérêt Public pour l'Emploi dite AGETIPE-MALIc/ Société Smeets et Zonen*, www.ohada.com, Ohadata J-07-27, cassation d'un arrêt pour violation de l'égalité des armes en intégrant les conclusions d'une partie expédiées après la mise en délibéré de l'affaire.

[1150] D. Hascher, *Principes et pratiques de procédure dans l'arbitrage commercial international, Recueil des cours de l'Académie de la Haye*, *op. cit.*, p. 126.

[1151] Bien que le RA ne soit pas le seul à prévoir la possibilité de limiter le procès arbitral aux demandes dont les provisions ont réellement été acquittées, la hiérarchie des normes ne se pose pas qu'à son égard. Tous les règlements d'arbitrage des institutions privées ont eu une simple valeur contractuelle qui ne saurait contredire une norme supérieure.

[1152] En dépit de la multiplicité des conventions internationales renvoyant à l'égalité des parties, la présente étude sera limitée à la CADHP compte tenu de sa source africaine et de son application dans tous les pays de l'espace OHADA.

1. *De la hiérarchie entre le RA et la CADHP quant à l'égalité des parties*

588 A priori, il ne devrait pas y avoir de conflit de normes entre le droit OHADA de l'arbitrage et la CADHP, le premier s'assimilant à plus d'un égard au droit national des pays dans lesquels il s'applique[1153]. Sur cette base, la pyramide des normes devrait conduire à affirmer la prépondérance de la CADHP, conclusion permettant de protéger l'impécunieux dont les demandes ont été retirées. Cependant, une telle inférence relève d'une exégèse tronquée de la nature du droit OHADA. En effet, il faut se rappeler que même si la doctrine considère que les actes uniformes et les Règlements, notamment le RA, adoptés par le législateur OHADA constituent du droit dérivé par opposition au droit primaire formé par le Traité[1154], il n'en demeure pas moins que le droit OHADA est d'essence internationale. En conséquence, le RA se situant sur le même palier que la CADHP dans la pyramide normative, il est nécessaire de déterminer le critère en vertu duquel, en cas de conflit[1155], le droit des affaires uniforme africain doit s'effacer devant la protection internationale des droits fondamentaux. Le sujet est d'autant plus complexe que les relations du droit OHADA avec les autres corpus de règles sont généralement abordées en confrontation avec les règles nationales[1156] ou le droit communautaire[1157].

589 Dans la controverse sur l'égalité des parties, l'article 11.3 du RA autorisant le retrait des demandes de la partie n'ayant pas payé les provisions

---

[1153] L'article 35 de l'AUA dispose : « *Le présent acte uniforme tient lieu de loi relative à l'arbitrage dans les Etats-parties* ».

[1154] M. F. Sawadogo, « Le juge national et le droit communautaire », *in L'application du droit international dans les ordres juridiques internes des Etats francophones ouest africains : le cas des actes uniformes de l'OHADA. Actes du colloque de Ouagadougou 24-26 juin 2003, Les Cahiers de l'Association Ouest Africaine des Hautes Juridictions Francophones,* p. 79, sp. p. 83, http://democratie.francophonie.org/IMG/pdf/13bis2.pdf.

[1155] Pour étude d'ensemble sur les conflits entre le droit OHADA et les droits de l'homme, v. J. J. Milingo Ellong, « Les conflits de normes en matière de droits fondamentaux : le cas de l'OHADA et de l'Union Africaine », *Bulletin de droitéconomique* 2014-2, p. 28 ; J. B. Essoh, « L'OHADA et les droits de l'homme : état des lieux et perspectives d'une cohabitation », *op. cit.*, pp. 9-16.

[1156] A. M. Fone Mdontsa, « Réflexions sur l'article 10 du Traité OHADA », *Revue africaine des sciences juridiques* 2010-1, p. 47 ; P. Diédhiéou, « L'article 10 du Traité OHADA : quelle portée abrogatoire et supranationale », *RDU* 2007-2, p. 265.

[1157] D. Ba, « Le problème de la compatibilité entre l'UEMOA et l'OHADA », *op. cit.* ; P. Meyer, « La sécurité juridique et judiciaire dans l'espace OHADA », *op. cit.*; P. Meyer, « Les conflits de juridictions dans les espaces OHADA, UEMOA, CEDEAO », *op. cit.* ; M. Maidagi, « La cohabitation des hautes juridictions communautaires en Afrique francophone (Cour commune de justice et d'arbitrage (CCJA) de l'OHADA, Cour de justice de la CEMAC et Cour de justice de l'UEMOA», *op. cit.* ; A. T. Ndiaye, « Conflits de norme en droits communautaire OHADA et UEMOA. Exemple des paiements réalisés dans les systèmes de paiement intégrés en cas de procédures collectives d'apurement du passif », *op. cit.*

sur frais d'arbitrage est en opposition frontale avec l'article 7.1 de la CADHP qui dispose *in limine* : « *Toute personne a droit à ce que sa cause soit entendue* »[1158]. Etant donné que l'application du *jus gentium* par le juge étatique est une réalité dans l'espace OHADA[1159], l'enjeu essentiel de la contradiction de normes relevée ci-dessus réside dans l'identification de la règle permettant d'assurer la prééminence des fondamentaux sur les normes d'arbitrage. Concrètement, pour l'impécunieux, il s'agit d'identifier le principe en vertu duquel le juge saisi de la contestation d'une sentence rendue sans tenir compte de ses demandes peut l'annuler pour violation de l'article 7.1 de la CADHP[1160].

590 Au regard de l'état embryonnaire du droit des conflits de normes dans l'espace OHADA[1161], la détermination de la règle de conflit militant en faveur de la prépondérance de la CADHP n'est pas aisée. Pour trancher en défaveur de la prévalence du droit OHADA, un auteur soutient que « *s'il est une primauté qui prime sur l'autre c'est bien celle des droits de l'homme car les valeurs éthiques doivent nécessairement venir avant les valeurs marchandes dont elles peuvent servir d'aiguillon* »[1162]. Pour compréhensible que soit cette position, il est aisé de lui opposer que « *le droit international n'est pas hiérarchisé* »[1163] car, sous réserve du respect du *jus cogens*[1164], les

---

[1158] Le conflit entre le droit OHADA et la CAHDP n'est pas total, car comme le souligne G. Ngoumtsa Anou (*Droit OHADA et conflits de lois*, préface H. Fulchiron, LGDJ, 2013, n° 245 et s.), le droit OHADA veille à la « *sauvegarde de la justice procédurale* ».

[1159] Th. Atangana Malongue, « Le juge camerounais et le droit international », *in* J.-L. Atangana Amougou, *Le Cameroun et le droit international*, Pedone, 2014, p. 301 ; D. Dahak, « Rôle du juge de cassation dans l'interprétation et l'application des conventions internationales relatives aux droits fondamentaux », *in Le juge de cassation à l'aube du 21ème siècle Actes du premier Congrès de l'Association des Hautes Juridictions de cassation des pays ayant en partage l'usage du français (AHJUCAF)*, Marakech 17-19 mai 2004, p. 105, www.ahjucaf.org ; M. Sall, « Communication du Conseil d'Etat du Sénégal », *in L'application du droit international dans les ordres juridiques internes des Etats francophones ouest africains : le cas des actes uniformes de l'OHADA. Actes du colloque de Ouagadougou 24-26 juin 2003, Les Cahiers de l'Association Ouest Africaine des Hautes Juridictions Francophones,* p. 301, sp. pp. 312-314, http://democratie.francophonie.org/IMG/pdf/23bis.pdf.

[1160] Il importe de rappeler ici que l'hypothèse n'est pas celle de la violation du principe du contradictoire qui est sanctionnée par les articles 26 de l'AUA et 30. 6. 3 du RA.

[1161] G. Ngoumtsa Anou, « Actes uniformes et conflits de lois », *in* P.-G. Pougoué (dir), *Encyclopédie du droit OHADA*, Lamy, 2011, p. 175, sp. n° 6 et s. Pour étude approfondie sur le droit international privé en droit OHADA, v. G. Ngoumtsa Anou, *Droit OHADA et conflits de lois, op. cit.* ; P. Diédhiéou, *L'unification du droit des affaires de l'OHADA : étude de droit uniforme et de droit international privé*, thèse de doctorat, Université de Genève, IHEID, 2010.

[1162] J. B. Essoh, « L'OHADA et les droits de l'homme : état des lieux et perspectives d'une cohabitation », *op. cit.*, p. 15.

[1163] D. Ritleng, « Les conflits entre conventions internationales », *RTD eur.* 2012-4, p. 929. V. aussi G. Guillaume, « Le juge administratif et la combinaison des conventions

Etats ont la latitude d'accorder la primeur à une règle plutôt qu'à une autre[1165]. Parlant de la CADHP, il a d'ailleurs été noté à juste titre « *une absence de hiérarchie entre le droit OHADA et celui de l'Union Africaine* »[1166].

591 Faute de critère formel, il est tentant de comparer le droit OHADA de l'arbitrage et la CAHDP sur une base matérielle. Ce faisant, la maxime *lex specialia derogat lege generali* devient le guide de l'analyse. Cette approche ne sera pas favorable à l'impécunieux car le droit OHADA régit une justice spéciale, l'arbitrage, alors que la CADPH s'intéresse à toute catégorie de procès. Dans ce sens, « *il est permis de penser que l'ordonnancement juridique conférerait aux règles de nature communautaire*[1167]*la primauté par rapport (...) aux autres normes de droit international général...* »[1168]. Il en résulte que le retrait des demandes devrait l'emporter sur l'égalité des armes entre litigants.

592 Une autre piste de réflexion consiste à envisager le problème sous l'angle de la juridiction saisie, sachant qu'en dernier ressort la Cour africaine de justice des droits de l'homme (CAJDH) interviendra après épuisement des voies internes[1169]. Si cette voie parait séduisante, elle n'en comporte pas

---

internationales », *RFDA* 2012-1, p. 19, sp. n° 9 et s. ; Ch. Rousseau, « De la compatibilité des normes juridiques contradictoires dans l'ordre international », *RGDIP* 1932, p. 133, sp. pp. 150-151.

1164 L'article 53 de la Convention de Vienne de 1969 sur le droit des traités dispose : « *Est nul tout traité qui, au moment de sa conclusion, est en conflit avec une norme impérative du droit international général* ». Il importe de souligner qu'en dépit de l'importance croissante du *jus cogens*, l'article 53 précité ne joue qu'entre les Etats signataires de la convention qui le contient. Pour développements, v. G. Guillaume, « Le juge administratif et la combinaison des conventions internationales », *op. cit.*, n° 9-10.

1165 Pour M. Gautier (« Les conflits entre conventions internationales devant le juge français », *DA* 2002-5, p. 5), « *les solutions généralement retenues dans l'ordre interne, et qui résident dans une hiérarchie des normes dépendante de la hiérarchiedes organes (conjuguée à la prévalence de la règle postérieure en cas de conflit entre deux normes émanant d'un même organe), ne sauraient être utilisées dans l'ordre international* ».

1166 J. J. Milingo Ellong, « Les conflits de normes en matière de droits fondamentaux : le cas de l'OHADA et de l'Union Africaine », *op. cit.*, p. 33.

1167 Bien qu'une partie importante de la doctrine continue de qualifier le droit OHADA de communautaire, ce caractère lui est pertinemment contesté. V. Dans ce sens, P.-G. Pougoué, « Droit OHADA et théorie juridique », *Revue de l'ERSUMA*, numéro spécial novembre-décembre 2011, p. 9, sp. p. 17 ; S. Doumbé-Billé, « A propos de la nature de l'OHADA », *in Mélanges en l'honneur du Professeur Madjid Benchikh*, Pedone, 2011, p. 423.

1168 M. Sall, « Communication du Conseil d'Etat du Sénégal », *op. cit.*, p. 314.

1169 D'après l'article 56. 5 de la CADHP, les requêtes devant la CAJDH doivent « *être introduites dans un délai raisonnable courant depuis l'épuisement des recours internes...* ». Ce texte applicabale initialement à la Commission africaine des droits de l'homme a été étendu à la CAJDH par l'article 6.2 du Protocole relatif à la Charte africaine des droits de l'Homme et des peuples portant création d'une Cour africaine des droits de l'Homme et des néanmoins un écueil : la nature juridique de la CCJA. Les décisions de cette dernière peuvent – elles être considérées comme émanant d'un juge national ? L'OHADA n'ayant pas conclu d'accord allant dans le sens avec l'Union Africaine, le doute est fortement permis. Par ailleurs, quel Etat sera condamné pour une décision rendue par la CCJA dans le cadre du contentieux des sentences sous son égide ?

593 Dans la recherche des arguments fondant la primauté du principe de l'égalité des parties sur le retrait des demandes dont les provisions n'ont pas été réglées, le plus pertinent est celui de la constitutionnalité des droits fondamentaux. Dès lors que deux règles internationales s'affrontent et que l'une est prévue par le bloc de constitutionnalité alors cette dernière l'emporte. Ceci étant cette affirmation ne règle pas réellement le vrai problème, elle en crée un autre : la possibilité de soulever l'exception d'inconstitutionnalité du RA devant la CCJA.

2. *De la recevabilité de l'exception d'inconstitutionnalité du retrait des demandes non provisionnées devant la CCJA*

594 De manière constante, l'égalité des parties est reconnue par les constitutions des pays de l'espace OHADA, que ce soit par une disposition spéciale de la constitution[1170] et / ou par le bloc de constitutionnalité[1171]. Pour autant, les Etats n'ont pas un regard semblable sur la protection des droits fondamentaux à caractère constitutionnel. Là où certains pays font du contrôle de constitutionnalité la chasse gardée des cours constitutionnelles[1172], d'autres permettent aux citoyens, par voie d'exception, de contester la constitutionnalité d'une disposition[1173]. A la différence du Sénégal qui limite l'exception de constitutionnalité aux actions pendantes

---

peuples. Ce dernier dispose : « *La Cour statue sur la recevabilité des requêtes en tenant compte des dispositions énoncées à l'article 56 de la Charte* ».

1170 Article 19 de la Constitution du Togo précité.

1171 Tous les Etats de l'espace OHADA ont ratifié la Déclaration universelle des droits de l'homme.

1172 Face au silence de la constitution camerounaise, M. Nguele Abada (« L'independance des juridictions constitutionnelles dans le constitutionnalisme des Etats francophones postguerre froide : l'exemple du conseil constitutionnel camerounais », sp. p. 14, http://www.droitconstitutionnel.org/congresmtp/textes5/ABADA.pdf) soutient que le constituant n'a pas entendu reconnaitre le contrôle de constitutionnalité par voie d'exception.

1173 Pour détails sur la consécration de l'exception d'inconstitutionnalité en Afrique, v. A. H. Diompy, « Les dynamiques récentes de la justice constitutionnelle en Afrique francophone », sp. pp. 13-15, http://afrilex.u-bordeaux4.fr/sites/afrilex/IMG/pdf/JOURNEE_DE_LA_JEUNE_RECHERCHE_EN_DROIT_CONSTITUTIONNEL.pdf ; J. du Bois de Gaudusson, « Les procédures de garantie et leurs limites dans les constitutions francophones africaines », *RTDH* 1990-3, p. 249.

devant les juridictions suprêmes[1174], l'article 104 alinéa 6 de la Constitution togolaise[1175] dispose : « *Au cours d'une instance judiciaire, toute personne physique, ou morale peut, "in limine litis", devant les cours et tribunaux, soulever l'exception d'inconstitutionnalité d'une loi. Dans ce cas, la juridiction sursoit à statuer et saisit la Cour constitutionnelle* ».

595 Dans les pays de l'espace OHADA consacrant l'exception de constitutionnalité sur le modèle togolais[1176], il est donc envisageable qu'un citoyen invoque l'inconstitutionnalité de l'article 11.3 du RA pour obtenir la nullité d'une sentence rendue sans intégrer ses demandes. Ceci étant, il y a loin entre la faculté d'alléguer le défaut de conformité d'une disposition à la constitution et la recevabilité d'une telle allégation. A ce niveau, la première difficulté qui va se poser est celle de l'insertion de la CCJA dans l'ordre juridictionnel d'un Etat partie au Traité OHADA. En confiant le contentieux des actes uniformes à la CCJA[1177], les Etats n'ont-ils pas concédé un abandon de souveraineté[1178] qui fait de la CCJA une juridiction spéciale hors le contrôle d'un ordre juridique interne ?

596 Dès lors que l'on admet l'existence d'un ordre juridique OHADA[1179], il est difficile d'assimiler la CCJA à une cour suprême étatique. Elle a une singularité organique, notamment la désignation des juges[1180], matérielle, une compétence exclusive pour le contentieux des sentences rendues sous son égide, qui en font une juridiction *sui generis*. Le fait que les décisions de la CCJA soient exécutées dans les mêmes conditions que celles des cours et tribunaux nationaux[1181], ne constitue pas un argument

---

[1174] L'article 96 de la Constitution du Sénégal énonce : « *Le Conseil Constitutionnel connaît de la constitutionnalité des lois et des engagements internationaux, des conflits de compétence entre l'exécutif et le législatif, des conflits de compétence entre le Conseil d'Etat et la Cour de Cassation, ainsi que des exceptions d'inconstitutionnalité soulevées devant le Conseil d'Etat ou la Cour de Cassation* » (nous soulignons).

[1175] Pour analyse détaillée de l'article 104 alinéa 6, v. G. M. Nahm-Tchougli, « L'exception d'inconstitutionnalité en Droit Togolais », http://www.courconstitutionnelle.tg/cour/?page_id=1413.

[1176] Articles 24 loi du 4 mars 1991 au Bénin, 25 loi du 27 avril 2000 au Burkina Faso, 43 et 48 loi du 17 janvier 2003 au Congo, 21 loi du 14 août 2000 au Niger, 19 loi du 2 novembre 1998 au Tchad.

[1177] Article 14 du Traité OHADA.

[1178] D. Abarchi, « La supranationalité de l'Organisation pour l'Harmonisation du Droit des Affaires en Afrique », www.ohada.com, Ohadata D-02-02.

[1179] J. Issa-Sayegh, « L'ordre juridique OHADA », *op. cit.*, p. 1.

[1180] En vertu de l'article 32 du Traité OHADA : « *Les membres de la Cour sont élus au scrutin secret par le Conseil des Ministres sur une liste de personnes présentées à cet effet par les Etats Parties.*
Chaque Etat Partie peut présenter deux candidats au plus ».

[1181] L'Article 20 du Traité OHADA dispose : « *Les arrêts de la Cour Commune de Justice et d'Arbitrage ont l'autorité de la chose jugée et la force exécutoire. Ils reçoivent sur* décisif pour son intégration dans l'ordre judiciaire interne[1182]. Bien plus, l'article 18 alinéa 3 du Traité OHADA prévoit que *si la CCJA « décide [qu'une cour suprême nationale] s'est déclarée compétente à tort, la décision rendue par cette juridiction est réputée nulle et non avenue »*. En plaçant ainsi la CCJA au-dessus des hautes juridictions nationales, le législateur OHADA a entendu clairement la sortir du giron de l'ordre juridique interne.

597 Si par extraordinaire, malgré toutes les observations précédentes, la CCJA devait être considérée comme une juridiction nationale et par ricochet, accueillir une exception d'inconstitutionnalité de l'article 11. 3 du RA, encore faudrait-il définir les critères en vertu desquels une constitution peut être invoquée plutôt qu'une autre. L'enjeu ici est celui de l'ouverture de l'exception d'inconstitutionnalité en présence de deux citoyens de nationalités différentes, dont les constitutions divergent. Comment choisir entre les deux textes, sachant que le choix de l'un d'eux pourra empêcher d'alléguer l'inconstitutionnalité du RA du fait du défaut de reconnaissance d'une voie de contrôle de constitutionnalité au particulier ? Cette situation obligera la CCJA à créer une règle de conflit sans précédent, sachant que les conséquences de son choix seront décisives.

598 De plus, il faudra également préciser le régime du recours préjudiciel à une cour constitutionnelle. La position rendue par celle-ci doit-elle lier la CCJA ? Si oui, sur quel fondement, sachant que le Traité OHADA ne lui en fait nullement obligation et que son statut a au contraire été jugé constitutionnellement valable[1183] ? Une fois de plus, l'incertitude est grande et le pronostic difficile, quoique le pessimisme ait les faveurs des probabilités.

599 A supposer que la CCJA fasse droit à la position adoptée par une juridiction constitutionnelle n'ouvre-t-elle pas la porte à une protection des impécunieux à deux vitesses ? En pratique, ce sera le cas car les justiciables dont les Etats permettent d'attaquer la validité constitutionnelle du retrait des demandes non provisionnées seront privilégiés au détriment des autres. Cette démarche est fondamentalement contraire à l'idée d'ordre public OHADA défini comme étant le dénominateur commun des règles impératives de l'ensemble des Etats membres[1184].

---

leterritoire de chacun des Etats Parties une exécution forcée dans les mêmes conditions que les décisions des juridictions nationales ».

[1182] L'article 54 de la Convention de Washington de 1965 prévoit également les sentences CIRDI sont exécutées dans des conditions identiques à celles des juridictions nationales. Pour autant, les tribunaux arbitraux CIRDI ne sont pas assimilés à des cours et tribunaux étatiques.

[1183] Conseil constitutionnel du Sénégal, avis du 16 décembre 1993, *Penant* n° 825, p. 225, note A. Sall ; www.ohada.com, Ohadata J-02-30.

[1184] P. Meyer, *OHADA. Droit de l'arbitrage*, *op. cit.*, n° 405 ; G. Kenfack Douajni, « La notion d'ordre public international dans l'arbitrage OHADA », *Revue camerounaise de*

600 Au regard de la complexité de la mise en œuvre des règles constitutionnelles ou internationales aux fins d'invalider l'article 11. 3 du RA, la voie la plus sage est celle de la révision de cette disposition. Cette démarche ne doit d'ailleurs pas se limiter à la disposition précitée, elle gagnerait à s'étendre au traitement intégral de l'impécuniosité en droit OHADA.

l'arbitrage n° 29, avril-mai-juin 2005, p. 3 ; S. I. Bebohi Ehongo, « L'ordre public international des Etats parties à l'OHADA », *Revue camerounaise de l'arbitrage* n° 34, juillet-août-septembre 2006, p. 3 ; E. Assepo Essi, « L'ordre public international dans l'acte uniforme de l'OHADA relatif à l'arbitrage », *Rev. arb.* 2007-4, p. 753 ; G. Ngoumtsa Anou, « Actes uniformes et conflits de lois », *op. cit.*, n° 188 et s.

SECTION II. LES MODALITES DE LA PRISE EN COMPTE DE L'IMPECUNIOSITE EN DROIT OHADA

601 *De lege ferenda*, il est parfaitement possible que le législateur OHADA se saisisse de l'actualité de l'arbitrage pour anticiper les problèmes que pose l'indigence financière d'une partie. Bien évidemment, il ne faut pas que le souci d'éviter que les considérations économiques déséquilibrant le procès arbitral ne se transforme en Cheval de Troie de la mauvaise foi. A cet effet, le droit comparé et la pratique offrent dorénavant divers outils que le droit OHADA peut adopter, sans perdre de vue les réalités du contexte économique et socio-juridique africain. Dans cette perspective, l'on pourra remédier à l'impécuniosité aussi bien par des moyens juridiques (§ 1) que par des moyens financiers (§ 2).

§ 1 Les remèdes juridiques contre l'impécuniosité

602 Au-delà du fait que l'impécuniosité appelle une analyse économique de la situation d'un litigant, il n'en demeure pas moins que cette analyse n'a de sens qu'au regard de ses incidences juridiques[1185]. En effet, l'examen de la précarité financière d'un justiciable dans un procès arbitral est toujours lié à la force obligatoire de la convention d'arbitrage. Bien que la doctrine pense que le problème se pose différemment selon qu'il s'agit du demandeur ou du défendeur[1186], en fin de compte, il s'agit toujours des effets de la convention d'arbitrage. Quoi qu'il en soit, préserver l'impécunieux postule en premier lieu de neutraliser l'exécution de l'accord arbitral afin d'éviter un déni de justice (A). Faute de pouvoir le faire, le concours de juge d'appui devrait servir à garantir l'accès à l'arbitre (B). Ces deux propositions ont l'avantage d'envisager l'impécunieux tant sous la casquette de demandeur que celle de défendeur.

[1185] F.-X. Train « Impécuniosité et accès à la justice dans l'arbitrage international (à propos de l'arrêt de la Cour d'appel de Paris du 17 novembre 2011, *L.P. c/ Pirelli* », *op. cit.*, n° 1-2.
[1186] E. Gaillard, « Impecuniosity of Parties and its Effects on Arbitration – A French View », *in* German Institution of Arbitration (ed), *Financial capacity of the parties. A condition for the Validity of Arbitration Agreements*?, Peter Lang, 2004, p. 67, sp. pp. 71-72 ; D. Brian King, « No money, No Arbitration ? The United States Perspective on Impecuniousness and Arbitration Agreements », *op. cit.*, p. 135 et s.

A. La neutralisation de la force obligatoire de la convention d'arbitrage

603 Tout d'abord, « *it is important to recall that arbitration agreements are equal but no superior to other kinds of contractual promises, such that the usual defenses to enforcement of contractual obligations can, in principle, be raised against arbitration agreement as well* »[1187]. Il n'est donc pas aberrant de soutenir qu'un accord arbitral puisse être mis entre parenthèses sur l'autel du respect d'un droit fondamental. Ceci dit, étant donné que l'impécuniosité met en jeu « *deux principes juridiques de base, l'effet obligatoire des obligations contractuelles, le principe pacta sunt servanda, d'une part, et le principe de garantie de l'accès à la justice d'autre part* »[1188], il est important que la mise à l'écart de l'accord arbitral soit strictement encadrée (1). Ce faisant, il sera pertinent de conclure à l'incompétence des arbitres pour prévenir un déni de justice économique (2).

1. L'encadrement strict de l'impécuniosité

604 Les difficultés financières d'un justiciable peuvent avoir plusieurs causes, les unes pouvant relever d'une conjoncture économique défavorable, les autres de la négligence ou de l'incurie de la personne concernée. Lorsque l'impécunieux est une personne morale, la cessation des paiements peut aussi se justifier par des fautes de gestion, ce avec ou sans un concert frauduleux entre la société et ses dirigeants.

605 La variété des situations ainsi présentées postule un examen *in concreto* des facteurs expliquant l'incapacité à s'acquitter de provisions des frais d'arbitrage. L'impécuniosité est une « *notion (...) diffuse qui offre de ce fait une marge d'appréciation plus grande pour le juge* »[1189]. Le constat de l'insuffisance des revenus ne doit pas être auto-suffisant, il faut que la faute de l'impécunieux ne puisse pas être mise en cause. Dans cette veine, il est contestable qu'un juge parisien ait pu admettre l'impécuniosité d'un litigant auquel était demandé un complément de provisions, uniquement sur la base de l'absence de capacité d'exploitation, de chiffre d'affaires et de bénéfice d'une société, ainsi que l'affectation de toutes les ressources restantes crées,

---

[1187] D. Brian King, « No money, No Arbitration? The United States Perspective on Impecuniousness and Arbitration Agreements », *op. cit.*, p. 135.

[1188] K. Sachs, « La protection de la partie faible en arbitrage », *op. cit.*, p. 23. V. également X. Boucobza et Y.-M. Serinet, « Les principes du procès équitable dans l'arbitrage international », *op. cit.*, n° 26 ; F.-X. Train « Impécuniosité et accès à la justice dans l'arbitrage international (à propos de l'arrêt de la Cour d'appel de Paris du 17 novembre 2011, *L.P. c/ Pirelli*) », *op. cit.*, n° 3.

[1189] M. Fontmichel, « La nouvelle mission du juge », *op. cit.*, p. 816.

jusqu'à épuisement, au financement de la procédure[1190]. Il eut été utile que le juge recherche les causes de la précarité économique, afin d'établir que l'impossibilité de financer la procédure arbitrale était légitime.

606 Cette démarche permet de sanctionner l'entreprise en cessation de paiements qui a sciemment engagé comme dirigeant une personne sous le coup d'une faillite personnelle[1191]. Il est hors de question qu'une partie coupable de négligences condamnables ou des fautes délibérées puisse se prévaloir de sa propre turpitude[1192]. La jauge de l'impécuniosité ne devrait donc pas être la simple incapacité de payer les provisions mais aussi et surtout, le défaut de faute imputable au litigant en indélicatesse financière[1193]. Il s'ensuit que « *c'est la partie qui souhaite éviter le jeu de la convention d'arbitrage qui doit supporter la charge de la preuve du caractère prohibitif du coût de l'arbitrage* »[1194]

607 Ceci étant, l'impécuniosité ne saurait être une notion abstraite qui peut être dupliquée dans toutes les situations. En réalité, elle « *implique une analyse factuelle précise de la situation économique du demandeur, de ses ressources, au regard des frais qui lui sont demandés afin de déterminer s'ils constituent à son égard une charge excessive* »[1195]. La casuistique est donc reine en l'espèce, le pouvoir souverain du juge devant s'exercer pleinement dans l'appréciation des faits. Cette approche ne consiste pas à pousser l'analyse dans les contrées de l'appréciation de la validité de la convention d'arbitrage, il s'agit simplement d'examiner si face à l'apparence de celle-ci, une partie peut légitimement se prévaloir d'une disproportion entre le coût d'une procédure et ses ressources.

[1190] TGI Paris (ord.), 16 nov. 2015, *Garoubé c/ CCI*, n° 15-55644, *D.* 2015, *panor.* 2592, obs. Th. Clay ; *Cah. arb.* 2015-4, p. 807, note M. Fontmichel; *Rev. arb.* 2016-1, p. 258, note Ch. Jarrosson et F.-X. Train, infirmé par CA Paris, 24 mai 2016, *CCI c/ Garoubé*, n° 15/23553, inédit.

[1191] D'après l'article 203 de l'AUPCAP : « *La décision qui prononce la faillite personnelle emporte de plein droit : l'interdiction générale de faire le commerce et, notamment, de diriger, gérer, administrer ou contrôler une entreprise commerciale à forme individuelle ou toute personne morale ...* » (nous soulignons).

[1192] X. Boucobza et Y.-M. Serinet, « Les principes du procès équitable dans l'arbitrage international », *op. cit.*, n° 24.

[1193] Commentant l'ordonnance de référé rendue dans l'Affaire *Garoubé*, Ch. Jarrosson et F.-X. Train (« Les limites de l'intervention du juge d'appui dans un arbitrage institutionnel en cours ? Note sous TGI Paris (Ord. Ref.) 16novembre 2015 », *Rev. arb.* 2016-1, p. 258 et s., sp. p. 282) s'étonnent avec raison que « *le juge d'appui n'ait pas tenu compte du comportement procédural pour le moins contre-productif de Garoubé* ».

[1194] E. Gaillard, « Rapport de synthèse : l'argent dans l'arbitrage », *op. cit.*, p. 194. Dans le même sens, G. Wagner, « Poor Parties and German Forum : Placing Arbitration under the Sword of Damoclès ? », *op. cit.*, p. 29.

[1195] J. Clavel, *Le déni de justice dans l'arbitrage international : l'effet négatif du principe compétence-compétence, op. cit.*, n° 185.

608 Paradoxalement, tout en respectant le principe de l'examen superficiel de la clause compromissoire du compromis, le juge ayant admis de l'impécuniosité d'un litigant sera amené à conclure à l'incompétence des arbitres pour éviter le déni de justice.

2. L'incompétence de l'arbitre en cas d'impécuniosité

609 Dès lors qu'il est établi que l'imminence d'un déni de justice économique est avérée, il y a lieu de priver l'accord arbitral de ses effets procéduraux et substantiels. Premièrement, il est primordial d'écarter l'effet négatif du principe compétence-compétence en permettant au juge judiciaire de trancher le litige. Cette position est à rebours de la jurisprudence française qui demande à l'arbitre de veiller au respect des garanties fondamentales[1196], le juge ne devant opérer qu'un contrôle *in concreto* a posteriori[1197]. La réponse française n'est pas satisfaisante car elle conduit à obliger le faible à participer à l'instance arbitrale, or il en est incapable. Au total, c'est une démarche circulaire qui, en faisant la part belle à l'arbitrage, ne résout pas le problème du déni de justice qui est en jeu.

610 Admettre l'inapplicabilité de la convention d'arbitrage, à l'instar des juges américains[1198] et allemands[1199], est une solution pertinente quand l'impécuniosité est strictement encadrée. La crainte d'une violation constante de l'effet négatif du principe compétence-compétence est moindre parce que la compétence du juge étatique n'est pas établie au regard de l'interprétation de la convention d'arbitrage. C'est la conjugaison du déficit des ressources et la diligence de la partie invoquant l'inapplicabilité de la convention d'arbitrage qui doit être prouvée.

611 Toutefois, la santé économique d'un justiciable étant mouvante, il peut arriver qu'un litigant impécunieux cesse de l'être ultérieurement. Quelle sera la conséquence de ce changement ? La réponse à cette question dépend de l'effet substantiel de l'impécuniosité sur la convention d'arbitrage, est-il temporaire ou définitif ? Il s'agit précisément de la seconde incidence de la neutralisation de l'accord arbitral. Il serait tentant de considérer que l'amélioration des conditions financières peut justifier une résurrection de la convention d'arbitrage. Une telle solution serait lourde de complications si l'impécunieux retrouve une embellie financière alors que le juge étatique est

---

[1196] CA Paris, 26 février 2013, *SARL Lola fleurs c/ société Monceau fleurs et autres*, *op. cit.*

[1197] F.-X. Train (« Le contrôle a posteriori et *in concreto* des conséquences de l'impécuniosité d'une partie à l'arbitrage, note sous Cass. civ. 1ère, 28 mars 2013 et Paris, Pôle 1 – Ch. 1, 26 février 2013 », *op. cit.*, n° 4 et s.

[1198] Cour suprême des Etats unis, 11 décembre 2000, *Green Tree Fin. Corp.-Ala c/ Randolph*, *op. cit.*

[1199] Cour fédérale de justice d'Allemagne, 14 septembre 2000, *op. cit.*

déjà saisi de l'affaire au fond. Le plus simple est de considérer que la convention d'arbitrage est devenue caduque du fait de l'impécuniosité. Ainsi, le débat sera clos, le recours aux arbitres pour tout litige ultérieur entre les parties nécessitera un compromis. Admettre le contraire revient à dire que la convention d'arbitrage est suspendue juste pour la période d'impécuniosité. Pour envisageable que soit cette solution, elle comporte le risque d'une analyse dynamique de l'impécuniosité dont les effets peuvent être dévastateurs. Que se passera-t-il si la santé économique de l'impécunieux chute à nouveau sachant que certaines procédures arbitrales ou judiciaires durent parfois plusieurs années ?[1200] Dans ce cas de figure, va-t-on stopper la procédure arbitrale pour repartir devant le juge après y avoir été ? A l'évidence, la résiliation de la convention d'arbitrage est la solution la moins complexe.

612 Cependant, la caducité de l'accord arbitral ne saurait s'effectuer *ipso jure* comme l'a décidé la Cour suprême allemande[1201]. Il faut garder à l'esprit que l'inefficacité de la clause compromissoire ou du compromis n'est pas d'ordre public, elle vise uniquement à protéger l'impécunieux. Elle ne saurait donc jouer de manière automatique. De plus, « *le principe de certitude requiert en effet que les importantes conséquences liées au changement de compétence – d'un tribunal arbitral aux tribunaux étatiques – ne puissent être mises en œuvre sans un acte explicite des parties. Celles-ci doivent donc exprimer leur volonté de renoncer à l'accord d'arbitrage, d'une part, et de porter leur litige devant les tribunaux étatiques d'autre part* »[1202]. Afin d'éviter des comportements attentistes de l'impécunieux[1203], il doit être tenu de manifester son intention *expressis verbis* de ne pas ester devant les arbitres. Si d'aventure, l'instance arbitrale est déjà lancée, il n'est plus question d'annihiler la clause compromissoire ou le compromis, mais de solliciter le juge d'appui afin que l'accès à l'arbitre soit assuré.

[1200] O. Caprasse (« L'instance arbitrale et le temps », *in* A. Saletti, J. van Compernolle, J-F. van Drooghenbroeck (dir), *L'arbitre et le juge étatique. Études de droit comparé à la mémoire de Giuseppe Tarzia*, Bruylant, 2014, p. 19, sp. n° 18-19) procède à une fine remise en cause de la célérité de l'arbitrage.

[1201] Cour fédérale de justice d'Allemagne, 14 septembre 2000, *op. cit.*

[1202] K. Sachs, « La protection de la partie faible en arbitrage », *op. cit.*, p. 24.

[1203] G. Wagner, « Poor Parties and German Forum : Placing Arbitration under the Sword of Damoclès ? », *op. cit.*, p. 29.

B. La garantie d'accès à l'arbitre par le juge d'appui

613 Lorsque l'impécuniosité d'une partie est soulevée en cours d'instruction du litige, il s'agit généralement de la suspension, voire la radiation, de l'affaire ou du retrait des demandes non provisionnées. Pour ces deux questions, l'intervention salvatrice du juge étatique parait évidente en arbitrage ad hoc[1204] et discutable dans les procédures institutionnelles. Pour ces dernières, il est classiquement admis que « *lorsque les parties sont convenues de régler leur litige sous l'égide d'un centre d'arbitrage, l'intervention du juge d'appui dans l'administration de la procédure est de ce fait exclue en raison de son caractère subsidiaire* »[1205]. L'article 10 alinéa 1 de l'AUA s'inscrit dans cette ligne en disposant : « *Le fait pour les parties de s'en remettre à un organisme d'arbitrage les engage à appliquer le Règlement d'arbitrage de cet organisme, sauf pour les parties à en écarter expressément certaines dispositions* ».

614 A priori, le juge d'appui est donc un intrus dans l'arbitrage institutionnel et ne constitue pas un second degré de juridiction contre les décisions du centre d'arbitrage[1206]. Cependant, l'occurrence de certaines difficultés a conduit à relativiser cette assertion, l'intervention judiciaire étant apparue comme une alternative fiable[1207] ou un recours en cas de difficultés entre une partie et un centre d'arbitrage[1208]. Néanmoins, au regard du caractère administratif des prérogatives des institutions arbitrales[1209], leurs décisions sont inattaquables par voie juridictionnelle. Si sur le principe, la règle ne souffre pas de contestation, il en va différemment lorsque la position adoptée par le centre d'arbitrage affecte les droits fondamentaux[1210]. Les conséquences qui en découlent pour les justiciables sont d'une telle

---

1204 Bien que dans un arbitrage ad hoc, il n'y ait pas un centre d'arbitrage qui administre la procédure sur la base de son règlement, il n'est pas interdit que lesarbitres, avec l'accorddes parties, utilisent un règlement d'arbitrage. Il en découle que le problème du retrait des demandes peut également se poser, les arbitres pouvant s'octroyer dans ce cas le droit de se prononcer sur le sort des demandes non provisionnées.

1205 M. Fontmichel, « La nouvelle mission du juge », *op. cit.*, p. 809.

1206 TGI Paris, 25 novembre 2010, *Société ABC International c/ Chambre de commerce internationale* – CA Paris, 27 octobre 2011, *Société ABC International c/ Chambre de commerce internationale*, *Revue togolaise de droit des affaires et de l'arbitrage* décembre 2012, p. 26, note L. Jaeger.

1207 TGI Paris (Ord. réf.), 1er avril 1993, *Rev. arb.* 1993-3, p. 455 note P. Bellet.

1208 TGI Paris (réf.) (2ème jugement), 30 Octobre 1986, *République de Guinée c/ Chambre arbitrale de Paris et autres,op. cit.*

1209 Cass. civ. 2ème, 7 octobre 1987, *Rev. arb.* 1987-4, p. 479, note E. Mezger ; CA Paris, 15 janvier 1985, *Opinter*, *Rev. arb.* 1986-1, p. 87, note E. Mezger ; TGI Paris, 28 mars 1984, (1ère espèce), *Raffineries d'Homs et de Banias*, *Rev. arb.* 1985-1, p. 141.

1210 J. Billemont, *La liberté contractuelle à l'épreuve de l'arbitrage*, *op. cit.*, n° 684.

gravité que le juge français, quoique de manière instable[1211], n'a pas hésité à ordonner à une institution arbitrale de faire lever la suspension de l'affaire introduite par un demandeur incapable de satisfaire à une demande de complément de provision.

615 Dans l'espace OHADA, le problème est plus délicat parce qu'aucune disposition, à l'instar de l'article 1505 alinéa 4 du CPC[1212], ne donne un pouvoir au juge d'appui pour éviter un déni de justice. Mieux, lorsqu'il est justement sollicité, comme le fut son homologue français en d'autres temps[1213], pour apporter son concours dans un cas non prévu par les textes, notamment celui de la désignation du président du tribunal arbitral sur la base d'une clause compromissoire muette sur le siège, le magistrat togolais a préféré retenir son incompétence *ratione loci*[1214]. Bien que des décisions en sens contraire aient été rendues au Cameroun[1215], il n'en demeure pas moins que le régime de l'intervention du juge d'appui en droit OHADA reste imprécise[1216]. Pour cette raison, avant d'évoquer l'étendue du pouvoir à accorder au juge d'appui aux fins de garantie d'accès à l'arbitre (2), il importe d'en préciser le fondement (1).

1. Le fondement du pouvoir du juge d'appui

616 L'interférence du juge d'appui dans l'administration d'une procédure arbitrale n'a de sens que si l'objectif qui lui est assigné est clairement défini. Tout d'abord, il convient de rappeler que traditionnellement c'est le juge de droit commun qui a la charge des litiges entre une ou plusieurs parties et une institution arbitrale[1217]. Ensuite, parallèlement, il faut noter que « *participant à l'œuvre de justice, [les centres d'arbitrage] comptent parmi leurs obligations contractuelles, celle*

1211 L'ordonnance du Président du TGI de Paris 16 novembre 2015 (enjoignant à la CCI d'ordonner à un tribunal arbitral la levée de la suspension de la procédure pour défaut de versement de provisions a été infirmée par la Cour d'appel de Paris (24 mai 2016, *op. cit.*)). Cependant, un pourvoi étant pendant devant la Cour decassation, il n'est pas possible de prendre une position ferme sur l'issue de cette affaire.

1212 L'article 1505 alinéa 4 dispose : « *En matière d'arbitrage international, le juge d'appui de la procédure arbitrale est, sauf clause contraire, le président du tribunal de grande instance de Paris lorsque : (...) l'une des parties est exposée à un risque de déni de justice* ».

1213 Cass. civ. 1ère, 1er février 2005, *NIOC c/ Etat d'Israël, op. cit.*

1214 TPI Lomé, 8 février 2016, *Thierry Tanoh c/ PIC*, inédit.

1215 TPI Douala Ndokoti, 23 juin 2005, *M. Farhat Hassan, SOCOTRAC Sarl et SCATIA Sarl c/ Société Patrice Bois*, *Revue togolaise de droit des affaires et de l'arbitrage* juin 2011, n° 2, p. 35, note M. Akakpo ; TPI Douala Bonanjo, 17 juillet 2013, *Sieur Wanmo et autres c/ Sieur Nguessi Jean Pierre et consorts*, inédit.

1216 V. supra, n° 507 et s.

1217 J. Billemont, *La liberté contractuelle à l'épreuve de l'arbitrage*, *op. cit.*, n° 653 et s.

de fournir aux parties un cadre dans lequel [les droits fondamentaux] pourront être respectés »[1218]. Ce faisant, il y a lieu de s'interroger sur l'opportunité de la compétence du juge de droit commun lorsque le différend porte sur une matière relevant du déni de justice ou de l'égalité des armes ?

617 La question mérite d'être posée car le juge de droit commun n'est pas astreint à une obligation de célérité particulière comme le juge d'appui. Or, si un litigant saisit une juridiction étatique afin que ses demandes ne soient pas retirées, le sujet mérite une prompte réaction, faute de quoi il faudra attendre le contentieux de la sentence, l'annulation de celle-ci n'étant point garantie. La situation est tout aussi urgente en matière de demande de levée de suspension d'instance en cas de non-paiement d'un complément de provisions. Bien que la Cour d'appel de Paris ait considéré que le juge d'appui se prononçant sur ce dernier point commet un excès de pouvoir[1219], il convient d'arguer que la bonne conduite du procès arbitral milite en faveur d'une autre position.

618 Tout d'abord, le juge d'appui, comme son nom l'indique, est ontologiquement celui qui a la charge d'apporter son concours afin de juguler les difficultés nées au cours d'une instance arbitrale[1220]. S'il est indéniable que cela ne lui confère pas une compétence générale sur les litiges entre une institution arbitrale et un litigant, il n'en demeure pas moins qu'il est opportun de le solliciter pour annihiler en amont les entorses à l'ordre public[1221]. Or, les questions relatives au procès équitable ressortissent justement des normes impératives et méritent d'être évacuées en cours d'instance arbitrale plutôt qu'en aval. Ainsi, tout en œuvrant en faveur de la partie faible, le juge d'appui « *est au service de l'efficacité de l'arbitrage* »[1222] puisqu'il s'assure par anticipation que la sentence est conforme aux droits fondamentaux.

619 Cette extension des pouvoirs du juge d'appui est une tendance générale[1223] que le juge camerounais a déjà intégrée en matière de désignation des arbitres[1224]. Elle est opportune dès lors que loin de

---

[1218] Ch. Jarrosson, « Le statut juridique de l'arbitrage administré », *Rev. arb.* 2016-2, p. 1, sp. n° 35.

[1219] CA Paris, 24 mai 2016, *CCI c/ Garoubé*, *op. cit.*

[1220] Pour Th. Clay (« L'appui du juge à l'arbitrage », *Cah. arb.* 2011-2, p. 331, sp. n° 32), le juge d'appui est l'« *homme à tout faire de l'arbitrage* ».

[1221] M. Fontmichel, « La nouvelle mission du juge », *op. cit.*, p. 817.

[1222] E. Loquin, « Arbitrage. Compromis et clauses compromissoire », *op. cit.*, n° 60 et s.

[1223] G. Chabot, « L'exacte étendue des pouvoirs du juge d'appui », *JCP G* 2006 n° 39, 27 septembre 2006, p. 1806.

[1224] TPI Douala, 4 décembre 2000, Ordonnance n° 140, S*ociété Etudes – Réalisations – Contrôles SA c/ VIMAT SARL*, *op. cit.* En l'espèce, malgré le mutisme des textes, les magistrats camerounais ont fait droit à une demande d'injonction à désignation d'arbitre assortie d'astreinte.

restreindre le champ de l'arbitrage, elle contribue au contraire à préserver le droit d'accès à l'arbitre[1225]. Ainsi, l'intervention du juge d'appui est une solution médiane entre l'inefficacité de la convention d'arbitrage et la nullité de la sentence[1226]. Admettre cette règle conduit à reconnaitre que le respect du règlement d'arbitrage est tout aussi sacré que le droit au juge[1227].

620 Etant donné que les articles 5 et 8 d'une part et 13 d'autre part de l'AUA reconnaissent respectivement au juge étatique, des prérogatives quant à la composition du tribunal et à l'obtention des mesures provisoires, il n'est pas excessif de le considérer comme le bras armé de l'efficacité de l'arbitrage. Dans cette veine, on peut également lui octroyer la mission de garantir les exigences du procès équitable menacées par l'impécuniosité d'un litigant. Dans ce sens, Jean-Marie Tchakoua[1228] soutient que « *le juge étatique en tout cas doit être perçu véritablement comme le juge d'appui de l'arbitrage* ». En revanche, dans l'arbitrage CCJA, l'intervention du juge d'appui est singulière compte tenu du rôle quasi inexistant des juridictions étatiques[1229]. L'article 10. 5 du RA limite leur intervention aux mesures provisoires et conservatoires[1230]. En conséquence, octroyer aux juridictions du siège de la CCJA le pouvoir de censurer les décisions de l'institution arbitrale contrevenant au procès équitable n'est pas un changement négligeable.

1225 P. Chevalier (« Le nouveau juge d'appui », *in* Th. Clay (dir), *Le nouveau droit français de l'arbitrage*, Lextenso, 2011, p. 143, sp. p. 145) soutient que le juge d'appui est « *un soutien de l'arbitrage et un renfort des parties* ».

1226 M. Fontmichel, « La nouvelle mission du juge », *op. cit.*, p. 817.

1227 Th. Clay « Arbitrage et modes alternatifs de règlement des litiges novembre 2014-décembre 2015 », *D.* 2015, p. 2592.

1228 J.-M. Tchakoua, « Arbitrage selon l'Acte uniforme relatif au droit de l'arbitrage », *op. cit.*, p. 242, n° 27.

1229 Pour O. Cuperlier (« Arbitrage OHADA et personnes publiques », *in* M. Audit (dir), *Contrats publics et arbitrage international*, Bruylant, 2011, p. 81, sp. p. 87), l'arbitrage CCJA « *procède de la tentative de création d'un arbitrage détaché des juridictions étatiques* ». Pour sa part, Ph. Fouchard (« L'arbitrage dans l'OHADA », *International Law FORUM du droit international*, volume 3, n° 3, August 2001, p. 180, sp. p. 184) qualifie l'arbitrage CCJA de « *circuit fermé* ».

1230 L'article 10 du RA dispose : « *Sauf stipulation contraire, la convention d'arbitrage donne compétence à l'arbitre pour se prononcer sur toute demande provisoire ou conservatoire pendant le cours de la procédure arbitrale. (...)*
Avant la remise du dossier à l'arbitre, et exceptionnellement après celle-ci, au cas où l'urgence des mesures provisoires et conservatoires demandées ne permettrait pas à l'arbitre de se prononcer en temps utile, les parties peuvent demander de telles mesures à l'autorité judiciaire compétente. ... »

621 Ceci étant, au regard des réserves suscitées par la double casquette de la CCJA[1231], centre d'arbitrage et juge du contrôle et de l'exequatur des sentences rendues sous son égide, l'irruption d'un juge externe en charge du respect des droits fondamentaux ne serait pas superflue pour calmer la grogne sur l'indépendance de la CCJA[1232]. A tort ou à raison, le cumul des fonctions d'administration des procédures arbitrales et de juridiction du contentieux des sentences rendues sous son égide génère des méfiances. Confier le contentieux des décisions administratives de la CCJA à une autre juridiction peut contribuer à dissiper les angoisses évoquées ci-dessus. Afin de garantir l'efficacité des décisions rendues par ce juge, il faudrait qu'elles soient insusceptibles de recours. A l'évidence, cette question ne ressortit pas du fondement de l'intervention du magistrat étatique mais de l'étendue de son interférence dans l'administration de la procédure.

2. L'étendue du pouvoir du juge d'appui

622 Afin de conforter l'opportunité de l'intervention du juge d'appui, il faut définir avec précision sa compétence *ratione materiae*. Il importe d'emblée de souligner qu'il s'agit d'une compétence exceptionnelle et non d'une dévolution générale d'attributions. Par conséquent, toutes les matières excédant le procès équitable sont du ressort de la juridiction de droit commun. Ainsi, qu'il s'agisse du contentieux de la responsabilité du centre d'arbitrage, de l'appréciation *prima facie* de son obligation d'organiser l'arbitrage, de la prorogation du délai de la procédure ou de celui de l'examen préalable, le juge de droit commun reste compétent[1233].

623 Par ailleurs, le juge d'appui ne devra pas disposer d'une compétence exhaustive concernant le procès équitable, toutes les questions relevant de l'instance arbitrale et sur lesquelles les institutions arbitrales n'ont pas de prises devront rester du ressort de l'arbitre. En fait, son action n'est opportune que dans les matières où une décision du centre d'arbitrage porte atteinte soit au droit à l'arbitre, soit à l'égalité des armes. Telle a été la

---

[1231] Ph. Leboulanger, « L'arbitrage et l'harmonisation du droit des affaires en Afrique », *op. cit.*, pp. 589-590 ; Ph. Fouchard, « L'arbitrage dans l'OHADA », *op. cit.*, p. 184 ; J. Issa-Sayegh, « Réflexions dubitatives sur le droit de l'arbitrage OHADA », *op. cit.*, pp. 25-26.

[1232] Suite à l'annulation d'une sentence rendue sous ses auspices, motif pris du non respect de leur mission par des arbitres ayant conclu un accord sur leurs honoraires avec les parties en marge du RA (CCJA, 19 novembre 2015, *Etat de Guinée c/ GETMA International*, inédit), la CCJA a été vertement accusée par les arbitres de confusion des missions de centre d'arbitrage et de juridiction chargée du contentieux des sentences rendues sous ses auspices. V. la lettre des arbitres publiée dans le journal Jeune Afrique : http://www.jeuneafrique.com/285543/societe/affaire-getma-guinee-les-arbitres-repondent/.

[1233] Ch. Jarrosson, « Le statut juridique de l'arbitrage administré », *op. cit.*, n° 25.

position retenue par le juge parisien dans l'affaire *Garoubé* en première instance[1234], le demandeur ayant sollicité, outre la levée de la suspension de l'instance pour défaut de paiements des provisions, l'annulation de certaines décisions des arbitres. Sur ce dernier point, de manière fort admirable, le magistrat français répond que son incompétence est « *radicale, au point de relever non pas seulement de l'incompétence, mais au-delà, d'un pur et simple défaut de pouvoir* », parce qu'« *il n'appartient pas au juge d'appui de s'immiscer dans l'activité juridictionnelle et procédurale du tribunal arbitral, dont il n'est ni le contrôleur, ni le juge d'appel* »[1235].

624 En adoptant une conception stricte de ses pouvoirs, le juge d'appui se contente d'être la vigie du respect du procès équitable mis en péril par une institution arbitrale. Il ne peut intervenir que dans des situations de « *refus avéré d'accès au tribunal, dans des conditions manifestement et objectivement indues, attentatoires à l'ordre public procédural et propres à conduire, à défaut d'être corrigées, à un déni de justice* ». C'est notamment le cas lorsque des provisions ou un complément de provisions sont réclamés à un impécunieux. La formule du magistrat français brille par son caractère mesuré, le juge ne devant intervenir que dans des cas extrêmes, d'où le terme « *manifestement* » qui n'est pas sans rappeler l'article 1448 du CPC.

625 La compétence du juge d'appui est tout autant fondée s'agissant du retrait des demandes dont les provisions n'ont pas été payées. En effet, la solution préconisée par le droit prétorien français dans l'affaire *Pirelli* n'est pas satisfaisante[1236]. En l'espèce, il a été considéré qu'il n'appartient pas à un juge étatique de se reconnaitre compétent au motif de l'impécuniosité d'un justiciable. Malgré l'impécuniosité d'une partie, et par ricochet, le retrait de ses demandes, les juges français considèrent que c'est aux arbitres de préserver l'équité du procès arbitral. Cette décision est difficile à appliquer car on voit mal comment des arbitres pourraient traiter des demandes que le centre d'arbitrage considère retirées. On imagine aisément qu'un projet de sentence rendu dans ces conditions sera probablement rejeté. Imposer aux arbitres de préserver l'égalité des armes entre les parties en dépit de la décision du centre d'arbitrage peut conduire à une situation ingérable en pratique. Pour préserver le procès équitable, les arbitres seront obligés d'entrer en défiance avec l'institution arbitrale. Quelle serait la conséquence d'une telle attitude ? Le centre d'arbitrage ne va-t-il pas sanctionner les arbitres en les évinçant de l'affaire ou au niveau de leurs honoraires ? Les arbitres auront-ils le courage de défier le centre d'arbitrage au risque de ne plus jamais être désignés ou confirmés par celui-ci ?

[1234] TGI Paris (ord.), 16 nov. 2015, *Garoubé c/ CCI*, *op. cit.*

[1235] Cette décision a été cassée en appel par CA Paris, 24 mai 2016, *CCI c/ Garoubé*, *op. cit.*

[1236] Cass. civ. 1ère, 28 mars 2013, *Pirelli & C. c/ Licensing Projects*, *op. cit.*

626 Laisser le juge d'appui invalider le retrait des demandes dont les provisions n'ont pas été payées, est une sage manière de garantir la quiétude de l'instance arbitrale par le maintien des rapports apaisés entre arbitre et le centre d'arbitrage. Bien évidemment, cela ne doit être possible que lorsque les demandes principales et reconventionnelles ont des liens étroits. Pour autant, le problème pratique à l'origine du retrait des demandes n'est pas résolu car, ordonner la prise en compte des demandes non provisionnées laisse pendante la rémunération des arbitres. A défaut de prévoir un mode de rémunération particulier pour ce cas de figure, il faudra envisager une solution financière à l'impécuniosité.

§ 2 Les remèdes financiers à l'impécuniosité

627 Que l'on s'accorde ou non avec le slogan « *pas d'argent, pas d'arbitrage* »[1237], il est indéniable que la justice arbitrale est onéreuse en général[1238]. Par conséquent, au-delà des mécanismes juridiques permettant de préserver l'équilibre entre les litigants, il faut également envisager les outils financiers pouvant aider l'impécunieux à s'acquitter des frais d'arbitrage. Aussi surprenant que cela puisse paraitre pour « *des personnes ayant réservé une place dans ce "carré VIP" de la justice* »[1239], la faiblesse des ressources économiques constitue une problématique contemporaine[1240]. Dans l'espace OHADA, l'enjeu est encore plus important puisque l'arbitrage est considéré par le préambule du Traité OHADA comme étant « *le mode par excellence de règlement des différends contractuels* ». Il en résulte que le citoyen le plus ordinaire peut être poursuivi devant des arbitres. Fort heureusement, plusieurs mécanismes, certes d'efficacité variable, ont été créés pour aider les justiciables impécunieux soit à titre onéreux (A), soit à titre gratuit (B).

1237 K. Sachs, « La protection de la partie faible en arbitrage », *op. cit.*, p. 26.

1238 Parlant de l'arbitrage, C. Féral-Schuhl (« Discours d'ouverture », *in* W. Ben Hamida et Th. Clay (dir), *L'argent dans l'arbitrage*, Lextenso, 2013, p. 11 et s., sp. p. 12) note que « *lacontrepartie de cette justice à 5 étoiles, c'est son coût, paramètre qui en dissuade plus d'un* ».

1239 M. Fontmichel, « Le financement de l'arbitrage par une partie insolvable », *op. cit.* p. 38.

1240 E. Gaillard, « Rapport de synthèse : l'argent dans l'arbitrage », *op. cit.* pp. 195-196.

A. Les mécanismes à titre onéreux

628 Le phénomène d'impécuniosité des litigants n'est pas un sujet nouveau, il est bien connu dans les pays où le recours à la justice publique n'est pas exempt de frais importants[1241]. Pour résorber le problème, divers mécanismes financiers ont été conçus pour permettre au justiciable démuni d'engager une procédure avec le concours d'un tiers. Le principal point commun de ces techniques financières réside dans le fait que le litigant paie d'une manière ou d'une autre l'assistance qui lui est fournie par un tiers[1242]. L'appui de ce dernier n'est pas homogène, tout comme son intérêt à assister un litigant. Ainsi, convient-il de distinguer le financement d'une procédure moyennant une contrepartie éventuelle prélevée sur la somme à gagner par une partie, mécanisme du tiers financeur (1), de celui qui repose par la fourniture de moyens ou la prise de contrôle du procès en contrepartie du paiement d'une cotisation, technique de l'assurance (2).

1. Le financement de l'arbitrage par un tiers financeur

629 Le soutien financier à une partie dans une procédure arbitrale, ou non, est varié et peut prendre plusieurs formes. Dans la littérature juridique, l'idée de financement de l'arbitrage à but lucratif par un tiers renvoie d'abord à l'activité des opérateurs économiques, généralement des fonds d'investissement, connus sous l'expression anglaise de *Third Party Fund*. Néanmoins, il faut aussi y inclure le *contingency fee*[1243]très développé aux Etats unis, système selon lequel, les frais de procédure sont supportés par l'avocat. Ces deux mécanismes ayant des implications différentes, il est nécessaire de les présenter séparément, ce qui permettra de saisir les conditions de leur utilisation dans l'espace OHADA.

630 Dans le cas du *Third Party Fund,* le « *financement peut être défini comme la situation dans laquelle une [partie] à une procédure arbitrale obtient de la part d'un tiers les fonds nécessaires au financement de cette procédure* »[1244]. Il s'agit habituellement du demandeur, bien que rien

---

[1241] B. M. Cremades, « Third Party Litigation Funding : Investing in Arbitration », *Spain Arbitration Review* 2012 Issue 13, p. 155, sp. pp. 156-163 ; Ph. Pinsolle, « Le financement de l'arbitrage par les tiers », *Rev. arb.* 2011-2, p. 385, sp. pp. 388-391.

[1242] De manière marginale, il est arrivé que des procédures arbitrales soient financées gratuitement par des associations à but non lucratif. Cette question est étudiée plus bas, v. infra n° 640-647.

[1243] Pour détails, v. J. von Goeler, *Third-Party Funding in International Arbitration and its Impact on Procedure*, International Arbitration Law Library, Volume 35, Kluwer Law International, 2016, p. 52 et s.

[1244] Ph. Pinsolle, « Le financement de l'arbitrage par les tiers », *op. cit.*, p. 385.

n'interdise de financer le défendeur. L'essentiel pour le tiers financeur réside dans l'appréciation qu'il a des chances des gains du litigant qui le sollicite, sachant que son consentement à supporter le coût d'un arbitrage est justifié par une rémunération sur les sommes obtenues par son client. Il convient de préciser que si en règle générale le tiers prend en charge l'intégralité des frais, il peut plafonner son apport et réclamer un pourcentage calculé en fonction des sommes allouées et de l'enjeu financier du litige[1245]. Il n'est pas superflu d'indiquer que la liberté contractuelle qui est reine dans cette matière a reçu les honneurs de la jurisprudence française[1246]

631 Indépendamment de l'intérêt pratique que revêt le recours aux *Third Party Fund*, l'intervention de ces derniers peut être source de certaines difficultés. En effet, la place du tiers dans la procédure arbitrale est imprécise[1247] et peut entrainer des controverses relatives au paiement des frais si la partie soutenue par le tiers succombe. Ce dernier peut-il être condamné au règlement des sommes exposées au titre des dépens ? Pour répondre à cette interrogation, il est important d'examiner l'impact du *Third Party Fund* sur la conduite de la procédure arbitrale[1248]. A cet effet, le droit comparé a évolué dans un sens globalement convergent consistant à admettre que si l'implication du tiers est importante[1249], il est débiteur des frais au prorata des sommes allouées au litigant[1250]. Il est donc compréhensible que les tiers fassent preuve de discrétion, limitant de la sorte les risques d'être poursuivis[1251].

632 Malgré les divers questionnements que le financement de l'arbitrage par un *Third Party Fund* génère[1252], le succès du mécanisme est incontestable[1253]. Pour autant, son rayonnement dans l'espace OHADA est

---

1245 H. G. Gharavi, « Le financement par un tiers », *op. cit.*, pp. 33-34.

1246 CA Versailles, 1er juin 2006, *Société Foris AG c/ S.A. Veolia Propreté (anciennement dénommée S.A. Onyx)*, RG n° 05/01038, www.legifrannce.gouv.fr.

1247 E. Loquin, « Introduction », *in* W. Ben Hamida et Th. Clay (dir), *L'argent dans l'arbitrage*, Lextenso, 2013, p. 31 et s., sp. p. 32.

1248 J.-B. Racine, « L'incidence en matière d'arbitrage », *in* C. Kessedjian (dir), *Le financement de contentieux par les tiers*, Editions Panthéon Assas, 2012.

1249 S'asbstenant de s'interroger sur l'étendue de l'implication du tiers dans l'arbitrage, V. Shannon et L. B. Nieuwveld (*Third-Party Funding in International Arbitration*, Kluwer Law International, 2012, p. 3) affirment que « *the agreement between the funder and the funded party may also include paying another party's attorney fees if the funded party loses the case or the decision-maker (i.e., an arbitrator or panel of arbitrators, a judge or panel of judges, or a jury) orders the funded party to pay the attorney fees of another party* ».

1250 Ph. Pinsolle, « Le financement de l'arbitrage par les tiers », *op. cit.*, pp. 396-400.

1251 H. G. Gharavi, « Le financement par un tiers », *op. cit.*, p. 35.

1252 Le recours aux *Third Party Fund* soulève d'épineuses questions quant à la détermination de l'identité du demandeur aussi devant les arbitres que dans la relation avec le client financé. V. Ph. Pinsolle, « Le financement de l'arbitrage par les tiers », *op. cit.*, pp. 399-409

1253 J.-P. Blin, « Le financement du contentieux par les tiers, une pratique en plein essor », *Revue luxembourgeoise de bancas sur finance* 2014-31, p. 4.

incertain en raison principalement de la méthode d'évaluation du risque. Les tiers ne s'engagent à soutenir un justiciable que lorsqu'après consultation de spécialistes, il leur apparait que les chances de succès de la demande sont importantes. Or, le préalable à l'examen d'une demande de finance réside dans son montant. Les barèmes pratiqués par les *Third Party Fund* montrent qu'ils interviennent généralement dans des litiges à fort enjeu financier[1254]. Au regard des montants des actions généralement soumises devant les centres d'arbitrage de l'espace OHADA, sauf exception, seules les affaires portées devant la CCJA sont éligibles à un financement. A moins de développer une pratique africaine des *Third Party Fund*, il sera difficile de convaincre les fonds d'investissements internationaux.

633 En revanche, le *contingency fee* est davantage conforme à la réalité économique de l'espace OHADA. L'avocat peut avancer intégralement[1255] ou partiellement les sommes nécessaires pour le litige. Etant donné que c'est souvent le conseil en charge du dossier qui finance souvent la procédure, l'enjeu financier des litiges pour lesquels il s'engage correspond à ses propres revenus et à son activité professionnelle. En conséquence, le critère financier de son engagement colle avec la réalité de l'univers des litiges dans lequel il exerce.

634 Pour autant, la mise en œuvre du *contingency fee* peut se heurter à un obstacle légal si la rémunération de l'avocat est une forme de pacte de *quota litis*. Dans les pays de l'espace OHADA, il est interdit de fixer les honoraires de l'avocat uniquement sur le résultat de l'action pour laquelle il a été constitué[1256]. Ceci dit, la question n'est pas entièrement résolue car l'arbitrage déroge aux règles de représentation des parties fixées pour les litiges portés devant les juridictions étatiques. C'est ainsi que malgré l'interdiction du pacte de *quota litis* en France[1257], la jurisprudence en a admis la validité en arbitrage international[1258]. Est-ce à dire que les juridictions africaines suivront leurs homologues hexagonaux ? En d'autres termes, vont-elles considérer que si « *la convention d'honoraires a pour objet une procédure d'arbitrage international qu'elle est – par nature ou par accessoire, peu importe – internationale et qu'elle est, comme elle, régie par*

[1254] J. von Goeler (*Third-Party Funding in International Arbitration and its Impact on Procedure*, *op. cit.*, p. 19) explique qu'aux Etats-unis par exemple, les litiges financés par des tiers portent sur un montant minimal d'un million de dollar $.

[1255] Tel a été le cas dans l'affaire CIRDI No. ARB/05/15, *Waguih Elie George Siag et Clorinda Vecchi c/ La République arabe d'Egypte*.

[1256] Pour mémoire, v. article 70 alinéa 4 du Règlement intérieur du Barreau de la République Béninoise tel que modifié le 19 Mars 2009.

[1257] Article 10 de la loi du 31 Décembre 1971 telle que modifié par la loi du 10 Juillet 1991.

[1258] TGI Paris, 19 septembre 1991, *D.* 1992, p. 43, note Ch. Jarrosson ; CA Paris, 10 juillet 1992, *D.* 1992, p. 459, note Ch. Jarrosson ; *Rev. arb.* 1992-4, p. 609, note Ph. Leboulanger.

les usages du commerce international »[1259] ? Si les magistrats de l'espace OHADA décident que le *contingency fee* est régi par les usages du commerce international et non le droit interne, alors il y a bon espoir que le système se développe. Ceci étant, il faudra néanmoins que la convention d'honoraires soit clairement rédigée afin d'éviter que le *contingency fee*, censé régler un problème, n'en devienne un lui-même. Dans l'incertitude d'une reconnaissance du *contingency fee* en arbitrage international par le droit prétorien OHADA, l'impécunieux peut anticiper sa précarité financière par la conclusion d'une police d'assurance.

2. Le financement de l'arbitrage par un assureur

635 Compte tenu de la variété des risques[1260] et de la pluralité des offres d'assurance, l'assureur peut intervenir à divers titres dans une instance arbitrale. De brillantes études ayant été consacrées à la question[1261], la réflexion sera centrée sur l'appui de l'assureur à un justiciable incapable de financer un différend tranché par des arbitres. L'assurance étant par essence un mécanisme d'anticipation du risque, le financement d'un procès arbitral ou judiciaire est tributaire du choix opéré au moment de la conclusion du contrat. Schématiquement, il peut s'agir d'une assurance de protection juridique ou d'une assurance de responsabilité civile assortie d'une clause de direction de procès[1262].

636 L'assurance protection juridique est le contrat en vertu duquel l'assureur s'engage à couvrir les frais de procédure ou à fournir des services découlant de la police d'assurance[1263]. Comme pour la majorité des assurances, il n'existe pas une obligation légale de couverture totale des frais de procédure. L'assurance protection juridique peut être conclue séparément, hypothèse rare, ou être lié à une assurance responsabilité civile, assurance habitation, assurance rattachée à une carte bancaire. Quel que soit le cadre dans lequel elle est souscrite, l'assurance protection juridique a l'avantage d'avoir été conclue à des fins processuelles ; elle n'est donc pas subordonnée à l'existence d'une indemnisation. Peu importe que l'assuré soit en demande

---

1259 Ph. Leboulanger, « Note sous CA Paris, 10 juillet 1992 », *Rev. arb.* 1992-4, p. 609 et s., sp. p. 620.

1260 J. E. Ahdab, « La gestion du risque arbitral par les parties », *op. cit.*, n° 5-6.

1261 *Arbitrage finance et assurance*, *Bull. CCI* suppléement 2000 ; B. Beigner, « Assurance et arbitrage : la place de l'assureur dans l'instance arbitrale », *Rev. arb.* 2008-2, p. 227 ; H. Slim, « L'asssureur et le procès arbitral », *Rev. gen. dr. ass* 2010-2, p. 582.

1262 L. Degos, « Assurance, subrogation, protection juridique », *in* W. Ben Hamida et Th. Clay (dir), *L'argent dans l'arbitrage*, Lextenso, 2013, p. 165 et s., sp. pp. 169-171.

1263 Pour définition légale de l'assurance protection juridique, v. article 127-1 du Code des assurances français.

ou en défense, l'assureur doit assumer les frais de procédure et mettre à sa disposition des moyens notamment, un avocat payé par lui, ou rémunérer l'avocat qu'il a choisi. Pour l'impécunieux, l'assurance protection juridique est un outil moins onéreux qu'un arbitrage, sachant qu'au-delà de la condamnation, l'allocation des coûts de la procédure contribue considérablement à alourdir le poids économique d'un procès arbitral[1264].

637 A défaut de souscrire une assurance protection juridique dédiée au procès, le faible peut également bénéficier du jeu d'une assurance en responsabilité civile assortie de clause de direction du procès. Cette stipulation est « *une promesse de mandat émanant de l'assuré, mandant, au profit de l'assureur, mandataire, ayant pour effet de donner tous pouvoirs à l'assureur pour diriger le procès en responsabilité dirigé contre l'assuré* »[1265]. Bien que ces clauses visent à protéger l'assureur contre l'inaction de l'assuré[1266], elles permettent de disposer de moyens financiers pour la défense de ses intérêts. Aussi longtemps que le procès est sous la direction de l'assureur, il n'en devient pas partie et il reste comptable des fautes éventuellement commises dans la conduite de la procédure[1267]. Pour cette raison, des divergences entre l'assureur et l'assuré peuvent naitre sur les orientations du procès, notamment le choix de l'arbitre, ou la volonté de transiger ou non de l'un et de l'autre.

638 Compte tenu de la timide pratique de l'arbitrage dans l'espace OHADA, qu'il s'agisse de protection juridique ou d'assurance responsabilité avec clause de direction du procès, il n'est pas certain que les assureurs y songent souvent. En l'absence d'une clause claire, l'interprétation du contrat ne sera pas simple. Lorsqu'une stipulation d'un contrat d'assurance ne parle que de «*juridiction civile ou pénale* »[1268], est-il possible d'y inclure l'arbitrage ? La reconnaissance du caractère juridictionnel à l'arbitrage en fait-il une juridiction civile ? A quoi renvoie cette dernière ? Se réduit-elle au contentieux portant sur des matières civiles ou est-elle compétente pour toutes les actions engagées par les civils ?

[1264] J. E. Ahdab, « La gestion du risque arbitral par les parties », *op. cit.*, n° 20.

[1265] J. Bigot, « Arbitrage et assurance, sous l'angle du droit français », *Bull. CCI* supplément 2000, p. 35 et s., sp. p. 37.

[1266] L. Degos, « Assurance, subrogation, protection juridique », *op. cit.*, p. 170.

[1267] B. Beigner, « Assurance et arbitrage : la place de l'assureur dans l'instance arbitrale », *op. cit.*, n° 248.

[1268] L'article II C intitulé DEFENSE ET RECOURS du contrat de responsabilité civile et exploitation professionnelle conclue entre SAHAM Assurance Togo et la Société d'avocats Martial Akakpo & Associés stipule : « *Pour tous évènements entrant dans le cadre des garanties du contrat, l'Assureur prend en charge immédiatement et dès la déclaration du sinistre :*
la défense de l'Assuré devant toute juridiction civile ou pénale… » (nous soulignons).

639 L'incertitude de la réponse à ces questions oblige les assurés à faire preuve d'une grande vigilance contractuelle car un arbitrage est beaucoup plus onéreux qu'une procédure judiciaire. Pour l'assureur, on imagine bien qu'exclure l'arbitrage est une aubaine financière qui ne saurait être passée par perte et profits par une conception large de la notion de juridiction civile. Faute de pouvoir se prévaloir d'une assurance ou de bénéficier de l'aide d'un tiers financeur, il ne restera plus qu'à l'impécunieux d'espérer une aide gratuite.

B. Les mécanismes à titre gratuit

640 Face à la montée sans cesse croissante de l'impécuniosité en arbitrage, les centres d'arbitrage, toutes proportions gardées, se retrouvent dans une situation similaire à celle des juridictions étatiques. Or, devant celles-ci, le justiciable démuni est éligible à une aide juridictionnelle qui lui permet d'assumer les frais de la procédure. Bien que cette aide soit financée par l'Etat, certains centres d'arbitrage privés comme publics ont mis en place un fonds d'assistance arbitrale dont pourrait s'inspirer l'OHADA (1). Par ailleurs, le mouvement associatif a également apporté sa contribution en prenant en charge les frais réclamés à des justiciables défendant des causes qui leur sont chères (2).

1. Les fonds d'assistance arbitrale

641 Conscient du fait que l'administration harmonieuse d'une procédure postule que les provisions soient intégralement réglées par toutes les parties, la Cour permanente d'arbitrage de la Haye (CPA) a mis en place un fonds d'assistance. Ne peuvent être bénéficiaires de ce fonds que les « *Etats qualifiés* »[1269] et les entreprises détenues ou contrôlées par un Etat. L'aide fournie dans ce cadre ne se limite pas aux frais de procédure, elle s'étend aux mesures d'exécution de la sentence[1270]. Les demandes d'aide sont examinées sur la base de l'économie de l'Etat concerné ainsi que des disponibilités du fonds. Il s'ensuit que la démarche est casuelle et il n'existe pas de plafonds fixés par soutenir une personne publique engagée dans un arbitrage international. Le fonds de la CPA est alimenté par les contributions

---

[1269] Par Etat qualifié, il faut entendre les Etats signataires des Conventions de La Haye de 1899 et de 1907.

[1270] § 5 du Statut et Règlement du Fonds d'assistance financière pour le règlement des différends internationaux approuvé le 11 décembre 1995.

volontaires des Etats, des organisations inter gouvernementales, des entités privées et des particuliers[1271].

642 Dans le droit fil de la CPA, le Conseil international de l'arbitrage en matière sportive (CIAS) a également créé un fonds d'assistance en faveur des personnes physiques impécunieuses pour les actions introduites devant le Tribunal arbitral du sport (TAS). En revanche, les conditions d'éligibilité à l'assistance judiciaire devant le TAS sont plus rigides que celles de la CPA. L'article 5 de la Directive sur l'assistance devant le TAS exige que le demandeur à l'assistance juridictionnelle, personne physique, ne puisse pas *« assumer les frais liés à la défense de ses droits sans porter atteinte minimum nécessaire à son entretien et à celui de sa famille »*. Pour autant le système d'aide judiciaire présente une originalité par la mise en place d'avocats pro bono agissant aux côtés des impécunieux. Ceci étant, il est présomptueux de se prononcer sur l'effectivité à défaut d'informations suffisantes, la doctrine ayant par le passé invité le CIAS à prendre les mesures nécessaires sur sa mise en œuvre[1272].

643 Qu'il s'agisse de la CPA, ou du fonds d'assistance devant le TAS, au regard du caractère public, la CCJA pourrait suivre la même voie. Cette solution a d'ailleurs déjà été préconisée par un auteur, les Etats membres de l'OHADA devant alimenter le fonds par une contribution spéciale. La difficulté qui peut se poser pour la création de ce fonds est l'hétérogénéité des litiges soumis à la CCJA ; elle administre les litiges commerciaux comme les litiges entre Etats et investisseurs. Or, l'impécuniosité d'un Etat ne s'apprécie pas comme celle d'une personne privée, il sera en conséquence nécessaire de déterminer des critères d'appréciation avec une grande finesse. Pour autant, l'idée est séduisante et sera sans aucun doute un élément d'attractivité pour l'arbitrage CCJA.

644 Outre les fonds d'assistance semi-publics, dans les litiges relatifs aux marchés financiers, la *Financial Regulation Authority* (FINRA) a mis en place un mécanisme d'exemption pour les litigants subissant un *« financial hardship »*[1273]. Dans ce schéma, la demande d'exonération motivée est soumise par écrit au tribunal qui en apprécie le bien fondé. A cet égard, un auteur indique que la quasi-totalité des demandes d'exonération des fonds présentées dans le cadre de l'arbitrage FINRA ont été jugées recevables[1274].

[1271] § 4 du Statut et Règlement du Fonds d'assistance financière pour le règlement des différends internationaux approuvé le 11 décembre 1995.

[1272] A. Rigozzi, *L'arbitrage international en matière de sport*, préface G. Kaufmann Kohler, ed. Helbing & Lichtenhahn, 2005, n° 1106.

[1273] Dans la version 2015 des Uniform Forms Guide, page 9 il est indiqué : « *FINRA will process your claim only if the correct filing fee is submitted. However, you can obtain a temporary waiver of the filling fee if you can demonstrate a financial hardship* », https://www.finra.org/sites/default/files/UniformsFormsGuide-March-2015.pdf.

[1274]M. Fontmichel, « Le financement de l'arbitrage par une partie insolvable », *op. cit.* p. 47.

645 Les centres d'arbitrage privés de l'espace OHADA pourraient s'inspirer du modèle FINRA, ce d'autant plus que la majorité de ces institutions sont des émanations des chambres de commerce[1275] ou d'association patronale[1276]. Elles peuvent donc mettre sur pied un fonds alimenté par les membres des chambres de commerce ou d'association patronale qui l'ont créé. Bien que la transparence des comptes d'un centre d'arbitrage ne soit pas le sujet le plus discuté par ces derniers[1277], l'institution d'un fonds d'assistance fonctionnant avec des règles strictes sera un appui majeur pour le développement de l'arbitrage dans l'espace OHADA. Les difficultés évoquées pour cette initiative dans le cadre de l'arbitrage CCI, notamment quant à la pertinence du critère de nationalité l'appréciation de l'impécuniosité[1278], ne se poseront pas. Ces fonds pourraient être alimentées par une cotisation versée par chaque membre de l'organe ayant créé le centre d'arbitrage. Toutefois, la gestion de ces fonds devrait être exclusivement confiée au centre d'arbitrage pour éviter des interférences nuisibles des membres des chambres de commerce ou des associations patronales. Le véritable enjeu réside dans la capacité à convaincre les membres des chambres de commerce nationale ou des associations professionnelles de la nécessité d'un tel fonds. A défaut de le créer, les justiciables pourront toujours espérer, pour certains litiges, bénéficier de la mansuétude des associations.

2. Le soutien financier des associations

646 Compte tenu de l'importance des enjeux financiers des différends entre Etats et investisseurs, a priori on imagine mal une association voler au secours de l'un de ces litigants. Pourtant, c'est en matière d'arbitrage d'investissement que des structures associatives ont apporté leurs concours financiers à des parties ayant des difficultés économiques. Il est important de souligner que la magnanimité des associations a profité aussi bien aux investisseurs qu'à un Etat. Dans l'affaire des fermiers se déclarant victimes

---

[1275] La CACI à Abidjan, le CAMC à Dakar, le CAMC-O à Ouagadougou, le CAMeC à Cotonou, la CATO à Lomé, le CECAM à Bamako sont des structures créées par les chambres de commerce de leurs pays respectifs.

[1276] Le CAG est une émanation du Groupement interpatronal du Cameroun. Quant au CENACOM, il a été créé par la Fédération des entreprises de la République démocratique du Congo.

[1277] M. Buhler, « Le financement des centres d'arbitrage », *in* W. Ben Hamida et Th. Clay (dir), *L'argent dans l'arbitrage*, Lextenso, 2013, p. 51, sp. pp. 56-57.

[1278] M. Fontmichel, « Le financement de l'arbitrage par une partie insolvable », *op. cit.* p. 47.

d'expropriation de la part du Zimbabwe[1279], les investisseurs avaient été financièrement par une association caritative qui elle-même recevait des fonds du milliardaire Georges Soros à travers une structure dénommée *Open Society Initiative for Southern Africa*[1280]. Pour sa part, l'Uruguay a pu se défendre dans le litige l'opposant à la Société *Philip Morris*[1281], grâce à l'appui de l'association caritative américaine, *The Campaign for Tobacco Free-Kids*, laquelle association était financée par la *Bloomberg Foundation*[1282].

647 La constance qui se dégage de ces affaires est la connexité entre les objectifs des associations qui financent le litige et les causes soulevées par les parties qu'elles ont aidées. A première vue, l'on pourrait croire que ces hypothèses sont éloignées de l'espace OHADA, le Zimbabwe, bien qu'étant en Afrique, est très éloigné du territoire des pays de l'OHADA. En réalité, il n'en est rien, car en matière extractive, l'hypothèse d'actions engagées par des populations riveraines des sites d'exploitation contre des investisseurs est dorénavant évoquée[1283]. Le schéma est celui d'un ensemble contractuel composé d'un contrat extractif contenant une clause compromissoire signée entre un Etat et un investisseur, contrat principal, puis d'un contrat conclu en vertu du précédent entre l'investisseur et les populations riveraines, contrat annexe[1284]. Sur le fondement de la circulation de la clause compromissoire, les populations riveraines démunies seront en droit d'attraire les investisseurs qui auraient violé leurs droits, ce sans qu'il y ait la moindre réaction de l'Etat. Dans ce cas, elles seraient bien inspirées de solliciter le concours des nombreuses associations telles *Natural Ressource Governance Institute*[1285], ou *Publish What You Pay*[1286]qui sont particulièrement investies dans la lutte pour une industrie extractive durable.

1279 Affaire CIRDI No. ARB/05/6, *Bernardus Henricus Funnekotter et autres c/ La République du Zimbabwe*.

1280 Ph. Pinsolle, « Le financement de l'arbitrage par les tiers », *op. cit.*, p. 395.

1281 Affaire CIRDI No. ARB/10/7, *FTR Holding SA, Philip Morris Products S.A. et Abal Hermanos S.A. c/ La République Orientale de l'Uruguay*,

1282 L. E. Peterson, « Uruguay hires law firm and secures outside funding to defend against Philip Morris claim; not the first time an NGO offers financial support for arbitration », *International Arbitration Reporter*, 20 octobre 2010.

1283 A. Ngwanza, « L'arbitrage en matière extractive », *op. cit.*, pp. 234-236.

1284 L'article 130 du Code minier de Guinee dispose : « *Tout titulaire d'un titre d'exploitation doit contracter une Convention de Developpement avec la communaute locale residant sur ou a proximite immediate de son titre d'exploitation ou de sa concession miniere* ».

1285 Pour information sur *Natural Ressource Governance Institute*, suivre ce lien : www.resourcegovernance.org.

1286 Pour information sur *Publish What You Pay*, suivre ce lien : www.publishwhatyoupay.org.

CONCLUSION

648 A travers la question de l'impécuniosité, c'est l'effectivité de l'égalité des parties sous le prisme de la donnée économique qui est discutée. A l'image de la majorité des législateurs, celui de l'OHADA est resté muet sur la question comme si l'incapacité de financer une procédure n'était qu'une hypothèse d'école. Bien plus, il a consacré des notions qui vont à l'encontre du procès équitable, notamment le retrait des demandes non provisionnées dans l'arbitrage CCJA. Reprise par des règlements d'arbitrage d'institutions privées, cette règle, tout comme la sacralisation de la convention d'arbitrage même en présence d'impécuniosité manifeste, en l'état actuel du droit OHADA, ne se heurtent pas une à autre règle supérieure dont la mise en œuvre annihile les effets dévastateurs.

649 Ne pouvant rester sourd face aux sirènes de l'actualité, il appartient au législateur OHADA d'envisager des remèdes juridiques qui évitent que le procès arbitral ne se transforme en une justice où le faible a perdu le match faute d'avoir pu le disputer. Il serait également inspiré d'envisager un cadre juridique favorable à la mise en œuvre de solutions financières. A cet effet, la création d'un fonds d'assistance à la CCJA pourrait stimuler favorablement les centres d'arbitrage nationaux à aller dans le même sens. Il ne sera pas non plus superflu de s'intéresser aux incidences de l'intervention des tiers financeurs et des assureurs dans une procédure arbitrale, afin que l'apport de ces derniers ne se transforme en source de complication pour le faible.

CONCLUSION DU TITRE I

650 A travers l'exigence de formation égalitaire du tribunal arbitral et le traitement de l'impécuniosité d'une partie, il est possible d'avoir une idée claire de la protection du faible dans le procès arbitral. A cet effet, bien qu'il soit incontestable que le droit OHADA consacre le principe de l'égalité des litigants, il n'en demeure pas moins que ce dernier souffre de tempéraments qui en altèrent la portée.

651 Tout d'abord, il apparait qu'en dépit de la règle de la constitution égalitaire de la juridiction arbitrale, l'invalidité des clauses asymétriques n'est pas assurée en raison du silence du droit OHADA et du libéralisme qui l'innerve. Bien plus, il n'est pas certain que la composition déséquilibrée du tribunal avec la participation d'un tiers soit sanctionnée à cause des incertitudes procédurales. Les lacunes du droit national de nombreux Etats de l'espace OHADA fragilisent les actions prévues par l'AUA. Au total, le principe de l'égalité des parties reste à bien d'égards virtuel puisque diverses failles rendent son respect hypothétique.

652 Un constat similaire peut être fait quant à l'impécuniosité, ce avec une nuance majeure : le RA comporte expressément un aménagement au caractère équitable du procès à travers le retrait de demandes non provisionnées. Cette possibilité de circonscrire le procès aux demandes d'une partie constitue incontestablement une entorse à l'égalité des armes. Malheureusement, la nature internationale du droit OHADA empêche que comme en droit français, le faible puisse se prévaloir d'une convention internationale supérieure pour mettre en échec la règle énoncée par le RA. En outre, l'exception d'inconstitutionnalité ne constitue pas non plus un rempart certain contre le retrait des demandes d'un litigant impécunieux. Non seulement elle n'est pas reconnue par tous les pays de l'espace OHADA, mais sa recevabilité devant la CCJA reste à prouver.

653 En définitive, malgré la reconnaissance de l'égalité des parties par l'AUA, le droit OHADA n'assure pas une protection optimale au faible dans le procès arbitral. Le meilleur moyen d'y parvenir est de réviser les textes avec comme boussole légistique la dialectique de la protection du faible et le libéralisme du procès arbitral.

TITRE II. LA PARTIE FAIBLE ET LA SENTENCE

654 A l'image de toute décision de justice, la sentence arbitrale peut être empreinte d'une ou plusieurs irrégularités justifiant que les justiciables contestent sa validité. En arbitrage, le problème se pose avec une plus grande acuité dans la mesure où la mission juridictionnelle est confiée à des particuliers qui ne sont investis que par la seule volonté des parties. Le caractère privé de la sentence arbitrale rend son exécution forcée tributaire de l'accueil que les juges étatiques lui accordent. Il s'ensuit que le contrôle judiciaire de la sentence est l'ultime étape pour une partie faible qui estime que la spécificité de sa situation n'a pas été prise en compte par les arbitres.

655 Afin de s'opposer à la décision arbitrale, le faible devrait pouvoir disposer d'une action qui lui permette d'alléguer son invalidité soit afin d'obtenir son annulation, soit afin de s'opposer à son exécution. L'existence effective des voies de recours contre la sentence constitue une importante soupape de sécurité pour le litigant en position d'infériorité. Au-delà des aspects procéduraux, la contestation de la sentence doit être également possible sur le fond. Bien évidemment, il ne s'agit pas d'un hymne à la révision judiciaire de la substance de la décision arbitrale. Tout en respectant, le principe du défaut d'examen du bien-fondé de la position des arbitres, le faible devrait pouvoir revendiquer que sa singularité juridico-économique donne une tonalité particulière au contrôle judiciaire de la sentence.

656 La mise en relief de la sentence en droit OHADA et du faible est particulièrement intéressante car la forte inclination libérale du premier constitue une menace pour le second. Le législateur a-t-il prévu des mécanismes protecteurs de la partie en position d'infériorité ? Si tel est le cas, a-t-il pu parvenir à un équilibre dialectique entre consécration de l'autonomie de la volonté et sauvegarde des justiciables faibles ? La réponse à ces questions postule d'aborder, d'une part, la spécificité du faible à l'égard de la procédure de contestation de la sentence (chapitre I) et d'autre part, à l'égard de la substance de la contestation de la sentence (chapitre II).

CHAPITRE I. LE FAIBLE ET LA PROCEDURE DE CONTROLE DE LA SENTENCE

657 En dépit de de l'exclusion de l'appel comme voie de recours contre la sentence[1287], le droit OHADA a néanmoins permis d'attaquer la validité d'une sentence par les parties[1288]. Il en va de même des tiers qui ont le droit de s'opposer à une sentence qui leur fait grief[1289]. La reconnaissance d'une sentence arbitrale peut également donner lieu à un recours, qu'il s'agisse de l'arbitrage de droit commun soumis à l'AUA ou de celui régi par le RA.

658 Quel que soit le regard porté sur l'architecture des voies de recours contre la sentence en droit OHADA, il est évident que la validité et la reconnaissance de la sentence sont tributaires du respect d'un certain nombre de conditions. Or, sans vouloir mettre les arbitres en accusation, il est incontestable que le contrôle de la régularité d'une sentence est un impératif juridique[1290] et éthique[1291].

659 Ceci étant, en raison de l'autonomie de la volonté, de nombreuses législations permettent aux parties de renoncer *ad nutum* à l'exercice de

---

[1287] L'article 25 alinéa 1 de l'AUA dispose : « *La sentence arbitrale n'est pas susceptible, d'appel, ni de pourvoi en cassation* ».

[1288] L'article 25 alinéa 2 de l'AUA prévoit quela sentence arbitrale « *peut faire l'objet d'un recours en annulation, qui doit être porté devant le juge compétent dans l'Etat-partie* ». Quant à l'article 29.1 du RA, il dispose : « *Si une partie entend contester la reconnaissance de la sentence arbitrale et l'autorité définitive de chose jugée qui en découle par application de l'article 27 ci-dessus, qui précède, elle doit saisir la Cour par une requête qu'elle notifie à la partie adverse* ». Il importe de souligner que dans l'arbitrage CCJA, le recours en annulation porte le nom de recours en contestation de validité.

[1289] Article 25 alinéa 3 de l'AUA, article 33 du RA.

[1290] Pour S. Bollée (« Le droit français de l'arbitrage international après le décret 2011-48 du 13 janvier 2011 », *Rev. crit. DIP* 2011-3, p. 553, sp. n° 26), « *le contrôledu juge de l'annulation [est] unegarantie de bonne justice et non pas une simple chicane compromettant l'efficacité de l'arbitrage* ».

[1291] Th. Clay, « Introduction - Pénalisation et médiatisation d'un arbitrage : quel impact pour la place de Paris ? L'affaire Tapie », *Journal de l'arbitrage de l'Université de Versailles* 2014, doctrine 1.

voies de recours contre la sentence. Il s'agit notamment des droits belge[1292], panaméen[1293], péruvien[1294] suédois[1295], suisse[1296] et tunisien[1297]. La consécration de cette règle en France à l'occasion de la réforme de 2011[1298] a été particulièrement appréciée car elle est la manifestation d'« *un ordre juridique arbitral homogène* »[1299]. En fait, la renonciation aux actions contre la sentence traduit la volonté de délocaliser l'arbitrage, le siège de la procédure étant dès lors sans intérêt dans la phase post arbitrale[1300]. Le contrôle de la sentence devient ainsi la chasse gardée des juridictions du ou

---

1292 L'article 1718 du Code judiciaire belge dispose : « *Les parties peuvent, par une déclaration expresse dans la convention d'arbitrage ou par une convention ultérieure, exclure tout recours en annulation d'une sentence arbitrale lorsqu'aucune d'elles n'est soit une personne physique ayant la nationalité belge ou son domicile ou sa résidence habituelle en Belgique, soit une personne morale ayant en Belgique, son siège statutaire, son principal établissement ou une succursale* ». Pour analyse détaillée de la renonciation en droit belge, v. B. Hanotiau et G. Block, « La loi du 19 mai 1998 modifiant la législation belge relative à l'arbitrage », *Bull. ASA* 1998, p. 528 et s., sp. pp. 532-534.

1293 L'article 36 du décret-loi n° 5 du Panama du 8 juillet 1999 dispose : « *Si l'arbitrage est un arbitrage commercial international au sens du présent décret-loi, les parties pourront prévoir, ou le règlement d'arbitrage pourra établir, la renonciation des parties au recours en annulation prévu à l'article précédent* » (traduit et publié *in Rev. arb.* 2005-4, p. 837).

1294 L'article 126 de la loi générale péruvienne sur l'arbitrage du 3 janvier 1996 dispose : « *Lorsqu'aucune des parties à l'arbitrage n'est de nationalité péruvienne ou n'a son domicile ou sa résidence habituelle au Pérou, il peut être expressément prévu, dans la convention d'arbitrage ou dans un document écrit postérieur, la renonciation à former un recours en annulation ou la limitation dudit recours à un ou plusieurs des motifs prévus à l'article 123* » (traduit et publié *in Rev. arb.* 2005-4, p. 876).

1295 L'article 51 de la loi suédoise sur l'arbitrage de 1999 dispose : « *Where none of the parties is domiciled or has its place of business in Sweden, such parties may in a commercial relationship through an express written agreement exclude or limit the application of the grounds for setting aside an award as are set forth in section 34* », http://www.chamber.se/?id=23746.

1296 L'article 192 alinéa 1 de la LDIP énonce : « *Si les parties n'ont ni domicile, ni résidence habituelle, ni établissement en Suisse, elles peuvent, par une déclaration expresse dans la convention d'arbitrage ou un accord écrit ultérieur, exclure tout recours contre les sentences du tribunal arbitral ; elles peuvent aussi n'exclure le recours que pour l'un ou l'autre des motifs énumérés à l'art. 190, al. 2* ».

1297 L'article 78 aliné 6 du code tunisien de l'arbitrage dispose : « *Les parties qui n'ont en Tunisie, ni domicile, ni résidence principale ni établissement, peuvent convenir expressément d'exclure tout recours, total ou partiel, contre toute décision du tribunal arbitral* ». Pour commentaire de cette disposition, v. W. Ben Hamida et M. A. Bettaieb, *Code tunisien de l'arbitrage*, Editions Anis Bettaieb, 2015, pp. 131-133.

1298 L'article 1522 alinéa 1 du CPC dispose : « *Par convention spéciale, les parties peuvent à tout moment renoncer expressément au recours en annulation* ».

1299 Th. Clay, « Liberté, égalité, efficacité : la devise du nouveau droit français de l'arbitrage. Commentaire article par article. Deuxième partie », *JDI* 2012-3, p. 815, sp. p. 845.

1300 E. Loquin, « La réforme du droit français interne et international de l'arbitrage (Commentaire du décret n° 2011-48 du 13 janvier 2011) », *RTD com* 2011, p. 255, sp. n° 133.

des lieux de son exécution[1301]. Il en découle que l'autorité des décisions rendues par les arbitres en sort plus renforcée[1302], les justiciables ne pouvant plus faire des recours en annulation fantaisistes ou abusifs[1303].

660 En dépit des nombreux avantages de la renonciation aux voies de recours contre la sentence[1304], l'on ne saurait faire l'impasse sur le fait qu'elle est sujette à tous les travers viciant le consentement d'une partie. C'est à ce niveau que la problématique de l'accord du faible rejaillit avec acuité. En effet, bien que l'exclusion de toute action contre la sentence comporte des conséquences importantes pour tout justiciable, elle s'avère encore plus dangereuse lorsque la relation contractuelle est asymétrique. Dès lors que l'un des contractants est en position de faiblesse, il y a lieu de vérifier qu'il n'a pas consenti à ne pas attaquer la sentence à cause d'une manœuvre dolosive ou abusive[1305]. En d'autres mots, il faut s'assurer que le consentement a été libre et éclairé, c'est-à-dire exprimé en mesurant la portée véritable de la renonciation aux actions contre la sentence.

661 Mu par un élan libéral, le législateur OHADA a également reconnu la faculté de ne pas contester la validité d'une sentence. Dans ce sens, l'article 29.2 du RA dispose que la « *contestation de la validité de la sentence n'est recevable que si, dans la convention d'arbitrage, les parties n'y ont pas renoncé* ». Il est frappant de relever que la disposition précitée renvoie à la convention d'arbitrage sans toute autre condition préservant le faible de l'abus du fort. Toute la question est donc de savoir dans quelles conditions la renonciation aux recours est admise quand elle est insérée dans un contrat déséquilibré. En fonction de la bienveillance ou de la réticence des juges, le droit au recours contre la sentence sera protégé, et par ricochet les intérêts du faible seront préservés.

1301 E. Gaillard et P. de Lapasse, « Le nouveau droit français de l'arbitrage interne et international », *D.* 2011, p. 175, sp. n° 41.

1302 J. Burda, « La renonciation au recours en annulation dans le nouveau droit français de l'arbitrage », *RTD com.* 2013, p. 653 et s.

1303 J.-D. Bredin, « La paralysie des sentences arbitrales étrangères par l'abus des voies de recours », JDI 1962-3, p. 638 ; H. Lecuyer, « Exercice abusif des voies de recours contre les sentences arbitrales : de quelques manifestations de l'ire du juge judiciaire », *Rev. arb.* 2006-3, p. 573.

1304 Une abondante doctrine se montre réservée quant aux effets de la renonciation sur le demandeur débouté. V. dans ce sens, J. Burda, « La renonciation au recours en annulation dans le nouveau droit français de l'arbitrage », *RTD com.* 2013, p. 653; Ch. Seraglini, « L'efficacité et l'autorité renforcées des sentences arbitrales en France après le décret 2011-48 du 13 janvier 2011 », *Cah. arb.* 2011-2, p. 375, sp. n° 31 ; J.-F. Poudret et S. Besson, *Droit comparé de l'arbitrage international*, *op. cit.*, n° 839.

1305 La CEDH (24 mars 2016, *M. N. Tabbane c/ Suisse*, *Rev. arb.* 2016-2, p. 638) a indiqué que la renonciation au recours en annulation ne heurte pas le droit à un procès équitable « *pour autant qu'elle soit libre, licite et sans équivoque* »

662 Il apparait également que contrairement au RA, l'AUA est muet sur cette question pourtant cruciale de l'arbitrage. Il s'ensuit qu'en dépit des appels à l'uniformisation du régime de la renonciation aux recours contre la sentence[1306], l'opposabilité de ladite renonciation au faible en droit OHADA doit être envisagée de manière dualiste. Autrement dit, les circonstances dans lesquelles le droit de contester la sentence est admis, en dépit de l'allégation de l'exclusion de ce dernier, varie selon qu'il s'agit d'un arbitrage CCJA (section 1) ou d'une sentence soumise à l'AUA (section 2)

SECTION I. LA PROTECTION DU DROIT AUX RECOURS CONTRE LA SENTENCE DANS L'ARBITRAGE CCJA

663 A première vue, le RA n'est pas particulièrement favorable à l'exercice d'une action contre une sentence, la lettre de son article 29.2 laisse penser que la renonciation est le principe[1307]. Une telle approche ne semble pas augurer une prise en compte particulière du faible, ce d'autant plus que le RA est laconique. A la différence de plusieurs législations qui exigent une convention expresse[1308] ou spéciale[1309], l'article 29.2 du RA ne fixe aucune condition particulière pour l'efficacité de la renonciation au recours en contestation de la sentence. Bien plus, contrairement aux droits belge, péruvien, suédois, suisse et tunisien, il se garde de restreindre l'exclusion des actions aux hypothèses où les parties ne sont pas domiciliées au siège de l'arbitrage.

664 Au regard de l'important libéralisme de l'article 29.2 du RA, grande est la tentation de penser que le contractant en position de faiblesse ne bénéfice d'aucun mécanisme de sauvegarde de ses intérêts. Il n'est donc pas surprenant qu'un auteur ait manifesté à sa vive opposition au principe de la renonciation au recours en contestation de validité de la sentence[1310]. Pour autant, il n'en est rien car la CCJA a su faire de preuve de hardiesse

---

1306 A. Ngwanza, « L'essor de l'arbitrage international en Afrique sub-saharienne : les apports de la CCJA », *op. cit.*, n° 114 ; A.-M. Ebele Dikor, « La renonciation au recours en annulation des sentences arbitrales en droit OHADA », Penant 2016, n° 894, p. 45.

1307 A.-M. Ebele Dikor, « La renonciation au recours en annulation des sentences arbitrales en droit OHADA »,*op. cit.*

1308 Article 1718 du Code judiciaire belge, article 192 de la LDIP, article 78 alinéa 6 du Code tunisien de l'arbitrage, article 126 de la loi générale péruvienne sur l'arbitrage du 3 janvier 1996.

1309 Article 1522 du CPC.

1310 G. Kenfack Douajni (*L'arbitrage dans le système OHADA*, thèse de doctorat, Université Paris 1- Panthéon Sorbonne, pp. 230-232) est totalement hostile à la faculté de renoncer au recours en contestation de validité des sentences, ce quelle qu'en soit la forme.

prétorienne en encadrant de manière équilibrée la volonté de renoncer à contester la sentence (§ 1). Pour autant, le sujet n'est pas épuisé car certaines clauses compromissoires excluent tous les recours, laissant ainsi planer le doute sur la possibilité d'attaquer une ordonnance d'exequatur. Sur ce point, fort du silence des textes et de l'objet de l'exequatur, le faible devrait pouvoir, malgré une clause contraire, attaquer une ordonnance d'exequatur (§ 2).

§ 1 L'encadrement équilibré de la renonciation au recours en contestation de validité

665 Dans le cadre de l'arbitrage CCJA, il faut évacuer *ab initio* l'interrogation relative à l'efficacité d'une clause d'un règlement d'arbitrage comportant une exclusion de recours. En effet, le RA ne s'y consacrant pas, le principal enjeu de l'étude réside dans les bornes fixées par la haute juridiction de l'OHADA pour éviter d'admettre la renonciation à l'action en annulation de la sentence dans des conditions iniques. Bien que, pour l'instant, la CCJA n'ait pas eu à se prononcer dans un litige impliquant une partie faible dans le cadre de l'application de l'article 29.2 du RA, elle a néanmoins élaboré des règles qui vont dans le sens de la protection de l'intégrité du consentement. Dans cette veine, de manière négative elle a énoncé que les formulations ambigües ne constituent pas une renonciation (A). De manière positive, elle a indiqué que la renonciation au recours en contestation de validité postule l'expression d'une volonté sans équivoque (B).

A. L'inefficacité des clauses compromissoires ambigües

666 Comme pour la plupart des questions où la lettre du contrat est décisive pour déterminer l'intention des parties, la mise à l'écart de l'action en annulation d'une sentence CCJA a soulevé des difficultés en raison de la rédaction imprécise des stipulations litigieuses. De bonne ou de mauvaise foi, certains justiciables ont cru pouvoir alléguer l'irrecevabilité du recours en contestation de validité motif pris de ce que la clause arbitrale indiquait que le tribunal CCJA tranchera définitivement les différends. Pour rejeter cette argumentation, les hauts magistrats de l'OHADA ont refusé d'y voir une exclusion de l'action en annulation car le caractère définitif de la sentence est sans effet sur le recours en contestation de validité (1). De plus, ils ont considéré, à bon droit, que ces formules étaient de simples renvois à l'autorité de la chose jugée de la sentence, notion qui se distingue de la renonciation au recours en contestation de validité (2).

1. Le défaut d'effets du caractère définitif de la sentence sur le recours en contestation de validité

667 Dans une région où l'arbitrage n'a pas encore atteint sa vitesse de croisière[1311], il n'est pas surprenant qu'une controverse soit née sur le sens du mot définitif ou de l'adverbe en découlant en matière de renonciation au recours en contestation de validité. De prime abord, il parait possible de considérer qu'en stipulant que la sentence est définitive, les parties ont entendu se priver du droit d'attaquer celle-ci. En d'autres termes, la sentence « *définitive* » éteint toute possibilité de contestation aussi bien sur le fond de l'affaire que sur la procédure conduite par les arbitres.

668 Cependant, une telle approche est inappropriée car compte tenu des conséquences majeures de la renonciation au recours en contestation de validité, il est opportun de réclamer une intention précise. Le faible n'ayant pas en général une grande ingénierie contractuelle, que le contrat soit d'adhésion ou de gré à gré, avant de lui retirer la faculté de contester la légalité d'une sentence, il faut s'assurer qu'il a pris la mesure de son engagement. Le sujet est tellement important que dès la première action contre une sentence CCJA, le défendeur n'a pas hésité à invoquer son irrecevabilité en raison de l'exclusion des voies de recours[1312]. En l'espèce, il a été décidé que la convention d'arbitrage stipulant que « *tous différends découlant du présent contrat ou en relation avec celui-ci... seront tranchés définitivement suivant le Règlement d'arbitrage de la Cour Commune de Justice et d'arbitrage de l'OHADA..., ne saurait interdire le recours en contestation de validité de sentence* ».

669 Les expressions « *différends (...) définitivement tranchés suivant le règlement d'arbitrage de la Cour commune d'arbitrage et de justice* »[1313],

---

1311 Après une décennie d'application de l'AUAet du RA, P. Meyer (« Le droit de l'arbitrage dans l'espace OHADA dix ans après l'acte uniforme », *op. cit.*, n° 2-10) dresse un bilan décevant quant à la pratique de l'arbitrage dans l'espace OHADA.

1312 CCJA, 19 juillet 2007, *Société Nestlé Sahel c/ Sté Commerciale d''Importation Azar et Salame dite SCIMAS*, *Revue camerounaise de l'arbitrage* juillet-aout- septembre 2007, p. 10, note G. Kenfack Douajni ; *Penant* n° 867, p. 226, note B. Diallo ; A. Ngwanza, « L'essor de l'arbitrage international en Afrique sub-saharienne : les apports de la CCJA », *op. cit.*, n° 76. Ilimporte de souligner que l'arrêt précité n'est que le premier rendu contre une sentence CCJA. Précédemment, soit en 2002, la CCJA avait rendu une première décision portant sur une demande d'annulation d'une sentence sur le fondement de l'AUA. V. CCJA, 10 janvier 2002, *Compagnie des Transports de Man c/ Colina SA*, *Recueil de jurisprudence CCJA*, n° spécial, janvier 2003, p. 16 ; *Le Juris Ohada*, n° 2/2002, avril-mai 2002, p. 14 ; *Rev. arb.* 2002-2, p. 484, note Ph. Leboulanger.

1313 CCJA, 19 juillet 2007, *Société Nestlé Sahel c/ Sté Commerciale d''Importation Azar et Salame dite SCIMAS*, *op. cit.*

« *sentences définitives* »[1314] ou « *en dernier ressort* »[1315] ne constituent pas le degré de certitude requis pour écarter l'action visant l'annulation d'une sentence. Cette position de la CCJA est d'ailleurs partagée en droit comparé[1316], les formules précitées ne manifestant pas « *la volonté expresse des parties de renoncer à tout recours devant les juridictions suisses* »[1317]. Il en va de même si la convention d'arbitrage parle de « *sentence finale* »[1318], de défaut d'appel[1319]ou indique simplement que le recours devant les juridictions étatiques est exclu[1320]. Cette rigueur de la jurisprudence suisse, relayée par la doctrine[1321], s'explique par le fait que les helvètes souhaitent une référence expresse à l'article 192 de la LDIP[1322]. Synthétiquement, il convient de suivre le juge français qui considère que la renonciation au recours en annulation « *ne saurait résulter d'une clause générale* »[1323].

[1314] Dans l'affaire *Etat du Mali c/ Société ABS International Corporate LTD* (CCJA, 29 novembre 2011, *op. cit.*), la clause compromissoire stipulait : « « *toute sentence prononcée par le tribunal arbitral sera définitive, opposable aux tiers et pourra se voir conférer l''exequatur par les juridictions compétente* ». V. également CCJA, 23 avril 2015, *Etat du Mali c/ Société Groupe TOMOTA SA*, www.ohada.com, Ohadata J-16-33.

[1315] Dans l'affaire *IBC c/ SNH* (CCJA, 15 octobre 2015, inédit), il a été décidé qué « *le seul usage du vocable "en dernier ressort" n'est pas suffisant pour traduire une renonciation expresse audit recours* ».

[1316]Tribunal fédéral suisse, 10 déc. 2002, *Bull. ASA* 2003, p. 588 ; Tribunal fédéral suisse, 2 juin 2004, *Bull. ASA* 2004, p. 786.

[1317] J. Burda, « La renonciation au recours en annulation dans le nouveau droit français de l'arbitrage », *op. cit.*

[1318] Tribunal fédéral suisse, 9 avril 1991, *Bull. ASA* 1991, p. 162.

[1319] Tribunal fédéral suisse, 2 juin 2004, *Bull. ASA* 2004, p. 786.

[1320] Tribunal fédéral suisse 2 juillet 1997, *Bull. ASA* 1997, p. 494. En l'espèce la stipulation compromissoire prévoyait : « *The exclusion agreement contained a reference to arbitration under the Commission d'arbitrage de la Chambre de Commerce de Genève, which contained the following terms : "the application to the state Court are (sic) excluded"* ».

[1321] J.-F. Poudret et S. Besson, *Droit comparé de l'arbitrage international, op. cit.*, n° 839 ; P. M. Patocchi et C. Jermini, « Commentary ad art. 192 LDIP », *in* S. V. Berti (éd.), *International Arbitration in Switzerland – An Introduction to and Commentary on Articles 176-194 of the Swiss Private International Law Statute*, Helbing & Lichtenhahn/Kluwer Law International, Bâle, Genève, Munich, 2000, p. 604, n° 14. La doctrine belge (B. Hanotiau et G. Block, « La loi du 19 mai 1998 modifiant la législation belge relative à l'arbitrage », *op. cit.*, pp. 532-534) est également favorable à une interprétation stricte des clauses de renonciation aux voies de recours.

[1322] La jurisprudence suisse a ultérieurement assoupli sa position quant à l'obligation de référence à l'obligation de citer l'article 192 de la LDIP. Dorénavant, les juges (Tribunal fédéral suisse, 1er mars 2011, *Bull. ASA* 2012-2, p. 355 et s., sp. pp. 360-361) considèrent que « *s'agissant de la renonciation directe, elle ne doit pas forcément comporter la mention de l'art. 190 LDIP et/ou de l'art. 192 LDIP. Il suffit que la déclaration expresse des parties fasse ressortir de manibre claire et nette leur volonté commune de renoncer àtout recours* ».

[1323] J. Pellerin et L. Maria, « Le sursis à exécution de la sentence internationale ou étrangère en cas de recours (art. 1526, al. 2) », *Cah. arb.* 2014-4, p. 783.

670 La proximité entre les droits exigeant une convention expresse et la jurisprudence CCJA, ce malgré le laconisme de l'article 29.2 du RA, traduit indiscutablement une volonté ferme de vérifier le consentement des parties. En conséquence, il est fondé de penser que les juges supérieurs de l'OHADA, comme leurs homologues suisses, devraient écarter une renonciation « *tacite, par acte concluant* »[1324].

671 Dans la droite ligne de son credo concernant les contrats équilibrés, tout porte à croire que la CCJA fera preuve d'une plus grande vigilance s'agissant du faible. Par ailleurs, à supposer qu'elle n'élabore pas un régime plus protecteur pour les contractants en position d'infériorité, le régime actuel de la renonciation au recours en contestation de validité est déjà assez strict. Bien plus, la jurisprudence CCJA est digne d'éloges car elle ne se contente pas de rejeter les exceptions d'irrecevabilité des demandes d'annulation de sentence, elle prend également le soin de la pédagogie judiciaire en distinguant renonciation aux recours et autorité de la chose jugée de la sentence.

2. *La distinction entre la renonciation aux recours et l'autorité de la chose jugée de la sentence*

672 Il aurait été hautement incomplet d'affirmer que la mention du caractère définitif d'une sentence est dénuée d'effets sur les voies de recours, sans s'atteler à indiquer la portée de ladite mention. Il était nécessaire de le faire afin de permettre aux justiciables de comprendre exactement le sens des termes qu'ils emploient. Ainsi, cela évite d'utiliser une terminologie floue dont le but ultime serait d'abuser le contractant en position d'infériorité intellectuelle ou économique.

673 Prenant acte de cette réalité, la CCJA a soutenu que « *les termes "toute sentence prononcée par le Tribunal arbitral sera définitive, opposable aux parties" contenus dans la clause compromissoire ne sont que des périphrases traduisant la règle de l'autorité de la chose jugée qui s'attache à la sentence rendue sous l'égide de la Cour de céans ; qu'ils signifient qu'une telle sentence ne peut être remise en cause et n'est susceptible d'aucune autre voie de recours que celle de la contestation de validité à laquelle ne saurait faire obstacle la seule mention du caractère " définitif " de la sentence contenue dans la clause compromissoire* »[1325]. Il résulte de ce lumineux attendu, qui affine une précédente décision[1326], que le défaut de

[1324] J.-F. Poudret et S. Besson, *Droit comparé de l'arbitrage international*, *op. cit.*, n° 839.
[1325] CCJA, 23 avril 2015, *Etat du Mali c/ Société Groupe TOMOTA* S.A, *op. cit.*
[1326] CCJA, 29 novembre 2011, *Etat du Mali c/ Société ABS International Corporate LTD*, *op. cit.*

recours contre la sentence ne se confond pas avec la valeur juridique de la sentence.

674 Cette clarification jurisprudentielle vient à point nommé puisqu'elle permet de faire le départ entre la renonciation au recours en contestation de validité et l'autorité de la chose jugée[1327]. Schématiquement, cette dernière dont l'appréhension en arbitrage est loin d'être simple[1328], renvoie à la règle latine connue sous le nom de *res judicata*. Outre l'imprécision ontologique de l'autorité de la chose jugée[1329], elle a connu des développements particuliers en droit OHADA au point où l'analyse de la CCJA a été d'un apport majeur pour sa clarification.

675 Afin de comprendre l'ampleur de la distinction opérée par la CCJA, il importe de rappeler l'ambigüité entretenue par la doctrine au sujet de l'autorité de la chose jugée de la sentence. Le problème est venu du commentaire de l'article 25 du Traité OHADA qui dispose : « *Les sentences arbitrales rendues conformément aux stipulations du présent titre ont l'autorité définitive de la chose jugée sur le territoire de chaque Etat Partie au même titre que les décisions rendues par les juridictions de l'Etat* ». Commentant cette disposition, certains auteurs ont affirmé que « *l'autorité de la chose jugée a pour conséquence qu'aucun recours national ou international n'est ouvert contre la sentence et cette autorité s'étend au territoire de chaque Etat-partie* »[1330]. Cette interprétation justifiée par le silence du titre IV du Traité OHADA, consacré à l'arbitrage CCJA, sur les voies de recours[1331] n'emporte pas approbation et fournit un argument à ceux qui veulent s'appuyer sur le caractère définitif de la sentence pour alléguer l'irrecevabilité du recours en contestation de validité.

676 Outre le fait que le Chapitre III du RA, intitulé « *La reconnaissance et l'exécution forcée des sentences arbitrales* », est venu combler le vide laissé par le Traité OHADA, il convient de rappeler le sens réel de l'autorité de la chose jugée de la sentence CCJA[1332]. En pratique, deux effets sont

[1327] Pour regards comparatistes sur l'autoritéde la chose jugée de la sentence, v. C. Chainais, « L'autorité de la chose jugée en procédure civile : perspectives de droit comparé », *Rev. arb.* 2016-1, p. 3 et s.

[1328] C. Seraglini, « Le droit applicable à l'autorité de la chose jugée dans l'arbitrage », *Rev. arb.* 2016-1, p. 51, sp. n° 2-8.

[1329] J.-B. Racine, *Droit de l'arbitrage*, Thémis, Puf, 2016, n° 850

[1330] B. Gueye et S. N. Tall, « Commentaire du Traité du 17 octobre 1993 relatif à l'harmonisation du droit des affaires en Afrique », *in OHADA. Traités et actes uniformes commentés et annotés*, 2008, p. 50.

[1331] P.-G. Pougoué, J.-M. Tchakoua et A. Fénéon, *Droit de l'arbitrage dans l'espace OHADA*, *op. cit.*, p. 284.

[1332] L'article 27 du RA ne définit pas l'autorité de la chose jugée de la sentence, il se borne à la reconnaitre comme suit : « *Les sentences arbitrales rendues conformément aux dispositions du présent règlement, ont l'autorité définitive de la chose jugée sur le territoire de chaque Etat-partie, au même titre que les décisions rendues par les juridictions de l'Etat* ».

reconnus à l'autorité de la chose jugée : l'un, négatif, qui permet d'exciper l'exception de *res judicata* au cas où un nouveau procès s'ouvre sur le litige tranché par les arbitres, l'autre, positif, qui permet de demander des mesures conservatoires[1333]. S'agissant de la distinction avec le recours en annulation, c'est uniquement l'effet négatif de l'autorité de la chose jugée qui est en jeu. En effet, quand la clause compromissoire indique que la sentence est définitive, elle ne fait que rappeler qu'une autre juridiction ne pourra plus rejuger le même différend. En revanche, comme l'a bien indiqué la CCJA dans l'affaire *TOMOTA*[1334], la sentence « *n'est susceptible d'aucune autre voie de recours que celle de la contestation de validité* ». Par conséquent, il ne peut pas être opposé au faible le consentement à quelque exclusion de l'action visant la validité de la sentence, seul le fond de la sentence est inattaquable, sa régularité pouvant toujours être discutée devant le juge judiciaire. Ainsi, l'impossibilité de contester la décision arbitrale n'est admise que si les parties l'ont clairement stipulé.

B. L'exigence d'une volonté sans équivoque

677 La clarté de l'intention de renoncer au recours en contestation de validité suppose réunies certaines conditions tenant aussi bien à la forme qu'au fond. Sur le plan substantiel, seule une manifestation de volonté explicite emporte renonciation au recours en contestation de validité (1). Quant à la forme, il est nécessaire que la personne à laquelle l'exclusion des recours est opposée soit signataire de la clause compromissoire (2).

1. La nécessité d'une manifestation de volonté explicite

678 Il est frappant de constater que la CCJA a rarement fait droit à l'exception d'irrecevabilité du recours en contestation de validité fondée sur la renonciation à attaquer la régularité de la sentence. Sur les sept affaires recensées[1335], elle n'a admis l'exclusion des recours qu'une seule fois. Cette

---

[1333] P. Meyer, *OHADA. Droit de l'arbitrage*, *op. cit.*, n° 393.

[1334] CCJA, 23 avril 2015, *Etat du Mali c/ Société Groupe TOMOTA* S.A, *op. cit.*

[1335] CCJA, 19 juillet 2007, *Société Nestlé Sahel c/ Sté Commerciale d'Importation Azar et Salame dite SCIMAS*, *op. cit.* ; CCJA, 31 janvier 2011, *Planor Afrique c/ Atlantique Télécom*, *Cah. arb.* 2013-4, p. 1134, note A. Ngwanza, *Revue Jurifis* septembre-décembre 2011, p. 18, note B. Diallo ; CCJA, 29 novembre 2011, *Etat du Mali c/ Société ABS International Corporate LTD*, *op. cit.* ;CCJA, 29 novembre 2011, *République de Guinée équatoriale et la Communauté des Etats d'Afrique centrale (CEMAC) c/ Commercial Bank of Guinea Ecuatorial (CBGE)*, *op. cit.* ; CCJA, 18 avril 2013, *IAD c/ CMDT et GSCVM,op. cit.* ; CCJA, 23 avril 2015, *Etat du Mali c/ Société Groupe TOMOTA* S.A, *op. cit.* ;CCJA, 15 octobre 2015, *IBC c/ SNH*, *op. cit.*

statistique est révélatrice aussi bien de l'imprécision de la lettre des clauses compromissoires que de la réticence de la CCJA à admettre la renonciation du recours en contestation de validité en l'absence de clarté de l'accord arbitral. Dans l'affaire *République de Guinée équatoriale et la Communauté des Etats d'Afrique centrale (CEMAC) c/ Commercial Bank of Guinea Ecuatorial*[1336], les magistrats supérieurs de l'OHADA ont indiqué que « *la renonciation à toutes voies de recours [n'est valable que si elle] a été faite par une disposition expresse de la convention d'arbitrage* ». En l'espèce, la CCJA a fait droit à l'exception d'irrecevabilité du recours en contestation de validité parce que la clause compromissoire stipulait « *le collège arbitral se prononcera en premier et dernier ressort au plus tard dans les 2 (deux) mois de sa constitution, les parties renonçant expressément à toutes voies de recours, la sentence rendue par le collège arbitral, rédigée en français, devra être notifiée aux parties dans les huit (8) jours suivants son prononcé. Elle aura un caractère définitif. Elle s'imposera aux parties et sera immédiatement exécutoire (...)* » (nous soulignons).

679 A la lecture de cette convention d'arbitrage, il apparait que les parties ne sont pas contentées d'évoquer l'autorité de la chose jugée de la sentence, elles ont également pris le soin de mentionner qu'elles renonçaient « *expressément à toutes voies de recours* ». Dans de telles circonstances, l'intention est claire et n'appelle aucun effort d'interprétation. Il s'agit simplement pour le juge de prendre acte de ce que « *la déclaration expresse des parties manifeste, sans conteste, leur commune volonté de renoncer à tout recours* »[1337]. Il s'ensuit que la démarche est casuistique, aucune mention n'étant obligatoire. Dès lors que l'intention des litigants « *d'exclure tout recours à l'encontre de leur sentence est non équivoque* »[1338], il n'y a pas matière à faire preuve de rigueur supplémentaire. Ceci étant, en dépit de la clarté de la stipulation arbitrale, l'on ne saurait faire grief au juge d'exiger la preuve du consentement à la renonciation au recours en contestation de validité lorsqu'elle est opposée à un non signataire du contrat contenant celle-ci.

[1336] CCJA, 29 novembre 2011, *République de Guinée équatoriale et la Communauté des Etats d'Afrique centrale (CEMAC) c/ Commercial Bank of Guinea Ecuatorial (CBGE)*, *op. cit.*

[1337] Tribunal fédéral suisse, 13 septembre 2004, *Rev. arb.* 2005-4, p. 1072, note S. Besson.

[1338] J. Burda, « La renonciation au recours en annulation dans le nouveau droit français de l'arbitrage », *op. cit.*

2. L'inopposabilité de la renonciation au recours en contestation de validité au non signataire de la convention d'arbitrage

680 Au regard du développement sans cesse croissant de la circulation de l'accord arbitral, il est évident qu'en opposant une clause compromissoire à une partie, l'objectif n'est pas de se limiter à quelques effets de celle-ci. Toute la question est de savoir si l'opposabilité d'une stipulation arbitrale peut être restreinte à certains effets de cette dernière quand les litigants n'en sont pas tous signataires. A priori, cette interrogation ne devrait pas se poser si l'on s'en tient au libéralisme sous-jacent à la transmission automatique de la convention d'arbitrage[1339]. A partir du moment où un justiciable est réputé lié par l'accord arbitral, il ne devrait pas pouvoir en contester certaines conséquences.

681 Toutefois, étant donné que le mécanisme de la circulation de la clause compromissoire repose sur une présomption de consentement[1340], le problème est de savoir si l'exigence de volonté sans équivoque requise en matière de renonciation au recours en contestation de validité est satisfaite du seul fait d'une présomption. Sur ce point, la position des juges est fondamentale car elle peut soit s'inscrire dans la mouvance libérale excessive, soit accorder une place prépondérante à l'effectivité du consentement, sachant que cette seconde approche protège efficacement le faible.

682 En dépit de leur faveur à l'extension du champ de la clause arbitrale[1341], les magistrats supérieurs de l'OHADA ont refusé que l'exclusion du recours en contestation de validité soit opposée à un non signataire du contrat dans lequel elle est incluse. Dans l'affaire *Planor Afrique c/ Atlantique Telecom*[1342], la défenderesse avait soulevé une exception d'irrecevabilité de la demande d'annulation de la sentence en se prévalant des termes de la convention d'arbitrage[1343]. Il est important de souligner que dans cette affaire la clause compromissoire litigieuse ne se

---

1339 L. Bernheim-Van de Casteele (*Les principes fondamentaux de l'arbitrage*, *op. cit.*, n° 296-299) parle d'une « *éviction des obstacles à la transmission de la clause d'arbitrage* ». v. aussi, J.-B. Racine, « Réflexions sur l'autonomie de l'arbitrage commercial international », *op. cit.*, n° 15

1340 E. Loquin, « Différences et convergences dans le régime de la transmission et de l'extension de la clause compromissoire devant les juridictions françaises », *op. cit.*, n° 15-24 et 42-45

1341 CCJA, 08 avril 2010, *Joseph Roger c/ Fofana Patrice,op. cit.*

1342 CCJA, 31 janvier 2011, *Planor Afrique c/ Atlantique Télécom*, *op. cit.*

1343 La clause compromissoire litigieuse stipulait *in fine* : « *chacune des parties renonce irrévocablement à toute objection qu'elle pourrait avoir ce jour ou par la suite, pour toute procédure intentée devant la Cour, étant convenu que le Pacte pourra faire l'objet d'une demande d'exécution forcée devant le tribunal compétent* ».

trouvait pas dans les conventions sociétaires litigieuses signées par les parties, mais plutôt dans un pacte d'actionnaires auquel renvoyaient lesdites conventions. Pour rejeter l'exception d'irrecevabilité soulevée par *Atlantique Telecom*, la CCJA a jugé que « *la société PLANOR AFRIQUE SA soutient sans être démentie dans ses différentes écritures n'avoir jamais été partie à ce pacte d'actionnaires signé le 28 août 2004 entre les sociétés ATLANTIQUE TELECOM, WAGF et SOYAF COMMUNICATION alors seules actionnaires de la Société TELECEL FASO dans le capital duquel elle-même n'est entrée qu'en août 2004 (...) en outre, un examen sommaire dudit pacte d'actionnaires révèle que la société PLANOR AFRIQUE n'en est pas formellement signataire pour que cette référence puisse justifier à elle seule l'irrecevabilité du recours en contestation de validité* ».

683 A travers cet arrêt *Planor Afrique c/ Atlantique Telecom*, la CCJA a posé une règle qui fait la part belle au consentement puisqu'elle exige que *Planor Afrique* ait formellement signé le pacte d'actionnaires dans lequel est insérée la clause compromissoire contenant l'exclusion de l'action en annulation de la sentence. Etant donné que la CCJA dans un précédent arrêt[1344] avait estimé que *Planor Afrique* n'était pas lié par la stipulation arbitrale litigieuse, il est tentant de penser que l'inopposabilité de cette dernière rendait superflu toute renonciation à l'annulation de la sentence. Il n'en est rien car l'argumentation de la CCJA est uniquement centrée sur le défaut de signature de la convention d'arbitrage[1345]. Il en résulte que le faible peut se voir opposé une clause compromissoire non consentie, sans pour autant être lié par la renonciation au recours en contestation de validité qui en découle.

684 De plus, dans l'affaire *IAD c/ CMDT et GSCVM*[1346], la CCJA a affiné sa position en rejetant l'exception d'irrecevabilité alors que, pour annuler la sentence d'incompétence, elle avait au contraire admis l'existence d'une convention d'arbitrage sans écrit. Elle a justifié sa position dans les termes suivants : « *la convention d'arbitrage n'est, en l'espèce, pas écrite et qu'il ne résulte d'aucune pièce versée au dossier que les parties à ladite convention ont entendu renoncer explicitement au recours en contestation de validité ; (...) ladite renonciation ne se présumant point, il y a lieu dès lors de dire que IAD est censée n'avoir pas renoncé au recours prescrit par l'article 29.2 alinéa 1 du Règlement d'arbitrage CCJA ; qu'il s'ensuit que*

1344 CCJA, 10 juin 2010, *Atlantique Telecom c/ Planor Afrique*, *op. cit.*

1345 Commentant l'arrêt *Planor Afrique c/ Atlantique Télécom*, A. Ngwanza (« Note sous CCJA, 31 janvier 2011, *Planor Afrique c/ Atlantique Télécom*, *Cah. arb.* 2013-4, p. 1134, sp. pp. 1135-1136 ») relève que la CCJA a annulé la sentence litigieuse sans tirer la moindre conséquence du fait qu'elle avait constaté dans un précédent arrêt l'inexistence d'une convention d'arbitrage liant *Planor Afrique* et *Atlantique Telecom*.

1346 CCJA, 18 avril 2013, *IAD c/ CMDT et GSCVM*, *op. cit.*

l'exception n'est pas fondée et qu'il y a lieu de déclarer recevable le recours en contestation de validité de sentence formé par IAD ».

685 Cet attendu lumineux clôt définitivement la brèche qui semblait ouverte par l'arrêt *Planor Afrique c/ Atlantique Telecom*, la CCJA ayant rejeté explicitement toute idée de présomption de consentement en matière de recours en contestation de validité. Il n'est donc pas excessif d'affirmer que malgré la consécration de la circulation automatique de la clause compromissoire dans les groupes de contrats[1347], les hauts magistrats de l'OHADA restent fermement attachés à l'effectivité du consentement quant à l'exclusion de l'action en annulation d'une sentence CCJA. Encore une fois, les juges africains et leurs homologues suisses sont sur la même longueur d'ondes, ces derniers ayant considéré qu'il n'y avait pas consentement si la renonciation se trouvait dans un document auquel se référait le contrat principal[1348]. Cette louable position est non seulement conforme au droit commun des contrats, mais aussi et surtout à la protection de la partie faible. Il en va de même de la faculté de contester une ordonnance d'exequatur quand bien même la clause compromissoire comporterait une ferme volonté de renonciation à toute catégorie de recours.

§ 2 La faculté d'opposition à l'exequatur

686 Etant donné que la procédure d'exequatur est le passage obligé pour conférer à la sentence l'onction d'un ordre juridique étatique aux fins d'exécution forcée, le débat sur la possibilité de renoncer à attaquer une ordonnance d'exequatur parait surprenant. Cependant, la liberté contractuelle innervant le droit de l'arbitrage conduit souvent les rédacteurs à pousser l'audace juridique dans ses contrées les plus reculées. C'est ainsi qu'il arrive que les clauses compromissoires prévoient la renonciation à tout recours contre la sentence, ce sans distinction d'actions.

687 Ceci étant, il est possible d'évincer l'opposition à exequatur du débat en considérant qu'elle ne constitue pas une action contre la sentence. Cette approche n'aura pas de peine à convaincre les auteurs[1349] qui considèrent que les actions contre la sentence CCJA se réduisent au recours en contestation de validité, au recours en révision et à la tierce opposition.

688 Pour autant, deux arguments permettent d'envisager autrement l'architecture des recours contre la sentence CCJA. Premièrement, l'identité

1347 CCJA, 08 avril 2010, *Joseph Roger c/ Fofana Patrice,op. cit.*

1348 Tribunal fédéral suisse, *Bull. ASA* 1991-1, p. 262. V. aussi P. M. Patocchi et C. Jermini, « Commentary ad art. 192 LDIP », *op. cit.*, p. 604, n° 14.

1349 P. Meyer, « Arbitrage CCJA », *op. cit.*, n° 87 ; G. Kenfack Douajni, « L'arbitrage CCJA », www.ohada.com, Ohadata D-08-81, sp. p. 8.

des causes d'annulation de la sentence et de refus d'exequatur[1350] permet de dire qu'il s'agit d'actions qui visent dans une certaine mesure un objectif similaire : le contrôle de légalité de la sentence. En conséquence, la recevabilité d'une opposition à exequatur conduit à conclure que la sentence est entachée d'irrégularité. Deuxièmement, la doctrine favorable à la renonciation au recours en annulation soutient que le seul recours contre la sentence qui vaille est la contestation de l'ordonnance d'exequatur[1351].

689 Fort de ce qui précède, il n'est pas superflu de se demander si la consécration de la renonciation au recours en contestation de validité emporte reconnaissance du droit d'exclure l'action contre l'ordonnance accordant l'exequatur. En d'autres mots, la règle posée par l'article 29.2 du RA rayonne-t-elle sur l'exequatur pour peu que la convention d'arbitrage prévoit l'exclusion de tous les recours ?

690 Pour le faible, comme pour tout justiciable, cette interrogation est d'une importance capitale car il y a loin entre renoncer à contester la validité de la sentence et consentir à ne pas attaquer l'acte juridictionnel lui accordant l'exequatur. Pourtant, la lettre des stipulations arbitrales contenant une exclusion des actions contre la sentence soulevée devant la CCJA ne vise pas en général le recours en contestation de validité isolément[1352]. Il n'est donc pas exclu qu'un plaideur puisse envisager de se prévaloir de la convention d'arbitrage pour faire échec à la remise en cause d'une ordonnance d'exequatur. Dans ce cas de figure, il faudra que le faible trouve les arguments lui permettant de faire réputer non écrite la stipulation prévoyant l'exclusion des actions contre la sentence.

691 En dépit de la renonciation expresse à toute voie de recours, la possibilité d'attaquer une ordonnance d'exequatur se justifie aussi bien au regard de la nature de l'opposition à l'ordonnance exequatur dans l'arbitrage CCJA (A) qu'en raison de considérations comparatistes (B).

1350 L'article 29.2 alinéa 2 du RA dispose que le recours en contestation de validité ne peut être fondé que « *sur un ou plusieurs des motifs énumérés ci-après, à l'article 30.6 autorisant l'opposition à exequatur* ».

1351 Pour E. Gaillard et P. de Lapasse (« Le nouveau droit français de l'arbitrage interne et international », *D.* 2011, p. 175, sp. n° 41), la renonciation au recours en annulation « *a été retenue [parce] qu'elle [est] de nature à marquer de manière claire le fait que le principal contrôle de la régularité de la sentence internationale s'effectue au lieu où celle-ci a vocation à être exécutée* ». Bien avant les auteurs précités et la réforme du droit français, Ph. Fouchard (« La portée internationale de l'annulation de la sentence arbitrale dans son pays d'origine », *Rev. arb.* 1997-2, p. 329, sp. n° 40) réclamait déjà que le recours en annulation pour les sentences arbitrales internationales soit exclu, le contrôle judiciaire devant se limiter au stade du contentieux de l'exequatur.

1352 Dans l'affaire *Planor Afrique c/ Atlantique Télécom* (CCJA, 31 janvier 2011, *op. cit.*), la clause arbitrale stipulait *in fine* que « *chacune des parties renonce irrévocablement à toute objection qu'elle pourrait avoir ce jour ou par la suite, pour toute procédure intentée devant la Cour...* ».

A. La nature de l'opposition à l'ordonnance d'exequatur

692 Contrairement à l'exclusion du recours en contestation de validité qui est formellement consacrée par l'article 29.2 du RA, la faculté de renoncer à contester une ordonnance d'exequatur n'est prévue par aucun texte. Au contraire, le législateur OHADA consacre l'opposition à l'ordonnance d'exequatur en des termes impératifs (1), démarche aisément compréhensible à la lumière du caractère non contradictoire de la procédure d'exequatur dans l'arbitrage CCJA (2).

1. Le caractère d'ordre public de l'opposition à exequatur

693 A la différence du recours en annulation, le texte prévoyant l'opposition à exequatur est muet sur la faculté d'y renoncer. L'article 30.5 alinéa 2 du RA se borne à disposer que dans les quinze jours suivant la notification de l'ordonnance d'exequatur, la partie adverse peut former « *une opposition qui est jugée contradictoirement à l'une des audiences juridictionnelles ordinaires de la Cour, conformément à son règlement de procédure* ». La lettre de cette disposition ne laisse pas de place à l'hésitation, à aucun moment elle ne laisse entrevoir la perspective d'une renonciation contractuelle au droit d'attaquer la décision judiciaire de reconnaissance d'une sentence.

694 L'opposition à exequatur est dans tous les cas de figure une prérogative discrétionnaire de la partie qui s'entend contester la reconnaissance de la sentence, ce sans qu'une quelconque convention puisse y changer quelque chose. En fait, il en est ainsi car l'exequatur ne concerne pas uniquement les intérêts privés des parties, il touche également à la cohésion de l'ordre juridique du for [1353]au regard du caractère juridictionnel de l'arbitrage. Il en résulte que la recevabilité d'une opposition d'exequatur malgré la renonciation à toutes les voies de recours contre la sentence se justifie tant par l'ordre juridique de protection que celui de direction.

695 Il est fondé de soutenir que les deux catégories d'ordre public sont visées car même en l'absence d'une opposition, dès la phase de demande d'exequatur, le juge peut s'y opposer. Dans cette hypothèse, ce n'est plus la préservation d'une partie qui est envisagée, mais celle de tout l'ordre juridique du lieu de reconnaissance de la sentence. Bien plus, les motifs de refus d'exequatur ou d'opposition consacrés par le RA confirment

---

[1353] C. Seraglini et J. Ortscheidt (*Droit de l'arbitrage interne et international*, *op. cit.*, p. 841) soulignent que « *la reconnaissance est l'admission par l'ordre juridique [du for] de l'existence de la sentence, indépendamment de l'autorité qui y est automatiquement attachée dès son prononcé* ».

l'imbrication des deux facettes de l'ordre public. L'article 30.6 du RA dispose à cet effet : « *L'exequatur ne peut être refusé et l'opposition à exequatur n'est ouverte que dans les cas suivants :*

1. *si l'arbitre a statué sans convention d'arbitrage ou sur une convention nulle ou expirée ;*
2. *si l'arbitre a statué sans se conformer à la mission qui lui avait été conférée ;*
3. *lorsque le principe de la procédure contradictoire n'a pas été respecté ;*
4. *si la sentence est contraire à l'ordre public international* ».

Dans la liste dressée par cet article, l'on note deux cas qui renvoient à la volonté des parties, à savoir : l'existence de la convention d'arbitrage et la violation de la mission par l'arbitre. Tous les autres renvoient à l'ordre public procédural sur lequel les parties n'ont pas de libre disposition.

696 Par ailleurs, la similarité des motifs de refus d'exequatur et ceux de l'annulation montre que le législateur OHADA a entendu maintenir un recours contre la sentence CCJA même en cas de renonciation au recours en contestation de validité[1354]. Tel n'a pas été le choix qu'il a retenu pour l'AUA, ce dernier ne prévoyant pas de recours direct contre l'ordonnance de l'exequatur. Le recours en annulation est le seul moyen d'attaquer de manière détournée une décision d'exequatur relative à une sentence soumise à l'AUA[1355].

697 Etant donné que l'opposition à l'exequatur est une voie de recours d'ordre public, le faible a la certitude que la renonciation à toutes les actions contre la sentence n'aura d'effet qu'à l'égard du recours en contestation de validité. Cette situation se comprend bien eu égard au fait que la procédure d'exequatur dans l'arbitrage CCJA est non contradictoire.

1354 Parlant du droit français, Th. Clay (« Liberté, égalité, efficacité : la devise du nouveau droit français de l'arbitrage. Commentaire article par article. Deuxièmepartie », *op. cit.*, p.848) souligne opportunément qu'« *en renonçant au recours en annulation, les partiess'ouvrent la voie de l'appel contre l'ordonnance qui accorde l'exequatur. Il y a comme un mouvement de balancier entre le recours en annulation et l'ordonnance d'exequatur, c'est soit l'un soit l'autre (...)* ».

1355 L'article 32 de l'AUA dispose : « *La décision qui accorde l'exequatur n'est susceptible d'aucun recours.*
Toutefois, le recours en annulation de la sentence emporte de plein droit dans les limites de la saisine du juge compétent de l'Etat-partie, recours contre la décision ayant accordé l'exequatur ». Pour application de ce texte, v. CA Yaoundé, 28 avril 2010, *Société ARAB CONTRACTORS c/ Cabinet F.MBA SARL*, www.ohada.com, Ohadata J-12-241.

2. *Le caractère non contradictoire de la procédure d'exequatur dans l'arbitrage CCJA*

698 Au-delà du fait que l'opposition à la décision de reconnaissance étatique d'une sentence est une voie de recours d'ordre public, l'impossibilité d'y renoncer par convention se justifie aussi par l'absence de débat contradictoire en phase de demande d'exequatur. Le RA n'affirme pas positivement que la procédure d'exequatur n'appelle pas la participation de toutes les parties. Cependant, l'article 30.5 alinéa 2 du RA n'exige un débat contradictoire que pour l'examen de l'opposition à l'ordonnance d'exequatur. De manière constante, la CCJA a clos le débat en affirmant explicitement que la procédure d'exequatur est non contradictoire[1356].

699 Il s'infère de ce qui précède qu'un litigant peut obtenir l'exequatur sans jamais associer son contradicteur, ce même si ce dernier a des motifs légitimes de s'y opposer. Ceci est d'autant plus vrai que la CCJA ne fait pas toujours preuve d'une grande vigilance pour accorder l'exequatur à une sentence. Dans l'affaire *Planor Afrique c/ Atlantique Telecom*, elle a exequaturé une sentence alors que dans une précédente décision elle avait décidé qu'il n'y avait pas de convention d'arbitrage entre les parties[1357]. Cette situation difficilement compréhensible a été rattrapée par la recevabilité de l'opposition à l'ordonnance d'exequatur et du recours en contestation de validité[1358].

700 L'exemple de l'affaire *Planor Afrique c/ Atlantique Telecom* montre que l'on ne saurait fermer la voie de l'opposition à exequatur car le contrôle d'office que doit faire la CCJA n'est pas toujours assuré. Ainsi, le faible ne saurait se satisfaire du fait qu'il peut renoncer à toutes les voies de recours puisque la CCJA peut accorder l'exequatur par le biais d'une procédure non contradictoire, ce même lorsqu'il existe des motifs de s'y opposer.

701 Bien plus, la renonciation au recours en contestation de validité est pertinente dans la mesure où l'annulation de la sentence n'est pas le principal enjeu, certaines juridictions nationales acceptant de reconnaitre des décisions arbitrales annulées[1359]. En revanche, il en va autrement de

---

1356 CCJA, 05 mars 2009, Conseil National Du Patronat Malien (CNPM) s/ Société COTECNA Inspection SA, www.ohada.com, Ohadata J-10-96 ; *CCJA, 22 janvier 2009, ECOBANK Burkina SA c/ JOSSIRA Industrie SA*, www.ohada.com, Ohadata J-10-94 ; CCJA, 22 janvier 2009, *La Banque Sénégalo-Tunisienne dite BST devenue ATTIJARI BANK SENEGAL c/ 1/ Le Fonds Africain de Garantie et de Coopération Economique dit FAGACE, 2/ La société Industrielle Cotonnière Africaine SA dite ICOTAF*, www.ohada.com, Ohadata J-10-93.

1357 CCJA, 10 juin 2010, *Atlantique Telecom c/ Planor Afrique*, *op. cit.*

1358 CCJA, 31 janvier 2011, *Planor Afrique c/ Atlantique Télécom*, *op. cit.*

1359 Court of appeal for 2nd Circuit, 2 août 2016, *Corporación Mexicana De Mantenimiento Integral, S. De R.L. De C.V. c/. Pemex□Exploración Y Producción*, inédit ; CA Amsterdam, l'exequatur, l'on ne saurait opposer à un tiers une sentence ayant eu l'onction d'un juge étatique sans qu'il n'ait eu la possibilité de s'y opposer. L'absence d'échanges contradictoires pour la procédure d'exequatur est fondée par des exigences de célérité et d'efficacité[1360], ces dernières ne pouvant point justifier l'impossibilité de contester la légalité de la sentence.

702 Au total, qu'il s'agisse de l'esprit et la lettre du RA ou de la procédure d'exequatur, tout converge à rejeter la possibilité de renoncer à s'opposer à une ordonnance d'exequatur. La stipulation prévoyant l'exclusion de toutes les voies de recours n'a de sens qu'à l'égard du recours en contestation de validité. Ainsi, l'ingénierie contractuelle de la partie forte ne lui permettra pas d'abuser la partie en position d'infériorité. Sur ce point, le droit OHADA n'innove pas, il suit au contraire la voie tracée par le droit comparé.

B. L'impossibilité de renoncer à l'opposition à l'exequatur en droit comparé

703 Malgré la place prépondérante qu'ils accordent à l'autonomie de la volonté en arbitrage, de nombreux droits refusent d'accepter une exclusion totale des voies de recours. La faculté d'attaquer une décision ordonnant l'exequatur d'une sentence est toujours ouverte. Pour autant, la règle ainsi posée n'est pas uniforme (1), en dépit de la convergence quant à son fondement (2).

1. Les formes de l'interdiction de la renonciation contractuelle à l'opposition à l'exequatur

704 La problématique de la faculté de s'opposer à l'exequatur d'une sentence se pose différemment à travers les Etats. Schématiquement, l'on peut procéder à un classement en trois catégories composées comme suit : premièrement les textes évoquant uniquement l'action en annulation de la sentence, deuxièmement les dispositions faisant allusion à tous les recours et enfin la législation réputant explicitement de nul effet les conventions empêchant d'attaquer une décision d'exequatur.

---

28 avril 2009, *Yukos Capital c/ OAO Rosneft*, *Rev. arb.* 2009. 557; *PA* 12 octobre 2010, n° 203, p. 6, note S. Bollée; Cass. civ. 1ère, 29 juin 2007, *Putrabali* (2 arrêts), *Rev. arb.* 2007-3, p. 507, Rapport J.-P. Ancel, note E. Gaillard ; *Rev. crit. DIP*, 2008-1, p.109, note S. Bollée ; Cour suprême autrichienne, 20 octobre 1993, *Rev. arb.* 1998-2, p. 419, note P. Lastenouse et P. Senkovic.

[1360] J.-B. Racine, *Droit de l'arbitrage*, *op. cit.*, n° 884 ; J. Ortscheidt et Ch. Seraglini, « La nouvelle articulation des recours en arbitrage international », *in* Th. Clay (dir), *Le nouveau droit français de l'arbitrage*, Lextenso éditions, 2011, p. 189, sp. n° 11-13.

705 Pour les textes limités au recours en annulation, la discussion sur l'extension de l'exclusion à l'opposition à la reconnaissance est sans objet dans la mesure où la liberté contractuelle est évoquée uniquement pour le recours en annulation. C'est notamment le cas de l'article 1718 du Code judiciaire belge, la doctrine commentant ce texte ne fait d'ailleurs nullement cas de l'exequatur[1361]. S'agissant des législations prévoyant l'exclusion de tout recours, en principe la question est ouverte. La loi suisse sur le droit international privé est l'archétype de cette catégorie de texte. Malgré la rédaction large de l'article 192 alinéa 1 de la LDIP, l'opposition à l'ordonnance d'exequatur est toujours possible en vertu de l'alinéa de la disposition précitée[1362]. En évoquant la Convention de New York du 10 juin 1958, l'article 192 alinéa 2 de la LDIP fait tomber les sentences rendues en Suisse sous le régime des sentences étrangères, ces dernières étant les seules pour lesquelles l'exequatur est requis en droit suisse[1363].

706 Quant au droit français, il est le seul à s'être expressément prononcé sur l'incapacité d'exclure l'appel contre une ordonnance d'exequatur. A cet effet, l'article 1522 alinéa 2 du CPC dispose que les parties « *peuvent toujours faire appel de l'ordonnance d'exequatur pour l'un des motifs prévus à l'article 1520* ». Compte tenu de la clarté de cette disposition, il est fondé de soutenir qu'« *en renonçant au recours en annulation, les parties s'ouvrent la voie de l'appel contre l'ordonnance qui accorde l'exequatur* »[1364]. Le choix opéré par le droit français n'est pas anodin car, excepté le cas de l'exclusion du recours en annulation, il n'est pas permis d'attaquer une ordonnance d'exequatur[1365]. Pour cerner le sens profond de la règle ainsi posée, il faut s'arrêter sur les raisons ayant justifié son adoption.

[1361] J.-M. Jonet, « La réforme du droit belge de l'arbitrage : une nouvelle transposition de la Loi type de la Commission des Nations Unies pour le droitcommercial international », *Revue d'arbitrage et de médiation*, volume 3, n° 2, p. 61, sp. n° 48.

[1362] D'après l'article 192 alinéa 2 de la LDIP : « *Lorsque les parties ont exclu tout recours contre les sentences et que celles-ci doivent être exécutées en Suisse, la Convention de New York du 10 juin 1958 pour la reconnaissance et l'exécution des sentences arbitrales étrangère*[s] *s'applique par analogie* ».

[1363] J.-F. Poudret et S. Besson, *Droit comparé de l'arbitrage international, op. cit.*, n° 871.

[1364] Th. Clay, « Liberté, égalité, efficacité : la devise du nouveau droit français de l'arbitrage. Commentaire article par article. Deuxième partie », *op. cit.*, p. 848.

[1365] En vertu de l'article 1524 du CPC : « *L'ordonnance qui accorde l'exequatur n'est susceptible d'aucun recours sauf dans le cas prévu au deuxième alinéa de l'article 1522* ».

2. *Le fondement de l'interdiction de la renonciation contractuelle à l'opposition à l'exequatur*

707 La doctrine souligne l'attachement du législateur français à l'existence d'une action contre la sentence en expliquant qu'« *alors que les parties croyaient s'être définitivement débarrassées des cas d'ouverture du recours en annulation en renonçant à celui-ci par convention spéciale, voilà qu'il revient, sous une forme dérobée, c'est-à-dire celle de l'appel de l'ordonnance d'exequatur* »[1366]. Ainsi, le bien-fondé de l'alinéa 2 de l'article 1522 du CPC se trouve dans la volonté de permettre qu'en dépit de la volonté des litigants de renoncer en annulation, la validité de la sentence puisse être contrôlée. Ceci se comprend aisément car la consécration légale de la renonciation au recours a pour unique effet de « *priver la partie qui souhaiterait contester la sentence d'un droit d'initiative procédurale qui lui permettrait de déclencher le contrôle sans attendre que l'autre partie ait sollicité et obtenu l'exequatur* »[1367]. En introduisant l'appel contre l'ordonnance d'exequatur en cas d'exclusion contractuelle du recours en annulation, le droit français a entendu maintenir un contrôle de régularité de la sentence[1368].

708 Au-delà du fait que l'article 1522 du CPC « *est en phase avec la vision délocalisée de l'arbitrage international qui est celle du droit français* »[1369], son adoption tient à des considérations tenant à l'efficacité de la sentence, notamment la neutralisation des actions dilatoires ou les tentatives inavouées de reformation de la décision[1370]. Il s'agit également de permettre aux justiciables de choisir un siège d'arbitrage[1371] « *sans que la sentence ait besoin d'être exécutée dans l'ordre juridique de cette place* »[1372].

1366 Th. Clay, « Liberté, égalité, efficacité : la devise du nouveau droit français de l'arbitrage. Commentaire article par article. Deuxième partie », *op. cit.*, p. 849.

1367 S. Bollée, « Le droit français de l'arbitrage international après le décret 2011-48 du 13 janvier 2011 », *op. cit*, n° 26.

1368 J. Burda, « La renonciation au recours en annulation dans le nouveau droit français de l'arbitrage », *op. cit.*

1369 Ch. Seraglini, « L'efficacité et l'autorité renforcées des sentences arbitrales en France après le décret 2011-48 du 13 janvier 2011 », *op. cit.*, n° 31.

1370 S. Bollée, « Le droit français de l'arbitrage international après le décret 2011-48 du 13 janvier 2011 », *op. cit.*, n° 26.

1371 Pour la CEDH (24 mars 2016, *M. N. Tabbane c/ Suisse*, *op. cit.*) « *la restriction du droit d'accès à un tribunal de l'article 192 LDIP poursuit un but légitime, à savoir la mise en valeur de la place arbitrale suisse, par des procédures souples et rapides, tout en respectant la liberté contractuelle du requérant, et ne saurait être considérée comme disproportionnée* ».

1372 E. Loquin, « La réforme droit français interne et international de l'arbitrage (commentaire du décret n° 2011-48 du 13 janvier 2011) », *RTD com.* 2011-2, p. 255, sp. n° 133.

709 Pour le faible, l'appel contre la décision accordant l'exequatur est donc une garantie de pouvoir s'opposer à l'exécution forcée de la sentence. En concluant une exclusion des voies de recours, il ne se prive pas de la faculté d'attaquer la sentence entachée d'irrégularité. Si « *la renonciation du recours en annulation n'a pas d'effet dans le contexte du contentieux de l'exécution de la sentence* »[1373], c'est précisément parce qu'il faut empêcher la reconnaissance d'une sentence sans qu'une partie n'ait pu contester celle-ci.

710 Pour la doctrine suisse, le faible s'est simplement retiré le droit d'attaquer doublement la sentence car la renonciation au recours en annulation « *est un coup d'épée dans l'eau puisqu'une exécution de la sentence ne pourrait avoir lieu (...) sans que le bénéficiaire ne s'y heurte aux mêmes griefs qu'en cas de recours* »[1374]. Au total, l'insertion d'une décision arbitrale dans un ordre juridique, en Suisse ou ailleurs, ne peut pas se réaliser sans qu'une partie n'ait eu le droit de s'y opposer. Il aurait été souhaitable que semblable clarté caractérise le régime de l'exclusion des actions contre les sentences relevant de l'AUA.

SECTION II. LA PROTECTION DU DROIT AUX RECOURS CONTRE LA SENTENCE DANS L'ARBITRAGE REGI PAR L'AUA

711 Conformément au dualisme du droit OHADA, la renonciation aux actions contre la sentence relevant de l'AUA diffère de celle qui est rendue sous les auspices de la CCJA. Contrairement à l'article 29.2 du RA, aucune disposition de l'AUA ne traite de la renonciation au recours en annulation. Pourtant, la question se pose avec une grande acuité car la renonciation au recours en annulation est une règle bien connue en pratique dans l'espace OHADA. Au-delà des clauses compromissoires, s'inspirant de l'article 28.6 du Règlement d'arbitrage de la CCI de 1998 – devenu article 34.6 en

[1373] E. Gaillard et P. de Lapasse, « Commentaire du décret du 13 janvier 2011 portant réforme du droit français de l'arbitrage », *Cah. arb.* 2011-2, p. 263, sp. n° 119.

[1374] J.-F. Poudret et S. Besson, *Droit comparé de l'arbitrage international*, *op. cit.*, n° 839, pp. 831-832.

2012[1375] de nombreux règlements d'arbitrage d'institutions basées en zone OHADA prévoient l'exclusion d'actions contre la sentence[1376].

712 La conjugaison du silence de l'AUA et de l'insertion de la renonciation aux voies de recours dans les règlements d'arbitrage contre la sentence constitue un cocktail particulièrement dangereux pour la partie faible. En effet, à défaut de pouvoir s'appuyer sur une interdiction claire de l'exclusion contractuelle des actions contre la sentence, la partie en position d'infériorité peut se voir opposer une règle qu'elle n'a jamais envisagé. Dans les faits, il est rare que lors de la conclusion de la convention d'arbitrage, les litigants s'intéressent de manière détaillée au règlement d'arbitrage du centre choisi, notamment aux dispositions relatives à la renonciation au recours en annulation[1377].

713 L'affaire *Delpech*[1378] a été l'occasion de confirmer que la renonciation aux recours prévue dans un règlement d'arbitrage est une règle porteuse de difficultés. En l'espèce, les parties avaient conclu une clause compromissoire renvoyant à la Cour d'arbitrage de Côte d'ivoire. L'ancien article 30 du Règlement d'arbitrage de cette institution prévoyait : « *La sentence arbitrale est définitive et revêt un caractère obligatoire pour les parties. Celles-ci s'engagent, par leur adhésion au présent règlement, à l'exécuter sans délai, et sont réputées avoir renoncé au recours en annulation devant les juridictions étatiques et à toutes les voies de recours auxquelles elles peuvent valablement renoncer* ». Lorsque la partie succombante à l'arbitrage a saisi la Cour d'appel d'Abidjan aux fins d'annulation de la sentence, son contradicteur a allégué l'exception d'irrecevabilité de l'action motif pris de l'article 30 précité. La Cour d'appel d'Abidjan ayant fait droit au recours en annulation, le pourvoi intenté devant la CCJA a à nouveau invoqué l'irrecevabilité du recours en annulation. Pour répondre à ce moyen, la CCJA a d'abord commencé par indiquer que la loi ivoirienne du 9 août 1993 sur l'arbitrage était applicable à la clause arbitrale litigieuse. Puis, prenant appui sur l'article 42 de cette loi[1379], la CCJA a

---

[1375] L'article 34.6 du Règlement d'arbitrage de la CCI prévoit que « *toute sentence arbitrale revêt un caractère obligatoire pour les parties. Par la soumission de leur différend au présent Règlement, les parties s'engagent à exécuter sans délai la sentence à intervenir, et sont réputées avoir renoncé à toutes voies de recours auxquelles elles peuvent valablement renoncer* ».

[1376] Article 27 du Règlement d'arbitrage du Centre d'arbitrage du Congo, ancien article 30 du Règlement d'arbitrage de la CACI, article 32.4 du Règlement d'arbitrage du CAMC-O, article 27 alinéa 2 du Règlement d'arbitrage du CECAM, article 29 du Règlement d'arbitrage du CENACOM.

[1377] Ch. Seraglini, « L'efficacité et l'autorité renforcées des sentences arbitrales en France après le décret 2011-48 du 13 janvier 2011 », *op. cit.*, n° 32.

[1378] CCJA, 19 juin 2003, *époux Delpech c/ SOTACI, op. cit.*

[1379] L'article 42 de la loi ivoirienne du 9 août 1993 relative à l'arbitrage cette loi dispose : « *Lorsque, suivant les distinctions faites à l'article 40, les parties ont renoncé à* soutenu que « *la clause de renonciation à tout recours insérée par les parties dans la convention du 16 février 1998 doit être considérée comme non écrite en ce qui concerne le recours en annulation* ».

714 Cette décision ne brille pas par sa pertinence car, comme le souligne la doctrine, « *derrière son apparente clarté, cet arrêt soulève plus de questions qu'il n'en résout* »[1380]. Au regard de la décision rendue par la CCJA, il y a lieu de s'interroger avec un auteur[1381] sur sa position si le droit ivoirien avait été favorable à la renonciation au recours en annulation. En fait, l'arrêt *Delpech* est loin de clarifier le régime de l'exclusion contractuelle des voies de recours contre les sentences, au contraire, il instaure une préoccupante ambiguïté sur les effets du choix d'un règlement d'arbitrage (§ 1). Au-delà des imprécisions de la jurisprudence de la CCJA, l'architecture des voies de recours contre la sentence dans l'AUA n'est pas non plus favorable à la partie faible. A supposer que soit admise la renonciation à la contestation de la légalité de la sentence, la faculté d'attaquer une ordonnance d'exequatur n'est pas garantie. Compte tenu du lien établi entre le recours en annulation et la contestation de l'exequatur, il ressort une quasi impossibilité d'attaquer une ordonnance d'exequatur tant en raison de l'inexistence d'une action directe contre celle-ci qu'à cause des incertitudes de l'action indirecte par le biais du recours en annulation (§ 2).

§ 1 L'ambigüité du régime de l'exclusion contractuelle du recours en annulation

715 La CCJA ayant élaboré de manière admirable les conditions d'efficacité de la renonciation au recours en annulation prévue par une clause compromissoire, la question qui reste en suspens concerne le cas où elle figure dans un règlement d'arbitrage. Malheureusement, le seul arrêt rendu par les magistrats supérieurs de l'OHADA[1382] dans cette matière n'emporte pas approbation. En subordonnant la validité de la renonciation aux voies de recours aux dispositions de la loi applicable à la convention d'arbitrage, la CCJA a fait un recours inapproprié aux règles conflictuelles

---

l'appel, ou qu'elles ne se sont pas expressément réservé cette faculté dans la convention d'arbitrage, un recours en annulation de l'acte qualifié sentence peut, néanmoins, être formé malgré toute stipulation contraire ».

[1380] A. Ngwanza, « L'essor de l'arbitrage international en Afrique sub-saharienne : les apports de la CCJA », *op. cit.*, n° 78.

[1381] A. Fénéon, « Note sous CCJA, arrêt n° 010/2003, *M. Delpech Gérard et Mme Delpech Joëlle c/ Sté SOTACI* », *Revue camerounaise de l'arbitrage* n° 28, janvier-février-mars 2005, p. 17, sp. p. 23.

[1382] CCJA, 19 juin 2003, *époux Delpech c/ SOTACI*, *op. cit.*

(A). Pour cette raison, il est nécessaire qu'elle révise son approche en procédant à un examen concret du consentement du faible (B).

A. L'inadéquation du conflit de lois quant à la validité de la renonciation aux voies de recours

716 L'essor massif des règles matérielles en droit de l'arbitrage a abouti à une éviction de la méthode du conflit de lois pour l'examen de la validité de la convention d'arbitrage ou de l'un de ses effets[1383]. Cette démarche teintée de *favor arbitri*[1384]n'a malheureusement pas été retenue par la juridiction supérieure de l'OHADA, elle a préféré se tourner vers le droit réputé applicable à la clause compromissoire pour apprécier la légalité de la renonciation aux voies de recours. Ce recours à la technique conflictuelle n'est ni *praeter legem*, ni favorable à la protection du faible (1). Pour rectifier le tir, la CCJA a tout intérêt à retenir une règle matérielle qui lui permette de donner une position prévisible (2).

1. Les dangers de l'approche conflictuelle

717 D'entrée de jeu, il est important de rappeler qu'en dépit de leur commune appartenance à la tradition civiliste – excepté la partie anglophone du Cameroun –, les pays membres de l'OHADA présentent une grande diversité quant à leur législation nationale en matière d'arbitrage. Ce défaut d'homogénéité se reflète concrètement en matière d'exclusion de voies de recours. Sur ce point, seul le législateur ivoirien a prévu une disposition réputant non écrite toute stipulation indiquant que les litigants renoncent par anticipation au droit d'attaquer une sentence.

718 Cette divergence législative place le faible exactement dans la même position qu'en matière de libre disposition[1385]. Il n'est protégé qu'en fonction de la législation nationale applicable alors que le droit OHADA a vocation à s'appliquer de manière uniforme. Quand on sait que la renonciation aux voies de recours insérée dans un règlement d'arbitrage fait rarement l'objet

---

[1383] Ph. Fouchard, E. Gaillard et B. Goldman, *Traité de l'arbitrage commercial international*, *op. cit.*, n° 518 ; J.-B. Racine, *Droit de l'arbitrage*, *op. cit.*, n° 131. Pour avis contraire sur la pertinence des règles conflictuelles, v. C. Seraglini et J. Ortscheidt, *Droit de l'arbitrage interne et international*, *op. cit.*, n° 592-597. C. Seraglini *in* J. Béguin et M. Menjucq (dir), *Droit du commerce international*, Litec 2005, n° 2470 et s. ; S. Bollée, *Les méthodes du droit international privé à l'épreuve des sentences arbitrales,* Economica, 2004.

[1384] E. Loquin, *L'arbitrage du commerce international*, *op. cit.*, n° 131 ; Ph. Leboulanger, « Le principe de validité de la clause compromissoire sans référence à une loi », *op. cit.*, p. 24

[1385] V. supra, n° 43 et s.

de débat[1386], alors il y a lieu de s'inquiéter pour la partie en position d'infériorité. Outre la surprise de la découverte de la règle au moment du recours en annulation, elle s'expose également au renvoi à un droit auquel elle n'a pas voulu forcément voir produire des effets quant à la validité de la convention d'arbitrage.

719 A rebours d'une plume qui soutient l'importance tenue des règles de conflits de lois dans les relations internationales[1387], la CCJA leur confère une importance décisive, qui plus est, de manière assez discutable. Dans l'arrêt *Delpech*[1388], elle s'est bornée à indiquer que c'était la loi ivoirienne qui était applicable lors de la conclusion de la stipulation arbitrale litigieuse. Outre le fait que la CCJA n'indique pas la règle de conflit en vertu de laquelle elle a fait son choix, l'effet abrogatoire de l'AUA s'oppose à l'application simultanée du droit interne et du droit OHADA. Après quelques hésitations[1389], la doctrine a admis que « *l'effet abrogatoire signifie en toute circonstance effacement de la norme de droit interne qui se met en contradiction ou en concurrence avec les dispositions d'un acte uniforme* »[1390]. La CCJA a ajouté pour sa part que l'« *abrogation concerne également les dispositions du droit interne identiques à celles des Actes Uniformes* »[1391]. Au regard de ce qui précède, rien ne justifiait de faire application du droit ivoirien dès lors que l'AUA régit les conditions de validité de la convention d'arbitrage.

720 Il est probable que l'existence d'une disposition ivoirienne spécifiquement consacrée à l'exclusion contractuelle des recours contre la sentence, par opposition au mutisme de l'AUA, ait joué un rôle majeur dans l'esprit des magistrats supérieurs de l'OHADA. Quoi qu'il en soit, en faisant le choix des règles conflictuelles, la CCJA n'a pas réellement traité le problème qui lui était posé à savoir : la validité de la renonciation au recours en annulation en vertu de l'AUA. En indiquant que les parties ne pouvaient valablement exclure les voies de recours d'abord en raison de la loi ivoirienne puis de la prévision du recours en annulation par l'AUA, la CCJA n'aide pas réellement le faible. Si elle avait mis l'existence du recours en

---

[1386] L. Bernheim-Van de Casteele, *Les principes fondamentaux de l'arbitrage*, *op. cit.*, n° 93.

[1387] E. Loquin, « Les règles matérielles internationales », *Recueil des cours de l'Académie de la Haye*, tome 322, p. 9 sp. pp. 60 et s.

[1388] CCJA, 19 juin 2003, *époux Delpech c/ SOTACI*, *op. cit.*

[1389] J. Issa-Sayegh, « La portée abrogatoire des Actes uniformes de l'OHADA sur le droit interne des Etats parties », www.ohada.com, Ohadata D-02-14.

[1390] H. Tchantchou, *La supranationalité judiciaire dans le cadre de l'OHADA : étude à la lumière du système des Communautés européennes*, préface M. Kamto, L'Harmattan, 2009, n° 628. Dans le même sens, G. Kenfack Douajni, « La portée abrogatoire de l'acte uniforme relatif au droit de l'arbitrage », Revue camerounaise de l'arbitrage, numéro spécial, octobre 2001, p. 28.

[1391] Avis n° 001/2001/EP, 30 avril 2001, *Penant* 2002, n° 839, p. 229.

annulation comme premier argument de son refus, les choses auraient été différentes car le faible aurait été protégé quelle que soit la forme de la renonciation au recours en annulation. A l'inverse, elle a dit que « *la renonciation au recours en annulation est réputée non écrite dès lors que la loi applicable à la convention d'arbitrage interdit une telle renonciation, et que l'Acte uniforme sur le droit de l'arbitrage prévoit un tel recours* ».

721 En tout état de cause, il eut été compliqué pour la CCJA de s'appuyer prioritairement sur l'AUA pour soutenir le caractère d'ordre public du recours en action, une telle affirmation se serait heurtée au fait que le RA va en sens contraire. Elle aurait été obligée de reconnaitre un ordre public pour le droit commun de l'arbitrage OHADA et un autre pour les procédures régies par le RA. En somme, la CCJA s'est éloignée à tort de la règle matérielle qui a pourtant l'avantage de la prévisibilité.

2. L'opportunité d'une règle matérielle prévisible

722 L'article 4 de l'AUA dispose : « *La convention d'arbitrage est indépendante du contrat principal. Sa validité n'est pas affectée par la nullité de ce contrat et elle est appréciée d'après la commune volonté des parties, sans référence nécessaire à un droit étatique (...)* ». En vertu de cette disposition, inspirée de l'arrêt *Dalico*[1392], la validité d'une convention d'arbitrage ne ressortit pas de la méthode du conflit des lois. En se rangeant à la position du droit français, le législateur OHADA a clairement affiché sa volonté de mettre l'accord arbitral à l'abri du droit interne des Etats membres de l'OHADA. Cette position est confirmée par l'article 2 alinéa 2 de l'AUA[1393] qui donne une application concrète de l'article 4 précité en matière de capacité compromissoire des personnes publiques. En énonçant qu'un Etat ne peut pas se prévaloir de son droit interne pour contester la validité d'une convention d'arbitrage qu'il a signée, l'AUA indique que les juges doivent faire l'économie des dispositions de droit interne[1394].

1392 Cass. civ. 1re, 20 décembre 1993, *op. cit.*

1393 L'article 2 alinéa 2 dispose : « *Les Etats et les autres collectivités publiques territoriales ainsi que les Etablissements publics peuvent également être parties à un arbitrage, sans pouvoir invoquer leur propre droit pour contester l'arbitrabilité d'un litige, leur capacité à compromettre ou la validité de la convention d'arbitrage* ».

1394 Bien que l'arrêt *Dalico* soit d'origine française, la doctrine relève que les juges ne font pas toujours application d'une règle matérielle pour apprécier la validité d'une convention d'arbitrage. Dans ce sens, à propos d'un arrêt de la Cour d'appel de Paris, S. Bollée et B. Haftel, (« Note sous CA Paris, 07 avril 2011 », *Rev. arb.* 2011-3, p. 752, sp. p. 754) soulignent qu'« *en guise de "règle matérielle" imposant d'apprécier la portée de la clause "d'après la commune volonté des parties, sans qu'il soit nécessaire de se référer à une loi étatique", la Cour applique en substance des règles identifiées du droit interne français, à savoir les articles 1156 et 1157 du Code civil* ».

723 La CCJA a fait une saine application de l'article 4 de l'AUA dans l'affaire *République de Guinée équatoriale et la Communauté des Etats d'Afrique centrale (CEMAC) c/ Commercial Bank of Guinea Ecuatorial (CBGE)*[1395] en refusant de faire droit à l'argument de la *République de Guinée équatoriale* qui excipait l'irrégularité de la clause compromissoire au regard de son droit national. Dans cette affaire, la CCJA a focalisé son raisonnement sur le consentement des litigants au regard des circonstances factuelles de l'espèce. Telle est la démarche qu'elle aurait dû adopter pour examiner la validité de la renonciation au recours contenue dans le règlement d'arbitrage de la Cour d'arbitrage de Côte d'ivoire.

724 Pour le faible, le recours à une règle matérielle présente l'avantage de la prévisibilité dans la mesure où il évite de plonger dans les incertitudes du droit interne. Outre la *favor arbitrandum*, la mise à l'écart du conflit de lois est particulièrement opportune en Afrique. Le droit national des Etats-membres de l'OHADA étant majoritairement muet sur l'exclusion contractuelle des voies de recours, il est difficile de savoir dans quelles conditions les juges admettront ou non la volonté des parties de renoncer à l'avance aux voies de recours contre la sentence.

725 La détermination des conditions d'efficacité des clauses d'exclusion du recours en annulation par une règle matérielle présente aussi l'avantage d'harmoniser le droit, pour peu que la CCJA ait fixé sa position. Ainsi, le faible, comme tout justiciable d'ailleurs, n'aura pas besoin de se demander quelle loi serait applicable à la convention d'arbitrage, il lui suffira de se rapporter à la décision de la CCJA. Ce faisant, cette dernière devra pointer le curseur sur l'appréciation concrète du consentement des justiciables à la renonciation au recours en annulation.

B. L'examen concret du consentement à la renonciation

726 Afin de ne pas laisser en suspens la question de l'efficacité d'une exclusion des actions contre la sentence contenue dans un règlement d'arbitrage[1396], il est important de s'interroger sur la réalité du consentement des parties, notamment le faible. En effet, les contractants se préoccupant

---

[1395] CCJA, 29 novembre 2011, *République de Guinée équatoriale et la Communauté des Etats d'Afrique centrale (CEMAC) c/ Commercial Bank of Guinea Ecuatorial (CBGE)*, *op. cit.*

[1396] Contrairement à P.-G. Pougoué, J.-M. Tchakoua et A. Fénéon (*Droit de l'arbitrage dans l'espace OHADA*, *op. cit.*, n° 266) qui considère que le silence de l'AUA sur la renonciation au recours en annulation emporte rejet de cette règle par le législateur OHADA, rien ne justifie fermement un double régime entre l'AUA et le RA. Il semble plus pertinent de trouver les causes de cette nuance la rédaction non coordonnée du RA et de l'AUA. Sinon, il est difficile de comprendre pourquoi le législateur OHADA pourrait instaurer une dichotomie aussi importante sur l'efficacité des sentences.

rarement de manière détaillée du règlement d'arbitrage de l'institution qu'elles ont choisie, il y a lieu de se demander si une mention de ce règlement suffit à caractériser le consentement requis pour la renonciation au recours en annulation. Compte tenu des enjeux de cette dernière et de la position précaire de la partie faible lors des négociations, il parait pertinent d'exiger un consentement spécial (1). Une telle règle est totalement conforme à la jurisprudence de la CCJA s'agissant de l'exclusion des voies de recours contre les sentences rendues sous son égide (2).

1. L'exigence d'un consentement spécial

727 Bien que le mutisme de l'AUA ne suffise pas à invalider la renonciation au recours en annulation, lorsque celle-ci apparait uniquement dans un règlement d'arbitrage il est assez aisé de soutenir qu'il ne s'agit pas d'un accord suffisant. Tout d'abord, il importe de rappeler que les droits français[1397] et suisse[1398] subordonnent la validité de l'exclusion des actions contre la sentence au fait que les parties aient spécialement exprimé leur volonté. La doctrine française[1399] majoritaire[1400] considère qu'il faut un acte distinct de la disposition d'un règlement d'arbitrage pour manifester efficacement l'intention de ne pas contester la sentence. Ainsi, « *toute difficulté serait écartée si le règlement d'arbitrage prévoyait dans une annexe une telle renonciation, dans l'hypothèse où celle-ci serait signée par les parties, ce qui serait de nature à lever tout doute sur leur volonté de renoncer au recours en annulation* »[1401].

728 L'attachement de la doctrine française à l'exigence d'un consentement spécial ne tient pas seulement à la lettre de l'article 1522 du

---

[1397] Article 1522 du CPC, *op. cit.* n° 701.

[1398] Article 192 de la LDIP, *op. cit.*, note 1345.

[1399] Ch. Jarosson et J. Pellerin, « Le droit français de l'arbitrage après le décret du 13 janvier 2011 », *Rev. arb.* 2011-1, p. 5, sp. n° 104 ; Th. Clay, « Liberté, Egalité, Efficacité : la devise du nouveau droit français de l'arbitrage. Commentaire article par article. Deuxième partie », *op. cit.*, pp. 845-847 ; J. Ortscheidt et Ch. Seraglini, « La nouvelle articulation des recours en arbitrage international », *op. cit.*, n° 31 ;Ch. Seraglini, « L'efficacité et l'autorité renforcées des sentences arbitrales en France après le décret 2011-48 du 13 janvier 2011 », *op. cit.*, n° 32 ; S. Bollée, « Le droit français de l'arbitrage international après le décret 2011-48 du 13 janvier 2011 », *op. cit.*, n° 26.

[1400] En marge du consensus majoritaire relatif à l'insuffisance d'une disposition d'un règlement d'arbitrage pour exprimer un consentement spécial à l'exclusion des actions contre la sentence, E. Loquin (« La réforme du droit français interne et international de l'arbitrage (Commentaire du décret n° 2011-48 du 13 janvier 2011) »,*op. cit.*, n° 132) semble soutenir le contraire puis qu'il considère qu'un acte autonome de la convention d'arbitrage n'est pas nécessaire.

[1401] E. Gaillard et P. de Lapasse, « Commentaire du décret du 13 janvier 2011 portant réforme du droit français de l'arbitrage », *op. cit.*, n° 119.

CPC, elle s'inscrit aussi dans la volonté d'entourer la renonciation au recours en annulation « *de sages limites* »[1402]. Cette approche fait la part belle à la protection de la partie faible puisqu'elle ne pourra être liée par l'exclusion des voies de recours prévue par un règlement d'arbitrage que si la preuve ferme de son engagement est établie.

729 La CCJA ne devrait donc pas avoir de peine à suivre le raisonnement développé en droit français dans la mesure où il s'illustre par son équilibre. Le libéralisme conduit à reconnaitre la possibilité d'exclure l'action en annulation d'une sentence par référence à un règlement d'arbitrage, cependant il faut qu'un accord particulier puisse confirmer la volonté des litigants. L'exigence d'un acte supplémentaire constitue le moyen par lequel il sera vérifié que les contractants ont pris la pleine mesure de leur engagement, contrairement à l'acceptation d'un règlement d'arbitrage qui est un contrat d'adhésion[1403]. Lorsque le contrat est rédigé par une seule partie, comme c'est généralement le cas dans les actes juridiques asymétriques, le stipulant impose doublement sa volonté. Outre la clause compromissoire renvoyant à un centre d'arbitrage particulier, il choisit aussi unilatéralement de manière indirecte la renonciation à contester la sentence. L'adhérent n'a pas d'autre choix que souscrire à des règles lourdes de conséquences, surtout lorsqu'il est en position de précarité intellectuelle et / ou financière. Dans telles conditions, l'acceptation est incertaine alors que « *la renonciation doit être circonstanciée et dénuée d'ambigüité* »[1404].

730 Par ailleurs, l'appréciation des conditions d'efficacité de l'exclusion des actions contre la sentence dans l'AUA ne peut procéder d'une approche différente de celle retenue dans le cadre de l'application du RA. La cohérence du droit OHADA, en dépit de son dualisme, postule d'adopter une démarche rigoureuse chaque fois qu'il s'agit de se prononcer sur la portée d'un règlement d'arbitrage relevant de l'AUA. Il en découlera une totale conformité avec le RA.

[1402] S. Bollée, « Le droit français de l'arbitrage international après le décret n° 2011-48 du 13 janvier 2011 », *op. cit.*, n° 26. V. également J.-B. Racine, *Droit de l'arbitrage*, *op. cit.*, n° 929.

[1403] E. Gaillard et P. de Lapasse, « Commentaire du décret du 13 janvier 2011 portant réforme du droit français de l'arbitrage », *op. cit.*, n° 119.

[1404] J.-B. Racine, *Droit de l'arbitrage*, *op. cit.*, n° 929.

2. La conformité avec le RA

731 La discordance entre l'AUA et le RA sur la possibilité de renoncer à exercer un recours en annulation ne repose sur aucune justification pertinente[1405]. En attendant que le législateur OHADA se décide à harmoniser ces deux textes, la sécurité juridique commande une uniformisation du régime de la renonciation aux voies de recours contre la décision des arbitres. Le faible en tirera un grand intérêt dans la mesure où il n'aura pas besoin de vérifier quel est le régime de l'exclusion des actions concerné par le règlement d'arbitrage qu'il envisage de choisir.

732 La convergence de l'AUA et du RA va se traduire concrètement par l'extension de la rigueur qui caractérise la jurisprudence CCJA en matière de renonciation au recours en contestation de validité. Sur ce point, il importe de rappeler que l'article 29.2 du RA ne comporte pas une renonciation aux voies de recours, il ouvre simplement aux justiciables la possibilité d'y procéder par convention. Par contre, dans le cadre de l'arbitrage soumis au RA, l'exclusion des actions contre la sentence est tant le fait de règlements d'arbitrage que de clauses compromissoires. En conséquence, la similarité entre le RA et l'AUA devra se traduire par la téléologie que par l'identité formelle des règles. En fait, la nécessité d'une intention claire, épine dorsale de la position de la CCJA en matière de renonciation à l'action en annulation de la sentence, doit être également la matrice du raisonnement s'agissant de l'AUA. Il en découle qu'en dépit du silence de ce dernier, l'exigence d'un consentement spécial, distinct de la disposition d'un règlement d'arbitrage, trouve son sens dans la recherche de la certitude de l'accord de volontés.

733 Ainsi, la réticence de la CCJA envers les formules ambigües de renonciation au recours en contestation de validité[1406] doit être transposée, *mutatis mutandis*, à l'exclusion des voies de recours par les règlements d'arbitrage. Le faible en ressort mieux protégé puisque dans tous les cas de figure, l'imprécision profite à l'absence de renonciation. Etant donné qu'il est établi que la renonciation au recours en annulation suscite des interrogations pour l'effectivité du consentement[1407], la base juridique pour imposer un accord séparé est fournie par la jurisprudence CCJA. En revanche, cette dernière sera d'aucune utilité pour la contestation d'une ordonnance d'exequatur, l'architecture des voies de recours du droit OHADA rend cette dernière quasiment inattaquable.

[1405] A. Ngwanza, « L'essor de l'arbitrage international en Afrique sub-saharienne : les apports de la CCJA », *op. cit.*, n° 72.

[1406] V. supra, n° 666 et s.

[1407] J.-B. Racine, *Droit de l'arbitrage*, *op. cit.*, n° 929.

§ 2 La quasi impossibilité d'attaquer une ordonnance d'exequatur

734 La problématique de la renonciation à la contestation de l'ordonnance d'exequatur se pose de manière singulière dans le cadre de l'AUA. Alors que le RA prévoit simultanément la faculté de renonciation au recours en contestation de validité et l'opposition à l'ordonnance d'exequatur, l'AUA va dans un sens différent. Autant, il parait moins protecteur des sentences quant à leur contestation à travers son silence sur la renonciation au recours en annulation, autant il semble plus soucieux de l'efficacité des décisions des arbitres en limitant les actions empêchant l'exequatur. L'article 32 alinéa 2 de l'AUA dispose à cet effet : « *La décision qui accorde l'exequatur n'est susceptible d'aucun recours* ». Sur ce dernier point, l'on ne peut manquer de souligner la particularité de l'AUA, le droit comparé allant globalement en sens inverse. En France par exemple, l'article 1525 alinéa 1 du CPC permet de faire appel de ²l'ordonnance d'exequatur prononcée en faveur d'une sentence rendue à l'étranger[1408]. L'architecture des voies de recours contre la sentence d'après l'AUA est particulièrement préoccupante car, en cas de renonciation consentie à la hussarde, le faible est privé de toute action contre l'ordonnance d'exequatur (A). Cette situation présente de nombreux inconvénients qui méritent de s'y arrêter (B).

A. Le défaut d'actions contre l'ordonnance d'exequatur

735 Le principal problème posé par l'articulation de l'exequatur et du recours en annulation dans l'AUA vient du fait que le législateur OHADA a établi une étroite connexité entre ces deux procédures. L'article 32 alinéa 3 de l'AUA lie le sort de l'ordonnance d'exequatur à la recevabilité du recours en annulation en disposant : « ... *le recours en annulation de la sentence emporte de plein droit dans les limites de la saisine du juge compétent de l'Etat-partie, recours contre la décision ayant accordé l'exequatur* ». Bien que la doctrine considère que l'« *interdépendance entre le recours en annulation contre la sentence et l'exequatur a pour conséquence de simplifier le régime des voies de recours* »[1409], il n'en demeure pas moins que l'inexistence d'un recours direct contre l'ordonnance d'exequatur (1) entraine la disparition de toute action contre la sentence en cas de renonciation au recours en annulation (2).

[1408] L'article 1525 alinéa 1 du CPC dispose : « *La décision qui statue sur une demande de reconnaissance ou d'exequatur d'une sentence arbitrale rendue à l'étranger est susceptibled'appel* ».

[1409] P. Meyer, *OHADA. Droit de l'arbitrage*, *op. cit.*, n° 407.

1. L'inexistence d'un recours direct contre l'ordonnance de refus d'exequatur

736 Indépendamment de l'exclusion des voies de recours, le régime de la reconnaissance des sentences en droit OHADA n'est pas très favorable à la partie faible. Contrairement au droit français, l'AUA ne procède pas à une distinction entre les sentences rendues à l'étranger et les sentences pour déterminer les cas dans lesquels l'opposition à exequatur est possible. S'inspirant de l'article 1488 du NCPC - devenu article 1499 du CPC après la réforme de 2011[1410]-, l'article 32 alinéa 2 de l'AUA dispose : « *La décision qui accorde l'exequatur n'est susceptible d'aucun recours* ». Le caractère absolu de cette règle est doublement inapproprié car l'AUA a repris une règle de droit français sans tenir compte du contexte juridique de l'OHADA, encore moins des désastres pouvant en découler pour la partie faible.

737 S'agissant de l'inadéquation de l'article 32 alinéa 2 de l'AUA à l'espace OHADA, il importe de souligner que le législateur a importé une règle qui n'a de sens que dans le cadre d'une seule souveraineté : l'ordre juridique français. Or, indépendamment de l'existence d'un ordre juridique OHADA[1411], il reste que les Etats membres de l'OHADA constituent individuellement des ordres juridiques distincts. Par conséquent, la reconnaissance d'une sentence étrangère, fut-elle rendue dans un Etat partie au Traité OHADA, ne peut pas être perçue comme une sentence relevant de l'ordre juridique du for. Or, l'article 1499 du CPC ne s'applique qu'aux sentences rendues en France en matière d'arbitrage interne, l'ordonnance d'exequatur relative à des décisions arbitrales rendues à l'étranger relève d'un autre régime. Conformément à l'article 1525 alinéa 1 du CPC : « *La décision qui statue sur une demande de reconnaissance ou d'exequatur d'une sentence arbitrale rendue à l'étranger est susceptible d'appel* ». La doctrine souligne à bon escient qu'il s'agit « *d'une différence importante qui signifie que la faveur dont bénéficie le juge de l'exequatur lorsqu'il accorde l'exequatur d'une sentence arbitrale rendue en France disparaît lorsqu'elle a été rendue à l'étranger* »[1412].

738 Le législateur OHADA semble avoir oublié qu'une sentence rendue en République démocratique du Congo peut entrer en vigueur au Sénégal sans la moindre possibilité de recours. En dépit de l'étroite proximité juridique et économique avec les autres pays membres de l'Union européenne, le droit français n'est pas allé aussi loin. Malgré la convergence

---

1410 L'article 1499 du CPC dispose : « *L'ordonnance qui accorde l'exequatur n'est susceptible d'aucun recours* ».

1411 J. Issa-Sayegh, « L'ordre juridique OHADA », *op. cit.*

1412 Th. Clay, « Liberté, égalité, efficacité : la devise du nouveau droit français de l'arbitrage. Commentaire article par article. Deuxième partie », *op. cit.*, p. 852.

doctrinale sur l'existence d'un ordre public régional OHADA[1413], il n'en demeure pas moins que la sentence rendue dans un Etat tiers à celui du for ne doit pas être reconnu sans possibilité de la contester.

739 Le palliatif à l'action contre l'ordonnance d'exequatur est fourni par l'article 32 alinéa 3 de l'AUA qui prévoit que « *le recours en annulation de la sentence emporte de plein droit dans les limites de la saisine du juge compétent de l'Etat-partie, recours contre la décision ayant accordé l'exequatur* ». En fait, l'article 32 alinéa 3 de l'AUA consacre une voie détournée pour attaquer l'ordonnance d'exequatur car, en demandant l'annulation de la sentence, on sollicite par ricochet celle de la décision d'exequatur. Dès lors que le sort de la décision portant reconnaissance de la sentence est lié à celui du recours en annulation, ce dernier devient un moyen de contester ladite décision. L'action ainsi prévue comble donc l'impossibilité d'attaquer directement la décision d'exequatur. Toutefois, cette règle qui emporte « *concentration des recours* »[1414] n'a de sens que si le recours en annulation et l'exequatur sont exercés dans le même Etat[1415]. Bien plus, elle présente une incidence majeure en cas de renonciation au recours en annulation : la disparition totale de quelque action contre l'ordonnance d'exequatur.

2. L'effet extinctif de la renonciation au recours en annulation

740 Comme indiqué plus haut[1416], en droit comparé la renonciation au recours en annulation ne ferme pas la porte à la contestation de la décision accordant l'exequatur, quelle que soit la rédaction de la convention d'arbitrage. Or, dans l'arbitrage soumis à l'AUA, pour peu qu'il soit admis que litigants ont la possibilité de renoncer par anticipation à l'action visant la validité de la sentence, il en découle une conséquence drastique : l'impossibilité d'attaquer la décision accordant l'exequatur.

741 Cette situation découle du fait que le recours en annulation est une voie de recours détournée contre l'ordonnance d'exequatur. Si les parties ont renoncé à contester la régularité de la sentence, cela entraine *ipso facto* l'extinction de l'action qui aurait permis d'empêcher la reconnaissance d'une

---

[1413] J.-P. Ancel, « Le contrôle de la sentence », *op. cit.*, pp. 190-191 ; P. Meyer, *OHADA. Droit de l'arbitrage*, *op. cit.*, n° 405 ; G. Kenfack Douajni, « La notion d'ordre public international dans l'arbitrage OHADA », *Revue camerounaise de l'arbitrage* n° 29, avril-mai-juin 2005, p. 3 ; S. I. Bebohi Ehongo, « L'ordre public international des Etats parties à l'OHADA », *Revue camerounaise de l'arbitrage* n° 34, juillet-août-septembre 2006, p. 3.

[1414] Th. Clay, « Liberté, égalité, efficacité : la devise du nouveau droit français de l'arbitrage. Commentaire article par article. Première partie », *JDI* 2012-2, p. 443, sp. p. 526.

[1415] V. infra, n° 744-752.

[1416] V. supra, 707-710.

sentence viciée. Pour mémoire, il importe de rappeler que l'exclusion du recours en annulation ne vise pas à éteindre toute voie de recours contre la sentence mais uniquement à annihiler les actions dilatoires et abusives[1417].

742 Or, l'AUA ne parait pas avoir intégré la portée réelle de la renonciation au recours en annulation, situation parfaitement maitrisée par le CPC puisque son article 1522 alinéa 2 permet de s'opposer à une ordonnance d'exequatur d'une sentence rendue en France si les litigants ont exclu le recours en annulation.

743 Le faible qui conclut une clause compromissoire excluant le recours en annulation se trouve pris au piège de son accord, il a donné son consentement pour une règle dont les conséquences sont particulièrement dommageables pour lui. Qu'en est-il par exemple de l'ordonnance d'exequatur de la sentence rendue sans tenir compte de ses demandes étroitement liées à celle de son contradicteur ? En renonçant au recours en annulation, le faible a-t-il envisagé d'être privé de toute action ? Le doute est permis, sachant que l'architecture des voies contre la décision d'exequatur constitue *per se* un problème pour l'impécunieux.

B. Les inconvénients de l'inexistence d'actions directes contre la décision d'exequatur

744 S'il est probable que le législateur OHADA était animé d'une volonté de garantir l'efficacité des sentences en concentrant les voies de recours contre la décision accordant l'exequatur, il est indéniable que cette règle est source de difficultés dans sa mise en œuvre. En effet, lorsque l'exequatur a été prononcée par une juridiction d'un Etat différent de celui saisi du recours en annulation, l'effectivité de cette dernière action est incertaine (1). Il s'ensuit que l'exequatur confère en pratique une immunité à la décision des arbitres, quand bien même celle-ci présente des vices qui la rendent annulables (2).

1. L'effectivité incertaine du recours détourné contre la décision d'exequatur

745 La contestation de l'exequatur par l'entremise du recours en annulation n'a de sens que si la décision rendue par la juridiction saisie pour contrôler la validité de la sentence, s'impose au juge ayant rendu l'ordonnance d'exequatur. Or, ce scénario ne peut se produire que lorsque les juridictions en charge respectivement du contentieux de l'exequatur et de

---

[1417] E. Gaillard et P. de Lapasse, « Le nouveau droit français de l'arbitrage interne et international », *op. cit.*, n° 41.

l'annulation de la sentence relèvent d'un seul ordre juridique. A défaut d'appartenir au même Etat, il faudrait que la coopération judiciaire entre les différents pays concernés par la reconnaissance et le contrôle de validité de la sentence soit parfaite.

746 Si plus de cinquante ans après sa création, l'Union européenne, malgré de nombreuses et importantes avancées dans le domaine de la coopération judiciaire, n'a pas réussi à faire régler tous les problèmes[1418], ça veut dire que la question est extrêmement délicate. Dans l'espace OHADA, la situation est encore plus complexe car non seulement la collaboration entre les juridictions nationales n'est pas abordée de manière globale, mais les conventions internationales s'y rapportant ne sont pas d'un usage simple. La Convention de coopération en matière de justice signée le 12 juin 1961 à Tananarive, par exemple, qui rassemble le plus d'Etats membres de l'OHADA[1419], a été adoptée dans le cadre de l'Organisation Commune Africaine et Malgache (OCAM) qui a cessé toute activité depuis 1985[1420]. Est-il encore possible de s'en prévaloir ? La réponse à cette question est incertaine.

747 Bien que certaines conventions bilatérales ou multilatérales aient été signées entre certains Etats[1421], il n'en demeure pas moins que la circulation des décisions de justice reste une question épineuse[1422]. En se limitant à légiférer sur la reconnaissance des sentences arbitrales, le législateur OHADA, a fait œuvre lacunaire quant à l'exequatur des jugements et arrêts rendus par les juges nationaux.

748 Bien plus, le problème posé par la rétractation d'une ordonnance d'exequatur du fait de la recevabilité d'un recours en annulation va au-delà de la problématique de la reconnaissance d'un acte juridictionnel étranger. Il s'agit plutôt de l'effet extraterritorial d'une décision nationale dans l'espace OHADA, le juge de l'annulation ayant pouvoir de lier celui de la reconnaissance de la sentence. Comment garantir l'effectivité d'une telle règle en l'absence d'un texte spécial, sachant que l'OHADA s'étend sur dix-sept pays ?

[1418] F. P. Pereira, « La coopération judiciaire en matière civile dans l'Union européenne : bilan et perspectives », Rev. *crit. DIP* 2010-1, p. 1.

[1419] Excepté les Comores, la Guinée, la Guinée Bissau, tous les Etats membres de l'OHADA ont signé la Convention de Tananarive.

[1420] Pour développements sur l'OCAM, v. A. B. Tall, « L'Organisation commune africaine, malgache et mauricienne », *Journal of African Law*, volume 16, n° 3 (1972), p. 304 et s.

[1421] La majorité des conventions judiciaires signées entre les pays de l'espace OHADA concernent généralement la matière pénale. V. pour mémoire, la Convention de Dakar relatif à l'entraide judiciaire en matière pénale et l'extradition entre les Etats de l'Afrique de l'Ouest signée en 1992.

[1422] M. R. Azalou, *L'Exequatur des décisions judiciaires dans l'espace OHADA*, Editions universitaires européennes, 2014.

749 Pour le faible, les imperfections relevées ci-dessus peuvent se traduire par un double préjudice : de grosses pertes financières et l'incapacité d'empêcher l'exécution d'une sentence dont l'exequatur a pourtant été invalidée. En effet, étant donné que la recevabilité du recours en annulation ne produira pas d'effets automatiques sur l'exequatur obtenu à l'étranger contre lui, il faudra qu'il saisisse le juge ayant reconnu la sentence pour qu'il rétracte sa décision. Outre le fait que la diligence de ce magistrat n'est pas garantie, la procédure permettant sa saisine n'est point organisée. Ainsi, malgré les frais engagés pour empêcher l'exécution de la sentence, il est possible que celle-ci soit appliquée sachant qu'en désespoir de cause, le faible peut purement et simplement abandonner la procédure au bénéfice d'une transaction contre ses intérêts. Plus grave encore, l'existence d'une renonciation au recours en annulation peut carrément l'empêcher d'attaquer de manière indirecte une sentence annulable.

2. *L'efficacité des sentences annulables*

750 En dépit de son attachement à l'exécution des sentences arbitrales, la doctrine française reconnait que « *la force d'une place [d'arbitrage] repose sur sa capacité à disposer des outils juridiques nécessaires permettant à une sentence suspecte de ne pas produire d'effet de droit* »[1423]. Cette pertinente réflexion peut être facilement démentie dans l'espace OHADA, pour peu que les parties aient exclu le recours en annulation. Dès lors que celui-ci constitue le seul moyen de contester une ordonnance d'exequatur, son exclusion fait disparaitre la possibilité d'attaquer cette dernière.

751 Par ailleurs, de nombreux Etats n'ont pas légiféré sur la procédure d'exequatur si bien qu'il est difficile de dire si celle est contradictoire ou non. A la lumière du droit camerounais[1424], par exemple, qui prévoit que la procédure d'exequatur est identique à celle de référés, il est impossible de se prononcer avec fermeté. Or, si l'on s'en tient à la pratique de la procédure d'exequatur dans l'arbitrage CCJA, elle n'est pas contradictoire puisque les échanges entre parties ne sont imposés qu'en phase d'opposition[1425]. Telle

[1423] Th. Clay, « Introduction - Pénalisation et médiatisation d'un arbitrage : quel impact pour la place de Paris ? L'affaire Tapie », *op. cit.*

[1424] L'article 5 (2) de la loi n° 2003/009 du 10 juillet 2003 désignant les juridictions compétentes visées à l'acte uniforme relatif au droit de l'arbitrage et fixant leur mode de saisine au Cameroun dispose : « *En cas de demande d'exequatur, le Président du Tribunal de Première Instance est saisi par voie de requête ou par « motion ex parte », accompagnée des pièces établissant l'existence de la sentence arbitrale tel que précisé à l'article 31 de l'acte uniforme relatif au droit de l'arbitrage* ».

[1425] CCJA, 05 mars 2009, *Conseil National Du Patronat Malien (CNPM) s/ Société COTECNA Inspection SA*, *op. cit* ; CCJA, 22 janvier 2009, *ECOBANK Burkina SA c/*

est la piste suivie par le législateur ivoirien, l'article 5 alinéa 2 *in fine* de l'ordonnance n° 12-158 du 09 février 2012 déterminant l'intervention des juridictions nationales dans la procédure d'arbitrage dispose qu'en matière d'exequatur des sentences, « *la procédure n'est pas contradictoire* ».

752 Il découle de ce qui précède un examen sommaire des sentences dans le cadre de leur reconnaissance, l'affaire *Planor Afrique c/ Atlantique Telecom*[1426] étant un parfait exemple de la pratique de la CCJA[1427]. De manière générale, il est admis que « *le caractère extrêmement sommaire du contrôle au stade d'exequatur ne permet pas d'écarter l'exécution (...) des sentences qui porteraient atteinte aux droits des parties faibles* »[1428]. En droit français, le risque est amoindri par l'alinéa 2 de l'article 1522 du CPC qui permet de faire opposition même pour la sentence rendue en France dans l'hypothèse d'une renonciation au recours en annulation. L'inexistence d'une règle similaire dans l'espace OHADA accroit la probabilité de reconnaissance d'une sentence sans la moindre appréciation des vices qui pourraient l'entacher. Tel pourrait être le cas d'une décision arbitrale rendue sur l'unique base de la demande principale alors que la demande reconventionnelle du faible est étroitement liée à celle de son contradicteur.

JOSSIRA Industrie SA, *op. cit.* ; CCJA, 22 janvier 2009, L*a Banque Sénégalo-Tunisienne dite BST devenue ATTIJARI BANK SENEGAL c/ 1/ Le Fonds Africain de Garantie et de Coopération Economique dit FAGACE, 2/ La société Industrielle Cotonnière Africaine SA dite ICOTAF, op. cit.*

1426 CCJA, 31 janvier 2011, *Planor Afrique c/ Atlantique Télécom, op. cit.*

1427 V. supra, n° 698-702.

1428 M. Fontmichel, *Le faible et l'arbitrage, op. cit.*, n° 742.

CONCLUSION

753 S'il est une matière où le dualisme du droit OHADA de l'arbitrage est accru, c'est la procédure de contrôle de la sentence. Qu'il s'agisse d'annulation ou d'exequatur, en prévoyant deux systèmes distincts, le législateur OHADA a également prévu deux modèles différents de protection de la partie faible. Autant le RA, relayé par la jurisprudence CCJA, offre de solides garanties au litigant en position de faiblesse, aussi bien quant au droit à la contestation de la sentence que celui de s'opposer à son exequatur, autant l'AUA est imparfait. Au-delà du silence textuel et des imperfections de la jurisprudence quant à la possibilité de renoncer au recours en annulation, l'articulation de ce dernier avec le contentieux de la reconnaissance de la décision arbitrale n'est point favorable à la protection du faible. Il eut fallu que le législateur OHADA anticipe les difficultés pouvant naitre lorsque le siège de la procédure ne se trouve pas dans l'Etat d'exécution de la sentence. De plus, en rendant l'ordonnance d'exequatur inattaquable, l'AUA a conféré une immunité dangereuse à la sentence. La meilleure manière de remettre le droit OHADA en ordre est d'harmoniser l'architecture des voies de recours contre la sentence, le souffle protecteur du faible de l'arbitrage CCJA devant être la boussole de la réforme.

CHAPITRE II. LE FAIBLE ET LE CONTROLE DE LA SUBSTANCE DE LA SENTENCE

754 L'annulation ou le refus d'exequatur d'une sentence arbitrale repose sur des causes dont le nombre et la nature varient en fonction de chaque système juridique. Les législations réputées favorables à l'arbitrage circonscrivent l'examen de la validité ou de la reconnaissance de la sentence à des critères visant sa régularité. Elles interdisent également la révision au fond de la décision arbitrale afin d'empêcher que les juridictions nationales puissent intervenir dans le règlement d'un litige hors de leur compétence matérielle.

755 Au-delà des causes d'annulation et de la typologie des voies de recours ouvertes contre la sentence, il convient également de souligner que la bienveillance judiciaire est d'une importance décisive. L'application des textes par les juridictions nationales est un élément fondamental d'appréciation du libéralisme d'un droit. La fréquence du choix d'une ville ou plus largement d'un pays pour le siège de la procédure, est largement déterminée par le sort réservé aux sentences par les magistrats étatiques[1429]. Plus les juges nationaux procèdent à un contrôle superficiel des sentences, plus ils sont « *arbitration friendly* »[1430].

756 Parallèlement, la prise en compte de la faiblesse d'une partie postule que la juridiction en charge du contrôle opère un examen pointu de la validité de la décision des arbitres. Cela se traduit par exemple par une conception moins souple de l'arbitrabilité du litige[1431] ou encore une appréciation plus rigoureuse du respect à l'ordre public. Autrement dit, la protection du faible quant au contrôle de la sentence conduit à pondérer le

---

[1429] S. Lazareff, « Paris place d'arbitrage : menacée », Gaz. pal. 28 mars 2008, n° 88-89, p. 88.

[1430] A.-M. Alt, « Séoul place d'arbitrage », *Journal de l'arbitrage de l'Université de Versailles* 2012, doctrine 8.

[1431] CA Douala, 21 décembre 2012, *Bopda Fouduop Emmanuel et autres c/ Kamga Nenkam Jean Paul*, *op. cit.*

libéralisme du juge, il est obligé de procéder à un équilibre entre respect de l'autonomie de la volonté et ordre public de protection.

757 Fidèle à son libéralisme, le droit OHADA s'est inscrit dans la droite ligne des législations modernes en excluant l'appel des voies de recours contre la sentence[1432]. Il a également prévu des causes d'annulation de sentences bien connues en droit comparé, l'AUA et le RA présentant néanmoins quelques nuances entre eux[1433]. Sur la base de cet arsenal normatif, le droit OHADA semble se prêter à un contrôle superficiel de la sentence, toute la question étant de savoir si le faible n'en subit pas le contrecoup (section 1). Par ailleurs, malgré l'effet extinctif du litige de la sentence arbitrale, sauf annulation de celle-ci, il peut arriver que l'impécunieux, au moment de la procédure arbitrale, souhaite introduire ultérieurement une demande reconventionnelle dont il peut dorénavant assumer les frais. Dans cette situation, se pose alors la question de l'articulation de l'autorité de la chose jugée et des demandes ultérieures du faible (section 2).

[1432] L'article 25 alinéa 1 de l'AUA dispose : « *La sentence arbitrale n'est pas susceptible d'opposition, d'appel, ni de pourvoi en cassation* ». Dans l'arbitrage CCJA, les textes sont muets sur l'appel car la CCJA a une compétence exclusive pour le contentieux des sentences.

[1433] L'article 26 de l'AUA dispose : « *Le recours en annulation n'est recevable que dans les cas suivants :*

- *si le Tribunal arbitral a statué sans convention d'arbitrage ou sur une convention nulle ou expirée ;*
- *si le Tribunal arbitral a été irrégulièrement composé ou l'arbitre unique irrégulièrement désigné ;*
- *si le Tribunal arbitral a statué sans se conformer à la mission qui lui a été confiée ;*
- *si le principe du contradictoire n'a pas été respecté ;*
- *si le Tribunal arbitral a violé une règle d'ordre public international des Etats signataires du Traité ;*
- *si la sentence arbitrale n'est pas motivée* ».

Pour mémoire, l'article 29. 2 alinéa 2 dispose que l'annulation de la sentence « *ne peut être fondée que sur un ou plusieurs des motifs énumérés (...), à l'article 30.6 autorisant l'opposition à exequatur* ». L'article 30.6 du RA reprend les mêmes causes d'annulation de la disposition précitée, excepté celles relatives à la composition du tribunal et à la motivation de la sentence. Il faut aussi ajouter que l'article 30.6 du RA parle de « *de l'ordre public international* » sans la moindre référence aux « *Etats signataires du Traité* ».

SECTION I. LE CONTROLE SUPERFICIEL DE LA SENTENCE

758 Les différents motifs d'annulation ou de refus d'exequatur[1434] d'une sentence en droit OHADA ne comportent pas la même importance pour une partie faible. Certaines causes d'invalidité de la sentence arbitrale ne présentent pas un enjeu spécifique en fonction de la nature des justiciables. Tel est le cas de la violation de sa mission par la juridiction arbitrale[1435]. En revanche, il en va différemment de la validité de la convention d'arbitrage, l'arbitrabilité du litige et le consentement du contractant en position d'infériorité soulevant des questions singulières. Il en va de même de la composition du tribunal qui a été réalisée sur la base d'un procédé déséquilibré en défaveur du litigant le moins nanti. Malgré l'importance des problématiques relatives à la convention d'arbitrage et au choix des arbitres, elles ne seront pas abordées à ce niveau car elles ont été développées plus haut, respectivement dans les rapports entre le faible et la convention d'arbitrage[1436] et la formation égalitaire du tribunal arbitral[1437].

759 Quant au respect du principe du contradictoire, bien qu'il soit au cœur de la protection de la partie faible, il ne sera pas évoqué séparément parce que la doctrine[1438] s'accorde à lui reconnaitre un caractère d'ordre public. Pour cette raison, l'étude de l'appréciation judiciaire de la violation de l'ordre public international dans sa globalité inclut nécessairement celle du principe du contradictoire. Contrairement à l'approche retenue par le droit

---

1434 A la différence du RA qui prévoit, comme indiqué dans la note précédente, une identité entre les causes d'annulation de la sentence et d'exequatur, l'article 31 alinéa 3 de l'AUA que la reconnaissance et l'exequatur ne sont refusées que « *si la sentence est manifestement contraire à une règle d'ordre public international des Etats-parties* ».

1435 M. Fontmichel, *Le faible et l'arbitrage*, *op. cit.*, n° 751.

1436 V. supra, première partie.

1437 V. supra, chapitre I titre I deuxième partie.

1438 Pour J.-M. Tchakoua (« Arbitrage selon l'Acte uniforme relatif au droit de l'arbitrage », *op. cit.*, p. 206), « *on peut, cependant, avoir des doutes sur l'opportunité de prévoir le grief du non respect du contradictoire à côté du grief de contrariété à l'ordre public. En effet, le respect du contradictoire est souvent présenté comme une exigence de l'ordre public procédural* ». V. aussi Ph. Fouchard, E. Gaillard et B. Goldman, *Traité de l'arbitrage commercial international*, *op. cit.*, n° 1652 et s. ; P. Meyer, *OHADA. Droit de l'arbitrage*, *op. cit.*, n° 438.

prétorien français[1439], la sauvegarde des intérêts du faible postule un contrôle approfondi de l'ordre public de protection[1440] (§ 1).

760 S'agissant du contrôle de la motivation de la sentence, bien qu'il soit perçu avec méfiance par la doctrine[1441], il revêt un enjeu majeur pour la vérification de la prise en compte des intérêts de la partie faible[1442]. Il en découle qu'un examen circonstancié de la motivation de la décision arbitrale s'avère nécessaire lorsqu'un litigant se trouve en position de faiblesse (§ 2).

§ 1 Un contrôle approfondi de l'ordre public international de protection

761 D'entrée de jeu, il importe de souligner qu'afin d'éviter que la simple invocation de l'ordre public suffise à permettre l'annulation d'une sentence, la CCJA impose que « *le requérant (...) indique (...) en quoi la sentence attaquée est contraire audit ordre public international* »[1443]. En fait, « *il faut que la solution donnée au litige, elle-même, heurte l'ordre public* »[1444]. Pour autant, la jurisprudence n'a pas totalement clarifié le régime de l'ordre public quant au contrôle de la sentence. En effet, le contenu et l'intensité du contrôle de l'ordre public restent imprécis. Or, pour le faible, il est primordial de déterminer la substance des règles d'ordre public international dont la violation entraine automatiquement la nullité de la sentence (A). Il en va de même de l'intensité de l'examen judiciaire du respect de l'ordre public international (B)

1439 CA Paris, 18 novembre 2004, *Thalès Air Defence contre Euromissile et autres, Rev. arb.* 2005-3, p. 751 ; *JDI* 2005-2, p. 357, note A. Mourre ; JCP 2005, I 134, n° 8, obs. C. Seraglini ; *Rev. crit. DIP* 2006-1, p.164, S. Bollée ; L. G. Radicati di Brozolo, « L'illicéité "qui crève les yeux" : critère de contrôle des sentences au regard de l'ordre public international (à propos de l'arrêt *Thalès* de la cour d'appel de Paris) », *Rev. arb.* 2005-2, p. 529. V. également Cass. civ. 1ère, 4 juin 2008, *Rev. arb.* 2008-3, p. 473, note I. Fadlallah ; *JDI* 2008, p. 1107, note A. Mourre ; *D.* 2008, p. 3118, obs. Th. Clay.

1440 L'analyse est centrée sur l'ordre public de protection car c'est lui qui concerne spécifiquement le faible. Pour autant l'ordre public de direction sera évoqué chaque fois qu'il aboutit à préserver la partie en position de faiblesse des inconvénients de l'asymétrie avec son contradicteur.

1441 P. Meyer, « Le droit de l'arbitrage dans l'espace OHADA dix ans après l'acte uniforme », *op. cit.*, n° 24.

1442 M. Fontmichel, *Le faible et l'arbitrage, op. cit.*, n° 761.

1443 CCJA, 30 juin 2011, *Société Nationale pour la Promotion Agricole dite SONAPRA c/ Société des Huileries du BENIN dite SHB*, www.ohada.com, Ohadata J-12-137 ; Juris Ohada n°2-2011, p.12.

1444 J.-B. Racine, *Droit de l'arbitrage, op. cit.*, n° 963, p. 600.

A. Le contenu de l'ordre public international de protection en droit OHADA

762 Dès l'abord, il importe de souligner qu'en droit OHADA les textes relatifs à l'annulation et à l'exequatur de la sentence renvoient unanimement à l'ordre public international[1445]. Cette approche conforme à la conception moniste de l'arbitrage, chère au législateur africain, n'est pas sans poser de poser problèmes. A l'inverse, *l'Arbitration Act* anglais également partisan du monisme, ne mentionne pas l'épithète international pour parler de l'ordre public. Etant donné que l'OHADA est composé de dix-sept Etats, il parait opportun d'exiger la conformité des sentences à l'ordre public international.

763 Cependant, cette approche fait l'impasse sur les conflits internes alors que l'AUA s'applique à toute catégorie d'arbitrage. Lorsqu'une procédure arbitrale ne comporte aucun élément d'extranéité, faut-il toujours exiger la conformité de la sentence à l'ordre public international ? En d'autres termes, les règles impératives du droit national doivent-elles être écartées au bénéfice de la souplesse du contentieux international ? Pour le faible, ces questions ne sont pas dénuées d'intérêt car son niveau de protection est variable dans l'espace OHADA. Il s'ensuit que la substance des règles d'ordre public volant au secours du justiciable en position d'infériorité est imprécise (1). Le seul moyen de remédier à cette préoccupante situation est de conférer un caractère international aux dispositions nationales impératives chaque fois qu'il y va de l'intérêt légitime du faible (2).

1. L'imprécision substantielle de l'ordre public international en droit OHADA

764 Bien qu'il soit reproché à la CCJA d'avoir loupé l'occasion de dire exactement en quoi consiste l'ordre public international[1446] à l'occasion de l'affaire *Nestlé*[1447], il n'en demeure pas moins que la doctrine s'accorde pour dire qu'il vise le dénominateur commun des règles impératives des Etats-parties au Traité OHADA[1448]. Le problème n'est donc pas la définition de

---

[1445] Les articles 26 et 31 alinéa 3 qui portent respectivement sur l'annulation et le refus d'exequatur de la sentence évoquent « *l'ordre public international des Etats-parties* » au Traité OHADA. Quant à l'article 30.6. 4 du RA, il ne mentionne que « *l'ordre public internnational* ».

[1446] A. Ngwanza, « L'essor de l'arbitrage international en Afrique sub-saharienne : les apports de la CCJA », *op. cit.*, n° 110.

[1447] CCJA, 19 juillet 2007, *Société Nestlé Sahel c/ Sté Commerciale d'importation Azar et Salame dite SCIMAS, op. cit.*

[1448] P. Meyer, *OHADA. Droit de l'arbitrage, op. Cit.*, n° 405 ; G. Kenfack Douajni, « La notion d'ordre public international dans l'arbitrage OHADA », *op. cit.* ; S. I. Bebohi Ehongo, l'ordre public international, mais celui de son adéquation aux litiges totalement internes. Loin de contribuer à une parfaite intelligence des textes, la position de la CCJA, dans une telle hypothèse, est sujette à caution.

765 Dans l'affaire *SONAPRA*[1449], le recours en contestation de validité reposait, entre autres, sur la contrariété de la sentence à l'ordre public international alors que le conflit concernait un contrat à exécuter au Bénin entre deux sociétés locales. Les hauts magistrats de l'OHADA ont rejeté cette action au motif que « *le droit applicable au fond du litige est le droit béninois ; que ledit litige, qui oppose deux sociétés de droit béninois relativement au commerce interne, relève de l'arbitrage interne ; que dès lors, c'est à tort qu'est invoquée la violation de l'ordre public international comme moyen d'annulation de la sentence rendue dans un tel arbitrage* ». Cette décision a été saluée par un auteur qui considère que « *l'ordre public international ne peut fonder l'annulation d'une sentence ayant tranché un litige purement interne* »[1450].

766 En dépit de l'approbation doctrinale ci-dessus citée, cet arrêt *SONAPRA* peine à convaincre car il conduit à introduire une distinction entre arbitrage interne et arbitrage international délibérément ignorée par le législateur OHADA. Bien plus, il aboutit à l'éviction de l'ordre juridique OHADA qui a pourtant vocation à supplanter les ordres juridiques nationaux. Tout se passe comme si l'ordre public international s'interprétait librement par le for. Si cette approche est fondée dans le cadre de l'application de la Convention de 1958 sur la reconnaissance et l'exécution des sentences arbitrales étrangères[1451], il en va différemment avec le droit OHADA. En adoptant la conception moniste de l'arbitrage et en imposant la conformité des sentences à l'ordre public international, à défaut de consacrer l'ordre juridique arbitral, du moins dans l'AUA[1452], le législateur OHADA a

---

« L'ordre public international des Etats parties à l'OHADA », *op. cit.* ; E. Assepo Essi, « L'ordre public international dans l'acte uniforme de l'OHADA relatif à l'arbitrage », *Rev. arb.* 2007-4, p. 753 ; G. Ngoumtsa Anou, « Actes uniformes et conflits de lois », *op. cit.*, n° 188 et s. ; J.-M. Tchakoua, « Arbitrage selon l'acte uniforme relatif au droit de l'arbitrage », *op. cit.*, p. 287 et s.

[1449] CCJA, 17 juillet 2008, *Société Nationale pour la Promotion Agricole dite SONAPRA c/ Société des Huileries du Bénin dite SHB, op. cit.*

[1450] P. Meyer, « Commentaire de l'article 29 du Règlement d'arbitrage de la CCJA », *in Traité OHADA et actes uniformes commentés et annotés*, Juriscope, 2016, p. 217, sp. p. 220.

[1451] L'article V 2 de la Convention de New York dispose : « *La reconnaissance et l'exécution d'une sentence arbitrale pourront aussi être refusées si l'autorité compétente du pays où la reconnaissance et l'exécution sont requises constate (...) que la reconnaissance ou l'exécution de la sentence serait contraire à l'ordre public de ce pays* ».

[1452] Certains auteurs considèrent la compétence exclusive de la CCJA pour le contentieux des sentences rendues sous son égide est une forme de consécration de l'ordre juridique arbitral. V. dans ce sens O. Cuperlier, « Arbitrage OHADA et personnes publiques », *op. cit.*, p. 87 ; Ph. Fouchard, « L'arbitrage dans l'OHADA », *op. cit.*, p. 184.

clairement entendu s'éloigner de la représentation monolocalisatrice de l'arbitrage[1453]. Il n'y a donc pas de raison que l'ordre public diffère selon que le différend soit interne ou transfrontalier.

767 Pour le faible, l'approche retenue par la CCJA est dangereuse car elle rend sa protection contingente des disparités des législations nationales. En matière sociale par exemple, alors que les juges camerounais estiment que les litiges individuels sont inarbitrables[1454], leurs homologues ivoiriens disent l'inverse[1455]. L'on ne saurait se satisfaire d'un traitement à géométrie variable de la partie en position d'infériorité car, outre l'insécurité juridique qui en découle, c'est l'œuvre harmonisatrice du droit OHADA qui en pâtit.

768 Consciente des imperfections de son approche, la CCJA a implicitement rectifié le tir à l'occasion de la contestation de la deuxième sentence rendue dans l'affaire *SONAPRA*[1456]. En réponse au moyen rédigé, curieusement, de manière identique que lors de la contestation de la première sentence, elle a déclaré que « *la violation de l'ordre public à supposer qu'elle soit considérée comme celle relative à l'ordre public international, le requérant n'indique pas en quoi la sentence attaquée est contraire audit ordre public international* ». Bien qu'il n'y ait aucun élément d'extranéité dans cette affaire, la CCJA semble avoir révisé tacitement la position qu'elle avait précédemment retenue à l'occasion du recours contre la première sentence rendue dans l'affaire S*ONAPRA*. Cet attendu qui « *induit tacitement que seul l'ordre public international peut servir à annuler une sentence* »[1457] mérite d'être fermement confirmé afin que les règles impératives favorables au faible cessent de varier en fonction des Etats. Une confirmation s'impose car l'expression « *à supposer qu'elle soit considérée* » reflète un manque de fermeté dans la position de la CCJA.

[1453] E. Gaillard, « Aspects philosophiques du droit de l'arbitrage international », *op. cit.*, p. 34 et s.

[1454] CA Douala, 21 décembre 2012, *Bopda Fouduop Emmanuel et autres c/ Kamga Nenkam Jean Paul, op. cit.*

[1455] CA Abidjan, ordonnance, 2 juin 2003, *Touré Kouakou Edmond et Amani N'zué contre ASECNA, op. cit.*

[1456] CCJA, 30 juin 2011, *Société Nationale pour la Promotion Agricole dite SONAPRA c/ Société des Huileries du BENIN dite SHB, op. cit.*

[1457] A. Ngwanza, « L'essor de l'arbitrage international en Afrique sub-saharienne : les apports de la CCJA », *op. cit.*, n° 110.

2. *La reconnaissance du caractère international des dispositions impératives nationales favorables au faible*

769 D'entrée de jeu, il convient d'indiquer que la place des règles impératives internes en matière d'arbitrage en droit OHADA est âprement discutée[1458]. Le débat est digne d'intérêt dans la mesure où le droit matériel OHADA ne concerne que quelques matières, à la différence de l'arbitrage qui vise tous les droits disponibles d'après l'article 2 alinéa 1 de l'AUA[1459], ou les différends contractuels ayant un lien géographique avec l'espace OHADA[1460]. La question qui se pose à ce niveau est celle du sort des règles impératives nationales sur les matières non traitées par le droit OHADA mais soumises à des arbitres.

770 En présence d'un tel scénario, il sera difficile de revendiquer que l'ordre public se résume au consensus régional sur les règles impératives. Il peut arriver qu'une règle nationale vise un problème sur lequel un grand nombre d'ordres juridiques étatiques de l'espace OHADA sont silencieux. L'arbitrabilité des litiges sociaux individuels est l'archétype des questions sur lesquelles le droit interne de plusieurs pays faisant partie de l'OHADA est silencieux[1461]. Il serait hâtif de déduire du silence de certains ordres juridiques internes sur la règle consacrée par un ou plusieurs autres le défaut de consensus. Dans plusieurs cas, c'est l'inertie des législateurs nationaux qui est à l'origine de cette situation.

771 Par ailleurs, le droit OHADA n'a pas hésité à consacrer une règle reconnue par un seul droit interne. En matière de cautionnement[1462] par exemple, l'exigence de témoins certificateurs à peine de nullité pour la caution illettrée est inspirée par l'article 20 du Code des obligations civiles et

---

[1458] I. Bebohi Ehongo, « L'ordre public international des Etats parties à l'OHADA », *op. cit.* ; E. Assepo Essi, « L'ordre public international dans l'acte uniforme de l'OHADA relatif à l'arbitrage », *op. cit.*

[1459] L'article 2 alinéa 1 de l'AUA dispose : « Toute *personne physique ou morale peut recourir à l'arbitrage sur les droits dont elle a la libre disposition* ».

[1460] En vertu de l'article 2.1 du RA, la CCJA peut administrer une procédure arbitrale : « *lorsqu'un différend d'ordre contractuel, en application d'une clause compromissoire ou d'un compromis d'arbitrage, lui est soumis par toute partie à un contrat, soit que l'une des parties ait son domicile ou sa résidence habituelle dans un des Etats-parties, soit que le contrat soit exécuté ou à exécuter, en tout ou partie sur le territoire d'un ou de plusieurs Etats-parties* ».

[1461] V. supra, n° 178-187.

[1462] L'article 14 alinéa 2 de l'Acte uniforme portant organisation des sûretés (AUS) dispose : « *La caution qui ne sait ou ne peut écrire doit se faire assister de deux témoins qui certifient, dans l'acte de cautionnement son identité et sa présence et attestent, en outre, que la nature et les effets de l'acte lui ont été précisés. La présence des témoins certificateurs dispense la caution de l'accomplissement des formalités prévues par l'alinéa précédent* ».

commerciales (COCC) du Sénégal[1463]. Compte tenu du faible taux d'alphabétisme généralisé de l'OHADA, même sans une disposition légale, il serait superflu de ne pas énoncer des règles protectrices pour les illettrés. Bien que ces derniers paraissent éloignés de l'arbitrage, le plus important à ce niveau est de constater qu'une règle nationale du faible reconnue par un seul pays a été consacrée par le législateur OHADA. Ainsi, le caractère d'ordre public d'une règle protectrice d'une partie faible ne devrait pas dépendre de sa reconnaissance par l'ensemble des Etats de l'espace OHADA mais plutôt par son adéquation à l'environnement socio-juridique.

772 Dans cette veine, il est parfaitement fondé de s'inspirer de l'article 5 du Code de travail togolais[1464] pour reconnaitre un privilège de juridiction au salarié ayant signé un contrat de travail contenant une clause compromissoire. Le fondement du caractère d'ordre public de cette règle ne se trouve pas dans sa consécration en droit togolais mais par sa concordance avec le niveau insuffisant de protection du salarié dans l'espace OHADA et la volonté de garantir son consentement à l'arbitrage. La CCJA, à laquelle la doctrine reconnait la mission de déterminer le contenu de l'ordre public[1465], pourrait parfaitement faire sienne cette règle sur le terrain de la politique juridique. Outre le fait que cette démarche ne heurte pas la technique juridique d'élaboration du droit, elle relèverait d'un principe de protection du salarié similaire à celui d'efficacité de la convention d'arbitrage international en droit français[1466]. Le plus important n'est pas la cohérence textuelle des Etats, mais la volonté ferme et claire de mettre le salarié à l'abri des stipulations arbitrales qui lui ont été imposées. Telle est d'ailleurs la position du droit français dont le libéralisme en arbitrage n'est pas discuté[1467]. Dans un registre voisin, la CCJA a démontré son attachement à la défense de l'équilibre contractuel en refusant d'annuler une sentence arbitrale qui avait enjoint à l'Etat Béninois de surseoir à la suspension illicite d'un contrat et d'en réparer les conséquences dommageables[1468]. Ceci étant, il ne suffira

[1463] L'article 20 du COCC intitulé « *Actes des illettrés* » dispose : « *La partie illettrée doit se faire assister de deux témoins lettrés qui certifient dans l'écrit son identité et sa présence : ils attestent en outre que la nature et les effets de l'acte lui ont été précisés* ».

[1464] L'article 5 du Code du travail togolais dispose : « *Les dispositions du présent Code priment sur les clauses des contrats et conventions, sauf si celles-ci sont plus favorables au travailleur* ». Pour application de ce texte, v. Tribunal de première instance de Lomé, 03 février 2015, *Sieur Thierry Tanoh c/ Ecobank Transnational Incorporation (ETI)*, *op. cit.*

[1465] G. Kenfack Douajni, « La notion d'ordre public international dans l'arbitrage OHADA », *op. cit.*, pp. 10-12.

[1466] J.-B. Racine, *Droit de l'arbitrage*, *op. cit.*, n° 343-344.

[1467] Cass. soc., 9 octobre 2001, *op. cit.*

[1468] CCJA, 15 octobre 2015, *Etat du Bénin c/ Société commune de participation Patrice Talon*, *Penant* n° 894.

pas de consacrer des règles, encore faudrait-il en garantir l'effectivité par un véritable contrôle de conformité des sentences à celles-ci.

B. L'intensité du contrôle de l'ordre public international de protection

773 Bien que l'ordre public international en droit de l'arbitrage soit constitué des règles procédurales et des règles de fond, le contrôle des unes et des autres n'emporte pas les mêmes conséquences. Autant les premières se limitent à vérifier que le ou les arbitres ont respecté les exigences du procès équitable, ne sont pas allés au-delà de leur mission, qu'ils étaient compétents et régulièrement constitués, autant les secondes touchent à la substance de la décision. Partant de l'hypothèse de la sauvegarde des intérêts du faible, le contrôle de la violation des règles d'ordre public ne saurait dépendre de la nature de celles-ci (1), l'examen judiciaire de la sentence devant être approfondi (2).

1. Le contrôle de toutes les règles d'ordre public international de protection

774 Tout d'abord, il y a lieu de s'inscrire en faux contre la thèse affirmant que le contrôle de l'ordre public ne doit pas concerner la protection des intérêts privés. Une plume soutient qu'« *on ne peut traiter de façon identique une sentence qui a seulement méconnu le droit privé d'une partie, et une sentence qui a porté atteinte aux intérêts de la collectivité* »[1469]. Ce propos se fonde sur le fait que « *puisque le contrôle du juge de l'annulation ne porte pas sur l'appréciation que les arbitres ont faite du droit des parties, les lois de protection, qui ne visent que ces droits, ne devraient logiquement pas être sanctionnées par le biais des [dispositions relatives à la violation de l'ordre public]* »[1470].

775 Admettre un contrôle différencié des règles d'ordre public de protection au motif que cela aboutirait à un réexamen de la sentence est discutable car, chaque fois que cette dernière est annulée pour violation d'une règle de droit matériel, le juge considère automatiquement que les arbitres ont erré. Dans ce sens, il est justifié de soutenir que « *la distinction entre des règles qui ont pour objet la protection des (...) personnes et intéressent en pratique l'ensemble de la société semble alors artificielle. Comment admettre que le juge sanctionne une violation du droit de la*

[1469] P. Mayer, « La sentence contraire à l'ordre public au fond », *Rev. arb.* 1994-4, p. 615, sp. n° 10.

[1470] V. Chantebout, *Le principe de non révision au fond des sentences arbitrales*, sous la direction de C. Jarrosson, thèse dactylographiée, Université Paris II Panthéon Assas, 2007, n° 455.

concurrence qui trouve sa justification dans la protection des consommateurs mais refuse de sanctionner une violation du droit de la consommation ? »[1471]. A défaut de vouloir instaurer de manière incohérente un système de valeurs à double vitesse, rien ne justifie que la protection du faible soit atténuée du seul fait du recours à l'arbitrage[1472].Etant donné qu'il est admis que la singularité juridictionnelle de l'arbitrage n'emporte pas dérogation à l'axiologie du juge de l'annulation ou de l'exequatur, l'ordre public international de protection doit également être pris en compte.

776 Afin de donner aux règles d'ordre public international une semblable protection devant l'arbitre et le juge, il est également important que le régime procédural soit identique. Ainsi, la règle devant être soulevée d'office par le magistrat étatique, elle devra également l'être par le tribunal arbitral. Une telle approche permet au juge de l'annulation de s'assurer que les droits de la partie en position de faiblesse ont été réellement pris en compte. Bien évidemment pour remplir efficacement cette mission, le juge doit procéder à un contrôle pointu de la sentence en matière d'ordre public international de protection.

2. Le contrôle pointu de l'ordre public international de protection

777 Au regard des incidences du contrôle de l'ordre public international, un auteur considère que le principal enjeu réside dans les modalités dudit contrôle, et non pas dans l'assiette des règles dont l'arbitre ne peut faire l'économie[1473]. Concrètement la question qui se pose est celle de savoir si les juridictions étatiques doivent procéder à un contrôle sommaire de la sentence, manifestant ainsi leur *favor arbitri*, ou si elles peuvent vérifier si les arbitres ont fait une bonne application de l'ordre public international et le respect de la sentence vis à vis de celui-ci.

778 Historiquement, le droit français était favorable à un examen approfondi de la conformité des sentences à l'ordre public, aussi en matière interne[1474] qu'en matière internationale[1475]. La confirmation la plus éclatante de cette conception maximaliste du contrôle de la sentence a été donnée dans

---

1471 B. Chantebout, *Le principe de non révision au fond des sentences arbitrales*, *op. cit.*, n° 455.

1472 M. Fontmichel, *Le faible et l'arbitrage*, *op. cit.*, n° 757, p. 417.

1473 J.-B. Racine, *Droit de l'arbitrage*, *op. cit.*, n° 962.

1474 CA Paris, 20 janvier 1989, *Société Phocéenne de Dépôt c/ Société Dépôts Pétroliers de Fos*, *Rev. arb.* 1989-2, p. 280, note L. Idot.

1475 CA Paris, 5 avril 1990, *Société Courrèges Design c/ Société André Courrèges*, *Rev. crit. DIP* 1992, p. 580, note C. Kessedjian; *Rev. arb.* 1992-1, p. 110 note H. Synvet.

l'affaire *Westman*[1476]. En l'espèce, il a été décidé que « *le contrôle de la sentence [porte] en droit et en fait sur tous les éléments permettant notamment de justifier l'application ou non de la règle d'ordre public international et, dans l'affirmative, d'apprécier, au regard de celle-ci, la licéité du contrat* ».

779 Cette tendance jurisprudentielle ne va pas résister à l'épreuve du temps, le critère de *violation flagrante, effective et concrète*, consacré par l'arrêt *Verhoeft*[1477], puis confirmé par l'arrêt *Thalès*[1478], va introduire un contrôle superficiel de la violation de l'ordre public international. Cette approche n'a pas fait l'unanimité[1479] car « *le critère de flagrance ne va pas dans le sens d'un examen effectif de la conformité de la sentence à l'ordre public. Il y a le risque d'un contrôle fantôme* »[1480].Apparemment sensible aux critiques, la jurisprudence la plus récente semble avoir abandonné l'exigence de flagrance au profit d'une violation « *effective et concrète* »[1481].

780 Sauf erreur de notre part, la CCJA n'a pas encore pris position sur la question mais l'évolution erratique du droit français, source majoritaire d'inspiration du droit OHADA, montre que la question relève davantage de la politique juridique. Chacune des positions du droit prétorien français a été autant soutenue que contestée, l'important étant de savoir quelle est la valeur que l'on veut défendre. Or, comme l'indiquait un auteur, en droit de l'arbitrage l'interprétation des règles est largement déterminée par « *le parti [pris] philosophique qui (...) anime [les auteurs] (...), le plus souvent, implicite* »[1482]. En assumant la posture de défenseur de la partie faible, il est fondé de soutenir que « *l'intensité du contrôle est modulable suivant l'importance de la valeur mise en jeu au titre de l'ordre public* »[1483]. En tant que tel, « *dans l'arbitrage des parties faibles, l'appréciation du juge de la violation des règles d'ordre public doit (...) s'opérer in concreto* »[1484].

781 A défaut de pouvoir affirmer fermement que la jurisprudence OHADA procède à une appréciation légère de la conformité à l'ordre public international, il apparait que le CCJA a rarement annulé une sentence pour

---

1476 CA Paris, 30 septembre 1993, *European Gas Turbine SA c/ Westman International Ltd*, *Rev. arb.* 1994-2, p. 359, note D. Bureau; *Rev. crit. DIP* 1994, p. 349, note V. Heuzé.

1477 Cass. civ. 1ère, 21 mars 2000, *Verhoeft c/ Moreau*, inédit, *Rev. arb.* 2001-4, p. 810, sp. p. 817, chronique Y. Derains.

1478 CA Paris, 18 novembre 2004, *Thalès Air Defence contre Euromissile et autres, op. cit.*

1479 Pour critique acerbe, v. V. Heuzé, « Arbitrage international : quelle raison à la déraison ? », *D.* 2011, p. 2880.

1480 J.-B. Racine, *Droit de l'arbitrage*, *op. cit.*, n° 966.

1481 V. l'abondante jurisprudence citée par J.-B. Racine, *Droit de l'arbitrage*, *op. cit.*, note 3, p. 601.

1482 E. Gaillard, « Aspects philosophiques du droit de l'arbitrage international », *op. cit.*, p. 22.

1483 J.-B. Racine, *Droit de l'arbitrage*, *op. cit.*, n° 967, p. 602.

1484 M. Fontmichel, *Le faible et l'arbitrage*, *op. cit.*, n° 825.

ce moyen[1485]. Néanmoins, pour faire droit à un recours en contestation de validité, elle a opéré un examen concret de la sentence pour constater son inconciliabilité avec une décision de justice étatique ayant acquis l'autorité de la chose jugée[1486]. Elle a donc dû vérifier que le dispositif de la sentence était totalement antinomique à celui de l'arrêt invoqué par le demandeur. De manière voisine, la Cour d'appel de Douala[1487] a considéré qu' « *en accordant une hypothèque (...) sur tous les biens immeubles [du demandeur], le juge arbitral a violé une règle d'ordre public international des Etats signataires du Traité OHADA* ». Il ressort de cet attendu que les juges camerounais ont pris le soin de confronter le dispositif de la sentence à la règle secrétée par l'article 192 de l'AUS[1488]. Bien que les deux décisions précitées ne constituent pas une exigence péremptoire d'une appréciation approfondie de la contrariété de la décision arbitrale à l'ordre public international, il apparait néanmoins, en filigrane, un contrôle circonstancié de la motivation, approche favorable au faible.

§ 2 Un examen circonstancié de la motivation de la sentence

782 A l'image de la conformité à l'ordre public international, la question de l'exigence de motivation de la sentence est délicate car elle met en jeu, d'une part, l'interdiction de la révision au fond de la sentence, et d'autre part la crédibilité de l'arbitrage à travers la qualité des décisions rendues. Il y a donc un équilibre dialectique à trouver entre les deux impératifs précités. Dans cette matière, le droit français a connu une évolution instructive pour les pays de l'espace OHADA, le contrôle de la motivation ayant été supprimé en arbitrage international[1489]. Cette différence de régime s'explique « *surtout par la volonté de ne pas empêcher automatiquement l'exequatur en France de sentences rendues à l'étranger dont la motivation serait par trop sibylline ou inexistante* »[1490]. De manière plus nuancée, la jurisprudence

---

1485 P. Meyer, « Commentaire de l'article 29 du Règlement d'arbitrage de la CCJA », *op. cit.*, pp. 220-222.

1486 CCJA, 31 janvier 2011, *Planor Afrique c/ Atlantique Télécom*, *op. cit.*

1487 CA Douala, 17 janvier 2014, *Monsieur Diesse Mathias c/ SGDC Afrique*, inédit.

1488 L'article 192 de l'AUS dispose : « *Sauf disposition contraire, seuls les immeubles présents et immatriculés peuvent faire l'objet d'une hypothèque* ».

1489 Cass. civ. 1ère, 1 mai 1999, *Rivers c/ Fabre*, *Rev. arb.* 1999. 811, note E. Gaillard ; Cass. civ. 2ème, 7 janvier 1999, *Syseca c/ Secta Autosur*, *Rev. arb.* 1999. 272, note D. Foussard. Sur renvoi, CA Paris, 17 janvier 2001, *Secta Autosur c/ Syseca*, *Gaz. Pal.* 16-17 novembre 2001, p. 24.

1490 Th. Clay, « Liberté, égalité, efficacité : la devise du nouveau droit français de l'arbitrage. Commentaire article par article. Première partie », *op. cit.*, pp. 503-504.

suisse exclut également l'obligation de motivation des sentences arbitrales internationales[1491].

783 En droit OHADA, la consécration de l'obligation de motivation des sentences est le fait de l'article 26 *in fine* de l'AUA qui rend nulle la sentence non motivée. Bien que le RA n'en dise mot, l'exigence de soumission préalable du projet de sentence permet néanmoins à la CCJA de contrôler la motivation de la sentence[1492]. Au-delà du RA, plusieurs règlements d'arbitrage d'institutions privées prévoient également la soumission du projet de sentence aux fins d'examen préalable avant approbation de celle-ci[1493].

784 Malgré cette large reconnaissance de l'obligation de motivation des sentences, la doctrine reste réservée sur son appréciation par les juridictions nationales[1494]. S'il est évident que le contrôle de la motivation ne saurait se transformer en tentative déguisée de révision de la sentence[1495], dès lors qu'il est encadré (A), il conserve tout son intérêt à l'égard du faible (B).

A. Un contrôle encadré

785 Le succès de la justice arbitrale étant tributaire de l'intervention limitée du juge étatique, il est normal de se méfier de l'examen de la motivation des sentences. Pour autant, cette réticence est dénuée d'intérêt si l'action des juridictions nationales est enfermée dans des limites clairement définies. Dans ce sens, il convient de distinguer le contrôle des motifs de

---

1491 F. Perret, « Quelques considérations à propos de la motivation des sentences arbitrales en matière d'arbitrage international à la lumière d'une jurisprudence récente du Tribunal Fédéral », *Bull. ASA* 2011-3, p 666.

1492 L'article 23.1 alinéa 1 du RA dispose : « *Les projets de sentences sur la compétence, de sentences partielles qui mettent un terme à certaines prétentions des parties, et de sentences définitives sont soumis à l'examen de la Cour avant signature* ». Il convient néanmoins de préciser que l'arrticle 23.2 alinéa 1 du RA amoindrit l'intensité du contrôle de la motivation de la sentence en indiquant : « *La Cour ne peut proposer que des modifications de pure forme* ».

1493 L'article 24 du Règlement d'arbitrage du CENACOM énonce : « *Avant de signer toute sentence arbitrale, le tribunal arbitral doit en soumettre le projet auCentre. Celui-ci, par l'entremise du Comité de gestion ou de son président, peut prescrire desmodifications depure forme. Il peut, dans une note d'observation et tout en respectant la liberté de décision du tribunal arbitral, attirer l'attention de celui-ci sur les points intéressant le fond du litige* ». V. également article 20.5 alinéa 2 du Règlement d'arbitrage du CAG.

1494 P. Meyer, « Commentaire de l'article 26 de l'Acte uniforme relatif au droit de l'arbitrage », *in Traité OHADA et actes uniformes commentés et annotés*, Juriscope, 2016, p. 176, sp. pp. 182-183.

1495CA de Douala, 20 novembre 2015, *Société Trois N. Sarl c/ Société SICIM S.P.A*, inédit ; CA de Douala 20 février 2015 *AREA c/ PROASSUR*, inédit.

celui de l'application du droit (1), ce qui ne signifie pas conférer au premier un caractère purement formel (2).

1. *La distinction entre l'examen de la motivation et l'appréciation du bien-fondé de la sentence*

786 Il n'est discuté par personne que « *le juge étatique n'a pas à contrôler l'application de la règle de droit par l'arbitre* »[1496]. Pour autant, il ne faut pas confondre la vérification de la cohérence de la décision arbitrale et la pertinence de la solution apportée au litige. Il s'agit au contraire de s'assurer que les arbitres tirent les constats logiques de leurs propres constations sur la base des qualifications qu'ils ont retenues. Le juge étatique ne peut pas décider que le tribunal arbitral a mal apprécié, mais il lui appartient de vérifier que les conclusions tirées par ce dernier ne sont pas antinomiques avec les prémisses de son raisonnement. Ainsi, « *vérifier que la décision de l'arbitre est soutenue par des motifs non contradictoires n'implique pas automatiquement de contrôler que ces motifs sont pertinents* »[1497].

787 Hormis le fait que les juridictions nationales ont le pouvoir d'annuler la sentence, l'exercice auquel elles doivent se livrer est similaire, dans un certain sens, à celui des centres d'arbitrage quant à l'examen préalable de la sentence. Bien que certains règlements d'arbitrage, notamment celui de la CCI[1498], permettent aux institutions arbitrales d'attirer l'attention des arbitres sur leur décision, il ne s'agit pas de leur indiquer la teneur de leur dispositif[1499]. Malgré la crainte d'une interférence du centre d'arbitrage dans les attributions juridictionnelles des arbitres[1500], il reste que l'exercice auquel les institutions se livrent procède d'une analyse de l'enchainement logique de la motivation. Toute proportion gardée, la différence entre l'examen

---

[1496] I. Fadlallah, « Nouveau recul de la révision au fond : motivation et fraude dans le contrôle des sentences arbitrales internationales », *Gaz. Pal.* 1er – 2 décembre 2000, p. 5, sp. p. 8.

[1497] A. Mourre, « Réflexions critiques sur la suppression du contrôle de la motivation des sentences arbitrales en droit français », *Bull. ASA* 2001-4, p. 634, sp. n° 24.

[1498] D'après l'article 33 du Règlement d'arbitrage de la CCI : « *Avant de signer toute sentence, le tribunal arbitral doit en soumettre le projet a la Cour. Celle-ci peut prescrire des modifications de forme. Elle peut, en respectant la liberte de decision du tribunal arbitral, attirer son attention sur les points interessant le fond du litige. Aucune sentence ne peut etre rendue par le tribunal arbitral sans avoir ete approuvee en la forme par la Cour* » (nous soulignons).

[1499] E. Loquin, « La sentence arbitrale : L'examen du projet de sentence par l'institution et la sentence au deuxième degré - Réflexions sur la nature et la validité de l'intervention de l'institution arbitrale sur la sentence », *Rev. arb.* 1990-2, p. 427, sp. n° 17-20.

[1500] A. Kassis, *Réflexions sur le règlement d'arbitrage de la Chambre de commerce internationale, les déviations de l'arbitrage institutionnel*, LGDG, 1988, p. 70, n° 82.

judiciaire de la sentence et celui d'une institution se situe sur le plan temporel, le premier intervient après la reddition de la sentence et par ricochet ne peut pas conduire à une correction de celle-ci.

788 En dépit de la suppression du contrôle de la motivation des sentences internationales en Suisse, le Tribunal fédéral n'hésite pas à censurer celles qui en sont dépourvues au point de constituer une atteinte au principe du contradictoire[1501]. Il n'est donc pas surprenant que la jurisprudence française hostile à l'examen des motifs des décisions arbitrales soit critiquée[1502]. Ce faisant, il est assez justifié de s'opposer à l'idée d'un contrôle purement formel du défaut de motivation.

2. *Le caractère non formel du contrôle de la motivation*

789 S'appuyant sur la lettre de l'article 26 *in fine* de l'AUA prévoyant que le recours en annulation est recevable « *si la sentence n'est pas motivée* », M. Pierre Meyer conclut que « *cette exigence est donc une exigence de forme qui vise à assurer que le texte de la sentence répond aux prétentions et moyens des parties. Faut-il assigner à ce moyen une portée plus profonde qui permettrait de sanctionner la contradiction voire leur caractère erroné ? Toute interprétation en ce sens aurait pour conséquence de soumettre la sentence, dans le cadre du recours en annulation, à un examen au fond* »[1503].

790 Bien que certaines juridictions nationales aient semblé prêter le flanc aux craintes de l'auteur cité ci-dessus[1504], il convient de rappeler que la CCJA a tenu bonne main au respect de l'interdiction de la révision au fond des sentences[1505]. Si l'on ne saurait balayer d'un revers de la main le risque

---

[1501] F. Perret, « Quelques considérations à propos de la motivation des sentences arbitrales en matière d'arbitrage international à la lumière d'une jurisprudence récente du Tribunal Fédéral », *op. cit.*, p. 668 et s.

[1502] A. Mourre, « Réflexions critiques sur la suppression du contrôle de la motivation des sentences arbitrales en droit français », *op. cit.*, n° 19-28 ; J.-L. Delvolvé, « Essai sur la motivation des sentences arbitrales », *Rev. arb.* 1989-2, p. 149.

[1503] P. Meyer, « Commentaire de l'article 26 de l'Acte uniforme relatif au droit de l'arbitrage », *op. cit.*, p. 182.

[1504] CA Yaoundé, 06 février 2008, *Groupe PRODICOM SARL, Keumedjeu Joseph (Représentant) c /SDBC, SNC, BAT, Le Centre d'Arbitrage du GICAM*, www.ohada.com, Ohadata J-10-249 ; Tribunal de commerce Kati (Mali), jugement n° 490, 15 décembre 2008, inédit.

[1505] CCJA, 30 juin 2011, *Société Nationale pour la Promotion Agricole dite SONAPRA c/ Société des Huileries du BENIN dite SHB*, *op. cit.* En l'espèce, la CCJA a décidé que « *le non respect de sa mission par l'arbitre ne saurait ne peut avoir pour objet la révision au fond de la sentence mais seulement de permettre au juge de vérifier si les arbitres se sont, ou non, sur les points critiqués de leur décision, conformés à leur mission sans avoir à apprécier le bien fondé de leur mission* ».

de voir des magistrats s'embourber dans l'appréciation de l'application du droit par les arbitres, il est rassurant de savoir que la CCJA veille à la bonne application des textes.

791 Il s'infère de ce qui précède que le contrôle de la motivation ne saurait se limiter à des considérations formelles, il vise aussi bien la vérification de l'existence de motifs tout comme leur harmonie. En cas contrariété des motifs, la censure judiciaire est parfaitement justifiée, il en va de même de « *l'insuffisance de la motivation [qui] équivaut à une absence de motivation* »[1506].

792 La détermination de la nature du contrôle se pose en des termes identiques à ceux du contrôle du respect de leurs missions par des amiables compositeurs. Après avoir oscillé entre l'examen purement formel[1507] et une appréciation approfondie[1508] de la motivation en équité de la décision, la jurisprudence française a fini par admettre que « *le respect de la mission d'amiable compositeur ne se limite pas à un simple problème de forme qui résulterait de l'absence ou de la présence du rappel par les arbitres de leurs pouvoirs d'amiable compositeur* »[1509]. En poussant l'analogie jusqu'au bout, il est fondé de soutenir que la vérification de la sentence ne saurait se limiter à un banal examen de la recherche de l'existence d'une motivation, encore faudrait-il que celle-ci soit suffisante et cohérente. Ce n'est qu'à ce prix que l'appréciation judiciaire des motifs de la décision arbitrale contribue à préserver le faible contre toute sentence inique ou irrégulière.

B. Un contrôle utile à la protection du faible

793 S'il est indiscutable qu'en faisant le choix de l'arbitrage, les parties ont pris le risque de faire trancher leur litige sans pouvoir bénéficier du principe du double degré de juridiction, il n'est pas possible d'éluder que la volonté de recourir à l'arbitrage dans un contrat asymétrique n'est pas toujours communément partagée. En tant que tel, le contrôle de la motivation préserve le faible contre le risque juridictionnel imposé par le fort (1), le contraire pouvant entamer considérablement la crédibilité de l'arbitrage dans l'espace OHADA (2).

[1506] P. Meyer, « Commentaire de l'article 26 de l'Acte uniforme relatif au droit de l'arbitrage », *op. cit.*, p. 182.

[1507] CA Paris, 23 janvier 2003, *Rev. arb.* 2003, p. 252 ; Cass. civ. 2ème, 26 juin 2003, *RTD com.* 2004, p. 252, obs. E. Loquin, Cass. civ. 2ème, 8 juillet 2004, *JCP G* 2004, I, 179, obs. C. Seraglini ; CA Paris, 15 mai 2008, *Rev. arb.* 2008, p. 830.

[1508] Cass. civ. 1ère, 15 février 2001, *op. cit.* ; Cass. civ. 1ère, 10 juillet 2003, *Rev. arb.* 2003-4, p. 1361, note J.-G. Betto.

[1509] CA Paris, 10 mai 2007, *Rev. arb.* 2007, p. 825, note V. Chantebout.

1. La protection du faible contre le risque juridictionnel imposé par le fort

794 Partant du fait que l'arbitrage est plus difficile à assumer par la partie faible, il parait fondé d'affirmer que « *si les erreurs de logique peuvent constituer un risque lorsque les parties à un pied d'égalité consentent à l'arbitrage, elles doivent être sanctionnées lorsque le recours à l'arbitrage dépend davantage de la volonté de la partie forte. En effet, la contradiction dans les motifs peut être synonyme d'un défaut d'impartialité caché de la part d'arbitre pouvant injustement pénaliser la partie faible* »[1510].

795 Bien que la partialité d'un arbitre ne soit pas uniquement liée à la faiblesse d'un litigant, il y a lieu de noter qu'elle constitue un aléa que le faible n'a pas à supporter, dès lors qu'il est établi qu'il a été contraint d'une manière ou une autre à recourir à l'arbitrage. Celui qui est le mieux placé pour tirer le meilleur parti de la justice arbitrale quant au coût de la justice arbitrale, doit accepter qu'en contrepartie de la précarité de son contradicteur, ce dernier est en droit de bénéficier d'un contrôle accru de la sentence.

796 Dans cette perspective, le respect de l'égalité des armes et du principe du contradictoire jouent un rôle de premier plan dans l'examen de la motivation de la sentence. Lorsque les demandes du litigant le moins nanti ont été retirées faute d'avoir été provisionnées, afin de respecter l'arrêt *Pirelli*[1511], les juridictions étatiques seront automatiquement amenées à regarder avec une plus grande attention les motifs de la sentence. Concrètement, pour s'assurer que les arbitres ont réellement pris en compte une demande reconventionnelle, non provisionnée, mais connexe à la demande principale, les magistrats vont examiner la motivation en profondeur de la décision rendue par les arbitres.

797 Loin de réclamer une appréciation des motifs tendant à une remise en question inavouée du fond de la sentence[1512], il s'agit au contraire de militer pour un contrôle solide et strict de la logique ayant abouti à la position des arbitres. En adoptant une telle approche, les juges seront les ardents défenseurs de la crédibilité de la justice arbitrale.

2. La crédibilité de l'arbitrage

798 Il est incontestable qu'une décision arbitrale soutenue par une motivation contradictoire va à l'encontre de la rationalité attendue de tout

---

[1510] M. Fontmichel, *Le faible et l'arbitrage*, *op. cit.*, n° 814.
[1511] Cass. civ. 1ère, 28 mars 2013, *Pirelli & C. c/ Licensing Projects*, *op. cit.*
[1512] CA Paris, 23 octobre 1997, *Rev. arb.* 1998-1, p. 143, note Ph. Fouchard.

acte juridictionnel. Sur ce point, il est affirmé à bon escient : « *Juger, ce n'est pas moins dire le droit dans une sentence arbitrale que dans l'arrêt d'une cour ou le jugement d'un tribunal. Or, comment dire le droit sans en imprimer la marque, de manière visible et compréhensible, dans l'acte lui-même ? (...) une sentence sans motifs n'est qu'un « acte qualifié sentence arbitrale » ; c'est un acte dénaturé où l'office de l'arbitre ne s'est pas accompli. Dès lors, il n'y a pas, il ne peut pas y avoir, bons ou mauvais peu importe, de sentence sans motifs* »[1513]. Le défaut de motivation n'est donc pas une vénielle irrégularité de forme, mais plutôt un grave vice de fond qui entache totalement la validité de la sentence[1514].

799 Rejeter une demande d'annulation ou d'opposition à exequatur d'une sentence non motivée est la meilleure manière de générer la méfiance des justiciables. En effet, il est établi que la sentence ne doit pas simplement contenir un dispositif, elle doit également être acceptable aux yeux des parties[1515]. A l'inverse, « *les décisions aberrantes réduisent la confiance (...) en l'arbitrage. Les acteurs commerciaux n'envisagent pas sans appréhension un système de résolution des litiges qui autorise les arbitres à décider de leur sort par un roulement de dés* »[1516].

800 Les motivations avancées pour justifier la suppression de l'obligation de motivation, réduction des recours abusifs[1517] et accueil favorable des sentences étrangères[1518], peinent à convaincre[1519] et son importation dans l'espace OHADA est douteuse. Il sera difficile de justifier l'efficacité d'une sentence dont les motifs sont antinomiques alors que l'arbitrage est censé corriger les tares de la justice étatique. Comment admettre que des arbitres dont l'expertise technique est tant vantée puissent succomber dans les travers des juges nationaux ?

801 Pour quiconque cherche un argument pour ralentir le développement de l'arbitrage en Afrique, la levée de l'obligation de motivation des sentences est une arme redoutable. Les faibles auront beau jeu de crier à l'érection d'une justice à la solde des forts puisque les arbitres peuvent

---

1513 Pour J.-L. Delvolvé, « Essai sur la motivation des sentences arbitrales », *op. cit.*, p. 162.

1514 A. Mourre, « Réflexions critiques sur la suppression du contrôle de la motivation des sentences arbitrales en droit français », *op. cit.*, n° 25.

1515 C. Jarrosson, « L'acceptabilité de la sentence », *Rev. arb.* 2012-4, p. 783.

1516 V. Chantebout, *Le principe de non révision au fond des sentences arbitrales*, *op. cit.*, n° 470.

1517 A. Mourre, « Réflexions critiques sur la suppression du contrôle de la motivation des sentences arbitrales en droit français », *op. cit.*, n° 17-18.

1518 Th. Clay, « Liberté, égalité, efficacité : la devise du nouveau droit français de l'arbitrage. Commentaire article par article. Première partie », *op. cit.*, pp. 503-504.

1519 F. Perret, « Quelques considérations à propos de la motivation des sentences arbitrales en matière d'arbitrage international à la lumière d'une jurisprudence récente du Tribunal Fédéral », *op. cit.*, pp. 671-672.

constater un droit mais prendre une décision allant en sens contraire. A ce problème, se greffe un autre tout aussi épineux lorsque l'impécunieux d'hier dont les demandes non provisionnées ont été écartées, décide d'engager ultérieurement une nouvelle action. Quel est le sort de cette dernière au regard du principe de l'autorité de la chose jugée ?

SECTION II. L'ARTICULATION DE L'AUTORITE DE LA CHOSE JUGEE DE LA SENTENCE ET LES ACTIONS POSTERIEURES DU FAIBLE

802 Contrairement à la justice étatique dans l'espace OHADA, la soumission d'une demande en arbitrage suppose que le demandeur principal ou reconventionnel dispose de moyens lui permettant d'en assumer le coût. Etant donné que la santé financière d'un litigant peut varier d'un moment à l'autre, il peut arriver que ce ne soit qu'après la reddition de la sentence qu'il possède les ressources permettant de s'acquitter des frais inhérents aux demandes non précédemment traitées. Peut-il dans ce cas déclencher une nouvelle procédure arbitrale ?

803 Avant de répondre à cette question, il importe de souligner que l'article 23 de l'AUA dispose : « *La sentence arbitrale a, dès qu'elle est rendue, l'autorité de la chose jugée relativement à la contestation qu'elle tranche* ». La lettre de l'article 27 du RA renforce la valeur juridique des sentences en indiquant qu'elles ont une autorité semblable à celle des décisions des juridictions étatiques[1520]. En procédant à une lecture stricte du principe de l'autorité de la chose jugée, il serait tentant de dire que la sentence éteint complètement toute action relative au litige ayant opposé les parties.

804 Toutefois, cette réponse est hâtive car un différend peut revêtir diverses facettes qui ne sont pas intégralement réglées par la sentence. Ce cas de figure n'est pas le plus compliqué car, il est aisé d'admettre qu'un justiciable intente une nouvelle action arbitrale sur un point de litige qui n'a pas été tranché par les arbitres. La seule difficulté à ce niveau est d'identifier l'étendue objective de la *res judicata*[1521]. En revanche, la situation est plus complexe dès lors que l'action postérieure à la sentence touche un point déjà traité par celle-ci. Ce recours peut poser soit un problème de conciliabilité

[1520] L'article 27 du RA dispose : « *Les sentences arbitrales rendues conformément aux dispositions du présent règlement, ont l'autorité définitive de la chose jugée sur le territoire de chaque Etat-partie, au même titre que les décisions rendues par les juridictions de l'Etat* ». Dans le même sens, v. article 25 du Traité OHADA.

[1521] J.-B. Racine, *Droit de l'arbitrage*, *op. cit.*, n° 850.

entre la décision à venir et la sentence initiale, soit être étroitement liée au procès initial au point de donner l'impression de se répéter une seconde fois. Pour prévenir ces problèmes, le droit prétorien français a décliné le principe de l'autorité de la chose jugée en deux règles : le principe de l'inconciliabilité qui rend nulle la sentence contradictoire à une décision passée en force jugée[1522] et l'obligation de concentration des moyens qui impose aux litigants de soulever tous les éléments soutenant leurs demandes dès la première instance[1523].

805 En dépit de l'utilité incontestable du principe de l'inconciliabilité et de l'obligation de concentration des moyens quant à la stabilité des droits, il est difficile de faire l'impasse sur le fait que l'instabilité des finances du faible constitue une donnée à prendre en compte. Par conséquent, toute la question est celle de l'articulation de la sécurité juridique et de la protection du faible. Pour parvenir à une règle équilibrée, il convient d'envisager un aménagement du principe d'inconciliabilité d'une part (§ 1) et de s'interroger d'autre part sur l'intérêt de consacrer l'obligation de concentration des moyens dans l'espace OHADA (§ 2).

§ 1 L'aménagement du principe d'inconciliabilité en faveur du faible

806 Contrairement à l'obligation de concentration des moyens, le principe de l'inconciliabilité des décisions a été consacré par la CCJA dans des termes qui méritent qu'on s'y arrête (A), avant d'évoquer les tempéraments qui peuvent lui être apportés aux fins de protection du litigant en position de faiblesse (B).

A. La consécration du principe de l'inconciliabilité en droit OHADA

807 C'est à l'occasion de l'affaire *Planor Afrique c/ Atlantique Telecom*[1524] que la Haute cour de l'OHADA a fixé sa religion en matière de décisions contradictoires. En l'espèce, une procédure arbitrale avait été engagée parallèlement à une action judiciaire devant les juridictions burkinabé. Le demandeur à l'arbitrage, *Atlantique Telecom*, a soulevé sans succès l'exception d'incompétence des juridictions étatiques jusqu'en cassation. C'est dans ces conditions qu'est intervenue la sentence arbitrale

[1522] CA Paris, 17 janvier 2012, *Planor Afrique SA contre Société Emirates Télécommunications corporation Etisalat*, *Rev. arb.* 2012-2, p. 569, note M.-L. Niboyet.
[1523] E. Loquin, « Autorité de la chose jugée et concentration des moyens », *Rev. arb.* 2016-1, p. 107.
[1524] CCJA, 31 janvier 2011, *Planor Afrique c/ Atlantique Télécom*, *op. cit.*

dont le dispositif était en totale opposition avec la décision des juges burkinabé confirmée par la CCJA.

808 Comme il fallait s'y attendre, *Planor Afrique* qui a eu gain de cause devant les juridictions étatiques, a introduit un recours en contestation de validité de la sentence au motif de la violation de l'autorité de la chose jugée des décisions qui lui étaient favorables. Pour faire droit à ce recours, la CCJA a affirmé que « *l'autorité de la chose jugée, principe fondamental de la justice en ce qu'il assure la sécurité juridique d'une situation acquise, participant de l'ordre public international au sens des articles 29.2 et 30.6-4 du Règlement d'arbitrage de la CCJA, s'oppose à ce que l'arbitre statue dans la même cause opposant les mêmes parties* » après une précédente décision définitive.

809 Ainsi énoncé, l'autorité de la chose jugée garantit la permanence des droits acquis judiciairement sur la base de la donnée temporelle. Pour autant, l'arrêt de la CCJA n'est pas une solution d'espèce qui ne règle que les conflits entre les actes juridictionnels d'origine étatique et les sentences. C'est plutôt l'inverse car « *au regard de la lettre de cet arrêt, qui se contente d'interdire que " l'arbitre statue dans la même cause opposant les mêmes parties ", il est fondé de soutenir qu'il peut s'appliquer pour départager deux sentences arbitrales* »[1525].

810 S'il est acquis que la CCJA invalide toute sentence arbitrale contredisant une décision antérieure quelle que soit sa nature, que faire lorsque l'impécunieux réussit à faire triompher sa demande reconventionnelle après qu'un premier tribunal arbitral ait fait droit à la demande principale. Autrement, est-il légitime d'opposer au faible, qui a enfin réussi à réunir les moyens lui permettant de faire examiner ses prétentions, la sentence antérieure qui a écarté celles-ci des débats pour des raisons uniquement financières ? L'équilibre de la réponse à cette question postule de militer en faveur d'une application pondérée du principe d'inconciliabilité.

B. L'application pondérée du principe d'inconciliabilité

811 Etant donné que la rémunération des arbitres est généralement proportionnelle à l'enjeu financier du litige, il est compréhensible que les centres d'arbitrage prévoient le retrait des demandes non provisionnées. Ceci dit, il faut également admettre qu'il est injuste d'opposer à celui qui n'avait pas les ressources nécessaires à sa défense une décision rendue en situation de rupture de l'égalité des armes. En conséquence, il est justifié d'autoriser

---

1525 A. Ngwanza, « Note sous CCJA, 31 janvier 2011, *Planor Afrique c/ Atlantique Télécom* », *Cah. arb.* 2013-4, p. 1134.

l'efficacité de la sentence reconnaissant les droits du faible bien que précédemment les demandes de son contradicteur aient été jugées recevables.

812 Cependant, la préservation des faibles ne devant pas entrainer l'insécurité juridique, la juxtaposition de deux sentences contradictoires doit être rigoureusement encadrée, faute de quoi en voulant régler un problème, on le remplacera par un autre. Dans ce sens, la première exigence quant à l'efficacité de la deuxième sentence en faveur du faible est relative à sa diligence. Il faudrait qu'il démontre que l'ouverture d'une seconde procédure n'est pas la manifestation d'une stratégie attentiste. Ce point ne sera pas la chose la plus difficile à corroborer, tant il est vrai que la vérification des flux de trésorerie d'un impécunieux est assez aisée. A cette première condition, il faudrait aussi ajouter la contestation de la première sentence, car excepté l'incapacité à bénéficier de l'aide juridictionnelle et une situation économique compliquée, le faible ne doit pas être autorisé à se prévaloir d'une deuxième sentence alors qu'il n'a pas attaqué la première. Le raisonnement ici est similaire à la logique des défenses à exécution, le juge ne pouvant surseoir à l'exécution provisoire que si le demandeur a attaqué la décision au fond.

813 Deuxièmement, après avoir vérifié que la seconde sentence n'est passible d'aucun motif d'annulation, il faudrait confronter son dispositif avec celui de la première. Cet exercice peut aboutir à plusieurs *scénario* qui soulèvent des niveaux de complexité différents. En premier lieu, il peut arriver que la contradiction entre les deux sentences soit partielle dans le sens où les demandes reconventionnelles du faible, devenues demandes principales dans la deuxième procédure arbitrale, ne touchent que certains aspects des prétentions de son contradicteur. En second lieu, l'opposition entre les décisions arbitrales peut être totale, ce qui impose un nouveau contrôle de la motivation des deux sentences. En effet, partant du postulat que l'expertise des arbitres est avérée, ils ne devraient pas rendre des décisions en frontale opposition. A partir du moment où l'une des sentences n'est pas conforme à l'obligation de motivation ou à l'ordre public international, elle devrait être purement et simplement annulée.

814 Néanmoins, si le contrôle rigoureux des sentences ne permet d'invalider aucune d'elles, alors il y a matière à envisager la compensation entre les condamnations secrétées par les deux décisions en conflit. Ce n'est que lorsque cette ultime hypothèse n'est pas réalisable en pratique qu'il doit être fait une application orthodoxe du principe de l'inconciliabilité de la sentence. Cette démarche conforme à la sécurité juridique ne justifie-t-elle la consécration de l'obligation de la concentration des moyens ?

§ 2 Les contours de la reconnaissance de l'obligation de concentration des moyens en droit OHADA

815 Malgré sa ferme consécration jurisprudentielle[1526], l'obligation de concentration des moyens reste controversée[1527], la doctrine reproche aux juges de l'avoir rattaché au principe de l'autorité jugée[1528]. Il s'ensuit que l'étude en profondeur de l'obligation de concentration des moyens doit précéder le débat sur sa réception en droit OHADA (B), la protection du faible étant le curseur de l'analyse.

A. La notion d'obligation de concentration des moyens

816 Initialement consacrée en matière judiciaire[1529], puis étendue à l'arbitrage interne, l'obligation de concentration des moyens impose « *au demandeur de présenter dans la même instance toutes les demandes fondées sur la même cause et qu'il ne peut invoquer dans une instance postérieure un fondement juridique qu'il s'était abstenu de soulever en temps utile* »[1530]. Bien que la similarité des procédures arbitrales et judiciaires[1531] soit la raison de l'application de l'obligation de concentration des moyens en arbitrage, la jurisprudence a renoncé à imposer également la concentration des demandes[1532].

817 Sur le terrain de l'autorité de la chose jugée, l'obligation de concentration emporte impossibilité pour une partie d'engager une nouvelle instance sur la base d'un moyen qu'elle a oublié. Le tribunal arbitral saisi dans de telles conditions devrait déclarer la demande irrecevable. A ne point en douter, « *la règle est sévère pour les parties qui doivent penser à tous les moyens susceptibles de fonder leurs prétentions (au besoin en articulant un principal et des subsidiaires)* »[1533].

1526 Cass. civ. 1ère, 24 mai 2008, *Rev. arb.* 2008, p. 461, note L. Weiller ; *RTD. civ.* 2008, p. 511, obs. R. Perrot ; Cass. civ. 1ère, 12 avril 2012, *Procédures* juin 2012, p. 180, note L. Weiller ; *Rev. arb.* 2013-1, p. 121, note Y. Strickler.

1527 A. Posez, « Le principe de concentration des moyens, ou l'autorité retrouvée de cla chose jugée », *RTD. civ.* 2015-1, p. 283.

1528 E. Loquin, « De l'obligation de concentrer les moyens à celle de concentrer les demandes dans l'arbitrage », *Rev. arb.* 2010- 2, p. 201 ; E. Loquin, « Autorité de la chose jugée et concentration des moyens », *op. cit.*, n° 7-23.

1529 Cass. AP., 7 juillet 2006, *D.* 2006, p. 2135, note L. Weiller ; *RTD. civ.* 2006, p. 825, obs. R. Perrot.

1530 Cass. civ. 1ère, 24 mai 2008, *op. cit.*

1531 Pour critique de cet argument, v. R. Perrot, « Observation sous Cass. AP., 7 juillet 2006 », *RTD. civ.* 2008, p. 826.

1532 Cass. civ. 1ère, 12 avril 2012, *op. cit.*

1533 J.-B. Racine, *Droit de l'arbitrage*, *op. cit.*, n° 669.

818 Pour un litigant démuni, la règle comporte de nombreux dangers dans la mesure où la précarité matérielle induit l'insuffisance de moyens pour se faire assister par un conseil diligent et compétent. N'est-il pas il excessif d'exiger à un justiciable incapable d'être bien défendu de ne pas pouvoir alléguer un argument qu'il aurait dû initialement soulever ?

819 Par ailleurs, qu'en sera-t-il de l'impécunieux qui s'abstient délibérément d'invoquer un moyen afin d'éviter l'augmentation financière de sa demande, ce dans la perspective de pouvoir régler les frais d'arbitrage ?

820 En outre, l'assimilation de la justice étatique et de l'arbitrage en matière d'obligation de concentration des moyens n'est pas opportune parce qu'elle conduit à inhiber l'enjeu économique et le caractère contractuel de la saisine des arbitres. La compétence d'une juridiction arbitrale étant déterminée par la volonté des parties, « *l'étendue de l'autorité de la chose jugée de la sentence peut être définie, en dehors de toute référence à une loi étatique* »[1534]. Par conséquent, il n'est pas superflu de considérer que les arbitres ne se sont prononcés que sur ce que les litigants ont bien voulu leur soumettre.

821 En définitive, l'obligation de concentration des moyens telle qu'élaborée par la jurisprudence française est peu satisfaisante[1535]. Néanmoins, elle ne manque pas d'intérêt pour protéger le faible contre un contradicteur qui ne cesse de multiplier les actions pour le faire plier.

B. L'opportunité de la consécration de l'obligation de concentration des moyens en droit OHADA

822 Dès l'abord, il convient de préciser que la concentration des moyens ne peut être utile au faible que si elle repose sur un autre fondement que l'autorité de la chose jugée. Comme il a été indiqué ci-dessus, cette dernière peut conduire à une grave injustice en empêchant le moins nanti de revenir vers l'arbitre avec un moyen qu'il a tu pour des considérations financières.

823 En revanche, la loyauté procédurale est un moyen équilibré de filtrer les demandes motivées par des fins dilatoires quant à l'exécution de la première sentence, voire des envies de perpétuer indéfiniment le procès.

1534 E. Loquin, « Autorité de la chose jugée et concentration des moyens », *op. cit.*, n° 23.

1535 La critique relative à l'inadéquation de l'obligation de concentration des moyens avec la conception délocalisée de l'arbitrage international n'est pas évoquée ici car la conception moniste du droit de l'arbitrage OHADA ne prête pas le flanc à de tels développements.

Ainsi, pour juger irrecevable un moyen, la jauge ne sera plus la *res judiciata*, mais les raisons qui fondent la nouvelle action. Dans ce sens, il conviendra de se demander si le moyen nouveau était connu au moment de la première instance arbitrale.

824 Cette approche permettra au faible d'arguer de ses lacunes financières pour expliquer le bien-fondé de la nouvelle instance arbitrale qu'il souhaite déclencher. Dès lors que la mauvaise foi d'un litigant n'est pas étayée, il n'y aura pas de raison de lui opposer une fin de non-recevoir[1536]. A l'inverse, il sera aisé de soutenir « *par une interprétation de la volonté raisonnable des parties à la convention d'arbitrage, que la partie qui saisit un tribunal arbitral d'une certaine demande perd son droit à présenter à un autre tribunal non seulement cette demande, telle que précisément formulée, mais aussi toute autre demande qu'elle aurait pu, et donc dû, de bonne foi, rattacher à celle-ci au cours de la même instance* »[1537].

825 Aux fins d'appréciation de la mauvaise foi, l'asymétrie des parties peut être un critère pertinent, notamment la qualité de la défense. Dans cette veine, il sera plus simple de dénier la bonne foi à un justiciable fort au regard de l'expertise et de l'expérience de ses conseils. Parallèlement, le faible pourra s'abriter derrière son indigence intellectuelle quand elle est légitime, notamment lorsqu'une personne raisonnable placée dans les mêmes conditions que lui aurait pu ignorer le moyen nouveau, ou compte tenu de sa précarité matérielle, aurait agi de manière identique.

[1536] E. Loquin, « Autorité de la chose jugée et concentration des moyens », *op. cit.*, n° 25 ; J.-B. Racine, *Droit de l'arbitrage*, *op. cit.*, n° 669.

[1537] P. Mayer, « Litispendance, connexité et chose jugée dans l'arbitrage commercial international », *in Liber amicorum Claude Reymond*, Litec, 2004, p. 185, sp. p. 196.

CONCLUSION

826 En gardant à l'esprit que l'arbitrage exclut le double degré de juridiction et éteint définitivement le litige, il est totalement justifié de consacrer le contrôle superficiel de la sentence et de limiter les actions postérieures à la sentence sur une cause qu'elle est réputée avoir purgé. Toutefois, le choix de la justice arbitrale pour le règlement des différends étant rarement consenti de manière totalement volontaire par le faible, des nuances s'imposent dès lors qu'une décision arbitrale met abusivement ses intérêts en péril. Sans réclamer la révision au fond de la sentence, le contrôle de sa motivation et de sa conformité à l'ordre public est entièrement justifié. Sur ce point, le droit OHADA gagnerait à conserver sa distance avec l'arbitrage international français. Il y va de son adéquation avec son environnement sociologique, plus particulièrement le faible taux d'alphabétisme et la timide pratique de l'arbitrage.

827 De plus, il n'est pas opportun de faire une application rigide du principe de l'autorité de la chose jugée en matière d'inconciliabilité dès lors que la coexistence de deux sentences contradictoires s'explique par l'incapacité à assumer les frais d'arbitrage lors de la première instance. Il n'est pas non plus indiqué de suivre la conception prétorienne française de l'obligation de concentration des moyens. Plutôt que d'autorité de la chose jugée, la loyauté procédurale est un meilleur fondement qui permet de rejeter de manière parfaitement équilibrée, les actions mal intentionnées ou teintées d'un manque de diligence de procédurale.

CONCLUSION DU TITRE II

828 En tant qu'acte juridictionnel, la sentence arbitrale se présente au faible sous un double aspect : d'une part sa régularité procédurale, d'autre part la cohérence de sa substance. Cependant, compte tenu de la spécificité de l'arbitrage, la contestation de la décision des arbitres obéit à un régime dérogatoire de droit commun qui peut s'avérer aléatoire pour le faible.

829 S'agissant de la procédure de contestation des sentences, le droit OHADA présente un visage contrasté vis-à-vis des litigants en position de faiblesse. Autant dans l'arbitrage CCJA, ils ont la certitude de pouvoir exercer un recours quand il n'est pas fermement établi qu'ils y ont renoncé, autant dans l'AUA l'incertitude est tellement grande qu'elle frise à certains égards, notamment en matière d'exequatur, la quasi inexistence d'action. Dans le cadre de la révision des textes relatifs au droit de l'arbitrage, le législateur OHADA devrait s'évertuer à améliorer le régime des voies de recours contre la sentence. Ceci ne signifie aucunement qu'il doit en obérer l'efficacité.

830 Quant au fond de la sentence, le législateur OHADA a élaboré des textes qui prennent en compte dialectiquement l'interdiction de la révision de la solution décidée par les arbitres et les intérêts des justiciables en position de faiblesse. Ceci dit, la CCJA a un rôle de premier plan pour veiller à une saine application des règles. En l'état actuel des choses, sa jurisprudence est acceptable mais mérite d'être affinée afin de complètement dissuader les juges nationaux enclins à une révision déguisée de la sentence.

CONCLUSION DE LA DEUXIEME PARTIE

831 S'il est clair que la nature contractuelle de l'arbitrage ne constitue pas *per se* un risque pour le faible, il n'en demeure pas moins l'instrumentalisation de l'asymétrie peut entrainer des dérives graves. Pour cette raison, la relation du faible avec le procès se décline aussi bien à l'aune de l'instance qu'au regard de la décision qui la clôture. Bien que le droit OHADA ait reconnu le principe de l'égalité des litigants, il subsiste des considérations pratiques qui en amenuisent l'effectivité. Qu'il s'agisse de la constitution du tribunal arbitral sur la base d'un mécanisme déséquilibré, ou de la rupture de l'égalité des armes à cause de l'impécuniosité du faible, l'instance arbitrale ne reflète pas rigoureusement le symbole de la justice : la balance. Pour changer la donne, le législateur OHADA et la jurisprudence n'ont pas forcément besoin d'une révolution, il leur suffit de prendre en compte de manière conséquente les travers des pratiques contractuelles et les difficultés soulevées par l'impécuniosité d'une partie sous d'autres cieux.

832 Par ailleurs, le législateur OHADA gagnerait également à clarifier le régime de la sentence, notamment les voies de contrôle de celle-ci. Le caractère dérogatoire de droit commun de l'arbitrage CCJA ne justifie pas que la sentence puisse être aisément contrôlée à l'inverse des règles tirées de l'AUA. Si l'on veut faire la promotion de l'arbitrage en droit OHADA, cela passe par des règles qui ne donnent pas l'impression aux parties faibles que les décisions arbitrales sont à l'abri de recours, notamment en matière d'exequatur. De manière pro active, les juges et le législateur pourraient également contribuer à renforcer le faible en s'assurant que les actions postérieures à la sentence sont possibles quand elles sont légitimes. A ce prix, les décisions arbitrales pourront faire l'objet d'un contrôle conforme au rapport de forces entre les parties.

CONCLUSION GENERALE

833 Bien que le droit de l'arbitrage OHADA n'ait pas été conçu au détriment de la partie faible, il n'en demeure pas moins vrai que celle-ci n'a pas été sa préoccupation première. A la décharge du législateur OHADA, il importe de rappeler que le contexte de l'élaboration du droit de l'arbitrage en particulier, et de tous les actes uniformes en général, se prêtait peu à une telle orientation légistique. Lorsque la sécurité juridique et judiciaire sont mues par la volonté d'attraire les capitaux étrangers, le curseur est automatiquement tourné vers la souplesse des règles et la protection des investisseurs.

834 Toutefois, le droit OHADA ne relevant pas *stricto sensu* du droit des investissements, il y avait forcément un équilibre à trouver entre le libéralisme aux fins d'attractivité juridique et la sauvegarde des faibles. Dans une région où le secteur informel occupe une part très importante du tissu économique, l'ancrage sociologique des règles, fussent-elles destinées aux professionnels, postule un minimum de vigilance qui permet de pondérer la souplesse quand elle parait excessive.

835 Malheureusement, le choix d'adopter la conception moniste de l'arbitrage ne va pas dans ce sens dans la mesure le souffle ultra libéral de l'ordre international vient irradier les échanges internes. Tel est le premier indice de la timide prise en compte de la partie faible en droit OHADA, l'approche dualiste du droit français étant la preuve que certaines règles du contentieux international n'ont pas vocation à régir les conflits internes. C'est donc en vain qu'on cherchera dans l'AUA, le RA ou le Traité OHADA, une règle dédiée uniquement à la partie faible.

836 Au-delà du monisme et de son insuffisante endogénéité, pris sous le prisme de la protection de la partie faible, le droit de l'arbitrage OHADA souffre également d'une articulation lacunaire avec les droits nationaux qui cohabitent avec lui. Il s'agit tantôt d'un renvoi sur une question qu'il aurait pu trancher, tantôt il s'agit du respect de l'organisation judiciaire des Etats-parties au Traité OHADA. Ainsi, dans un premier temps, l'AUA procède expressément ou implicitement à des renvois à des ordres juridiques dont la précarité en matière d'arbitrage était pourtant connue avant son adoption. Telle est par l'exemple l'option retenue en matière d'arbitrabilité, la disparité du droit interne sur ce point étant particulièrement préoccupante.

837 Dans un second temps, il s'en remet complètement à l'organisation judiciaire nationale alors que dans de nombreux Etats, les règles sont silencieuses sur les procédures relatives à l'intervention du juge d'appui ou du contrôle. A certains égards, le législateur a fait preuve d'une révérence exagérée à l'endroit des systèmes judiciaires nationaux, il aurait pu par exemple se prononcer sur la possibilité d'attaquer une décision du juge d'appui en cas d'excès de pouvoir. Or, tel n'est pas le cas et la question est diversement traitée en droit interne.

838 La conséquence fâcheuse de ce déficit d'harmonie entre législations nationales et droit OHADA est une protection contingente de la partie faible. L'arbitrabilité des conflits sociaux individuels est un parfait parangon pour démontrer la discontinuité de la sauvegarde des intérêts du salarié. L'on ne saurait s'accommoder d'une telle instabilité car, qu'il s'agisse ou non de la partie faible, la sécurité juridique tant vantée et recherchée par les pères fondateurs de l'OHADA n'est pas au rendez-vous.

839 Pour autant, quelle que soit la responsabilité du législateur africain, il ne faut pas passer sous silence celle des Etats qui, en se gardant d'adopter les textes complémentaires à l'AUA ont compliqué la mise en œuvre d'une procédure arbitrale. Au regard du bilan insatisfaisant de la pratique de l'arbitrage dans l'espace OHADA, un changement de paradigme s'impose. L'heure est venue de donner une couleur plus africaine au droit de l'arbitrage, aussi bien pour prendre en compte la situation des indigents intellectuels que celle des impécunieux, que pour anticiper les failles des législations internes ayant vocation à compléter l'AUA. Cela appelle l'adoption d'une nouvelle philosophie de l'arbitrage reposant sur la dialectique du libéralisme et de la protection du faible. Semblable démarche devrait constituer l'axiome légistique du Conseil des ministres dans le processus de révision de l'AUA et le RA.

840 Concrètement, il y a lieu d'envisager la révision de l'AUA et du RA avec le souci des réalités locales tant sur le plan sociologique que juridique. Ainsi, un inventaire des législations nationales relatives aux contractants protégés permettra de savoir exactement quel est leur niveau de protection. Le législateur aura alors toutes les cartes en main pour déterminer avec précision les règles en matière d'inarbitrabilité. Il en sera de même et d'inefficacité des clauses compromissoires non consenties ou non négociées, l'élaboration des règles permettra de se prémunir contre les balbutiements de la jurisprudence OHADA.

841 S'agissant du procès arbitral, il est primordial d'accorder une attention particulière à l'égalité des parties afin que la constitution du tribunal et l'impécuniosité du faible fassent l'objet de dispositions spécifiques, en vue d'éroder les effets pervers de l'asymétrie entre les litigants. Dans ce sens, une révolution n'est pas nécessaire, la prise en

compte lucide les travers des bonnes pratiques contractuelles élaborées en droit comparé est appropriée.

842 Enfin, il est également utile que le législateur OHADA harmonise le régime des recours contre les sentences entre l'AUA et le RA. Il est question d'insuffler à l'AUA le souffle protecteur de la partie faible caractérisant le RA. Outre la garantie de l'effectivité des recours contre la sentence, il est aussi opportun de tempérer le principe de l'autorité de la chose jugée à l'égard des procédures arbitrales que le faible ne pouvait pas engager postérieurement à une sentence, faute de moyens.

843 Les suggestions précédentes retenues, l'objectif affiché des nouveaux textes devrait nécessairement être le développement de l'arbitrage dans l'espace OHADA, non plus la modernisation d'un droit obsolète. Dans cette perspective, il s'agit de mettre en place les outils normatifs et procéduraux qui incitent, tout justiciable, notamment le faible à recourir sereinement à l'arbitrage. En procédant de la sorte, la multiplication des procédures d'arbitrage interne sera la rampe de lancement de l'essor de places d'arbitrage. Compte tenu, des nombreux dysfonctionnements de la justice étatique, l'arbitrage gagnera en notoriété et en crédibilité grâce à la confiance des moins nantis. Un tel soutien n'est non seulement pas surabondant, mais aussi surtout utile au rapatriement des sommes investies par les parties africaines hors du continent. Pour des économies faibles, l'arbitrage est une voie de croissance encore peu explorée alors qu'ailleurs, Paris notamment, en tire de grands profits. Alors, on ne peut que souhaiter longue vie au faible dans l'arbitrage OHADA !

BIBLIOGRAPHIE

Ouvrages généraux

AMBOULOU H. D., *Le droit de l'arbitrage et des institutions de médiation dans l'espace OHADA*, L'harmattan, 2015.

ANOUKAHA F. et al, *OHADA. Sociétés commerciales et GIE*, Bruylant, 2002.

AYNES L.et CROCQ P., *Les sûretés. La publicité foncière*, Defrénois, 5ème édition, 2011.

BEGUIN J. et MENJUCQ M. (dir), *Droit du commerce international*, Litec 2005.

BUCHER A., *Le nouvel arbitrage international en suisse*, Helbing & Lichtenhahn 1998.

FENEON A., Droit de l'arbitrage. Commentaires de l'Acte uniforme sur l'arbitrage et du règlement de la CCJA, Edicef, 2000.

FOUCHARD Ph., GAILLARD E. et GOLDMAN B., *Traité de l'arbitrage commercial international*, Litec, 1996.

GERMAIN M., *Traité de droit commercial. Les sociétés commerciales*, LGDJ, 19ème édition, 2009.

LOQUIN E., *L'arbitrage du commerce international*, Joly, 2015.

LUKOMBE NGHENDA C., *Le règlement du contentieux arbitral. Tome II. L'arbitrage*, Publications des facultés de droit et des Universités du Congo, 2006.

MAINGUY D., *Introduction générale au droit*, Litec, 2005.

MALAURIE Ph., AYNES L. et GAUTIER P.-Y., *Les contrats spéciaux*, Defrénois, 5ème édition, 2011.

MASSAMBA MAKELA R., *Droit commercial*, Syllabus, Faculté de Droit, Université de Kinshasa, 1988.

MEYER P., *OHADA. Droit de l'arbitrage*, Bruylant, Juriscope, 2002

OPPETIT B., *Théorie de l'Arbitrage*, PUF, 1998.

POUDRET J.-F. et BESSON S., *Droit comparé de l'arbitrage international*, Schultess, LGDJ, 2002.

POUGOUE P.-G., TCHAKOUA J.-M. et FENEON A., *Droit de l'arbitrage dans l'espace OHADA*, Presses universitaires d'Afrique, 2000.

ROLAND H., *Lexique juridique. Expressions latines*, Litec, 4ème édition, 2006.

SERAGLINI C. et ORTSCHEIDT J., *Droit de l'arbitrage interne et international*, Montchrestien, 2013.

TCHAKOUA J.-M., *Introduction générale au droit camerounais*, Presses de l'Université catholique d'Afrique centrale, 2008.

RACINE J.-B., *Droit de l'arbitrage*, Thémis, PUF, 2016.

VIDAL D., *Droit français de l'arbitrage interne et international*, Gualino, 2012.

VOGEL L., *Traité de droit commercial*, LGDJ, 18ème édition, 2001.

ZENATI F. et REVET Th., *Cours de droit civil. Contrats*, PUF, 2014.

Ouvrages spécialisés, mémoires et thèses

ABID Ch., *L'arbitrage international et la protection des consommateurs. Le point sur l'état du droit*, mémoire de master 2 Droit européen et international des contrats, Université de Limoges, 2012.

Association Henri Capitant, *La protection des consommateurs (Journées canadiennes)*, tome XXIV (1973), Paris, Dalloz, 1975.

BERGER V., *Jurisprudence de la Cour Européenne des Droits de l'Homme*, Sirey, 10ème édition, 2007.

BEN HAMIDA W., *L'arbitrage transnational unilatéral. Réflexions sur une procédure réservée à l'initiative d'une personne privée contre une personne publique*, Thèse de doctorat, Université Paris II, 2003.

BEN HAMIDA W. et BETTAIEB M. A., *Code tunisien de l'arbitrage*, Editions Anis Bettaieb, 2015.

BERNHEIM-VAN DE CASTEELE L., *Les principes fondamentaux de l'arbitrage*, préface Th. CLAY, Bruylant, 2012.

BILLEMONT J., *La liberté contractuelle à l'épreuve de l'arbitrage*, préface C. Jamin, LGDJ, 2013.

BOLLEE S., *Les méthodes du droit international privé à l'épreuve des sentences arbitrales*, Economica, 2004.

BORN G., *International Commercial Arbitration*, Second Edition, Kluwer Law International 2014.

BOUCARON-NARDETTO M., *Le principe compétence-compétence en droit de l'arbitrage*, préface, J.-B. RACINE, PUAM, 2012.

BRUNAUX G., *Le contrat à distance au XXIème siècle*, préface N. Sauphanor-Brouillaud, LGDJ, 2010.

CACHARD O., *La régulation internationale du marché électronique*, Paris, LGDJ, 2002.

CAPRASSE O., *Les sociétés et l'arbitrage*, préface G. KEUTGEN, Bruylant, 2002.

CARBONNIER J., *Flexible droit*, LGDJ, 2001.

CHAABAN R. (dir), *L'arbitrage détaché des lois étatiques. Actes du colloque du Mans, 15 décembre 2011*, Editions L'Epitoge - Lextenso, 2012.

CHANTEBOUT V, *Le principe de non révision au fond des sentences arbitrales*, sous la direction de Ch. JARROSSON, thèse dactylographiée, Université Paris II Panthéon Assas, 2007.

CLAVEL J., *Le déni de justice dans l'arbitrage international : l'effet négatif du principe compétence-compétence*, thèse doctorat, Université Paris II, Assas, 2011.

CLAY Th., *L'arbitre*, préface Ph. FOUCHARD, Dalloz, 2001.

CLAY Th. (dir), *Le nouveau droit français de l'arbitrage*, Lextenso éditions, 2011.

CLAY Th. et BEN HAMIDA W. (dir), *L'argent dans l'arbitrage*, Lextenso éditions, 2013.

COHEN D., *Arbitrage et société*, préface B. OPPETIT, LGDJ, 1993.

DEZALAY Y., *Marchands de droit. La restructuration de l'ordre juridique international par les multinationales*, Fayard, 1992.

DIALLO O., *Le consentement des parties à l'arbitrage international*, préface J.-M. JACQUET, PUF, 2010.

DIAYE P., *Arbitrage en ligne et les litiges du commerce électronique*, mémoire de LLM, Université de Montréal, 2006.
DIEDHIEOU P., *L'unification du droit des affaires de l'OHADA : étude de droit uniforme et de droit international privé*, thèse de doctorat, Université de Genève, IHEID, 2010.
DIOUF S., *L'intégration juridique en Afrique : l'exemple de l'UEMOA et de l'OHADA*, mémoire DEA en droit de l'intégration et de l'OMC et du système de l'OMC, Université Cheikh Anta Diop de Dakar, 2005 http://www.memoireonline.com/05/07/466/m_integration-juridique-afrique-uemoa-ohada8.html.
FIN-LANGER L., *L'équilibre contractuel*, préface C. THIBIERGE, LGDJ, 2002.
FONTMICHEL A. de, *L'arbitre, le juge et les pratiques illicites du commerce international*, édition Panthéon Assas – LGDJ, Paris 2004.
FONTMICHEL M. de, *Le faible et l'arbitrage*, préface Th. CLAY, Economica, 2013.
FOUCHARD Ph. (dir), *L'OHADA et les perspectives de l'arbitrage en Afrique*, Bruylant, 2000.
GERMAN INSTITUTION OF ARBITRATION (ed), *Financial capacity of the parties. A condition for the Validity of Arbitration Agreements* ?, Peter Lang, 2004.
GHESTIN J. et FONTAINE M. (dir), *La protection de la partie faible dans les rapports contractuels. Comparaisons franco-belges*, LGDJ, 1996.
GRIGERA NAÓN H. A. and AFFAKI. G. (ed), *Jurisdictional Choices in Times of Trouble. Dossiers of the ICC Institute of World Business Law,* volume 12, Kluwer Law International, 2015.
GUYON Y., *Droit des affaires. Tome 1. Droit commercial général*, Economica, 1996.
HARISSOU A., *La terre, un droit humain*, préface J. Chirac et A. Diouf, Dunod, 2011.
HENRY M., *L'indépendance de l'arbitre*, LGDJ, 2001.
JAMIN C. et MAZEAUD D. (dir), *Les clauses abusives entre professionnels*, Economica, 1999.
KASSIS A., *Réflexions sur le règlement d'arbitrage de la Chambre de commerce internationale, les déviations de l'arbitrage institutionnel*, LGDG, 1988.
KENFACK DOUAJNI G., *L'arbitrage OHADA*, Presses universitaires de Pau et des Pays de l'Adour, 2014.
KENFACK DOUAJNI G., *L'arbitrage dans le système OHADA*, thèse de doctorat, Université Paris 1- Panthéon Sorbonne, 2005.
KESSEDJIAN C., (dir.), *Le financement de contentieux par un tiers*, éd. Panthéon-Assas, 2012.
KODO M. J. V., *L'application des Actes uniformes de l'OHADA*, Academia, Bruylant, 2010.
KWEMO S., *L'OHADA et le secteur informel. L'exemple du Cameroun*, préface Ph. DELEBECQUE, postface M.-Th. MENGUE, Larcier, 2012.
LABARTHE F., *La notion de document contractuel*, préface J. Ghestin, LGDJ, 1994.

LIMBACH F., *Le consentement contractuel à l'épreuve des conditions générales. De l'utilité du concept de déclaration de volonté*, préface S. POILLOT-PERUZZETTO et Cl. WITZ, LGDJ, 2004.
LOQUIN E. et MANCIAUX S. (dir) *L'ordre public et l'arbitrage*, Actes du colloque des 15 et 16 mars 2013, Lexis nexis 2014
MBAYE K. (dir), *Le droit de la famille en Afrique et à Madagascar*, préface M. Ancel, Editions G.-P. Maisonneuve et Larose, 1968.
MISTELIS L. et BREKOULAKIS S. (dir), *Arbitrability : International and Comparative perspective*, Kluwer Law International, 2009.
LEW J., MISTELIS L., KROLL S., *Comparative International Commercial Arbitration*, Kluwer international, 2003.
MORACCHINI-ZEIDENBERG S., *L'abus dans les relations de droit privé*, préface A. BERNARD, PUAM, 2004.
NDOYE N., *Le licenciement pour motif personnel en France et au Sénégal. Etude de droit comparé*, Thèse de doctorat, 2012, Université de Strasbourg
NGWANZA A., *La favor contractus dans les Principes Unidroit et l'Avant-projet d'Acte uniforme sur le droit des contrats en OHADA*, Thèse doctorat, Université Paris Sud 11, 2011,
NGOUMTSA ANOU G., *Droit OHADA et conflits de lois*, préface H. FULCHIRON, LGDJ, 2013.
ONANA ETOUNDI F., *L'Etat, justiciable en droit OHADA*, Droit au service du développement, 2010.
NDIAYE A., DIAGNE I. N. E., ROSTENNE J. et FINE J., *Le commerce électronique en Afrique*, Forum sur le développement africain, Adis Abeba, 04-07 septembre 2011.
NERET J., *Le sous-contrat*, préface P. Catala, LGDJ, 1979.
NYAMA J.-M., *Régime foncier et domanialité publique au Cameroun*, préface D. MAUGENEST, Presses de l'Université Catholique du Cameroun, 2012.
PICOD Y., *Le devoir de loyauté dans l'exécution du contrat*, préface G. COUTURIER, LGDJ, 1989.
POUGOUE P.-G. et KALIEU ELONGO Y. R., *Introduction critique à l'Organisation pour l'Harmonisation en Afrique du Droit des Affaires*, Presses Universitaire d'Afrique, 2008.
RACINE J.-B., *L'arbitrage commercial international et l'ordre public*, avant-propos, L. Boy, préface Ph. FOUCHARD, LGDJ, 1999.
RIPERT G., *La règle morale dans les obligations civiles*, Paris, LGDJ, 1949.
RIGOZZI A., *L'arbitrage international en matière de sport*, préface G. KAUFMANN KOHLER, Helbing & Lichtenhahn, 2005.
RUBINO SAMMARTANO M., *International Arbitration Law and Practice* 2nd edition, Kluwer international, 2001.
SANNI YAYA M., *Le droit de l'OHADA face au commerce électronique*, Thèse de doctorat, Université de Montréal, 2011.
SCHMIDT D., *Les conflits d'intérêts dans la société anonyme*, Edition Joly, 2005.
SHANNON V. et NIEUWVELD L. B., *Third-Party Funding in International Arbitration*, Kluwer Law International, 2012.
SERAGLINI C., *Lois de police et justice arbitrale internationale*, Dalloz, 2001.

SOSSOU BADIA C. J., *L'arbitrage OHADA à l'épreuve de l'arbitrage Etat-investisseur*, mémoire MIDS, Université de Genève, 2009.
STRICKLER Y. et Racine J.-B. (dir), *L'arbitrage. Questions contemporaines*, L'Harmattan, 2012.
TCHANTCHOU H., *La supranationalité judiciaire dans le cadre de l'OHADA : étude à la lumière du système des Communautés européennes*, préface M. KAMTO, L'Harmattan, 2009.
TEYSSIE B., *Les groupes de contrats*, préface J.-M. MOUSSERON, LGDJ, 1975.
YOUGONEF., *Arbitrage commercial international et développement. Etude du cas des Etats de l'OHADA et du Mercosur*, L'Harmattan - Logiques Juridiques, 2016

Cours, Jurisclasseurs et Répertoires

AUDIT. M., « *Droit des investissements internationaux, Contentieux arbitral international, Droit commun* », *Jurisclasseur. Droit international*, v° Fascicule 572-65.
FADLALLAH I., « L'ordre public dans les sentences arbitrales », *Recueil des cours de l'Académie de la Haye*, tome 249, p. 369.
FRANCESCAKIS Ph., *Répertoire Dalloz international, V Conflit de lois*, 1re édition
GAILLARD E., « Arbitrage commercial international. Convention d'arbitrage. Arbitrabilité », *JurisClasseur Droit international*, fascicule 586-3
GAILLARD E., « Aspects philosophiques du droit de l'arbitrage international », Martinus Nijhoff, 2008.
HANOTIAU B., « L'arbitrabilité », *Recueil des cours de l'Académie de la Haye*, tome 296, 2002.
HASCHER D., *Principes et pratiques de procédure dans l'arbitrage commercial international, Recueil des cours de l'Académie de la Haye*, tome 279, 1999.
HASCHER D., *Répertoire Dalloz dr. int. V° Arbitrage du commerce international.*
JACQUET J.-M., « Contrat d'Etat », *JurisClasseur Droit commercial international*, fascicule 565-60.
LOQUIN E., « Arbitrage. Conventions d'arbitrage. Conditions de fond. Litige arbitrable », *JurisClasseur Procédure civile*, fascicule 1024
LOQUIN E., « Arbitrage. Compromis et clauses compromissoire », *JurisClasseur Procédure civile*, fascicule 1020.
MOHAMED MAHMOUD M. S., « Loi d'autonomie et méthodes de protection de la partie faible en droit international privé », *Recueil des Cours de l'Académie de droit international privé de La Haye*, tome 315, 2005.
RACINE J.-B., « Convention d'arbitrage. Formation », *JurisClasseur Distribution*, Fascicule 191.

Articles, Communications, Mélanges

ABARCHI D., « La supranationalité de l'Organisation pour l'Harmonisation du Droit des Affaires en Afrique », www.ohada.com, Ohadata D-02-02.

AFFAKI G. B. et KOENIG A., « Nouvelles tendances de l'arbitrage international en Afrique : le cas des litiges financiers », *Rev. arb.* 2014-3, p. 545.

AHDAB J. E., « La convention d'arbitrage : négociation et rédaction. Etude comparée en droit français et en droit OHADA », *Journal Africain du droit des affaires*, n°2/2012, p.7.

AHDAB J. E., « La gestion du risque arbitral par les parties », *Rev. gen. dr. ass* 2012-1, p. 234.

AKA N., « La pratique arbitrale et les institutions d'arbitrage en Afrique : le cas de la Côte d'Ivoire », *in* Ph. FOUCHARD (dir), *L'OHADA et les perspectives de l'arbitrage en Afrique*, Bruylant, 2000, p. 155.

AKERMAN R., « Rules For Expedited Arbitration Procedure », *American Review of International Arbitration* 1995, p. 301.

AKUETE SANTOS P., « Le bail à usage professionnel », *in Les pratiques contractuelles d'affaires et les processus d'harmonisation dans les espaces régionaux, Actes du colloque organisé du 26 au 28 octobre 2011 par l'ERSUMA à Libreville*, Editions ERSUMA, 2012, p. 64.

ALT A.-M., « Séoul place d'arbitrage », *Journal de l'arbitrage de l'Université de Versailles* 2012, doctrine 8.

AMOUSSOU-GUENOU R., « L'arbitrage commercial en Afrique subsaharienne : état de la pratique et du droit », *Bull. CCI*, 1996-1, p. 60

AMOUSSOU-GUENOU R., « L'Afrique, la mondialisation et l'arbitrage international », *PA* 07 décembre 1998, n° 146, p. 8.

AMOUSSOU-GUENOU R., « L'état du droit de l'arbitrage interne et international en Afrique avant l'adoption des instruments de l'OHADA », *in* Ph. FOUCHARD (dir), *L'OHADA et les perspectives de l'arbitrage en Afrique*, Bruylant, 2000, p. 17.

ANCEL P., « Arbitrage et procédures collectives », *Rev. arb.* 1983-2, p. 255 ;

ANCEL P., « Arbitrage et procédures collectives après la loi du 25janvier 1985 », *Rev. arb.* 1987-2, p. 127 ;

ANCEL J.-P., « Le contrôle de la sentence », *in* Ph. FOUCHARD (dir), *L'OHADA et les perspectives de l'arbitrage en Afrique*, Bruylant, 2000, p. 189

ANCEL J.-P., « L'arbitre juge », *Rev. arb.* 2012-4, p. 717

AQUEREBRU C. A., « L'Etat, justiciable de droit commun dans le Traité OHADA », *Penant* n° 865, 2008, p. 503.

ASOKOV A., « Chapter 3: Unilateral Dispute Resolution Clauses – From Russia with Prejudice », *in* H. A. GRIGERA NAÓN and B. G. AFFAKI, *Jurisdictional Choices in Times of Trouble*, Dossiers of the ICC Institute of World Business Law, vol. 12, Kluwer 2015, p. 55.

ASSEPO ESSI E., « L'ordre public international dans l'acte uniforme de l'OHADA relatif à l'arbitrage », *Rev. arb.* 2007-4, p. 753.

ATANGANA MALONGUE Th., « Le juge camerounais et le droit international », *in* J.-L. ATANGANA AMOUGOU, *Le Cameroun et le droit international*, Pedone, 2014, p. 301.

AUBERT G., « L'arbitrage en droit du travail », *Bull. ASA* 2000, p. 2.

AUBERT J.-L., « Le formalisme (rapport de synthèse) », *Defrénois*, 2000, p. 934.

AZALOU M. R., *L'Exequatur des décisions judiciaires dans l'espace OHADA*, Editions universitaires européennes, 2014.

BA D., « Le problème de la compatibilité entre l'UEMOA et l'OHADA », *in La libéralisation de l'économie et le cadre de l'intégration régionale : le cas de l'UEMOA*, Actes du colloque de Ouagadougou, 16-17 décembre 1999, Publication CEEI, n°3, 2001
BANIFATEMI Y., « Le « droit au juge » et l'arbitrage commercial international », *in Libertés, justice, tolérance. Mélanges en l'honneur du doyen G. Cohen-Jonathan,* vol. 1 : Bruylant, 2004, p. 167.
BARBET J., « Invalidité en droit européen d'une clause optionnelle unilatérale offrant la faculté à une seule partie d'agir devant les juridictions de deux États différents, ainsi que devant " *tout autre tribunal compétent* " », *Cah. arb.* 2013-2, p. 443.
BARBET J. et Rosher P., « Les clauses de résolution de litiges optionnelles », *Rev. arb.* 2010-1, p. 45.
BARBIER H., « Faut-il un statut spécial pour le président du tribunal arbitral », *Cah. arb.* 2015-3, p. 459 ;
BAUDOUIN J.-L., « Justice et équilibre : la nouvelle moralité contractuelle du droit civil québécois », *in Le contrat au début du XXIème siècle, Mélanges Jacques Ghestin.*, LGDJ, 2001, p. 29.
BAYO BIBI B., « L'efficacité de la convention d'arbitrage », Penant n° 876, p. 361.
BEBOHI EHONGO S. I., « L'ordre public international des Etats parties à l'OHADA », *Revue camerounaise de l'arbitrage* n° 34, juillet-août-septembre 2006, p. 3.
BEGUIN J., ORTSCHEIDT J. et SERAGLINI Ch., « Un second souffle pour l'arbitrage. – Arbitrage interne - À propos du *décret du 13 janvier 2011 », JCP G* n° 11, 14 mars 2011, doct. 332.
BEIGNER B., « Assurance et arbitrage : la place de l'assureur dans l'instance arbitrale », *Rev. arb.* 2008-2, p. 227 ;
BELIBI J. et KENFACK DOUAJNI G., « Le juge d'appui dans l'arbitrage OHADA », *Revue de l'ERSUMA*, numéro spécial, novembre décembre 2011, p. 51.
BEN HAMIDA W., « L'arbitrage Etat-investisseur cherche son équilibre perdu : dans quelle mesure l'Etat peut introduire des demandes reconventionnelles contre l'investisseur privé ? », *Revue international Law FORUM du Droit International* 2005, n°4, p. 261.
BEN HAMIDA W., « L'État partie faible à l'instance arbitrale dans le contentieux de l'investissement ? » *JDI* 2017-1, p. 14.
BEYNEIX I., « L'arbitrage international est-il encore véritablement un mode alternatif de règlement des différends ? », *RTD com.* 2012-2, p. 225.
BIGOT J., « Arbitrage et assurance, sous l'angle du droit français », *Bull. CCI* supplément 2000, p. 35.
BLIN J.-P., « Le financement du contentieux par les tiers, une pratique en plein essor », *Revue luxembourgeoise de bancas sur finance* 2014-31, p. 4.
BOFFA R., « Article 1108 : le contrat d'adhésion », *RDC* 2015-3, p. 736.
BOIS DE GAUDUSSON J. du, « Les procédures de garantie et leurs limites dans les constitutions francophones africaines », *RTDH* 1990-3, p. 249.
BOISSESON M. de, « La constitution du tribunal arbitral dans l'arbitrage institutionnel », *Rev. arb.* 1990-2, p. 337.

BOISSESON M. de, « La nouvelle convention d'arbitrage », *in* Th. Clay (dir), *Le nouveau droit français de l'arbitrage*, Lextenso éditions, 2011, p. 81.
BOLARD G., « Les principes directeurs du procès arbitral », *Rev. arb.* 2004-3, p. 511.
BOLLEE S., « Le droit français de l'arbitrage international après le décret 2011-48 du 13 janvier 2011 », *Rev. crit. DIP* 2011-3, p. 553.
BOLLEE S., « La clause compromissoire et le droit commun des conventions », Rev. arb. 2005-4, p. 917.
BOLMIN M., BOUILLET-CORDONNIER G. et MEDJAD K., « Harmonisation du droit des affaires dans la Zone Franc », *JDI* 1994-2, p. 375.
BOSCO LEE J., « Le nouveau régime de l'arbitrage au Brésil », *Rev. arb.* 1997-2, p. 199.
BOSKOVIC O., « La protection de la partie faible dans le règlement Rome I », *D.* 2008, p. 2175.
BOUCOBZA X., « La clause compromissoire par référence dans l'arbitrage commercial international », *Rev. arb.* 1998-3, p. 495.
BOUCOBZA X. et SERINET Y.-M., « Les principes du procès équitable dans l'arbitrage international », *JDI* 2012-1, p. 41.
BOUMAKANI B., « Les entreprises publiques à l'épreuve de l'OHADA », *Revue Lamy droit des affaires* n° 75, octobre 2004, p. 25.
BOURGOIGNIE Th., « Avant-projet d'Acte uniforme sur le contrat de consommation : note explicative sur le texte de l'Avant-projet dans sa version 2005 », *JADA*, février 2013, numéro spécial, *L'arbitre, l'avocat et les entreprises face au droit au droit OHADA*, Actes Forum OHADA CANADA, p. 43.
BREDIN J.-D., « La paralysie des sentences arbitrales étrangères par l'abus des voies de recours », JDI 1962-3, p. 638.
BRIAN KING D., « No money, No Arbitration? The United States Perspective on Impecuniousness and Arbitration Agreements », *in* German Institution of Arbitration, *Financial Capacity of The parties. A Condition of Arbitration Agreements*, Peter Lang, 2004, p. 129.
BUHLER M., « Le financement des centres d'arbitrage », *in* W. Ben Hamida et Th. Clay (dir), *L'argent dans l'arbitrage*, Lextenso, 2013, p. 51.
BUHLER M., « Awarding Cost in International Commercial Arbitration : an Overview », *Bull. ASA* 2004, p. 249.
BURDA J., « La renonciation au recours en annulation dans le nouveau droit français de l'arbitrage », *RTD com.* 2013, p. 653.
CACHARD O., « Le contrôle de la nullité ou de l'inapplicabilité manifeste de la convention d'arbitrage », *Rev. arb.* 2006-4, p. 893.
CACHARD O., « La force obligatoire vis à vis des clauses relatives à la compétence internationale stipulées dans les connaissements. Plaidoyer pour un renouveau des considérations maritimistes », *in Mélanges en l'honneur du Professeur Hélène Gaudemet-Tallon*, Dalloz, 2008, p. 189.
CADIET L., « Une justice contractuelle, l'autre », *in Etudes offertes à Jacques Ghestin. Le contrat au début du XXIème siècle*, LGDJ, 2001, p. 177.

CAMARA F. et CISSE A., « Arbitrage et médiation dans les cultures négro-africaines : entre la prédisposition à dénouer et la mission de trancher », *Rev. arb.* 2009-2, p. 285.
CAPRASSE O., « Le nouveau droit belge de l'arbitrage », *Rev. arb.* 2013-4, p. 953.
CAPRASSE O., « Les décisions sociales », *Rev. arb.* 2013-3, p. 673.
CAPRASSE O., « L'instance arbitrale et le temps », *in* A. SALETTI, J. van COMPERNOLLE, J-F. van DROOGHENBROECK (dir), *L'arbitre et le juge étatique. Études de droit comparé à la mémoire de Giuseppe Tarzia*, Bruylant, 2014, p. 19.
CAPRASSE O. et ZIADE R., « La confidentialité dans la procédure arbitrale », *Rev. arb.* 2014-3, p. 593.
CAPRIOLI E., « Arbitrage et médiation dans le commerce électronique, l'expérience du Cyber Tribunal », *Rev. arb.* 1999-2, p. 225.
CARLEVARIS A., « L'accélération des procédures arbitrales », *in L'arbitrage international et l'urgence*, Bruylant, 2014, p. 159.
CATALA P., « Deux regards inhabituels sur la cause dans les contrats », *Defrénois* 2008, p. 2365.
CAVALIEROS Ph., « La confidentialité dans l'arbitrage », *Cah. arb.*, vol. III, *Gaz. pal* 2006, p. 56.
CHABOT G., « L'exacte étendue des pouvoirs du juge d'appui », *JCP G* 2006 n° 39,27 septembre 2006, p. 1806.
CHAINAIS C., « L'autorité de la chose jugée en procédure civile : perspectives de droit comparé », *Rev. arb.* 2016-1, p. 3.
CHARVET D. et Vuillemin J.-C., *Rapport du groupe de travail sur les juridictions de proximité, septembre 2003-novembre 2005. Bilan et propositions*, La documentation française, 2005, p. 84.
CHAVASSE, Ph., « L'arbitrage au soutien de la partie faible. Propos introductifs », *JDI* 2017-1, p. 27.
CHEVALIER P., « Le nouveau juge d'appui », *in* Th. CLAY (dir), *Le nouveau droit français de l'arbitrage*, Lextenso, 2011, p. 143.
CHILSTEIN D., « Droit pénal et arbitrage », *Rev. arb.* 2009-1, p. 3.
CLAY Th., « L'efficacité de l'arbitrage », *PA* 2003, n° 197, p. 4.
CLAY Th., « L'articulation harmonieuse de l'arbitrage et des procédures collectives », *D.* 2004, p. 3184
CLAY Th., « Qui sont les arbitres internationaux ? », *in* J. ROSELL (coord), *Les arbitres internationaux*, Société de législation comparée, 2005, p. 13.
CLAY Th., « L'indépendance et l'impartialité de l'arbitre et les règles du procès équitable », *in* J. Van CAMPERNOLLE et G. TARZIA, *L'impartialité du juge et de l'arbitre. Etudes de droit* comparé, Bruylant, 2006, p. 199.
CLAY Th., « L'arbitrage en droit du travail : quel avenir après le rapport Barthélémy-Cette ? », *Droit social* septembre octobre 2010, p. 930.
CLAY Th., « L'appui du juge à l'arbitrage », *Cah. arb.* 2011-2, p. 331.
CLAY Th., « Panorama des modes alternatifs de règlement des conflits », *D.* 2012, p. 2991.
CLAY Th., « Liberté, égalité, efficacité : la devise du nouveau droit français de l'arbitrage. Commentaire article par article. Deuxième partie », *JDI* 2012-3, p. 815.

CLAY Th., « Le marché de l'arbitrage », *in* W. Ben Hamida et Th. Clay (dir), *L'argent dans l'arbitrage*, Lextenso, 2013, p. 13.
CLAY Th., « Arbitrage et modes alternatifs de litiges », D. 2013, p. 2936.
CLAY Th., « Introduction - Pénalisation et médiatisation d'un arbitrage : quel impact pour la place de Paris ? L'affaire Tapie », *Journal de l'arbitrage de l'Université de Versailles* 2014, doctrine 1.
CLAY Th. et PINSOLLE Ph., « De l'autonomie de la convention d'arbitrage à l'autonomie de la sentence arbitrale. - Les grands arrêts de la jurisprudence française en matière d'arbitrage international de 1963 à 2007 », *JDI* 2015-1, doctrine 2.
COHEN D., « L'arbitrage et la cession des droits sociaux », *Gaz. pal.* 20 mai 2010, n° 140, p. 87.
CORNUT E., « *Forum shopping* et abus du choix de for en droit international privé », *JDI* 2007, p. 27.
COURRET A., « Le Harcèlement des majoritaires », *Bull. Joly sociétés* 1996.
COURRET A., « L'abus de majorité dans ses divers états », *Bull. Joly sociétés* 2009, n° 9, p. 741.
COURTOIS-CHAMPENOIS E., « L'arbitrage des litiges en droit du travail : à la redécouverte d'une institution française en disgrâce », *Rev. arb.* 2003-2, p. 349.
CREMADES B. M., « Third Party Litigation Funding : Investing in Arbitration », *Spain Arbitration Review* 2012 Issue 13, p. 155.
CUPERLIER O., « Arbitrage OHADA et personnes publiques », *in* M. AUDIT (dir), *Contrats publics et arbitrage international*, Bruylant, 2011, p. 81.
DAHAK D., « Rôle du juge de cassation dans l'interprétation et l'application des conventions internationales relatives aux droits fondamentaux », *in Le juge de cassation à l'aube du 21ème siècle Actes du premier Congrès de l'Association des Hautes Juridictions de cassation des pays ayant en partage l'usage du français (AHJUCAF)*, Marrakech 17-19 mai 2004, p. 105, www.ahjucaf.org.
DANIS. M., « Les listes d'arbitres en question », *Cah. arb.* 2014-3, p. 465.
DELABRIERE A. et FENEON A., « La constitution du tribunal arbitral et le statut de l'arbitre en droit OHADA », Penant n° 833, p. 155.
DAVIS B., NICKLES P. J., SMIT H., et WATKINS D. K., « ICC Fast Tract Arbitration : Different perspective », *Bull. CCI* 1992, p. 3.
DEGOS L., « Assurance, subrogation, protection juridique », *in* W. BEN HAMIDA et Th. CLAY (dir), *L'argent dans l'arbitrage*, Lextenso, 2013, p. 165.
DEGOS L. et AKCHOTI D., « L'art délicat de la clause attributive de juridiction », *JCP* G 2013, n° 5, p. 183.
DEHAULT-DELVILLE Y. et KLEIMAN E., « Dilatory challenges of awards and fraudulent arbitration proceedings in crosshairs », *International Law Office* 30 avril 2015.
DELEBECQUE. Ph., « Arbitrage et droit de la consommation », *Droit et patrimoine* mai 2002, n° 104, p. 46.
DELFORGE C., « Le conflit né de la confrontation des conditions générales contradictoires et son incidence sur la formation des contrats », *in* M. Fontaine (dir), *Le processus de formation du contrat. Contributions comparatives et interdisciplinaires à l'harmonisation du droit européen*, Bruylant, LGDJ, 2002, p. 525.

DELVOLVE J.-L., « Essai sur la motivation des sentences arbitrales », *Rev. arb*. 1989-2, p. 149.
DERAINS Y., « L'extension de la clause d'arbitrage aux non-signataires – la doctrine des groupes de sociétés », *ASA* special series n° 8, 1994, p. 241.
DERAINS Y., « La pratique de l'administration de la preuve dans la pratique de l'arbitrage commercial international », *Rev. arb.* 2004-4, p. 781.
DERAINS Y., « Preuve et arbitrage », *in La confidentialité dans l'arbitrage : commentaires sur les textes, la jurisprudence et la pratique, Bull. CCI*, supplément 2009, p. 57.
DERAINS Y., « Les nouveaux principes de procédure : confidentialité, loyauté et célérité », *in* Th. CLAY (dir), *Le nouveau droit français de l'arbitrage*, Lextenso éditions, 2011, p. 91.
DERAINS. Y. et SCHAF S., « Clause d'arbitrage et sociétés », *RDAI* 1985, p. 231.
DIEDHIEOU P., « L'article 10 du Traité OHADA : quelle portée abrogatoire et supranationale », *RDU* 2007-2, p. 265.
DIENG A., « Approche culturelle des MARC en OHADA », *JADA* 2011-1, p. 25.
DIENG A., « Les difficultés de constitution du tribunal arbitral dans le cadre de l'arbitrage ad hoc », www.ohada.com, Ohadata D-11-55.
DIERYCK C., « Procédure et moyens de preuve dans l'arbitrage international », *Rev. arb*. 1988-2, p. 267.
DIFFO TCHUNKAM J., « La distinction droit civil - droit commercial à l'épreuve de l'OHADA : une prospective de droit matériel uniforme », *RDU* 2009-1, p. 57.
DIFFO TCHUNKAM J., « Actualité et perspective du droit OHADA après la réforme de l'Acte Uniforme relatif au Droit Commercial Général du 15 décembre 2010 », *JADA* 2012-2, p. 54.
DIMOLITSA A., « L'extension de la clause compromissoire à des non signataires : rien de neuf », *Bull. ASA* 2012-3, p. 516.
DIOMPY A. H., « Les dynamiques récentes de la justice constitutionnelle en Afrique francophone », http://afrilex.u-bordeaux4.fr/.
DOUMBE-BILLE S., « A propos de la nature de l'OHADA », *in Mélanges en l'honneur du Professeur Madjid Benchikh*, Pedone, 2011, p. 423.
DOSSOU R., « La pratique de l'arbitrage en Afrique », *in* Ph. FOUCHARD (dir), *L'OHADA et les perspectives de l'arbitrage en Afrique*, Bruylant, 2000, p. 125
DRAETTA U., « L'arbitrage international comme fonction publique : quelques brèves considérations », *RDAI* 2012-3, p. 319.
DUBUISSON B. et TOSSENS G., « Les relations entre professionnels en droit belge », *in* J. GHESTIN et M. FONTAINE (dir), *La protection de la partie faible dans les rapports contractuels. Comparaisons franco-belges*, LGDJ, 1996, p. 429.
DUPEYRE R., « Les arbitres et centres d'arbitrage face à leurs responsabilités : le droit français à son point d'équilibre », *Bull. ASA*. 2014-2, p. 265.
DUPEYRON C. et POLONI F., « Procédure de liquidation d'une partie, arbitrage et droit d'accès à la justice : vers une réconciliation ? », *Bull. ASA*, 2013, Vol. 31, n° 4, p. 904.
EBELE DIKOR A.-M., « La renonciation au recours en annulation des sentences arbitrales en droit OHADA », Penant 2016, n° 894, p. 45.

EL KOSHERI A. S. et LEBOULANGER Ph., « L'arbitrage face à la corruption et aux trafics d'influence », *Rev. arb.* 1984-1, p. 3.
ENEE G., « Les enjeux de la coopération décentralisée en Afrique de l'Ouest dans un contexte de décentralisation territoriale. L'exemple burkinabé », *Eso* n° 31, mai 2011, p. 89.
ESSOH J. B., « L'OHADA et les droits de l'homme : état des lieux et perspectives d'une cohabitation », communication présentée lors de la formation des formateurs de l'ÉSUMA tenue du 3 au 7 septembre 2012 à Porto-Novo, http://biblio.ohada.org/pmb/opac_css/doc_num.php?explnum_id=332
FADLALLAH I., « Clauses d'arbitrage et groupes de sociétés », *TCFDIP* 1984-1985, p. 105.
FADLALLAH I., « Nouveau recul de la révision au fond : motivation et fraude dans le contrôle des sentences arbitrales internationales », *Gaz. Pal.* 1er – 2 décembre 2000, p. 5.
FAGES F., « La confidentialité de l'arbitrage à l'épreuve de la transparence financière », *Rev. arb.* 2003-1, p. 5.
FAGES F et JAEGER L., « Les nouveaux domaines de la clause compromissoire en droit des sociétés », *Bull. Joly* 2001, p. 772.
FAYE B. et NYEMB J., « La consécration de nouveaux outils d'ingénierie juridique », *Droit et patrimoine* septembre 2014, n° 239, p. 68.
FERAL-SCHUHL C., « Discours d'ouverture », *in* W. Ben Hamida et Th. Clay (dir), *L'argent dans l'arbitrage*, Lextenso, 2013, p. 11.
FERNANDEZ-ARMESTO J., « La transparence. The time has come: A Plea for Abandoning Secrecy in Arbitration », *Cah. arb.* 2012-3, p. 583.
FIENY P., « Droit commercial général dans l'espace OHADA : étude comparative de l'ancien et du nouvel acte uniforme », www.ohada.com, Ohadata D-13-34.
FONE MDONTSA A. M., « Réflexions sur l'article 10 du Traité OHADA », *Revue africaine des sciences juridiques* 2010-1, p. 47
FONTMICHEL A. de, « Les tentatives de paralysie de l'instance arbitrale devant le juge étatique », *Cah. arb.* 2010-2, p. 407.
FONTMICHEL A. de, « Rétractation d'une sentence arbitrale surprise par la fraude », *Cah. arb.*2015-2, p. 281.
FONTMICHEL M. de, « Le financement de l'arbitrage pour une partie insolvable », *in* Th. CLAY et W. BEN HAMIDA (dir), *L'argent dans l'arbitrage*, Lextenso éditions, 2013, p. 37.
FONTMICHEL A. de, « Procédure pénale et arbitrage commercial international : quelques points d'impact », *Cah. arb.* 2012-2, p. 309.
FONTMICHEL M. de, « La nouvelle mission du juge », *Cah. arb.*2015-4, p. 807.
FONTMICHEL M. de, « Les garanties d'un accès équitable à l'instance arbitrale », JDI 2017-1, p. 29.
FONTAINE M., « Note explicative à l'avant-projet d'Acte uniforme OHADA sur le droit des contrats », *RDU* 2008-1/2, p. 561.
FOUCHARD C. et VAZ F., « La nouvelle loi portugaise sur l'arbitrage », *Rev. arb.* 2013-2, p. 367.
FOUCHARD Ph., « La coopération du président du tribunal de grande instance à l'arbitrage »,

Ph., « Clauses abusives en matière d'arbitrage », *Rev. arb.* 1995-1, p. 147
FOUCHARD *Rev. arb.* 1985-1, p. 5.
FOUCHARD Ph., « Les institutions permanentes d'arbitrage devant le juge étatique (A propos d'une jurisprudence récente) », *Rev. arb.* 1987-3, p. 225.
FOUCHARD Ph., « Rapport de synthèse » *in Euro-Arab-Arbitration Congress*, Port El Kantaoui, 24-27 septembre1985, Londres, 1987, p. 344.
FOUCHARD Ph., « « L'arbitrage et les tiers », *Rev. arb.*1988, p. 469.
FOUCHARD Ph., « Où va l'arbitrage international ? », *Revue de droit de Mc Gill*, 1989, p. 435.
FOUCHARD Ph., « Synthèse - Typologie des institutions d'arbitrage », *Rev. arb.* 1990-2, p. 281.
FOUCHARD Ph., « La levée par la France de sa réserve de commercialité pour l'application de la Convention de New York », *Rev. arb.* 1990-3, p. 571.
FOUCHARD Ph., « La portée internationale de l'annulation de la sentence arbitrale dans son pays d'origine », *Rev. arb.* 1997-2, p. 329.
FOUCHARD Ph., « Arbitrage et faillite », *Rev. arb.* 1998-3, p. 471
FOUCHARD Ph., « La laborieuse réforme de la clause compromissoire par la loi du 15 mai 2001 », *Rev. arb.* 2001-3, p. 397.
FOUSSARD D., « Le recours pour excès de pouvoir dans le domaine l'arbitrage », *Rev. arb.* 2002- 3, p. 578 ;
FOUSSARD D., « Retour sur l'excès de pouvoir en matière d'arbitrage : vers une consolidation des règles ? », *Rev. arb.* 2004- 4, p. 803.
GAILLARD E., « Le principe de confidentialité dans l'arbitrage international », *D.* 1987, chron., p. 153.
GAILLARD E., « Les manœuvres dilatoires des parties et des arbitres dans l'arbitrage commercial international », *Rev. arb.* 1990-4, p. 759.
GAILLARD E, « Fast Tract Arbitration and Beyond: Is There Emerging A Need of Speed in International Commercial Arbitration », *in Liber amicorum Michel Gaudet*, Paris, 1998, p. 28.
GAILLARD E., « L'effet négatif de la compétence-compétence », *in Etudes de procédure et d'arbitrage. Mélanges Jean François Poudret*, Lausanne, Faculté de droit de Lausanne, 1999, p. 387.
GAILLARD E, « L'arbitrage sur le fondement des traités de protection des investissements », *Rev. arb.* 2003-3, p. 853.
GAILLARD E., « Impecuniosity of Parties and its Effects on Arbitration: A French View, in Financial Capacity of the Parties », *in* German Institution of Arbitration (ed), *Financial capacity of the parties. A condition for the Validity of Arbitration Agreements* ?, Peter Lang, 2004, p. 65.
GAILLARD E., « La reconnaissance en droit suisse de la seconde moitié du principe d'effet négatif de la compétence-compétence », *in Global Reflections on International Law, Commerce and Dispute Resolution : Liber amicorum in Honour of Robert Briner*, ICC Publishing, 2005, p. 311.
GAILLARD E., « La jurisprudence de la Cour de cassation en matière d'arbitrage international », *Rev. arb.* 2007, p. 697.
GAILLARD E., « L'ordre juridique arbitral : réalité, utilité et spécificité », *Revue de droit de Mc Gill* 2010, volume 55, p. 891.

GAILLARD E., « Les principes fondamentaux du nouvel arbitrage », *in* Th. Clay (dir), *Le nouveau droit français de l'arbitrage*, Lextenso éditions, 2011, p. 57.
GAILLARD E. et LAPASSE P. de, « Le nouveau droit français de l'arbitrage interne et international », *D.* 2011, p. 175.
GAILLARD E. et LAPASSE P. de, « Commentaire du décret du 13 janvier 2011 portant réforme du droit français de l'arbitrage », *Cah. arb.* 2011-2, p. 263.
GAILLARD E., « Rapport de synthèse : l'argent dans l'arbitrage », *in* W. BEN HAMIDA et Th. CLAY (dir), *L'argent dans l'arbitrage*, Lextenso, 2013, p. 191.
GAILLET A.-M., « L'arbitrage du nouveau droit des sociétés italiens », *RDAI* 2005-6, p. 743.
GATSI J., « La Jurisprudence, source du droit OHADA », *RIDC* 2012-2, p. 477.
GAUTIER M., « Les conflits entre conventions internationales devant le juge français », *DA* 2002-5, p. 5.
GAUTRAIS V., BENYEKHLEF K. et TRUDEL P., « Les limites apprivoisées de l'arbitrage cybernétique », *Revue juridique Thémis* 1999, volume 33, p. 537.
GAVALDA Ch., « Le président du tribunal arbitral international », *LPA*, 31 mai 1990, p. 13.
GHARAVI H. G., « Le financement par un tiers », *in* W. Ben Hamida et Th. Clay (dir), *L'argent dans l'arbitrage*, Lextenso, 2013, p. 33.
GISTAC G., « Le renouvellement du rôle de l'Etat contractant dans le commerce international », *DPCI* 1996, p. 167.
GOELER J. von, *Third-Party Funding in International Arbitration and its Impact on Procedure*, International Arbitration Law Library, Volume 35, Kluwer Law International, 2016, p. 52 et s.
GOMEZ J. R., « Un nouveau droit de la vente commerciale en Afrique », *Penant* n° 827, 1998, p. 145.
GUEYE B. et TALL S. N., « Commentaire du Traité du 17 octobre 1993 relatif à l'harmonisation du droit des affaires en Afrique », *in OHADA. Traités et actes uniformes commentés et annotés*, 2008, p. 50.
GOUTAL J.-L., « L'arbitrage et les tiers : - I – Le droit des contrats », *Rev. arb.* 1988, p. 439.
GOUTAL J.-L., « La clause compromissoire dans les connaissements : la Cour de cassation française et la Cour suprême des Etats-Unis adoptent des solutions opposées », *Rev. arb.* 1996-4, p. 605.
GUILLAUME G., « Le juge administratif et la combinaison des conventions internationales », *RFDA* 2012-1, p. 19.
HANOTIAU B., « L'arbitrabilité des litiges en droit belge au regard de la pratique internationale », *in Mélanges Roger O. Dalcq, Responsabilité et assurances*, Larcier, 1994, p. 296.
HANOTIAU B., « La *favor arbitrandum* et l'arbitrabilité : un réexamen », *JDI* 1994-4, p. 899
HANOTIAU B., « La loi applicable à l'arbitrabilité », *RDAI* 1998-7, p. 755.
HANOTIAU B., « L'arbitrabilité des litiges en matière de droit des sociétés », *in Liber amicorum Claude Reymond. Autour de l'arbitrage*, Litec, 2004, p. 97
HANOTIAU B. et BLOCK G., « La loi du 19 mai 1998 modifiant la législation belge relative à l'arbitrage », *Bull. ASA* 1998, p. 528.

HAUTENNE F., « Approche comparative des concepts d'entente et d'abus de position dominante dans le cadre de l'UE et l'UEMOA », *Revue burkinabé de droit* 1998, p. 173.
HAUTOT I., « L'investisseur étranger installé en Afrique sub-saharienne et l'arbitrage international », *JADA* supplément 2012, p. 10.
HENRY M., « Les obligations d'indépendance et d'information de l'arbitre à la lumière de la jurisprudence récente », *Rev. arb.* 1999-2, p. 193.
HENRY M., « L'indépendance de l'arbitre au cœur du juste et de l'utile », *Cah. arb.* 2013-4, p. 873.
HENRY M., « Le soutien de la partie faible lors de la procédure arbitrale », *JDI* 2017-1, p. 36.
HERBEL P., « Le financement de l'arbitrage par appel d'offre. L'exemple du choix de l'avocat. Quel avocat ? A quel prix ? », *in* W. Ben Hamida et Th. Clay (dir), *L'argent dans l'arbitrage*, Lextenso, 2013, p. 75.
HEUZE V., « Arbitrage international : quelle raison à la déraison ? », *D.* 2011, p. 2880.
HUCK H. M., « La nouvelle loi de l'arbitrage au Brésil », *Bull. ASA.* 1997-4, p. 570.
HUET A., « Clause attributive de juridiction à un tribunal étranger et loi française de police et de sûreté (étude du droit commun) », *D.* 2009, p. 684.
HWANG M. et MUTTAH R., « Arbitrage et questions relatives aux sociétés », *RDAI* 2001-5, p. 555.
HODGES P., « La transparence. The perils of complete transparency in international arbitration – should parties be exposed to the glare of publicity? », *Cah. arb.* 2012-3, p. 589.
HOTTE S., « Droit au juge et arbitrage international », *D.* 2005 p. 2727.
ISSA-SAYEGH J., « La portée abrogatoire des Actes uniformes de l'OHADA sur le droit interne des Etats parties », www.ohada.com, Ohadata D-02-14
ISSA-SAYEGH J., « Réflexions dubitatives sur le droit de l'arbitrage de l'OHADA », *Revue camerounaise de l'arbitrage*, numéro spécial, octobre 2001, p. 22.
ISSA-SAYEGH J., « Commentaire sous l'article 4 de l'Acte uniforme sur les sûretés », *in OHADA. Traités et actes uniformes commentés et annotés*, Juriscope, 3ème édition, 2008, p. 660.
ISSA-SAYEGH J., « L'ordre juridique OHADA », www.ohada.com, Ohadata D-04-02,
ISSA-SAYEGH J. et POUGOUE P.-G., « L'OHADA : défis, problèmes et tentatives de solutions », *RDU* 2008-1/2, p. 45
JACQUET J.-M.., « L'Etat, opérateur du commerce international », *JDI* 1989, p. 621.
JAMIN C., « Plaidoyer pour le solidarisme contractuel », *in Etudes offertes à Jacques Ghestin : Le contrat au début du XXIème siècle,* LGDJ, 2001, p. 441.
JARROSSON Ch., « L'arbitrage et la Convention européenne des droits de l'homme », *Rev. arb.* 1989-4, p. 573.
JARROSSON Ch., « Le rôle respectif de l'institution, de l'arbitre et des parties », *Rev. arb.* 1990-2, p. 381.
JARROSSON Ch., « Le règlement extra-judiciaire des litiges des entreprises en difficulté en France », *in* E. SCHAEFFER, (dir), *Droit des entreprises en difficultés.*

Actes du congrès de l'Institut international des droits d'expression et d'inspiration françaises, Bruylant, 1991, p. 227.
JARROSSON Ch., « La clause compromissoire », *Rev. arb.* 1992-2, p. 259.
JARROSSON Ch., « L'arbitrabilité : présentation méthodologique », *RJ com.* 1996, p. 1.
JARROSSON Ch., « Le nouvel essor de la clause compromissoire après la loi du 15 mai 2001 », *JCP G* n° 27, 4 juillet 2001, p. 1318.
JARROSSON Ch., « L'acceptabilité de la sentence », *Rev. arb.* 2012-4, p. 783.
JARROSSON Ch., « Le statut juridique de l'arbitrage administré », *Rev. arb.* 2016-2, p. 1.
JARROSSON Ch. et PELLERIN J., « Le droit français de l'arbitrage après le décret du 13 janvier 2011 », *Rev. arb.* 2011-1, p. 5.
JOBIN P.-G., « La modernité du droit commun des contrats dans le Code civil du Québec : quelle modernité ? », *RIDC* 2000-1, p. 49.
JONET J.-M., « La réforme du droit belge de l'arbitrage : une nouvelle transposition de la Loi type de la Commission des Nations Unies pour le droit commercial international », *Revue d'arbitrage et de médiation*, volume 3, n° 2, p. 61.
KALIEU ELONGO Y.-R.., « La mention manuscrite dans le cautionnement OHADA », www.ohada.com, Ohadata D-03-02.
KAMTO M., « La participation des personnes morales de droit public à l'arbitrage OHADA », *in* Ph. FOUCHARD (dir), *L'OHADA et les perspectives de l'arbitrage en Afrique*, Bruylant, 2000, p. 89.
KAHN Ph., « Problèmes juridiques de l'investissement dans les pays de l'ancienne Afrique française », *JDI* 1965, p. 338.
KAHN Ph., « Souveraineté de l'Etat et règlement du litige. Régime juridique du contrat d'Etat », *Rev. arb.* 1985-4, p. 641.
KAHN Ph., « Les investissements internationaux, nouvelles donnes : un droit transnational de l'investissement », *in* Ph. KAHN et Th. WALDE (dir), *Les aspects nouveaux du droit des investissements internationaux*, Martinus Nijhoff, 2007, p. 3.
KAMTA FENDOP E. M., « Associés », *in* P.-G. POUGOUE (dir), *Encyclopédie du droit OHADA*, Lamy, 2011, p. 353.
KAUFMAN-KOHLER G., « Arbitration Agreements in Online Business to Business Transactions », *in* R. BRINER, L. Y. FORTIER, K. P. BERGER and J. BREDOW (eds), *Law of International Business and Dispute settlement in 21st century. Liber amicorum Karl-Heinz Böckstiegel*, Carl Heymanns, 2001, p. 355.
KENFACK DOUAJNI G., « Arbitrage forcé et règlement en droit camerounais des litiges entre associés », Penant, n° 825, p. 335.
KENFACK DOUAJNI G., « L'arbitrage CCJA », www.ohada.com, Ohadata D-08-81.
KENFACK DOUAJNI G., « La portée abrogatoire de l'acte uniforme relatif au droit de l'arbitrage », Revue camerounaise de l'arbitrage, numéro spécial, octobre 2001, p. 28.
KENFACK DOUAJNI G., « La notion d'ordre public international dans l'arbitrage OHADA », *Revue camerounaise de l'arbitrage* n° 29, avril-mai-juin 2005, p. 3.
KENFACK DOUAJNI G., « Procédures collectives et arbitrage dans l'espace OHADA », *Revue camerounaise de l'arbitrage* juillet-août-septembre 2008, p. 3.

KENFACK DOUAJNI G., « Les magistrats africains face à l'arbitrage international », *JADA* 2011-1, p. 43.
KENFACK DOUAJNI G., « La conciliation et la médiation dans les pratiques contractuelles », *in Les pratiques contractuelles d'affaires et les processus d'harmonisation dans les espaces régionaux*, ERSUMA, juin 2012, p. 260.
KENFACK DOUAJNI G. et IMHOOS C., « L'Acte uniforme relatif au droit de l'arbitrage dans le cadre du Traité OHADA », *Revue camerounaise de l'arbitrage* n° 5, 1999, p. 3 ;
KONATE M. I., « Les arbitres et avocats africains face à l'arbitrage international », *JADA* supplément 2012, p. 37.
KONATE M. I., « Le recours en annulation d'une sentence arbitrale. Un contrôle a posteriori de la sentence. Les motifs de recours », www.uianet.org.
KONATE M. I., « Le redressement et la liquidation mieux encadrés et plus rapides », *Dr. pat.* décembre 2015, *dossier Modernisation de l'Acte uniforme sur les procédures collectives*, p. 39.
LACORDAIRE H.-D., « Du double travail de l'homme », 52ème conférence de Notre-Dame du 16 avril 1848, *in Œuvres du R.P. Henri-Dominique Lacordaire de l'ordre des Frères prêcheurs*, Paris, Poussielgue frères, 1872, 9 vol., vol. IV, *Conférences de Notre-Dame de Paris*, t. III, Années 1846-1848, p. 471.
LALIVE P., « Ordre public transnational (ou réellement international) et arbitrage international, *Rev. arb.* 1986-3, p. 329.
LALIVE P., « Sur une “ commercialisation ” de l'arbitrage international », *in Mélanges Cl. Reymond*, Litec, 2004, p. 167.
LALIVE P., « Dérives arbitrales (I) », *Bull. ASA*, 2005, p. 587.
LALIVE P., « Dérives arbitrales (II) », *Bull. ASA*, 2006, p. 2.
LALIVE P., « Un faux problème : monisme ou dualisme dans la législation arbitrale », *in Mélanges Dessemontet*, CEDIDAC, 2009, p. 265.
LAMETHE D., « Portraits de groupe d'arbitres internationaux », *in* J. ROSELL (coord), *Les arbitres internationaux*, Société de législation comparée, 2005, p. 35.
LAZAREFF S., « Paris place d'arbitrage : menacée », *Gaz. pal.* 28 mars 2008, n° 88-89, p. 88.
LAZAREFF S., « La justice arbitrale », *JADA* 2011-1, p. 6.
LAUDE A., « L'arbitrage en matière médicale », *Droit et patrimoine* mai 2002, n° 104, p. 80.
LAURIOL Th., « Le Centre d'arbitrage OHADA. Formation et convention d'arbitrage », *RDAI* 2000-8, p. 999.
NABASQUE H. Le, « Le développement du devoir de loyauté en droit des sociétés », *RTD. com.* 1999, p. 273.
LEBEN Ch., « La responsabilité internationale de l'Etat sur le fondement des traités de promotion et de protection des investissements », *AFDI* 2004, numéro 50, p. 683.
LEBOULANGER Ph., « Etat, politique et arbitrage. L'affaire du plateau des pyramides », *Rev. arb.* 1986-1, p. 3.
LEBOULANGER Ph., « L'arbitrage international Nord-Sud », *in Etudes Bellet*, LGDJ, 1991, p. 323.
LEBOULANGER Ph., « L'arbitrage et l'harmonisation du droit des affaires en Afrique », *Rev. arb.* 1999-3, p. 541.

LEBOULANGER Ph., « Le principe de validité de la clause compromissoire sans référence à une loi », *in* R. CHAABAN, *L'arbitrage détaché des lois étatiques. Actes du colloque du Mans, 15 décembre 2011*, Editions L'Epitoge - Lextenso, 2012, p. 21.
LECUYER H., « Exercice abusif des voies de recours contre les sentences arbitrales : de quelques manifestations de l'ire du juge judiciaire », *Rev. arb.* 2006-3, p. 573.
LECUYER H. et PORACCHIA D., « La circulation de la garantie de passif et de la clause compromissoire », *Droit et patrimoine* 2008, dossier *Arbitrage et garantie de passif*, p. 67.
LEGROS C., « La transmission d'une clause compromissoire dans une chaîne de contrats », *JCP* G n° 28, 11 juillet 2008, II 10567.
LEVEL P., « L'arbitrabilité », *Rev. arb.* 1992-2, p. 213.
LEVENEUR L., « La résiliation " infra-annuelle " des contrats d'assurance », *CCC* mai 2014, p. 38.
LEVY L. et TISSOT F.-R.., « L'interprétation arbitrale », *Rev. arb.* 2013-4, p. 861.
LIBCHABER R.., « Retour sur les clauses alternatives, attributives de juridiction », *RDC* 2013-4, p. 1376.
LOQUIN E., « La réalité des usages du commerce international », *Rev. int. dr. éco.* 1989-2, p. 163.
LOQUIN E., « La sentence arbitrale : L'examen du projet de sentence par l'institution et la sentence au deuxième degré - Réflexions sur la nature et la validité de l'intervention de l'institution arbitrale sur la sentence », *Rev. arb.* 1990-2, p. 427.
LOQUIN E., « Divergences et convergences dans le régime de la transmission et de l'extension de la clause compromissoire devant les juridictions françaises », *Gaz. Pal.* 06 juin 2002 n° 157, p. 7.
LOQUIN E., « Les obligations de confidentialité dans l'arbitrage », *Rev. arb.* 2006-2, p. 323.
LOQUIN E., « Arbitrabilité et protection des parties faibles », *Trav. comité français DIP,* années 2004-2006, Pédone, 2008, p. 135.
LOQUIN E., « À la recherche du principe d'égalité dans l'arbitrage commercial international », *Gaz. pal.* 02 juillet 2008, n° 184, p. 5.
LOQUIN E., « De l'obligation de concentrer les moyens à celle de concentrer les demandes dans l'arbitrage », *Rev. arb.* 2010- 2, p. 201.
LOQUIN E., « La réforme droit français interne et international de l'arbitrage (commentaire du décret n° 2011-48 du 13 janvier 2011) », *RTD com.* 2011-2, p. 255.
LOQUIN E., « La confirmation de la validité des clauses d'arbitrage optionnelles bilatérales », *RTD com.* 2013-3, p. 478.
LOQUIN E., « Introduction », *in* W. Ben Hamida et Th. Clay (dir), *L'argent dans l'arbitrage*, Lextenso, 2013, p. 31.
LOQUIN E., « Autorité de la chose jugée et concentration des moyens », *Rev. arb.* 2016-1, p. 107.
MAHINGA J.-G., « Une mise en œuvre cohérente du règlement Bruxelles I du 12 décembre 2000 », *PA* 14 novembre 2012 n° 228, p. 7.
MAIDAGI M., « La cohabitation des hautes juridictions communautaires en Afrique francophone (Cour commune de justice et d'arbitrage (CCJA) de l'OHADA, Cour de

justice de la CEMAC et Cour de justice de l'UEMOA», *Revue congolaise de droit des affaires* n° 1, décembre 2009, p. 23, www.ohada.com, Ohadata D-10-11.
MAINGUY D., « PME et partie faible », *JDI* 2017-1, p. 9.
MAINGUY D. et SEUBE J.-B., « La transmission de la clause compromissoire dans les chaînes de contrat », *JCP* E n° 29, 19 juillet 2001, p. 1238.
MALLET-BRICOUT B., « Arbitrage et droit de la famille », *Droit et patrimoine* mai 2002, n° 104, p. 59
MANCIAUX S., « L'arbitre est un juge », *in* S. BOSTANJI, F. HORCHANI et S. MANCIAUX, *Le juge et l'arbitrage*, Pedone, 2014, p. 31.
MANTILLA-SERANO F., « La nouvelle législation colombienne sur l'arbitrage », *Rev. arb.* 1992-2, p. 41.
MARIE J. et IDELMAN E., « La décentralisation en Afrique de l'Ouest : une révolution dans les gouvernances locales ? », *Echo Géo* 13 | 2010, juin - août 2010.
MARINI Ph. et FAGES F., « La réforme de la clause compromissoire », *D.* 2001, p. 2658.
MAYER P., « La sentence contraire à l'ordre public au fond », *Rev. arb.* 1994-4, p. 615.
MAYER P., « La protection de la partie faible en droit international privé », *in* J. GHESTIN et M. FONTAINE (dir), *La protection de la partie faible dans les rapports contractuels. Comparaisons franco-belges*, LGDJ, 1996, p. 513.
MAYER P., « Les Limites de la séparabilité de la clause compromissoire », *Rev. arb.* 1998-2, p. 359.
MAYER P., « Litispendance, connexité et chose jugée dans l'arbitrage international », *in Liber amicorum Claude Reymond. Autour de l'arbitrage*, Litec, 2004, p. 185.
MAYER P., « La circulation de la convention d'arbitrage », *JDI* 2005-2, p. 251.
MAZEAUD D., « Loyauté, solidarité, fraternité : la nouvelle devise contractuelle ? », *in L'avenir du droit. Mélanges Terré*, Dalloz, PUF, Jurisclasseur, 1999, p. 603.
MAZEAUD D., « Les groupes de contrats », *in Le contrat, questions d'actualité*, *PA*, 5 mai 2000, p. 64.
MAZEAUD D., « Présentation de la réforme du droit des contrats », *Gaz. pal.* 23 février 2006, p. 15.
MAZEAUD D., « Le droit des obligations et l'efficacité économique », *in* S. BOLLEE, Y.-M. LAITHIER et C. PERES (dir), *L'efficacité économique en droit*, Economica, 2010, p. 67.
M'BOSSO J., « Premier bilan de l'application des instruments OHADA relatifs à l'arbitrage : le cas de l'Arbitrage CCJA », Revue camerounaise de l'arbitrage numéro spécial février 2010, p. 161.
MBAY M., « Le rôle des sociétés d'Etat et des sociétés d'économie mixte dans le développement économique de l'Empire centrafricain », *in Le rôle des sociétés dans le développement*, Actes du XIème Congrès de l'IDEF, *Revue juridique et politique indépendance coopération* 1978-1, p. 57 ;
MENETREY S., « La transparence dans l'arbitrage d'investissement », *Rev. arb.* 2012-1, p. 33.

MENETREY S., « Le réseau associatif : un exemple de marketing arbitral », *Rev. arb.* 2012-4, p. 741.
MERCADAL B., « Abécédaire sur les débats du Colloque de Ouagadougou sur " L'harmonisation du droit OHADA des contrats ". Communication écrite », *RDU* 2008-1/2, p. 489.
MESTRE J., « Le consentement du professionnel contractant dans la jurisprudence contemporaine », *in Mélanges en hommage à André Breton et Fernand Derrida*, Dalloz, 1991, p. 249.
MESTRE J., « Rapport de synthèse », *in* C. Jamin et D. Mazeaud (dir), *Les clauses abusives entre professionnels*, Economica, 1997, p. 162.
MESTRE J., « Vingt ans de lutte contre les clauses abusives », *in L'avenir du droit. Mélanges en hommage à François Terré*, Dalloz, PUF, Jurisclasseur, 1999, p. 677.
MEYER P., « La sécurité juridique et judiciaire dans l'espace OHADA », *Penant* 855, p. 151, www.ohada.com, Ohadata D-06-50.
MEYER P., « Les conflits de juridictions dans les espaces OHADA, UEMOA, CEDEAO », *in La sensibilisation au droit communautaire de l'UEMOA*, Actes du colloque de Ouagadougou, 6-10 octobre 2003, éditions Giraf, 2004, p. 7
MEYER P., « Commentaire sous l'article 4 de l'AUA », *in OHADA. Traités et actes uniformes commentés et annotés*, Juriscope, 3ème édition, 2008, p. 124.
MEYER P., « Commentaire sous l'article 18 de l'AUA », *in* J. ISSA-SAYEGH, P.-G. POUGOUE et F. M. SAWADOGO, *OHADA. Traités et actes uniformes commentés*, Juriscope, 2008, p. 139.
MEYER P., « Le droit de l'arbitrage dans l'espace OHADA dix ans après l'acte uniforme », *Rev. arb.* 2010-3, p.467.
MEYER P., « Arbitrage CCJA », *in* P.-G. POUGOUE (dir), *Encyclopédie du droit OHADA*, Lamy, 2011, p. 293.
MEYER P., « Commentaire de l'article 26 de l'Acte uniforme relatif au droit de l'arbitrage », *in Traité OHADA et actes uniformes commentés et annotés*, Juriscope, 2016, p. 176.
MICHOU I., « Le financement des activités illicites », *in* W. Ben Hamida et Th. Clay (dir), *L'argent dans l'arbitrage*, Lextenso, 2013, p. 63.
MILINGO ELLONG J. J., « Les conflits de normes en matière de droits fondamentaux : le cas de l'OHADA et de l'Union Africaine », *Bulletin de droit économique* 2014-
MONEGER J., « Conciliation, médiation, arbitrage et baux », *in La médiation en débat*, *PA* 2002 n° 170, p. 21.
MONTEMBAULT B., « La stabilisation des contrats d'Etat à travers l'exemple des contrats pétroliers », *RDAI* 2006- 6, p. 593.
MOREAU B. et DEGOS L., « La clause compromissoire réhabilitée : chronique d'une réforme annoncée », *Gaz. Pal.* 14 juin 2001 n° 165, p. 6
MOTULSKY H., « L'arbitrage et les conflits du travail », *Rev. arb.* 1956-1, p. 78
MOURALIS D., *L'arbitrage face aux procédures conduites en parallèle*, thèse dact. Aix, décembre 2008, dir. J. Mestre, n°s 471 à 521, pp. 389-421.
MOURRE A., « Réflexions critiques sur la suppression du contrôle de la motivation des sentences arbitrales en droit français », *Bull. ASA* 2001-4, p. 634.

MOURY J., « Réflexions sur la transmission des clauses de compétence dans les chaînes de contrats translatifs », *D.* 2002, Chron. p. 2744.
NAHM-TCHOUGLI G. M., « L'exception d'inconstitutionnalité en Droit Togolais », http://www.courconstitutionnelle.tg/cour/?page_id=1413.
NAJJAR I., « La notion d'"ensemble contractuel" », *in Une certaine idée du droit. Mélanges offerts à André Decocq*, Litec, 2004, p. 509.
NDIAYE A. T., « Conflits de norme en droits communautaire OHADA et UEMOA. Exemple des paiements réalisés dans les systèmes de paiement intégrés en cas de procédures collectives d'apurement du passif », www.ohada.com, Ohadata D-08-06.
NDOKO N.-C., « Les manquements au droit de la famille », *RIDC* 1991-1, p. 87.
NEMEUDEU. R., « La recherche du critère d'arbitrabilité concernant les personnes morales de droit public en droit OHADA », *Revue africaine des sciences juridiques*, volume 6, n°1, 2009, p. 45.
NGOM M., « Propos impertinents sur l'unification du droit général des contrats », http://www.acicol.com.
NGOUMTSA ANOU G., « Actes uniformes et conflits de lois », *in* P.-G. POUGOUE (dir), *Encyclopédie du droit OHADA*, Lamy, 2011, p. 175
NGUELE ABADA M., « L'indépendance des juridictions constitutionnelles dans le constitutionnalisme des Etats francophones post guerre froide : l'exemple du conseil constitutionnel camerounais », http://www.droitconstitutionnel.org/congresmtp/textes5/ABADA.pdf.
NGWANZA A., « L'équilibre contractuel dans l'avant-projet d'acte uniforme sur le droit des contrats », *RDU* 2008-1/2, p. 497
NGWANZA A., « OHADA entre adolescence et âge adulte : une crise existentielle ! », *Penant* 2009, n° 866, p. 3.
NGWANZA A., « Les juridictions internes de l'OHADA », communication présentée lors du colloque organisé le 26 novembre 2009, à la Maison du Barreau à Paris par l'Association Barreau pluriel sur le Thème : " *Panorama pratique du droit OHADA : quels enjeux pour les avocats ?* ".
NGWANZA A., « La preuve à l'épreuve. Notes conclusives du colloque sur le droit de la preuve dans l'espace OHADA », *RDAI* 2011-3, p. 289.
NGWANZA A., « OHADA et bonne gouvernance : le défi du concret ! », *Revue de droit international et de droit comparé* 2011-2, p. 313
NGWANZA A., « La tradition juridique du droit OHADA », *JADA*, février 2013, numéro spécial, *L'arbitre, l'avocat et les entreprises face au droit au droit OHADA*, Actes du Forum OHADA CANADA, p. 39.
NGWANZA A., « Conditions d'efficacité des conventions d'arbitrage non signées et violation du principe compétence-compétence », *Rev. arb.* 2012-3, p. 618.
NGWANZA A., « L'essor de l'arbitrage international en Afrique sub-saharienne : les apports de la CCJA », *Revue de l'ERSUMA* n°3 septembre 2013, p. 30,
NGWANZA A., « Le Cameroun et l'arbitrage international », *in* J.-L. ATANGANA AMOUGOU, *Le Cameroun et le droit international*, Pedone, 2014, p. 86,
NGWANZA A., « L'arbitrage en matière extractive », *in* A. NGWANZA et G. LHUILIER (ed), *Le contentieux extractif*, ICC Publishing 2015.

NGWANZA A., « L'État partie faible quant au recours à l'arbitrage d'investissement », *JDI* 2017-1, p. 21
NGONO V. C., « Réflexions sur l'espace judiciaire OHADA », *Revue de l'ERSUMA*, n° 6, janvier 2016, p. 197.
NIDDAM L., « Unilateral Arbitration Clauses in Commercial arbitration », *Arbitration and Dispute Resolution Law Journal* 1996, p. 147.
NIGGEMANN F. et JONGLEZ de LIGNE F., « La liberté contractuelle et l'égalité des parties : une relation difficile », *Gaz. Pal.* 27 octobre 2009, n° 300, p. 21 ;
NJEUFACK TEMGWA R., « Assemblées de sociétés et décisions collectives », *in* P.-G. POUGOUE (dir), *Encyclopédie du droit OHADA*, Lamy, 2011, p. 321.
NLEP R.-G., « Rapport introductif. Le droit au juge », *in* E. Decaux (dir), *Justice et droits de l'homme*, XXVIIIe Congrès de l'Institut International de Droit d'Expression et d'Inspiration Françaises, IDEF 2003, p. 207.
NOURISSAT D., « L'action du notariat en matière de titrement », *JCP N* n° 45, 12 novembre 2010, p. 25.
OLINGA A.-D., « L'Afrique face à la "globalisation" des techniques de protection des droits fondamentaux », *Présence africaine*, n° 159, 1er semestre 1999, p. 27.
OLINGA A.-D., « Les emprunts normatifs de la commission africaine des droits de l'homme et des peuples aux systèmes européen et interaméricain de garantie des droits de l'homme », *Revue trimestrielle des droits de l'homme* 2005, n° 62, p. 499.
OLIVER J.-M., « Arbitrage et droit du travail », *Droit et patrimoine* mai 2002, n° 104, p. 52.
ONANA ETOUNDI F., « Les Principes d'Unidroit et la sécurité juridique des transactions commerciales dans l'avant-projet d'Acte uniforme OHADA sur le droit des contrats », *RDU* 2005-4, p. 683
ONANA ETOUNDI F., « Forme et preuve des obligations contractuelles dans l'avant-projet d'Acte uniforme OHADA sur le droit des contrats », *RDU* 2008-1/2, p. 355.
ONANA ETOUNDI F., « La preuve de la créance », *RDAI* 2011-3, p. 281.
ONANA ETOUNDI F., « Allocution inaugurale », *in Les pratiques contractuelles d'affaires et les processus d'harmonisation dans les espaces régionaux*, ERSUMA, juin 2012, p. 5.
OPPETIT B., « Les Etats et l'arbitrage international : esquisse d'une systématisation ? », *Rev. arb.* 1985, p. 493.
OPPETIT B., « La clause arbitrale par référence », *Rev. arb.* 1990, p. 551.
OPPETIT B., « L'arbitrage et les tiers : présentation générale », *Rev. arb.* 1988-3, p. 433.
ORTSCHEIDT J. et SERAGLINI Ch., « La nouvelle articulation des recours en arbitrage international », *in* Th. CLAY (dir), *Le nouveau droit français de l'arbitrage*, Lextenso éditions, 2011, p. 189.
OUGUERGOUZ F., « La Commission africaine des droits de l'homme et des peuples : Présentation et bilan d'activités (1988-1989) », *AFDI* 1989, volume 35, p. 555.
OUSMANOU S., « Arbitrabilité », *in* P.-G. POUGOUE (dir), *Encyclopédie du droit OHADA*, Lamy, 2011, p. 226.

PAILLUSSEAU J., « Le droit de l'OHADA, un droit très important et original », www.ohada.com, Ohadata D-12-64.
PATOCCHI P. M. et JERMINI C., « Commentary ad art. 192 LDIP », *in* S. V. BERTI (éd.), *International Arbitration in Switzerland – An Introduction to and Commentary on Articles 176-194 of the Swiss Private International Law Statute*, Helbing & Lichtenhahn / Kluwer Law International, Bâle, Genève, Munich, 2000, p. 604.
PARK W., « Comprendre les enjeux de l'arbitrage financier », *Bull. CCI* supplément 2000, p. 7.
PARK W., « La jurisprudence américaine en matière de " *class arbitration* " : entre débat politique et technique juridique », *Rev. arb.* 2012-2, p. 507.
PAULSON J., « La *lex mercatoria* dans l'arbitrage CCI », *Rev. arb.* 1990-1, p. 55.
PAULSSON J., « Arbitration Without Privity », *ICSID Review* 10 Issue 2 1995, p. 232.
PELLERIN J., « Les droits des parties dans l'instance arbitrale », *Rev. arb.* 1990-2, p. 395.
PELLERIN J.et MARIA L., « Le sursis à exécution de la sentence internationale ou étrangère en cas de recours (art. 1526, al. 2) », *Cah. arb.* 2014-4, p. 783.
PEREIRA F. P., « La coopération judiciaire en matière civile dans l'Union européenne : bilan et perspectives », Rev. *crit. DIP* 2010-1, p. 1.
PERRET F., « Quelques considérations à propos de la motivation des sentences arbitrales en matière d'arbitrage international à la lumière d'une jurisprudence récente du Tribunal Fédéral », *Bull. ASA* 2011-3, p 666.
PERRIN J., « De l'arbitrabilité des litiges successoraux », *Bull. ASA* 2006-3, p. 417.
PERROT R., « Introduction », Colloque des IEJ à Nantes, 2003, *PA* 02 octobre 2003, n° 197, p. 3.
PETERSON L. E., « Uruguay hires law firm and secures outside funding to defend against Philip Morris claim; not the first time an NGO offers financial support for arbitration », *International Arbitration Reporter*, 20 octobre 2010.
PETROCHILOS G., « The ILA Tackles Confidentiality. The 2010 ILA Findings and Recommendations on Confidentiality », *Cah. arb.* 2011-1, p. 51.
PHILIPPE D., « La protection de la partie faible en droit international », *in* J. GHESTIN et M. FONTAINE (dir), *La protection de la partie faible dans les rapports contractuels. Comparaisons franco-belges*, LGDJ, 1996, p. 553.
PHILIPPE M., « Ou en est la résolution des litiges en ligne ?», *RDAI* 2002-2, p. 167.
PICOD Y., « L'obligation de coopération dans l'exécution du contrat », *JCP G.* I 1988, p. 3318.
PINSOLLE Ph., « Le financement de l'arbitrage par les tiers », *Rev. arb.* 2011-2, p. 385.
PLANTEY A., « L'arbitrage comme garantie des investissements », *in Relations entre économies industrialisées et économies en transition ou en développement. Aspects institutionnels et juridiques*, Actes du XVIème Congrès de l'IDEF, Bruylant, 1995, p. 398
PORCHERON D., « Le nouveau droit international privé chinois des contrats. Note sous Loi chinoise du 28 octobre 2010 sur l'application des lois aux relations civiles

comportant des éléments d'extranéité », *Revue Lamy Droit des affaires* février 2011, n° 57, p. 53.
POSEZ A., « Le principe de concentration des moyens, ou l'autorité retrouvée de la chose jugée », *RTD. civ.* 2015-1, p. 283.
POUDRET J.-F., « L'extension de la clause d'arbitrage : approches française et suisse », *JDI* 1995-4, p. 893.
POUGOUE P.-G., « Le système d'arbitrage de la Cour Commune de Justice et d'Arbitrage », *in* Ph. FOUCHARD (dir), *L'OHADA et les perspectives de l'arbitrage en Afrique*, Bruylant, 2000, p. 129.
POUGOUE P.-G., « Les sociétés d'Etat à l'épreuve du droit OHADA », *Juridis périodique* n° 65, janvier-février-mars 2006, p. 99
POUGOUE P.-G., « L'avant-projet d'Acte uniforme sur le droit des contrats : les tribulations d'un universitaire », www.ohada.com, Ohadata D-07-41.
POUGOUE P.-G., « Notion de droit OHADA », *in* P.-G. POUGOUE (dir), *Encyclopédie du droit OHADA*, Lamy, 2011, p. 1203.
POUGOUE P.-G., « Doctrine OHADA et théorie juridique », *Revue de l'ERSUMA*, numéro spécial, novembre-décembre 2011, p. 9 p. 19.
PRADEL X., « Cession de créance et transfert de la clause compromissoire », *D.* 2002, Chron. p. 569.
PRICE Ch., « Liability of Arbitral Institutions in International Arbitration. A comment on *Société Filature de Mohair*», *in* P. WATRELET, T. KRUGER, G. COPPENS (dir.), *The practice of arbitration, Hart Publishing*, 2012, p. 187.
PRUJINER A., « L'arbitrage unilatéral : un coucou dans le nid de l'arbitrage conventionnel », *Rev. arb.* 2005-1, p. 63.
RACINE J.-B., « Les dérives procédurales de l'arbitrage », *in* J. CLAM et G. MARTIN (dir), *Les transformations de la régulation juridique*, LGDJ, 1998, p. 229.
RACINE J.-B., « Réflexions sur l'autonomie de l'arbitrage commercial international », *Rev. arb.* 2005-2, p. 305.
RACINE J.-B., « La marchandisation du règlement des différends : le cas de l'arbitrage », *in* E. LOQUIN et A. MARTIN (dir), *Droit et marchandisation*, LexisNexis Litec, 2010, p. 321.
RACINE J.-B., « Le nouvel arbitre », *in* Th. CLAY (dir), *Le nouveau droit français de l'arbitrage*, Lextenso, 2011, p. 117.
RACINE J.-B., « Propos liminaire sur un droit pragmatique », *in* Y. STRICKLER et J.-B. RACINE (dir), *L'arbitrage. Questions contemporaines*, L'Harmattan, 2012, p. 11.
RACINE J.-B., « Eléments d'une sociologie de l'arbitrage : Actes de la Journée d'étude du Groupe Sociologie de l'arbitrage du Comité français de l'arbitrage », *Rev. arb.* 2012-4, p. 709. RACINE J.-B., « Propos liminaires sur un droit pragmatique », *in* Y. STRICKLER et J.-B. RACINE (dir), *L'arbitrage. Questions contemporaines*, L'Harmattan, 2012, p. 11.
RACINE J.-B., « La protection du professionnel contractant en matière internationale », *in Mélanges en l'honneur de Jean-Michel Jacquet*, LexisNexis, 2013, p. 255.
RACINE J.-B., « L'incidence en matière d'arbitrage », *in* C. KESSEDJIAN (dir), *Le financement de contentieux par les tiers*, Editions Panthéon Assas, 2012.

RACINE J.-B., « Les normes porteuses d'ordre public dans l'arbitrage commercial international », *in* E LOQUIN et S. MANCIAUX (dir) *L'ordre public et l'arbitrage*, Actes du colloque des 15 et 16 mars 2013, Lexis nexis 2014, p. 7.
RAVILLON L., « Que reste-t-il du concept d'inarbitrabilité ? », *in* E LOQUIN et S. MANCIAUX (dir) *L'ordre public et* l'arbitrage, Actes du colloque des 15 et 16 mars 2013, Lexis nexis 2014, p. 57.
REBOUL□MAUPIN N., « Arbitrage et bail. Bail commercial □ Bail professionnel □ Bail rural □ Bail d'habitation □ Bail de droit commun », *Droit et patrimoine* mai 2002, n° 104, p. 69.
REVET Th., « L'obligation de motiver une décision contractuelle unilatérale, instrument de vérification de l'intérêt de l'autre partie », *RDC* 2004-2, p. 579.
REYMOND Cl., « La clause arbitrale par référence », *in* Cl. REYMOND et E. BUCHER, *Recueil de travaux sur l'arbitrage international*, Congrès intérimaire de l'ICCA, Schultess, 1984, p. 85.
REYMOND Cl., « Le président du tribunal arbitral », *in Etudes Bellet*, LGDJ, 1991, p. 467.
RITLENG D., « Les conflits entre conventions internationales », *RTD eur.* 2012-4, p. 929.
ROSELL J., « L'allocation des frais dans l'arbitrage d'investissements : tendances », *Décideurs juridiques et financiers* 2012, n° 134, p. 88.
ROSELL J. et PRAGER H., « International Arbitration and Bankruptcy: United States, France and the ICC », *J. of Int'l Arb.* 2001-4, p. 417.
ROUSSEAU Ch., « De la compatibilité des normes juridiques contradictoires dans l'ordre international », *RGDIP* 1932, p. 133.
RUSCA A. E., « L'arbitrage : une stimulation à l'investissement », *Revue camerounaise de l'arbitrage* n° 7, octobre-novembre-décembre 1999, p. 3.
SACHS K., « La protection de la partie faible en arbitrage », *Gaz. pal.* n° 2007/2, 17 juillet 2007, p. 22.
SAKHO A., « La législation communautaire de la concurrence et les mécanismes alternatifs de règlement des conflits commerciaux », www.ohada.com, Ohadata D-05-12,
SALL M., « Communication du Conseil d'Etat du Sénégal », *in L'application du droit international dans les ordres juridiques internes des Etats francophones ouest africains : le cas des actes uniformes de l'OHADA. Actes du colloque de Ouagadougou 24-26 juin 2003, Les Cahiers de l'Association Ouest Africaine des Hautes Juridictions Francophones,* p. 301, http://democratie.francophonie.org/IMG/pdf/23bis.pdf.
SAWADOGO F.-M., « Le droit OHADA de l'arbitrage », *in Mélanges en l'honneur d'Yves Guyon*, Dalloz, 2003, p. 963.
SAWADOGO F. M., « L'immunité d'exécution des personnes morales de droit public dans l'espace OHADA », *Revue camerounaise de l'arbitrage* numéro spécial, février 2010, p. 136. SAWADOGO M. F., « Le juge national et le droit communautaire », *in L'application du droit international dans les ordres juridiques internes des Etats francophones ouest africains : le cas des actes uniformes de l'OHADA. Actes du colloque de Ouagadougou 24-26 juin 2003*, *Les Cahiers de*

l'Association Ouest Africaine des Hautes Juridictions Francophones, p. 79, http://democratie.francophonie.org/IMG/pdf/13bis2.pdf.
SAYED A., « La question de la corruption dans l'arbitrage commercial international : Inventaire des solutions », *Bull. ASA* 2001, p. 653
SCHWEITZER Ph., « Commentaire sous l'article 368 », *in* F. BOHNET, J. HALDY, N. JEANDIN, SCHWEIZER Ph., TAPPY D., *Code de procédure civile commenté*, Helbing Lichtenhahn, 2011.
SERAGLINI Ch., « Les parties faibles dans l'arbitrage international », *Gaz. Pal,* 15 décembre 2007 n° 349, p. 5.
SERAGLINI Ch., « L'efficacité et l'autorité renforcées des sentences arbitrales en France après le décret 2011-48 du 13 janvier 2011 », *Cah. arb.* 2011-2, p. 375.
SERAGLINI Ch., « Le droit applicable à l'autorité de la chose jugée dans l'arbitrage », *Rev. arb.* 2016-1, p. 51.
SILVA-ROMERO E., « Chronique des sentences arbitrales de la CCI », *JDI* 2010-4, p. 1042.
SLIM H., « L'assureur et le procès arbitral », *Rev. gen. dr. ass* 2010-2, p. 582.
STRICKLER Y., « La protection de la partie faible en droit civil », *PA* 25 octobre 2004, n° 27, p. 6.
TALL A. B., « L'Organisation commune africaine, malgache et mauricienne », *Journal of African Law*, volume 16, n° 3 (1972), p. 304 et s.
TEMPLE H., « Quel droit de la consommation pour l'Afrique ? Une analyse critique du projet d'Acte uniforme sur le droit de la consommation (juin 2003) », *Revue de droit burkinabé* n° 43-44, 1er et 2ème semestre 2003, www.ohada.com, Ohadata D-05-26.
TCHAKOUA J.-M., « L'arbitrabilité des différends dans l'espace OHADA », *Penant* n° 835, janvier 2001, p. 5.
TCHAKOUA J.-M., « Le système d'arbitrage de la Cour Commune de Justice et d'arbitrage en questions », *Revue camerounaise de l'arbitrage* numéro spécial, février 2010, p. 173.
TCHAKOUA J.-M., « Convention d'arbitrage », *in* P.-G. POUGOUE (dir), *Encyclopédie du droit OHADA*, Lamy, 2011, p. 567
TCHAKOUA J.-M., « Arbitrage selon l'Acte uniforme relatif au droit de l'arbitrage », *in* P.-G. POUGOUE (dir), *Encyclopédie du droit OHADA*, Lamy, 2011, p. 258.
TCHANTCHOU H., « L'arbitrage en droit africain du travail. Rétrospectives et perspectives à la veille de l'Acte uniforme OHADA sur le droit du travail », *Revue camerounaise de l'arbitrage* n° 28, janvier-février-mars 2005, p. 3.
TERCIER P., « La répartition des frais de l'arbitrage entre les parties », *in* W. BEN HAMIDA et Th. CLAY (dir), *L'argent dans l'arbitrage*, Lextenso, 2013, p. 141.
TERRE F., « L'internationalité du juge dans l'arbitrage », *in L'internationalité dans les institutions et le droit. Convergences et défis. Mélanges Alain Plantey*, Pedone, 1995, p. 219.
THOMPSON D., « Tapie award overturned in France », *Global Arbitration Review*, 18 février 2015.
TIGER Ph., « Introduction générale. Colloque sur le droit de la preuve dans l'espace OHADA », *RDUA* 2010-2, dossier spécial, p. 10.

TODARO M. P., « L'exode rural en Afrique et ses rapports avec l'emploi et les revenus », *in L'emploi en Afrique, aspects critiques au problème*, Genève, BIT, 1973, p. 48.
TOE J. Y., « La problématique actuelle de l'harmonisation du droit des affaires par l'OHADA », *RDU* 2008-1/2, p. 23.
TOUILLIER M., « La faculté de résiliation infra-annuelle des contrats d'assurance : une nouvelle arme à double tranchant ? », *D.* 2014, p. 98.
TRICOT D., « Abus de droit dans les sociétés : abus de majorité et de minorité », *RTD. com.* 1994, p. 617.
TRICOT D., « Statut du commerçant et de l'entreprenant », *Droit et patrimoine* mars 2011, n° 201, dossier spécial, *Un nouveau droit commercial pour la zone OHADA*, p. 67.
TRICOT D., « Bail à usage professionnel et fonds de commerce », *Droit et patrimoine* mars 2011, n° 201, dossier spécial, *Un nouveau droit commercial pour la zone OHADA*, p. 72.
TURGNE F., « L'arbitrabilité du droit des assurances », *Revue générale du droit des assurances* 2012-1, p. 177.
VALENCIA F., « Parties faibles et accès à la justice en matière d'arbitrage », *Rev. arb.* 2007-1, p. 45.
VEEDER V. V., « *Laws and Court Decisions in Common Law Countries and the UNCITRAL Model Law* », *in* Van Den Berg (ed), *ICCA Congress serie n° 5*, Kluwer 1991, p. 169.
VEEDER V. V., « L'indépendance et l'impartialité de l'arbitre dans l'arbitrage international », *in* Th. CLAY et E. JEULAND (dir), *Médiation et arbitrage, Alternative Dispute Resolution. Alternative à la justice ou justice alternative ? Perspectives comparatives*, 2005, p. 219.
VEENSTRA-KJOS H. E., « Counter-claims by Host States in Investment Dispute Arbitration without privity », *in* Ph. KAHN et Th. WALDE (dir), *Les aspects nouveaux du droit des investissements internationaux*, Martinus Nijoff Publishers, 2007, p. 597.
VERHOEVEN J., « Arbitrage entre Etats et entreprises étrangères : des règles spécifiques », *Rev. arb.* 1985-4, p. 609.
VERMEYS N., « La cyberjustice et L'espace OHADA : des outils virtuels pour une avancée réelle », *JADA*, février 2013, numéro spécial, *L'arbitre, l'avocat et les entreprises face au droit au droit OHADA*, Actes Forum OHADA CANADA, p. 102.
VIDAL D., « Arbitrage et procédure d'insolvabilité : observations à propos de quelques sentences de la CCI et autres décisions récentes », *Bull. CCI* 2009, n° 20-1, p. 55.
VIDAL D., « Procédure collective et procédure d'arbitrage : quelle rencontre ? », *Gaz. Pal.*, 31 octobre 2009, n° 304, p. 3.
VINEY G., « L'action en responsabilité entre participants à une chaîne de contrats », *Mélanges Holleaux*, 1990, p. 3993.
VIRASSAMY G., « Les relations entre professionnels en droit français », *in* J. GHESTIN et M. FONTAINE (dir), *La protection de la partie faible dans les rapports contractuels. Comparaisons franco-belges*, LGDJ, 1996, p. 479.

WACHSMANN P., « Les méthodes d'interprétation des conventions internationales relatives à la protection des droits de l'homme », *in* SFDI, *La protection des droits de l'homme et l'évolution du droit international*, Colloque de Strasbourg, 1998, p. 158

WAGNER G., « Poor Parties and German Forum : Placing Arbitration under the Sword of Damoclès », *in* German Institution of Arbitration (ed), *Financial capacity of the parties. A condition for the Validity of Arbitration Agreements* ? Peter Lang, 2004, p. 9.

WALD A., « La résolution, par l'arbitrage, des conflits entre l'administration publique et les entreprises privées en droit brésilien », *Gaz. Pal.* 17 Juillet 2007, n° 198, p. 6.

YONDO BLACK L., « Les enjeux de la réforme : une volonté de favoriser la création d'entreprises, les échanges commerciaux et la confiance dans la zone OHADA », *Droit et patrimoine* mars 2011, n° 201, dossier spécial, *Un nouveau droit commercial pour la zone OHADA*, p. 42.

Notes et chroniques de jurisprudence

BOISSESON M. de, « Note sous CA Paris du 6 avril 1990 », *Rev. arb.* 1990-4, p. 880.

BOISSESON M. de, « L'arbitrage et la fraude. À propos de l'arrêt Fougerolle, rendu par la Cour de cassation le 25 mai 1992 », *Rev. arb.* 1993-1, p. 3

BOLLEE S. et HAFTEL B., « Note sous CA Paris, 07 avril 2011 », *Rev. arb.* 2011-3, p. 752

BONDALLAZ J., « Note sous Tribunal cantonal vaudois, Chambre des recours, 18.1.1995, et Tribunal fédéral, Ière Cour civile, 8.2.1996 (L.-S. ETJ. C/ S.)», *Revue valaisanne de jurisprudence* 2000, p. 363.

BRIERE C., « Note sous Cass. civ. 1re, 26 septembre 2012 », *JDI* 2013, p. 175.

BUREAU D. et MUIR-WATT H., « L'impérativité désactivée ? (à propos de Cass. civ. 1re, 22 octobre 2008) », *Rev. crit. DIP* 2009, p. 1.

CLAY Th., « Arbitrage et modes alternatifs de règlement des litiges novembre 2014-décembre 2015 », *D.* 2015, p. 2592.

COHEN D., « Note sous Cass. civ. 1ère, 28 mai 2002, *Cimat c/ SCA* », *Rev. arb.* 2003-2, p. 398.

DEBOURG Cl., LEE J. B. et SCHEFFER Sa SILVEIRA G., « Chronique de jurisprudence étrangère – Brésil », *Rev. arb.* 2014-3, p. 723.

DELEBECQUE Ph., « La transmission de la clause compromissoire (à propos de l'arrêt Cass. civ. 1ère, 6 novembre 1990) », *Rev. arb.* 1991-1, p. 190.

DELEBECQUE Ph., « Note sous Cass. com., 21 février 2006, *Navire Pella, Sté Belmaire et a.c / Sté Trident Marine Agency Inc. Et a.* », *Droit maritime français* 2006, p. 383.

DELEBECQUE Ph., « Note sous Cass. civ. 1ère 21 novembre 2006 », *Droit maritime français* 2007, p. 404.

DIALLO B., « Le principe compétence-compétence en matière d'arbitrage OHADA. Note sous Arrêt Ass. Plénière de la CCJA du 31 janvier 2011, *Planor Afrique c/ Atlantique Telecom* », *Revue Jurifis* septembre-décembre 2011, p. 18.

DUBARRY J.-C. et LOQUIN E., « Observations sous CA Paris, 7 décembre 1994 », *RTD com*, 1995-2, p. 401.
FENEON A., « Note sous CCJA, arrêt n° 010/2003, M. Delpech Gérard et Mme Delpech Joëlle c/ Sté SOTACI », *Revue camerounaise de l'arbitrage* n° 28, janvier-février-mars 2005, p. 17.
GAILLARD E., « Note sous Cass. civ. 1re, 20 décembre 1993 », *JDI* 1994, p. 432.
GAUDEMET-TALLON H., « Note sous Cass. civ. 1re, 20 décembre 1993 », *Rev. arb.*1994-1, p. 116.
HASCHER D. et LOQUIN E., « Note sous TAS, 6 juillet 2004, affaire n° 2002/A/593, *Football Association of Wales (FAW) c/ Union des Associations Européennes de Football (UEFA)*, *JDI* 2005-4, p. 1301.
HENRY M., « Note sous CA Paris, 9 janvier 2004, *Rev. arb.* 2005-3, p. 711.
ISSA-SAYEGH J., « Observations sous CA Abidjan, Ordonnance, 2 juill. 2003, *Touré Kouakou Edmond et Amani N'zué c/ ASECNA* », www.ohada.com, Ohadata J-04-177.
JARROSSON Ch. et TRAIN F.-X., « Les limites de l'intervention du juge d'appui dans un arbitrage institutionnel en cours ? Note sous TGI Paris (Ord. Ref.) 16novembre 2015 », *Rev. arb.* 2016-1, p. 258.
KAPLAN C., « Les clauses d'arbitrage en transport maritime : d'un rapprochement ; réflexions sur l'arrêt *Lindos* (Cass. civ. 1ère, 22 novembre 2005) », *Gaz. pal.* 22 avril 2006 n° 112, p. 6.
KLEIN J., « Observation sous Cass. civ. 1ère, 26 septembre 2012, *RDC* 2013, p. 565.
KENFACK DOUJANI G., « Note sous TPI Douala, 4 décembre 2000, Ordonnance n° 140, S*ociété Etudes – Réalisations – Contrôles SA c/ VIMAT SARL* », *Revue camerounaise de l'arbitrage* n° 25 avril-mai-juin 2004, p. 3
LEBOULANGER Ph., « Note sous CA Paris, 10 juillet 1992 », *Rev. arb.* 1992-4, p. 609.
Arbitrage finance et assurance, *Bull. CCI* supplément 2000 ;
LEGROS C., « Note sous CA Paris, 27 juin 2002 », *Rev. arb.* 2003-2, p. 427.
LEGROS C., « Note sous Cass. com., 21 février 2006 et Cass. civ. 1ère, 22 novembre 2005 », *JDI* 2006-2, p. 622.
LOQUIN E., « *Note - Cour d'appel de Rouen (2e Ch. civile)3 octobre 1996; Cour de cassation (1ère Ch. civile) 8 juin 1999; Tribunal de Grande Instance Paris (Ord. réf.) 7 décembre 1994* », *Rev. arb.* 2000- 1, p. 116.
LOQUIN E., « Note sous Cass. civ. 1ère, 23 mai 2006, *Mme Claudine Alhinc et autres v. Banque de France et Banque des règlements internationaux* », *Rev. arb.* 2008-1, p. 71.
MAYER P., « Note sous Cass. civ. 1re, 20 décembre 1993 », *Rev. crit. DIP* 1994-4, p. 663,
NGWANZA A., « Note sous CCJA, 31 janvier 2011, *Planor Afrique c/ Atlantique Télécom*, *Cah. arb.* 2013-4, p. 1134
NGWANZA A., « Note sous CCJA, 17 avril 2014, *État du Mali c/ CFAO* », *Cah. arb.* 2015-3, p. 561.

PERROT R., « Observation sous Cass. AP., 7 juillet 2006 », *RTD. civ.* 2008, p. 826.
PLANTEY A., « Quelques observations sur l'arbitrage sportif international. A propos d'un récent arrêt du tribunal fédéral suisse », *JDI* 2003-4, p. 1085.
RADICATI di BROZOLO L. G., « L'illicéité "qui crève les yeux" : critère de contrôle des sentences au regard de l'ordre public international (à propos de l'arrêt *Thalès* de la cour d'appel de Paris) », *Rev. arb.* 2005-2, p. 529.
SERAGLINI C., « Note sous Cass. civ. 2ème, 31 janvier 2002 *Société Porée c/ Quille* », *JCP éd. G*, 22 janvier 2003, I, 105.
SERAGLINI C., « Le transfert de la clause compromissoire dans les chaînes de contrats après l'arrêt *Peavey* », *Gaz. pal.* 15 novembre 2001 n° 319, p. 6.
TRAIN F.-X., « Impécuniosité et accès à la justice dans l'arbitrage international (à propos de l'arrêt de la Cour d'appel de Paris du 17 novembre 2011, *L.P. c/ Pirelli* », *Rev. arb.* 2012-2, p. 267, n° 1.
TRAIN F.-X., « Arbitrage et action directe : à propos de l'arrêt du 27 mars 2007 », *Gaz. pal.*2 novembre 2007, n° 326, p. 6.
TRAIN F.-X., « Le contrôle a posteriori et *in concreto* des conséquences de l'impécuniosité d'une partie à l'arbitrage, note sous Cass. civ. 1ère, 28 mars 2013 et Paris, Pôle 1 – Ch. 1, 26 février 2013 », *Rev. arb.* 2013-3, p. 751.
VASSEUR M., « Note sous CA Paris, 14 décembre 1987, *Cie de signaux et d'entreprises électriques c/ B.N.P. et Crédit populaire d'Algérie* », *Rev. arb.* 1989-2, p. 240.

Jurisprudence

Décisions américaines

Cour suprême des Etats-Unis, 2 juillet 1985, *Mitsubishi Motors Corporation v. Soler Chrysler-Plymouth, Inc.*, *Yearbook of commercial arbitration*1986, p. 555
Cour suprême des Etats-Unis, 6 mars 1995, *Mastrobuono* v. *Shearson Hutton Inc. et al*, *Rev. arb.* 1995-2, p. 295, note L. A. Niddam.
Cour suprême des Etats unis, 11 décembre 2000, *Green Tree Fin. Corp.-Ala c/ Randolph*, 531 US 79 (2000).
District Court de Californie, 09 juin 2015, *Actualités Arbitrage Altana*, https://actuarbitragealtana.wordpress.com/about/
Court of appeal for 2nd Circuit, 2 août 2016, *Corporación Mexicana De Mantenimiento Integral, S. De R.L. De C.V. c/. Pemex□Exploración Y Producción*, inédit

Décisions françaises

Cass., 10 juillet 1843, *D.* 1843 I, p. 313.
Cass. civ., 31 mars 1932, *Carathéodory*, *DP* 1933, 1, p. 169.
CA Paris, 19 juin 1970, *Rev. arb.* 1972-1, p. 62, note Fouchard.
CA Angers, 25 septembre 1972, *Rev. arb.* 1973-1, p.164, note J. Rubellin Devichi ; *Gaz. Pal.* 1973, p. 210.
Cass. civ. 1ère, 15 mai 1974, Bull. civ. I, n° 143.
Cass. civ. 2ème, 20 février 1980, *Bull. civ.* II, n° 27 ;
CA Paris, 18 mars 1983, *Rev. arb.* 1983, p. 491, note J. Robert ;
CA Paris, 25 mars 1983, *Rev. arb.* 1983, p. 463, note J. Robert ;
TGI Paris, 28 mars 1984, (1ère espèce), *Raffineries d'Homs et de Banias*, *Rev. arb.* 1985-1, p. 141.
CA Paris, 12 juillet 1984, *JDI* 1985, p. 130, note B. Goldman.
Cass. soc., 5 novembre 1984, *Rev. arb.* 1986-1, p. 47, note M.-A. Moreau-Bourlès.
CA Rouen 13 novembre 1984, *SEEE c/ République Yougoslavie*, *Rev. arb.* 1985, p. 115, note J.-L. Devolvé.
CA Paris, 15 janvier 1985, *Opinter*, *Rev. arb.* 1986-1, p. 87, note E. Mezger.
Cass. com., 4 juin 1985, *Bull. civ. IV*, n° 180.
TGI Paris (Réf.) (2èmejugement), 30 Octobre 1986, *République de Guinée c/ Chambre arbitrale de Paris et autres*, *Rev. arb.* 1987-3, p. 371.
Cass. civ. 1ère, 06 janvier 1987, *JDI* 1987, p. 638, note B. Goldman, *Rev. arb.* 1987, p. 469, note Ph. Leboulanger.
Société Jacksor Entreprise et Quizille, ès qualités c/ société Fillold SA, *Rev. arb.* 1987-1, p. 179 (3ème espèce), note Ph. Fouchard.
TGI Paris, 28 janvier 1987, *République de Guinée c/ Chambre arbitrale de Paris et autres*, *Rev. arb.* 1987-3, p. 371.
Cass. com., 26 juin 1987, *Bull. civ.*, IV, n° 160.

Cass. civ. 2ème, 7 octobre 1987, *Rev. arb.* 1987-4, p. 479, note E. Mezger.
CA Paris, 16 juin 1988, *Swiss Oil*, *Rev. arb.* 1988, p. 309, note C. Jarosson.
CA Paris, 20 janvier 1988, *Rev. arb.* 1990-3, p. 651 ; *JDI,* 1989-4, p. 1032, note E. Loquin.
CA Paris, 19 juin 1998, *UNESCO c. Boulois, Rev. arb.* 1999-2, p.343, note Ch. Jarrosson.
TGI Paris, 28 octobre 1988, 14 juin 1989 et CA Paris, 6 avril 1990, *Rev. arb.* 1990, p. 497, note M. de Boisséson, *Rev. arb.* 1990-4, p. 880.
CA Paris, 30 novembre 1988 et 14 février 1989, *Rev. arb.* 1989-4, p. 691, note P.-Y. Tschanz.
CA Paris, 20 janvier 1989, *Société Phocéenne de Dépôt c/ Société Dépôts Pétroliers de Fos*, *Rev. arb.* 1989-2, p. 280, note L. Idot.
Cass. com., 29 mars 1989, *Revue des huissiers* 1989, p. 1220, note J.-J. Daigre.
CA Paris, 5 juillet 1989, *JDI* 1990, p. 152, obs. A. Huet.
Cass. civ. 1ère, 22 novembre 1989, *Gaz. Pal.* 1990, 1, pan. jurispr. p. 11.
CA Paris, 5 avril 1990, *Société Courrèges Design c/ Société André Courrèges*, *Rev. crit. DIP* 1992, p. 580, note C. Kessedjian ; *Rev. arb.* 1992-1, p. 110 note H. Synvet.
Cass. com., 24 avril 1990, n° 88-19. 877, inédit.
Cass. civ. 1ère, 26 juin 1990, *Sté Dreistern Werk c/ Sté Crouzier*, *Rev. arb.* 1991-2, p. 292, note C. Kessedjian.
Cass. civ. 1ère, 6 novembre 1990, *Rev. arb.* 1991-1, p. 19, note Ph. Delebecque.
Cass. com., 05 mars 1991, *Peptax c/ Fichou*, *Rev. arb.* 1992-1, p. 66, note L. Aynès.
CA Paris, 29 mars 1991, *Société Ganz et autres c/ Société nationale des chemins de fer tunisiens*, *Rev. arb.* 1991-3, p. 478, note L. Idot.
TGI Paris, 19 septembre 1991, *D.* 1992, p. 43, note Ch. Jarrosson.
Cass. civ. 1ère, 7 janvier 1992, *Rev. arb.* 1992, p. 470, note P. Bellet ; *JDI* 1992, p. 707, note Ch. Jarosson.
CA Paris, 03 février 1992, *RTD com.* 1993, p. 293, note E. Loquin.
CA Paris, *JDI* 1992, p. 721, note Ch. Jarrosson.
CA Paris, 10 juillet 1992, *D.* 1992, p.459, note Ch. Jarrosson ; *Rev. arb.*1992-4, p.609, note Ph. Leboulanger.
CA Paris, 30 septembre 1993, *European Gas Turbine SA c/ Westman International Ltd*, *Rev. arb.* 1994-2, p. 359, note D. Bureau ; *Rev. crit. DIP* 1994, p. 349, note V. Heuzé.
Cass. civ. 1re, 20 décembre 1993, *Rev. arb.*1994, p. 116, note H. Gaudemet-Tallon ; *Rev. crit. DIP* 1994, p. 663, note P. Mayer ; *JDI* 1994, p. 432, note E. Gaillard ; *RTD* com. 1994-2, p. 254, note J.-Cl. Dubarry et E. Loquin ; *JDI* 1994, p. 690, note E. Loquin
TGI Paris (Ord. réf.), 1er avril 1993, *Rev. arb.* 1993-3, p. 455 note P. Bellet.
CA Paris, 19 mai 1993, *Société Labinal c/ Sociétés Mors et Westland Aerospace*, *RTD com.* 1993, p. 492, E. Loquin ; *Rev. arb.* 1993-3, p. 645, note Ch. Jarrosson.
Cass. civ. 2ème, 30 juin 1993, *Rev. arb.* 1994-1, p. 95, note Y. Paclot.
CA Paris, 23 octobre 1997, *Rev. arb.* 1998-1, p. 143, note Ph. Fouchard.
Cass. civ. 1re, 9 novembre 1993, *Bomar Oil II, Rev. arb.,* 1994-1, p. 108, note C. Kessedjian; *JDI,* 1994, p. 690, note E. Loquin.

Cass. civ. 1re, 20 décembre 1993, *Rev. arb.*1994, p. 116, note H. Gaudemet-Tallon ; *Rev. crit. DIP* 1994, p. 663, note P. Mayer ; *JDI* 1994, p. 432, note E. Gaillard ; *RTD com.* 1994, p. 254, note J.-Cl. Dubarry et E. Loquin ; *JDI* 1994-3, p. 690, note E. Loquin.

Cass. com., 19 novembre 1994, *DMF* 1994, p. 218, obs. Y. Tassel.

Cass. com., 29 novembre 1994, *CDF Chimie North America et a. c/ Tolt Nielsen et a., Droit maritime français* 1995, p. 218, obs. Y. Tassel.

CA Paris (ord. réf.), 7 décembre 1994, *Rev. arb.* 2000-1, p. 120, note E. Loquin.

TGI Paris, 7 décembre 1994, *Société Démolition Delair c/ Société Bouygues, Rev. arb.* 2000-1, p. 116 (3èmeespèce), note E. Loquin.

CA Paris, 22 mars 1995, *Rev. arb.* 1988-3, p. 550.

Cass. civ. 2ème, 29 mars 1995, *Boussou c/ Gaillard, Rev. arb.* 1995-4, p. 604, note A. Hory.

Cass. civ. 1ère, 10 mai1995, *Laigguède v. société Ahsen Inox, Rev. arb.* 1995-4, p. 604, note A. Hory.

Cass. civ. 2ème, 10 mai 1995, *Société Coprodag et autre c/ Dame Bohin* », *Rev. arb.* 1995-4, p. 618, note E. Gaillard.

Cass. civ. 1ère, 19 décembre 1995, *Westman, Rev. arb.*, 1996-1, p. 49, note D. Bureau.

Cass. civ. 1ère, 21 mai 1997, *Jaguar, Rev. arb.* 1997-4, p. 537, note E. Gaillard ; *Rev. crit. DIP* 1998, p. 87, note V. Heuzé ; *JDI* 1998, p. 969, 1ère esp., note S. Poillot-Peruzzetto ; *RTD com.*

CA Paris, 1er juin 1999, *JDI* 2000-2, p. 370, note E. Loquin.

Cass. civ. 1re, *Prodexport,* 3 juin 1997, *Bull.* I, n° 177, p. 119, *Rev. arb.* 1998-3, p. 537.

Cass. com., 17 juin 1997, p. 539, *Rev. arb.*1998-3, p. 539.

CA Paris, 11 septembre 1997, *Rev. arb.* 1998-3, p. 564 et 495, X. Boucobza.

TGI Paris (ord.), 20 octobre 1997, *Boulois c. UNESCO, Rev.arb.* 1997-4, p.575, note Ch. Jarrosson.

Cass. civ. 2ème, 18 décembre 1997, *Société Spedidam v. société Adami, Rev. arb.* 1996-2, p. 361, note A. Hory.

Cass. civ. 2ème, 21 janvier 1998, *Consorts Bailly v. société Etablissements H. Binetruy, Rev. arb.* 1998-1, p. 114, note A. Hory.

Cass. civ. 1ère, 5 janvier 1999, *Bull. civ.* I, n° 2 ; *Rev. arb.* 1999, p. 260, note Ph. Fouchard ; *Rev. crit. DIP* 1999, p. 546, note D. Bureau ; *JDI* 1999, p. 784, note S. Poillot-Peruzzetto ; *RTD. com.* 1999, p. 380, obs. É. Loquin ; *Droit et Patrimoine* 2000, p. 2514, obs. P. Mousseron ; *RDAI* 1999, p. 823, obs. Ch. Imhoos ; *RJDA* 1999, p. 360 ; *Gaz. pal.* des 9-11 janvier 2000, p. 64 ; *Gaz. pal.* des 13-14 octobre 2000, p. 10, obs. E. du Rusquec.

Cass. civ. 2ème, 7 janvier 1999, *Syseca c/ Secta Autosur, Rev. arb.* 1999. 272, note D. Foussard.

Cass. civ. 1ère, 16 mars 1999, *Pordéa, Rev. crit. DIP* 2000-2, p. 181, note G. A. L. Droz.

Cass. civ. 1ère, 1 mai 1999, *Rivers c/ Fabre, Rev.arb.* 1999. 811, note E. Gaillard.

Cass. civ. 1re, 8 juin 1999, *Société Sonapra v. Société Adeossi*, *Rev. arb.*2000-1, p. 116, note E. Loquin.
CA Paris, 16 novembre 1999, *Société Electricité Nord-Ouest v. société Olin Lanctuit*, *Rev. arb.* 2000-1, p. 313.
Cass. civ. 1ère, 8 février 2000, *Rev. crit. DIP* 2000-4, p. 763, note N. Coipel-Cordonnier ; *Rev. arb.* 2000-2, p. 280, P.-Y. Gauthier ; *Defrénois* 2000-4, p. 721, note Ph. Delebecque.
Cass. civ. 1ère, 21 mars 2000, *Verhoeft c/ Moreau*, inédit, *Rev. arb.*2001-4, p. 810, sp. p. 817, chronique Y. Derains.
Cass. civ. 1re, 18 juillet 2000, *Revue générale du droit des assurances* 2000-3, p. 803, note M.-H. Maleville.
CA Paris, 17 janvier 2001, *Secta Autosur c/ Syseca*, *Gaz. Pal.* 16-17 novembre 2001, p. 24.
Cass. civ. 2ème, 1 février 2001, *Rev. arb.* 2001, p. 232
Cass. civ. 1re, 6 février 2001, *Peavey*, *Bull. civ.* I, n° 22 ; *Rev. arb.* 2001, p. 765, note D. Cohen ; JCP G 2001. II, 10567, note C. Legros ; *Gaz. Pal.* des 14-15 novembre 2001, *Cah. arb.*, p. 6, chron. Ch. Seraglini ; *RTD com.* 2001. 413, obs. E. Loquin ; *Defrénois*, 2001. 708, n° 42, obs. R. Libchaber ; *Rev. crit. DIP* 2001. 522, note F. Jault-Seseke ; *D.* 2001, SC, 1135, obs. Ph. Delebecque.
Cass. civ. 1ère, 20 février 2001, *Cubic*, *D.* 2001, IR p. 903 ; *Rev. arb.* 2001-3, p. 511, note Th. Clay ; *Rev. crit. DIP* 2001-1, p. 126, note C. Seraglini.
Cass. soc., 9 octobre 2001, *Droit social* 2002, p. 122, Obs. M. A. Moreau ; *Rev. arb.* 2002-2, p. 347, note Th. Clay.
Cass. civ. 2ème, 20 décembre 2001, *Bull. civ.* II, n° 198 ; *D.* 2002, IR p. 251 ; *RTD com.* 2002, p. 279, obs. E. Loquin ; *Rev. arb.* 2002, p. 379, note C. Legros ;
Cass. civ. 2ème, 31 janvier 2002, *Société Porée c/ Quille*, *JCP éd. G*, 22 janvier 2003, I, 105, note C. Seraglini.
Cass. civ. 2ème, 30 April 2002, *SA Gitral et a.c/ Pigeon*, *Rev. arb.* 2002-3, p. 719.

CA Paris, 23 mai 2002, *Rev. arb.* 2003-4, p. 1341.
Cass. civ. 1ère, 28 mai 2002, *Cimat c/ SCA*, *Rev. arb.* 2003-2, p. 397, note D. Cohen ; *Rev. crit. DIP* 2002-4, p. 758, note Coipel-Cordonnier ; *RTD. com.* 2002, p. 667, obs. E. Loquin, *D.* 2003, som., p. 2471, obs. Th. Clay ; *JCP* G 2003, I 105, n° 10, obs. Ch. Seraglini.
CA Paris, 27 juin 2002, *Rev. arb.* 2003-2, p. 427, note C. Legros.
CA Paris, 23 janvier 2003, *Rev. arb.* 2003, p. 252 ;
Cass. com., 3 juin 2003, *RJDA*, 2003/11, n° 1074, 2e esp.
Cass. civ. 2ème, 26 juin 2003, *RTD com.* 2004, p. 252, obs. E. Loquin,
Cass. civ. 1ère, 10 juillet 2003, *Rev. arb.* 2003-4, p. 1361, note J.-G. Betto.
CA Paris, 10 septembre 2003, *Rev. arb.* 2004, p. 623, note. L. Aynès.
Cass.com., 8 octobre 2003, *Rev. arb.* 2004-1, p. 77, note O. Cachard ; *JDI* 2004-4, p. 1187 (1ère espèce), note S. Sana-Chaillé ; *Rev. crit. DIP* 2005-4, p. 763, note F. Jault-Sesseke.
CA Paris, 18 octobre 2003, *Rev. arb.* 2003-4, p. 1277, note P. Lacabarats.
CA Paris, 29 janvier 2004, *Rev. arb.* 2005-3, p. 709, note M. Henry.

Cass. civ. 1ère, 30 mars 2004, *Rado, Rev. arb.* 2005-1, p. 115, 1re esp., note X. Boucobza ; *D.* 2004, p. 2458, note I. Najjar ; *RTD com.* 2004, p. 447, obs. E. Loquin.
Cass. com., 2 juin 2004, *D.* 2004, p. 3184, obs. Th. Clay ;*Rev. arb.* 2004-1, p. 59, note P. Ancel ; *RTD com.* 2004-2, p. 439, obs. E. Loquin ; *JDI* 2005, comm. 1. 101, note A. Mourre.
Cass. civ. 2ème, 8 juillet 2004, *JCP G* 2004, I, 179, obs. C. Seraglini.
CA Paris, 18 novembre 2004, *Thalès Air Defence contre Euromissile et autres, Rev.arb.* 2005-3, p. 751 ; *JDI* 2005-2, p. 357, note A. Mourre ; JCP 2005, I 134, n° 8, obs. C. Seraglini ; *Rev. crit. DIP* 2006-1, p.164, S. Bollée.
Cass. civ. 1ère, 1er février 2005, *NIOC c/ Etat d'Israël, Rev. arb.* 2005-3, p. 693, note H. Muir Watt ; *JCP*, 2005 I n° 134, n° 4, obs. J. Béguin ; *RTD com.* 2005-2, p. 266, obs. E. Loquin ; *D.* 2005, p. 3054, obs. Th. Clay ; *Gaz. pal.* 27-28 mai 2005, p. 37, obs. F-X. Train ;
Cass. soc., 28 juin 2005, *D.* 2005,IR p. 2035.
Cass. civ. 1ère, 6 juillet 2005, *Golshani, Bull. civ.*, I, n° 302, *Rev. arb.* 2005-4, p. 993, note Ph. Pinsolle ; *D.* 2005, p. 2570, note M. A. Boursier ; *D.* 2005, p. 3059, obs. Th. Clay ; *JCP*, 2006 I 179, obs. J. Ortscheidt.
CA Paris, 8 septembre 2005, *Rev. arb.* 2005-4, p. 1032, note Franc-Menget.
Cass. civ. 1ère, 22 nov. 2005, *Rev. arb.* 2006, p. 437, O. Cachard.
Cass. com., 21 février 2006, *Navire Pella, Sté Belmaire et a.c / Sté Trident Marine Agency Inc. Et a., Rev. arb.* 2006, p. 963.
CA Versailles, 1er juin 2006, *Société Foris AG c/ S.A. Veolia Propreté (anciennement dénommée S.A. Onyx*, RG n° 05/01038, www.legifrance.gouv.fr.
Cass. com., 21 février 2006, *Navire Pella, Sté Belmaire et a.c / Sté Trident Marine Agency Inc. Et a., Droit maritime français* 2006, p. 379, rapp. A. Potocki, note Ph. Delebecque
Cass. civ. 1ère, 23 mai 2006, *Mme Claudine Alhinc et autres v. Banque de France et Banque des règlements internationaux, Rev. arb.* 2008-1, p. 71, note E. Loquin.
Cass. AP., 7 juillet 2006, *D.* 2006, p. 2135, note L. Weiller ;*RTD. civ.* 2006, p. 825, obs. R. Perrot.
Cass. civ. 1ère, 11 juillet 2006, *Société PT ANDHIKA LINES c/ Société AXA COPRORATE et a., DMF* 2007, p. 398, obs. P. Bonassies.
CA Paris, 1er mars 2007, *Rev. arb.* 2007-3, sommaire, p. 643.
Cass. civ. 1ère, 27 mars 2007, *Alcatel Business Systems (ABS) v. société Amkor Technology et autres, Rev. arb.* 2001-4 p. 785, note J. El Ahdab.
CA Paris, 10 mai 2007, *Rev. arb.* 2007, p. 825, note V. Chantebout.
Cass. civ. 1ère, 29 juin 2007, *Putrabali* (2 arrêts), *Rev. arb.* 2007-3, p. 507, Rapport J.-P. Ancel, note E. Gaillard ; *Rev. crit. DIP*, 2008-1, p.109, note S. Bollée ;
CA Paris, 31 janvier 2008, *Société Thimonnier c/ société Inner Mongolia Yili Industrial Group Co. Ltd, Rev. arb.* 2008-3, p. 487, note_L.-M. Pillebout;
CA Paris, 15 mai 2008, *Rev. arb.* 2008, p. 830.
Cass. civ. 1ère, 24 mai 2008, *Rev. arb.* 2008, p. 461, note L. Weiller ; *RTD. civ.* 2008, p. 511, obs. R. Perrot.
Cass. civ. 1ère, 4 juin 2008, *Rev. arb.* 2008-3, p. 473, note I. Fadlallah ; *JDI* 2008, p. 1107, note A. Mourre ; *D.* 2008, p. 3118, obs. Th. Clay.

Cass. civ. 1re, 22 octobre 2008, *Monster Cable*, *JCP* G 2008, II, 10187, note L. D'avout ; *D.* 2009, p. 200, note F. Jault-Seseke ; *RDC* 2009, p. 691, note E. Treppoz ; *JDI* 2009, p. 599, note M.- N. Jobard-Bachellier et F.-X. Train.

Cass. Ass. Plén., 27 février 2009, *Bull. Ass. Plén.*, n° 1.

Cass. civ. 1ère, 6 mai 2009, *Bull. civ.* I, n° 86.

Cass. civ. 1ère, 8 juillet 2009, *Soerni*, *D.* 2009, p. 1957, obs. X. Delpech, p. 2385, obs. L. d'Avout ; *JCP éd. G.* n° 47, 16 novembre 2009, p. 36, chron. J. Ortscheidt.

TGI Nanterre, 01 juillet 2010, *Cah. arb.* 2011-2, p. 401, note Ph. Stoffel-Munck ; *PA* 2011, n° 226, p. 9, note C. Catino.

CA Paris, 1er juillet 2010, *Rev. arb.*, 2010-4, p. 856, note B. Audit.

CA Paris, 25 novembre 2010, *Société MIC c/ Bouygues Bâtiments Ile-de-France*, *Gaz. pal.* 8 février 2011, n° 39, p. 11, note D. Bensaude.

TGI Paris, 25 novembre 2010, *Société ABC International c/ Chambre de commerce internationale* – CA Paris, 27 octobre 2011, *Société ABC International c/ Chambre de commerce internationale*, *Revue togolaise de droit des affaires et de l'arbitrage* décembre 2012, p. 26, note L. Jaeger.

Cass. com., 12 février 2011, *CCC* mai 2013, p. 37, note M. Malaurie-Vignal.

CA. Paris, 17 février 2011, *Dallah*, *JDI* 2011. 395, note I. Michou ; *Cah. arb.* 2011, p. 433, note G. Cuniberti ; *LPA* 14 novembre 2011, n° 226, p. 5, note L.-C. Delanoy ; *Gaz. Pal.* 15-17 mai 2011, p. 16, obs. D. Bensaude.

CA Paris, 07 avril 2011, *Rev. arb.* 2011-3, p. 752, note S. Bollée et B. Haftel.

TC Paris, 17 mai 2011, RG 2011003447, inédit,

Cass. civ. 2ème, 1er juin 2011, *Revue Lamy droit civil* septembre 2011, n° 85, p. 14, note A. Paulin.

Cass. civ. 2ème, 16 juin 2011, n° 10-22.780.

CA Dijon, 18 juin 2011, *Cloisons Doublages c/ Quille*, RG n° 10/02376, inédit.

CA Paris, 18 Octobre 2011, *SAS Mambo Commodities c/ Société Compagnie malienne pour le développement des textiles*, *Rev. arb.* 2012-2, p. 393.

CA Paris, 17 novembre 2011, *Rev. arb.*2012-2, p. 387 ; *D.* 2011, p.3031, obs. Th. Clay ; *Cah. arb.*2012, p.159, note D. Cohen ; *JCP*, 2012.1407, obs. Ch. Seraglini ; *RTD com.*, 2012, p.530, obs. E. Loquin ; *Gaz. pal.*, 22-24 janvier2012, p. 17, obs. D. Bensaude.

Cass. soc., 30 novembre 2011, *D.* 2011, p. 3002 ; *Dr. soc.* 2012, p. 309, obs. B. Gauriau ; *RTD com.* 2012, p. 528, obs. E. Loquin ; *Dalloz actualité*, 3 janv. 2012, obs. L. Perrin ; *Rev. arb.* 2012-3, p. 333, note M. Boucaron-Nardetto ; *JCP* 2011. Act. 1417, obs. N. Dedessus-Le-Moustier.

CA Paris, 17 janvier 2012, *Planor Afrique SA contre Société Emirates Télécommunications corporation Etisalat*, *Rev. arb.* 2012-2, p. 569, note M.-L. Niboyet.

CA Paris, 18 janvier 2012, *Gaz. pal.* 08 mai 2012, n° 129, p.129.

CA Reims, 31 janvier 2012, *Somoclest Bâtiments c/ DV Construction et autres*, *Rev. arb.* 2012, p. 209-210 ; *Cah. arb.* 2012-2, p. 413, note A. Mourre et P. Pedone.

Cass. civ. 3ème, 7 février 2012, *Sté de Brienne c/ Jouart*, *Revue des sociétés* 2012, p. 622, note A.-L. Champetier de Ribes-Justeau.

Cass. civ. 1ère, 12 avril 2012, *Procédures* juin 2012, p. 180, note L. Weiller ; *Rev. arb.* 2013-1, p. 121, note Y. Strickler.

Cass. civ. 1ère, 11 mai 2012, *Rev. arb.* 2012-3, p. 561, L. Bernheim.
Cass. civ. 1re, 26 septembre 2012, *D.* 2012, p. 2876, note D. Martel ; *ibid.* 2013, p. 1503, obs. F. Jault-Seseke ; *Rev. crit. DIP* 2013, p. 256, note *D.* Bureau ; *RTD eur.* 2013. 292-24, obs. C. Lonchamp et Colin Reydellet ; *JDI* 2013, p. 175, note C. Brière ; *Cah. arb.* 2013-2, p. 443, chron. J. Barbet.
CA Paris, 4 décembre 2012 - CA Paris, 19 mars 2013, *Rev. arb.* 2013, p. 449, D. Vidal.
TGI Dijon (Ord. Réf.), 19 mars 2013, *Etanchisol c/ P. Construction, D.* 2013, p. 2936, note Th. Clay.
CA Paris, 26 février 2013, *SARL Lola Fleurs c/ Société Monceau Fleurs et autres, Rev. arb.* 2014, p. 746 (2ème esp.), note F.-X. Train ; *Cah. arb.* 2013-2, p.479 note A. Pinna.
Cass. civ. 1ère, 28 mars 2013, *Pirelli & C. c/ Licensing Projects, Rev. arb.* 2013-3, p.746 (1ère esp.), note F.-X. Train ; *D.*, 2013, p. 929 ; *JCP*, 2013. act. 408, obs. J. Béguin et 559, note J. Béguin et H. Wang ; *Cah. arb.* 2013-2, p.479 note A. Pinna ; *JCP* 2013. doctr. 784, obs. Ch. Seraglini ; *Gaz. Pal.*, 30 juin 2013, p. 16, note D. Bensaude ; *Procédures*, 2013, comm. n° 89, obs. L. Weiller.
CA Versailles, 28 mars 2013, *Johnson Controls France c/ Bouygues Bâtiment Ile-de-France, D.* 2013, p. 2936, obs. Th. Clay.
Cass. civ. 1ère, 12 juin 2013, *Société Thermodyn c/ Société M-Real Alizay et autre, RTD com.* 2013-3, p. 478, note E. Loquin ; *Rev. arb.*2013-4, p. 1013, note J. Barbet.
CA Paris, 2 juillet 2013, *SARL Alicantes c/ SAS Gerpro et autres, Rev. arb.* 2014-1, p.130, note E. Loquin ; *D.* 2013, p. 2946, obs. Th. Clay ; *Rev. arb.* 2013, p. 817 ; *Cah. arb.* 2013-3, p. 665, note P. Pedone.
CA Paris, 25 juin 2013, *Rev. arb.* 2014-1, p. 124, note A. de Fontmichel.
Cass. civ. 1ère, 06 novembre 2013, *PA*, 20 février 2014, n° 37, p. 8, note A.-S. Courdinier.
CA Paris, 17 janvier 2015, *Cah. arb.* 2015-2, p. 281
Cass. civ. 1ère, *M. F. Torelli, liquidateur de la SER Ducros v. Société GCF Construction, Rev. arb.* 2015-4, p. 1171, note L. Weiller.
TGI Paris (ord.), 16 novembre 2015, *Garoubé c/ CCI*, n° 15-55644, *D.* 2015, *panor.* 2592, obs. Th. Clay ; *Cah. arb.* 2015-4, p. 807, note M. Fontmichel ; *Rev. arb.* 2016-1, p. 258, note Ch. Jarrosson et F.-X. Train.
Cass. com. 17 novembre 2015, *JCP E* 10 mars 2016, n°3, p. 22, note C. Lebel ; *Cah. arb.* 2016-1, p. 49, H. Barbier ; *Bull. Joly E* 01 mars 2106, n° 2, p. 121 ; *Gaz. pal.* 12 avril 2016, n° 14, p. 68, note Ph. Roussel Galle.
CA Paris, 24 mai 2016, *CCI c/ Garoubé*, n° 15/23553, inédit.
Cass. civ. 1ère, 13 juillet 2016, *Société MJA, liquidateur de la Société ATE c/ Airbus Helicopter et autre*, pourvoi n° K 15-19.389, inédit.

Décisions des autres pays

Tribunal fédéral suisse, 22 novembre 1950, *Spüler AG c/ The East Asiatic Company Ltd*, ATF 76, (1950) I 338.
Tribunal fédéral suisse, 12 février 1958, *Ligna Außenhandelsunternehmen c. Baumgartner & Co AG, BGE/ATF* 84 I 39 ; *Rev. arb.* 1958-1, p. 59 et 1959-1, p. 25; *Rev. crit. DIP* 1959, p. 324, note Mezger
Bundesgerichtshof, VII Zr 31/69, 5 novembre 1970, *JurionRS* 1970, 10987
Tribunal fédéral suisse, Ière Cour civile, 16 mai 1983, *République arabe d'Egypte c/ Westland helicopters Ltd. Et autres, Bull.ASA* 1984-4, p. 203.
Cour de cassation italienne Sez I, 7 juin 1985, Rassegna dell' arbitrato, 1985, p. 377.
Bundesgerichtshof, X Zr 23/87, 26 janvier 1989, *JurionRS* 1989, p. 13668.
*Court of Appe*al, *Dolling-Baker c/ Merret*, 1990 1 WLR 1205 (Angleterre)
Tribunal fédéral suisse, 9 avril 1991, *Bull. ASA* 1991, p. 162.
Cour suprême autrichienne, 20 octobre 1993, *Rev. arb.* 1998-2, p. 419, note P. Lastenouse et P. Senkovic.
OLG Dresde, 05 décembre 1994, *Bull. ASA* 1995-2, p. 247.
High Court d'Australie, 07 avril 1995, *Esso c/ Plowman, Rev. arb.* 1996-3, p. 539, note D. Kapeliuk-Klinger.
Tribunal fédéral suisse 2 juillet 1997, *Bull. ASA* 1997, p. 494.
Bundesgerichtshof, 24 Septembre 1998, *ZIP* 1998, p. 2065, note Kröll, *WuB* VII A § 1025 1-99.
Cour fédérale de justice d'Allemagne, 14 septembre 2000, BGH III ZR 33/00
Cour suprême de Suède, 27 octobre 2000, *AI Trade Finance* Inc, *Stockholm Arb. Report* 2002-2, p. 144 ; *Rev. arb.* 2001-4, p. 821, note S. Jarvin et G. Reid.
NB Three Shipping Ltd. v. Harebell Shipping Ltd. (2004) All ER (D) 152.
Tribunal fédéral suisse, 16 octobre 2001, *Rev. arb.* 2002-3, p.753, *Automobiles Peugeot c/ Omega Plus,* note P.-Y. Tschanz ; *Bull. ASA*, 2002-1, p.109, note M. Scherer
Law Debenture Trust Corp plc v. Elektrim Finance BV and others (2005) EWHC 1412 (Ch).
Tribunal fédéral suisse, 10 décembre. 2002, *Bull. ASA* 2003, p. 588.
Tribunal fédéral suisse, 27 mai 2003, *Lazutina et Danilova c. Comité Olympique International (CIO), Fédération Internationale de Ski et TAS,BGE /ATF* 129 III 445 ; *Revue de la Société des juristes bernois* 2005, p. 70, note Jametti Greiner ; *Revue suisse de droit international et européen* 2005, 589, note Knoepfler ; *Rev.arb.* 2005-1, p. 181, note Tschanz/ Fellrath Gazzini
Tribunal fédéral suisse, 2 juin 2004, *Bull. ASA* 2004, p. 786.
Tribunal fédéral suisse, 13 septembre 2004, *Rev. arb.* 2005-4, p. 1072, note S. Besson.
OLG Hamboug, 27 mars 2006, http://www.dis-arb.de/en/47/datenbanken/rspr/hanseat-olg-hamburg-case-no-6-schh-02-06-date-2006-03-27-id623
BGH, 1 mars 2007, *NJW spezial* 2007, p. 262.

CA Amsterdam, 28 avril 2009, *Yukos Capital c/ OAO Rosneft*, *Rev. arb.* 2009. 557; *LPA* 12 octobre 2010, n° 203, p. 6, note S. Bollée.
Tribunal fédéral suisse, 1ère Cour de droit civil, 20 janvier 2010, *Bull. ASA* 2010-3, volume 28, p. 644.
Tribunal fédéral suisse, 1er mars 2011, *Bull. ASA* 2012-2, p. 355.
Tribunal de Justiça de São Paulo, 19 avril 2012, Agravo de Instrumento n° 0304979-49.2011.8.26.0000.2012, *Enesa Engenharia e outra v. Sulamérica Cia Nacional de Seguros e outra* ; Superior Tribunal de Justiça, Agravo Regimental na Reclamação n° 9/030 — SP (2012/0116373-4), 20 March 2013, *Sul América Companhia Nacional de Seguros e outra v. Energia Sustentável do Brésil S/A e outra*, *Rev. arb.* 2014-3, p. 759.
OLG Frankfurt am Main, 11 juillet 2013, http://www.dis-arb.de/de/47/datenbanken/rspr/olg-frankfurt-am-main-az-schh-8-12-datum-2013-07-11-id1548

Décisions des juridictions communautaires et internationales

CEDH, Requêtes no 8588/79 et 8589/79. Rapport de la Commission du 12 décembre 1983, *Bramelid et Malmstrôm contre Suède*, *AFDI* 1985, vol. 31, p. 427, obs. G. Cohen-Jonathan et J.-P. Jacqué.
CEDH, 27 octobre 1993, *Dombo Veer BV c/ Pays-Bas*, série A n° 274.
CJCE, 10 mars 1992, *Powell Duffryn plc c/ Wolfgang Petereit*, *Rec.*, 1992, p. 1745 ; *Rev. crit. DIP* 1992, p.528, note critique H. Gaudemet-Tallon.
Commission africaine des droits de l'homme, *Zimbabwe Human Rights NGO Forum c/ Zimbabwe*, Communication 245/02.
Commission africaine des droits de l'homme, *Sudan human rights organisation & Centre on Housing Rights and Evictions (COHRE) c/ Soudan*, Communications 279/03 et 296/05.
CJCE, 9 novembre 2000, *Coreck Maritime*, *Rec. CJCE* 2000, I, p. 5337 ; *JDI* 2001, p. 701, note J.-M. Bischoff.
CEDH, 28 octobre 2010, *Suda c/ République Tchèque*, *J.L.M.B.*, 2011, p. 1080 et note L. Misson et L. Ka.
Lithgow et autres c. Royaume-Uni, 8 juillet 1986, § 201, série A n° 102.
Osmo Suovaniemi et autres c. Finlande (déc.), no 31737/96, 23 février 1999 ; *Transado – Transportes Fluviais do Sado, S.A. c. Portugal* (déc.), no 35943/02, 16 décembre 2003.
CEDH, *Information Note on the Court's case-law*, n° 134, October 2010, p. 9.
CEDH, 24 mars 2016, *M. N. Tabbane c/ Suisse*, *Rev. arb.* 2016-2, p. 638,

Décisions de l'espace OHADA

Cour Suprême de Côte-d'Ivoire (Chambre judiciaire) 29 avril 1986 ; Cour d'appel de Bouaké, 25 novembre 1987 - *Talal Massih c/ Omais* ; Cour Suprême de Côte-d'Ivoire, chambres réunies, 4 avril 1989 - *Talal Massih c/ Omais*, *Rev. arb.* 1989-3, p. 530, note L. Idot.

Cour Suprême de Côte-d'Ivoire (Chambre judiciaire) 29 avril 1986 ; Cour d'appel de Bouaké, 25 novembre 1987 - *Talal Massih c/ Omais* ; Cour Suprême de Côte-d'Ivoire, chambres réunies, 4 avril 1989 - *Talal Massih c/ Omais*, *Rev. arb.* 1989-3, p. 530, note L. Idot.

TGI Yaoundé, jugement n° 332, 22 juillet 1987, *Autorité de tutelle de la SNH c/ Directeur général de la SNH*, affaire citée par F.-X. Bouyom, « Les clauses d'arbitrage international et leur validité selon le droit camerounais », *Revue juridique et politique indépendance et coopération* mars-juin 1988 n° 2 et 3, p. 365

Tribunal régional hors classe Dakar, 09 juin 1997, *Droit maritime français* 2004, p. 641, note A. Fall.

Conseil constitutionnel du Sénégal, avis du 16 décembre 1993, *Penant* n° 825, p. 225, note A. Sall ; www.ohada.com, Ohadata J-02-30.

TPI Douala, 4 décembre 2000, Ordonnance n° 140, S*ociété Etudes – Réalisations – Contrôles SA c/ VIMAT SARL*, *Revue camerounaise de l'arbitrage* n° 25 avril-mai-juin 2004, p. 3.

CCJA, avis n° 001/2001/EP, 30 avril 2001, Penant 2002, n° 839, p. 229.

TGI Ouagadougou, 13 juin 2001, *Sociétés des Ciments d'Abidjan (SCA) c/ Burkinabé des Ciments et Matériaux*, *Revue burkinabé de droit* n° 41, note P. Meyer, www.ohada.com, Ohadata J-03-83.

TC Pointe Noire, *Ord. réf. n° 007, 08 janv. 2002, Société SONY SERVICES C/ Société UNIVERSAL SODEXHO*, Cdrom Code Bleu OHADA, *4ème édition, 2016*.

CCJA, 10 janvier 2002, *Compagnie des Transports de Man c/ Colina SA*, *Recueil de jurisprudence CCJA*, n° spécial, janvier 2003, p. 16 ; *Le Juris Ohada*, n° 2/2002, avril-mai 2002, p. 14 ; *Rev. arb.* 2002-2, p. 484, note Ph. Leboulanger.

Cour suprême du Sénégal, chambre civile et commerciale, 20 février 2002, arrêt n° 42 / 2002, http://www.juricaf.org/arret/SENEGAL-COURDECASSATION-20020220-422002.

CA Buea 15 mai 2002, *African Petroleum Consultants c/ Société Nationale de Raffinage* (2ème espèce), *Revue Camerounaise de l'arbitrage,* n° 18, juillet-août-septembre, p. 15.

CA Abidjan, 30 juillet 2002, *SCI Les Tisserins c/ Dame Coste épouse Diomandé Danielle*, www.ohada.com, Ohadata J-03-28.

CCJA, 04 juin 2003, Avis n°1/2003/EP, inédit.

Tribunal Régional de Niamey, jugement du 26 mars 2003, *Abass Hammoud c/ Jacques Claude Lacour*, www.ohada.com, Ohadata J-04-78.

CCJA, 19 juin 2003, *époux Delpech c/ SOTACI*, *Recueil de jurisprudence de la Cour Commune de Justice et d'Arbitrage* n° 1, janvier-juin 2003, p. 49 ; *Revue camerounaise de l'arbitrage* n°28, janvier-février-mars 2005, p. 17, note A. Fénéon.

CA Abidjan, ordonnance de référé n° 1435 du 2 juillet 2003, *Touré Kouakou Edmond et Amani Nzué c/ Asecna*, www.ohada.com, Ohadata J-04-177.

CCJA, 26 février 2004, *Rafiu Oyewemi c/ Tony Anthony Joseph*, F. Onana Etoundi, *Grandes tendances jurisprudentielles de la Cour Commune de Justice et d'Arbitrage*, *op. cit.*, p. 190 et s. ;

CA de Lomé, 02 décembre 2004, *CICARE c/ Adela Kwami Séname*, inédit.

CCJA, 24 février 2005, *MACACI c/ May Jean-Pierre*, *Le juris Ohada* n°2/2005, p. 9 ; *Recueil de jurisprudence de la CCJA* n°5, janvier-juin 2005, volume 2, p. 27.
TPI Douala Ndokoti, 23 juin 2005, *M. Farhat Hassan, SOCOTRAC Sarl et SCATIA Sarl c/ Société Patrice Bois*, *Revue togolaise de droit des affaires et de l'arbitrage* juin 2011, n° 2, p. 35, note M. Akakpo.
CCJA, 07 juillet 2005, *Aziablévi YOVO et autres c/ Société TOGO TELECOM*, *Recueil de jurisprudence de la CCJA* n°6, juin-décembre 2005, p. 25 ; *Le Juris Ohada*, 2006-1, p. 8 ; F. Onana Etoundi, *Grandes tendances jurisprudentielles de la Cour Commune de Justice et d'Arbitrage*, *op. cit.*, p. 425 et s.
CCJA, 12 novembre 2006, *Agence d'Exécution de Travaux d'Intérêt Public pour l'Emploi dite AGETIPE-MALI c/ Société Smeets et Zonen*, www.ohada.com, Ohadata J-07-27.
CCJA, 24 avril 2008, *Sow Yérim Abib c/ 1°/ Ibrahim Souleymane Aka 2°/ Koffi Sahouot Cédric*, *Actualités juridiques* n° 63, p. 147, note F. Komoin ; F. Onana Etoundi, *Grandes tendances jurisprudentielles de la Cour Commune de Justice et d'Arbitrage*, édition spéciale, octobre 2011, p. 441 et s.
CCJA, 19 juillet 2007, *Société Nestlé Sahel c/ Sté Commerciale d'Importation Azar et Salame dite SCIMAS*, *Revue camerounaise de l'arbitrage* juillet-aout- septembre 2007, p. 10, note G. Kenfack Douajni ; *Penant* n° 867, p. 226, note B. Diallo ;
CA Yaoundé, 06 février 2008, *Groupe PRODICOM SARL, Keumedjeu Joseph (Représentant) c /SDBC, SNC, BAT, Le Centre d'Arbitrage du GICAM*, www.ohada.com, Ohadata J-10-249 ; CCJA, 17 juillet 2008, *Société Africaine de Relations Commerciales et Industrielles dite SARCI Sarl C/ 1°/ Atlantique Telecom SA 2°/ Telecel Bénin S.A.*, *Le Juris Ohada*, n° 4/2008, p. 52 ; *Revue camerounaise de l'arbitrage* n° 42, juillet-août-septembre 2008, p. 24, note G. Kenfack Douajni ; *Actualités juridiques* n° 64-65 / 2009, p. 243, note F. Komoin ; F. Onana Etoundi, *Grandes tendances jurisprudentielles de la Cour Commune de Justice et d'Arbitrage*, *op. cit.*, p. 466 et s.
CCJA, 17 Juillet 2008, *Société Nationale pour la Promotion Agricole dite SONAPRA c/ Société des Huileries du Bénin dite SHB*, Juris-Ohada, n° 4/2008, p. 60 ; Revue camerounaise de l'arbitrage n° 42, juillet-aout-septembre 2008, p. 29, note G. Kenfack Douajni.
CCJA, 17 juillet 2008, *M. Dam Sarr c/ MATCA*, *Le juris Ohada* n°4/2008, p. 46 ; F. Onana Etoundi, *Grandes tendances jurisprudentielles de la Cour Commune de Justice et d'Arbitrage*, *op. cit.*, p. 446 et s. ; *Revue camerounaise de l'arbitrage* n° 42, juillet-août-septembre 2008, p. 24, note G. Kenfack Douajni.
CA Port Gentil, 22 juillet 2008, *Koumba Kondjo c/ La Confédération Syndicale Gabonaise et la Société CORA WOOD Gabon*, www.ohada.com, Ohadata J-08-174.
CCJA, 20 novembre 2008, *Boti Bi Zoua c/ Djosso Djoman*, www.ohada.com, Ohadata J-10-31.
CCJA, 22 janvier 2009, *ECOBANK Burkina SA c/ JOSSIRA Industrie SA*, www.ohada.com, Ohadata J-10-94.
CCJA, 22 janvier 2009, *La Banque Sénégalo-Tunisienne dite BST devenue ATTIJARI BANK SENEGAL c/ 1/ Le Fonds Africain de Garantie et de Coopération Economique dit FAGACE, 2/ La société Industrielle Cotonnière Africaine SA dite ICOTAF*, www.ohada.com, Ohadata J-10-93.

CCJA, 05 mars 2009, *Conseil National Du Patronat Malien (CNPM) s/ Société COTECNA Inspection SA*, www.ohada.com, Ohadata J-10-96.
CA Bafoussam, 08 avril 2009, *Société AES-SONEL C/ Etablissements YAKUNO*, Cdrom Code Bleu OHADA, *4ème édition, 2016.*
TC Kati, jugement n° 490, 15 décembre 2008, inédit.
CA Yaoundé, 30 septembre 2009, *Société PAMOL Plantation LTD c/ Noubissi Francis*, www.ohada.com, Ohadata J-10-133.
CA Bamako, 12 mai 2010, *Fousseiny Niare c/ Société Total du Mali*, inédit.
CCJA, 08 avril 2010, *Joseph Roger c/ Fofana Patrice*, www.ohada.com, Ohadata J-13-194.
CA Yaoundé, 28 avril 2010, *Société ARAB CONTRACTORS c/ Cabinet F.MBA SARL*, www.ohada.com, Ohadata J-12-241.
CCJA, 29 avril 2010, *Société Connexion Marketing & Baboulene Laurent c/ Société Synergie Gabon et Dame Osmont Brigitte*, *Recueil de jurisprudence de la CCJA* n° 15, Janvier - Juin 2010, p 146.
CCJA, 03 juin 2010, *Carlos Domingos Gomes contre B.A.O*, *Recueil de jurisprudence de la CCJA* n° 15, janvier-juin 2010, p. 74.
CCJA, 10 juin 2010, *Atlantique Telecom S.A. c/ Planor Afrique S.A. et Telecel Faso S.A.*, *Le Juris Ohada* n° 4/2010 octobre-novembre-décembre, p. 35, *Rev. arb.* 2012-3, p. 618, note A. Ngwanza.
CA Kinshasa, 13 août 2010, *Société Global Outdoor System RDC c/ Sieur Emile Kabaya Tshintu*, inédit.
CCJA, 31 janvier 2011, *Planor Afrique c/ Atlantique Télécom*, *Cah. arb.* 2013-4, p. 1134, note A. Ngwanza, *Revue Jurifis* septembre-décembre 2011, p. 18, note B. Diallo.
CCJA, 30 juin 2011, *Société Nationale pour la Promotion Agricole dite SONAPRA c/ Société des Huileries du BENIN dite SHB*, www.ohada.com, Ohadata J-12-137 ; Juris Ohada n°2-2011, p. 12.
CA Bafoussam, 13 juillet 2011, *Zebazé Ferdinand, Goufack Paul c/ Société ACEP-Cameroun, Me Tagundoui Jean*, www.ohada.com, Ohadata J-12-64.
CCJA, 29 novembre 2011, République de Guinée équatoriale et la Communauté des Etats d'Afrique centrale (CEMAC) c/ Commercial Bank of Guinea Ecuatorial (CBGE), Le Juris Ohada, n° 1, 2012, janvier-mars, p. 34 ; Cah. arb. 2013-4, p. 1141, note A. Ngwanza
CA Douala, 17 février 2012, *Ouahouo Tama Joseph* et *COBIT c/ SGDC Afrique*, inédit.
CA Douala, 17 février 2012, *Complexe polytechnique privé laïc Bilingue c/ Sociétés Générales de Dommages et Créances*, inédit
TPI Douala-Ndokoti, ordonnance n° 139, 24 avril 2012, *Epoux Siani c/ Epoux Ngaliembou*, inédit.
CCJA, 07 juin 2012, *Société Constructions Métalliques Ivoiriennes dite CMI c/ Fraternité Saint Jean Eudes d'Abatta, OHADA. Code bleu. Textes annotés, jurisprudences résumées de la CCJA, Annotations de droit comparé,* éditions Juriafrica, 2014, p. 686.
CA Douala, 21 décembre 2012, *Bopda Fouduop Emmanuel et autres c/ Kamga Nenkam Jean Paul*, inédit.

CA Douala, 25 mars 2013, *Société Africa Company and Trading SARL c/ Société World Shipping Trans and Business Sarl*, inédit.
TPI Yaoundé Ekounou, 06 mai 2013, Ordonnance n° 185, *SOCAEPE SA c/ BUCAVOYAGES SARL et M. ANABA MBO Alexandre*, www.oahada.com, Ohadata J-14-125.
TPI Douala Bonanjo, 17 juillet 2013, *Sieur Wanmo et autres c/ Sieur Nguessi Jean Pierre et consorts*, inédit.
CA Douala, 17 janvier 2014, *Monsieur Diesse Mathias c/ SGDC Afrique*, inédit.
CA Douala, 18 juillet 2014, *Archidiocèse de Yaoundé c/ CBC*, *Cah. arb.* 2015-3, p. 565, note A. Ngwanza.
CA de Douala 20 février 2015 *AREA c/ PROASSUR*, inédit.
TPI Lomé, 03 octobre 2014, *Dame Bako Mariama c/ Ecobank Transnational Incorporated*, *Cah. arb.* 2015-3, p. 568.
CCJA, ass. plén., 04 février 2014, *Société ARNO c/ Société LIBYA OIL CAMEROUN*, *Cdrom Code Bleu OHADA*, 4ème édition, 2016.
Tribunal de première instance de Lomé, 03 février 2015, *Sieur Thierry Tanoh c/ Ecobank Transnational Incorporation (ETI)*, *Cah. arb.* 2015-3, p. 1139, note A. Ngwanza.
CCJA, 23 avril 2015, *Etat du Mali c/ Société Groupe TOMOTA SA*, www.ohada.com, Ohadata J-16-33.
CCJA, 15 octobre 2015, *Etat du Bénin c/ Société commune de participation Patrice Talon*, *Penant* n° 894.
CCJA, 15 octobre 2015, *IBC c/ SNH*, inédit.
CCJA, 19 novembre 2015, *Etat de Guinée c/ GETMA International*, inédit.
CA de Douala 20 novembre 2015, *Société Trois N. Sarl c/ Société SICIM S.P.A*, inédit.
TPI Lomé, 8 février 2016, *Thierry Tanoh c/ PIC*, inédit.

Sentences

Sentence CCI 1110/1963, *Argentine engineer v British Company*, *Yearbook of commercial arbitration* 1996, p. 47.
Sentence CCI n° 2321, *Solel Boneh International Ltd c/ République d'Ouganda*, *JDI* 1975, p. 398, obs. Y. Derains
Sentence C.C.I.1434/1975, *JDI* 1976-4, p. 978, obs. Y. Derains.
Sentence CCI 3344/1981, *JDI* 1982-4, p. 978 obs. Y. Derains.
Sentence CCI 4131/1982, *Dow chemical*, *Rev. arb.* 1984-1, p. 137 ; *JDI* 1983, p. 899, obs. Y. Derains.
Sentence CCI 3916/1982, *JDI* 1984-4, p. 930, obs. S. Jarvin.
Sentence CCI 3493/1983, *Rev. arb.* 1986, p. 105.
Sentence CCI 1986-5117, *JDI* 1986-4, p. 1186, note Y. Derains.
Sentence CCI 5622/1988, *Broker v Contractor*, *Yearbook of commercial arbitration* 1994, p. 105 ; *Rev. arb.* 1993, p. 327.
Sentence CCI 6248/1990, *Yearbook*, 1994, p. 124
Canada Packers c/ Fujian Shipping Co, *Yearbook of commercial arbitration* 1992, p. 750.

Sentence CCI 7604/1995 et Sentence CCI 7610/1996, *JDI* 1998-4, p. 1027, obs. D. Hascher et p. 1053 J.-J. Arnaldez ;
Sentence CCI n° 11426, *JDI* 2006, p. 1443, obs. E. Silva-Romero
Sentence partielle CCI 2000/10709, *Cah. arb.* 2010-1, p. 81, note E. Jolivet et L. Marquis.
Sentence CIRDI ARB/07/10, *M. Meerapfel Söhne AG c/ République Centrafricaine*, https://icsid.worldbank.org/ICSID/FrontServlet?requestType=CasesRH&actionVal=showDoc&docId=DC2813_Fr&caseId=C102.
TAS, 02 octobre 2008, *Rev. arb.* 2009-3, p. 632, note M. Peltier.
TAS, 2013/A/3274, 31 January 2014, *Mads Glaesner v. Fédération internationale de natation amateur (FINA)*, *Rev. arb.* 2014-3, p. 688, note F. Latty.

Textes

1- Acte Uniforme sur l'arbitrage et du règlement CCJA (AUA)
2- Acte Uniforme portant organisation du Droit Commercial Général (AUDCG)
3- Acte Uniforme portant organisations des Sûretés (AUS)
4- Acte Uniforme portant organisation des Sociétés Commerciales et des Groupements d'intérêts Economique (AUSCGIE)
5- L'Acte Uniforme portant organisation des procédures collectives et d'apurement du passif (AUPCAP)
6- Avant-projet de loi sur l'arbitrage en Lybie
7- Code CIMA
8- Code civil français
9- Code de la consommation française
10- Code de la famille de la RDC
11- Code de procédure camerounais
12- Code de procédure civil allemand
13- Code de procédure civil et administrative Algérien
14- Code de procédure civil français
15- Code de procédure civil suisse
16- Code de procédure gabonais
17- Code de procédure tchadien
18- Code de procédure malgache
19- Code des assurances français
20- Code du travail français
21- Code du travail togolais
22- Code judiciaire belge
23- Code minier de Guinée
24- Code tunisien de l'arbitrage
25- Convention de Dakar relatif à l'entraide en matière pénale et l'extradition entre les Etats de l'Afrique de l'Ouest signée en 1992

26- Convention de New York
27- Convention de vienne de 1969 sur le droit des traités
28- Décret-loi n°6 du Panama du 08 juillet 1999
29- La Constitution Sénégalaise
30- La Constitution Togolaise
31- L'Arbitration act soudanais de 2005
32- L'Arbitration act zimbabwéen
33- Le projet d'Acte uniforme sur le droit du travail
34- Loi belge du 03 juillet 1978 relative aux contrats de travail
35- Loi du 19 mai 1998 modifiant la législation belge relative à l'arbitrage
36- Loi égyptienne de 1994 relative à l'arbitrage en matière civile et commerciale
37- Loi Marocaine de 2007 sur l'arbitrage et la médiation conventionnelle
38- Loi néerlandaise sur l'arbitrage et Code de procédure civil néerlandais
39- Loi N° 2000-06 portant code de l'arbitrage en Mauritanie
40- Loi péruvienne sur l'arbitrage du 03 janvier 1996
41- Loi suédoise sur l'arbitrage de 1999
42- Règlement d'arbitrage de la CCJA
43- Règlement intérieur du Barreau de la République Béninoise du 19 mars 2009
44- Statut et Règlement du Fonds d'assistance financière pour le règlement des différends internationaux en date du 11 décembre 1995

INDEX ALPHABÉTIQUE

Les numéros renvoient aux paragraphes

TABLE DES MATIERES

L'HARMATTAN ITALIA
Via Degli Artisti 15; 10124 Torino
harmattan.italia@gmail.com

L'HARMATTAN HONGRIE
Könyvesbolt ; Kossuth L. u. 14-16
1053 Budapest

L'HARMATTAN KINSHASA
185, avenue Nyangwe
Commune de Lingwala
Kinshasa, R.D. Congo
(00243) 998697603 ou (00243) 999229662

L'HARMATTAN CONGO
67, av. E. P. Lumumba
Bât. – Congo Pharmacie (Bib. Nat.)
BP2874 Brazzaville
harmattan.congo@yahoo.fr

L'HARMATTAN GUINÉE
Almamya Rue KA 028, en face
du restaurant Le Cèdre
OKB agency BP 3470 Conakry
(00224) 657 20 85 08 / 664 28 91 96
harmattanguinee@yahoo.fr

L'HARMATTAN MALI
Rue 73, Porte 536, Niamakoro,
Cité Unicef, Bamako
Tél. 00 (223) 20205724 / +(223) 76378082
poudiougopaul@yahoo.fr
pp.harmattan@gmail.com

L'HARMATTAN CAMEROUN
TSINGA/FECAFOOT
BP 11486 Yaoundé
699198028/675441949
harmattancam@yahoo.com

L'HARMATTAN CÔTE D'IVOIRE
Résidence Karl / cité des arts
Abidjan-Cocody 03 BP 1588 Abidjan 03
(00225) 05 77 87 31
etien_nda@yahoo.fr

L'HARMATTAN BURKINA
Penou Achille Some
Ouagadougou
(+226) 70 26 88 27

L'HARMATTAN SÉNÉGAL
10 VDN en face Mermoz, après le pont de Fann
BP 45034 Dakar Fann
33 825 98 58 / 33 860 9858
senharmattan@gmail.com / senlibraire@gmail.com
www.harmattansenegal.com

www.ingramcontent.com/pod-product-compliance
Lightning Source LLC
LaVergne TN
LVHW021144061026
849535LV00002B/351
9782343134994